《暨南大学年鉴》编辑委员会

《暨南大学年鉴》编辑部

办公地址： 广州市石牌暨南大学行政办公楼817房（党政办公室秘书科）
联系电话： 020－85228566
电子邮箱： onj@jnu.edu.cn

2014

暨南大学年鉴

JINAN UNIVERSITY

《暨南大学年鉴》编辑部　编

暨南大学出版社
JINAN UNIVERSITY PRESS
中国·广州

图书在版编目（CIP）数据

暨南大学年鉴．2014/《暨南大学年鉴》编辑部编．—广州：暨南大学出版社，2015. 3
ISBN 978 - 7 - 5668 - 1395 - 4

Ⅰ．①暨…　Ⅱ．①暨…　Ⅲ．①暨南大学—2014—年鉴　Ⅳ．①G649. 286. 51 - 54

中国版本图书馆 CIP 数据核字(2015)第 073274 号

出版发行：暨南大学出版社

地　址：中国广州暨南大学
电　话：总编室（8620）85221601
　　　　营销部（8620）85225284　85228291　85228292（邮购）
传　真：（8620）85221583（办公室）　85223774（营销部）
邮　编：510630
网　址：http：//www. jnupress. com　http：//press. jnu. edu. cn

排　版：广州市天河星辰文化发展部照排中心
印　刷：深圳市新联美术印刷有限公司

开　本：787mm×1092mm　1/16
印　张：22
彩　插：12
字　数：720 千
版　次：2015 年 3 月第 1 版
印　次：2015 年 3 月第 1 次

定　价：70. 00 元

1978年叶剑英元帅为在广州复办的暨南大学题写的校名

暨南大学校徽

11 月，暨南大学董事会顺利换届，原国务委员、中央外事工作领导小组办公室主任戴秉国担任暨南大学第七届董事会董事长

11 月 15 日，暨南大学第七届董事会第一次会议在广州召开，暨南大学董事会董事长戴秉国、国务院侨办主任裘援平、广东省省长朱小丹、国务院侨办副主任马儒沛、广东省副省长陈云贤及海内外校董出席会议。图为大会会场

6月3日，国务院侨办主任裘援平专程到暨南大学视察指导工作，对百年侨校的光辉历史、深厚积淀表示赞扬，对学校近年来的办学成绩和为侨服务工作表示充分肯定，对学校“十二五”时期和未来发展提出五点希望和要求

6月3日，国务院侨办主任裘援平在校视察期间，到附属第一医院（广州华侨医院）新大楼参观，听取医院领导和专家介绍医疗情况。侨办文化司司长雷振刚（左三）、校长胡军（左二）、校党委书记蒋述卓（左一）陪同

5 月 8 日，华侨华人研究协同创新中心建设与申报汇报会在学校召开，国务院侨办副主任马儒沛（中）、人事司司长许玉明（右）、文化司司长雷振刚（左）及暨南大学、华侨大学校领导等与会

7 月 2 日，国务院侨务办公室中华才艺（武术·龙狮）培训基地正式落户暨南大学，国务院侨办副主任何亚非(右)与校长胡军在仪式上为两个基地揭牌

11 月 9 日，国务院侨办副主任谭天星（左一）到学校视察指导工作，听取学校工作汇报，了解学校发展情况，参观学校图书馆，看望慰问学校离退休人员

5 月 14 日，教育部副部长杜占元（左二）到广州视察我校新闻与传播学院和南方日报等媒体共建的华南新闻传媒联合培养研究生示范基地。南方日报社社长张东明（左一）及广东省教育厅、学校领导陪同视察

11月11日，广东省副省长陈云贤（左二）到学校调研考察“四重”（即重点学科、重点人才、重点平台、重点科研项目）建设工作，听取生物学学科建设情况汇报，察看实验室。广东省教育厅副巡视员罗远芳（左三）、广东省科技厅副巡视员周木堂（左一）陪同

7月19日，暨南大学深入开展党的群众路线教育实践活动动员大会在曾宪梓科学馆国际会议厅召开，标志着我校群众路线教育实践活动正式启动。国务院侨办监察局局长王丽华（右二）、监察局一室主任祁镇（左二）参加会议

6月28日，暨南大学校董、校友梁志斌、叶惠全分别向母校捐赠5 000万元人民币，支持番禺新校区建设，校长胡军代表学校接受捐赠。国务院侨办副主任马儒沛及校党委书记蒋述卓等出席捐赠仪式

6月28日，校领导为校董梁志斌（左六）捐建的番禺新校区T4栋学生宿舍楼奠基，这是新校区房建项目第一个开工项目。此后，教学大楼、图书馆、饭堂等项目陆续动工

11 月 16 日，暨南大学华文学院、广州华侨学生补习学校 60 周年华诞庆祝活动在广州举行，来自海内外的数千名学子、嘉宾、校友参加活动

6 月 26 日，2013 年“1+2+1”中美人才培养计划年会暨第十届毕业典礼在暨南大学举行，来自美国 24 所高校和中国 73 所高校的近百位校长以及毕业生们参加了活动。图为校长胡军为毕业生颁发证书

12月3日下午，香港特区教育局局长吴克俭（前排左七）访问暨南大学，并与在读的香港学生代表座谈交流，副校长宋献中（前排左六）会见来宾

10月5—25日，学校第一期系主任赴美培训团由副校长刘洁生带队，围绕三个主题，在美国进行了21天的学习培训，先后考察和访问了斯坦福大学、加州大学伯克利分校等10所高校，图为培训团在伯克利合影

3 月 31 日，校长胡军率团访问美国克莱蒙特大学联盟，与沃顿校长签署校际合作协议

11 月 29—30 日，2013 全球华人中华才艺（武术）大赛在学校举行，来自美国、德国等五大洲 18 个国家和地区的 21 支队伍，共计 200 余人参加比赛

3月1日，学校与广东省东莞市政府共同组建的东莞暨南大学研究院签约仪式在东莞市举行。暨南大学校长胡军、东莞市委书记徐建华等市校领导出席仪式

5月15日，暨南大学《师德铭》《学子铭》揭幕，“二铭”刻在汉白玉石上，立于教学大楼内，订立“二铭”为广东高校首创。校领导胡军、蒋述卓等与师生代表参加仪式

4 月 11 日下午，学校在大礼堂隆重举行 2012—2013 学年优秀学生表彰大会。校长胡军、校党委书记蒋述卓出席大会并为学生颁奖

6 月 20 日，为期两个多月的暨南大学本科生创新大赛第一季第一期总决赛落下帷幕，来自 12 个学院的 60 余个团队参加竞逐，“暨南 FM 校园微信平台”和“赤脚行公益旅游”项目最终夺魁

编 辑 说 明

《暨南大学年鉴》是资料性综合性汇编，自2006年开始，每年出版一卷，旨在反映暨南大学年度教育教学、学科建设、科学研究、对外交流、社会服务等各方面的发展进程和最新成就，供全校各单位及海内外社会各界了解和研究学校现状与发展情况时参考使用，同时也是暨南大学发展概况的历史记载。

《暨南大学年鉴》（2014）是暨南大学组织编纂的第八卷学校年鉴。本卷年鉴采用分类编辑法，主体内容设栏目、类目、条目三个结构层次，以文章和条目为基本体裁，以条目为主。

《暨南大学年鉴》（2014）设置18个栏目，分别为：特载，专文，重要文件，暨南大学概况，机构与干部，学院、系、所、研究机构概况，教育教学，科学研究与产业开发，学生工作，管理与服务，党建与思想政治工作，人物，表彰与奖励，毕业生名单，统计资料，大事记，附录，索引。另外，本卷年鉴在卷首还设有彩色图片专辑，生动展示学校年度重要事件和工作。

2013年，暨南大学深入开展党的群众路线教育实践活动、董事会换届，原国务委员戴秉国担任学校董事会董事长，南校区首批建设项目动工，本卷年鉴设置特载一栏，收录了与此相关的文献材料。

《暨南大学年鉴》（2014）主要收录了各单位2013年1月1日至2013年12月31日期间发生的重要事件和活动，部分内容依据实际情况在时限上略有延伸。

本卷年鉴所刊内容由学校各单位负责提供，并经单位负责人审定，各条目的作者全部署供稿单位的名称。

《暨南大学年鉴》（2014）由《暨南大学年鉴》编辑部组织编写，在编写过程中，得到了学校各单位的大力支持，谨致谢意。

《暨南大学年鉴》编辑部
2014年10月

目　录

·特　　载·

暨南大学开展党的群众路线教育实践活动综述

深入贯彻落实党的群众路线教育实践活动是学校党委2013年工作的重点，学校党政领导高度重视，精心组织，成立教育实践活动领导小组及办公室，实行书记、校长总负责的“双组长制”，制订活动实施方案，明确指导思想、目标要求、时间安排、方法步骤和组织领导等事项，以贯彻落实中央八项规定精神为切入点，聚焦“四风”，在“学习教育、听取意见”“查摆问题、开展批评”“整改落实、建章立制”三个环节中，分别实施“理论武装行动”“自我剖析行动”和“速改见新风行动”三大行动，扎实推进教育实践活动的深入开展。在每一阶段环节中，学校党委及时对阶段工作和关键环节统筹出台可操作性强的指引性文件，确保各项要求落实到位。

在教育实践活动过程中，学校党委形成了“四坚持”做法：坚持“深入学习”，搭建多维学习平台，强化理论学习，深化学习成效；坚持“理论武装行动”，搭建多维学习平台，将理论学习贯穿始终；坚持“深入剖析”，召开高质量领导班子专题民主生活会，为深入整改打下坚实基础；坚持“深入整改”，精心制订整改方案，着力解决突出问题。

在“学习教育、听取意见”环节，为全校副处级以上干部统一购置学习资料，认真组织学校党委中心组学习活动、各级领导干部专题研讨会、专家学者专题辅导报告、主题电影播放等，确保学习实效。多渠道、多层次征求和听取意见建议：学校党委常委及机关职能部门负责人深入走访了32个基层单位，征集意见、建议约90条；通过国务院侨办督导组主持的校级领导班子和党员领导干部评议会，广泛征求包括院士、长江学者、教学名师在内的300多名代表的意见、建议；组织8场专题征求意见座谈会，138名代表参加，共征集到各种意见和建议100余条；通过校内60个二级单位领导班子和领导干部民主评议会，回收征求意见表5 478份，归纳整理意见和建议289条。

在“查摆问题、开展批评”环节，教育实践活动领导小组进行多次专题研究，确定以“坚持党的群众路线，落实为民务实清廉要求，办好人民满意教育，增强为侨服务能力”为专题民主生活会主题，认真制订会议方案，按照方案扎实做好各项工作，并督促各二级党组织召开专题民主生活会，认真做好批评与自我批评。在全校党支部中以“深化群众路线认识，查摆问题促发展”为主题，组织召开一次专题组织生活会，并结合专题组织生活会开展2013年度民主评议工作，党委常委同志以普通党员身份参加组织关系所在党支部专题组织生活会和民主评议党员活动。学校党委及二级党组织领导班子和班子成员个人认真撰写对照检查材料和整改落实措施。

在“整改落实、建章立制”环节中，学校党委聚焦突出问题，精心制订整改方案，积极承诺践诺，立说立改，形成“1+2”整改方案，即《暨南大学党的群众路线教育实践活动整改方案》和校领导走基层调研座谈会意见99条整改措施表、调研座谈会74条意见答复表。在加强领导班子建设方面确定18条具体的整改措施，在改革攻坚方面确定10条举措，在专项治理方面确定42条措施，在立说立改方面确定48条措施，在建章立制方面，拟出台《暨南大学协同创新中心建设与运行管理办法（试行）》等18项制度。

学校党的群众路线教育实践活动成效显著，主要体现在：全校各级领导班子和领导干部思想作风建设得到加强，全体党员特别是领导干部的马克思主义群众观点和党的群众路线意识在思想上得到了一次净化和升华；各级党员领导干部坚持落实党风廉政建设责任制，严格执行中央八项规定，廉洁从政意识得到进一步强化，2013 年学校同比上期压缩“三公经费”140.3 万元，压缩比 23%，学校领导坚持完善权力监督和约束机制，继续贯彻执行“三重一大”决策制度；各级党员领导干部把群众观念转化为自觉行动，思想和工作作风呈现新气象，管理和服务工作水平得到新提升，一批师生反映强烈的突出问题逐步得到解决；学校建立了领导班子成员深入基层调查研究工作制度等一系列联系师生制度，学校机关开展机关作风整顿和机关作风建设督查活动，坚持“校领导接待日”制度，开展校园电动车和养犬专项治理等。师生明显感受到作风转变，看得见工作业绩，分享到措施实惠。在学校党的群众路线教育实践活动总结民主评议活动中，学校领导班子集体获“好”和“较好”评价共占 98.5%。

戴秉国任暨南大学董事会董事长

简述

11 月 15 日，学校第七届董事会第一次会议召开。国务院侨办副主任马儒沛在会上宣读了《关于同意暨南大学第七届董事会董事人员组成的批复》，聘请原国务委员、中央外事工作领导小组办公室主任戴秉国担任学校董事长。随后，国务院侨务办公室主任裘援平与广东省省长朱小丹一起为戴秉国颁发了董事长聘书。

戴秉国同志简历

戴秉国，男，土家族，1941 年 3 月生，贵州印江人，1973 年 6 月加入中国共产党，1964 年 9 月参加工作，四川大学外语系俄语专业毕业，大学学历。

1959—1964 年　四川大学外语系俄语专业学习

1964—1965 年　北京外交学院学习

1965—1966 年　湖南省浏阳县参加“四清”

1966—1969 年　外交部苏欧司科员

1969—1973 年　驻苏联使馆随员

1973—1974 年　外交部“五七”干校劳动

1974—1985 年　外交部苏欧司科员、副处长、处长（其间：1980—1982 年　外交部中苏谈判办公室副组长；1983—1985 年　中央整党工作指导委员会派驻安徽联络组成员）

1985—1986 年　外交部苏欧司副司长

1986—1989 年　外交部苏欧司司长

1989—1991 年　驻匈牙利大使

1991—1993 年　外交部部长助理、党委委员

1993—1995 年　外交部副部长、党委委员

1995—1997 年　中央对外联络部副部长（其间：1996 年 3 月—5 月　中央党校省部级干部进修班学习）

1997—2003 年　中央对外联络部部长（其间：2002 年 3 月—5 月　中央党校省部级干部进修班学习）

2003—2005 年　外交部党委书记、副部长

2005—2007 年　中央外事工作领导小组办公室主任，中央国家安全工作领导小组办公室主任，外交部党委书记、副部长

2007—2008 年　中央外事工作领导小组办公室主任，中央国家安全工作领导小组办公室主任，外交部副部长、党委委员

2008—　国务委员、国务院党组成员（至 2013 年 3 月），中央外事工作领导小组办公室主任，中央国家安全工作领导小组办公室主任，外交部副部长、党委委员（至 2008 年 4 月）

中共第十五届、十六届、十七届中央委员

暨南大学第七届董事会第一次会议顺利召开

综述

11月15日下午，学校召开第七届董事会第一次会议。原国务委员、中央外事工作领导小组办公室主任戴秉国，国务院侨务办公室主任裘援平，广东省省长朱小丹，国务院侨务办公室副主任马儒沛，国家卫生和计划生育委员会副主任刘谦，广东省副省长陈云贤，中央人民政府驻香港特别行政区联络办公室副主任王志民，全国政协常委余国春，全国人大代表霍震寰，全国人大常委、澳门立法会主席贺一诚，国务院侨务办公室文化司司长雷振刚、文化司副巡视员梁智卫，校领导胡军、蒋述卓、陆大祥、叶勤、刘洁生、林如鹏、宋献中、饶敏，以及学校校董、学校各机关部处相关负责人100余人出席会议。校董会副董事长马万祺、崔世安、曾宪梓等发来贺信。会议由暨南大学董事会副秘书长马有恒主持。

本次大会主要内容为学校董事会换届，听取并审议《暨南大学工作报告》《暨南大学第六届董事会工作报告》《暨南大学新校区建设情况汇报》等。

校董会霍震寰副董事长在开幕词中表示，自2008年11月召开第六届董事会第一次会议以来，暨南大学的各项事业都取得了全面的进步和优异的成绩。学校在海内外的知名度和影响力不断提升，学校的吸引力和竞争力也越来越强。暨南大学已经成为最受海内外和港澳台学生欢迎的国内高校之一，同时也是海外和港澳台地区人才培养的重要基地。暨南大学董事会是一个热爱祖国、热爱华侨教育事业的团队。一直以来，董事会始终以办好暨南大学为己任，发扬爱国爱乡、兴学育才的优良传统，在学校的不同历史时期，团结海内外热心华侨教育人士，从财力、物力等各方面给予暨南大学巨大的支持和帮助，为学校的建设和发展作出了不可磨灭的贡献。

裘援平主任在讲话中指出，暨南大学第六届董事会第一次会议召开以来，学校认真按照“一手抓侨校建设，创品牌；一手抓名校建设，上档次”的要求，各项事业取得全面进步，综合实力实现了一个大的飞跃。广东省政府高度重视，从政策、资金、项目多方面为学校发展提供重要支持。各位董事以及热心华侨教育人士，一直关心学校的建设和发展，对学校新校区建设和未来发展起到了重要作用，作出了突出贡献。国家原国务委员戴秉国先生荣任暨南大学董事会董事长，这表明中央和国家对华侨高等教育、对暨南大学的关怀和重视。她希望，在戴秉国董事长的正确带领下，在各位董事的大力支持和共同努力下，充分发挥董事会在学校办学中的重要作用，帮助暨南大学早日实现办成国内一流、特色鲜明、海内外知名的研究型大学的目标。

陈云贤副省长在讲话中表示，暨南大学是广东省倾力支持的三所部属院校之一，近年来暨南大学秉承面向海外、面向港澳台的办学方针，坚持立足广东、扎根广东、服务广东，办学规模不断扩大，教学质量和科研实力明显提高，为推动中国，尤其是广东省的改革发展提供有力的人才智力支撑，也为促进港澳台合作、国家侨务事业发展和祖国统一大业作出了积极的贡献。今后，广东省将认真履行国务院侨办、教育部与广东省新一轮共建暨南大学协议，全力支持暨大改革发展，希望暨南大学牢牢把握发展战略机遇期，充分发挥侨校、名校作用，进一步提升办学水平，增强科技创新能力，培养更多高素质人才，早日建设成为国内一流大学和海内外知名大学，为国家，尤其是广东省教育事业发展和祖国统一大业作出新的更大贡献。

会上，马儒沛副主任宣读了《关于同意暨南大学第七届董事会董事人员组成的批复》，聘请原国务委员、中央外事工作领导小组办公室主任戴秉国担任学校董事长。随后，裘援平和朱小丹为暨南大学第七届董事会董事颁发聘书。

戴秉国表示，暨南大学作为“华侨最高学府”，肩负着为海外华人社会以及港澳台地区培养优秀人才的重任。暨南大学已成为中国内地最大的港澳台侨高层次人才培养基地，为中国的现代化建设，为侨务事业、为港澳台的繁荣稳定和国家统一大业作出了重要贡献。他希望，暨南大学在国务院侨办、广东省和学校董事会的领导下，抓住机遇，深化改革，开拓创新，充分发挥侨校特色和优势，为把学校建设成为特色鲜明、海内外知名、国内一流的研究型大学而努力奋斗。他指出，各位董事热心华侨教育，一直关注暨南大学的发展，为学校建设献计出力，贡献良多。希望各位董事抓住机遇，积极奉献智慧和力量，履行“进一步办好暨南大学，使之在海内外具有良好声誉”的使命，使百年老校焕发新的光彩。他还表示，将会努力与董事会全体成员一起，携手为暨南大学的建设与发展出谋划策，添砖加瓦，为华侨高等教育事业的发展作出更多新的贡献，共铸百年老校新的辉煌。

胡军校长作了暨南大学工作报告，就过去五年学校工作的主要成绩和经验，目前面临的困难和问题，以及学校“十二五”和中长期发展规划概要进行了详细汇报。在过去五年中，学校始终以加快科学发展、彰显侨校特色为主线，打造侨教龙头，服务国家侨务。学校在学科建设、科研创新、高端人才、人才培养、国际合作、服务社会、办学条件这七个方面取得了重大突破，积累了许多宝贵经验。他还表示，学校第六届董事会自2008年11月任职以来，在支持学校办学、密切学校与海外和港澳地区的联系等各方面发挥了重要而独特的作用。董事会不仅为学校发展出谋划策、慷慨解囊，通过提供赴港澳交流机会、设立奖学金和捐赠图书等方式让全校师生收益，还作为纽带加强学校与政府部门和社会各界之间的联系，为学校争取外部支持。

校董会余国春副董事长作了《暨南大学第六届董事会工作报告》，刘洁生副校长介绍了暨南大学新校区建设情况。会议审议并讨论通过了以上三个工作报告。

戴秉国同志在学校第七届董事会第一次会议上的讲话

（2013年11月15日）

各位副董事长、各位董事、各位来宾：

今天，暨南大学第七届董事会第一次会议在这里隆重举行，作为暨南大学新一届董事会董事长，我谨向海内外远道而来出席会议的各位副董事长、董事和来宾表示热烈的欢迎和亲切的问候！

暨南大学是国内最早设立董事会的高校之一，恐怕像这种规模的董事会在国内是少见的，这也是我们学校的一大特色。在107年的发展历程当中，特别是1978年复办之后，暨南大学董事会先后在廖承志、荣毅仁、钱伟长几位德高望重的董事长的领导下，团结带领海内外校董在暨南大学的发展和建设中发挥了重要的作用，作出了突出的贡献。

暨南大学作为“华侨最高学府”，自1906年建校以来，就承担了特殊的办学使命。作为百年老校，暨南大学始终秉承“面向海外、面向港澳台”的办学方针，肩负着为海外华人社会以及港澳台地区培养优秀人才的重任。我上午到暨南大学校园参观了校史馆，听取了学校领导的介绍，我感到，这所大学非同一般，我过去是不大了解。经过百年的奋斗，特别是改革开放30多年来，暨南大学不断发展，特色越来越鲜明，质量越来越高，名气越来越大，它在人才培养、学科建设、科学研究、服务社会等方面取得了丰硕成果，已经成为我国内地最大的港澳台侨高层次人才培养基地，十分可喜可贺。

暨南大学是国家“211工程”重点建设院校，同时也是拥有国家“985”优势学科创新平台的高校。2011年，国务院侨办、教育部、广东省签署共建暨南大学协议，学校目前正在全力申报“2011协同创新中心”，新校区建设也在稳步推进，可以说，学校的建设迎来了难得的机遇，发展势头很好，有着十分美好的未来。我坐在这里就想，我现在儿子长大了，工作了，要不然就把他送到这所学校接受教育。但有一个小孙女，将来她愿意，到这所学校接受教育也是很好的。

长期以来，国务院侨办大力支持、悉心指导学校办学，为学校发展创造良好的外部环境。广东省委、省政府对于暨南大学的建设和发展给予了多方面有力的支持和帮助。今天，国务院侨办裘援平主任和广东省朱小丹省长亲自出席董事会会议，就说明了国务院侨办和广东省对暨大的高度重视和大力支持。希望暨南大学坚持正确的办学方针和方向，始终保持高瞻远瞩、敢为人先、迎难而上、改革创新的精神，始终坚持质量是生命、创新是灵魂的理念，立足广东，服务地方，面向海外，服务侨务，广育英才，再创佳绩。我想，暨南大学的第二个百年一定能够实现新的飞跃，创造新的辉煌。中午，在进餐的时候，我跟胡军校长说，你们现在进入了50强，不简单，1 000多所高校，进入50强，还有一些学科名列前茅，这确实很不简单。我就说，你们能不能经过若干年的奋斗，先争取进入20强，然后进入前10强，你们说行不行。用实际行动，让暨南大学走在全中国高等院校的前列。我想，世上无难事，只要肯攀登，有志者事竟成。暨南大学一定能够走在中国高等院校的前列。

党的十八大以来，中央提出了“两个百年”的宏伟目标，实现中华民族伟大复兴的中国梦成为海内外中华儿女的共同追求。刚刚结束的党的十八届三中全会作出了全面深化改革的重要决定，中国的改革站在了新的历史起点上。暨南大学地处广东，毗邻港澳，处于改革开放的前沿。在党中央、国务院的支持下，粤港澳经济圈正在形成，广州南沙、深圳前海、珠海横琴的开发已成为粤港澳合作和广东新一轮发展的重要战略平台。希望暨南大学在国务院侨办，广东省委、省政府和学校董事会的领导下，抓住机遇，深化改革，开拓创新，充分发挥侨校特色和优势，为把学校建设成为特色鲜明、海内外知名、国内一流的研究型大学，为国家现代化建设，为侨务事业的发展，为港澳的繁荣稳定和祖国统一大业作出更多更大贡献。

各位董事都是热心华侨教育的各界社会贤达，一直关注暨南大学的发展，为学校的建设献计出力，贡献良多。暨南大学的发展历程凝聚着你们的心血，衷心希望各位董事抓住机遇，继续积极奉献智慧和力量，各显神通，履行“进一步办好暨南大学，使之在海内外具有良好声誉”的使命，使百年老校焕发新的光彩。

我本人在国务院工作期间，曾经管过一点侨务工作，但没想到过做暨南大学董事会董事长。我已经快73岁了，可能担当董事长也不那么合格。但既然当上了，尽量争取不要完全是挂职的，我也决心在力所能及的范围内与各位董事一起，为暨南大学的建设与发展出谋划策，添砖加瓦，共创辉煌！我为暨南大学取得的成就和美好前景很受鼓舞，有点感动。我对教育事业有一种热心，我年轻时想当教师，年老退休了还沾上教育的边，我也很高兴。我会努力，我想我们大家，所有董事携起手来，为华侨高等教育事业的发展作出新的更多贡献，共铸新的辉煌！

国务院侨办主任裘援平在学校第七届董事会第一次会议上的讲话

（2013年11月15日）

尊敬的各位领导、各位校董、各位朋友：

暨南大学第七届董事会第一次会议今天在这里隆重召开，会议将听取和审议暨南大学工作报告和董事会工作报告，商讨暨南大学未来发展大计。我谨代表国务院侨务办公室，对暨南大学第七届董事会第一次会议的召开表示热烈的祝贺！向出席今天会议的海内外董事和嘉宾表示诚挚的欢迎！并借此机会，向广东省、教育部、卫生部、中央驻港联络办以及所有关心、支持和帮助暨南大学建设的各位董事、海外侨胞、港澳台同胞以及社会各界表示衷心的感谢！

暨南大学是具有厚重历史积淀的百年老校，是新中国第一所华侨高等学府，是享誉海内外的国家重点综合性大学。暨南大学坚持“面向海外，面向港澳台”的办学方针，按照“侨校＋名校”的发展战略，积极建设国内一流大学和海内外知名大学。在重点学科培育、高端人才引进培养、科研创新等各个方面都取得了可喜的成绩。人才队伍和科研实力不断增强，新校区建设稳步推进，侨校优势和名校特色进一步彰显出来。

长期以来，广东省人民政府高度重视暨南大学的发展，与国务院侨办和教育部签署共建协议，从政策、资金、项目等多方面，为暨南大学提供了重要的支持。暨南大学的各位董事和华侨教育事业热心人士，一直以来始终关注国家华侨高等教育事业的发展，关心和支持暨南大学的建设和发展。他们在董事会的领导下，无论是在百废待兴的复办初期，还是在改革开放后的迅猛发展时期，特别是在当前扩大办学规模实现跨越式发展的关键时期，都积极出谋划策、捐资兴学，对暨南大学新校区建设和未来发展发挥了重要作用。

我相信，在新一届董事会的大力支持和共同努力下，暨南大学一定会紧扣国家和地方发展的需要，紧扣港澳台侨工作的需要，坚持科研强校，深化教育改革，推进协同创新，优化师资队伍，提升培养质量，办成国内一流、海内外知名的华侨高等学府，为国家发展、高等教育、港澳地区和侨务事业培养更多的人才，作出更大的贡献。

各位董事，各位嘉宾，各位朋友，让我们发扬老一代校董爱国爱校的崇高精神和兴学育才的光荣传统，服务海内外万千学子，致力中国华侨教育事业，为实现中华民族伟大复兴的“中国梦”携手共进！

最后，我祝会议取得圆满成功！祝暨南大学越办越好！

广东省副省长陈云贤在学校第七届董事会第一次会议上的讲话

（2013 年 11 月 15 日）

尊敬的戴秉国董事长、裘援平主任、各位董事、各位来宾：

大家下午好！喜乘党的十八届三中全会胜利召开的东风，今天，暨南大学第七届董事会第一次会议在这里隆重召开了。在此，受朱小丹省长的委托，我谨代表广东省政府，对会议召开表示热烈的祝贺！对长期以来关心支持广东教育事业及暨南大学改革发展的各位领导和各位董事表示衷心的感谢！

暨南大学素有“华侨最高学府”的美誉，是一所具有百年历史的名校，也是我省倾力支持的三所部属院校之一。近年来，暨南大学秉承“面向海外，面向港澳台”的办学方针，坚持立足广东、扎根广东、服务广东，集中精力强内涵，一心一意谋发展，办学规模不断扩大，教学质量和科研实力明显提高，为推进我国、我省的改革发展提供了有力的人才和智力支撑，也为促进粤港澳合作、国家侨务事业发展和祖国统一大业作出了积极贡献。这些成绩凝聚着各位董事和广大热心人士的心血和汗水。多年来，大家胸怀对祖国、对华侨教育的满腔热情，时刻关注暨大的成长，始终与暨大风雨同舟，联络团结一大批港澳台同胞、海内外校友、各界知名人士支持帮助暨大发展，推动暨大综合实力和社会影响力得到大幅度的提升。

今天，暨南园又添喜事，原国务委员戴秉国先生荣任暨南大学董事会董事长，必将带领新一届董事会，进一步激发广大华侨爱国爱校的热情，鼓舞全校师生士气，开创暨大新的征程。

当前，广东正处在加快转变经济发展方式，努力实现“三个定位、两个率先总目标”的关键时期。率先推进教育现代化是广东实现总目标的重要内容和动力源泉。我省将认真贯彻落实党的十八大和十八届三中全会精神，以深化改革开放为新动力，全面实施国家和省中长期教育改革发展规划，加快创建教育强省，争当教育现代化的先进区域，打造南方教育高地。同时，我们将认真履行国务院侨办、教育部与我省新一轮共建暨南大学协议，全力支持暨南大学的改革发展。希望暨南大学牢牢把握发展的战略机遇期，充分发挥“侨校＋名校”的作用，进一步提升办学水平，增强科技创新能力，培养更多的高素质人才，早日建设成为国内一流大学和海内外知名大学，为我国，尤其是我省教育事业发展和祖国统一大业作出新的更大贡献。

祝暨南大学明天更加美好！祝各位董事、各位来宾身体健康，工作顺利，万事如意！

学校工作报告

暨南大学校长　胡军

（2013年11月15日）

尊敬的各位董事、各位领导、各位嘉宾：

大家下午好！

在国务院侨办、广东省委省政府的亲切关怀下，在全校师生的热切期盼下，暨南大学董事会第七届第一次会议在广州南沙顺利召开了。首先，请允许我代表全校近5万名师生员工，向各位董事、各位领导和嘉宾的到来表示热烈的欢迎！

暨南大学是最早设立董事会的高校之一，董事会成员一直由国家领导人和社会各界贤达人士担任。在历届董事会的关心和支持下，学校发展不断取得突破，1983年成为“国家重点扶植大学”，1996年成为国家“211工程”重点建设综合性大学，2011年成为国务院侨办、教育部、广东省政府共建大学。学校第六届董事会自2008年11月任职以来，在支持学校办学，密切学校与海外和港澳地区的联系等各方面发挥了重要而独特的作用。董事会不仅为学校发展出谋划策、慷慨解囊，通过提供赴港澳交流机会、设立奖学金和捐赠图书等方式让全校师生受益，还作为纽带加强学校与政府部门和社会各界之间的联系，为学校争取外部支持。特别是学校启动新校区建设之后，校董们急学校之所急，联系和团结海内外人士，捐资近2亿元支持新校区建设，令全校师生备受振奋和鼓舞。在此，我谨代表学校全体师生向各位校董的辛勤付出表示最衷心的感谢！校董们为学校所作的贡献必将永载史册！

下面，我就过去五年学校工作的主要成绩和经验，目前面临的困难和问题，以及学校“十二五”和中长期发展规划概要向诸位董事汇报，请予审议。

第一部分　2008年以来学校的工作情况

2008年以来，在国务院侨办和广东省委、省政府的正确领导下，在学校董事会热切关心和大力支持下，学校始终以加快科学发展、彰显侨校特色为主线，奋力推进各项工作，努力破解财政紧张、人才缺乏、空间受限等发展难题，圆满完成学校“十一五”规划的各项建设任务，为学校全面实施“十二五”规划奠定坚实基础，学校整体实力有了质的飞跃。

一、打造侨教龙头

作为百年华侨最高学府，“侨”字始终是暨南大学的立校之本和兴校之源。过去五年，我们始终秉承“面向海外、面向港澳台”的办学方针，切实履行国家赋予的独特办学使命和任务，学校的侨校特色更加鲜明，海外影响力持续提升。

我们的办学特色集中体现在以下四个方面：

一是体现在我校独特的办学使命。暨南大学自1906年创立以来，始终坚持“宏教泽而系侨情”的办学宗旨，致力于为海外华侨华人社会及港澳台地区培养高素质人才。经过107年的辛勤耕耘，学校已经成为海外华裔及港澳台地区学生赴内地深造首选的热门高校，成为全国最大的港澳台侨高素质人才培养基地。自2008年以来，港澳台侨学生报考我校人数年均增长13%，极大提升了我校的择优空间，显示了华侨最高学府的巨大吸引力。目前学校在校的港澳台侨和外国学生共11 124人，境外学生总数占全国高校同类学生总数的近一半，连续多年高居全国高校第一。

二是体现在我校独特的培养体系。针对本科学生，我们成立“四海书院”，专司港澳台侨学生的通识教育工作，构建了“因材施教、分类培养”的教学体系，为内地学生和境外学生分别制订两套人才培养方案，在保持两类学生共性的同时适度彰显个性。针对研究生，我们创建了“分类培养＋联合培养”的培养模式，在境外设立11个港澳台侨研究生培养基地，与境外知名大学和科研机构共建实验室，深化以科研合作为基础的研究生合作教育模式，被教育部联合调研组誉为独具特色的“暨南模式”，被海内外大学和知名媒体誉为“中国境外研究生教育的试验田和窗口”。

三是体现在我校独特的学科体系。我校的华侨华人研究、华文教育研究、粤港科技合作研究在国内处于领先地位，拥有全国高校唯一的华侨华人研究教育部人文社科重点研究基地，形成了全国唯一的从预科到博士完整的华文教育人才培养体系，是名副其实的中国华侨最高学府和华侨高等教育的龙头。

四是体现在我校独特的社会贡献。暨南大学的港澳学生规模庞大，他们与数万名活跃在港澳政界、工商、文教、医疗卫生、传媒等领域的暨南校友，是实行“一国两制”、保持港澳繁荣稳定的一支重要力量，得到港澳办、中联办的高度重视。学校高度重视海外华文教育这一“留根工程”，近20年来共招收和培养汉语言与华文教育本、专科留学生1 000余人，非学历汉语言长期生10 423人，夏（冬）令营短期班学生2 492人，为传承中华民族优秀文化、实现中华民族伟大复兴的“中国梦”作出了重要贡献。

以上四点是暨南大学区别于其他高校的根本所在，是学校进一步发展和保持旺盛生命力的优势所在，也是暨大品牌的价值所在。

二、服务国家侨务

作为国务院侨办直属高校，暨南大学始终将服务国家侨务、引领华文教育作为核心工作，以深化华侨华人研究、建设华文教育基地、传播中华优秀文化为抓手，不断创新为侨服务的载体与形式，得到了国务院侨办等上级领导部门的高度肯定。

以基地建设为依托，华侨华人研究水平不断提高。自2006年学校整合力量成立华侨华人研究院以来，其在拓展涉侨研究，提供侨务决策参考等方面取得了显著成绩，全国唯一的华侨华人教育部重点基地再放光彩。

目前，学校共承担涉侨的国家社科基金重大重点项目、教育部哲学社科重大攻关项目、教育部人文社科重点基地重大项目、国务院侨办项目等各类省部级以上科研项目20余项，其中“华侨华人在国家软实力建设中的作用研究”课题是教育部立项的首个涉侨重大攻关项目。2006年以来，学校共有126篇研究报告获国务院侨办等政府部门采用。其中，国家社科基金重大委托项目所产生的研究成果获党和国家领导人的重视和批示。

努力办好华文教育，侨校品牌蜚声海内外。过去五年，暨南大学作为中国南方最重要的华文教育和对外汉语教学基地之一的地位更加巩固，影响更为扩大。每年有100多个国家和地区的3 500多名五洲学子齐聚暨南园，研习源远流长、博大精深的中国语言文化。学校还在美国、德国、英国等国家和东南亚地区建立19个海外教学点，每年派出专职教师和志愿者开展函授教学，为海外华侨华人社会培养了一大批华文教育精英和社团领袖，其中我校学生作为赴泰优秀汉语教师志愿者代表，曾得到时任国家副主席习近平同志的亲切接见。学校积极承担国务院侨务办公室、中国海外交流协会、中国华文教育基金会、国家汉办等单位委托的中国语言文化短期培训项目，近五年累计培养海外华文教师、华文教育管理人员、华裔青少年4 500多人，为国家实施海外华侨华人“留根工程”作出了重要贡献。

2012年，学校成立全国首家华文教育研究院，搭建华文水平测试中心、华文教材研发中心、华文教师资格认证中心、海外华语研究中心、华文教育服务平台等五大研发平台，目前已在《华文教材参考标准》研发、《〈华文教师证书〉实施方案》制订等方面取得重要进展。学校编写的华文教材《中文》被海外50多个国家和地区的华侨学校采用，总发行量超过一千万册，是全球发行量最大的汉语教材。近五年，我校在华文教育领域共承担国家社科基金重大重点项目、教育部哲学社科重大攻关项目、国务院侨办项目等各类省部级以上科研项目45项，充分展示了我校在华文教育研究领域的强大实力。

弘扬中华优秀文化，建设中外交流基地。积极建设中华才艺（武术、龙狮）培训基地，弘扬中华优秀传统文化。着力打造“中国文化之旅”“寻根之旅”等特色品牌活动，不断增进港澳台侨学子对祖国的了解和情感。精心组织艺术表演团、体育代表团开展慰侨演出和体育交流，形成侨务文化交流的新亮点，在海外华侨华人社会形成了良好影响。

国务院侨办裘援平主任在今年5月莅校视察时，曾高度评价暨大为国家侨务工作所作出的贡献，认为“暨南大学是新形势下国家开展侨务工作，团结海内外中华儿女，凝心聚力，共圆共享‘中国梦’可以依靠的重要力量，是名副其实的中国‘华侨最高学府’和华侨高等教育的龙头”，令全校师生倍感鼓舞和振奋。

三、取得七大突破

暨南大学扎根广东办学已经有55年的历史。在过去的50多年里，按照中央的要求和广东省经济社会建设的需要，作为广东高等教育的重要组成部分，我校坚持一手抓侨校特色、创品牌，一手抓名校建设、上档次，积极响应广东省委省政府打造南方教育高地和加强高校“四重”建设的重大发展战略，在学科建设、科研创新、师资储备、人才培养、国际合作、服务社会、办学条件七个方面取得了重大突破，综合实力稳居全国1 000多所本科院校前列。2011年，国务院侨办、教育部、广东省在广州举行共建暨南大学协议签约仪式，使暨南大学成为继中山大学、华南理工大学之后广东省第三所部省共建大学，为我校加速发展提供了强劲动力。

（一）学科建设取得重大突破

学科是大学发展的生长点和支撑点。“十二五”时期与“十一五”时期相比，我校国家重点学科和广东省重点学科数量均实现成倍增长。国家重点学科由2个增长到4个，广东省重点学科由7个增长到24个，已构筑起具有侨校特色的学科体系和学科高地。根据美国科技信息所发布的权威数据，我校3个学科进入ESI全球前1%排名，数量位列广东第三。

2008年以来，我校博士学位授权一级学科由7个增长到15个，硕士学位授权一级学科由18个增长到38个，专业学位类别由10种增长到21种，博士后科研流动站由8个增加到15个，数量均实现翻番。在2013年初教育部公布的全国高校学科评估排名中，我校7个一级学科上榜，其中应用经济学、新闻传播学、中药学并列全国第五，中国语言文学、统计学并列全国第八，基础医学列全国第十一，光学工程列全国第十四。

（二）科研创新取得重要突破

科研成果是高校创新能力的集中体现。2008年到2012年，学校获批科研项目数量和经费实现跨越式增长，全校2012年科研总经费达3.21亿元，较2008年增长近3倍。理工医科获批项目经费年均增长51%，2012年接近3亿元，文科获批项目经费年均增长36%，2012年达3 600万元。2009年和2010年我校分别摘取国家技术发明二等奖和国家科技进步二等奖的桂冠，实现学校历史上在国家三大科技奖上零的突破。

在重大重点科研项目方面，学校同样取得长足进步。2012年我校获批国家自然科学基金项目126项、国家社会学科基金项目39项，数量较2008年均增长2倍。2012年学校获批国家社科基金重大项目3项、重点项目4项、一般项目14项，立项总数在全国排名第十二，在广东排名第二。2013年学校获批教育部人文社会科学研究一般项目31项，立项总数列全国高校第八位、广东省高校第一位。2008年以来，我校在《中国社会科学》共发表10篇论文，在华南地区院校与科研机构中位居榜首。

（三）高端人才取得重要突破

高端人才是高校发展的旗帜和尖兵。自2006年学校实现长江学者和国家杰出青年科学基金获得者零的突破以来，学校高层次人才不断涌现，现有8名两院院士、3名长江学者、4名国家杰出青年科学基金获得者、1名国家优秀青年科学基金获得者、3名“千人计划”专家、4名高端外国专家、7名新世纪“百千万人才工程”国家级人选，35名教育部新世纪优秀人才，1名广东省“南粤百杰工程”入选者，3名广东省领军人才，5名珠江学者特聘教授，3名珠江学者讲座教授，5名广东省自然科学杰出青年基金项目获得者，高层次人才储备实现突飞猛进的增长，并继续保持快速增长的势头。

目前全校具有博士学位的教师占专任教师总数的62%，较2008年增长一倍，45岁以下的中青年教师占专职教师总数的60%，已成为学校建设和发展的中坚力量。学校大力实施“宁静致远工程”，营造良好的治学研究氛围，努力为高端人才提供一站式服务。加大对中青年骨干教师的培养力度，选派500多名具有发展潜力的中青年学术、教学骨干和科级管理干部出国（境）进修、访学，为学校未来发展储备人才。

（四）人才培养取得重要突破

人才培养是大学的根本使命。2008年以来，学校在广东的文科投档线均保持第二，2008年理科投档线全省第一，其余年份稳居全省第三。在内地其他20多个省市区的录取分数线平均超过当地重点本科线20—50分。研究生方面，实施优质生源工程，研究生报考呈现“万人千校”气象。2013年，我校硕士生考录比达到5：1，博士生考录比达到6：1，远超全国平均考录比3.1：1；录取的硕士生来自国家“985”“211”等重点大学的本科毕业生占60%，较2008年增长一倍。

2011年，我校研究生院正式挂牌成立，成为广东省第三所设立研究生院的高校。目前我校在校研究生规模已突破万人大关，进入全国研究生教育培养大校行列。港澳台侨和外国留学研究生稳定增长，2012年达到1 332人，比2008年增长21.7%。学校研究生与全日制本科生之间的比例达到1：1.8，新入学学术硕士与专业学位硕士比例达到1.2：1，正稳步向研究型大学和研究生教育强校转型。我校首创的以新生训练营来开展入学教育的做法，受到学生的普遍欢迎，满意度高达88.6%，得到社会各界的高度关注。我校新闻与传播学院作为广东省联合培养示范基地，其改革成效和经验得到教育部、广东省的高度肯定，被广东省遴选为经典案例。

近年来，我校学生在“挑战杯”中国大学生创业计划竞赛、全国大学生数学建模竞赛、全国大学生运动会等文体科技竞赛中屡创佳绩。学校毕业生总体就业率在同类高校中一直名列前茅，历年本科生就业率均超过95%，研究生就业率均超过96%。在选择出国（境）继续深造的毕业生中，有超过70%的学生成功申请进入牛津大学、哥伦比亚大学、芝加哥大学、杜克大学、加州理工学院等世界一流大学继续深造。

（五）国际合作取得重要突破

国际化办学一直都是暨大办学的方向与特色。改革开放以来，学校与世界五大洲32个国家及港澳台地区科教、文化机构签订200多份合作协议、谅解备忘录，其中一半为最近6年签署。2008年以来，我校增设4个境外研究生培养基地。目前在美国、新加坡、缅甸等国家和香港、澳门地区共开设11个研究生培养基地，覆盖14种专业。2011年，我校通过AMBA认证，成为我国内地第5所通过该认证的大学。2007年以来，学校与美国、俄罗斯、香港的高校和研究机构共建9所联合实验室，在再生医学、脑科学、创新药物、空间科学等世界科技前沿领域开展合作，充分展示了我校前沿研究领域的国际影响力。

（六）服务社会取得重要突破

自1978年复办至今，暨南大学共为广东培养各类高素质专门人才10万余人，在广东的广州、深圳、东莞、珠海等地建立了十几个校友组织。暨大校友活跃在南粤大地的政商学界等各行各业，成为广东全面建设小康社会的中坚力量。目前我校在校的广东学生超过2万人，占在校学生总数的一半。过去几年，学校克服校本部空间狭窄、学生宿舍床位紧张的困难，面向广东的本科招生逐年递增，2013年招收广东生源数量达到2 128人，占学校每年录取内地生总数的一半以上。

学校已与广东的佛山、中山、韶关等7个地级市签订全面合作协议，开展产学研合作；成立全国高校首个应急管理学院，培养、培训社会急需的应急管理人才和领导干部；组建三个国家级、省级产业技术创新联盟以及东莞研究院、韶关研究院、顺德研究院，加快科技成果转化；拥有16家实力较强的附属医院，以优质医疗资源服务于珠三角地区人民群众；由我校教授担任主编的《广东华侨史》编修工程得到广东省委省政府的高度重视，获汪洋书记亲笔批示，朱小丹省长亲任编修工程领导小组组长；积极承担包括“文化强省”“东江流域水环境治理”等重大项目研究，获得良好的社会反响。

（七）办学条件取得重要突破

2008年以来，面对学校建设过程中形成的数亿元贷款、港澳学生国民化待遇之后形成的巨大财政压力，在国务院侨办、广东省委省政府的高度重视和大力支持下，学校领导班子积极联系各级领导部门和学校校董校友，通过多种途径化解债务、争取支持，终于在2012年化解部分债务，使学校的财务状况得到好转。

2008年以来，学校不断改善办学条件，附属第一医院新住院大楼顺利竣工，珠海校区硬件设施更加完善，经济学院大楼修缮一新，学校排水改造工程顺利完工。经过上下的艰苦努力，学校番禺新校区建设不断取得重大进展，已被广东省政府列入2013年广东省重点建设项目、广州国际创新城首批启动项目，目前部分项目已经开工建设，预期在2014年9月完成新校区一期首批建设项目，将为学校的长远可持续发展带来宝贵的办学空间。

过去的五年，是改革攻坚、努力破解发展难题的五年；是科学发展、学校建设实现新跨越的五年；是为侨服务、着力打造侨校特色的五年；是服务社会、新亮点不断呈现的五年。五年的办学实践让我们积累了许多宝贵经验，概括起来就是“六个必须”：

一是必须始终坚持国务院侨办、广东省委省政府的正确领导，充分发挥学校董事会在决策指引和发展支撑方面的重要作用，按照国家侨务工作总体部署和高等教育发展战略开展各项工作，为实现中华民族伟大复兴的“中国梦”而凝心聚力，贡献力量。这是学校未来发展的明确方向。

二是必须始终坚持“宏教泽而系侨情”的办学宗旨，正确把握“侨校”与“名校”的关系，“一手抓侨校建设，创品牌；一手抓名校建设，上档次”，突出特色，找准定位，深度挖掘和涵养侨务资源，积极为国家侨务事业发展作贡献。这是学校未来发展的总体战略。

三是必须始终保持高瞻远瞩、敢为人先、迎难而上的改革精神，牢牢把握时代特征，紧紧抓住发展机遇，积极寻求社会各界的支持，通过不断改革创新，努力破除学校发展道路上的各种障碍。这是推动学校科学发展的根本动力。

四是必须始终坚持“质量是生命，创新是灵魂”的办学理念，充分把握高等教育发展规律，大力推动教育创新和内涵建设，不断深化教育教学改革，切实提高教育教学质量。这是不断提高学校综合实力的根本途径。

五是必须始终坚持以人为本的发展观，把师生员工的根本利益作为学校一切工作的出发点和落脚点，充分尊重师生员工的创造精神，团结和依靠师生员工，坚持依法治校，实施民主管理。这是实现学校可持续发展的力量源泉。

六是必须始终坚持弘扬暨南大学的优良传统和“忠信笃敬、知行合一、自强不息、和而不同”的暨南精神，加强校风、教风和学风建设，重塑大学文化，营造良好的学习和学术氛围。这是推动学校朝着研究型大学迈进的文化支撑。

在取得巨大成绩的同时，我们也清醒地认识到，学校的发展仍面临着一些困难和问题。

一是新校区建设资金缺口大，工期紧张。二是人才队伍建设不容乐观。如果发展空间和人才队伍建设这两个关键问题不能得到解决，暨南大学的发展将极大地受到限制。对此，我们深感时间紧、任务重、压力大。

第二部分　未来学校发展的总体思路

2010 年和 2011 年，党中央、国务院先后印发《国家中长期教育改革和发展规划纲要（2010—2020）》和《国家侨务工作发展纲要（2011—2015）》，国家关于教育改革发展和侨务工作的重大部署，为暨南大学“十二五”和未来一个时期的改革发展指明了方向。

“十二五”时期，学校的总体发展思路是：深入贯彻落实党的十八大精神，坚持正确的指导思想，牢牢把握工作主线，采取两大战略措施，使学校的综合办学实力和为侨服务能力再上新台阶。

一、指导思想

坚持“面向海外、面向港澳台”的办学方针，坚持“侨校＋名校”的发展战略，坚持“质量是生命，创新是灵魂”的办学理念，以全面实施“宁静致远工程”为核心，统领学校各项工作，紧密围绕侨务大局，全面提高办学质量，向特色鲜明、国内一流、国际知名的研究型大学阔步迈进。

二、工作主线

紧紧抓住和用好发展战略机遇期，落实两个纲要（国家教育改革发展纲要、国家侨务工作发展纲要），秉承一个宗旨（宏教泽而系侨情），坚持一个核心（全面提高办学质量），实施一个规划（学校“十二五”暨 2020 年中长期发展规划），做好两个服务（为侨服务，为国家和地方经济社会建设服务），加快新校区建设，为推动学校从研究教学型大学向研究型大学转型奠定坚实基础。

三、战略措施

学校“十二五”暨 2020 年中长期发展规划核心内容可以概括两大部分：一是提升综合实力，即建设“名校”，二是强化办学特色，即打造“侨校”。

（一）提升综合实力

抓住发展机遇。“十二五”期间，学校将以全面贯彻落实国家“高等学校创新能力提升计划”为重点工作，加快组建培育以“华侨华人与中国和平发展”和“粤港澳新药研发与产业升级”为代表的“2011 协同创新中心”，力争能在 2016 年获批 1—2 个国家级“2011 协同创新中心”，2—3 个省级“2011 协同创新中心”，按照广东省教育发展战略总体部署，加快学校“四重”（重点学科、重点人才、重点平台、重大科研项目）建设步伐，推动学校整体实力再上新台阶。

加强学科建设。以“211 工程”建设为龙头，进一步提升学科建设水平和核心竞争力。到 2018 年，力争新增 1 个“985”优势学科创新平台，3—5个国家重点学科，4—6 个省重点学科，5—6 个学科进入 ESI 世界排名前 1% 行列；增加 3—6 个博士学位授权一级学科专业，3—6 个硕士学位授权一级学科。

优化师资队伍。实施“双十”计划，力争至 2020 年实现培养和引进 10 名长江学者、10 名杰青的目标；实施“五个一百”工程，即培养 100 名中青年教学骨干，培养 100 名中青年科研骨干，资助出版 100 部专著，每年资助 100 名教师参加国际学术会议，每年选送 100 名教师到国内外高水平大学或研究机构进修，提升师资队伍的整体水平。

深化教学改革。实施本科生培养体系改革与质量工程，完善内外招学生培养体系，不断提高学生综合素质和就业竞争力。实施研究生优质生源工程和“攀登计划”，不断完善拔尖人才培养和激励机制，切实提高研究生教育质量。力争到 2015 年全日制硕士、博士比例接近 5：1，学术型研究生招生与应用型研究生比例达到 1：1，全国百篇优秀博士论文能有重大突破。

提升科研水平。进一步创新科研体制机制，加强科研团队建设，打造科技创新平台，不断提升科学研究服务国家和地方经济的水平和能力。到 2018 年，力争获批 1 个国家重点实验室，3—4

个省部级重点实验室；1个国家工程技术研究中心，2个省部级工程技术研究中心；1—2个教育部人文社科重点研究基地。力争获得国家“973”计划、“863”计划、国家科技支撑计划首席项目主持1—2项，课题主持8—15项；国家科技重大专项1项，课题主持10—12项。建设15个省部产学研结合示范基地，组建5个左右的产学研创新联盟，建设10个左右的粤港澳产学研合作平台。

改善办学条件。以新校区建设为契机，进一步明确各校区功能定位，分阶段调整校区和学科布局，不断改善学校的办学条件，为今后学校的进一步发展奠定良好基础。

（二）强化办学特色

培育海外华裔新生力量。将培养华裔学生作为为侨服务，涵养侨务资源，促进侨务工作可持续发展的核心任务。完善和强化学校在港澳台侨人才培养过程中已形成的招生选拔制度、培养管理模式两大特色，营造优秀的校园文化，培养和壮大更多的海外友好力量，增强华裔学生对祖（籍）国的情感和认知。学校新校区建成之后，将为稳步扩大华裔和港澳台学生数量，提供更大的空间。

创新华文教育的内涵与形式。加快建设华文教育研究院，建成华文水平测试中心、华文教材研发中心、华文教育服务平台、华文教师资格认证中心和海外华语研究中心五大平台，打造集科研和产品开发为一体的综合性的研发平台。抓住华文教材、华文水平测试、华文教师资格认证三个重点项目，打造一批标志性成果，努力为海外华文教育事业作出更大贡献。

提高侨务研究的能力与水平。围绕国家侨务工作全局性、战略性、前瞻性和基础性重点课题，进一步整合研究力量，推行“创新平台计划”“侨务梧桐计划”“研究拓展计划”“信息保障计划”，搭建研究平台，凝练研究方向，承担重点重大项目，加强理论研究，全面提高侨务政策理论研究的能力与水平，为构建中国特色侨务理论体系服务。

加强侨务舆论工作学科支撑。充分发挥新闻学重点学科的资源优势，以“媒体实验教学中心”国家级实验教学示范中心、“海外华文文学与华语传媒研究中心”、广东省重点人文社科基地为依托，着力建设“华领”“华青”“华舆”“华媒”和“华声”五大工程，力争在改善国家外部舆论环境、提升中国形象、增强国家软实力等方面发挥积极的作用。

各位董事、各位领导，目前暨南大学已经进入加速发展的关键时期，在国务院侨办和广东省委省政府的坚强领导和诸位董事的热心关怀、指导下，暨南大学全体师生员工有信心、有决心奋发图强，加倍努力，争取早日把暨南大学建设成为特色鲜明、国内一流、国际知名的研究型大学！为国家侨务工作和广东建设经济强省、文化大省、南方教育高地作出更大贡献！同时，我们也深信，诸位董事一定能履行“进一步办好暨南大学，使之在海内外具有良好声誉”的使命，一如既往地积极为学校的发展出谋划策，贡献力量，开创暨南大学事业发展的新局面！

我的汇报到此结束，谢谢大家。

国务院侨办主任裘援平莅校视察

综述

6月3日，国务院侨务办公室主任裘援平到学校视察指导工作，听取学校办学情况汇报，看望干部师生，并代表国务院侨务办公室党组，对百年侨校的光辉历史、深厚积淀表示赞扬，对学校近年来的办学成绩和为侨服务工作表示充分肯定，对全校师生表示慰问，并对学校的未来发展作出具体指示，提出殷切希望。国务院侨办文化司司长雷振刚、副巡视员梁智卫，校领导胡军、蒋述卓、叶勤、刘洁生、林如鹏、宋献中、饶敏陪同视察并参加学校工作汇报会。

胡军校长向裘援平主任汇报了学校的历史沿革、办学特色、整体实力、发展规划等方面情况。他表示，进入新百年以来，学校在学科建设、人才培养、科学研究、社会服务等方面取得了较大进步，整体实力得到了很大提升。在学校处于跨越式发展的关键时期，裘援平主任莅校视察指导工作，使全校师生倍感鼓舞和振奋，学校将以此为契机，全力推进学校番禺新校区建设、“2011协同创新中心”申报、落实部部省共建协议等重点工作，不辜负国务院侨办党组和裘援平主任对暨南大学的殷切期望。

听完学校领导汇报后，裘援平主任指出，暨南大学在长期的办学历程中，不辱使命，很好地履行和完成了党和国家赋予的办学使命和任务，是名副其实的“华侨最高学府”和中国华侨高等教育的龙头，为国家和广东的发展建设、为弘扬中国的优秀文化、为祖国的和平统一、为维护港澳地区的繁荣稳定都作出了独特而重要的贡献。学校新一届领导班子上任以来，始终坚持“侨校+名校”的发展战略，团结带领全校师生，开拓奋进，学校的综合实力和办学质量有了明显的提高。

裘援平主任强调，党的十八大召开以后，习近平总书记提出了团结海内外中华儿女，实现中华民族伟大复兴的“中国梦”。作为华侨高等学府，暨南大学要紧紧围绕党和国家内外工作大局的需要，找准服务国家发展大局的切入点和着力点，要紧紧围绕实现“中国梦”，做好未来的各项工作。

裘援平主任指出，暨南大学是国家开展侨务工作、实现“中国梦”可以依靠的重要力量，国务院侨办对学校的未来发展寄予厚望。她对学校“十二五”时期和未来发展提出五点希望和要求：

一是要继续提高为国家高等教育和侨务事业服务的能力。要以党的十八大精神为指引，紧紧抓住发展的战略机遇期，进一步加强校院两级领导班子建设，增强治校能力，改进工作作风，集中力量想大事、谋大事、办大事，推动学校各项事业取得全面进步。当前尤其要高度重视第二轮国家“2011 协同创新中心”的申报，切实履行牵头单位的职责，整合侨务系统内部资源，服务侨务工作的重大需求，让暨南大学“华侨最高学府”的光泽更加闪亮。

二是要继续做好“侨”的文章。学校要根据世情、国情、侨情变化，以及侨务工作的新形势和新要求，从华文教育、侨务工作现实、理论问题研究等方面入手，发挥优势，团结海内外中华儿女，凝心聚力，共同实现中华民族伟大复兴的“中国梦”。

三是要抓住进一步发展的各种机遇。要积极服务建设创新型国家的时代需求，主动融入地方社会经济建设，以服务求支持，以贡献求投入，使暨南大学的建设与发展成为广东省打造南方教育高地战略的重要组成部分。

四是要进一步增强影响力。要高度重视人才的作用，继续坚持人才强校的战略，为人才创造良好的治学环境和工作氛围，特别是要注意引进和培养一批年富力强的学科带头人和学术团队，推动学校整体实力再上新台阶。

五是要高度重视新校区建设。要加快工程进度，确保工程质量，力争按照原定计划，在 2014 年 9 月完成一期首批工程的建设工作，保证新生按时入学。

裘援平主任表示，国务院侨办将一如既往地支持暨南大学的各项工作，为学校未来和长远发展营造更好的外部环境和条件。同时对学校全体教职员工对暨南大学发展建设所付出的心血表示衷心的感谢。

会后，裘援平主任参观了学校校史馆、图书馆和附属第一医院新住院大楼。

4 日上午，裘援平主任一行驱车实地视察了学校番禺新校区建设工地。

校长胡军向教育部领导汇报部部省共建成效与国际化办学情况

概述

6 月 7 日上午，在教育部主楼会议室，教育部副部长杜玉波会见了国务院侨办副主任马儒沛。国务院侨办文化司司长雷振刚、副巡视员梁智卫，教育部发展规划司副司长张泰青、人事司副司长廖舒力、科技司副司长雷朝滋、国际司副司长生建学和高等教育司副巡视员韩筠参加了会见。校长胡军作了部部省共建暨南大学两年多来成效专题汇报。

杜玉波副部长和与会人员一起回忆了 2011 年 4 月签署共建协议的情景，马儒沛副主任对教育部及杜玉波副部长两年多来对暨南大学的关心和支持表示感谢并简要介绍了共建以来学校的发展成效。

校长胡军对教育部与财政部共同支持学校化

解债务、教育部与国家外专局批准学校首个“111计划”、大力支持学校设立“创新药物研究优势学科创新平台”等表示感谢，重点从学科和师资队伍建设、科研实力提升、教育质量提高、华侨华人与华文教育、国际交流与合作、番禺新校区建设6个方面汇报了学校所取得的重要成绩，并就学校下一步发展需要教育部提供的支持表达了愿望。教育部各司领导从不同角度解读了教育部相关政策并表示将充分利用共建体系支持暨南大学。

听取校长胡军的汇报及教育部各司领导发言后，杜玉波副部长指出，国务院侨办、教育部、广东省共建暨南大学两年来，取得了非常好的效果，搭建了一个更大的交流平台，希望暨南大学能够总结经验再创新成绩，教育部会一如既往地关心支持暨南大学实现跨越式发展。一是继续支持人才工程项目，包括长江学者、新世纪优秀人才等，希望暨南大学能充分利用广东地域优势，育引并举，加强人才队伍建设；二是继续支持和指导学校协同创新中心的建设和申报工作，希望暨南大学要进一步把握协同创新中心的内涵，要突破体制框架，创新机制，实现三位一体创新能力的提升；三是积极支持暨南大学遵照教育部“国际一流，国内急需”的精神，选择国际高水平大学进行合作办学，创新运行管理模式，开拓建设特色学科；四是充分考虑暨南大学扩大招生规模的诉求，并同时建议学校进行存量结构优化。

·专　文·

校长胡军在2013年春季全校中层干部会议上的讲话

（2013年2月28日）

今天的会议主要有两方面的内容：第一，我先代表班子把学校中心组学习的一些情况、我们的一些思考、新学期的一些工作向大家作一个通报。第二，蒋书记就党的建设和学校的一些工作做指示。

首先，我把中心组学习的情况做一个介绍，主要有两个方面的内容：一个是转变的问题，结合现在中国的教育、学校的情况，我们将发生哪些转变；另一个是本学期主要的工作，从几个方面做一个具体的布置。

我概括一下有八个方面的转变。

第一个转变是从管理内涵上来讲，是从制度建设到文化建设的转变。这里面主要谈五个观点。第一个观点是大学要发展，制度建设很重要。但是制度的本质不是仅仅写在纸上的条规，而是像孟德斯鸠《法的精神》中讲到的，它是一种深入人心的精神。所以制度本身也是一种文化，是一种精神。第二个观点是不太好的制度比没有制度更糟糕。第三个观点是好的制度往往是简约的，好的管理往往是简单的，最高境界的管理是不见管理。一个大学、一个组织要想发展，没有制度是不可能的，它是团队的一个坚韧的架构。但是如果离开文化，制度很有可能成为一口越补越漏的锅。制度永远跟不上变化，没有文化的支撑，今天制定了制度，明天又发生了新的情况。第四个观点是制度只有在有监督的地方起作用，这是制度的本质，而文化是在没有监督的地方起作用。制度是他律，文化是自律。第五个观点是，一个企业的讲法，我认为对大学也适用。员工不敢做坏事，怕老板，这是人治；员工不能做坏事，是没有机会，这是法治；员工不愿做坏事，不想做，这是心治。所以可以这样说，人治是老板厉害，法治是制度厉害，心治是文化厉害。暨南大学要发展就必须要靠制度和文化。

未来要树立文化观念和共同的价值观非常重要，我想这个共同价值观念和文化观念，其实我们的暨南精神已经非常概括，大家仔细品味一下，“忠信笃敬，知行合一，自强不息，和而不同”。这些都是非常精要的文化理念，关键是我们现在只是写在墙上，它有没有体现到我们的行动上，有没有记在我们的心上，这是第一点。第二就是责任心，我在战略研讨会上已经阐述了这个问题，我们做任何事情都要对历史负责、对未来负责、对师生负责，要对我们自己所在学院和单位负责。所以大家一定要有责任心，如果没有责任心，一切工作都无从谈起。第三就是忠诚度，对我们这个大学，大家要忠诚，你在这里工作一天就要为这个大学服好务，要想着这个大学，不能做一些事情损害大学的利益，或者说拿着大学的俸禄在外面干自己的私活，或者有时候在课堂上骂这个大学，当然批评和骂是两码事儿，我们欢迎的是批评，不赞成的是骂。第四是精耕细作的文化，现在我们的大学发展很快，大家拿项目拿平台都干劲很高，但是拿到之后回来怎么做，这是一个很大的问题。我最近看到一个口号觉得非常好，希望大家能把它作为我们文化的组成部分，就是把常规的事做到极致就是创新，然后把创新做成常规就是文化。所以说我们所谓的创新不一定是要有个新的东西，你把很平常的事儿、把日常的工作做到极致就是创新，如果我们每个人都能把创新从偶然变成常规，那这就是文化。

第二个转变从个人角色来讲，就是我们每个人对大学、对国家，其角色的转变是从批判者到建设者的转变。现在从我们的国家、从我们的个人、从我们的大学，大家都要拒绝急功近利，要正视个体的责任，并且不忘推己及人。现在要防止两种情况：一种是沦为功利主义的俘虏，把自己的知识和能力用来分一杯羹，放弃对自我价值的追求，事不关己、高高挂起，就是国家、大学爱怎么着就怎么着，和我没关系，我根本也不关心。另一种是对大学坚持批判的态度，对社会、对一些事物坚持批判的态度，但是仅仅是停留在批判上，拿不出解决问题的方案，那么这也是空谈。这两种情况的共同特点都是忘记了自己对国家包括对大学的义务和责任。有些同志不满意自己的社会角色，但是也拒绝承担对应的社会责任，那么人人宣称自己是受害者，但是人人又是加害者。这种情况出现是非常不好的，当然这是极个别现象。

第三个转变就是学科取向上从顶天到立地的转变。目前其他大学乃至整个社会的发展都有这么一个转变。这种转变有这样几个问题值得探讨：第一，我们提出暨南大学要建设成为一个研究型大学，但是大家可能没有仔细研究是什么样的研究型大学，我们一个教授和我探讨这个问题的时候，我觉得他的观点有一定的启发性。他说根据学校的情况，我们有顶天的东西，但是毕竟少，所以我们要立地，所以暨南大学应该是叫应用研究型大学，这个观点值得我们探讨。我们知道大学研究有基础研究，有应用研究，那根据学校的现状，我们应该是应用研究型的大学。第二，大家要看到，目前国家的动态是科学学位向专业学位的转变，这个力度比较大，原来是说2015年科学学位和专业学位的比例是1∶1。前不久我们开了一个会，国务院的学位办的领导同志说这个比例不够，因为他们调研之后，90%的科学学位的硕士研究生出来之后没有做研究，也没有搞教学，而是到了实际工作岗位服务；这90%的硕士研究生不适应工作岗位的需求，只会从理论到理论。所以根据这个情况，专业学位的比例可能在以后会继续提高，比如说提高到70%或80%。这对我们来说是一个挑战，就是现在我们的同志、我们的教授们，大家已经习惯了科学学位的教学理念和研究方法。但是对于专业学位，我相信大家可能没有那么多的经验。我们现在有一万多研究生，硕士有七八千，如果百分之七八十都是这种研究生的话，我们怎么去适应这个转变？第三，就是学科专业的调整，我们大学学科发展很齐全，但是从文科来讲有缺憾，比如说我们没有哲学，或者说只有个别同志研究哲学；比如说我们没有社会学，而哲学社会科学是一个整体，它的发展对其他学科如管理学、心理学甚至对理工医方面的学科发展都是有支撑作用的。暨大是一个综合性大学，这些学科没有的话可能是个缺憾。从总体来讲，我们有理工医，但是工科不够发达，而工科恰恰是广东省和国家极力鼓励发展的学科。再比如我们的海洋学科，这是广东极力推荐大力发展的一个学科，我们也在准备成立海洋学院，但是条件还不太成熟。因为我们讲了现在只是目前结构的变动，不同人的重新划分产生不了新的竞争力。工科现在学校非常重视，有几个研究院分别成立，明天到东莞建立一个研究院，这个研究院是无偿的，东莞在松山湖给一千平方米的办公场地，然后给两千五百万的启动经费。我们的韶关研究院也不错，但是那儿只有一个教授单枪匹马带着几个学生。这方面我们想不能盲目发展，成熟一个发展一个，但是可能要加快一点。第四，最近我们开了全省的学位委员会，有一个动态在座领导要知道，今后研究生培养机制还要动态调整，什么概念呢？就是说你的硕士研究生，你的专业没人报，或者说根本不受欢迎就要调整，但是这种调整是为了鼓励大学，同时会让你自己补一个，所以叫动态调整，那么这个调整的核心和目的是要我们研究生的培养要面向市场，希望能引起大家的重视。

第四个转变是大学的评价方式要从单一评价向多元评价转变。这也是一个大趋势，里面又有几个方面的转变。一是应该如何去定位和评价一个老师是教学型还是科研型。二是今后的评价要鼓励应用型人才。

第五个转变是办学模式从封闭向开放的转变。首先是“2011协同创新计划”，这是我们下一步的工作重点，我们现在成立了很多中心，也都挂牌了，但是实际运作怎么样，这个确实是一个挑战。可能我们的大多数同志还是满足于自己的课题和项目，可能对外的这方面还是做得不够。我们面临的挑战就在于我们校内的协同就做得很不够，就在一个行政框架之内，大家的协同都有问题，那么跳出了行政框架之外，这种协同到底怎么去做？所以说这个是一个问题。

第六个转变是办学机制从稳定向竞争转变。现在暨南大学不能叫超稳定结构，但是比较稳定，基本上人进来了就是进来了，今后要从稳定向竞争转变。大家要认识到内部竞争的重要性，大家知道原来管理学校的常识是一个单位、一个大学之内不能设两个相同的部门，因为资源浪费，但是新的研究发现一个单位表现出来的外部竞争力是由内部竞争的力度决定的，就是内部竞争越激烈，可能外部就会产生更大的竞争力。所以大学未来的发展也要把竞争引到大学的体制内部，作为一个重要的机制来进行设定，包括打破壁垒，让能者上，你能唱多大的戏，学校就给你搭多大的台。

第七个转变是领导方式从线性向网络的转变。现在社会发展得越来越快，业务越来越复杂，但是管理要求你把责任权利明晰，所以我们现在是对一个有机整体进行人为的切割。比如说我们昨天探讨了校领导有不同的分工，每个人管一条线或者几个部门。在这种情况下，从管理学上讲最重要的是分了之后你怎么能合，这是摆在我们班子面前的一个要解决的任务。我们的各部处、各学院、各学院与各部处之间，大家作为一个独立的整体，有自己独立的利益和边界，但是暨大要发展，要作为整体发展就必须要打破边界，这也是一个转变。

第八个转变是办学资源从奢华向节俭转变。我们也谈到了资源有偿占用的问题，我记得是在前年的战略研讨会上提出的问题，但是到现在也没有实施，一方面反映我们面临的问题比较复杂，另一方面是不是也可以理解为我们办事太拖了。这个是大势所趋，大家要认识到，大学的经费今年已经达到了20个亿，经费很多，但是更要节约，现在我们这方面的概念不太明确，所以下一步我们要在这方面做些努力。

我想下学期的主要工作有这么几个方面：首先是我们探讨得比较多的班子建设，班子建设既包括学校的班子建设，也包括学院的班子建设。这方面建设不是空谈，我们学校的领导班子建设得到大家的认可，每次的评估大家都给了很高的评价，也得到了上级领导的认可，也可以说得到了社会的认可。但是我们认为面对这么大的一个群体，面对这么一个挑战，我们还有许多改进的空间。我们学院的班子也是一样的，比如在学院也有一些新上任的领导，大家作为一个班子、作为一个集体，如何能够团结一致，怎样能按照规矩办事，怎样遵守必要的规则，学院班子也应该自我反省一下，要加强班子建设。加强班子建设有三个方面，从我们班子来讲第一要转变作风，二是营造学风，第三是改进文风。转变作风可以从这么几个方面着手：一是我们马上按照中央的要求和八项规定，按照国务院侨办的要求，出台一个关于班子的这方面的文件，这个文件在讨论之后就会出台，请大家监督、多提意见。我觉得我们一个核心就是要抓大事，不要把时间放在迎来送往，而是要多调研，深入基层多解决实际问题。第二是营造学风。学习主要是防止知识的老化、思想的僵化和能力的退化，我相信大家都有体会。三是改进文风，杜绝形式主义、官僚主义、教条主义，就是大家要说实话、说短话、说有用的话。包括能不能真正落实减少会议的次数，不让大家每天沉溺于文山会海之中，我们也在想办法。

其次是着重强调人才队伍建设的问题。我们的人才队伍建设应该说自从我们开了第一次人才工作会之后，学校的人才队伍建设取得了很大的成就。比如说我们之前已经成功地引进了四名“杰青”、一个“千人”，现在我们自己又有一个“千人”和一个“杰青”，然后又产生了一名“杰青”，所以暨大现在有六个“杰青”、两个“千人”。我们最近又引进了一个院士团队，苏国辉院士从过去和我们合作，到现在全职到暨大工作，带来了一个团队。人才数量不是GDP，它的背后是对我们大学实实在在的贡献，是对我们大学名气的进一步的彰显，是大学发展所必需的。我的体会就是没有梧桐树引不来金凤凰，所以首先我们得有大树，我们要多引些大树，多种些大树，这样的话才能有更多的人才来。我们自己的队伍建设也取得了很多成绩，也产生了包括“杰青”在内的很多国家级人才，学校的措施实施力度也很大，各个相关部门都有扶植计划。今年我们实行“宁静致远工程”的行动计划，一个核心就是要继续加大力度，为现有人才和引进人才提供更好的条件，让他们凝心静气地做好研究。我们的口号是立足培养，积极引进。大家要辩证地看待这个问题，我们取得很多成就，但是不是还有问题呢？问题还有。问题在哪呢？第一，认识不到位，至少还是有些同志的认识不到位；第二，措施不到位；第三，政策不到位；第四，体系不到位。认识不到位是指大家还没有完全真正认识到人才的重要性，我们有些学院确实做得不错，但也不是所有的学院都做得很好。措施不到位是指我们整个人才引进配套措施不到位，主要是指支持的力度和政策不到位。政策不到位就不说了。体系不到位就是说人才进来之后缺乏良好的环境。国务院侨办的马儒沛副主任来的时候讲得很清楚，人才为什么要来你这儿？除了你这里一些优厚的条件之外，你的环境很重要。但是我现在感觉最大的问题在于人才来了之后普遍遇到了很多问题。所以学校必须形成一个好的氛围，大家都要真正重视人才、关心人才，重视他们、关心他们，然后他们可以为大学做更多的事儿，大学好了，大家都会好，所以这个认识在政策、在措施上一定要到位。我们下一步还是要大力培养人才，对于引进人才要有计划、有规划，要根据学科的分布有计划地做这些事。

再次，新校区建设。新校区准备三月份动工，最大的问题有两个：一个是资金问题，未来解决资金问题的排序是这样的，第一贷款，第二做BT，第三盘活资产，第四就是社会集资。我觉得资金问题，大家都要想些办法，我们建得越早越好，早一天建成，暨大就早一天迈上新的台阶，这个大家都要高度重视。另一个问题是各部处的协调和重视，希望大家都要重视新校区建设，形成合力。

然后是狠抓落实，提高执行力建设。狠抓落实是我们面临的大问题，我们有很多好的设想，但是这些好的设想、好的方案只是停留在设想上面，没有去抓落实就是空的，再好都没用。这么多年我们一直讲执行力，现在看来还是有缺陷，当然现在我所讲的问题不是我们暨南大学独有的问题，整个社会也都这样，所以我们能不能比别人做得更好一点？我想抓落实有这么几个方面：第一是围绕中心抓落实，我们的中心是什么呢？我们的中心就是“质量是生命”，所以抓质量是我们的核心；创新是灵魂，所以我们要围绕这个抓；宁静致远也是我们的一个核心，实际上这都是统一的，就是质量，就是我们各方面工作的质量，我们的教学质量、我们的科研质量、我们的行政工作质量，所以就围绕这个来抓。那么我们要找到抓手，找到项目，抓手是什么呢？一是重点学科。我们有24个广东省重点学科，这次参加教育部的评估有7个上了榜。当然目前有一点点小问题，问题在于什么呢？就是有些学科没有参加这个评估，结果榜上无名，下次我们要吸取这个教训。二是重点平台，三是重点人物，四是重点项目，这都是我们的抓手。我们要通盘考虑，科学安排各项工作，抓要事、攻难事、办大事，最重要的是把目标细化为一项项的工作举措，落实到一个个具体的工作中，见成效。

第二是统筹兼顾抓落实，要立足当前、谋划长远，统筹安排全面的工作，形成目标明确、路径清晰、责任分明、措施有力的行动方案，要善于抓主要矛盾，就是特别要统筹兼顾，既要顾我们当前，也要顾长远、顾未来。昨天我们也谈了，说每个人的生命都是有限的，每个人的工作时间也是有限的，你在位的时间也是有限的，但是不是你只考虑你眼前这点儿事，是不是只考虑你这届这点事？我们上次讲这就叫不负责任，如果要负责任的话要考虑得更长远，我们做一天就要为这一天负责任。所以我们有时候觉得做校领导的压力也都比较大，这么一个大学未来怎么走，面对这么激烈的竞争，不进则退，到底应该怎么办？确实感到压力大，甚至有点诚惶诚恐。

第三就是强化督查抓落实，我们的执行力不强，下学期我们想采取一些措施，一是恢复行政协调会，因为上学期我开了几次行政协调会，不开问题就解决不了。二是继续加强督办科的作用，可能要扩大这支队伍，有的时候时间浪费是最大的浪费。三是引入外部评价机制，我们觉得评估很重要，也成立了一个评估委员会，这个委员会成立之后在单项的评估上发挥了重大的作用。但是这不够，我们现在要全面的评估，比如说学校的教学质量、科研质量，要引入外边的评估，引入外来的专家进行评估，包括进行抽查，目的是抓落实，带动工作向前走。四是深化改革，破解发展难题，这个在这里就不想多讲了。

最后是营造环境、创造条件，为大学的平稳发展提供保障。有这么几个方面，第一还是民生的问题，随着大学的发展，大家也要在大学的发展中得到自己应有的收入，这是没有问题的。我想这方面大家就两方面看，一方面，学校随着发展一定会考虑大家的需求，另一方面，我们要更加努力把我们的盘子做大。第二是大家比较关心的青年教工的住房问题，我们也在尽全力解决，看新校区能不能得到一个比较好的解决方法，看我们校内还有没有潜力。第三是校园环境，包括停车场等等，去年我们有个方案会进一步修改，学校的停车问题、整个学校的环境问题，保卫处作出了很大努力，也见到了成效，但是还有改进的空间，我们现有的校区该改造的要改造一下，让它更舒适，尽管现在很多人来到暨大说这个大学很漂亮，环境很好，但还有很多细微之处不尽完善。我们的服务部门，比如图书馆、网络中心、实验技术中心等，都采取了很多措施为大家服务，但还是有很多改进的空间。所以我们觉得要营造一个好的环境，为我们的核心竞争力，为我们的教学科研一起努力。

我想今年的工作主要就是这些方面，我们"宁静致远工程"的行动计划有很多具体要求，我们开学之后会把一些重要的事项、这学期必须做的由校领导牵头来进行督办、来进行抓紧落实。

校党委书记蒋述卓在2013年春季全校中层干部会议上的讲话

（2013年2月28日）

各位同事：

大家新学期好。

刚才胡校长已经把我们班子学习的情况跟大家作了汇报，也谈到了关于几个转变的问题。这些观念、观点都非常有启发性，我完全赞同。这也代表了我们领导班子集体学习的收获。

在学习中，我们班子成员都有一个强烈的感觉，就是2013年，在十八大召开之后，中国步入了一个新的时代，以习近平同志为总书记、李克强同志为总理的新一届中央领导集体执政的新时代到了。虽然习近平同志领导下的新的中央领导集体执政到目前还只有一百来天，但是给大家的面貌是全新的，让人强烈地感觉到新的气息。中央的政策以及透露出来的信息，包括中国的外交政策、对外的形象都有了新的展示，给我们广大干部群众带来极大的鼓舞。所以，我想我们对于坚持走中国特色社会主义道路，建设成小康社会的目标，包括到2049年实现现代化的问题，都应该抱有强烈的信心。我们也有一个强烈的感觉，就是现在的中国领导人跟前几届领导人相比有自己的优势。毛泽东时代是革命战争年代，是靠战争来打江山，无暇顾及建设。小平同志开创了一个新的时代，解放思想，改革开放，发展生产力，解放生产力，为我们描绘了共同富裕这个伟大的目标。最近有一个外国人傅高义，写了一本书叫《邓小平的时代》。这本书反响很大，真实地描述了那个时代。江泽民同志提出了"三个代表"，指出我们执政党应该执政为民。我们党以前是革命党，现在向执政党转变是自然合理的，但是执政党怎么进一步有合法性，就要看你能不能代表人民利益。江泽民同志提出这个理论，是把中国特色社会主义理论向前推进了一步，明确要求我们党执政为民。胡锦涛同志进一步继承这个概念，提出了关于"以人为本"的问题和科学发展观的问题。科学发展观、"以人为本"的理念就是，社会要协调发展，不仅经济要发展，政治、文明也要协调发展，包括现在提出来的生态文明还得要发展。这都在一步一步地往前推进，中国特色社会主义理论在一步一步完善。

现在，到了习近平同志和李克强同志这一代新的领导集体，将要开展党的群众路线教育实践活动，这主要是针对干部，解决如何树立群众观念、怎么样为人民群众谋福利的问题。我觉得这一届新的领导人在三个方面有特色。第一，他们都有很强的国际视野。无论是习近平同志还是其他领导人同志，国际视野应该是越来越强了。外交政策上的调整把握又有了一种新的高度。为什么对钓鱼岛问题我们坚决抓住不放，而且是态度非常强硬，导致现在日本在此问题上还陷入被动。在外交问题上，我们国家现都有所调整，就在于我们的国际视野能够把握住，知己知彼中国就能立于不败之地。我们国内的一些事情也是站在国际视野上来做的，比如说反腐败的问题。那不仅仅是中国的现实问题，也是国际上现代化大国一致的要求，包括领导人出访，不要封路，要接近群众等等。在这个时代，你不能保持着过去的作风，不改变，那是不对的。第二个特色就是，我们这些国家领导人刚上台，危机意识就很强。王岐山同志推荐了托克维尔所写的《旧制度与法国大革命》。为什么推荐这本书呢？因为法国大革命之后的历史教训是很深的。有一个很重要的观点，大繁荣时代也有可能导致大革命。不要只看到我们现在都很繁荣，但是实际上我们内部矛盾还很多。我们一直把老百姓的希望值抬得很高，但是政策有时候又没有完全到位。在这种情况下，如何调整政府和百姓的关系，即调整各个利益集团和社会群体之间的矛盾关系，是我们现在要大力去做的。改革很艰难。有时一步没走好，就很可能导致群体性事件，引起社会的骚乱。这一届的领导人越来越多是学社会科学出身的。比如，习近平同志是清华大学人文社会学院马克思主义理论与思想政治教育专业毕业的博士。王岐山同志是学历史出身的。他们现在危机意识都很强。这种危机意识恰恰是我们解决矛盾所需要的。第三个就是这届领导人有很强的平民立场。他们都是从基层一步一步走上来的。习近平同志以前插过队，这二三十年来长期跟基层的干部交朋友，对基层情况比较了解。这种平民立场会使他们越来越为老百姓考虑。我们可以看到，“两会”以后有新气象，再接下去在政策上调整会有很多。我觉得大家要对建设中国特色社会主义抱有强烈的信心。要尽到做公民的责任，为这个社会作一些贡献。这些是我的看法，提供给大家一起切磋，不对的地方，请大家指正。

现在，我想说我们学校今年工作的重点。从目前来讲，一个是新校区建设，那是我们紧抓住不放的，再有一个就是“宁静致远工程”。“宁静致远工程”就是按照“宁静致远”的目标，去搭建、完善有关制度，建立“宁静致远”的文化。刚刚胡校长也谈了，制度与文化的问题。在这方面，我们能把“宁静致远”的制度完善好，让老师们能够平心静气地在这个校园里进行教学和科研，我们这个文化就形成了。以前，大家做事时都要计算工分、计算工作量。将来，制定的政策肯定会照顾到大家作出的贡献，但是斤斤计较、事事计较的考核办法是要改变的。你有大贡献，自然会给你相应的回报。我们都要改变过去那种观念，就是我作了贡献，你要马上给我记工分。今后，还是得从长远出发。比如说学科建设，你说你吸引很多大牌的教授来，三五年能打造一个学科，这自然是可以。但是从自己建设来讲，你没有十年、十五年的努力，学科建设就发展起来，那是不可能的。这里面就有一个协调创新的问题，必须大家共同打造。至于新校区建设，我们要求新校区在2014年招生，这是一个硬指标。我们之所以把新校区建设工程交给广州市重点建设办来做，就是为了在2014年9月份能正式进驻，能够招第一批学生。现在工程马上就动工了，各级招标已经完成了。大楼其实建起来是很快的，但是装修可能要大半年。明年7月份之前，至少我们基本建筑要建好，包括教学大楼、学生宿舍、图书馆、饭堂。接下来，我们就要看菜吃饭，有多少资金做多少事了。我们会按照马儒沛副主任的指示，拿更多的钱，争取一次性能够建得更完善。这是我们的目标。

刚刚，胡校长布置了学校工作。下面，我就从党建工作方面简单做一些布置。我们党委的工作要点也会发下去，所以我就提纲挈领地跟大家说一下。

第一，要深入学习贯彻党的十八大精神，为新校区建设和“宁静致远工程”提供精神动力和思想资源。我们要学以致用，围绕中心工作，采取多种形式、多种载体、多种渠道来开展学习贯彻党的十八大精神。各个部门应该根据自己的实际情况来制定学习的文件、讨论的议题。学校党委会有一个总体要求，会提供一个学习计划，但是各个单位、各个部门还应该根据自己的情况去开展学习。这个学习包括对党的十八大精神的理解，如何践行中国社会主义核心价值观，更重要的是要把我们的学生培养成为社会主义的建设者、接班人，能够自觉践行社会主义核心价值观。

第二，推动创先争优常态化、长效化，进一步提高党建工作的科学化水平。我们前两年开展了党组织示范点、党员示范岗的创建活动。去年，还在研究生和本科生中各评选出十五个优秀学生党员示范岗。十五个名额是非常少的，有些学院只有一个，有些只有本科生，有些只有研究生。这项工作的示范作用是非常好的，今后要继续做好。学院也可以自己开展创建示范岗的工作，自己评选自己学院的党员示范岗，通过党员的示范作用来推动我们的党建工作。

第三，突出重点，进一步加强干部队伍建设。今年是干部素质的建设年。围绕这个工作，我们会开展各种培训活动。今年会派七个干部去复旦大学、武汉大学、上海交通大学、中南大学等“985高校”挂职半年。学校工作很忙，为什么还要花那么大力气派他们去外校挂职呢？就是希望他们得到锻炼，把外校的经验带回学校。校内也将开展挂职锻炼工作。将从学院里选出一些教师到学校机关挂职，对他们进行培养和锻炼。去年，我们开了部门正职干部及转正干部的述职会，效果很明显，投票的结果和平时群众的评价、领导的评价大体一致。今年，我们还要召开届中述职会议，让大家做一次全面的述职，通过这个来提升干部的工作能力。

第四，建设优良的师德师风，建设文明校园。

主要通过形式多样的活动来建设师德师风。比如，工会一直在开展的师德师风标兵、先进集体的评选。在组织学生学习党的十八大精神方面，要围绕着开展“我的中国梦”主题教育活动，开展征文、演讲、讨论等活动，激发青年学子对于党的十八大精神的理解。学生就业工作、学生毕业文明离校、共青团工作都要进一步做好，打造文明校园，形成良好的暨南文化氛围。

第五，加强作风建设，推进党风廉政建设，营造风清气正校园环境，打造平安校园。这有五项工作。

第一项是要制定贯彻落实中央八项规定工作的实施办法。在这里我把中央八项规定的内容跟大家说一下。第一，中央政治局全体同志要改进调查研究，要轻车简从、减少陪同、简化接待，不张贴悬挂标语横幅，不安排群众迎送，不铺设迎宾地毯，不摆放花草，不安排宴请。第二，未经中央批准一律不出席各类剪彩，要精简会议活动，切实改进会风，严格控制以中央名义召开的各类全国性会议和举行的重大活动，提高会议实效，开短会、讲短话。上一次教育部开全国高校党建工作会议，会开了一天，没有摆花，也没有挂横幅标语。全国侨办会议也精简了很多。第三，要精简文件简报。第四要规范出访活动，从外交工作大局需要出发合理安排出访活动，严格控制出访随行人员，严格按照规定乘坐交通工具，一般不安排中资机构、华侨华人、留学生代表等到机场迎送。第五，要改进警卫工作，坚持有利于联系群众的原则，减少交通管制，一般情况下不得封路、不清场闭馆。第六，要改进新闻报道，中央政治局同志出席会议和活动应根据工作需要、新闻价值、社会效果决定是否报道，进一步压缩报道的数量、字数、时长。第七，要严格文稿发表，除中央统一安排外，个人不公开出版著作、讲话单行本，不发贺信、贺电，不题词、题字。第八，要严格执行住房、车辆配备等有关工作和生活待遇的规定。

最近，学校党政办、纪检监察办公室联合提出了一个学校实施方案，等到国务院侨办和省里的文件下来后，再进一步把这方面的管理落实起来。例如，校领导出席活动由党政办统一来安排，一般不出席一般性的庆典活动和学术会议，原则上不请非分管的校领导出席专项工作会议活动等等。另外，要执行外出请假报告制度，校领导班子、院长等也不例外。一般的联谊活动要从简，严禁大吃大喝，工作会议只能安排工作餐，学院各部门之间减少聚餐，不要请校领导。学校接待一般在校内用餐。当然，学校对外接待，确实有需要，可以在校外用餐，但要报学校党政办审批之后才能进行。

第二项是强化调研，倾听民意，进一步加强作风建设，包括做好民主党派等各方面的意见征求工作，倾听他们的意见，坚持群众的接待日，进一步发挥调查研究的作用。

第三项是关注民生，关心青年教师和离退休教师的生活，开好双代会。青年教师确实存在很多困难，我们也会努力去帮助他们。学校工会委员会专门成立一个青年教职工委员会，专门打造一个交流渠道。

第四项是改进机关作风建设。这不仅指学校的机关，也包括各个学院的机关，希望各学院也强调。

第五项是打造平安校园，和谐校园。保卫处的工作一定要做好，维护好校园的稳定，让大家有一个舒心的环境。我们学校的任务要比周边学校困难得多，夹在两条主干道之间，确实很难管理。保卫处已经作出了很大努力，相信一定会做好的。党建工作就说到这里。

· 重要文件 ·

暨南大学实施“宁静致远工程”2013行动计划

2013年，是不平凡的一年，是我们贯彻党的十八大会议精神，全面推进各项事业发展的重要一年；也是我们深化改革，不断创新，攻坚克难的关键一年。在这新的一年里，我校将继续实施“宁静致远工程”，重点抓好人才队伍建设，全面提高教育教学质量，加快体制机制的改革与创新，使我校人才培养、科学研究、社会服务和文化传承创新等方面上一个新的台阶。

宁静致远，从行为层面上认识，就是要勉励大家能够心无旁骛、一心一意、专心致志地做好自己的事情，为远大的理想和抱负坚持不懈。因此，实施“宁静致远工程”，既要志存高远，又要脚踏实地；既要着眼未来，又要立足当下。万里长征，始于足下。2013年，学校实施“宁静致远工程”的主旨就是要“转作风，抓质量，上水平，促发展”；就是要围绕“人才、质量、制度、保障、‘三风’建设”等若干重大问题争取突破，力求实效。

一、加快步伐，举全校之力，重点培养与引进高层次人才

今年3月，学校将启动分层次人才培养遴选计划，切实通过改善工作条件与生活待遇，促进一大批拔尖人才成长，以形成具有竞争优势的学术梯队，为学校的长远发展造就中坚力量；同时制定高层次人才引进实施办法，理顺引进程序，并根据不同学科特点，合理制定待遇标准，实行多元化岗位设置与人员聘用管理模式。

二、加大力度，提高教师队伍的业务能力和教学水平

为进一步拓展教师的国际视野，今年上半年，学校将专项投入，批量选派一线教师赴国外进修；选派系主任等学科带头人，分批到欧美高校学习调研，深入了解国外高校先进的教育教学理念与管理模式，加强与国外高校的交流和合作；同时，学校还将分期分批举办中青年骨干教师训练营，采取请进来和走出去等多种方式深化培训工作。

三、完善制度，激发广大教师参与教学科研的新动力

学校将对去年改革试行的专业技术职称评审办法进行总结并进一步完善，强化岗位管理理念，评聘结合，以聘为主；突出学科特色，强化学科评审内涵和自主权。学校还将进一步修改和实施绩效津贴实施办法，在原绩效工资分配方案的基础上，重点提高重大奖励额度，充分调动广大教职工的积极性和能动性。

四、坚守“中心”地位，全力提高人才培养质量

牢固确立人才培养的中心地位。今年，将重点解决人才培养质量和教育教学中的突出问题。学校继续坚持教授为本科生上课的制度，并将承担本科教学作为教授聘用的基本条件；有效推进“本科教学核心团队”建设，加大教学激励力度，构建教风建设的长效机制；创建2—3个“卓越未来”创新人才孵化基地，实施大学生创新、创业训练计划，预计设立“国创”80项、“省创”100项和“校创”200项。

五、精心育人，努力培养和造就创新型拔尖人才

在研究生教育中将重点促进研究生导师从身

份管理向岗位管理转型。学校规定，从今年开始申请招收博士生、硕士生的导师年龄应分别不超过62周岁、57周岁；对发表高水平学术期刊论文，或获评全国优秀博士学位论文、广东省优秀博士学位论文的研究生及其导师，均给予重点奖励；实施博士质量提升计划、卓越导师计划和研究生“菁英学子”计划，从2013级博士生开始，提高暨南大学授予博士学位标准；进一步调整研究生教育结构，大力发展专业学位教育，提升我校专业学位影响力。

六、打造团队，开阔视野，实施“走出去”战略

2013年，人文社会科学研究将继续实施“跨越、远航、启明星”三项计划，鼓励广大教师长期潜心治学，不断提高人文社科研究成果的质量和水平；推进“卓越”智库建设，增强我校人文社科研究的社会影响力；构建跨学科团队，加强与境外和国外高等学校、研究机构的交流与合作，实现人才、成果的国际接轨，形成具有侨校特色的人文社科研究。

七、突破藩篱，变革科研组织模式，增强科技活力

在科技工作方面，学校将通过体制机制的创新，重点调整某些学科的科研组织模式，培育新的科技增长点，激发新的科研活力。今年上半年，学校还将出台一系列相关激励政策，鼓励青年科技骨干专心致志从事科学研究，鼓励教师开展应用型研究，并在相关的业务考核与业绩认定上采取配套措施，促进科技成果的转化，提高服务社会的水平。

八、强化学科建设，推进协同创新，提升学校创新能力

2013年，要切实加强对学科建设的指导和资助，通过过程与目标的管理，提高学科建设成效，力求取得突破性进展。要在24个省级重点学科的基础上，建设若干个国家级一级重点学科。要大力推进实施“2011计划”，精心做好国家与省级“协同创新中心”的运行和培育，适时申报广东省“协同创新中心”，通过体制机制的创新，促进校内管理体制的改革。

九、以生为本，培育英才，创立学生教育工作新模式

新的一年，学生工作将以促进学生学习与发展为核心，以“志存高远，崇尚学术，渴求知识，至臻学业，多面发展”作为培养学生的工作思路，通过一系列奖励、培育计划和建立科学评价体系，鼓励不同类型的暨南学子成才；继续推行“本科新生训练营”，努力帮助新生转变角色，养成习惯，促进优良学风的形成；实施学生工作队伍的专业化建设培养方案，打造一支政治强、业务精、纪律严、作风正的辅导员队伍。

十、盘活存量，优化增量，切实做好后勤保障与服务工作

今年，学校将充分挖掘潜力，利用现有资源，为教学科研人员及引进人才提供更好的工作与生活条件。图书馆、实验技术中心等服务性单位将进一步提供更为优质的服务，确保广大教师教学、科研工作的顺利进行；总务后勤、保卫等部门将加强对校园环境的综合治理，重点解决车辆乱停放的问题；进一步增加校园绿化面积，加强环境卫生整治力度，实现校园净化、美化，为全校师生员工创造一个潜心治学的良好环境。

为了确保上述计划的顺利实施和圆满完成，学校要求各部门、各学院和各级领导干部务必认真学习并加以贯彻落实，力争取得良好成效。

暨南杰出青年学者支持计划实施办法

第一章　总　则

第一条　为贯彻落实“侨校＋名校”的发展战略，配合学校“宁静致远工程”的实施，统筹抓好以高层次人才为重点的人才梯队建设，分层次、分阶段培养一批有学术潜力的中青年骨干冲击国家级、省部级人才工程，学校决定实施“暨南杰出青年学者支持计划”，并制定本办法。

第二条　“暨南杰出青年学者”包含两个层次。根据暨南大学关于实施“宁静致远工程”的总体目标，到2018年前后，以“2011计划”，“211工程”，省部级以上重点学科、重点实验室、人文社科重点研究基地为平台，拟引进和培养50名左右学术造诣高深、在国内外具有较大学术影响的高层次领军人才（第一层次），冲击长江学者、国家杰出青年基金等国家级人才工程；拟引进和培养150名左右青年拔尖人才（第二层次），冲击珠江学者、优秀青年基金等省部级高层次人才工程。

第三条 本计划实施岗位目标管理，支持营造良好的人才成长环境，激励我校教师潜心学术，取得高水平的研究成果。

第二章 入选对象与遴选程序

第四条 本计划入选对象应政治立场坚定，思想品德高尚，治学严谨，学风端正，善于团结协作，并分别具备以下条件：

（一）第一层次

1. 全职在校工作的正高级职称人员，或全职引进的海外知名高校、科研院所副教授（或相当职务）及以上杰出人才。

2. 在省部级以上重点学科、重点实验室以及“985工程”科技创新平台和人文社科重点研究基地、“211工程”重点学科建设项目、“2011协同创新中心”等平台的申报、建设和评估中起核心带头作用的学科带头人；新型交叉学科或学校急需发展学科的带头人。

3. 有深厚的学术造诣，具有突出的学术活力和良好的发展前景。

4. 入选对象的年龄原则上自然科学类不超过42周岁，人文社会科学类不超过45周岁。

5. 入选国家级人才工程培养对象者优先考虑。

（二）第二层次

1. 全职在校工作的教授、副教授，或全职引进的海外知名高校、科研院所拥有正式教学科研职位的杰出人才或优秀博士、博士后，或全职引进的国内一流高校、科研院所副高级以上职称的杰出人才。

2. 有良好的学术背景，是本学科领域同龄人中的拔尖人才，有成为该领域学术带头人的发展潜力。

3. 原则上自然科学类不超过37周岁，人文社会科学类不超过40周岁。

4. 入选国家、省部级人才工程培养对象者优先考虑。

5. 各学院根据教师规模和学科发展情况推荐候选人。

第五条 本计划采取自愿申报、学校遴选的方式。学校聘请校内外知名专家组成专家委员会进行评审。主要程序为：个人申报—学院审核推荐—专家委员会评议—学校审批，最终确定入选对象。

第三章 培养支持形式

第六条 学校为入选对象增发暨南杰出青年学者支持计划津贴，第一层次每年12万元，第二层次每年6万元，其中70%为基本津贴，30%为目标任务考核绩效津贴。

第七条 为增强入选对象的学术联系，对入选对象实施导师制。入选者可自主选择院士、国内外知名学者作为指导教师，为其量身制订培养方案。

第八条 入选对象在培养期内可享受6个月带薪学术休假。

第九条 人力资源开发与管理处建立入选者联系手册，通过短信、邮箱与他们建立日常联系，向他们定期通告学校人才工作相关信息；入选者在工作和生活中遇到问题的，可直接通过邮箱向人力资源开发与管理处人才工作办公室提出，人才工作办公室进行统一协调处理。

第十条 学校成立暨南杰出青年学者俱乐部，定期组织高端人才交流活动，加强入选对象与职能部处间的交流与沟通。

第十一条 入选对象须承担培养青年骨干教师的任务，可选择1—2名校内青年学术骨干作为梯队建设的培养对象。

第十二条 学校支持入选对象赴海外进行长期或短期研修，支持无长期（一年以上）海外研修经历的入选对象到海外知名高校进行为期一年的研修，学校根据现行学校公派出国人员资助标准进行资助（13万元人民币/年）。出国研修期间仍可享受暨南杰出青年学者支持计划津贴。支持对象回国后需提交海外研修进展报告，接受专家组考评。

第十三条 第二层次入选对象可在培养期内参加1次国际学术会议，学校给予不超过2万元的资助金。入选者须提供国际会议的正式大会发言邀请函。

第十四条 已入选国家、省部级人才工程的人员，按就高原则发放岗位津贴。

第四章 目标任务与考核管理

第十五条 本计划支持期限为3年，由人力资源开发与管理处、有关职能部门、学院及个人协同制定个性化的目标任务，目标任务包括成果、项目及获奖、团队建设、人才培养等，强调标志性与高水平成果。目标任务明确列入由学校、院系和入选对象签订的《暨南杰出青年学者计划支持协议书》。

第十六条 本计划根据目标任务进行期中评估和期满考核。期中评估由学院负责组织，学校职能部门参与，主要是对协议书具体执行和进展情况进行跟踪，对执行过程中存在的问题予以及时解决。期满考核由专家委员会严格对照《暨南杰出青年学者计划支持协议书》中的目标任务对入选对象实施考核。考核优秀的第一层次入选对象符合年龄要求的可直接进入下一个支持期；考核优秀的第二层次入选对象可优先推荐第一层次进行培养。考核合格的第一、二层次入选对象可继续申请本计划，但须符合相关条件。考核不合格的，终止计划。

第十七条 学校按照支持期满的考核结果发放目标任务考核绩效津贴（即津贴总额的30%部分），考核合格的发放津贴总额的30%；考核不合格的，不予发放；考核优秀的另给予年津贴10%的奖励。

第五章 工作机构与职责

第十八条 本计划原则上每年评选一次。在学校人才工作领导小组指导下，由人力资源开发与管理处会同其他有关职能部门具体组织实施。

第十九条 本办法自公布之日起施行，由人力资源开发与管理处负责解释。

暨南大学优秀青年教师支持计划实施办法

第一章 总 则

第一条 为落实“宁静致远工程”，推进学校教育事业的进一步发展，为优秀青年教师安心教学科研营造良好环境，学校决定实施暨南大学优秀青年教师支持计划。本计划旨在根据学科发展和师资队伍建设的需要，统筹学校现有的青年教师资助政策，拓展资助渠道，加大资助力度，培养一批优秀青年教师。

第二章 实施目标

第二条 学校将在5年内（2013—2018年）培养500名左右在教学科研工作崭露头角且具有创新潜力的青年教师，为其创造条件，鼓励开展创新性研究工作和教学工作。

第三章 选拔条件

第三条 拥护党的基本路线，热爱教育事业，具有良好的职业道德、强烈的事业心和奉献精神，治学严谨，为人师表，遵纪守法，善于合作共事。

第四条 在学术研究方面有创新性构想，具有明确的科研方向和独立开展科研工作的能力。

第五条 完成学校规定的教学任务，对学生认真负责，教学效果良好。

第六条 学校分第一层次、第二层次进行培养。

第一层次须为35周岁及以下（以当年12月31日为计算截止日）获聘副高职称的在职在岗教学科研人员。

第二层次须为32周岁及以下（以当年12月31日为计算截止日）具有博士学位的在职在岗教学科研人员。（体育、艺术类教学科研人员须具有硕士及以上学位。）

第四章 培养措施

第七条 优秀青年教师的支持期为三年，支持期内享受优秀青年教师岗位津贴：第一层次标准为1 500元/月，第二层次标准为1 000元/月。

第八条 对纳入优秀青年教师支持计划的人员（以下简称“入选者”），由学院选派思想素质好，教学、科研经验丰富，学术水平高的教授、副教授担任其指导教师，制订培养计划，落实各项培养措施，鼓励其加入团队。

第九条 学校鼓励入选者出国进修，入选者出国进修访学可申请国家公派留学项目或学校资助项目。学校支持入选者参加学术会议，支持期内入选者如受邀在大会发言可享受一次国内会议资助支持，资助金额为3 000元。

申请会议资助需要提供：学术会议正式邀请函、学术会议简介和学术会议正式邀请大会发言的相关材料。

第十条 学校支持入选者在国内著名高校做国内访问学者，为其报销学费和一次往返路费。

第五章 申请及审批程序

第十一条 学校每年根据学科发展规划和人才队伍情况确定“优秀青年教师”人选。须由本人提出申请，提交学院审议；学校审定后，与其签订协议。

第六章　目标任务与考核管理

对入选者实行协议管理及期满考核制度。

第十二条　入选者需和学校签订“优秀青年教师”培养协议，协议内容包括确定导师、研究领域，科研、教学目标，参加教学科研团队等。

第十三条　入选期满须进行目标评估。学校根据入选者的计划任务书，对入选者落实预期目标情况进行评估。评估结果为优秀的，可优先推荐为“暨南杰出学者”支持计划后备人选。

第十四条　已入选省、学校人才计划人员，按就高原则给予岗位津贴。

第十五条　已按引进人才享受年薪制或学校科研启动经费、安家费的人员不再享受“优秀青年教师”支持计划资助。

第十六条　学校按照支持期满的考核结果发放岗位津贴，聘期内按津贴标准的70%发放，聘期结束后，考核合格的发放津贴总额的30%；考核不合格的，不予发放。

第十七条　本办法自发布之日起施行，由人力资源开发与管理处负责解释。

暨南大学党政办公室关于公布番禺新校区正式名称的通知

暨办通〔2013〕22号

校机关各部、处、院、室、中心，各直属单位，各学院，珠海校区管理委员会：

经校长办公会研究决定，学校番禺新校区正式名称为：暨南大学南校区。

特此通知

暨南大学党政办公室

2013年9月29日

·暨南大学概况·

暨南大学是中国第一所由国家创办的华侨高等学府，是国务院侨务办公室、教育部、广东省共建的国家“211 工程”重点综合性大学，直属国务院侨务办公室领导，现任校长由博士生导师胡军教授担任。

学校校名中的“暨南”二字出自《尚书·禹贡》篇：“东渐于海，西被于流沙，朔南暨，声教讫于四海。”意即面向南洋，将中华文化远播到五洲四海。

学校的前身是1906 年清政府创立于南京的暨南学堂。后迁至上海，1927 年更名为国立暨南大学。抗日战争期间，迁址福建建阳。1946 年迁回上海，1949 年9 月合并于复旦大学、上海交通大学等高校。新中国成立后，暨南大学于1958 年在广州重建，“文革”期间一度停办，1978 年在广州复办。

1996 年6 月，暨南大学成为全国面向21 世纪重点建设的大学。学校现设有25 个学院、58 个系、177 个研究机构、84 个实验室、86 个本科专业；具有一级学科博士学位授予点15 个，一级学科硕士学位授予点38 个；是招收和培养高级管理人员工商管理硕士（EMBA）、工商管理硕士（MBA）、会计学硕士（MPAcc）、法律硕士（JM）、汉语国际教育硕士（MTCSOL）、临床医学硕士、工程硕士、公共管理硕士（MPA）的单位，同时也是全国试办高水平运动队的学校。学校拥有15 个博士后流动站，1 个博士后科研工作站，4 个国家级重点学科（产业经济学、水生生物学、金融学和文艺学）、20 个广东省一级学科重点学科、4 个广东省二级学科重点学科，设有国家人文社会科学重点研究基地（华侨华人）、教育部中国语言文学人才培养和科学研究基地、国家大学生文化素质教育基地、国家对外汉语教学基地、国务院侨办华文教育基地和广东省人文社科重点研究基地。有国家工程中心1 个，省、部级设置的研究中心12 个、重点实验室13 个。

暨南大学目前在广州、深圳、珠海三地设有四个校区，珠海校区于2009 年正式设立建制，实行校区管理，目前正在广州番禺区建设新校区。学校校园占地总面积169.52 万平方米，校舍建筑面积107.67 万平方米，学生宿舍面积26 万平方米。学校图书馆藏书338 万册。

学校共有16 所附属医院，包括6 所国家级三甲附属医院，即广州华侨医院、深圳市人民医院、珠海市人民医院、广州红十字会医院、清远市人民医院和江门市五邑中医院。

学校积极开展对外学术和教育交流，已同世界五大洲180 多所高等院校和文化机构签订了双边协议或建立了学术交流关系，它们分布在美国、英国、德国、法国、日本、韩国、巴西、南非、印度尼西亚、泰国、俄罗斯、澳大利亚等世界五大洲32 个国家和香港、澳门、台湾地区。学校在香港和澳门分设办事处，并在香港和广州设有教育基金会。

历史上暨南大学的教师队伍中曾有过马寅初、郑振铎、梁实秋、王亚南、周谷城、钱钟书、周建人、夏衍、许德珩、胡愈之、严济慈、楚图南、黄宾虹、潘天寿等一大批著名学者。现今学校师资力量雄厚，有专任教师1 922 人，其中中国科学院院士2 人，中国工程院院士6 人，博士生导师475 人，硕士生导师1 119 人，教授504 人，副教授692 人。

截至2013 年，暨南大学有各类学生46 949 人，在校研究生9 248 人（其中博士研究生1 219 人、硕士研究生8 029 人），在校全日制本科生20 926人。在校的华侨、港澳台和外国留学生11 828人。学校学风浓郁，人文荟萃。其中前国务院副总理吴学谦、李岚清，知名人士江上青，著名侨领、新加坡大学首任校长李光前，前泰国议会主席、副总理许敦茂，新加坡中华总商会前会长陈共存，以及近年来内地和港澳地区的王学萍、徐乐义、钟阳胜、佀志广、马有恒等许多政府、工商及文教界著名人士均是暨南大学不同时期的杰出校友。暨南大学可谓人才辈出，享誉中外。

21 世纪是中华民族实现伟大复兴的世纪，肩负着为海外华侨华人和港澳台地区培养人才的光荣使命的暨南大学更加任重道远。在新的世纪，暨南大学全体师生员工和广大海内外校友将继续坚持“面向海外、面向港澳台”的办学方针，弘扬“爱国爱校，团结奋进”的光荣传统和“忠信笃敬、知行合一、自强不息、和而不同”的暨南精神，贯彻“质量是生命，创新是灵魂”的办学理念，实施“侨校 + 名校”的发展战略，为建设国内一流、特色鲜明、海内外知名的研究型大学而努力奋斗。

（党政办公室供稿）

· 机构与干部 ·

暨南大学校级领导干部名单

校长、党委副书记
胡　军
党委书记、副校长
蒋述卓
副校长
陆大祥
党委副书记、纪委书记、副校长
叶　勤
副校长
周天鸿
副校长
刘洁生
副校长
林如鹏
副校长
宋献中
副校长
饶　敏

校长助理
王志伟

中共暨南大学第九届委员会委员名单

（按姓氏笔画排序）

王力东　王志伟　区向丽　卢　远　叶　勤　刘洁生　杜金岷　李弘剑　李世云　李兴昌　李招忠
邱向欢　宋献中　张安国　张国林　张　宏　张荣华　张渊明　陈为刚　林如鹏　周长忍　郑文杰
胡　军　查振刚　饶　敏　夏　泉　蒋述卓

中共暨南大学第九届纪律检查委员会委员名单

（按姓氏笔画排序）

卢　远　叶　勤　刘远忠　李伯侨　李华东　李　霆　杨广生　陈　斌　林晓灵　欧传峰　罗良平　侯宏伟　程炎明

暨南大学第七届学术委员会名单

主　任

胡　军

副主任

蒋述卓　刘洁生　林如鹏

委　员（以姓氏笔画排序）

王　聪　王国庆　王列耀　王玉强　王志伟　叶　勤　叶文才　朱卫平　刘洁生　刘金山　刘　明　刘人怀　刘少波　刘增合　关柏鸥　苏国辉　杜金岷　李伯侨　李　卫　李扬秋　杨雪松　何庆瑜　宋献中　张晓辉　张耀辉　陆大祥　陈星旦　陈奕平　陈志南　陈志平　范以锦　林如鹏　周天鸿　郑文杰　赵国平　胡　军　宫　琪　洪　岸　姚新生　莫测辉　钱清泉　徐安定　郭　熙　曹云华　章　牧　彭青玉　蒋述卓　韩博平　覃成林　程国赋　蔡冬青

秘书长

杜金岷（兼）　洪　岸（兼）

暨南大学第十届学位评定委员会名单

主　席

胡　军

副主席

蒋述卓　林如鹏

委　员（按姓氏笔画排序）

马宏伟　王列耀　王志伟　叶文才　刘洁生　刘人怀　刘少波　纪宗安　李从东　宋献中　张　宏　陆大祥　罗焕敏　周长忍　周天鸿　郑文杰　姚国祥　姚新生　郭　熙　黄　力　曹云华　韩兆洲

学校行政党群机构负责人名单

党政办公室

主　任：王力东

教务处

处　长：张　宏

研究生院

院　长：林如鹏（兼）

执行院长：郑文杰

党委研究生工作部部长：卢　远

发展规划处

处　长：张渊明

人力资源开发与管理处

处　长：张荣华

财务与国有资产管理处

处　长：陈为刚

审计处

处　长：李华东

科学技术研究处

处　长：洪　岸

社会科学研究处

处　长：杜金岷

学生处/学生工作部

处长/部长：区向丽

国际交流合作处/港澳台侨事务办公室

处长/主任：余惠芬

实验室与设备管理处

处　长：徐石海

招生办公室

主　任：黄跃雄

总务后勤管理处

处　长：李兴昌

党总支书记：廖剑辉

基建处

处　长：姜煜东

保卫处/政治保卫部

处长/部长：杨广生

离退休工作处

处　长：黄晓明

党委书记：戴　玲（2013.12免）　周　敏（2013.12任）

学生就业指导中心

主　任：何清文

组织部/机关党委

部长/党委书记：夏　泉

宣传部/新闻中心

副部长（主持工作）/副主任（主持工作）：卢健民

统战部

部　长：李招忠

纪检与监察办公室
学校纪委副书记/主任：欧传峰
学校团委
书　记：成品兴
工会委员会
主　席：饶　敏（兼）
副主席：程炎明　龚红月

直属单位负责人名单

图书馆
馆　长：朱丽娜
网络与教育技术中心
副主任（主持工作）：张焕明
实验技术中心
主　任：尹平河
学报编辑部
主　编：刘　颖
体育部
主　任：李淑芬
社会科学部
主　任：程京武
党总支副书记（主持工作）：柏元海
医学部
主　任：陆大祥（兼）
副主任：罗焕敏（兼）　黄　力（兼）　陈　剑
心理健康教育中心
主　任：张将星
资产经营有限公司
总经理：徐义雄
党委书记：徐义雄（兼）
广州暨南大学出版社有限责任公司
社　长：徐义雄（兼）
总编辑：史小军
党总支书记：胡跃生
信息技术研究所
所　长：刘　明
党委书记：张巧专

产业经济研究院
院　长：朱卫平
光子技术研究所
所　长：关柏鸥

粤港澳中枢神经再生研究院

院　长：苏国辉

暨南大学生物医学转化研究院

院　长：尹芝南（2013.12 任）

暨南大学大气环境安全与污染控制研究所

所　长：周　振（2013.12 任）

学院、系、所、中心负责人名单

文学院

院　长：王列耀

党委书记：邱向欢

中国语言文学系/中国语言文学研究所

系主任/所长：苏桂宁

党总支书记：倪列怀

历史学系

系主任：刘增合

中国文化史籍研究所

所　长：刘正刚

中外关系研究所

所　长：马建春

历史学系与古籍所联合党总支

党总支书记：周正庆（2013.11 任）

学生党总支

党总支书记：李瑞金（兼）

新闻与传播学院

院　长：范以锦

常务副院长：支庭荣

党委书记：杨先顺

新闻学系

系主任：林爱珺

广告学系

系主任：星　亮

广播电视学系

系主任：申启武

外国语学院

院　长：宫　琪

党委书记：古伟芳

英语语言文学系

副系主任（主持工作）：王全智（2013.06 免）

系主任：王全智（2013.06 任）

商务英语系

系主任：戴灿宇

日语系

系主任：罗晓红

大学英语教学部

主　任：胡慕辉

第一党总支

党总支副书记（主持工作）：巫剑锋

第二党总支

党总支书记：胡慕辉（兼）

国际学院

院　长：唐书泽

党总支副书记（主持工作）：邓永忠

理工学院

院　长：马宏伟

党委书记：周长忍

力学与土木工程系

系主任：王　璠

党总支副书记（主持工作）：黄　睿

食品科学与工程系

系主任：吴希阳

党总支书记：晏日安

光电工程系/电力电子研究所/光电工程研究所

系主任/所长：陈　哲

党总支副书记：幸江涛

物理学系

系主任：刘彭义

党总支书记：唐振方

环境工程系

系主任：莫测辉

党总支副书记：黄旭明

应用力学研究所

所　长：刘人怀

材料科学与工程系

系主任：罗丙红

党总支书记：容建华

信息科学技术学院

院　长：姚国祥（至2013.11）

党委书记：张国林

电子工程系

系主任：黄君凯（兼）

党总支书记：郑力明（兼）

数学系

系主任：赵逸才（兼）

党总支书记：高凌云

计算机科学系

系主任：周继鹏

党总支副书记（主持工作）：肖东胜

计算中心

主　任：全渝娟

生命科学技术学院

院　长：陈志南

执行院长：何庆瑜

党委书记：李弘剑

生物工程学系

系主任：闫道广

党总支副书记（负责工作）：程龙球

化学系

系主任：刘春元

党总支副书记：查海燕

生物医学工程系

系主任：薛　巍

党总支副书记：吴晓玲

生态学系/水生生物研究所

系主任/所长：韩博平

党总支副书记：钟丽英

免疫生物学系

副系主任：邢飞跃

发育与再生生物学系

系主任：蔡冬青

细胞生物学系（生物医药研究院）

院　长：陈志南（兼）

系主任（执行院长）：洪　岸（兼）

赤潮与海洋生物学研究中心

主　任：吕颂辉

生化与分子生物学系（生命与健康工程研究院）

系主任（院长）：何庆瑜（兼）

经济学院

院　长：刘少波

党委书记：谭其学

国际经济与贸易系

系主任：陈红蕾

党总支副书记（主持工作）：张小康

经济学系

系主任：王　兵

党总支书记：李郁芳

金融学系

系主任：王　聪

党总支副书记（负责工作）：李共先

金融研究所

所　长：刘少波（兼）

统计学系

系主任：郑少智（兼）

党总支书记：柳向东

财税系

系主任：沈肇章

党总支书记：高艳荣

特区港澳经济研究所

所　长：陈　恩

法学院/知识产权学院

院　长：朱义坤

党委书记：谢　恬

法律学系

副系主任（主持工作）：乔素玲（2013.03 免）

系主任：乔素玲（2013.03 任）

知识产权系

副系主任（主持工作）：张晓薇（2013.03 免）

系主任：张晓薇（2013.03 任）

学生党总支

党总支副书记：张珍珍

国际关系学院/华侨华人研究院

院长/执行院长：曹云华

党委书记：陈　斌

教育部人文社会科学重点研究基地

主　任：刘泽彭

执行主任：曹云华（兼）

东南亚研究所

所　长：曹云华（兼，2013.03 免）　邓应文（2013.03 任）

国际政治学系

系主任：曹云华（兼，2013.03 免）　李皖南（2013.03 任）

管理学院

执行院长：谭　跃

党委书记：张耀辉

企业管理系/人力资源研究所

系主任/所长：易余胤

系统工程研究所

所　长：林福永

会计学系

系主任：沈洪涛（2013.07 免）　丁友刚（2013.07 任）

市场学系

系主任：王　玮

旅游管理系

系主任：王　华

教工党总支

党总支书记：翁作敏（兼）

研究生第一党总支

党总支书记：徐咏梅

研究生第二党总支

党总支书记：丁友刚（兼）

本科生党总支：

党总支书记：孙　彧（兼）

公共管理学院/应急管理学院

副院长（主持工作）：庞素琳

党委书记：赵兰英

行政管理系

系主任：胡辉华

应急管理系

系主任：卢文刚

医学院

执行院长：罗焕敏

党委书记：陈利国

临床医学系

系主任：杨雪松

党总支副书记（主持工作）：姜静波

中医学系

系主任：赵国平

党总支副书记（主持工作）：陈　席

口腔医学系

系主任：黄世光

护理学系

系主任：李泽楷

应急医学系/应急医学研究所

系主任/所长：柏志全（兼，2013.05 任）

脑科学研究所

所　长：陆大祥（兼）

《中国病理生理学杂志》编辑部

主　任：胡巢凤

机关党总支

党总支书记：马　洁（兼）

基础党总支

党总支书记：陈卓松

药学院

院　长：叶文才

党委书记：李　霆

中药学系

系主任：于荣敏

中药及天然药物研究所

所　长：姚新生

药学系

系主任：于　沛

海洋药物研究中心

主　任：吴　军（2013.10任）

肿瘤药理学研究所

所　长：潘景轩（2013.10任）

学生党总支

党总支书记：刘治民（兼）

第一临床医学院（附属第一医院）

院　长：黄　力

党委书记：查振刚

机关后勤党总支

党总支书记：黄勤新

手术科室党总支

党总支书记：卓育敏

门诊医技科室党总支

党总支书记：徐　浩

非手术科室党总支

党总支书记：周　毅

华文学院

院　长：郭　熙

常务副院长：邵　宜

党委书记：李世云

汉语系

系主任：童盛强

华文教育系

系主任：张　军

党总支副书记（主持工作）：余志远

应用语言学系

系主任：李　军

党总支副书记（主持工作）：俎花菊

海外教学部

主　任：温明亮

预科部
主　任：温宗军
党总支副书记（主持工作）：岑　文
汉语国际推广中心
主　任：班　弨
华文教育研究院
院　长：郭　熙（兼）
海外华语研究中心
主　任：郭　熙（兼）
机关党总支
党总支书记：谢　红（兼）

珠海校区

校区管理委员会
主　任：刘洁生（兼）
常务副主任：王志伟（兼，2013.03免）　李从东（2013.03任）
校区党工委
书　记：刘洁生（兼）
常务副书记：张安国
机关及直属单位党总支
党总支书记：滕　斌（兼）
校本部学生党总支
党总支副书记：郭力立

人文学院

院　长：危　磊
党总支书记：刘秉国

翻译学院

院　长：王心洁（2013.12免）
党总支书记：刘凤霞

国际商学院

院　长：熊　剑
党总支书记：刘治江

电气信息学院

院　长：王　博
党总支书记：武建华

深圳旅游学院

院　长：刘平春
常务副院长：李广明
党委书记：段开成

旅游管理系
系主任：吴克祥
副系主任：李　舟
党总支书记：赵新建
英语系
系主任：吕迎春（2013.04 免）
党总支副书记（主持工作）：黄宝琴

教育学院

院　长：韩兆洲
党委书记：廖仕湖

艺术学院

院　长：张铁林
党总支书记：王红主
常务副院长：王红主（兼）
新媒体艺术系
系主任：李　杰
音乐系
系主任：刘弋珩
美术系
系主任：方楚乔（2013.05 免）　蔡显良（2013.05 任）
影视系
系主任：李学武（兼）
大学生艺术素质教学部
主　任：王红主（兼）

（党委组织部、研究生院、科学技术研究处供稿）

2013 年学校机构设立与调整情况

2013 年 1 月 22 日，国际关系学系更名为国际政治学系；东南亚研究所和国际政治学系分开，各自独立运作。

2013 年 1 月 22 日，成立暨南大学区域发展研究中心，挂靠经济学院。

2013 年 3 月 5 日，成立暨南大学海洋药物研究中心，挂靠药学院。

2013 年 3 月 18 日，成立暨南大学校区建设项目及资源开发调研办公室，该机构为临时建构，项目结束后机构、人员解散。

2013 年 3 月 18 日，成立暨南大学中西医结合胰腺病诊治中心，挂靠第一临床医学院。

2013 年 3 月 18 日，成立暨南大学顺德综合研究院，下设产业转化中心、高端人才培训中心、社会管理创新研究中心、战略与规划研究中心，与佛山市顺德区人民政府合作共建。

2013 年 3 月 26 日，成立暨南大学番禺新校区保卫办公室，由新校区建设委员会现场指挥部和保卫处领导。

2013 年 3 月 28 日，暨南大学医学院附属清远医院更名为暨南大学附属清远人民医院（广东省清远市人民医院）。

2013年4月15日，成立暨南大学医院管理研究所（清远），挂靠附属清远人民医院。

2013年4月15日，成立暨南大学高校女性发展研究中心，挂靠工会委员会。

2013年4月22日，成立暨南大学管理会计研究中心，挂靠管理学院。

2013年5月20日，成立暨南大学肿瘤药理学研究所，挂靠药学院。

2013年5月29日，暨南大学医学院附属江门中医院更名为暨南大学附属江门中医院（江门市五邑中医院）。

2013年5月29日，成立暨南大学法治化营商环境研究中心，挂靠人文学院。

2013年6月14日，成立暨南大学生物医学转化研究院。

2013年6月20日，成立暨南大学大气环境安全与污染控制研究所，直属学校管理。

2013年11月11日，成立暨南大学外国语学院法语语言文学系。

2013年11月11日，成立暨南大学佛教文化研究所，对外使用“暨南大学佛教文化研究院”名称，挂靠文学院。

2013年11月11日，成立暨南大学哲学与社会科学研究所，挂靠文学院，撤销哲学研究所、社会学研究所。

2013年12月9日，设立暨南大学附属郑州医院（郑州市第二人民医院）。

2013年12月9日，成立暨南大学轨道交通研究院，隶属珠海校区。

（人力资源开发与管理处供稿）

· 学院、系、所、研究机构概况 ·

学院、直属教学单位

国际学院

国际学院于2001年6月成立，现已成为一所独具特色的全英语、多学科、国际化的专业学院。学院采取与校内各专业院系联合办学的模式，按照国际化办学的理念和标准，开办全英语授课专业，所开设的各类专业课、专业基础课及公共课（汉语课除外）均采用英语授课。学院实行标准学分制，在课程设置和教学管理上与国际接轨。经过多年的建设与发展，学院从学生来源、教师队伍、教材选用、管理队伍、网站信息、学生就业等各方面已形成了较浓厚的全英语教学环境。

学院下设学生工作办公室、教学科研办公室、语言课教研室和公共基础课教研室、行政管理办公室、国际合作项目办公室、中国学硕士项目办公室和全英语授课教师俱乐部。学院主要负责学生管理、教务安排、英语强化、对外汉语教学、中国传统文化教育、外籍教师服务、学生出国交换、来华留学生培养以及全英语授课教师交流和培训服务。相关专业学院负责人才培养方案、教学计划的制订和实施，专业师资、课程建设、实验实习的安排，并对专业教学质量进行监控，各专业的系主任或教学副院长由学校聘任为国际学院全英语授课专业的兼职副院长。

2013年，学院开设全英语授课本科专业共9个：国际经济与贸易、临床医学、会计学（CGA－Canada方向）、食品质量与安全、行政管理、药学、金融学、计算机科学与技术和医学（MBBS）。所有全英语授课专业均为相关中文专业优势学科：国际经济与贸易和金融学2个专业属于国家重点学科；会计学属于国家级特色专业（工商管理类）、广东省名牌专业；食品质量与安全专业是广东省名牌专业，也是全国最早、目前唯一的英语授课食品科学类专业；国际经济贸易、金融学、会计学、临床医学、计算机科学与技术5个专业具有博士学位授予权，所有专业都具有硕士学位授予权。“中国传统文化概论”与“成本与管理会计”两门课程入选教育部2013年度来华留学英语授课品牌课程。来华留学生英语授课医学本科（MBBS）通过教育部专项评估；中国学硕士研究生专业通过教育部学位委员会公示。

本年度学院在编专职教师10人（教授2人，副教授1人，讲师5人），长短期外籍教师19人，行政管理人员15人。为确保全英语授课专业师资队伍水平，学院每年均举行全英语授课教师上岗资格证考试，通过考试者将获得由学校颁发的资格证书并具备上岗资格。截至2013年底，已有269名教师取得了上岗资格证。

从2001年起已招收分别来自76个国家和地区的3 400余名学生。2013年新生到校416人，在校学生总数1 686人，其中内招生677人（40.1%），港澳台侨生563人（33.4%），留学生446人（26.5%）。

由学院4名会计专业学生组成的Skywalker团队，在CIMA特许管理会计师公会主办的“2013

CIMA GBC 商业精英国际挑战赛”中国赛区总决赛中获得亚军。赖亮因同学成为学校首名中美“1+2+1”人才培养项目毕业生，获美国威斯康星大学校长和暨南大学校长共同颁发的学位证书。创新创业训练计划项目中，获批国家级项目15项，广东省项目8项，暨南大学项目7项。

本年度，学院与新西兰林肯大学食品研究开发中心签署合作框架协议。全年共有34批次，来自11个国家和地区的高校和机构的专家学者来访并进行学术交流。

（国际学院供稿）

文学院

文学院创办于1929年，是暨南大学最早成立的学院之一。现有中国语言文学系、历史学系、中国文化史籍研究所、中外关系研究所、哲学与社会学研究所（2013年成立），共5个系级教学科研单位。学院有21个研究机构：中国语言文学研究所、汉语方言研究中心、现代文学研究中心、比较诗学与比较文学研究中心、海外华文文学与华语传媒研究中心、历史学研究所、中国基督教史研究中心、历史地理研究中心、港澳历史文化研究中心、中国口述历史传记中心、暨南大学中国古代小说研究中心、暨南大学高级秘书和公务员培训与研究中心、暨南大学文学院社会与教育研究中心、暨南大学两岸四地文化交流中心、暨南大学马万祺研究所、暨南大学文化产业与发展研究中心、暨南大学佛教文化研究所、考古与文化遗产研究所、冷战国际史研究中心、文学院近代中国研究中心、地理语言学研究所。其中2013年新成立机构5个：暨南大学佛教文化研究所、考古与文化遗产研究所、冷战国际史研究中心、文学院近代中国研究中心、地理语言学研究所。2013年，学院代表学校与广东省河源市巴伐利亚庄园合作成立“暨南大学佛教文化研究院”，启动了校企合作的新旅程。

学院现有汉语言文学、戏剧影视文学、历史学3个本科专业，其中汉语言文学是国家文科基础学科人才培养和科学研究基地、广东省名牌专业和教育部高校特色专业建设点。设有2个师范教育方向：汉语言文学和历史学。有文艺学1个国家重点学科，中国语言文学、中国史2个省部级重点学科。在学位点方面，有博士后科研流动站3个、一级学科博士点3个和一级学科硕士点3个，分别是中国语言文学、中国史、世界史；二级学科博士点15个；二级学科硕士点17个。

学院现有在职教工134人，其中教学科研人员112人，具有博士学位者88人，硕士学位者18人；有正高职称50人，副高职称41人；博士生导师41人，硕士生导师37人。学院另外聘有兼职专业博士生导师18人，硕士生导师26人。教学科研人员中，有教育部中文学科教学指导委员会副主任1人，国家社会科学基金评委3人，教育部“新世纪优秀人才支持计划”5人，广东省首届优秀社会科学家2人，广东省“千百十工程”国家级培养对象、省级培养对象4人，广东省高校“珠江学者”特聘教授1人，国家级名师1人，国务院侨办优秀教师2人，广东省“南粤优秀教师”3人，“当代岭南文化名人五十家”1人。

现任教师中，蒋述卓任广东省中国文学学会会长、广东省作协主席、高教司网络培训中心“中国传统文化”课程特聘教授；纪宗安任中国史学会理事、中国中外关系史学会副会长、中国海交史研究会副会长；王列耀任中国世界华文文学学会会长；邵敬敏任广东省中国语言学会会长；詹伯慧任广东省中国语言学会名誉会长；陈伟明任广东省历史学会副会长；张其凡任中国宋史研究会副会长；张玉春任中国《史记》研究会副会长；甘于恩任全国汉语方言学会理事会理事；程国赋任广东省中国文学学会副会长；黄汉平任广东省外国文学学会副会长。

2013年，学院招收本科生122人，研究生289人（其中博士生42人、硕士生247人）。现有在校本科生432人，其中港澳台侨学生124人；在校研究生总人数797人（博士生171人，硕士生626人）；港澳台侨及留学生中有博士生40人，硕士生24人；高校课程班硕士研究生128人。

学院重视教学工作。现有“外国文学史”1门国家级精品课程，“中国古代文学史”“文学概论”“现代汉语”“中国现当代文学”4门省级精品课程。2013年，张世君的“《红楼梦》的空间艺术”获批教育部第三批“精品视频公开课”；张世君的“外国文学史”获批第三批国家级精品资源共享课立项课程。

2013年，学院教师获批各类科研项目资助22项，其中获批国家社科基金重大项目1项，国家社科基金重点项目2项，国家语委重点项目1项（承担2个子课题），国家社科基金一般项目5项，教育部人文社会科学研究一般项目7项。中国语言文学一级学科正式获广东省学科建设专项资金规划项目资助，获批经费200万元。

2013年，学院获广东省哲学社会科学优秀成果奖6项，教育部第六届高等学校科学研究优秀成果奖4项；邵敬敏获首届“暨南大学本科教学校长奖”杰出教学贡献奖；闫月珍在《中国社会科学》发表《器物之喻与中国文学批评》一文；邓乔彬、程国赋获广东省哲学社会科学规划领导小组办公室通报表彰；林文旭被授予广东省高校学生工作“红棉奖”；王潇潇在第二届广东省高校辅导员职业技能竞赛中获一等奖。

2013年，学院积极组织和举办各种学术交流活动，举办学术报告21场；主办较大规模学术会议9场，其中全国汉语方言学会、暨南大学汉语方言研究中心联合主办“全国汉语方言学会第十七届学术年会暨汉语方言国际学术讨论会”，来自两岸三地及美国、日本等国300余位专家学者出席了此次盛会。同时，学院继续引进人才，敦聘美籍华裔艺术家徐健国为客座教授。同时，学院继续加强对外交流，日本新潟国际情报大学教授区建英、美国达拉斯德州大学教授顾明栋、纽约长岛大学终身教授夏亚峰、英国皇家亚洲学会院士林孝庭应邀来院讲学。学院老师赴美国、俄罗斯、新加坡等地出国访学、进行学术交流、参加学术研讨会等。

（文学院供稿）

新闻与传播学院

新闻与传播学院的前身是于1946年在上海创办的新闻学系，2001年组建为新闻与传播学院。现任院长为博士生导师范以锦教授。

学院下设新闻学系、广告学系、广播电视学系，有7个本科专业（方向），具有新闻传播学一级学科博士、硕士授予权，以及新闻与传播硕士专业学位授予权，建有新闻传播学博士后科研流动站。拥有国家级实验教学示范中心（媒体实验中心）、广东省一级学科优势重点学科（新闻传播学）、教育部特色专业和广东省名牌专业（新闻学）、2个广东省特色专业（新闻学和广告学）、1个国家级大学生校外实践教育基地、2个广东省大学生校外实践基地、1个广东省文科研究生创新培养基地，1个广州市人文社会科学重点研究基地（舆情与社会管理重点研究基地）。在教育部学位中心发布的全国一级学科评估中，新闻传播学一级学科排名第5。12月20日，广东省委宣传部副部长郑广宁、暨南大学校长胡军签署共建新闻与传播学院协议。

学院共有教职工72人，其中专任教师57人。专任教师中有教授19人，副教授20人，讲师17人，助教1人，其中32人拥有博士学位。教师中有“全国模范教师”1人，入选教育部“新世纪优秀人才支持计划”3人，新闻出版总署“全国新闻出版行业领军人才”1人，广东省高校“千百十工程”省级培养对象1人，广东省宣传思想战线“十百千”优秀人才工程培养对象7人，广东省“南粤优秀教师”1人，广东省“金钟奖”4人。林如鹏兼任教育部新闻传播学类专业教学指导委员会副主任及广东省新闻传播学类教学指导委员会主任，支庭荣、张晋升分别入选全国卓越新闻传播人才教育培养指导委员会委员和专家委员会委员。学院获批广东省高等学校珠江学者岗位计划设岗学科，并聘请香港中文大学新闻学院院长冯应谦为讲座教授；聘请南方报业传媒集团原董事长杨兴锋为南方传媒研究院院长；聘有86位兼职专业硕士生导师；与《南方都市报》联合敦聘胡泳、魏武挥等2位南都讲座教授。

2013年，学院招收本科生279人、研究生226人，其中博士生12人、硕士生214人。截至2013年12月，全院共有在校本科生1 113人，其中港澳台侨生及外国留学生535人；在校研究生767人，其中博士生43人、全日制硕士研究生493人、研究生课程进修班学员222人，港澳台侨生及境外生9人。

2013年，学院教师获评2项第六届高校优秀成果奖，获批纵向课题19项，其中国家级5项，省级8项，市级6项，经费120万元。出版著作26本，翻译专著3本。发表学术论文290篇，其中含发表于权威期刊24篇，CSSCI期刊62篇，国外期刊11篇，人大复印报刊资料全文数据库2篇，核心期刊22篇。

2013年，学院举办2012年度南都奖学金颁奖礼系列活动之专家研讨会暨第三届南方传媒论坛，第四届南方传媒论坛，第二、第三届舆情与社会管理协同创新论坛，2013华语主持传播高峰论坛，2013全国广播学术研讨会，网络营销传播国际研讨会，2013中国新闻学与传播学学科发展论坛暨第四届舆情与社会管理论坛等。资助20余名教师到英国、美国、荷兰、新西兰、日本、南非等访学、交流。与台湾政治大学新闻学院、台湾世新大学新闻学院签订合作协议；邀请美国布法罗纽约州立大学、洛杉矶罗耀拉大学，英国BBC新闻在线、《卫报》、《每日电讯报》，独立电视媒体，荷兰阿姆斯特丹大学的专家学者来院讲学；接待香港树仁大学新闻系师生20余人，邀请英国格罗姆斯比大学代表来院宣讲，并迎接韩国东义大学校长Sang－Moo Shim一行到访。

学院重视学生实践活动，新闻学、广告学专业继续举办专业训练营，并新增“移动新媒体实战专训营”。7月举办第六期“传媒领袖讲习班”，暑假组织“寻梦中国——海疆万里行”“广货全国行”“粤桂黔瑶乡行”“三亚三沙边防行”等多支采访调研队伍，行程北至东北，南至三沙，西至贵州，东至华东，以全媒体的形态报道新闻和调研成果，参与学生100余人。学院组织学生参加科技专业竞赛，共获市级以上奖励180余项，其中三等奖或铜奖以上奖励国际级1项；2013年龙玺环球华文广告奖树人奖金奖，国家级7项，省级16项，市级6项。在第十三届“挑战杯”全国大学生课外学术科技作品竞赛决赛中，学院项目“民生援建加快西藏新疆实现小康幸福梦——基于广东17年创新对口支援林芝、喀什（含哈密）模式的调查研究”荣获三等奖。

（新闻与传播学院供稿）

外国语学院

外国语学院的前身是创办于1927年的外国语言文学系，历史上著名专家学者叶公超、梁实秋、钱钟书、许国璋等教授曾在该系任教。学院于2001年5月在原外语系和大学英语教学中心基础上成立，有英语语言文学系、商务英语系、日语语言文学系、法语语言文学系、大学英语教学部5个教学单位，本科设有英语语言文学、商务英语、日语和法语4个专业，同时面向全校开设英语、日语、法语、西班牙语等公共外语课程。外国语学院外国语言文学一级学科是广东省重点优势学科，现有外国语言文学硕士一级学科授权点，外国语言学及应用语言学、英语语言文学、日语语言文学二级学科硕士学位授权点及翻译硕士专业（MTI）学位授权点。

外国语言学及应用语言学硕士点在功能语言学、语音学、音系学、语篇分析和语言哲学等方向形成特色。英语语言文学硕士点是暨南大学最早取得硕士学位授予权的硕士点之一，以文学为主，专长翻译。著名学者曾昭科、翁显良、张鸾铃、谭时霖、黄均、黄锡祥等教授先后担任导师。学院有外国语言文学研究所、应用语言学研究所、跨文化与翻译研究所、日语语言文化研究所和外语教学研究中心5个专门科研机构。

2013年，学院现有教职工151人，其中教授9人、副教授46人、讲师77人、助教2人、行政管理人员17人。在职教师中，获得博士学位者36人，在职攻读博士学位者20人，获得硕士学位者71人，多数教师都曾经在主要语种对象国学习或从事过教学科研工作。学院有博士生导师2人，硕士生导师33人，所有导师都有在国外大学和学术机构从事科学研究或进修的经历，部分导师在国内外重要学会、协会等组织机构任职或兼职。宫琪教授现任广东省翻译协会副会长，广东省外国语言学会副会长，广东省本科高校外语类专业教学指导委员会副主任委员；蒲若茜教授现任中国世界华文文学会常务理事和该会教学委员会副主任委员，国际比较文学学会、中国比较文学常务理事；王琢教授现任中国世界海外华文文学学会理事、国际二宫尊德思想学会常务理事。2012年，敦聘国际著名高校美国加州大学（UCLA）凌津奇博士为客座教授；与中国翻译协会 TICAT 合作建立暨南大学实训基地。

2013 年，学院有在读全日制本科生 699 人，其中境内生 264 人，港澳台侨生 425 人，留学生 10 人；研究生 237 人。

2013 年，学院教师获国家级社科项目 1 项，省部级项目 8 项，市级项目 1 项；发表 A 类论文 7 篇，B 类论文 17 篇；出版译著 8 部；编写教材 1 部。学院获批第九轮广东省优势重点学科。主编期刊《暨南外语论丛》第一辑（创刊号）出版发行，出版《暨南大学博士文库》一套。

2013 年，学院成立暨南大学博士之家；推动学院品牌志愿者队伍 JNU－Helper 进一步发展；成功申请“挑战杯”项目 4 个。学院学生刘慧婷担任 2013—2014 年度广东省学生联合会驻会执行主席；郭小绿荣获希望之星英语风采大赛广东省赛一等奖；商务英语系学生代表暨南大学参加 2013 年全国大学生全英商务实践大赛，荣获华南赛区二等奖。

2013 年，学院主办国际大型学术会议 1 场；先后邀请国内外著名专家教授来校举办学术讲座与交流 33 场；学院学术沙龙 8 场。学院继续与加州大学亚裔研究系保持合作关系，并特聘加州大学亚裔研究亚裔系主任凌津奇教授为客座教授；同时特别邀请英国爱丁堡大学 Robert Ladd 来校进行一个月的短期讲学。学院宫琪教授应邀代表学校出席日本上智大学建校 100 周年暨中国联络处成立的系列纪念活动；自与加州大学洛杉矶分校成为交流基地后，先后邀请蒲若茜、詹乔、程倩、许双如 4 位教师访问交流，刘春英、颜方明、刘燕玲、钟平衡、黄净、彭帆 6 位老师也分赴哈佛大学、爱丁堡大学、加州大学圣地亚哥分校、威斯康星大学奥克莱尔分校等世界名校做访问学者、教授汉语或短期交流。

（外国语学院供稿）

艺术学院

艺术学院成立于 2005 年 1 月，由影视艺术家、中国书法鉴赏家张铁林教授担任院长。学院现设有美术系、新媒体艺术系、影视系、音乐系 4 个系，开设美术学、动画、导演、音乐学专业。附设中国书法研究所、大学生艺术素质教学部。2010 年 6 月，获美术学、动画文学学士学位授予权；2011 年 6 月，获音乐学文学学士学位授予权；2012 年 6 月，获导演文学学士学位授予权。经国家文化部批准，由中国书法家协会审核授权，从 2012 年 3 月起，在暨南大学设立全国书法等级考试考区，由暨南大学艺术学院中国书法研究所承办全国书法等级考试考区工作。2013 年 2 月，暨南大学第十届学位评定委员会第五次会议决定新增艺术学学科门类，设置艺术学学士学位。

学院现有在职教工 40 人，其中专职教师 32 人。教师队伍中教授 10 人，副教授 5 人，讲师 16 人，助教 1 人。博士生导师 1 人，硕士生导师 11 人。聘请外国专家 1 人。有在读全日制本科生 325 人，其中境外学生 32 人。

2013 年，艺术学院与中惠熙元房地产集团有限公司进一步签立了“中惠熙元艺术创新创业启航计划基金”，捐资帮助毕业生创业启航，培养文化艺术产业专门人才。

2013 年，学院共发表作品 236 件；发表专著、论文 54 部/篇；获批项目 20 项；举办展演 21 批次；学院教工获得 16 项各级奖项。曹宝麟获第四届“中国书法兰亭奖”艺术奖、国际书法家协会授予书法学术成就奖，以分卷主编、第一撰稿人出版学术专著《中国书法全集卷（39　蔡京　薛绍彭　吴说　赵佶）》。蔡显良著作《宋代论书诗研究》获第四届“中国书法兰亭奖”理论奖。陈志平受聘担任教育部高等学校美术学类专业教学指导委员会委员。王桢作品《放飞童年》获“第五届年度最具产业价值影视动画作品奖”之“中国年度十大优秀动画歌曲奖”。学院新媒体艺术系教研室“动画专业的创作与教学”项目获批为教育部高等教育司“全国高校教师培训计划”项目。朱圭铭 16 幅作品入选由广东省博物馆、广东书法评论家协会主办的“首届广东书法评论家协会提名书法家作品展”。王红主、Rebecca Jean Bristow、胡杨、张琤获第十届广州大学生电影节大学生原创微电影大赛“优秀指导老师”奖。王红主担任编曲的作品《青春的祝福》参加中央电视台“五月的鲜花——我们的中国梦”2013 年全国大学生校园文艺会演。

2013年，学院学生获45项国际、国家、省级等各类各级专业竞赛奖项。在广东省首届高校书法篆刻作品学院展中，王金鑫、徐超、蔺思骐获一等奖，张梁获二等奖，杨庆洪、王峰、王芬芬、刘彦卓、狄骞获三等奖。在第十届广州大学生电影节大学生原创微电影大赛中，李童的《梦图腾》，杜镇江的《纸门》、赵丹霖的《北地有狐女》获二等奖，庄文迪的《南亭序》获国际学生优秀作品奖。音乐系学生彭逸众获第三届香港国际钢琴邀请赛中国赛区二等奖，庄晨晖获香港钢琴国际邀请赛广东省赛区（奏鸣曲组）二等奖、香港钢琴国际邀请赛广东省赛区（青年组）三等奖。美术系学生王金鑫作品获三星电子全国书画大赛优秀作品奖，任光照获第三届羊城青年书法篆刻展三等奖。

2013年，学院举办学术交流11次，教师受邀参加讲学报告22场，社会交流60批次。院长张铁林应邀赴首尔参加“墨韵华风”中韩书画名家联展，赴意大利参加中国侨联“亲情中华”艺术团慰问演出，受中央1套的邀请担任《首席夜话》嘉宾，其书画作品入展由广东省文学艺术界联合会主办的“绿叶增春——中国文联著名表演艺术家书画联展”活动。李学武受邀参加中国电影家协会第九次全国代表大会。卫铁受邀参加第66届戛纳国际电影节，其任副导演的电影《天注定》以及作为中方联合制片人的电影《酥油灯》入围第66届戛纳国际电影节主竞赛单元。李学武、段婷婷、蒋励3位老师受邀参加第三届世界华语电影论坛。刘弋珩受邀担任第四届香港国际钢琴比赛广州赛区评委，并与王和松副教授担任2013“肖邦纪念奖”香港—国际钢琴公开赛评委。曾振伟作品《赛龙舟》入展“2013AACS亚洲现代雕塑家协会第22届作品年展”。

是年，台湾艺术大学副校长谢颙丞、书画艺术学系主任林锦涛带队的访问代表团来学院进行交流访问。香港中文大学伍盛中教授来院举办“李斯特与浪漫主义传统”及钢琴表演方向大师班课。书画鉴定专家王乃栋来院举办题为“书画鉴定的基本问题”的讲座。

（艺术学院供稿）

经济学院

“始有暨南，便有商科”。1918年，暨南大学前身暨南学堂即开设商科。1958年，暨南大学在广州重建，恢复设立经济系（经济学院前身），汇集了蔡馥生、赵元浩、黄德鸿、张元元等一批有名望和影响的专家学者，成为当时华南地区经济学教学与研究的重镇。1978年暨南大学复办，1980年经国家教委（现教育部）批准设立经济学院，成为全国综合性高等院校中最早成立的经济学院之一，第一任院长为蔡馥生教授。

1981年政治经济学专业获我国首批硕士学位授予权；1986年产业经济学获博士学位授予权；1998年金融学获博士学位授予权；1999年获批设立应用经济学博士后流动站；2002年和2007年产业经济学连续两次被评为国家重点学科；2003年获应用经济学一级学科博士学位授予权；2006年获理论经济学二级学科政治经济学博士学位授予权；2007年金融学被评为国家重点学科；2010年金融、应用统计、税务、国际商务、资产评估获全国首批专业硕士学位授予权；2011年统计学独立为一级学科并获博士学位授予权；2005年、2009年、2011年，金融研究所、广东产业发展与粤港澳台区域合作研究中心、资源环境与可持续发展研究所先后被评为广东省普通高校人文社科重点研究基地；2012年，应用经济学、理论经济学、统计学3个一级学科被评为广东省重点学科；同年，统计学博士后流动站获批设立。在2012年教育部学位与研究生教育发展中心组织的一级学科评估中，应用经济学评分并列全国第10位；统计学评分并列全国第20位。

学院现有经济学系、金融学系、统计学系、国际经济与贸易系、财税系、特区港澳经济研究所等6个教学单位，并设有金融研究所、广东产业发展与粤港澳台区域合作研究中心、资源环境与可持续发展研究所、日本经济研究中心、欧盟研究中心、台湾经济研究所、经济发展研究中心、广东地方税收研究中心等17个研究机构以及《产经评论》杂志社。《产经评论》入选为CSSCI扩展版来源期刊。

学院设有经济学、经济学（投资经济方向）、金融学、统计学、统计学（精算师方向）、国际经济与贸易、财政学、税收学8个本科专业和方向；金融学、产业经济学（与产业经济研究院共建）为国家重点学科；有金融学、统计学、国际经济与贸易3个省级名牌专业；“货币银行学”“统计学原理”“公司金融”3门省级精品课程；“经济管理实验教学中心”是国家级实验教学示范中心、广东省经济管理实验教学中心建设项目。学院与香港城市大学合作，在香港城市大学设点招收税务硕士研究生。

学院现有在职教工175人，其中教学科研人员140人，教授38人、副教授56人；有教育部“新世纪优秀人才支持计划”入选者4名、新世纪“百千万人才工程”国家级人选1名、珠江学者2名、全国优秀教师及南粤优秀教师8名、“千百十工程”省级培养对象6名、省高校教学名师及省高校优秀辅导员2名。

2013年，学院有在校本科生1 718人（其中境外生657人）；研究生1 672人，其中硕士生1 043人（其中境外生80人）、博士生166人（其中境外生37人）、研究生课程班学员463人。2013年招收本科生455人（其中外招198人）；研究生577人，其中博士生29人，硕士生361人，研究生课程班学员187人。

2013年，学院获科研项目资助110项，资助总额约1 022.65万元。其中，国家社会科学基金项目3项（其中重点项目1项），国家自然科学基金项目2项、教育部人文社科基金项目7项，广东省自然科学基金2项，横向项目51项。出版学术专著12部；在A类期刊发表论文29篇，其中《经济研究》1篇、《管理世界》1篇、SCI收录2篇、SSCI收录8篇。获省部级及以上奖励12项，其中1项为教育部人文社科优秀成果奖。学院学生在广东省第十二届“挑战杯”大赛中，2个项目分别获得一、二等奖，其中一等奖项目被推荐参加全国赛，最终获得二等奖和“累进创新金奖”。

学院有多位教师担任广东省政府参事、广东省人大代表、广东省政协委员，有3位教师受聘为广东省人民政府决策咨询顾问专家委员会委员，6位教师受聘为广州市人民政府第二届决策咨询专家，1位教师受聘为广东省国家税务局特邀监察员，1位被选为广东省青年文化英才。

2013年，学院共派出6名中青年骨干教师赴美国威斯康星大学等多所国外知名高校进行3个月至1年的学习合作与交流。举办了“中国产业升级与可持续增长”“第8届亚洲区域合作与创新论坛”“大数据背景下统计调查与数据分析研讨会”“中国青年经济学家联谊会”等国际国内学术会议15次。

（经济学院供稿）

管理学院

2013年，是管理学院建院十五周年，也是暨南大学MBA项目获批20周年。管理学院秉承“在行为科学、会计与财务以及运营管理领域成为兼具中国文化底蕴和世界影响的卓越商学院”的发展愿景，成为国内第三家通过AMBA再认证的学院；新增3所研究生层面的国际交换生院校，使海外交换生合作院校增加到9所；在第四届全国百优评选工作中，管理学院有3篇案例入选“全国百优”，连续两年在华南地区高校中独占鳌头，获奖篇数位列全国前三。

目前，管理学院设企业管理系、会计学系、市场学系、旅游管理系4个系；会计学是国务院侨办重点学科，工商管理是广东省攀峰重点学科。有工商管理、管理科学与工程两个一级学科博士点，企业管理、会计学、旅游管理、技术经济与管理、财务管理、金融工程、工业工程与管理、信息管理与信息系统等8个二级学科博士学位授予权；工商管理博士后科研流动站；企业管理、会计学、财务管理、旅游管理、管理科学与工程、应用心理学、产业经济学等专业科学学位硕士点；国际商务管理、景区规划与酒店管理等应用型科学学位硕士点。此外，还开办高级管理人员工商管理硕士（EMBA）、工商管理硕士（MBA）、会计专业硕士（MPAcc）、工程硕士（工业工程领域，ME）、旅游管理硕士（MTA）、工程管理硕士（MEM）、审计硕士（MAud）等专业学位教育。

本科教育方面，学院设有工商管理、物流管理、会计学、财务管理、会计学（注册会计师）、会计学（ACCA）、市场营销、电子商务、旅游管理、人力资源管理10个本科专业（方向）。其中，工商管理类是国家级、省级特色专业，财务管理是省级特色专业，工商管理、会计学、旅游管理是广东省名牌专业。

管理学院共有专职教师127人，其中97人具有博士学位；教授38人、副教授67人；博士生导师35人、硕士生导师52人；广东省教学名师2人，南粤优秀教师3人，国家财政部会计领军（后备）人才4人；“千百十工程”培养对象共23人，其中省级2人、校级21人；2013年引进“珠江学者”讲座教授1人；柔性引进高端人才2名。

2013年，管理学院获批省级、校级大学生实践教学基地各一项；国家自然科学基金项目立项增长明显，立项数与去年同比增长40%，获批经费增长9%。2013年教师共计发表A1类文章7篇，A2类文章9篇，其中张耀辉教授获广东省哲学社会科学优秀成果一等奖；魏莹副教授获教育部第六届高等学校科学研究优秀成果三等奖，另有5位科研人员获省级科研成果奖励。

管理学院共有学生4 654人，其中本科生2 362人，博士学生178名，科学学位硕士研究生（MSc）547名，专业学位学生1 567名。管理学院专注于人才培养，2013年正式启动了管理学院卓越优才和卓越专才培养计划；成立暨南大学本科生创新创业联盟，成功举办首届“巅峰对决”商业模拟挑战赛；获批“大学生创新创业训练计划项目”国家级13项，省级15项。

（管理学院供稿）

公共管理学院/应急管理学院

暨南大学公共管理学科始建于20世纪80年代，1985年首次招收行政管理专业大专班。2009年暨南大学成立应急管理学院，拥有国内第一个应急管理学院。2010年获批公共管理一级学科硕士学位授予权。2011年成立公共管理学院，2012年被批准为广东省公共管理一级重点优势学科。

学院现有教职工34人，其中教授7人，副教授12人，讲师7人。广东省高校“千百十工程”国家级培养人才1人，教育部“新世纪优秀人才支持计划”2人。博士研究生导师3人，硕士研究生导师21人。全院有40%以上的教师具有1年以上的海外留学经历。

学院推行以公共管理为基础、以应急管理为特色的公共管理与应急管理融合发展的学科建设与发展思路，建立起了本科—硕士—博士的完整的人才培养体系和多学科渗透、立体交叉的公务员培训体系，是华南地区应急管理培训的重要基地，是中国首家以应急管理为特色的公共管理学院。学院迄今招收了6届共461名应急管理本科生。学院拥有公共管理一级省级优势重点学科和一个省级人文社会科学重点研究基地——暨南大学应急管理研究中心；拥有应急系统工程与金融工程博士点，拥有行政管理、应急管理、社会保障、教育经济管理、土地资源管理5个硕士点和公共管理硕士（MPA）专业硕士学位点；拥有行政管理、公共事业管理（应急管理方向）2个全日制本科专业，拥有行政管理、人力资源管理、社会工作3个成人教育本科专业，学院现有在校学生1 200余人。

学院以省级优势重点学科和省级人文社会科学重点研究基地为平台，形成了电子政务与政府治理能力现代化研究、应急管理与社会风险规制研究、社会保障与社会政策研究、社会组织与社会治理变革研究等学术研究和人才培养方向，凝聚了学术资源，打造了学术团队。学院还成立了转型与国家治理研究中心、公共管理案例研究中心、教育经济与管理研究所、公共经济与管理研究所、社会保障与商业保险研究所等多个学术研究机构，以及MPA教育中心、公务员培训中心等日常管理机构。

学院积极拓展境外学术交流与合作，形成了项目研究、联合召开国际学术会议、学生交流、教师培训等国际学术研究和人才培养交流项目。学院与美国、北欧、新加坡以及港澳台地区的高校和研究机构具有良好的合作基础。

近5年来，学院发表高水平学术论文200多篇，被SCI、SSCI、EI收录60篇，出版学术专著与教材30多部。科研成果获得省部级各类奖6项，学术论文奖获10项。开发应用软件7项，获得计算机软件著作权5项，申请技术发明专利4项，成果应用推广2项。获得国家与省（部）级重大重点及面上项目以及政府与企业委托项目60项。

（公共管理学院/应急管理学院供稿）

法学院/知识产权学院

暨南大学法学教育的渊源可追溯到20世纪20年代。1927年，国立暨南大学开设法律系。1930年，创立法学院，为学校五大学院之一，系中国最早设立的法学院校之一。首任院长为王人麟教授。2001年，学校复设法学院。2004年成立华南地区首家知识产权学院。2011年，暨南大学法学院和知识产权学院正式合并为法学院/知识产权学院。率先在境外开展硕士研究生和本科法学人才培养。2012年，法学专业入选全国“卓越法律人才教育培养计划”首批名单，学院被确认为广东省政府知识产权培训基地。2013年，广东省人大常委会与学校合作成立“广东省地方立法研究评估与咨询服务基地”。

学院现有法学和知识产权两个系，有广东省级人文社会科学重点研究基地——暨南大学知识产权与法治研究中心、港澳基本法研究中心、网络与电子商务法律研究室以及民商法学、经济法学、宪法与行政法学、刑法学、诉讼法学、理论法学、国际法学、知识产权法学教研室等11个研究机构。法学一级学科为广东省重点学科。有国家级国家双语示范课程1门，省级及校级精品课程25门。

学院现有法学和知识产权2个本科专业、1个法学硕士一级学科授权点和法律硕士专业学位（JM）授权点，与经济学院和产业经济研究院共建法律经济学博士点，有国际法与国际关系、知识产权管理两个博士生招生方向。

学院现有教职工60人，其中专任教师48人，博士生导师3人，硕士生导师34人，教授12人，副教授25人，讲师11人，具有博士学位者37人。有教育部“新世纪优秀人才”1人，首批“全国知识产权领军人才”1人，广东省“千百十工程”培养对象1人，广东省教学名师1人，广州“十大中青年法学家”2人。1人任教育部高等学校教学指导委员会法学类专业教学指导委员会委员、1人任全国性法学学术组织的副会长、5人任全国性法学学术组织的常务理事，1人任国内主要学术期刊主编。2013年聘请来自香港、台湾地区及广东省人大、省政府、省法院、省检察院及广州、深圳等地市相关法律实务部门的47位法律硕士专业学位研究生实践导师。

学院现有在校学生1 015人，其中本科生500人、研究生515人。2013年共招收全日制硕士研究生108人、在职法律硕士研究生88人、本科生90人、双学位34人、函授本科生24人、博士生5人。

2013年，教师共获国家社科基金一般项目立项1项、教育部立项3项；在核心期刊上共发表论文84篇，其中，B类以上论文16篇；出版学术专著1部、学术编著2部、教材1部。新增省部级奖4项。2013年5月，广东省人大依托学校及广东省其他五所高校成立广东省地方立法研究评估与咨询服务基地。学校在法学院设立基地办公室，具体承担并完成了《广东省信访条例（草案）》委托起草工作。朱义坤教授与广东省经信委合作调研报告获省长重要批示；朱义坤教授和刘文静教授被聘为广州市政府第二届法律咨询专家。

2013年，获学生创新创业训练计划项目国家级4项、广东省6项。学生李树信获全球华人武术大赛男子组双器械第三名，刘玉莹获全国“耐克杯”田径赛200米第二名，杨小雨分获第23届广东省大学生女子自由泳、混合泳接力赛冠军，王达力获全国大学生羽毛球锦标赛优秀运动员。

2013年，“商法学”“英美商法”两门课程获广东省精品资源共享课程立项资助；方赛迎老师获首届“全国高校微课教学比赛”全国优秀奖、广东赛区文史类一等奖、“全国多媒体课件大赛”高教微课程组三等奖；与香港何伯华律师行签署《国家大学生校外实践基地暨南大学法学教育实践基地协议书》。

2013年，学院先后承办全国人大常委会基本法委员会2013年基本法研究成果专家鉴定会、“中国梦——创新转型与知识产权热点问题”研讨会、“第五届两岸四地著作权法律研讨会”等学术会议。俄亥俄州立大学莫瑞茨法学院、马来西亚国民大学法学院来访，并与学院签署合作意向书。举办“第一期青海检察官高级研修班”，承办第六期广东省政府知识产权行政管理人员研修班。

（法学院/知识产权学院供稿）

国际关系学院/华侨华人研究院

暨南大学国际关系学院/华侨华人研究院的前身可追溯到1927年成立于上海的“国立暨南大学南洋文化教育事业部”，这是中国第一所华侨研究专门机构。

2011年7月，为打造我校具有侨校特色的创新研究平台，整合我校国际关系和华侨华人及其他相关领域研究力量，学校成立国际关系学院/华侨华人研究院。

学院目前设有教育部人文社会科学重点研究基地（暨南大学华侨华人研究院）、东南亚研究所、国际政治学系以及《东南亚研究》杂志社4个教学科研单位，拥有1个“珠江学者”特聘教授岗位（国际关系）、1个博士后科研流动站（政治学）、1个博士点（国际关系）、7个硕士点（国际政治、国际关系、中外政治制度、政治学理论、外交学、国际公共关系、国际政治经济学）以及国际政治本科专业，同时与学校图书馆共建华侨华人研究文献中心。公开出版学术刊物《东南亚研究》（双月刊）以及《世界侨情报告》，其中《东南亚研究》现已出版超过200期，并同时入选中文社会科学引文索引来源期刊、全国中文核心期刊以及中国人文社科期刊这三种最有影响力的期刊评价体系，颇受学术研究机构、同行专家学者及实际工作部门的关注和好评。此外，学院还设有美国研究中心、非洲研究中心、海峡两岸关系研究中心、南海战略研究基地、海外华人人才研究中心、侨务战略研究中心、海外华人政治经济研究中心、海外华人文化与社会研究中心、侨务干部培训中心、跨国移民研究中心、华侨华人口述史研究中心等研究机构。

学院现有教职工45人，其中教授13人、副教授15人，博士生导师9人、硕士生导师23人。其中，第四届国务院侨办专家咨询委员会委员1人，教育部政治学专业教学指导委员会委员1人，教育部“新世纪优秀人才支持计划”入选者1人。目前在读博士生共116人，在读硕士生86人，在读非学历教育5人，在读本科生128人。2013年毕业授予学位77人，其中博士9人、硕士39人（非学历教育4人），学士29人。

是年，学院教师获得各类科研项目32项，其中获国家社科基金项目立项资助2项，2013年度教育部人文社会科学重点研究基地重大项目2项；发表各类论文和咨询报告123篇，出版著作10部，包括《世界侨情报告（2012—2013）》、《南海地区形势报告（2012—2013）》、第二批“世界华侨华人研究文库”丛书等。成立“华侨华人口述史研究中心”，启动“归侨口述历史”计划，开拓华侨华人研究的新方向；学校全球招标研究课题“华人高技术移民研究”和“少数民族华侨华人研究”分别由洛杉矶加州大学周敏教授和台湾青云科技大学侍建宇教授获得，进一步推进基地学术研究的国际化，促进华侨华人研究的协同创新。《广东华侨史》编修工作得到国务院侨办和广东省有关领导的肯定与支持。

2013年，学院共有38名师生及团队出访超过23个国家及港澳台地区。同时，学院接待来自19个国家的外国学者及政府官员团组33批97人次。学院与澳大利亚国立大学亚太研究院和台湾政治大学国际事务学院签订2项合作协议。先后举办“东亚跨国人口流动”学术研讨会，“华侨华人与中国梦”学术研讨会暨《世界侨情报告（2012—2013）》首发式，首届“欧洲华商高峰论坛”，中国亚洲太平洋学会年会，与爱尔兰国立梅努斯大学、新加坡国立大学联合举办的“移民研究”研讨会，中越关系研讨会，第55期全国侨务干部培训班暨第3期侨务公共外交专题研讨班等学术活动。

（国际关系学院/华侨华人研究院供稿）

理工学院

理工学院的历史可以追溯到1929年的国立暨南大学理学院，是暨南大学成立较早的学院之一。1999年和2001年，理工学院的部分系、所分别组建为生命科学技术学院、信息科学技术学院。

2013年，学院设有物理学系、力学与土木工程系、环境工程系、食品科学与工程系、材料科学与工程系、光电工程系6个教学系，应用力学研究所、环境工程研究所、光电工程研究所、电力电子研究所4个研究所，公共安全研究中心、食品科技研究中心2个研究中心，以及核科学与工程技术研究院。

现有应用物理学、材料物理、信息工程、光电信息工程、食品科学与工程、食品质量与安全、土木工程、工程力学、建筑学、环境科学、环境工程、材料科学与工程、高分子材料与工程13个本科专业，工程力学、生物医学信息技术2个二级学科博士点，力学学科博士后科研流动站1个，力学、环境科学与工程、光学工程、物理学、食品科学与工程、材料科学与工程6个一级学科硕士点，理论物理、凝聚态物理、物理电子学、光学、光学工程、光通信与光传感、工程力学、固体力学、一般力学与力学基础、结构工程、环境科学、环境工程、材料学、材料物理化学、材料加工工程、生物材料、食品科学和粮食、油脂及植物蛋白工程18个二级学科硕士点，建筑与土木工程、环境工程、食品工程、光学工程、材料工程5个工程硕士专业学位点。工程力学是国家级特色专业、国务院侨办重点学科和广东省重点学科，力学、生物医学工程是广东省攀峰重点学科，光学工程、食品科学与工程、生态学是广东省优势重点学科。信息工程是广东省名牌专业，在国际学院开设“食品质量与安全”全英教学专业。

拥有“重大工程灾害与控制”教育部重点实验室、“人工器官与材料”教育部工程中心、中美“城市生命线工程结构安全”国际联合实验室、广东省高等学校科研型重点实验室“工程结构故障诊断重点实验室”、广东省城市生命线工程结构力学应急技术研究中心、广东省物理实验教学示范中心、广东省环境科学与工程实验教学示范中心、广东省耐磨及特种功能材料工程技术研究开发中心、广东高校耐磨材料与功能材料工程技术研究中心、广东高校水土环境毒害性污染物防治与生物修复重点实验室、广州市食品添加剂行业工程研究中心等国际及省部级研究中心（重点实验室）11个；“食品添加剂与配料”广东省产学研结合示范基地、“科威心血管疾病医疗器械”广东省产学研结合示范基地、“水产品安全高效养殖与综合加工”广东省产学研结合示范基地、广东高校水处理材料产学研示范基地4个省级产学研基地；广东省教育厅现代电子技术重点实验室光电子技术分室、广东省教育厅水土环境污染修复重点实验室2个厅级重点实验室（研究中心）；广东省“功能材料”联合培养研究生示范基地、暨南大学—汇香源联合培养研究生示范基地、暨南大学—广州安特激光技术有限公司联合培养研究生示范基地3个联合培养研究生示范基地。

在职教工206人，其中院士3人，具有正高职称者50人、副高职称者71人、中级职称者62人，博士学位获得者112人，硕士学位获得者61人，博士生导师31人、硕士生导师68人。在读全日制研究生547名、本科生1 498名，其中外招生301名，研究生人数与本科生之比为1：2.74。

中国科学院院士陈星旦任名誉院长，中国工程院院士刘人怀任应用力学研究所所长，中国工程院院士樊明武任核科学与工程技术研究院专家委员会委员。马宏伟教授获聘为教育部2012年度长江学者特聘教授、2013—2017年教育部高等学校力学类专业教学指导委员会委员，周长忍教授任国务院学位委员会生物医学工程第六届学科评议组成员、全国博士后管委会第八届专家组工学七组成员，王志伟教授获聘为2013—2017年教育部高等学校轻工类专业教学指导委员会副主任委员。荣誉教授弗雷德·塞泊（Frieder Seible）是中国工程院外籍院士，力学学科教授、南非开普半岛科技大学孙博华是南非科学院院士、南非皇家学会会员。

2013年，学院教师获批科研经费总额3 100万元，共申请专利48项，获授权专利37项。李卫教授团队的科研项目“节材耐磨损钢铁材料关键技术研发与集成示范”获广东省科学技术一等奖，汪勇研究员的专利“制备低杂质含量、澄清透明的食品级卵磷脂的方法及产品”获广东省专利优秀奖。

学生在各类科技竞赛中获省部级以上奖项28项，其中国际奖项2项、国家级奖项5项；在“大学生创新创业计划”中完成省部级以上结题项目18项，其中国家级结题项目5项，食品系的创新训练结题项目“鱼骨架高效分离装置暨下游产品开发”参加教育部、科技部于2013年11月联合主办的“第六届全国大学生创新创业年会”，荣获“最佳创意项目”和“我最喜爱的项目”两个奖项，成为广东省高校中唯一荣获两项大奖的参会项目。

学院主办了5次大型学术研讨会；举办了19期学术报告，其中7期学术报告邀请院士、长江学者、珠江学者或国家杰出青年等主讲。

对外学术交流活跃，学院师生26人次分赴英国、法国、西班牙、荷兰、捷克、斯洛伐克、美国、加拿大、南非、澳大利亚以及中国香港、澳门、台湾等国家或地区进行学术交流、访问或短期学习。德国海德堡大学，芬兰图尔库大学，美国农业部国家农业应用研究中心、俄勒冈州立大学、堪萨斯州立大学、北达科他州立大学，加拿大阿尔伯特大学，墨西哥蒙特雷科技大学，澳大利亚格利菲斯大学、墨尔本大学、新南威尔士大学，以色列布朗德学院，日本九州大学，香港大学、香港中文大学、大家乐集团，台湾交通大学、高雄大学等单位的30人次到学院进行学术交流或讲学；澳大利亚格利菲斯大学、香港中文大学的34名学生到学院进行短期交换学习。

（理工学院供稿）

信息科学技术学院

信息科学技术学院成立于2001年4月，学院下设学院办公室、教学科研管理办公室、研究生管理办公室，以及数学系、电子工程系、计算机科学系和计算中心。

2013年，学院有教职员工169人，其中，正高职称27人，副高职称53人。具有博士学位的有78人，具有硕士学位的有50人。有博士生导师11人，硕士生导师73人。在读全日制本科生1 273人，其中内招生1 155人、外招生118人。在读硕士研究生408人，其中科学学位研究生227人、专业学位研究生181人（双证班92人，单证班89人），来自港澳台地区的研究生5人。

学院现拥有计算机科学与技术博士学位授权一级学科及广东省第九批优势重点学科1个，拥有计算机科学与技术、信息与通信工程、数学、电子科学与技术、软件工程共5个硕士学位授权一级学科，与管理学院共建管理科学与工程博士和硕士学位授权一级学科，与经济学院共建概率与数理统计硕士点。拥有计算机软件与理论、计算机应用技术、计算机系统结构、通讯与信息系统、信号与信息处理、基础数学、应用数学、计算数学、运筹学与控制论、电路与系统、微电子学与固体电子学、电磁场与微波技术12个科学学位硕士专业，以及计算机技术、软件工程、电子与通信工程、应用统计4个专业学位招生专业与领域。有数学与应用数学、信息管理与信息系统、信息与计算科学、电子信息工程、通信工程、电子科学与技术、计算机科学与技术、软件工程、网络工程9个本科专业，其中电子信息工程专业为教育部高等学校特色专业，电子信息工程、计算机科学与技术专业为广东的省级名牌专业。电子电路基础、微机原理与接口技术、数据结构、数学模型4门省级精品课程成功完成项目结题验收，转型升级为精品资源共享课。

2013年，学院申报国家自然科学基金项目29项，广东省学科建设专项资金项目1项，广东省自然科学基金项目11项，广东省省级科技计划项目12项和广州市科技计划项目5项。获批国家自然科学基金项目8项，批准经费308万元；省自然科学基金项目4项，批准经费41万元；教育部高等学校博士学科点专项科研基金项目2项，批准经费16万元；广州市科技计划项目4项，批准立项经费98万元。SCI等四大检索系统收录学院老师发表的文章达171次。学院共有20个发明专利申请获受理，15个发明专利申请获授权。由姚国祥院长领衔与广州世安信息技术有限公司共同完成的科研项目“移动数据安全的关键技术研究与应用”获得广东省科技进步二等奖，学院科研项目“基于移动数据安全的信息保护关键技术研究”获得广州市科技进步二等奖。

学院现拥有广东省网络安全检测与防护工程技术研究开发中心、广东高校卫星导航芯片及应用技术工程研究中心、广东高校网络安全检测与防护工程技术研究中心3个省级工程中心。学院另有电子技术实验中心和计算机科学技术实验中心2个广东省实验教学示范中心，设有电工电子基础、电子与通信工程、现代电子技术、计算机基础、计算机科学技术、计算机应用、图像处理、数学技术等一批为教学科研服务的实验室和面向全校师生开放的计算中心。其中，电子信息类专业实践性创新人才培养模式实验区为广东省人才培养实验区。“计算机科学技术教学实验示范中心”现正接受省里验收。云计算实验室通过平台测试，网络实验室已全面启用。学院组织三个学科点及工程硕士教学指导委员会开展研究生课程教学案例库建设的研讨，并获批“暨南大学信息学科研究生课程教学案例库建设项目”。

2013 年，学院申报“2013 年度大学生创新创业训练计划项目”27 项，获批立项 17 项，其中 9 项为推荐国家级项目，并全部顺利通过中期检查，部分已取得知识产权成果。2013 年美国数学建模竞赛中，学院获得一等奖 6 项、二等奖 5 项，一等奖获奖率在广东省高校中位列第一。在“高教杯”大学生数学建模竞赛中获得广东省一等奖 4 项、二等奖 3 项、三等奖 4 项。在“挑战杯”大学生课外科技作品竞赛广东省赛中获得一等奖 1 项、二等奖 1 项。全国大学生数学竞赛中获得广东省一等奖 3 项、二等奖 5 项、三等奖 6 项。全国大学生电子设计竞赛中获得全国赛二等奖 1 项、广东省赛一等奖 1 项、二等奖 4 项、三等奖 3 项。申请专利受理 6 项，授予专利号 1 项。5 位学生完成论文并在核心杂志与国际会议发表和被检索。

2013 年学院联合主办 1 场国际会议；举办 18 场学术讲座，中科院院士、北京师范大学陈木法教授，澳大利亚国家科学学院院士、新南威尔士大学 Ian H. Sloan 教授到学院做学术报告。

（信息科学技术学院供稿）

生命科学技术学院

生命科学技术学院成立于 1999 年 5 月，下属 8 个系 1 个中心：生物工程学系、化学系、生物医学工程系、生态学系、细胞生物学系、生化与分子生物学系、发育与再生生物学系、免疫生物学系、赤潮与海洋生物学研究中心。

学院现有教职工 279 人，其中正高职称 87 人，副高职称 67 人；博士生导师 74 人，硕士生导师 82 人。学院有中国工程院院士 1 名，长江学者特聘教授 1 名，“千人计划”学者 2 人，新世纪“百千万工程”国家级人选 3 名，广东省领军人才 2 名，广东高校“珠江学者”2 名；全国优秀教师 1 名，全国侨办系统先进个人 1 名，广东省高校教学名师 1 名，南粤优秀教师 2 名，南粤教坛新秀 2 名。学院现有在校学生 1 716 人，本科生 848 人，研究生 868 人，其中博士生 116 人、硕士生 731 人、工程硕士 21 人，在站博士后 29 人。

学院重大科研平台包括：基因工程药物国家工程研究中心、再生医学教育部重点实验室、热带亚热带水生态教育部工程中心、广东省生物工程药物重点实验室、水体富营养化与赤潮防治广东普通高校重点实验室、功能蛋白质研究广东省普通高校重点实验室和广东省分子免疫与抗体工程重点实验室、生物材料广东省教育厅重点实验室。

学院现拥有 1 个国家重点学科（水生生物学），4 个广东省重点学科（生物学、化学、生态学、生物医学工程），1 个国务院侨办重点学科（免疫学）。设有 7 个本科专业（方向），包括生物技术、生物科学、应用化学、生物医学工程、生态学、化学工程与工艺 6 个专业和化学—生物学创新班，其中生物技术为国家高等学校特色专业、广东省特色专业和名牌专业，生态学为广东省特色专业，应用化学为广东省名牌专业。现拥有 2 个省级实验教学示范中心（化学、生物学），2 门省级精品课程（有机化学、分子生物学）。学院拥有 3 个博士学位授权一级学科（生物学、生态学、生物医学工程），4 个硕士学位授权一级学科（生物学、生物医学工程、生态学、化学），10 个博士学位授权二级学科，22 个硕士学位授权二级学科，3 个硕士专业学位（生物工程、生物医学工程、化学工程）。学院共设博士后科研流动站 3 个（生物学、生态学、生物医学工程）、1 个博士后科研工作站（广州暨南生物医药研究开发基地），4 个博士后创新实践基地（广东省生物技术研究所、广东开平市镇海水库、开平牵牛生化制药有限公司和广州市赛莱拉生物科技有限公司）。

2013 年，张弓获批国家自然科学基金优秀青年科学基金，王晓刚、陈填烽获广东省自然科学基金杰出青年基金资助，齐绪峰、何留民入选广州市珠江科技新星专项 2014 年入库名单。

2013 年，学院共组织受理申报各类基金项目 216 项，其中国家基金 98 项，广东省自然科学基金 46 项（含省优青项目），广东省科技攻关项目 27 项（含产学研、省重大专项），教育部博士点专项基金 12 项，广州市科技计划项目 18 项，校科研培育项目新增 15 项。本年度多项重大科研项目获批，其中国家基金 28 项、优青项目 1 项，联合基金1项，经费2 078万元；广东省自然科学基金10项（其中重点1项，杰青2项，经费310万元；高校博士点基金2项，经费16万元；广州市科技项目5项，经费148万元）；科研培育项目新增14项，经费786万元。总纵向经费为9 388万元。横向课题32项，经费379万元。

2013年，学院发表SCI论文212篇，居全校之首。教师发表A1论文29篇，占全校A1论文发表量的29%，涉及出版物24种。

2013年，学院与伯明翰大学就生物学、化学专业合作办学召开多次会议，在2+2联合办学、联合培养博士生、开发生物科学与商务管理专业等内容上达成初步共识。

在创新型人才培养上成果显著，完成学校"卓越未来科学家"第一期中期检查和第二期选拔工作；完成大学生创业训练项目结题验收和中期检查工作。与药学院、医学院及相关职能部门组织制订"生物科学—大生命学科本硕博连读班"人才培养方案工作，并于2013年9月起招生。

（生命科学技术学院供稿）

医学院

医学院成立于1978年，是我国第一所设在综合性大学的医学院，也是我国第一所面向海外招生的医学院。1984年，暨南大学医学院在世界卫生组织（WHO）注册，毕业生可直接参加世界各国的执业医师资格考试。

学院现有5个本科专业（其中临床医学为教育部特色专业、中医学为广东省特色专业）、7个一级学科硕士点、52个二级学科硕士点、2个一级学科博士点、21个二级学科博士点、2个博士后流动站，6个省部级重点学科，以及2个省部级重点实验室。学院下设临床医学系、口腔医学系、护理学系、中医学系、应急医学系、公共卫生与预防医学系，拥有36个教研室（学术系）、7个研究所（中心）、1种全国科技核心期刊——《中国病理生理杂志》。

全院在校生1 915人，其中博士研究生59人，硕士研究生338人，本科生1 518人；2013年共招生506人，其中硕士研究生122人，博士研究生14人，本科生370人。2013届毕业生273人，其中博士研究生13人，硕士研究生55人，本科生205人。

学院在编教职工202人，其中具有正高职称者40人，副高职称者77人。拥有中国科学院院士1人，双聘中国工程院院士1人，国家级教学名师1人，省级教学名师1人，教育部"跨世纪优秀人才"2人；有博士研究生导师32人，硕士研究生导师98人。

2013年，罗焕敏、陈利国、唐亮、杨钦河4名教授被聘为教育部2013—2017年高等学校教学指导委员会委员。医学院"人体寄生虫学"等7门课程获批为广东省"精品开放课程项目"。其中，卢晓晔教授承担的项目"全景数字化切片库的创建及其在组织胚胎学实验教学中的应用"获批为"高等学校教育教学改革工程项目"。此外，医学院共有8个项目获批省级教学质量工程项目。暨南大学国家中医药管理局中西医结合基础重点学科学术委员会正式成立。广东省中西医结合学会转化医学专业委员会成立，医学院中医系杨钦河教授担任第一届主任委员。学院与香港骨伤学会开设中医骨伤硕士班，2013年春季正式招收23名境外硕士生，该班为暨南大学理工医学科在境外的第一个硕士班。

2013年，医学院全年获批项目67项，获批经费1 087.8万元。其中，获批国家自然科学基金项目14项，获批教育部留学回国人员启动基金项目1项，广东省自然科学基金项目10项，广州市科技计划项目3项，中国博士后基金特别资助项目1项，中国博士后基金7项，广东省医学科研基金项目9项，广东省中医药局课题3项。《中国病理生理杂志》连续5次荣获"百种中国杰出学术期刊"奖，连续6次入选中文核心期刊，并在基础医学类排名第一。

2013年，医学院主办第二届国际（广州）癌症治疗论坛。广东省医师协会神经外科分会和暨南大学医学院主办"第三届海峡两岸神经医学论坛"。国家杰青、青年973首席胡志斌教授，国家首批"千人计划"国家级特聘专家许华曦博士，印度尼西亚万隆玛拉拿达大学医学院院长Jo Suherman，美国路易斯维尔大学公共卫生与信息学院公共卫生硕士学位（MPH）项目主任Robert

R. Jacobs 教授等国内外知名学者来院访问、讲学。

暨南大学2013年共建附属医院工作会议在医学院召开，探讨2013年共建工作的要点。附属三九脑科医院挂牌成立，暨南大学附属医院数量增至16家。附属复大肿瘤医院院长徐克成教授荣获全国卫生系统模范个人最高行政奖——“白求恩奖章”。附属医院系统27个专科入选2013年广东省临床重点专科名单。附属医院共获批国家基金5项，其中附属深圳医院获批2项，附属珠海医院获批1项，附属广州红十字会医院获批1项，附属深圳眼科医院1项。

（医学院供稿）

第一临床医学院

暨南大学附属第一医院又名广州华侨医院，于1981年正式建立，目前已发展成为集医疗、教学、科研、预防、保健、康复功能于一体的面向海内外开放的综合性现代化医院。1994年，医院被卫生部评为三级甲等医院，2001年，收购广州氮肥厂职工医院，成立暨南大学附属第一医院东圃分院。2004年，附属第一医院挂牌成立暨南大学第一临床医学院，培养医学本科生、硕士研究生、博士研究生及博士后等多层次的高级临床医学人才。

2013年，医院有职工1 848人，其中正式编制和人事代理制员工1 142人、合同制聘用员工706人；医疗人员519人，护理人员898人，医技人员145人；正高级职称86人，副高级职称164人，中级职称485人；具有博士学位131人，硕士学位330人。

2013年，医院实际开放床位1 391张，院本部门急诊量122.36万人次，年出院4万人次，住院手术1.68万例；平均住院日10.71天，病床使用率84.3%；东圃分院门急诊量16.6万人次，年出院2 736人次。医院全年业务收入较2012年增长26%。

2013年，医院儿科、肾内科、口腔科、眼科、影像科被评为广东省临床重点专科。目前医院共有广东省各类重点专（学）科14个。

2013年，医院与平顶山市新区管委会签订“平顶山新区医院合作项目”；与云浮市签署了在云浮新区共建三甲医院的合作协议；与河源市共建河源市人民医院；与电力一局医院、天河区中医院合作正在洽谈中；与河源市巴伐利亚庄园共建暨南巴伐利亚健康养生院。与汕头市、河源市、茂名市、中山市、潮州市、云浮市等地区新签医保协议。

继续加强与天河区各街道社区卫生服务中心的联系，继续保持与连平、和平、阳春县级（县级市）医院等的联系，新签订紫金、德庆、翁源、江西省安远县等县级医院技术合作协议。组织了十余次省内外的大型的义诊及扶贫工作。

7月31日至8月6日，医院派出10人“侨爱工程”医疗队深入西藏林芝偏远地区开展送医送药服务。8月14—18日，派出14人医疗队赴宁夏中卫市人民医院开展医疗帮扶工作。12月13—15日，派出眼科手术团队赴甘肃省临夏回族自治州，免费为当地贫困患者进行了30例白内障复明手术。

2013年，医院在读研究生1 600人，新招收研究生493人，其中硕士研究生280人、博士研究生213人，港澳台生40人。硕士生导师141人，博士生导师47人，其中新增硕士导师4人。新增广东省妇幼保健院、广东省皮肤病医院，深圳市宝安区妇幼保健院，广东省计划生育研究所及河源市人民医院5家研究生培养基地。医院获国家卫生和计划生育委员会2013年全科医生规范化培养基地建设项目医院，获批建设项目经费500万元。临床技能中心获批2013年度广东省高等学校教学质量与教学改革工程本科类立项建设项目——省实验教学示范中心，经费150万元。

2013年，医院接收各类实习进修培训人员共计267人，本院职工外出进修311人；举办继续医学教育项目学习班共31期，其中国家级20期，省级10期，中医药局国家级1期；获批继续医学教育项目43项，其中国家级23项，省级18项，中医药局2项。

2013年共组织申报各类纵向项目306项，共获批各类纵向基金项目79项，获批经费708.5万元。2013年度争取各类横向科研项目30项，实到位金额317.88万元。2013年9月，获国家医药管理局颁发给药物临床试验机构资格认定证书，12

个专业通过国家药物临床试验机构资格认定。公开发表科研论文323篇，其中发表SCI收录期刊论文52篇，总IF（影响因子）93.63。

目前医院在国内医学领域的最高学术团体中华医学会任职副主委1人，委员11人，在广东省医学会、广东省医师协会、广东省医院协会等各类省级学会中，会长1人，副会长8人次，常务理事3人，理事4人，主任委员5人，副主任委员50人次，常务委员86人次。医院外科主任苏泽轩当选为广东省泌尿生殖协会第一届会长，院长黄力当选为名誉会长。

2013年，医院主办或承办2013国家卫计委脑卒中医疗质量控制工作年会暨中华医学会卒中预防与控制专业委员会第一届第四次年会、白内障手术高峰论坛暨全国继续教育学习班、多模式分子影像和功能影像高峰论坛、广东省中西医结合学会新医微创专业委员会成立暨全国学术研讨会、第十三次全国中西医结合虚证与老年医学学术研讨会、2013广州国际肥胖与代谢病外科论坛暨第8届全国腹腔镜胃旁路手术治疗肥胖症与糖尿病学习班等。

神经内科被中华全国总工会授予“工人先锋号”称号；手术中心护理团队被授予“全国五一巾帼标兵岗”称号。医院获“2013年度广州最受欢迎三甲医院”，“就医助理APP”获医疗服务创新先锋奖，徐安定副院长获“优秀科普院长”称号，王存川教授、李玮璟主任医师获“最受欢迎在线名医”称号（39健康网联合多家媒体举办）。临床医学专业代表队在第四届全国高等医学院校大学生技能竞赛，获得华南赛区一等奖、全国总决赛三等奖。

（第一临床医学院供稿）

第二临床医学院

第二临床医学院即深圳市人民医院，始建于1946年，前身是宝安县人民医院，1979年更名为深圳市人民医院。1994年被评为深圳市第一家“三级甲等”医院。1996年，经国务院侨办批准，成为暨南大学医学院附属二院。2005年，经学校批准，成为学校第二临床医学院。

2013年，医院占地面积13.82万平方米，建筑面积21.3万平方米，编制病床2 100张，开放病床2 286张。2013年出院病人8.04万人次，门诊量300万人次。出院病人较2012年增长18.5%，门诊病人增长2.7%。

2013年，医院新增口腔科、胸外科、肾内科、消化内科、医学影像科（含CT、放射、超声、介入、核医学）、感染科、临床护理和内分泌科8个省级重点学科，省级临床重点学科数量达16个；市级医学重点学科及优势医学重点学科（群）23个。介入微创治疗中心成为亚洲冷冻治疗学会培训基地。是年，全院申报各级课题326项，上级部门下达科研经费1 445万元，在核心期刊发表论文581篇，其中SCI文章38篇。

2013年，首批学校临床医学本科深圳班40名学生在医院学习。医院建立了内科、外科等5个临床技能培训中心，已成为培养博士生、硕士生、本科生、规培学员、进修生的多功能教学医院。

2013年4月，基于深圳市超级计算中心云平台的深圳市人民医院网络医院正式实施运营。“深圳网络保健中心示范”项目、“远程监测与全程医疗保健系统应用”项目均已完成。

2013年，医院顺利完成3.0T核磁、256排螺旋CT、心内科DSA、介入科CT-DSA、放射科双板DR、检验科血液检测流水线等大型仪器设备的安装、调试。国内第一台进口高压氧舱投入使用。

医院开展便民惠民服务措施，缓解密集人流，大力推广分时段预约诊疗服务、弹性工作制；优化服务流程，调整科室布局，整合服务链条；强化现场服务管理，设立便民服务中心；开展院后互访和院后康复服务。

在各级部门支持下，医院的重点工程建设均进展顺利。2013年，内科住院大楼建设被列为广东省重点民生工程。龙华分院二期改扩建工程进展顺利，预计投入使用后医院病床数将超过2 500张。

（第二临床医学院供稿）

药学院

药学院成立于2001年4月，现设有药学和中药学两个系，中药及天然药物研究所、新药研究所、基因组药物研究所、中药生物技术研究所、暨南大学—香港科技大学神经科学和创新药物研究联合实验室、海洋药物研究中心、肿瘤药理学研究所等7个研究机构和药学实验教学中心。

学院现有药学、中药学两个本科专业和药学本硕博连读班，同时在国际学院设有药学专业（全英授课）。拥有中药学一级学科博士点和药事管理学博士点；中药学（一级学科）、药学（一级学科，下设：药物化学、药剂学、生药学、药物分析学、微生物与生化药学、药理学、临床药学、天然药物化学等8个二级学科）硕士点；制药工程、中药学2个专业学位硕士点。

教师队伍中，现有中国工程院院士1人，长江学者特聘教授1人，国家杰出青年基金获得者3人，中共中央组织部“千人计划”入选者1人，教育部新世纪人才9人，广东省杰出青年基金获得者3人。正高职称教师31人，副高职称教师30人；博士生导师27人，硕士生导师72人。具有博士学位和硕士学位的教师达100%，有海外留学和海外学习或工作经历的专任教师占64%。

2013年，学院在读本科生307人，其中香港学生38人、澳门学生66人、越南学生1人。硕士及博士研究生474人，其中香港学生3人、澳门学生11人、印度尼西亚学生1人。

在科学研究方面，学院获批各级各类纵向项目56项，获批经费合计2 184.1万元；获横向项目12项，获资助经费618.8万元；科研经费总计2 802.9万元。在所获批项目中，国家自然科学基金项目17项，经费1 077万元；教育部新世纪优秀人才专项2项，经费100万元；广东省自然科学基金6项，包括2项广东省杰出青年科学基金，总经费243万元；广州市科技计划项目7项，包括4项珠江科技新星计划和对外合作平台类项目1项，经费171万元。其他获批项目包括广东省卫生厅医学科研基金项目1项，广东省中医药局项目5项等，经费555.1万元。

本年度，学院教师共发表SCI收录论文127篇，申报发明专利8项。师蕾、张冬梅入选2013年度教育部“新世纪优秀人才支持计划”资助；张冬梅、高昊获广东省自然科学基金杰出青年基金。

2013年，叶文才教授团队与中国药科大学合作完成的成果“中药白头翁活性成分的系统研究与应用”获2013年度广东省科学技术一等奖；姚新生院士领衔的中药研究团队与香港理工大学秦岭教授团队合作的研究成果“抗骨质疏松中药现代化研究及其应用”获教育部科学技术进步奖推广类二等奖。新药研究所王玉强教授的研究团队，在美国申请的发明专利“NITRONE COMPOUNDS, PROCESS OF PREPARATION THEREOF, AND USE THEREOF IN MEDICAMENT MANUFACTURE”获美国、日本、欧洲专利授权，成为学院以暨南大学名义申请获得的首个国际发明专利。

2013年，学院举办了两岸三地药学教育研讨会。有来自新加坡、美国、德国、英国、日本等国家或地区的18位专家学者来院作学术报告。叶文才院长率领学校医药代表团访问德国维尔兹堡大学和马尔堡大学、比利时列日大学及西班牙阿尔卡拉大学。

截至2013年底，学院已建有广东省药品检验所、广州市药品检验所、中山国家健康科技产业基地、暨南大学附属第一医院、广州白云山化学药厂、白云山明兴制药有限公司、白云山和记黄埔中药有限公司、广东省药材公司中药饮片厂、澳门科大康怡药厂、珠海市人民医院等作为学院的教学实习基地。

（药学院供稿）

华文学院

（详见“华文教育和对外汉语教学”栏目）

珠海校区

珠海校区的前身为暨南大学珠海教学点，位于珠海市唐家湾。1998年8月28日，暨南大学与珠海市人民政府签订《共建暨南大学珠海学院协议》。1998年开办计算机科学与技术本科专业和旅游管理专科专业。2000年4月29日，暨南大学与珠海市人民政府再次签订《珠海市人民政府与暨南大学合作建设暨南大学珠海学院协议》，办学地点搬迁至珠海市前山地区，正式成立暨南大学珠海学院。原全国政协副主席、中国科学院院士钱伟长为学院动工奠基。暨南大学成为珠海市引进的第一所大学，开创了珠海特区全日制普通高等教育史的先河。

2009年4月1日，珠海学院更名为暨南大学珠海校区，全面实施校区化管理模式，建设具有特色的专业化学院，走国际合作办学道路，打造高水平的教师队伍，培养创新型人才，主动服务地方经济建设。

校园总面积576 989平方米，教工宿舍区50 000平方米，现有建筑面积234 228平方米。校区内教学大楼、实验室、图书馆、体育运动场、学生宿舍、餐饮中心和行政办公楼等设施齐全，为师生提供了一个现代化的学习、工作和生活的园林式校园环境。校区图书馆拥有中外文图书近50万册，中外文报刊1 700多种。馆内与广州校本部图书馆联网，读者可通过网络共享本部图书馆馆藏和电子资源。

目前，除珠海校区原有的20个本科专业（涵盖文、管、经、法、工等学科门类）和2个硕士招生专业之外，校区还有文学院、新闻与传播学院、经济学院、管理学院、应急管理学院、公共管理学院、法学院、知识产权学院以及国际关系学院等院系在珠海校区开设的30余个本科专业。

校区有在编教职工248人，其中专任教师164名，具有正高职称教师21人，副高职称教师61人，具有博士学位教师81人，博士生导师7人，硕士生导师49人；60%以上的教师具有博士学位或海外留学经历；45岁以下教师占63%。

2013年获批科研项目39项，项目经费达401.1万元，含1项国家社科基金项目，2项国家自然科学基金项目，1项教育部研究项目，1项广东省哲学社会科学规划项目和1项广东省人文社会科学重点研究基地项目。2013年校区获得国家授权发明专利1项，获得珠海市科技进步奖三等奖1项。学校成立“暨南大学轨道交通研究院”，隶属珠海校区。2013年，学院熊剑教授主持的《财务学原理》入选首批国家级精品资源共享课程，成为暨南大学首门国家级精品资源共享课，孙华好教授荣获教育部第六届高等学校科学研究优秀成果奖（人文社会科学）三等奖以及商务部2012/2013年度全国商务发展研究成果奖。

校区有全日制本科学生6 766人，硕士研究生117人、博士研究生22人。以“树学风，促发展”为目标，开展多种形式的学生活动，着重开展学生创新与学术科技活动，举办模拟联合国、职业规划大赛、创意大赛、商业精英挑战赛等活动。在2013年全国大学生电子设计竞赛、中国机器人大赛暨RoboCup公开赛、第十二届“挑战杯”广东大学生课外学术科技作品竞赛、ACM程序设计大赛及数学建模比赛、“韩素音青年翻译奖”竞赛等重要赛事中取得多个奖项。

2013年，校区分别与美国威斯康星欧克莱尔大学、美国Rutgers大学、英国伯明翰阿斯顿大学、英国米德萨克斯大学（Middlesex University）、索尔福德大学（University of Salford）、台湾建国科技大学等高校紧密联系，就课程合作、学生培养、学术合作等进行探讨交流，谋求共同发展，拓展国际化办学途径。

（珠海校区供稿）

人文学院

人文学院成立于2010年8月，位于暨南大学珠海校区，在原暨南大学珠海学院中国语言文学系、法学系、新闻与传播学系、基础教学部社科教学室、香山文化研究所、华人留学文化研究所、法律与政策实践中心以及新闻与传播实验室等系所的基础上整合而成。

人文学院现有教职工51人，其中具有高级职称17人，中级职称28人，初级职称3人；具有博士学位者21人、硕士学位者27人；教师队伍中有博士生导师1人、硕士生导师11人。学院现有“全国优秀教师”1人，“珠海市先进教师”3人，“珠海市先进教育工作者”1人。2013年，有在校学生613人。

人文学院现设学院办公室，传播学、公共管理、中国语言文学室、法学、社科公共课、文化产业管理6个教研室，暨南大学香山文化研究所、华人留学文化研究所，暨南大学珠海校区法律与政策实践中心，暨南大学人文学院妇女发展研究中心，暨南大学珠海汉语教学中心和暨南大学法治化营商环境研究中心。

人文学院现设有行政管理（城市管理方向）、法学（律师方向）、汉语言文学（高级文秘方向）、汉语言文学（编辑与出版方向）、广告学（网络与新媒体方向）、文化产业管理6个本科招生专业（方向）。

2013年，学院共有在研国家社科基金项目2项，省部级、厅局级在研科研项目多项。有广东省高校精品课程1门，珠海市哲学社会科学重点研究基地1个。

2013年，学院任英杰博士参与（排名第二）的成果《计算机支持的协作概念改变的实证研究》获教育部第六届高等学校科学研究优秀成果奖（人文社会科学）三等奖；危磊教授主持的《综合性高校通识教育人文学科课程优化的探索与实践》研究项目获2013年度广东省高等教育教学改革重点项目立项，其课程“艺术概论”获批为广东省精品开放课程。

2013年，与珠海市社会信用体系和市场监管体系建设工作领导小组办公室联合主办“法治化营商环境与商事登记制度改革理论研讨会”；与广东省高校女性发展研究中心共同举办“广东省高校女性发展论坛”。

（人文学院供稿）

翻译学院

翻译学院位于暨南大学珠海校区，2010年6月成立，现有翻译专业本科学位点（BTI）和翻译专业硕士学位点（MTI）两个教育层次，本科生315人，与外国语学院共建翻译专业硕士学位点，研究生87人。学院下辖基础课教研室、专业课教研室、大学英语教学部、学院办公室，设有翻译研究所、翻译中心、外语实践中心、翻译实验室，建有6个教学实习基地。

学院在编教职工33人（教师29人，行政人员4人），副高职称以上教师12人（教授3人，副教授9人）。本年度新聘博士1名（张志清副教授），新获博士学位1人，在读博士2人，出国访学3人，参加口笔译专业进修3人，参加学术/教学研讨会11人，外出讲座4人次，邀请13名专家、学者来院讲学。1名教师获“暨南大学师德标兵”称号。

学院本年度与英国纽卡斯尔大学（University of Newcastle）、索尔福德大学（University of Salford）、暨南大学外国语学院联合主办“全球化背景下的口笔译”国际研讨会；与澳大利亚西悉尼大学人文与传播艺术学院签订合作协议，开展学生交换、教师互访、课程共建项目；成功申报专业新方向——商务翻译国际合作班。

2013年度，教师获批项目5项（省部级1项，厅局级2项，校级项目2项），发表论文23篇（A类2篇，B1类21篇），出版著作6部（译著3部，教材1部，专著1部，编著1部），签约教材4部、专著2部、论文集1部（2014年出版）。

学院2013年度组织撰写《翻译学院新增学士学位授权专业（翻译专业）简况表》，顺利通过省内预评估。上报第五期、第六期本科建设课程17门，全部通过审核；课程建设收效良好，获“本科课程中心”2013年度AAA课程1门、AA课程1门、A课程10门。

学院重视培养学生的专业能力和综合素质，举办“全国大学生英语竞赛”等赛事。组织学生参加“外研社双语工程项目”和《环球时报》网站新闻编译工作，44名学生通过试译并参与后续翻译工作。

学生在各类竞赛中成绩优异：3人获“第25届韩素音青年翻译奖竞赛”英译汉二等奖（全国共5名），4人获优秀奖，学校获“最佳组织奖”。1人获“第七届中国深圳翻译形象大使大赛”成人组冠军；1人获“第二届连士升杯国际汉译英大赛一等奖”，2人获“美国大学生数学建模比赛国际三等奖”。

2013届54名毕业生就业率100%（截至2013年9月），国内升学率达16%，国外留学率达24%，成功就业人数占毕业生总数的60%。

（翻译学院供稿）

国际商学院

国际商学院成立于2010年8月，位于珠海校区。在原珠海学院企业管理系、金融学系、管理科学与工程研究所等学科资源基础上整合而成。

2013年，学院设有党政办公室；金融学、国际商务、工商管理3个教研室；国际合作交流中心、教育培训中心、实验中心（下设金融工程实验室、国际商务实验室、金蝶－ERP试验室、创业与经济学实验室）3个中心；暨南大学管理科学与工程研究所、暨南大学港珠澳服务业发展研究中心2个研究机构。

学院有本科生1 400人，研究生课程班学员近200人，成人教育学生112人，双学位学生194人。是年，获批国家级大学生创新创业训练计划项目5个。在实施校外导师制的基础上开展校外导师进校园、进课堂、进班级活动，继续开展商业精英挑战赛和商业领袖论坛。

学院现有正式教职工39人，其中专职教师34人，包括教授6人、副教授13人（比2012年增加2人），拥有博士生导师4人（比2012年增加1人）、硕士生导师13人，拥有博士学位和在读博士教师的比例达78%（比2012年提高2个百分点）。

2013年，学院熊剑教授主持的“财务学原理”入选首批国家级精品资源共享课程，成为暨南大学首门国家级精品资源共享课。孙华妤教授获教育部第六届高等学校科学研究优秀成果奖（人文社会科学）三等奖以及商务部2012/2013年度全国商务发展研究成果奖。

2013年，学院获批科研经费近90万元，比2012年增加了10万元；发表学术论文27篇，其中A类论文5篇；获批各类科研项目10个，其中国家级社科项目3个、省部级项目5个、珠海市社科规划项目2个；获全国优秀论文奖1个；资助参加高水平学术会议6人次。

2013年，学院继续深化国际化办学，与英国理启蒙大学正式签署合作协议；与美国肯考迪亚大学威斯康星分校、德州大学阿灵顿分校就MBA联合培养、学生互换、师资交流等进一步协商。

（国际商学院供稿）

电气信息学院

暨南大学电气信息学院成立于2010年8月。学院目前有包装工程、电气工程及其自动化、自动化、计算机科学与技术、信息安全、软件工程、电子信息工程、电子信息科学与技术和物联网9个本科专业，涵盖包装工程、电气自动化、信息技术三个学科领域。其中，电子信息工程、计算机科学与技术为广东省名牌专业。学院现有全日制本科学生1 050人，硕士研究生6人。2013年，学院开始招收包装工程专业硕士研究生，共5人。

学院目前有教职员工59人，其中中国工程院院士1人，教授7人、副教授22人。26人具有博士学位，25人具有硕士学位，形成了一定规模的教学科研群体。

2013年，王志伟当选为2013—2017年教育部轻工类专业教学指导委员会副主任。武建华的“电气信息类大学生创新教育的实践与探索”获广东省高等教育教学改革项目立项。

2013年全院共到账课题经费269万元，其中国家自然科学基金2项，经费97万元；广东省自然科学基金2项，横向课题4项。申请国家发明专利2项。全年全院教师以第一作者或通讯作者名义发表论文：A1类1篇、A2类1篇、A3类4篇。

学生在广东省“挑战杯”学术科技竞赛中获一等奖1项。数学建模基地指导学生参加美国赛获一等奖4项、二等奖7项、三等奖5项，参加全国赛获二等奖6项和广东省一等奖7项、二等奖6项、三等奖4项。机器人基地荣获2013中国机器人大赛暨RoboCup公开赛一等奖4项。电子设计实践基地在全国大学生电子设计竞赛广东省赛中获一等奖1项、二等奖2项、三等奖1项。ACM实践基地指导学生参加广东省赛获二等奖1项、三等奖2项。

是年，美国威斯康星大学欧克莱尔分校教授Paul J. Wagner、俄亥俄州托莱多大学王凌峰教授来院做讲座。邀请《包装技术与科学》杂志主编David Shires、瑞士质量检测服务副总裁Thomas Gude博士来院进行学术交流。王志伟出席在韩国首尔举办的第一届亚洲包装网络组织学术会议和在芬兰Espoo召开的第26届国际包装研讨会。

（电气信息学院供稿）

四海书院

为实施暨南大学人才培养模式改革，确保新生入学后的教学和学生管理工作正常开展，培养新生的归属感和荣誉感，学校于2010年7月成立“四海书院”，由四海书院具体负责暨南大学外招本科生通识教育阶段的教学管理和学生管理工作。

书院设院长一名，主持学院全面工作，负责学院财务和人事工作；副院长两名，分别负责学院学生、宣传、安全稳定工作和学院教学、导师、联系专业学院工作。书院下设学院综合管理办公室（学校设置），4个中心（书院设置）：教学研究与改革中心、学生学习与发展中心、学生创业与服务中心、学生文化与创作中心。

2013年，四海书院第四届学生共有938人，他们来自缅甸、新加坡、蒙古、马来西亚、港澳台等24个国家和地区，分别是文学院、新闻与传播学院、经济学院、管理学院、应急管理学院、法学院、知识产权学院、国际关系学院、人文学院和国际商学院专业的一年级同学。

书院成立8个班，每个班聘任一名兼职“指导老师”，每一位辅导老师分管70—120名学生，包括教务、学生日常管理等一切工作。每一个专业聘任2名导师，负责学生的专业引导工作，由相应学院和专业的老师担任。书院完整实现了学院领导—辅导老师—专业导师—学生干部的管理模式。

书院先后制定了《四海书院学业导师制实施办法（试行）》《四海书院指导老师工作职责》《四海书院侨生教育管理工作论文奖励办法》《四海书院2012—2013学年学风建设工作方案》《暨南大学四海书院班级小组管理及评审办法》等管理规定，提出努力构建一个“乐于学、爱文化、重基础、求创新”的外招生培养摇篮基地的目标。

四海书院的教学工作主要积极探索“传统教育思想与国际社会发展趋势相结合，通识教育与专业教育相结合，培养应用型人才与造就创新型人才相结合”的培养模式。四海书院课程体系包括通识教育课程和基础教育课程，总学分为40学分，每一学期修读不超过22学分。通识教育课程包括通识教育必修课程和通识教育选修课程。

四海书院学生工作主要围绕“中国传统文化教育，爱国爱校教育，培养全人型人才”开展教育工作，定期举办文化沙龙、朋辈辅导、四海大讲堂等活动。2013年，举办了首届“四海杯——大学那点事”大学生活故事征文比赛，共评出一等奖2名、二等奖5名、三等奖10名；优秀指导老师奖5名。

是年，有87名2013级学生获得港澳台侨学生助学金，8名2012级学生获得港澳台侨优秀学生干部奖学金。

（四海书院供稿）

深圳旅游学院

暨南大学深圳旅游学院位于中国著名的旅游文化城区深圳华侨城，是境内首家通过世界旅游组织旅游教育质量认证的旅游学院。学院原名为“暨南大学中旅学院”，1993年经国家教委批准成立，1996年建成并正式开学。2003年1月，经暨南大学校长办公会研究同意并报国务院侨办批准，学院更名为“暨南大学深圳旅游学院”。同年5月，学院在深圳机构编制办公室进行了事业单位法人登记。2011年，深圳市政府、暨南大学和华侨城集团签订了支持学院办学的《合作办学协议》。

学院现设旅游管理系、商务英语系、电子商务系、酒店管理系，以及暨南大学旅游政策与法规研究中心、暨南大学高尔夫与体育休闲产业研究中心、旅游开发研究中心。2013年，酒店管理、会展经济与管理两个本科新专业获教育部批准，风景园林专业已通过评审在教育部公示。研究生教学方面，学院第一届旅游管理专业硕士班（MTA）正式上课；暨南大学深圳研究生培养基地在11月正式揭牌成立。

2013年，全院有教职工76人（不含学院实习酒店），其中专任教师43人，拥有博士学位者19人；高级职称者19人，占专任教师的44%。年内，章牧教授获聘为国家教育部旅游管理学科教学指导委员会委员，黄向副教授获选为国家旅游局旅游青年专家培养对象，白华副教授被评为深圳市优秀教师。

2013年，学院共有在校生1 368人，其中本科生1 312人，研究生56人；在校生中香港学生62人、澳门学生4人、留学生1人、台湾学生1人。招收本科生434人，毕业学生247人，其中获学士学位者231人、获硕士学位者16人；另有40人被北京大学、复旦大学、中山大学、香港大学、法国巴黎国立大学、瑞士酒店管理学院、香港中文大学等国内外知名大学录取为研究生。毕业生总体就业率为99.53%。

2013年，全院教师公开发表学术论文25篇，其中一类期刊论文1篇，二类（ISSHP收录）论文5篇，另有6篇国际学术期刊论文。获得科研项目立项11项，其中国家级纵向项目1项，省部级纵向项目2项，省部级教改项目1项。独立撰写出版学术专著1部，参与编写出版教材1部，独立撰写出版译著1部，完成2013年广东省情调查报告1篇。确定9个“华侨城集团与暨南大学校企合作课题”，课题研究经费总计58万元。

学院有2名科学学位研究生获得国家奖学金。学生获第五届“全国普通高校信息技术创新与实践活动”二等奖、三等奖各1项，获2013年广东省大学生数学竞赛二等奖、三等奖各1项。

2013年，学院与天普大学旅游与酒店业管理学院就本科—硕士双学位培养计划达成共识。举办“深圳燕晗山旅游国际论坛”，先后邀请新西兰林肯大学教授David Simons、美国查尔斯顿大学商学院酒店与旅游业管理系Wayne William Smith副教授等专家来院讲学。接待英国伯明翰大学、英国爱姆伍德大学、美国天普大学、阿联酋酒店管理学院、澳大利亚格里菲斯大学、美国佛罗里达国际大学等国际院校来访11批次。

（深圳旅游学院供稿）

教育学院

（详见“成人教育”栏目）

社会科学部

社会科学部的前身是马列主义教研室，始建于1958年，1984年改为社会科学理论基础部，1993年与德育中心合并改称社会科学部。

社会科学部负责全校本科生、硕士生、博士

生的思想政治理论课教学和外招生的“国情教育”课程教学工作，承担学校马克思主义理论学科建设工作。

社会科学部现设有马克思主义基本原理、毛泽东思想和中国特色社会主义理论体系概论、思想道德修养与法律基础、中国近现代史纲要、形势与政策、国情教育、研究生公共课等7个教研室；马克思主义理论研究室、国学研究所和中印比较研究所等3个研究机构。社会科学部拥有马克思主义理论一级学科下思想政治教育和马克思主义中国化2个二级学科硕士点。

现有教职员工31人，其中专职教师28人（2013年新增2人），行政管理人员3人（2013年新增1人）。专职教师中教授8人，占28.6%；副教授12人（2013年新增1人），占42.9%；高级职称的教师比例占71.5%。专职教师中博士学历者18人，占64.3%；博士生导师2人，硕士生导师15人。

2013年，招收全日制硕士研究生9人；毕业硕士研究生13人。

2013年，社会科学部教师发表论文12篇，其中B类8篇，A类1篇。陈联俊的《网络社会国家凝聚力的变化与重构研究》获批2013年度国家社科基金青年项目；吴昱老师的《从“置邮传命”到“裕国便民”——晚清邮驿邮政制度转型与交通体系的形成》获批2013年度教育部哲学社会科学青年基金项目。“文化自觉理念下思想政治教育与国情教育两条‘生命线’构建的探索与实践”获第七届广东省教育教学成果一等奖。“中国传统文化概论”课程获广东省优质视频课程建设项目，上线教育部“爱课程”网。吴昱获2013年度广东省高校思想政治理论课青年教师教学基本功比赛一等奖及2013年粤桂琼赣滇五省（区）高校思想政治理论课青年教师教学基本功比赛二等奖。

研究生刘玢玢、吴兰兰、何中杰、庞晨的作品“广东省在校大学生宗教信仰现状与对策研究”在第十二届“挑战杯”广东大学生课外学术作品竞赛中获一等奖。

是年，主办首届全国“马克思主义与当代中国”学术研讨会。来自北京大学、南京大学、中国人民大学等国内院校的60名专家学者到会并进行讨论。社会科学部“中国传统文化”教学团队应邀赴北京为全国高校在职教师进行培训。与武警广州指挥学院训练部签署共建协议，并举行实践教学基地挂牌仪式。

（社会科学部供稿）

体育部

体育部是学校直属的教学机构，承担着全校的公共体育教学、体育专业人才培养、体育科学研究、运动队训练、大学生和教职工的体育健身、校园体育文化建设和对外体育文化交流等任务。暨南大学从1907年建校之初就有体育教学建制，1958年复办时成立了体育教研室，1988年更名为体育部。

2013年，体育部有教职工56人，其中具有正高职称者6人、具有副高职称者25人、具有中级职称者15人，博士学位获得者3人，硕士学位获得者10人。

体育部自2009年面向海内外招收体育教育本科专业学生，优良的教学环境、雄厚的师资配备和学校多学科综合优势成就了高层次的办学水平，现有在读全日制本科生134人，其中内招生100人，外招生34人。

2013年度首获国家社科项目，获批省部级课题2项，在核心期刊上公开发表论文十余篇。

暨南大学是传统体育强校，竞技体育水平一直处在高校前列，在全国大学生运动会上连续五次获得最高荣誉奖“十佳校长杯”。是年，在俄罗斯举办的世界大学生运动会上学校羽毛球运动员姚雪、陈烙勋、张志君获得混合团体第二名，姚雪获得女子单打第三名，学校女子篮球队在广东省2013年大学生篮球联赛上获得冠军，武术队在全球华人·中华才艺武术大赛中获得9项冠军，总分为各参赛队之首。2013年，学校优秀田径队员苏炳添同学成绩斐然，在全国室内田径锦标赛南京站男子60米决赛中以6秒55的成绩获得冠军，并刷新自己保持的全国纪录；在印度浦那第20届亚洲田径锦标赛男子100米飞人大战中以10秒17（逆风0.3米/每秒）的成绩卫冕成功，成为中国第二位两获亚锦赛桂冠的百米飞人；在国际田联世界田径挑战赛—北京站百米飞人大赛中以10秒06（顺风0.1米/秒）的成绩获得铜牌，刷新个人最好成绩，优于10秒

15的莫斯科世锦赛A标；在莫斯科第14届世界田径锦标赛男子100米预赛中跑出10秒16（逆风0.1米/每秒），递补晋级半决赛。

2013年，体育部举办"在弘扬中华文化软实力进程中中华优秀传统文化项目在中外大学教育中的传承和推广"和"武术、龙狮文化与基地建设"主题学术研讨会。由国务院侨务办公室、国家体育总局、中国海外交流协会主办，暨南大学承办的全球华人·中华才艺武术大赛在中华才艺（武术·龙狮）培训基地成功举办，来自美国、德国、法国、西班牙、澳大利亚、古巴等五大洲18个国家和地区的21支队伍近200人参加比赛。

（体育部供稿）

创业学院

暨南大学创业学院于2011年12月正式成立，是一个虚拟学院，担负着全校三创教育的使命，是一个对接学生、校友与社会资源的平台。创业学院由张耀辉教授担任院长。

暨南大学的创业教育可以追溯到2003年。2003年，暨南大学在珠海学院（现为珠海校区）成立了创业经济研究与实验中心，下设创业实验室，开始面向全校区招收创业实验室成员，至今已有九届，培育了一批创业企业，也获得多项不同类别的创业竞赛金奖、银奖，提出并实践了创业实验教育体系。以此为基础，从2004年起连续七年发起召开全国高校创业教育研讨会，创业教育理念和创业实验教育体系在国内得到了推广，受到国内同行的广泛关注。2006年，在暨南大学校本部建设了大学生创业实验园，率先提出三创教育理念，逐步把创业实验教育推向了全校，到现在共招收了六届成员。2009年初，学校首次提出创业学院的设想，经过近三年的酝酿，根据学校自身的发展与战略，该设想不断充实和完善，形成了目前以内创业为主，以创业实验教育和白手起家创业教育为辅，以三创教育为基础，以创业精神激发和引导未来创业行动为目标的创业教育体系。

创业学院以三创教育为核心理念，以培养优秀的中国未来企业家为目标，致力于推动传统专业教育向专业教育与三创教育结合转变。学院设有创业工作室、创业训练室、头脑风暴室、创业园办公室，以及大学生创业实验园，在珠海校区设创业学院珠海分院。

学院担负着推动研究生寻找有挑战性命题的责任，引导学生将知识转化为原理和设计方案，组建可以转化知识成果的团队，参与现有企业的内创业活动，完成从研究生到高层次知识创业团队的转变，实现企业事业扩张、学校知识转化与研究生高水平就业或创业的多赢。学院还引导和组织社会基金进入校园，与学生项目对接，通过不同类型的创业大赛，选拔出优秀的项目和团队供创业投资基金挑选，以此来引导和激励学生白手起家创业。

截至2013年，学院有12名来自不同学院、热衷创业教育的校内导师，并签约10名校外导师，共同参与指导创业学院学生的创业项目。创业学院老师轮流为学生创业项目进行指导形成固定制度。学院编写《创业基础》教材，开设"创业基础"和"创意与创新"两门课程，有600余名学生修读。

2013年12月14日，学院承办了"新时期下产业升级与企业转型发展研讨会"。该会议由暨南大学企业发展研究所、暨南大学资源环境与可持续发展研究所、暨南大学产业经济研究院共同主办，由"应对国际资源环境挑战与加快我国经济发展方式转变研究"国家社会科学重大课题项目组发起。会议共收到论文40余篇，选录24篇论文进行学术讨论与交流。

2013年学院共组织3次省内商业游学和1次台湾商业游学，共有100余名学生参加，其中港澳台及华侨华人学生17人。学院带领学生分别考察了广东省中山市大学生创业孵化基地和中山三乡的优秀企业，包括中山市卓诗皮具有限公司、中山市金胜铝业有限公司、中山市东方幕墙工程有限公司及元一尚品有限公司。

2013年，学院举办四届创业训练营，春夏秋冬每季各一期，每期招收28—36名海内外在校学生，参加学生涵盖本科生、硕士研究生和博士研究生。每期训练营分别从口才与情商训练、商业观察、创业动机、知识价值发现、商业模型与财商训练、创新性思维与创意方法训练、逆商与商业谈判等14个模块对营员进行集训，全体营员以推销自己、自行组队的方式形成团队，完成两周内的各项挑战和活动，并最终形成以团队为单位的6 000字创业计划书。全年共有118名内外招生从训练营顺利结业。

2013年12月14日至12月18日，学院举办了为期5天的“2013暨南大学创业文化节”，该系列活动有：开幕式及新形势下创业高峰论坛，意快速动画校园体验营，BOSS模拟经营创业论坛，与大型电商的互动——唯品会电商思维模式打造，粤派青年初创项目投资对接会，NextBig 8揭牌仪式暨粤派投资人品酒会和闭幕式。每年的12月18日为暨南大学创业文化节，创业文化节由海外侨领报告、创业大赛、商业游学、校友有创业意愿者见面会、创业投资与创业项目对接会、内创业项目对接会、创业导师敦聘、创业课程实践签约等内容组成。创业文化节期间进行暨南大学全年创业创新成果展。

（创业学院供稿）

研究院

产业经济研究院

暨南大学产业经济研究院的前身是1994年成立的“暨南大学工业经济研究所”。1963年，经济学家黄德鸿教授领衔建立工业经济专业，后停办，于1978年复办。1981年工业经济学专业获硕士学位授予权，1986年获博士学位授予权。1996年，产业经济学学科被确定为暨南大学“211工程”重点建设项目，被评为广东省A类重点学科。1997年经国务院侨办批准，工业经济研究所改组为建制研究所。1998年，学校与广东省经济贸易委员会达成协议，双方共建工业经济研究所，同年设立应用经济学博士后流动站。2002年，产业经济学学科被批准为国家重点建设学科。2006年11月，学校成立产业经济研究院，现任院长朱卫平，副院长顾乃华。

产业经济研究院以产业组织与企业理论、产业结构与区域协调发展、产业创新与分工网络、产业科技管理为主要研究方向，拥有华南地区最早和广东地区唯一的产业经济学博士学点，是产业经济国家级重点学科的所在单位，并获准建有华南地区第一个应用经济学博士后流动站。现设有产业发展与规划研究所、产业组织与创新研究所、现代服务研究所、文化产业研究所、房地产研究中心、实验经济学实验室和《产经评论》杂志社。

研究院引进高层次人才1人，现有专职研究人员14人，其中教授（研究员）6人、副教授（副研究员）5人、讲师3人；博士生导师5人，硕士生导师12人；具有博士学位者13人（占92.86%）；获得国务院特殊津贴1人，获聘珠江学者特聘教授岗位1人；教育部“新世纪优秀人才支持计划”入选者1人；人力资源和社会保障部新世纪“百千万人才工程”国家级人才入选者1人；“千百十工程”国家级培养对象1人、省级培养对象2人、校级培养对象4人。

2013年，研究院招收硕士研究生29人，博士研究生7人；在读博士生42人（其中境外博士生13人），在读硕士生97人；获得博士学位9人，获得硕士学位29人，入选“暨南大学2013年优秀博士学位论文”名单1人，入选“暨南大学2013年优秀硕士学位论文”名单1人。本年度研究生发表A类论文1篇，B类论文20篇。

2013年，研究院教师发表A1类论文7篇，B类论文13篇；获批纵向项目4项。其中，本院组织申报、胡军教授主持的项目“推动经济发达地区产业转型升级的机制与政策研究”获得国家自然科学基金重点项目资助，获批经费215万元，为学校迄今为止人文社科领域资助经费最高的纵向项目。朱卫平教授主持的2008年度教育部哲学社会科学研究重大课题攻关项目“中国现代产业体系研究”通过教育部鉴定，获评优秀等级。

研究院现有中国工业企业数据库、海关进出口数据库、经济普查数据库3个数据库；“广东省产业发展数据库”通过专家验收，正式运行。以计量经济学软件为教学工具，加强“三高”（高级宏观经济学、高级微观经济学、高级计量学）课程建设，形成以现代产业体系、创新理论与政策、产业组织为主要研究对象，以博弈论、计量经济学和实验经济学为主要研究方法的学术传统。

本年度，研究院牵头组建的“广东产业转型升级协同创新中心”进入了实质性的建设阶段，并申报认定首批广东省协同创新平台。该中心由学校与广东外语外贸大学、广东省产业发展研究院作为核心协同单位，实行“3+N+5”的协同创新模式。

（产业经济研究院供稿）

粤港澳中枢神经再生研究院

暨南大学粤港澳中枢神经再生研究院成立于2012年11月，前身为2008年10月成立的暨南大学—香港大学脑功能与健康联合实验室。研究院成立后进一步加强了与香港大学、澳门大学和海外高校的合作。以苏国辉院士为院长，研究院汇集了一批从香港、比利时、美国、澳大利亚、英国等境外引进人才，结合暨南大学神经研究所多名神经科研人员，组成了一支优秀的“中枢神经再生修复”研究团队。围绕“中枢神经再生与修复”，研究院形成了神经生长微环境的调控机制、视觉损伤与修复、脊髓损伤与修复、脑缺血的机制与干预、神经退行性疾病的机制与干预等具有学科特色的研究方向。

研究院现有全职研究人员10人，技术员系列人员4名。其中，中国科学院院士1名、广东省领军人才1名（苏国辉）、教育部新世纪优秀人才1名、广东省“千百十工程”省级人才1名；教授（研究员）共计6人，副教授（副研究员）共计4人；其中，博士生导师6人，硕士生导师3人。同时，研究院从美国、英国、比利时、澳大利亚等国聘用了多名访问教授，他们每年将到联合实验室进行为期1月的科研合作和交流。研究院现有在校硕士研究生32名，博士研究生6名。

2013年，研究所发表学术论文28篇，获批项目5项，获批经费1 985万元，其中国家级项目3项，省部级项目2项。其中包括1项国家重点基础研究发展计划（“973”计划），另外，由苏国辉院士牵头申报的“111计划”，是暨南大学第二个获批的“高等学校学科创新引智计划”。

2013年，研究院承办了“2013年粤港澳组织再生与修复协同创新中心学术论坛”和“脊髓损伤与修复研讨会”等大型学术论坛；邀请海内外专家来校举办学术讲座13场；研究院与香港理工大学合作举办了两岸学生学术交流会；资助3位老师赴美国、比利时等地访学或参加国际会议，20名学生赴香港大学交流访问，并且向比利时法语鲁汶大学派出院际交换生1人。

（粤港澳中枢神经再生研究院供稿）

生物医学转化研究院

为紧跟世界生物医学转化研究的热潮，实现生命科学和医学研究的相互促进，暨南大学引进长江特聘教授、国家杰出青年基金获得者、国家科技研究“973”计划项目首席科学家和“863”计划项目牵头人尹芝南教授，在广东省分子免疫与抗体工程重点实验室的基础上，于2013年7月份成立了生物医学转化研究院。尹芝南教授任院长。

研究院下设国际免疫学中心、肿瘤中心、抗体工程中心；即将成立风湿病中心、干细胞中心、优生诊断中心、模式动物中心。

研究院宗旨是搭建生物、医学基础科研和临床医学之间的桥梁；在临床问题之中发现基础研究的课题与研究方向；努力转化基础研究的成果，提高临床诊断治疗水平。

研究院现有研究人员7人，其中教授2人，副教授1人，实验员3人，博士后1人，6月份将到位的PI（研究员）有3人，他们全部具有博士学位和海外留学背景或海外工作经历。

2013年，研究院获批广东省第四批创新创业团队，以发展生物医学为主线，将创新团队研究内容进行产业化。

（生物医学转化研究院供稿）

研究所

光子技术研究所

暨南大学光子技术研究所成立于2009年4月27日，是直属学校管理的科研机构。研究所致力于先进光子器件、光纤传感、高速光传输和微波光子技术领域基础和应用研究。一方面，瞄准世界科技前沿，从事前瞻性和原创性课题研究，争创国际领先水平的科研成果；另一方面，结合国家和广东省经济社会发展的需要，进行应用技术攻关和实践问题研究，为地方经济建设和高科技产业服务。

研究所现有教职工13人，其中教授3人，研究员1人，副教授3人，讲师5人，全部具有博士学位，85%具有海外留学背景或海外工作经历；博士生导师3人，硕士生导师10人；国家杰出青年基金获得者1人，教育部“新世纪优秀人才支持计划”入选者3人，广东省高校“千百十工程”国家级培养对象1人、省级培养对象1人，广州市珠江科技新星4人，广东省优秀青年教师培养计划入选者1人。2013年1月，李朝晖教授入选2012年度“新世纪优秀人才支持计划”；8月，金龙副教授入选2014年广州市“珠江科技新星”专项计划。

2013年1月10日，暨南大学光纤传感协同创新中心揭牌成立，该中心挂靠光子所，协同单位包括香港理工大学、上海交通大学、华南师范大学、深圳大学，是学校理工医学科首批挂牌的四个协同创新之一。

2013年，研究所招收硕士研究生17名，博士研究生5名，现有在校硕士研究生51名，博士研究生7名。7月，研究所首届8名研究生毕业，就业率100%。2011级研究生张爱琴、桂韬和2013级孙立朋3名同学荣获研究生国家奖学金；研究生孙立朋的论文“Four - port Microfiber Long - period Grating Sensors”被评为第5届欧洲光纤传感器会议“New Idea”最佳论文；研究生谢晓东荣获第4届光学仪器与技术国际会议“优秀学生论文奖”。

2013年，研究所发表学术论文62篇，其中被SCI收录39篇、EI收录60篇，申报国家发明专利8项，授权专利2项。本年度研究所共获批科研项目18项，其中省部级9项，获批金额共计1 094.5万元。武创老师获第3届国际光流控会议“青年科学家奖”。

2013年，研究所邀请境内外学者和专家学术交流访问20人次。教师出席国际国内学术会议31人次，在国际会议上做特邀报告12人次、口头报告6人次。

（光子技术研究所供稿）

大气环境安全与污染控制研究所

暨南大学大气环境安全与污染控制研究所成立于2013年6月20日，是由国家千人计划学者牵头，以科技部创新团队为基础组建的院级校直属科研机构，致力于气溶胶污染、大气光化学污染及其前体物的监测技术和控制技术研究。主要研究方向有环境监测新技术和新仪器研发；大气污染实时在线源解析研究；空气污染预警预报；大气复合污染机理研究；环境安全与健康效应评价；大气污染控制技术及防治对策研究等。

研究所现有教职工10人，全部具有博士学位。其中国家千人计划1人，广东省“千百十工程”省级人才1人；正高职称3人，副高职称3人，中级职称4人；博士生导师2人，硕士生导师3人，工程硕士生导师6人。2013年研究所新招博士研究生2人，硕士研究生5人。

从2013年6月成立至2013年底，研究所共发表论文9篇，其中被SCI收录4篇。邀请境内外学者和专家学术交流访问5次。教师出席国际国内学术会议2人次。获批国家自然科学基金面上项目1项、广州市民生科技重点项目2项，与广州禾信质谱仪器公司合作获批国家科技部创新团队项目。已获批各级科研经费260万元。

（大气环境安全与污染控制研究所供稿）

· 教育教学 ·

本科生教育

【概况】 教务处主要负责学校本科教学的建设、运行以及质量监控等全日制本科教学管理方面的工作，同时也是暨南大学教学指导委员会的日常办公和办事机构。教务处下设教学研究科、教学质量科、实践教学科、学籍科、教务科以及综合科6个科室。有职工23人，其中具有博士或硕士学位者20人，在职攻读博士学位者3人。

2013年，教务处以“宁静致远”为目标，积极推进“三个一”行动计划，着力加强本科教学内涵建设，逐步健全激励机制，深化港澳台侨学生人才培养模式改革，优化课程体系建设，系统推进质量工程建设，进一步完善国家、省、校三级联动的“质量工程”项目体系。不断加强教学管理制度建设，以“暨教”文号发布文件72份，以“暨教通”文号发布文件60份。召开了暨南大学首届本科教学日主题活动、教学院长例会、2013年教务管理工作总结会等教学会议，对本科教学工作及时进行全面总结与部署。

本年度，学校有国家级特色专业建设点8个、省级特色专业18个；拥有国家级精品课程5门、省级精品课程38门、校级精品课程（含双语教学示范课程）164门；国家级双语教学示范课程3门；国家级精品视频公开课1门，省级精品视频公开课3门；国家级精品资源共享课5门，省级精品资源共享课38门；国家级人才培养模式创新实验区1个，省级人才培养模式创新实验区5个；国家级教学团队1个，省级教学团队3个；国家级教学名师奖获得者2人、省级教学名师奖获得者10人。大学生创新创业训练计划项目350项；大学生校外实践教育基地项目3项；实验教学示范中心建设项目2项；专业综合改革试点2个。

【招生工作】 招生办公室负责全校本科、预科的招生工作，职责范围包括：广东省及国内其他省市区、港澳台、海外地区的招生宣传工作；接待内地、港澳台及海外各中学、教育团体的参观访问；制订招生计划、招生章程、招生政策及有关规定；负责每年内地、港澳台及海外招生工作；组织广东省内外的普通高考本科的录取工作；配合教务处、学生处、保卫处等部门做好迎新、学籍管理、户籍管理及入学后追踪调查工作。

2013年，为扩大境外招生规模，学校在马来西亚、泰国、瑞典、挪威、德国、奥地利、希腊、捷克、中国台湾9个国家和地区增设12个境外招生处，暨南大学在全球共设有66个境外招生处。

2013年，暨南大学对海外及港澳台地区计划招收本科生1 300名，录取3 393人，实际报到1 995人。2013年境外招生工作呈现以下特点：①报考人数稳定。2013年报名人数总计为5 487人，其中香港3 358人，澳门1 139人，台湾422人，华侨华人和其他外籍学生568人。②录取人数多。本年度，学校本科录取外招新生3 393人，其中香港学生2 013人，澳门学生574人，台湾学生298人，华侨华人和其他外籍学生508人，实际报到外招本科生1 995人。③生源质量提高。两校联招考试报考暨南大学人数为2 970人，共录取本科生1 360人，录取本科最低分为350分。2013年学校接受澳门的保送生报名340人，实际录取本科生320人，报名人数全国第一、录取人数全国第一。2013年学校继续对香港实施校长保送生计划，录取201名符合条件的优秀学生。在香港录取的中六文凭试学生中，最低录取标准为5科12分。在教育部组织的香港免试招生中，报考暨南大学的学生达到1 121人，报考人数居全国各高校第一。申请免试的台湾学生，均为已达到台湾各大学本科层次录取标准。在马来西亚、缅甸、印度尼西亚及蒙古等国招收的免试生，成绩均好于往年。

内地招生包括对广东省及国内其他省市区招生。学校计划对内地招生3 860人，录取3 864人，实际报到3 821人。其中广东实际录取2 129人；外省实际录取1 735人。在广东省，学校文科投档线达621分，高出重点线27分，在广东省高校中排名第二；理科投档线610分，高出重点线36分，在广东高校中排名第三。学校在国内大部分省（市、自治区）的投档线均高出重点线30分以上。文科录取投档分高出重点线50分以上的省（市、自治区）增加到11个，理科达到19个。

学校艺术类招生专业有美术学、动画、导演、音乐学、播音与主持艺术、戏剧影视文学等6个专业，在全国12个省和香港、澳门设面试或招生点，共录取147人，其中艺术学院录取92人，播音与主持艺术专业录取29人，戏剧影视文学专业录取26人。在内地招收高水平运动员45名，体育教育专业在内地及港澳台招收51人。

受广东省教育考试院委托，学校作为2013年广东省普通高考美术统考考场之一，负责组织5 507名考生的美术术科考试；负责2013年广东省普通高考英语听说考试第一大题模仿朗读、第二大题角色扮演两题的评卷工作。

【专业建设】 6月6日，广东省学位委员会公布2013年普通高校新增学士学位授予专业，体育教育、应急管理、播音与主持艺术专业通过审核。

3月7日，教育部公布《普通高等学校本科专业整理审核汇总表》，学校本科专业整理结果通过审核，共有6个专业名称、8个专业学位授予门类有调整。

学校组织2013年度新专业申报及专业方向调整工作，经校内外专家评审、学校教学指导委员会审议以及校长办公会议审定，向国务院侨办及教育部申请增设给排水科学与工程、风景园林、国际事务与国际关系三个专业。校内增设华文教育（学前儿童语言教育）、广告学（数字媒体与广告创意）、中医学（针灸骨伤）、翻译（商务翻译国际合作班）以及全英语教学的新闻学（国际新闻）5个专业方向。

【课程建设】 4月23日，学校公布2013年度校级精品视频公开课名单，“老子的管理思想”等7门课程（选题）立项建设。

5月30日，教育部公布第三批“精品视频公开课”名单，文学院张世君教授主讲的“《红楼梦》的空间艺术”课程入选。

7月11日，教育部公布“2013年度来华留学英语授课品牌课程”评选结果，国际学院余惠芬教授主持的“中国传统文化概论”、国际学院沈洪涛教授主持的“成本与管理会计”英文授课课程被评为“2013年度来华留学英语授课品牌课程”。

10月29日，教育部公布第二批国家级精品资源共享课程立项项目名单，管理学院宋献中教授主持的“基础会计学”、管理学院熊剑教授主持的“财务学原理”和社会科学部龚红月教授主持的“中国传统文化概论”三门课程，入选第二批国家级精品资源共享课立项课程。

12月20日，教育部公布第三批国家级精品资源共享课程立项项目名单，新闻与传播学院林如鹏教授主持的“新闻事业经营管理”、文学院张世君教授主持的“外国文学史”两门课程，入选第三批国家级精品资源共享课立项课程。

2013年高校教师网络培训课程选题面向社会公开招标，文学院蒋述卓教授主讲的“中国传统文化课程教学培训”、管理学院宋献中教授主讲的“基础会计课程教学培训”、管理学院熊剑教授主讲的“财务学原理课程教学培训”、艺术学院李杰教授主讲的“动画专业创作与教学”入选全国高校教师网络培训课程。

【教材建设】 截至2013年底，国务院侨办和学校设立专项资金资助的教材共计201项，先后已正式出版84本，其中2013年新增项目32本，新增出版教材10本，正逐步建设成一批具有鲜明特点和暨南大学特色的、适应学生学习基础和能力的系列教材。

8月30日，学校公布2013年度本科重点教材资助项目名单，确定《现代汉语通论（第三版）》等7本教材立项建设。

12月13日，学校公布2013年度本科教材资助项目（普通教材资助项目）名单，确定《西方艺术鉴赏》等18本教材立项建设。

12月16日，学校公布2013年度本科教材资助项目（外招生使用教材资助项目）名单，确定《综合英语教程》等7本教材立项建设。

【质量监督】 学校组织开展教学工作常规检查、专项检查、“三重评估”工作以及协助本科教学督导委员会开展工作。组织开展“三段式”检查工作，即“期初教学工作检查”、“期中教学工作检查”和“期终教学工作检查”、假期前后本科课堂教学情况专项检查工作、课堂教学质量“三重评估”工作。协助本科教学督导委员会开展教学督导工作。组织开展暨南大学第五届本科课程全英语教学竞赛、第一届本科课程新任教师教学竞赛、首届“暨南大学本科教学校长奖”评选工作及霍英东教育基金会2013年高等院校青年教师奖候选人选拔工作。组织开展教师及管理人员培训工作。

4月8日，经学院/部推荐、专家评审，评选出生命科学技术学院陈填烽为学校霍英东基金会第十四届高等院校青年教师奖的候选人。

5月9日，以“打开身心灵，探索教学真谛”为主题举办第一期本科教学工作坊系列活动之“品味教学”活动，文学院张世君老师、新闻与传播学院曹晨老师和医学院孙立老师以三人同“品”为形式，与学校教师探讨教学真谛。第一期教学工作坊引入了体验式教学模式，通过体验式活动，帮助教师认识自我，理解他人，增强沟通交流与把控教学的能力。

6月20日，举办第五届本科课程全英语教学竞赛决赛。本届本科课程全英语教学竞赛经过学院预赛、学校决赛，比赛评委会评定，评选出一等奖4名，二等奖6名，优秀奖7名。

11月3—11日，教务处与国际交流合作处共同组织学院/部教科办主任赴台湾高校考察培训活动。来自22个学院/部的教科办主任及教务处、国际交流合作处部分人员参加了考察培训。

11月29日，举行第二期本科教学工作坊，特邀华南师范大学人才测评与考试研究所所长张敏强教授作题为“科学命题，有效考核——与您探讨试卷的合理设计”的专题报告。

12月27日，举办第一届本科课程新任教师教学竞赛决赛。经过学院培训选拔、学校决赛，比赛评委会评定，评选出特等奖1名、一等奖5名、二等奖10名、优秀奖10名。

【实践教学与创新】 2013年，组织实施“国家级—省级—校级”三级大学生创新创业训练计划项目，立项国家级项目80项、省级项目200项、校级项目240项。对已实施的四个“卓越未来”创新人才孵化项目（“未来传媒领袖”“未来科学家”“未来律政精英”“未来旅游业界领袖”项目）采取实施单位自评、提交自评报告及组织专家组现场检查、听取答辩汇报等形式，组织阶段性考核。设立了一个新的项目——“未来企业家”孵化项目。

2013年，立项2个国家级大学生校外实践教育基地建设项目：暨南大学—南方报业传媒集团新闻传播学类文科实践教育基地和暨南大学法学教育实践基地；立项5个省级大学生实践教育基地建设项目，5个校级大学生校外实践教育基地建设项目。

暨南大学本科优异学生荣誉墙揭牌，2012届33名毕业生、2013届34名毕业生被镌刻在“本科优异学生荣誉墙”上。组织完成2013年度优异生选拔工作，遴选出57名学生进入2013年度“本科优异学生”培养计划。组织开展入选2011年度、2012年度本科优异生培养计划学生的考核、验收、答辩等工作。毕业的2011年度入选优异生培养计划的同学有34名被授予“本科优异学生”称号，其中，发表学术论文有25篇被SCI/EI收录，获省部级以上科技学术竞赛奖励40项，半数以上的学生被境外名校、“985”高校或中科院录取，就业的学生基本在跨国公司或行业顶尖企业。

2013年4月12日，由教育部主办的第四届全国高等医学院校大学生临床技能竞赛华南赛区分区赛在广西医科大学举行。暨南大学代表队获大赛一等奖，并晋级全国总决赛。

11月16—17日，由教育部、科技部联合主办的“第六届全国大学生创新创业年会”在中南大学举行。学校的创新训练项目“鱼骨架高效分离装置暨下游产品开发”（成员：连莹君、麦伟雄、张韵；指导教师：理工学院吴建中）获本届年会十大“最佳创意项目”和十大“我最喜爱的项目”两个奖项，成为广东高校中唯一一个荣获两项大奖的参会项目。

【学籍管理】 2013年春季获学士学位122人；2013年夏季第一批获学士学位3 591人，其中1人为补授学士学位，获毕业证书13人，获结业证书11人，辅修双学位388人；夏季第二批获学士学位383人，获毕业证书9人，获结业证书5

人，辅修双学位 102 人；2013 年冬季获学士学位 35 人，其中 1 人为补授学士学位，获毕业证书 3 人，辅修双学位 3 人，获结业证书 5 人，获辅修证书 27 人。共计获学士学位 4 131 人，获毕业证书 25 人，获结业证书 5 人，获辅修双学位 493 人，获辅修证书 27 人。

2013 年学校共有 260 名优秀本科生被正式录取为免试攻读硕士学位研究生，其中学术型 195 人，专业学位 65 人。被录取为本校推免生的 156 人，其中学术型 118 人，专业学位 38 人；被外校录取的 104 人（学术型 77 人，专业学位 27 人）。录取学校包括：北京大学（14 人）、清华大学（2 人）、中国人民大学（7 人）等“985”高校和与中国科学院有关的研究机构。

2012—2013 学年第二学期开出课程共计 3 263 门，选课人数163 584 人次；其中公共选修课 489 门次，选课人数 25 861 人次。2013—2014 学年第一学期开出课程共计 3 460 门，选课人数180 829 人次；其中公共选修课 323 门次，选课人数21 667 人次。

教务处学籍科学务服务中心继续开展全校教务秘书到学务服务中心顶岗轮训。截至 2013 年底，共开展三轮“教务秘书顶岗轮训”，总计参加顶岗轮训 122 人次，覆盖全校 4 个校区，25 个学院。

【教务管理】 2012—2013 学年第二学期开设课程总数 1 682 门，其中通识教育选修课 174 门，开课班数 3 263 班，选课学生人数 19 066 人。2013—2014 学年第一学期开设课程总数 1 806 门，其中通识教育选修课 141 门，开课班数 3 460 班，选课学生人数 20 527 人。

组织 6 月、12 月两次全国大学英语四、六级考试工作。2013 年学校有 5 290 名学生参加四级考试，其中校本部 2 627 名、珠海校区 2 204 名、深圳校区 459 名；11 608 名学生参加六级考试，其中校本部 7 642 名、珠海校区 3 122 名、深圳校区 844 名。

完成四海书院的教务管理工作，2012 级四海书院共 83 名学生成功申请转专业。

【教育教学改革研究项目】 9 月 6 日，学校公布暨南大学第十五批教学改革研究项目（综合类项目）立项名单，其中重点项目 7 项、一般项目 37 项。9 月 6 日，学校公布暨南大学第十五批教学改革研究项目（实践教学专项）立项名单，共有 31 个项目立项资助。12 月 24 日，学校公布暨南大学 2013 年度教学改革研究项目（本科课程中心专项）立项名单，共有 43 个项目立项资助。12 月 24 日，学校公布暨南大学 2013 年度教学改革研究项目（外招生专项）立项名单，共有 26 个项目立项资助。

【学校新增 5 个本科专业】 4 月 15 日，教育部公布 2012 年度普通高等学校本科专业设置备案或审批结果，学校获批新增税收学、网络与新媒体、生物制药、酒店管理及会展经济与管理 5 个本科专业。至此，学校共有 86 个本科专业，涵盖 10 大学科门类。

【“三个一”行动计划被国务院发展研究中心转载】 2013 年，国务院发展研究中心信息网全文转载学校“三个一”行动计划的改革举措。文章从当前高校核心工作人才培养的现实性和重要性出发，分析以“三个一”行动计划为抓手，围绕教师、学生和课程三大核心要素，开展系统化的本科教学改革工程、全面提高人才培养质量的必要性，尤其是针对当前影响和制约人才培养质量提高的薄弱环节和突出问题，创建“本科教学核心团队”、建立“本科课程建设与管理中心”和实施“卓越未来”创新人才教育计划。

【赢在创新——本科生创新大赛】 5 月，学校在国内高校率先推出“赢在创新”——暨南大学本科生创新大赛。2013 年共举办了两季比赛共 9 场，74 个项目参赛，2 000 多人次直接参与。

6 月，“赢在创新”——暨南大学本科生创新大赛 2013 年第一季总决赛在学术报告厅举办，信息科学技术学院陈超团队的“暨南 FM 校园微信平台”项目和深圳旅游学院陈婕团队的“赤脚行——广东省大学生公益旅游”项目获本次比赛一等奖。

12 月，“赢在创新”本科生创新大赛 2013 年度第二季总决赛在惠全楼多功能报告厅举办，理工学院李绪银团队的“悠悠校园微信平台”项目和管理学院卢健星团队的“‘柚子园’家教平台”项目获本次比赛一等奖，同时“悠悠校园微信平台”项目凭借观众支持最高分和专家评分最高分获得“最受欢迎奖”和“最佳项目奖”两个单项奖。

2013 年，此项赛事涌现的创新成果有：SCI/EI 收录论文 20 余篇，全国大学生创新年会“双十佳项目”，“挑战杯”等省级以上竞赛奖项近 30 项，还有“多米文化创意平台”“暨南 FM 微信平台”项目等创业类项目。

【学校设立“本科教学日”“本科教学校长奖”】 2013年学校将每年5月的第2个星期四定为暨南大学“本科教学日”，在这一天围绕本科教学主题集中开展暨南大学“本科教学日”系列活动。5月9日，第一个“本科教学日”开幕，“本科教学工作坊”开班，“本科优异学生荣誉墙”揭牌，“‘赢在创新’——暨南大学本科生创新大赛”开幕。

5月16日，学校出台《暨南大学本科教学激励办法》，设立“暨南大学本科教学校长奖”，包含杰出教学贡献奖、教学贡献奖和青年教师教学奖，兼顾资深、中年、青年等各梯队的教师，并分别设置综合奖和专项奖，奖励内容覆盖课堂教学、课程建设、教材建设、教学改革、实践教学与创新人才培养等本科教学各重要环节，系统构建暨南大学本科教学奖励体系。

9月9日，经各学院/部推荐、教师自荐，学校组织评选，全校公示，确定邵敬敏等38名教师和教学管理人员分别获首届“暨南大学本科教学校长奖”杰出教学贡献奖、教学贡献奖、青年教师教学奖、优秀教学管理个人奖，管理学院本科教学管理团队等4个单位获首届“暨南大学本科教学校长奖”优秀教学管理集体奖。

【MBBS项目完成来华留学生医学本科教育专项评估】 9月23—24日，由教育部国际合作与交流司委托中国高等教育学会外国留学生教育管理分会成立的专家组来校，进行来华留学生医学本科教育（英语授课）专项评估工作。专家们对学校来华留学生医学本科教学，尤其是对于多学科的全英语授课专业的办学成效和规范化的教学管理给予肯定。

【会计学系分别与国际“四大”会计师事务所签订合作协议】 12月，会计学系分别与安永华明会计师事务所、德勤华永会计师事务所、普华永道中天会计师事务所、毕马威华振会计师事务所签订战略合作协议。根据战略合作协议，“四大”会计师事务所继续为会计系学生提供广泛的实习机会和就业机会，并参与到会计学系的本科教学和人才培养过程，为会计系本科生开设审计、公司治理、管理咨询、税务、风险管理等方面专业实践选修课程，担任会计系学生的实践导师，为会计系学生制订“卓越计划”等合作培养方案。

【教学辅助系统正式启用】 3月6日，学校首次启用“课堂教学辅助系统”。该系统由本科教学核心团队成员参与研发，集课堂考勤、互动、评价等功能于一体，在学生、教师、学校三个层面搭建交流反馈的平台，在教学活动中传递有效信息，提高课堂教学中学生的出勤率，促使学生上课注意力更为集中，教师授课形式更加丰富，课堂氛围更为活跃。

10月24日下午，学校在教学大楼组织“课室教学辅助系统培训会”，共有100多名本科教学核心团队成员和骨干教师参加。

（教务处供稿，其中“招生工作”由招生办公室供稿）

2013年本科专业设置一览表

序号	专业名称	修业年限	学位授予门类
1	经济学	四年	经济学学士
2	经济统计学	四年	经济学学士
3	财政学	四年	经济学学士
4	金融学	四年	经济学学士
5	国际经济与贸易	四年	经济学学士
6	法学	四年	法学学士
7	知识产权	四年	法学学士
8	国际政治	四年	法学学士
9	华文教育*	四年	教育学学士

（续上表）

序号	专业名称	修业年限	学位授予门类
10	体育教育*	四年	教育学学士
11	汉语言文学	四年	文学学士
12	汉语言	四年	文学学士
13	汉语国际教育	四年	文学学士
14	英语	四年	文学学士
15	法语	四年	文学学士
16	日语	四年	文学学士
17	翻译	四年	文学学士
18	商务英语	四年	文学学士
19	新闻学	四年	文学学士
20	广播电视学	四年	文学学士
21	广告学	四年	文学学士
22	历史学	四年	历史学学士
23	数学与应用数学	四年	理学学士
24	信息与计算科学	四年	理学学士
25	应用物理学	四年	理学学士
26	应用化学	四年	理学学士
27	生物科学	四年	理学学士
28	生物技术	四年	理学学士
29	生态学	四年	理学学士
30	工程力学	四年	工学学士
31	材料科学与工程	四年	工学学士
32	材料物理	四年	工学学士
33	高分子材料与工程	四年	工学学士
34	电气工程及其自动化	四年	工学学士
35	电子信息工程	四年	工学学士
36	电子科学与技术	四年	工学学士
37	通信工程	四年	工学学士
38	光电信息科学与工程	四年	工学学士
39	信息工程	四年	工学学士
40	电子信息科学与技术	四年	工学学士
41	自动化	四年	工学学士
42	计算机科学与技术	四年	工学学士

（续上表）

序号	专业名称	修业年限	学位授予门类
43	软件工程	四年	工学学士
44	网络工程	四年	工学学士
45	信息安全	四年	工学学士
46	物联网工程	四年	工学学士
47	土木工程	四年	工学学士
48	化学工程与工艺	四年	工学学士
49	包装工程	四年	工学学士
50	环境工程	四年	工学学士
51	环境科学	四年	工学学士
52	生物医学工程	四年	工学学士
53	食品科学与工程	四年	工学学士
54	食品质量与安全	四年	工学学士
55	建筑学	五年	工学学士
56	临床医学	五年或六年	医学学士
57	口腔医学	五年	医学学士
58	中医学	五年	医学学士
59	针灸推拿学	五年	医学学士
60	药学	四年	理学学士
61	中药学	四年	理学学士
62	护理学	四年	理学学士
63	信息管理与信息系统	四年	管理学学士
64	工商管理	四年	管理学学士
65	市场营销	四年	管理学学士
66	会计学	四年	管理学学士
67	财务管理	四年	管理学学士
68	国际商务	四年	管理学学士
69	人力资源管理	四年	管理学学士
70	文化产业管理	四年	管理学学士
71	公共事业管理	四年	管理学学士
72	行政管理	四年	管理学学士
73	物流管理	四年	管理学学士
74	电子商务	四年	管理学学士
75	旅游管理	四年	管理学学士

（续上表）

序号	专业名称	修业年限	学位授予门类
76	音乐学	四年	艺术学学士
77	戏剧影视文学	四年	艺术学学士
78	戏剧影视导演	四年	艺术学学士
79	播音与主持艺术	四年	艺术学学士
80	动画	四年	艺术学学士
81	美术学	四年	艺术学学士
82	税收学	四年	经济学学士
83	网络与新媒体	四年	文学学士
84	生物制药	四年	工学学士
85	酒店管理	四年	管理学学士
86	会展经济与管理	四年	管理学学士

注：*表示师范类和非师范类两者兼有。

2013年精品开放课程一览表

序号	项目名称	所在单位	负责人	项目类别	项目等级
1	《红楼梦》的空间艺术	文学院	张世君	精品视频公开课	国家级
2	知识创业及行动——大学生创业基础	创业学院	张耀辉	精品视频公开课	省级
3	《红楼梦》的空间艺术	文学院	张世君	精品视频公开课	校级
4	老子的管理思想	管理学院	郝英奇	精品视频公开课	校级
5	微博："微写"与"博识"	新闻与传播学院	喻季欣	精品视频公开课	校级
6	红色经典的真实与传奇	文学院	宋剑华	精品视频公开课	校级
7	知识创业及行动——大学生创业基础	创业学院	张耀辉	精品视频公开课	校级
8	中国艺术的基本精神	人文学院	危　磊	精品视频公开课	校级
9	汉字的奇妙世界	华文学院	李香平	精品视频公开课	校级
10	基础会计学	管理学院	宋献中	精品资源共享课	国家级
11	中国传统文化概论	社会科学部	龚红月	精品资源共享课	国家级
12	财务学原理	管理学院	熊　剑	精品资源共享课	国家级
13	新闻事业经营管理	新闻与传播学院	林如鹏	精品资源共享课	国家级
14	外国文学史	文学院	张世君	精品资源共享课	国家级
15	华文教育心理学	华文学院	唐燕儿	精品资源共享课（新建）	省级
16	运筹学	管理学院	郝英奇	精品资源共享课（新建）	省级

（续上表）

序号	项目名称	所在单位	负责人	项目类别	项目等级
17	运输包装	电气信息学院	王志伟	精品资源共享课（新建）	省级
18	高级财务管理	管理学院	丁友刚	精品资源共享课（新建）	省级
19	动物细胞工程	生命科学技术学院	邓　宁	精品资源共享课（新建）	省级
20	流通概论	管理学院	陈海权	精品资源共享课（新建）	省级
21	人体寄生虫学	医学院	张玲敏	精品资源共享课（新建）	省级
22	生理学	医学院	王立伟	精品资源共享课（升级）	省级
23	人体解剖学	医学院	吕来清	精品资源共享课（升级）	省级
24	系统解剖学	医学院	宿宝贵	精品资源共享课（升级）	省级
25	中医基础理论	医学院	陈利国	精品资源共享课（升级）	省级
26	流行病学	医学院	陈青山	精品资源共享课（升级）	省级
27	电视节目制作	新闻与传播学院	谢　毅	精品资源共享课（升级）	省级
28	新闻写作	新闻与传播学院	薛国林	精品资源共享课（升级）	省级
29	中国现代文学史	文学院	宋剑华	精品资源共享课（升级）	省级
30	中国古代文学史	文学院	邓乔彬	精品资源共享课（升级）	省级
31	文学概论	文学院	刘绍瑾	精品资源共享课（升级）	省级
32	现代汉语	文学院	赵春利	精品资源共享课（升级）	省级
33	商法学	法学院	朱义坤	精品资源共享课（升级）	省级
34	英美商法	法学院	朱义坤	精品资源共享课（升级）	省级
35	艺术概论	人文学院	危　磊	精品资源共享课（升级）	省级
36	有机化学	生命科学技术学院	李毅群	精品资源共享课（升级）	省级
37	分子生物学	生命科学技术学院	闫道广	精品资源共享课（升级）	省级
38	微机原理与接口技术	信息科学技术学院	陆尧胜	精品资源共享课（升级）	省级
39	电子电路基础	信息科学技术学院	刘伟平	精品资源共享课（升级）	省级
40	数据结构	信息科学技术学院	王晓明	精品资源共享课（升级）	省级
41	数学模型	信息科学技术学院	樊锁海	精品资源共享课（升级）	省级
42	市场研究	管理学院	卫海英	精品资源共享课（升级）	省级
43	管理学原理	管理学院	左小德	精品资源共享课（升级）	省级
44	统计学	经济学院	韩兆洲	精品资源共享课（升级）	省级
45	公司金融	经济学院	程　静	精品资源共享课（升级）	省级
46	国际贸易实务	经济学院	陈红蕾	精品资源共享课（升级）	省级
47	国际金融	经济学院	张方方	精品资源共享课（升级）	省级
48	货币银行学	经济学院	萧松华	精品资源共享课（升级）	省级

（教务处供稿）

2013 年暨南大学全国普通高考录取分数情况表

省市/自治区	文科					理科				
	分数线	最高分	最低分	平均分	超重点线	分数线	最高分	最低分	平均分	超重点线
北京	549	630	552	584. 25	35. 25	550	618	553	581. 71	31. 71
天津	533	594	578	583. 71	50. 71	521	601	577	584. 82	63. 82
河北	561	623	592	597. 83	36. 83	538	616	582	593. 02	55. 02
山西	507	550	541	544. 41	37. 41	493	567	539	546. 31	53. 31
内蒙古	474	554	531	541. 17	67. 17	482	593	541	561. 64	79. 64
辽宁	554	611	591	599. 78	45. 78	538	633	595	607. 53	69. 53
吉林	510	574	561	565. 73	55. 73	535	594	558	570. 5	35. 5
黑龙江	504	598	574	581. 87	77. 87	527	614	590	599. 7	72. 7
上海	448	481	460	466. 31	18. 31	405	430	423	424. 88	19. 88
江苏	328	359	337	345. 32	17. 32	338	363	352	356. 09	18. 09
浙江	619	668	638	656. 95	37. 95	617	688	663	672. 79	55. 79
安徽	540	603	582	588. 49	48. 49	490	584	550	560. 57	70. 57
福建	513	590	577	582	69	501	608	593	599. 72	98. 72
江西	532	586	576	578. 47	46. 47	517	593	577	584. 38	67. 38
山东	570	632	615	620. 25	50. 25	554	635	613	620. 13	66. 13
河南	519	573	554	559. 08	40. 08	505	580	552	559. 08	54. 08
湖北	531	581	565	569. 73	38. 73	527	585	574	578. 96	51. 96
湖南	557	616	608	610. 59	53. 59	495	575	563	566. 79	71. 79
广东	594	652	621	625. 83	31. 83	574	646	610	616. 17	42. 17
广西	541	606	588	594. 07	53. 07	510	629	578	589	79
海南	667	785	766	774. 95	107. 95	608	763	716	728. 93	120. 93
重庆	556	625	606	612. 51	56. 51	520	613	573	583. 9	63. 9
四川	567	616	595	601. 15	34. 15	562	636	597	607. 54	45. 54
贵州	522	605	590	596. 03	74. 03	449	577	543	552. 7	103. 7
云南	520	610	593	599. 06	79. 06	495	620	577	591. 46	96. 46
陕西	540	608	593	599. 01	59. 01	485	581	551	561. 86	76. 86
甘肃	503	571	542	551. 48	48. 48	489	570	542	551. 54	62. 54
青海	435	536	472	500. 96	65. 96	383	522	476	492. 22	109. 22
宁夏	484	559	545	552. 41	68. 41	455	536	505	515. 83	60. 83
新疆	460	573	531	544. 37	84. 37	443	572	539	550. 47	107. 47

暨南大学境外报名点一览表

序号	境外报名点	联系方式（地址、电话、传真、E－mail、网址）
1	暨南大学日本招生处（暨大日本校友会）	地址：〒169-0075 东京都新宿区高田马场 4－22－46 The Terrace No. 105
		电话：03－5338－8612，传真：03－5338－8613
		E－mail：jinan_japan@ yahoo. co. jp
		网址：http：//jp. jnu. edu. cn
2	日本横滨山手中华学校	地址：〒231－0024 横滨市中区吉滨町 2－66
		电话：045－641－0393，传真：045－641－3776
		E－mail：info@ yokohamayamate－chineseschool. ed. jp
		网址：www. yokohamayamate－chineseschool. ed. jp
3	日本神户中华同文学校招生处	地址：〒650－0004 神户市中央区中山手通 6－9－1
		电话：078－341－7885，传真：078－341－7910
		网址：http：//www. tongwen. ed. jp
4	马来西亚 吉隆坡董总学生事务局	地址：Lot 5，SekSyen 10，Jalan Bukit，43000 Kajang，Selangor D. E.，Malaysia
		电话：603－87362337－293
5	马来西亚古晋中华中学校友会	地址：Lot 119，No. 21，Tingkat Satu，Jalan Datuk Abang Abdui Rahim，93450 Kuching
		电话：006－082－338210，传真：006－082－338210
6	越南胡志明市培智书店	电话：84. 8. 8558729，84. 8. 8556269
		E－mail：hemlyh@ hotmail. com
7	文莱中华中学招生处	电话：673－2235494，传真：673－2235492
8	老挝万象市寮都公学第十五届校董事会招生处	电话：00856－21－212173/214712
9	泰国青山集团大众有限公司（泰国曼谷招生处）	地址：9－14 Thfl，C. P. H. tower，393 Mu 4 Petch 6 Kasem Roqd
		电话：02－455－0300，0－2664－8980－6
		传真：02－455－0358－9，0－2－664－8988
10	蒙古国旅蒙华侨友谊学校 MONGOLIA CHINESE FRIENDSHIP SCHOOL	地址：Mongolia，Ulaanbaatar P. O. Box：455
		电话：00976－11－350041

（续上表）

序号	境外报名点	联系方式（地址、电话、传真、E－mail、网址）
11	菲律宾侨中学院、菲律宾华教中心	地址：1253J. S. Abad Santos St. Tondo，Manila，Philippine
		电话：00632－251－1803，00632－254－0814
12	印度尼西亚智民中文专业学院	地址：Cerdas Angsa College，Megamal，3rd FI，Suite 58A，JI Pluit Indah Raya—Jakarta 14440，Indonesia
		电话：0062－21－66670262/6683935
		传真：00622166670137
13	印度教育在线公司	地址：Soundarya Paramount，1st floor，102，# 83/87，5th Cross，Malleswaram，Bangalore－560003
		电话：0091－80－2334 9689/2334 3169/207
		传真：0091－80－2334 9683
		网址：www. saraswationline. com
		E－mail：partha@ saraswationline. com
		中国地址：Yangcheng Intemational Commercial Centre，Room 3306，Ti Yu Dong Lu（East Road），Tianhe，Guangzhou－510 620，P. R. China
14	韩国首尔招生处（韩国华侨青年总会）	地址：韩国汉城市龙山区梨泰院洞 34－151 （34－151 Itaewon Dong，Yongsan Ku，Seoul，Korea）
		电话：0082 2795 3529，传真：0082－2798 9990，
		E－mail：fanotang@ hotmail. com
15	柬埔寨报名点	地址：321 EO. Preah Monivon Blvd. Phonm Penh，Cambodia
		电话：00855－23－218 999，00855－12－878 488
		传真：00855－23－426 538
16	缅甸曼德勒	地址：82nd Streed，Bet：35th & 36th Street，Mandalay，Myanmar
		电话：00952－31832
		E－mail：zuqing. mdy@ gmail. com
17	缅甸仰光	地址：No. 163Top Floor，37th Street，Kyauktada Township Yangon，Myanmar
		电话：00951－2－31832，0095－990－61291
18	缅甸腊戌	地址：No. 196/12 BLOCK < 12 > THEIN NI ROAD LASHIO MYANMAR
		电话：0095－82－22857
19	马达加斯加招生处（马达加斯加塔马塔夫华侨学校）	电话：00261－20－53－333－98，传真：00261－20－53－333－99
		E－mail：frigota@ moov. mg

（续上表）

序号	境外报名点	联系方式（地址、电话、传真、E－mail、网址）
20	塞舌尔中国和平统一促进会招生处	地址：塞舌尔共和国马埃岛维多利亚市1338# 电话：+248－620388，传真：+248－620668
21	斐济劳托卡中华学校招生处	电话：（679）6662155 E－mail：kmlowint@ connect. com. fj
22	斐济苏瓦招生处（斐济华人文化体育协会）	电话：00679－3311515/9999437 传真：00679－3303498
23	毛里求斯新华学校	地址：Koon Tin Chun Sin Yeou 32，Avenue Des Oeillets Swanville Tombeau Bay Mauritius 电话：00230－2429275，传真：00230－2472916
24	毛里求斯海外教育中心 OVERSEAS EDUCATION CENTER	地址：Riverview Villa，Gentilly，Moka，Mauritius 电话：00230－433 220，4339800 传真：00230－433 2006 E－mail：pchitson@ intnet. mu/ovec@ intnet. mu 网址：www. overseaseducationcentre. com
25	澳大利亚悉尼招生处	地址：15H 323－325，Pitt St. Sydney 2000，Australia 电话：001－61－2－9264－9666，001－61－2－9267－6025 移动号码：001－61－4042－54289/0404254289
26	澳大利亚新金山中文学校招生处	电话：001－613－9886 7042，传真：001－613 9560 9288
27	澳大利亚华夏传媒集团招生处	电话：0061－3－96701818，传真：0061－3－96706868
28	新西兰广东同乡会招生处	电话：0064－21－781638，传真：0064－9－5290051
29	新西兰番花会馆招生处	电话：0064－4－3842－928，传真：0064－27－231－6839
30	葡萄牙中华总商会招生处	电话：00351－962388757
31	英国华文教育基金会招生处	电话：0044－177－2822－914，传真：0044－779－888－858
32	西班牙广东（粤港澳）同乡会招生处	电话：0034－915002323，传真：0034－915000612 E－mail：kawaspain@ yahoo. cn

（续上表）

序号	境外报名点	联系方式（地址、电话、传真、E－mail、网址）
33	俄罗斯圣彼得堡中国中心招生处	电话：007－812－4412968，传真：007－812－4412960
34	丹麦丹中文化交流协会	电话：0045－35853061，传真：0045－35853062， E－mail：sally. lihua@ gmail. com，sally@ hhimport. dk
35	乌克兰基辅国际大学招生处	电话：0038－067－713－71－62
36	法国潮州会馆招生处	电话：0033－670－619104
37	意大利佛罗伦萨华人华侨商贸联谊会招生处	电话：＋39－055－374489，传真：＋39－055－7098052 地址：Via Righi 28 Sesto Firenze－ITALY E－mail：a. i. c. italia@ gmail. com
38	荷兰中文教育协会招生处	E－mail：wding@ caiway. nl
39	匈牙利温州商会招生处	电话：0036－1－239－3338/3339 传真：0036－1－239－3337 E－mail：hoteloriental@ curoweb. hu
40	瑞士日内瓦中文学校招生处	地址：Ecole Chinoise de Geneve，Case Postale 121，1211 Geneve 19 电话：＋41－76－328－6116 E－mail：service@ echige. ch 网址：http：//www. echige. ch
41	秘鲁 Lima 招生处	电话：511－4613092/8678538，传真：511－4604592
42	厄瓜多尔 Guayaquil 招生处	电话：5934－2－518311，传真：5934－2－326146
43	巴西广东同乡总会招生处	电话：0055－11－22953834，传真：0055－11－32587526
44	阿根廷华侨华人联合总会招生处	电话：0054－911－65395999，传真：0054－11－50810888 E－mail：crp9956@ 163. com
45	美国南加州招生处	电话：001－213－6262387，001－818－5859168， 传真：001－818－5717325，001－818－9121889 电话：001－626－5859168，传真：001－626－5859168
46	加拿大汇萃顾问有限公司	地址：Pacific Plaza Suite 2405－8888，nt Richmond，B. C. Canada V6x 328 Odlin Cresce 电话：001－604－279－1812，传真：001－604－279－2313

（续上表）

序号	境外报名点	联系方式（地址、电话、传真、E－mail、网址）
47	加拿大3E专业培训中心	电话：001－647－8382677，传真：001－416－9018539
48	墨西哥合众国招生处	电话：005255－5511－5379，传真：005255－5511－5380
		E－mail：business@icbss. com
49	美国纽约（亚洲文化中心）招生处	地址：15 E 40th Street 1/FL New York，N. Y. 10016
		电话：001－212－6798833
		传真：001－212－6866363
		E－mail：ny@acngusa. com
		网址：www. asiancc. net
50	美国芝加哥希林协会（美国芝加哥中国和平统一促进会）招生处	电话：001－630－3554322，传真：001－630－3554326
51	南非中国文化和国际教育交流中心招生处	办公室地址：386B Orient Street，Arcadia，Pretoria，South Africa
		电话：0027－12－3420814，手机：0027－0822－146561
		语言培训中心地址：80 Jason Road，Lynnwood Glen，Pretoria or 32 Marcia Drive，Cyridene，Johannesburg
		电话：0027－12－3481571，0027－11－6224843
		传真：0027－86－5432452
		E－mail：luzhilei@189. cn
52	俄罗斯中国北方华人商会招生处	地址：Россия. г. Москваул. Нижняя первомайская дом. 66（俄罗斯莫斯科下五一大街66号）
		邮编：105203
		电话/传真：007（495）9132549
53	波兰华人青年联合会招生处	地址：ul. M. Swiatkiewicz 49d Box6 05－552 Woolka Kosowska Poland（波兰华沙GD中国城附近）
		电话：0048－22 5781971
		传真：0048－22 5781072
		E－mail：yh163yh@126. com
54	暨南大学招生办公室台北联络处（台湾中华两岸事务交流协会）	地址：台北市万华区开封街二段24号2楼
		电话：886－2－2311－8247
		传真：886－2－2371－9687
		E－mail：cyhsieh119@gmail. com

（续上表）

序号	境外报名点	联系方式（地址、电话、传真、E－mail、网址）
55	CET Services Canada（加拿大杰瑞文化教育与国际经贸合作服务公司）	地址：7907－144th Street，Surrey，BC（BC 省素里市 144 街 7907 号，邮编：V3W 5T2）
		电话/传真：604－4334588，电话：011－86－18620078258
		E－mail：1149783799@ qq. com，gerryguo2002@ yahoo. ca
56	暨南大学马来西亚校友会招生处	地址：166A，Jalan Choo Cheeng Khay，50460 Kuala Lumpur，Malaysia
		电话：+6－03－40441135
		传真：+6－03－40441137
57	马来西亚培腾学院招生处	地址：President College，29th Floor，Sunway Putra Tower，100 Putra Place Jalan Putra，50350 Kuala Lumpur
		电话：603－4043 6000
		传真：603－4043 1360
58	瑞典招生处	电话：+0046（0）7088 99489
		E－mail：peiquanye@ j－group. se
59	挪威招生处	电话：+4722760238
		传真：+4722273734
		E－mail：gong_xiu_ling@ hotmail. com
60	德国汉堡中国文化协会招生处	电话：+49 40 4909 4896
		传真：+49 40 4909 18 4896
		E－mail：Weiping. Mei@ Beiersadorf. com
61	暨南大学台湾校友会	地址：台湾新北市达观路 8 巷 1 号 17 楼之 2
		联系人：秘书长傅文齐
		电话：0932－322－320
62	泰国曼德琳教育集团泰国汉语教育中心招生处	地址：曼谷篮甘杏路 12 巷
		电话：0066－2718 5144，0066 8－3123 9479
		网址：www. ma－ed. com
		E－mail：info@ ma－ed. com
63	泰国华人青年商会招生处	地址：泰国曼谷是隆路 ITF 大厦 31 楼门牌 160 之 808－811 号（160/808－811 ITF Silom Palace，31 Floor，Silom Road，Bangkok 10500，Thailand）
		电话：0062－2356136－9
		E－mail：info@ tycc. org
		网址：www. tycc. org

（续上表）

序号	境外报名点	联系方式（地址、电话、传真、E－mail、网址）
64	奥地利中国和平统一促进会招生处	地址：Floristenweg 1 \ 10，1220 Vienna，Austria
		电话：0043 1 9074943，0043 6506627698
		E－mail：ojit@ gmx. net；zhang. weiqing@ 163. com
65	希腊华侨华人总会招生处	地址：Kolokinthous 21. ，10436. Athens，Greece
		电话：0030 6938454883
		E－mail：zouyong2002@ msn. com
66	捷克华商联合会招生处	地址：Libusska 319/126 Praha 4，142 01 Czech Republic
		电话：00420 543 213 772，00420 602 512 288，0086 139 2955 4241
		传真：00420 543 213 555
		E－mail：raffywang@ besteco. cz

（招生办公室供稿）

研究生教育

【概况】 暨南大学拥有学士、硕士、博士3个层次的学位系统，依法设立暨南大学学位评定委员会。学校目前拥有15个博士学位授权一级学科，38个硕士学位授权一级学科，21种专业学位，学位授权点覆盖11个学科门类。设有博士后科研流动站15个，博士后工作站1个。研究生导师总数1 594人，科学学位研究生导师总数为1 342人，其中科学学位博士生导师402人（其中校外兼职博士生导师59人），科学学位硕士生导师940人（其中校外兼职硕士生导师160人）；专业学位研究生导师（非科学学位导师）252人，其中临床医学专业学位博士生导师73人，临床医学专业学位硕士生导师176人，汉语国际教育硕士专业学位硕士生导师3人。

2013年，学校共招生录取各类各层次研究生4 373人；共有毕业研究生2 791人，其中博士221人（含港澳台侨及留学生博士29人），硕士2 570人（含港澳台侨及留学生硕士151人）；432人在职攻读研究生完成学业；412人研究生课程进修班结业，61人博士课程进修结业。共授予博士学位230人，硕士学位3 060人。共授予境外研究生博士、硕士学位176人，其中博士学位21人，硕士学位155人。首次授予21人临床医学博士专业学位，首次在金融硕士、应用统计硕士、税务硕士、国际商务硕士、资产评估硕士、翻译硕士、新闻与传播硕士、中药学硕士8个专业学位类别授予228人硕士学位。

截至2013年12月20日，各类在校研究生人数为13 010人，其中学历教育9 249人（博士1 219人，硕士8 030人），在职攻读硕士学位1 092人，研究生课程进修班2 669人。学历教育研究生中，来自境外的博士323人，来自境外的硕士816人。

研究生院负责全校学位与研究生教育管理工作，主要包括研究生招生工作、培养管理工作以及全校学位工作；党委研究生工作部负责全校研究生思想政治教育工作。研究生院设办公室、学位办公室、培养管理办公室、招生办公室、专业学位办公室、博士后管理办公室、学位与研究生教育发展中心。研究生院在编干部26人。

【招生工作】 2013年，学校共招生录取各类各层次研究生4 373人，其中学历研究生3 145人、非学历研究生1 228人。录取的学历教育研究生中，有内招硕士生2 662人，内招博士生220人；外招硕士生193人，外招博士生70人；硕士学位单证班222人，研究生课程班1 006人（其中博士课程班195人）。

实施优质生源质量工程。来自1 069所高校的

11 771 名本科毕业生报考学校硕士研究生，报考规模比去年增加 11%，考录比平均达 5.1 : 1。有 166 所“985 工程”“211 工程”及部分省部属重点高校的优秀本科毕业生申请通过免试推荐来学校攻读硕士生。外招生源来自美国、加拿大、英国、日本、意大利、韩国、泰国、蒙古、澳大利亚、菲律宾、朝鲜、缅甸等 25 个国家与港澳台地区。学校录取的学术型与专业学位硕士生有 60% 来自“985 工程”“211 工程”及省部属重点高校。19 个类别 45 个专业共招生录取专业学位硕士 1 201 人，与学术型硕士比例为 1 : 1.22。从性别结构来看，硕士男女比例是 4 : 6，博士男女比例是 6 : 4。完善研究生复试过程的心理素质测量工作，采用网络测试与专家访谈二元测量方式，测量手段更加科学，测量结果更加准确。优化 2013 级硕士生奖助金的分配方案，实现学术型硕士生 100% 公费，专业学位硕士生 70% 可享受公费。

研究生招生专项工作。经教育部批准，学校“少数民族高层次骨干人才招生计划”共招收博士生 4 人，硕士生 42 人。继续做好承办全国硕士生统一入学考试考务工作。7 月 22—25 日首次举办全国优秀大学生暑期学术夏令营，主要面向理、工、医及新闻与传播学等学科，共有来自全国 77 所重点高校近 300 名优秀大学生参加。参加本次夏令营面试考核通过，获得所在学校免试推荐研究生资格者，直接拟录取为 2014 年学校硕士研究生；未获得所在学校免试推荐研究生资格者，报考 2014 年学校硕士研究生时，达到学校公布的学科门类复试基本分数线标准后，直接进入复试，并优先申请“菁英学子科研创新培育项目”。

【培养工作】 研究生教育督导工作。健全与完善研究生教育与学位授予质量的监督机制、评价机制与奖励机制，充分发挥资深导师、管理专家的指导作用，加强对研究生教育的研究、指导、督促和检查，成立由 11 人组成的学校研究生教育督导委员会，全校 16 个学院（研究院）成立学院一级的研究生教育督导委员会。

研究生学籍、教务信息系统的建设工作。2013 年 3 月，全面启用新的学籍、教务管理系统，新增学籍异动申请的网上审核功能。2013 年底，新的学籍教务系统已全面运作。

研究生国际交流与合作工作。2013 年，资助研究生参加国际交流与合作，12 名研究生获得公派留学资助；3 人获广州市“菁英计划”项目资助，获广州市“菁英计划”项目数量及获得国家公派留学资助人数为历年之最；36 人获得研究生短期出国（境）研究项目资助；9 人获得“研究生参加高水平国际学术会议”项目资助，其中 2 人为外招生，实现该项目外招生受资助零的突破；派出交换生 29 人，评选出下一年度派出交换生 42 人。首次为参加国际交流的研究生举办涉外礼仪讲座。

研究生课程建设工作。首次开展研究生课程网络资源建设，与学校网络与教育技术中心合作，利用学校的精品课程平台，建设研究生精品课程网络资源，实现资源共享。继续开展研究生课程建设资助工作，共资助精品课程 19 项，全英文课程建设 9 项，获广东省研究生示范课程 2 项。改革建材建设项目的资助方式，将“申报，评审”资助改为直接资助建设一级学科的课程教材建设，资助有科学学位博士授权一级学科课程 16 项。

“菁英学子计划”项目管理工作。组织“优秀硕士研究生科研创新计划”及“优秀博士研究生攀登计划”项目的申报、评审及经费下拨工作。2013 年资助“优秀博士研究生攀登计划”14 项，“硕士科研创新计划”评审 21 项，其中一项资助对象为外招生，实现了历年来外招生受科研资助零的突破。

组织研究生培养单位完成 2011 级、2012 级研究生培养机制改革奖助金的评定工作。对超最长学习年限、长期未注册的研究生进行学籍清退，共清退学生 108 名，其中学历教育 56 名，非学历教育 52 名。编印《暨南大学研究生培养管理工作文件汇编》《暨南大学研究生培养管理办事指南》《暨南大学研究生项目简介》等，服务师生。

【学位管理工作】 自主设置目录外“计算物理”硕士授权二级学科、目录外交叉学科“文化创意与文化产业”硕士授权点，并报国家教育部备案。组织 26 个未参加教育部第三轮学科评估的一级学科进行后续评估分析。制定《暨南大学在职临床医师申请临床医学硕士、博士专业学位实施细则》，修订《暨南大学关于研究生申请学位科研成果审核办法》，实行学位评定委员会会议的预备会制度，规范学位评定委员会有关会议要求。

严格学位论文查重制度，通过“学位论文学术不端检测系统”，在论文评阅和答辩前对所有申请学位人员的学位论文进行文字重合率的检测，杜绝学术不端行为。本年度申请学位人员初次检测学位论文 3 423 篇，其中重合率超 50% 的有 33 人，比 2012 年的 60 人下降 45%。实施博士学位论文预答辩工作，规范学位论文答辩流程。

【专业学位教育】 学校入选“第一批临床医学硕士专业学位研究生培养模式改革试点高校”，获批“2013年广东省联合培养研究生示范基地项目”2项，获批“广东省联合培养研究生示范基地人才培养项目”3项，获批“广东省学位与研究生教育改革研究项目”6项。2013年学校立项“研究生课程教学案例库建设项目”4项。公共管理硕士专业学位（MPA）通过国家评估。2013年学校3个教学案例获选“第四届全国百篇优秀管理案例”。

学位与研究生教育改革项目的管理工作。组织学校2013年教改项目立项工作，共立项特别委托项目6项，重点项目10项，面上项目14项。

完善专业学位治理结构。已完成校、院两级专业学位研究生教育指导委员会的组建工作。至今全校共成立学院/类别专业学位研究生教育指导委员会17个。

10月31日，召开学校专业学位教育指导委员会第二次全体会议，原则通过《暨南大学专业学位优秀硕士学位论文评选和奖励办法》《暨南大学关于修订专业学位硕士研究生培养方案的指导性意见》《暨南大学专业学位硕士研究生指导教师岗位设置与选聘办法》，审定临床医学专业学位新增博士研究生指导教师名单。

专业学位导师队伍建设。共选聘校外实践导师225人，续聘27人。颁布《暨南大学专业学位硕士研究生指导教师岗位设置与选聘办法》，启动全校专业学位硕士研究生指导教师岗位设置与选聘工作。

【研究生导师队伍建设】 以提高导师队伍整体素质、提高拔尖创新人才培养质量为目标，进一步推进导师岗位管理制度，实施导师岗位管理动态“退出机制”，健全研究生导师是培养第一责任人的意识。

开展研究生导师岗位选聘与审核工作。根据《暨南大学研究生指导教师岗位管理暂行办法》，首次运行导师信息管理系统，开展2014—2015年科学学位研究生指导教师岗位选聘工作。本次新增校内科学学位博士生导师50人，新增校外兼职科学学位博士生导师13人；新增校内科学学位硕士生导师124人，新增校外兼职科学学位硕士生导师17人。审议通过原在岗校内科学学位博士生导师222人、原在岗校内科学学位硕士生导师826人可在2014—2015年继续上岗招收培养研究生。

强化研究生导师岗位责权制。10月31日，学校召开新增硕士生导师岗前培训会议。学校副校长、学位评定委员会副主席林如鹏出席并讲话，全国教学名师、医学院王声湧教授作题为“创造能力的培养”专题报告，研究生院及人力资源开发与管理处相关领导分别作相关政策解读。12月12日，学校召开全体博士生导师专项工作会议，广东省学位办主任杨军、暨南大学校长胡军出席会议，杨军围绕如何贯彻落实国家三部委文件《关于深化研究生教育改革意见》作专题报告。

【研究生思政教育及事务管理】 维护校园稳定。对来自雅安地震灾区、入院手术、突发困难等情况的研究生进行慰问，共11人次，共发放16 500元慰问款。为1名来自江西农村的同学组织募捐。

强化研究生的爱国爱校意识和社会责任感。以“科学道德和学风建设”为主题开展新生入学教育，组织研究生参加全省宣讲教育活动，举办两场大型宣讲会，举办心理健康教育女生专场和“暨大人生”关爱长者系列活动。承办新春团拜、春季开学典礼、第30次研究生代表大会及提案咨询会、夏季毕业典礼暨学位授予仪式等活动。

加强校园学术文化建设。由研究生院牵头，支持各学院组织开展“师生面对面”活动和学术活动品牌项目，分别从人生规划、学术经验、工作方向、做人做事等多个角度、多个方面，选择不同导师、教师、管理干部与学生开展座谈会形式的面对面交流活动。充分利用新生入学、喜迎新年、讲座分享、体育赛事等载体和契机，搭建一系列师生互动平台。继续打造“师生杯”羽毛球赛、足球赛、毕业生师生聚餐、周六电影院、周末舞会、模特大赛、模拟招聘大赛等活动，承办2013年广东省研究生媒体联席会议；组织8个学院举办“周末舞会”；举办毕业生晚会、“元旦晚会”等活动；举办20期“周六电影院”和“粤说越有趣”粤语培训活动等；出版《暨南研究生》、毕业特刊和新生特刊共8期报纸。通过旭日青年志愿者服务队，开展小学生雏鹰行动，举办“暨大人生”活动。

继续加强研究生辅导员队伍建设。坚持两周一次的研究生辅导员工作例会，推出思想政治教育月度汇报制度和例会内容公开制度。组织集体学习和交流各2次，推荐4人参加广东省组织的上海研究生辅导员专题培训。建设首期研究生思想政治教育工作典型案例库。

做好奖助贷勤工作。评选出78名优秀毕业研究生，有121名研究生的151篇论文获科研论文奖励，160名研究生获优秀研究生干部奖学金，77名研究生获国务院侨办海外学生奖学金，119名研究生获国务院侨办海外学生助学金，80名研究生获教育部港澳及华侨学生奖学金，24名研究生获教育部台湾学生奖学金，46名博士和199名硕士获2013年国家奖学金。评选3名研究生获邓瑞林奖学金，3名研究生获梁奇达暨南教育奖，5名研究生获顺丰奖学金，19名研究生获暨南大学威尔曼优秀学生奖学金，3名研究生获邓瑞林优秀研究生奖学金，4名研究生获卓越励志学长奖学金，13名研究生获2013年度广东省政府来粤留学生奖学金，1名研究生获税务同心助学金。批复三助岗位共686个，含导师配套共发放酬金230万元。92人次获研究生困难补助，发放困难补助金78 200元。完成夏季应届毕业生国家助学贷款还款协议签署工作。继续购买2014年研究生校方责任险。

继续完善研究生德育网。研究生德育网发表稿件数量超过2 000篇、总访问量超过53万人次，正常月度访问量超过2万人次。增设招聘信息、品牌活动等专栏，继续推进研究生思想政治教育工作公开化进程。

继续加强研究生社团及干部建设。召开第30届研究生代表大会，继续健全研究生会委员会、常委会例会制度和培训制度。初步形成以研究生委员会为主导的研究生组织运作模式，建立委员会会议纪要公开制度。开展全校研究所干部素质拓展活动。

【博士后管理】 学校共有15个博士后流动站，在站人员126人，其中女性47人，男性79人。分布情况为：中西医结合19人、生物学18人、中国语言文学14人、工商管理13人、应用经济学12人、临床医学10人、生物医学工程9人、中药学8人、政治学7人、新闻传播学7人、中国史4人、生态学3人、世界史2人。

2013年，与4家企业共同申报并获广东省人社厅批准4个博士后创新实践基地。组织在站博士后申请第53、54批中国博士后科学基金面上资助和第6批博士后科学基金特别资助，获第6批博士后科学基金特别资助项目3项，第53、54批中国博士后科学基金面上资助项目21项。组织在站博士后申报“香江学者计划”，1人通过终审，赴香港科技大学海洋科学流动站做博士后。出台《暨南大学博士后高水平论文奖励及科研项目资助暂行办法》，奖励高水平论文，资助高水平项目。2013年共资助项目28项，奖励高水平论文4篇。出台《暨南大学资助博士后参加国际学术会议管理办法（试行）》，推进博士后国际化培养，资助对象为所有在站博士后研究人员，资助经费为1—3万元。根据人力资源与社会保障部、全国博士后管理委员会及广东省博士后研究人员管理工作的有关规定，结合学校实际，废止《关于进站博士后专项经费有关管理办法》，制定《博士后工资福利待遇管理暂行办法》，完善博士后专项经费管理。委派1名博士后赴广西钦州市投资促进局挂职锻炼。完成博士后联谊会换届工作，资助联谊会举办跨学科学术讲座3场、学术沙龙3场。

【实施卓越导师计划】 2013年，首次实施“卓越导师计划”项目，对导师与学生共同发表的高水平学术期刊论文，以及导师指导的研究生获得全国优秀博士学位论文、广东省优秀博士学位论文给予科研经费支持，供导师开展学术自由探索。

本年度共有26位研究生导师获得“卓越导师”计划项目资助，总资助额度183万元，其中全国优秀博士学位论文提名论文资助1项；广东省优秀博士学位论文指导教师资助2项；发表高水平科研论文资助29项，其中人文社科领域（A1论文）9项、自然科学领域（SCI1区论文）20项。

【教育部副部长杜占元考察华南新闻传媒联合培养研究生示范基地】 5月14日上午，教育部副部长、国务院学位办主任杜占元一行5人，在广东省教育厅巡视员罗远芳等陪同下，考察华南新闻传媒联合培养研究生示范基地，听取基地建设情况汇报并实地考察了南方报业传媒集团联合培养点。校领导胡军、蒋述卓、林如鹏，南方报业传媒集团总编辑、南方日报社社长张东明等，以及学校研究生院、新闻与传播学院部分领导参加汇报会并陪同考察。杜占元副部长对暨南大学与南方报业传媒集团在研究生联合培养模式上的积极探索表示充分肯定，并希望示范基地能持续探索好经验、好做法，并推广至全国。

“华南新闻传媒联合培养研究生示范基地”由暨南大学与南方报业传媒集团、羊城晚报报业集团、南方广播影视传媒集团、广州日报报业集团等广州4家知名媒体合作共建，是华南地区首个联合培养研究生的新闻传媒研究生创新培养基地，旨在利用校、企（媒）双方的资源，在研究生培养过程中实现优势互补、协同创新，为社会培养理论和实践兼备的高层次复合型人才。

【博士招考培养模式改革】 2013年，学校博士招生继续推进统一招考、硕博连读与自主招生三种方式，在深化自主招生与硕博连读招生模式的同时，提高博导自主招生的门槛，重点考核其已有学术成果。

自2013级内招博士新生开始，学校提高博士学位授予标准：人文社科类博士生获得博士学位须以第一作者或导师第一、学生第二作者的身份在A类期刊至少发表1篇学术论文；自然科学类博士生获得博士学位须以第一作者或导师第一、学生第二作者的身份在A1类期刊至少发表1篇学术论文，且第一署名单位为“暨南大学”。对博士生的培养实行目标管理的同时，学校还加强入学选拔、中期考核、开题、论文阶段汇报、预答辩、正式答辩等各个环节的过程管理。

【管理学院通过AMBA再认证】 2013年，管理学院再次通过AMBA认证，获得的认证项目包括全日制华商MBA（Sino－international MBA）、兼读制MBA、EMBA和缅华MBA（Myanmar－China MBA）和单一雇主项目，标志着学校正式成为中国大陆第三家完成AMBA再次认证的高校。

【学校入选第一批临床医学硕士专业学位试点高校】 教育部、国家卫生和计划生育委员会发布了《关于批准第一批临床医学硕士专业学位研究生培养模式改革试点高校的通知》，学校入选第一批临床医学硕士专业学位研究生培养模式改革试点高校。全国共有64所高校获批第一批临床医学硕士专业学位研究生培养模式改革试点高校。广东省名列其中的有中山大学、暨南大学、汕头大学和南方医科大学4所高校。

【研究生教育督导委员会成立】 9月29日，学校研究生教育督导委员会成立大会在国际会议厅举行。校领导胡军、蒋述卓、林如鹏、学校研究生教育督导委员、各学院研究生教育督导委员出席会议。会议由林如鹏副校长主持，校长胡军致辞，校党委书记蒋述卓宣读学校关于成立研究生教育督导委员会的决定及学校督导委员名单，学校领导为校督导委员颁发证书。督导委员王声湧教授代表督导委员在会上发言。

暨南大学研究生教育督导委员会委员名单

主任委员：王声湧

副主任委员：刘建平　蔡冬青

委　　员：梁玉霞　彭小川　谭　天

陈广恩　沈洪涛　彭青玉

杨雪松　苏泽轩

【1篇博士论文入选2012年全国“百优”提名】 学校陈光慧博士的学位论文《连续性抽样调查理论及其应用研究》（指导教师：刘建平教授）入选2012年全国优秀博士学位论文提名论文。这是继2004年学校王聪博士的学位论文获得全国优秀博士学位论文后再次获得全国优秀博士学位论文的奖励。

【第30届研究生代表大会召开】 5月11日，学校在科学馆国际会议厅召开暨南大学第30次研究生代表大会，292名会议代表参加大会。校领导胡军、蒋述卓、林如鹏出席，各机关部处负责人和学院领导到会，广东省学联及兄弟高校研究生会代表列席。三位校领导、中华全国学生联合会代表和广东省学生联合会代表分别发言。会议听取审议第29届研究生会财务报告、提案报告、工作报告。根据研究生会章程，大会选举田霖、白国霖、郭佳佳、孙晨、李安、余栋宇、徐泽鑫7名同学为第30届研究生委员会常务委员会成员。

5月9日，学校首次召开研究生代表大会提案咨询会，校领导胡军、蒋述卓出席咨询会并携学校各职能部门负责人一道，与近百名研代会代表，就研究生在校生共同关心的问题，进行面对面交流。

【2013年粤港澳科教文合作研讨会在暨大召开】 11月15—16日，学校举办2013年粤港澳科教文合作研讨会暨广东省研究生学术论坛—再生医学分论坛。中国科学院院士苏国辉、广东省学位办主任杨军、学校副校长刘洁生、香港中文大学生物医学学院院长陈伟仪出席会议，50余名来自香港科技大学、香港中文大学、香港大学、香港理工大学、香港浸会大学、澳门大学的师生以及中山大学和学校相关专业的师生参加本次论坛。

在再生医学研究生学术论坛上，5名教授、28名博硕士研究生及5名企业代表分别结合研究方向作学术报告，论坛学术委员会从博硕士研究生学术报告中评选出9篇优秀报告。

【学校对2013级研究生开展科学道德与学风建设宣讲教育】 学校继续以“科学道德与学风建设”为主题，对2013级全体研究生新生开展宣讲教育，营造“崇尚科学道德、恪守学术规范、践行宁静致远、弘扬暨南精神”的校园文化。

9月13日，学校在大礼堂举办2013级研究生新生入学教育暨“科学道德与学风建设”宣讲大会，近3 000名博士、硕士新生参与大会。大会分为上午自然科学类和下午人文社科类两个专场，三位专家分别宣讲报告。本年首次开展博士生集中宣讲教育活动，分别于9月14日、9月27日、10月25日，邀请学校学位评定委员会主席胡军，副主席蒋述卓、林如鹏给博士生进行专题宣讲。

9月17—24日，各研究生培养单位，结合专业特点和学院实际，自行组织宣讲活动。

2013年暨南大学学位授权学科情况表

序号	一级学科	二级学科	批准批次	授权类别
1	应用经济学		9	博士一级学科授权
2	中国语言文学		11	博士一级学科授权
3	新闻传播学		11	博士一级学科授权
4	中国史		D	博士一级学科授权
5	世界史		D	博士一级学科授权
6	生物学		11	博士一级学科授权
7	生态学		D	博士一级学科授权
8	统计学		D	博士一级学科授权
9	计算机科学与技术		2012年复审	博士一级学科授权
10	生物医学工程		8	博士一级学科授权
11	临床医学		11	博士一级学科授权
12	中西医结合		10	博士一级学科授权
13	中药学		11	博士一级学科授权
14	管理科学与工程		10	博士一级学科授权
15	工商管理		9	博士一级学科授权
16	理论经济学	政治经济学	10	博士二级学科授权
17	政治学	国际关系	7	博士二级学科授权
18	力学	工程力学	9	博士二级学科授权
19	基础医学	病理学与病理生理学	9	博士二级学科授权
20	理论经济学		10	硕士一级学科授权
21	法学		11	硕士一级学科授权
22	政治学		11	硕士一级学科授权
23	心理学		11	硕士一级学科授权
24	外国语言文学		11	硕士一级学科授权
25	数学		11	硕士一级学科授权
26	物理学		11	硕士一级学科授权
27	化学		10	硕士一级学科授权
28	力学		10	硕士一级学科授权

（续上表）

序号	一级学科	二级学科	批准批次	授权类别
29	光学工程		9	硕士一级学科授权
30	材料科学与工程		11	硕士一级学科授权
31	电子科学与技术		11	硕士一级学科授权
32	信息与通信工程		10	硕士一级学科授权
33	计算机科学与技术		10	硕士一级学科授权
34	环境科学与工程		10	硕士一级学科授权
35	食品科学与工程		11	硕士一级学科授权
36	软件工程		D	硕士一级学科授权
37	基础医学		11	硕士一级学科授权
38	口腔医学		11	硕士一级学科授权
39	公共卫生与预防医学		11	硕士一级学科授权
40	中医学		11	硕士一级学科授权
41	药学		11	硕士一级学科授权
42	护理学		D	硕士一级学科授权
43	公共管理		11	硕士一级学科授权
44	哲学	美学	10	硕士二级学科授权
45	马克思主义理论	马克思主义中国化研究	10	硕士二级学科授权
46	马克思主义理论	思想政治教育	10	硕士二级学科授权
47	土木工程	结构工程	9	硕士二级学科授权
48	化学工程与技术	应用化学	9	硕士二级学科授权

注：“D” 表示第11批次的学科对应调整。

2013年暨南大学授权专业学位情况表

序号	代码	类别（领域）	获批年份
1	105100	临床医学博士	2009
2	025100	金融硕士	2010
3	025200	应用统计硕士	2010
4	025300	税务硕士	2010
5	025400	国际商务硕士	2010
6	025600	资产评估硕士	2010
7	025700	审计硕士	2011
8	035100	法律硕士	2007
9	045300	汉语国际教育硕士	2007

（续上表）

序号	代码	类别（领域）		获批年份
10	055200	翻译硕士		2010
11	055300	新闻与传播硕士		2010
12	085200	工程硕士	光学工程	2010
			材料工程	2010
			电子与通信工程	2005
			计算机技术	2003
			软件工程	2006
			建筑与土木工程	2009
			化学工程	2009
			环境工程	2004
			生物医学工程	2003
			食品工程	2004
			制药工程	2009
			工业工程	2005
			生物工程	2005
13	105100	临床医学硕士		1998
14	105200	口腔医学硕士		2000
15	105600	中药学硕士		2010
16	125100	工商管理硕士	工商管理硕士	1994
17	125200		高级管理人员工商管理硕士	2003
18	125300	公共管理硕士		2005
19	125400	会计硕士		2004
20	125600	旅游管理硕士		2010
21	125600	工程管理硕士		2010

2013 年全国及广东省优秀学位论文获得者名单

学院	导师姓名	研究生姓名	研究生学科专业	论文题目	获奖类型
管理学院	姜虹	吕亚蔚	会计硕士	会计师事务所合并动因与经济后果研究——以信永中和为例	全国 MPAcc 优秀学位论文

2013年广东省优秀博士、硕士学位论文

序号	学院	作者姓名	一级学科名称	论文题目	导师姓名	获奖类型
1	文学院	王　睿	中国史	唐代粟特人华化问题研究	纪宗安	广东省优秀博士学位论文
2	药学院	赵冰心	生物医学工程	白饭树的生物碱类成分研究	叶文才	广东省优秀博士学位论文
3	管理学院	李　锐	工商管理	企业组织中的上下属关系研究	凌文辁	广东省优秀博士学位论文
4	经济学院	朱　宁	理论经济学	不良贷款约束下的中国银行业效率和全要素生产率研究	王　兵	广东省优秀硕士学位论文
5	经济学院	汪　涛	应用经济学	公平披露规则对证券市场信息不对称的影响	刘少波	广东省优秀硕士学位论文
6	文学院	郑　丹	中国语言文学	赣语洞绥片入声研究	邵　宜	广东省优秀硕士学位论文
7	新闻与传播学院	昌道励	新闻传播学	网络原创视频的青年亚文化研究——以优酷网325个网络原创视频为例	董天策	广东省优秀硕士学位论文
8	文学院	谢　婷	中国史	中法合制《平定准噶尔回部得胜图》的相关问题研究	马建春	广东省优秀硕士学位论文
9	理工学院	梁智文	物理学	低维Zn0纳米结构的可控制备及其性能研究	麦文杰	广东省优秀硕士学位论文
10	生命科学技术学院	刘　雯	化学	纳米硒作为抗肿瘤药物载体的靶向设计及其凋亡诱导活性研究	郑文杰	广东省优秀硕士学位论文
11	生命科学技术学院	李英华	化学	功能化纳米硒的制备及其对顺铂肾毒性拮抗作用和抗肿瘤活性研究	陈填烽	广东省优秀硕士学位论文

（续上表）

序号	学院	作者姓名	一级学科名称	论文题目	导师姓名	获奖类型
12	理工学院	许吉庆	材料科学与工程	基于聚乳酸静电纺丝纤维的双药物释放系统的研究	周长忍	广东省优秀硕士学位论文
13	理工学院	陈烁娜	环境科学与工程	BaP - Cu^{2+} 复合污染中BaP的微生物降解及污染物对降解菌嗜麦芽窄食单胞菌细胞特性的影响	尹　华	广东省优秀硕士学位论文

2013年博士后科研流动站（工作站）一览表

	站点名称
博士后科研流动站（15个）	应用经济学
	统计学
	中西医结合
	临床医学
	中国语言文学
	中国史
	世界史
	生物学
	生态学
	生物医学工程
	工商管理
	新闻传播学
	政治学
	力学
	中药学
博士后科研工作站（1个）	广州（暨南）生物医药研究开发基地

暨南大学研究生组织

暨南大学第30届研究生委员会

姓名	学院	职务
白国霖	外国语学院	研究生委员会委员长
余栋宇	生命科学技术学院	研究生委员会副委员长
田　霖	经济学院	研究生委员会常务委员
孙　晨	文学院	
徐泽鑫	新闻与传播学院	
李　安	医学院	
郭佳佳	文学院	
陆麒羽	外国语学院	研究生委员会委员
王　耄	信息科学技术学院	
李玉婷	药学院	
王嘉闻	新闻与传播学院	
谢雯娟	经济学院	
游凯然	文学院	
苏　芮	华文学院	
叶碧华	理工学院	
温子帆	法学院/知识产权学院	
任　科	社会科学部	
段立雪	国际关系学院	
何沙沙	公共管理学院/应急管理学院	
稂　欣		
颜宇琦	医学院	
潘京华	第一临床医学院	
谢浩龙	生命科学技术学院	
吕甘甜	管理学院	

（研究生院供稿）

华文教育和对外汉语教学

【概况】 暨南大学华文学院1993年6月经教育部、国务院侨务办公室批准成立，由原广州华侨学生补习学校（1953年成立）和原暨南大学对外汉语教学系（1985年成立）、预科部（1925年成立）组建而成。华文学院长期以来致力于华文教育和对外汉语教学，是暨南大学面向港澳台地区和海外开展华文教育、对外汉语教学及预科教育的专门学院。学院秉承暨南大学面向海外、面向港澳台的办学传统，为五洲学子提供从语言培训到博士研究生的全系列华文教育，形成自己的办学特色和办学优势。

华文学院占地147 129平方米，建筑面积56 394.05平方米。学院设有应用语言学系、汉语系、华文教育系、预科部等教学单位。华文教育研究院（下设华文水平测试中心、华文教材研发中心、华文教师资格认证中心、海外华语研究中心、华文教育服务平台、《华文教学与研究》编辑部）成立于2012年4月，与华文学院实行“两块牌子，一套人马”的运行方式，是全国高校第一个华文教育研究院。学院现有教职工192人，教授14人，副教授35人，博士生导师6人，硕士生导师36人，拥有博士学历55人，在读博士13人。

华文学院为国务院侨务办公室“华文教育基地”，国家教育部“国家对外汉语教学基地”“支持周边国家汉语教学重点院校”。学院开设的“对外汉语”本科专业为广东省名牌专业，华文教育本科专业为省重点建设和特色专业。学院现为中国汉语水平考试（HSK）初、中、高级考点，商务汉语考试（BCT）考点，中国语检定考试考点（面向日本考生），中国普通高校对外联合招生考试点和暨南大学、华侨大学两校联合对外招生主考点。

华文学院办学层次多样，类型丰富。2013年，来自世界89个国家和地区的3 500余名五洲学子在学院就读，学生来源统计数创新高。华文学院在欧美、东南亚等地区的9个国家招收兼读制研究生及华文教育、对外汉语、汉语言本科生。2013年，有1 500名海外学生通过此类“面授+函授”的形式攻读暨南大学本科、研究生学位。

【学历教育】 2012—2013学年度第二学期（2013年3—7月），华文学院在读本科学生共881人，其中应用语言系内地本科生338人，华文教育系华文教育专业学生334人，汉语系留学生（汉语言B）本科生209人。

2013—2014学年度第一学期（2013年9月至2014年1月），华文学院在读本科学生共1 075人，其中应用语言系内地本科生413人，华文教育系华文教育专业学生423人，汉语系留学生（汉语言B）本科生239人。

2013年，华文学院在读海内外研究生共389人，其中博士研究生8人，硕士研究生381人，其中海外硕士生37人，来自12个国家和地区。2013年，华文学院获批海外华语研究与华文教学博士点、硕士点，来自印度尼西亚的唐根基同学成为该方向首位博士生。

海外函授学历教育方面，在读学员总计1 500名，其中1 219名学员经过筛选获得2012—2013中国华文教育基金会雅居乐助学金的资助。

【留学生教育与短期汉语培训】 2013年，华文学院在校的非学历留学生累计为1 300余人次，来自89个国家和地区。学历生包含华文教育与汉语言B两个本科专业学生共742人，研究生38人。

2013年，华文学院承办国务院侨办、国家汉办、中国海外交流协会、中国华文教育基金会等单位委托的各类中国语言文化短期培训项目11个，培训印度尼西亚华文教师普通话正音与测试培训班、准华文教师《中文》教材教法培训班、“回家过端午”海外华裔青少年南粤文化行、海外华裔青少年“中国寻根之旅”、“中国文化行”等短期培训班项目学员926人。

【学科建设与学术研究】 2013年，华文教育本科专业衍生出幼师方向，计划于2014年秋季开始招生。2013年10月，中国华文教育基金会为华文教育本科专业84名学生提供奖学金。

2013年，对外汉语本科专业更名为“汉语国际教育”，更注重培养学生横跨汉语和外语的语言优势和多文化交际与多元文化共融的个人素质。汉语言本科专业强化利用现代网络与数字化技术设计和制作网络与数字汉语教学资源的能力，

2013年，该专业改为文理兼收并修读高等数学。

2013年，华文学院承担的华文水平测试项目推出预测试题。华文水平测试中心还邀请多名从事华文测试研究的专家开展“标准化考试的研发”及“关于华测开发的若干问题”的学术讲座，为项目研发积累理论支撑。

4月19日，国务院侨办委托项目“《华文教师证书》等级标准研制”主体成果《〈华文教师证书〉实施方案》定稿会在广州召开，国内14位语言学及应用语言学领域的知名专家学者出席会议，就该项目成果进行评审鉴定。12月17日，《华文教师证书》项目研究成果顺利通过验收并准予结项。

2013年，华文学院启动育苗工程，为有潜力的青年教师设立培育课题。

【教材建设】 11月17日，华文学院/华文教育研究院华文教材研发中心召开柬埔寨《华文》（初中版）编写座谈会。该教材柬埔寨方面负责机构——柬华理事总会代表对教材充分认可。

2013年，华文学院还筹备为泰国、澳大利亚、英国等国开发国别化、本土化、对象化华文教材，并计划研发《华文教材参考标准》。

【对外汉语教学】 2013年，华文学院共外派4批次近50位教师赴欧美、东南亚地区的3个国家的18个面授点开展函授教学，累计完成近100门课程的授课任务。2013年，在美国、印度尼西亚、新加坡以及中国台湾地区、澳门地区有兼读制研究生65人。

2013年，继续与境外高校和教育机构密切合作，合作对象逐渐拓展到之前较少涉及的欧洲、大洋洲、美洲诸国。还与新西兰、意大利、印度尼西亚等国教育机构签署招生代理等协议，并在新西兰成立暨南大学实验学校。

2013年，承担多项大型考试，包括中华人民共和国普通高等学校联合招收华侨、港澳地区及台湾省学生考试，暨南大学、华侨大学联合招收华侨、港澳地区及台湾省学生考试，中国汉语水平考试（HSK笔考及网考），国家汉办/孔子学院总部2013年赴法国、德国、西班牙、俄罗斯、泰国、美国、菲律宾、印度尼西亚、柬埔寨、韩国、蒙古、英国等国家的汉语教师志愿者选拔考试，普通话水平测试等，近5 000名来自世界各地的考生参与选拔。

【预科教育】 2013年，调整预科招生策略，增设一年制强化班；考虑与昆明华文学校的一揽子合作计划中，为预科部增加学历教育。为预科学生开设升学说明会，介绍每个校区的特色和专业设置，帮助其选择适合自身的发展方向。开展教学竞赛活动，组织一线教师通过竞赛各取所长、互相学习，取得了预期的效果。

【孔子学院】 12月，暨南大学与南非罗德斯大学共建的孔子学院入选国家示范孔子学院，并获得首批100万美元的专项经费资助。暨南大学—罗德斯大学孔子学院把汉语教学和中国文化的宣传延伸到当地的中学，并利用孔子学院文化中心把触角伸向社区。

【裘援平出席华文学院60周年院庆】 11月15—17日，华文学院举行60周年院庆系列活动暨华文教育国际学术研讨会。国务院侨办主任裘援平出席并在庆祝大会上讲话。她充分肯定华文学院60年办学成绩，希望华文学院抓住历史机遇，努力开创华文教育工作的新局面，为国家侨务事业和中华民族的伟大复兴作出新的贡献。

【华文学院60周年院庆活动举办】 11月15—17日，华文学院举行院庆日系列活动。

11月15—16日，举行“华文教育国际学术研讨会”，共有全球23个国家和地区的140位专家学者参加本次会议。会议共收到论文90篇，十余位专家学者在大会上作主题发言，会议代表就“华文教育未来发展”这一主题，围绕华文教育历史与现状、词语与语音教学、汉字教学、口语与听力教学、海外华语研究、华文教材研究、习得与偏误研究、华文师资与教学法、语法教学与习得研究等话题进行了深层次、多角度、全方位的探讨。

11月15日，举行《华文教学与研究》顾问与编委扩大会议。

11月16日，暨南大学与越南河内第二师范大学就校际交流、合作等签署教学科研合作备忘录，暨南大学华文学院与昆明华文学校签署合作办学协议，内容涉及暨南大学华文教育研究院昆明分院的建设，汉语言本科专业人才合作培养以及成人教育系列华文教育专业专科、本科学历教育等方面。

11月16日，召开暨南大学华文学院、广州华侨学生补习学校校友会第七届理事大会。

11月16日晚，举行60华诞庆典晚会。

11月17日，华文学院/华文教育研究院华文教材研发中心召开柬埔寨《华文》（初中版）编写座谈会。

2013年以来，华文学院师生还组织院庆系列学术讲座20多期，邀请世界各国30余名专家学者莅院讲学；举办教师教学竞赛，强化教学质量；组织院庆系列学生活动。

【“《华文教师证书》等级标准研制”项目结项】 2013年，“《华文教师证书》等级标准研制”项目课题组完成全部研制工作。项目研究成果包括：《〈华文教师证书〉实施方案》《〈华文教师证书〉考试样卷及答题卡》《〈华文教师证书〉考试试测报告》《〈华文教师证书〉考试调研报告》。

4月19日，在广州召开的定稿会上，评审专家组对《〈华文教师证书〉实施方案》涉及的五大评估系统以及测试样卷进行审议，认为方案研制已达到预期目标，一致同意通过鉴定，并可依照这一方案进行试点测评。

在中国华文学院教育网年终评选中，该项目的顺利结项被评为2013年华文教育十大新闻之一。

【教育部语信司领导到校考察海外华语研究中心科研工作】 5月12日，教育部语言文字信息管理司副司长田立新一行到学校华文学院/海外华语研究中心，考察工作情况。学校副校长林如鹏，华文学院院长、海外华语研究中心主任郭熙分别介绍学校和海外华语研究中心的工作情况。田立新副司长充分肯定海外华语研究中心近年来取得的成绩，并对海外华语研究中心的科学研究、人才培养、资源开发提出建议。

（华文学院供稿）

成人教育

【概况】 暨南大学成人高等教育始于20世纪80年代初。1981年开始举办业余教育；1982年举办干部专修科；1984年成立夜大学开办业余专科教育；1985年成立函授部，首次招收夜大本科班，首次招收香港学生就读学校成人教育班，1986年招收成人教育脱产班。1988年开始，学校海外成人教育快步发展；2002年，在印度尼西亚开办成人教育；2007年开始在泰国设点招生；2009年在菲律宾、德国开班；2011年在英国开办成人教育。经过30多年的发展，暨南大学先后在20多个地区设置教学点，开设文、理、经、医、工、管、法等学科专业90多个，形成了多专业、多层次、多形式的成人高等教育格局。

20世纪80年代末，学校开始举办专业证书及各种层次的非学历及继续教育培训，1984年开始自学考试主考和助学辅导工作。1997年被国家教委（现教育部）授予“全国成人高等教育评估优秀学校”称号，被广东省高教厅（现广东省教育厅）授予“广东省普通高校函授教育先进单位”和“广东省普通高校夜大学教育先进单位”称号。2007年，暨南大学成人教育澳门教学点被广东省教育厅抽查评估评为优秀校外教学点。2008年被广东省成人教育协会评为“成人教育先进单位”。2011年被广东省自学考试委员会评为广东省高等教育自学考试先进集体。

暨南大学成人教育主要依靠各院系办学，教育学院主要负责成人教育教学管理和承担部分教学任务。1986年7月，学校成立成人教育学院，统一管理全校的成人教育工作，由一名副校长兼任学院院长。下设学院办公室、教务处、夜大部、函授部、干训部。1993年10月，成人教育学院更名为教育学院，下设学院办公室、全日制教育部、业余教育部、海外教育部、专业培训部。2000年，学院机构调整为：学院办公室、教务办公室、学历教育部、海外教育部、专业培训部。暨南大学自学考试办公室1997年1月成立，自考办挂靠教育学院，负责管理全校自学考试工作。学院党组织建制为：1986年成立学院党总支，2003年成立学院党委。2013年教育学院党委下辖教工党支部3个，共有党员21人；有学生党员584人，共设立50个临时学生党支部。学院有职工34人，其中专任教师8人，管理人员26人，高级职称者2人，副高职称者3人，中级职称者13人。2013年，有成人学历教育在校学生11 694人，其中国内学生9 363人，境外学生2 331人；本科生7 559人，专科生4 135人；函授学生2 065人，业余学生9 629人。有毕业生3 105人，其中专科毕业生1 396人，本科毕业生1 709人；国内毕业生2 785人，境外毕业生320人。另有获学校副署公章毕业证书的自学考试毕业生2 056人。2013年获学士学位毕业生1 230人，其中夏季417人，冬季813人；成人教育学生920人，自学考试学生310人。

2013年，教育学院继续围绕扩规模、创效益、保质量，稳步、扎实、有效开展工作。一是继续拓展国内招生工作和港澳海外成人教育，扩大海内外招生规模。二是继续做好教学管理和服务，做好教学质量监控管理。三是完善网络教务管理系统，启用计算机新教务管理系统。四是加大继续教育和培训工作力度，增加培训项目，举办各种培训班，扩大培训市场。五是加强自学考试管理工作，按时完成广东省自考办交予学校的命题及评卷任务，开办自学考试独立办班及自考辅导班。六是各项工作不断开拓创新，科学发展。开设适应市场需求的新专业，增加4个新的校外教学点，以生为本，深化教学管理改革，各项工作稳步蓬勃发展。七是努力为社会服务，积极开展对阳山1户贫困户、2户五保户扶贫“双到”工作，制定落实帮扶措施，帮助农户改善生活。

【招生工作】 2013年，2014级内地新生录取工作在12月上旬进行，录取新生3 406人，其中高中起点本科213人，专科升本科1 658人，高中起点专科1 535人。在广州校本部、珠海校区、珠海职工业余学校、深圳经理进修学院、中山火炬职业技术学院、广州侨光财经专修学院、广州珠江管理专修学院、东莞莞城振科培训中心、东莞南城名门培训中心、佛山顺德成人文化技术学校设教学点。

努力扩大海外成人教育招生规模，2013年共录取境外新生472人，其中在印度尼西亚、泰国招收新生313人，在澳门招收新生116人，在香港招收新生43人。

2013年在内地新开设专科升本科物业管理专业、专科物业管理专业、行政管理专业、社会工作专业。

2013年内地招生专业设置和录取情况

序号	专业	录取人数	序号	专业	录取人数
1	工商管理	60	1	电气工程及其自动化	15
2	国际经济与贸易	39	2	电子商务	17
3	会计学	58	3	电子信息工程	5
4	人力资源管理	36	4	法学	31
5	英语	20	5	工商管理	204
高中起点本科　小计		213	6	国际经济与贸易	33
1	财务管理	39	7	护理学	77
2	电气工程及其自动化	9	8	会计学	474
3	电子商务	41	9	计算机科学与技术	24
4	电子信息工程	12	10	金融学	71
5	法学	1	11	经济学	26
6	工商企业管理	315	12	人力资源管理	190
7	国际经济与贸易	62	13	商务策划管理	47
8	护理学	22	14	社会工作	33
9	会计学	512	15	市场营销	91
10	计算机科学与技术	9	16	税务	36

（续上表）

序号	专业	录取人数	序号	专业	录取人数
11	计算机网络技术	23	17	投资学	27
12	人力资源管理	130	18	网络工程	18
13	商务管理	29	19	物流管理	19
14	商务英语	125	20	物业管理	16
15	市场营销	110	21	项目管理	44
16	物业管理	23	22	行政管理	52
17	行政管理	73	23	英语	100
专科　小计		1 535	24	知识产权	8
			专升本　小计		1 658

注：2013 年内地各层次招生录取总数为 3 406 人。

2013 年海外招生专业设置和录取情况

招生时间	专业名称	办学层次	录取人数	生源地
春季	汉语言	高中起点本科	19	泰国
秋季	食品质量与安全	专科升本科	13	香港
	翻译（中英翻译）	高中起点本科	35	澳门
	金融（理财规划）	高中起点本科	19	澳门
	社会学	高中起点本科	38	澳门
	工商管理	高中起点本科	15	香港
	社会学	高中起点本科	15	香港
	应用心理学（犯罪心理学）	高中起点本科	12	澳门
	应用心理学（犯罪心理学）	专科升本科	12	澳门
	汉语言	高中起点本科	17	泰国
	华文教育	高中起点本科	277	印度尼西亚

注：2013 年海外招生录取总数为 472 人。

【学历教育】 2013 年，成人教育学历教育在校学生 11 694 人，其中境内学生 197 个班 9 363 人，在校本部、珠海、广州、深圳、中山、东莞、顺德开设教学点；境外学生 2 331 人，在印度尼西亚、泰国、菲律宾、德国以及中国港澳地区开办 14 个专业，其中香港学生 59 人，澳门学生 926 人，印度尼西亚学生 849 人，泰国学生 329 人，菲律宾学生 90 人，德国学生 39 人，英国学生 39 人；函授学生 2 065 人，业余学生 9 629 人；本科生 7 559人，专科生 4 135 人。有毕业生 3 105 人，其中专科毕业生 1 396 人，本科毕业生 1 709 人；境内毕业生 2 785 人，境外毕业生 320 人。另有获学校副署公章毕业证书的自学考试毕业生 2 056 人。2013 年获学士学位毕业生 1 230 人，其中夏季 417 人，冬季 813 人。

2013 年，采取多项措施，加强教学管理。第一，实行教学检查制度。开学前再次检查教学安排，通知教师按时上课；学期间，全院教工每周轮值检查教学情况；新学期第一周，学院领导、有关部门领导和班主任到课堂检查教学工作和课堂纪律，发现问题及时处理。第二，严肃考风考纪，做好考试管理工作。第三，做好班主任工作，要求班主任经常深入学生了解课堂情况，抓好班级管理，收集学生的真实想法和要求，提供给有关部门改进工作。第四，进一步完善网络教务管理系统，启用新计算机教务管理系统，实现学生学籍管理、教学计划管理、排课管理、排考管理、成绩管理系统（包括教师网上成绩输入及学生网上成绩查询）系统高效运行。第五，加强学生管理，各班级成立班委会，本科班成立学生临时党支部，发挥学生干部作用，开展活动，增强班级凝聚力，调动学生自觉学习的积极性。第六，表彰先进，推动学风建设。2013 年授予古娟等 82 名境内学生优秀学生称号，邓亚平等 105 名同学优秀学生干部称号；表彰梁淑莹等 9 名港澳优秀学生，欧阳洁等 22 名港澳优秀学生干部。

【自学考试】 2013 年，暨南大学主考的自学考试专业有：会计（本专科）、新闻学（本专科）、物业管理（本专科）、商务管理（本专科）、金融管理（本专科）、会展管理（本专科）市场营销专科、公共事业管理本科。

做好继续教育、自考助学和培训工作。完成广东省自考办自学考试命题、组题和审题的联系和组织工作。完成 2013 年广东省自学考试大考、独立办班、非学历教育共六次考试的评卷组织工作，共评阅试卷 2 万多份。完成自学考试学校主考专业毕业生资格审核工作，共有 2 056 人获暨南大学副署学校公章的自学考试毕业证书。接受自学考试学校主考的本科专业毕业生申请学士学位审核工作，共有 310 名自考本科毕业生获学校学士学位证书。完成学校主考的自学考试专业毕业论文和实践考核的组织及相关课程成绩接收、计算机录入和上报工作。与广东科贸职业学院、广东行政职业学院、广东科学技术职业学院、广东涉外职业技术学院、广东农工商职业学院合作办学，举办自学考试与高职高专相沟通辅导班；与珠江管理专修学院、深圳赣冠培训中心、顺德超越教育合作举办自学考试独立办班；与广州市东方标准培训中心合作举办自学考试独立办班和计算机短期培训班；与广州青年经济文化交流中心合作举办自学考试全日制辅导班；为广东省阳江市财政局举办两期综合素质培训班；为广东省东莞市东城宣传教育办举办宣传委员培训班。举办 2013 年成人教育专升本及高起专考前辅导班、学士学位英语统考考前辅导班。完成 2013 年全国计算机等级考试考务工作，共有 1 204 人报考。

【海外教育】 贯彻“面向海外，面向港澳”的办学方针，积极开展海外、港澳成人高等教育。9 月，副校长饶敏在教育学院党委书记兼副院长廖仕湖的陪同下，赴澳门拜会澳门高等教育辅助办公室苏朝晖主任，商讨学校在澳门举办成人高等教育相关事宜。2013 年，在印度尼西亚、泰国、菲律宾、德国、中国港澳开办对外汉语、汉语言、华文教育、社会学、英语（语言文学）、英语（商务管理）、环境科学、会计学、法学、知识产权、物流管理、应用心理学（犯罪心理学方向）、翻译（中英翻译）、金融学（理财规划）和工商管理等 15 个专业；在学学生 2 331 人，其中香港学生 59 人，澳门学生 926 人，印度尼西亚学生 849 人，泰国学生 329 人，菲律宾学生 90 人，德国学生 39 人，英国学生 39 人。

认真做好新生录取工作。根据港澳、印度尼西亚、泰国、菲律宾、德国和英国的社会需求开设专业，上报国务院侨办批准。当地协办单位进行招生宣传，并向当地政府教育主管部门申报。按照国务院侨办的规定，教育学院负责入学考试的命题和组织工作。2013 年在境外招收新生 472 人，其中春季在泰国招生 19 人；秋季在印度尼西亚、泰国招生 294 人，在澳门招收新生 116 人，在香港招收新生 43 人。

2013 年有境外毕业生 320 人，其中本科毕业生 192 人，专科毕业生 128 人，获学士学位 192 人。印度尼西亚、泰国在春、秋季有华文教育专业本科毕业生 26 人；香港 2 人；澳门春、秋季有物流管理、社会学、犯罪心理学、英语语言、英语（商务管理）、翻译（中英翻译）、会展管理、知识产权、环境科学等专业毕业生共 292 人，12 月 8 日，2013 届澳门班毕业典礼在暨南大学珠海校区举行，毕业生及学生家长代表近 400 人出席了典礼。

【广东省普通高校成人教育专题研讨会在学校召开】 5 月 31 日，广东省普通高校成人教育学生管理工作专题研讨会在学校举行。会议由教育学院承办，来自全省 30 余所普通高校成人教育学院的 76 名代表参加会议，校党委副书记、副校长叶勤，广东省成人教育协会副会长兼秘书长李洪出席会议并讲话。广东省普通高校成人教育研究会理事长、教育学院党委书记廖仕湖主持开幕式。

华南理工大学、暨南大学、华南师范大学、广东外语外贸大学、深圳大学、南方医科大学、仲恺农业工程学院、广州大学代表分别作了成人教育学生管理工作的主题发言。

【教育学院当选广东省普通高校成人教育研究会理事长单位】 1月11日，由广东省普通高校成人教育研究会主办、广州中医药大学继续教育学院承办的广东省普通高校成人教育研究会2012年年会在广州番禺大学城举行，来自中山大学、华南理工大学等37所普通高校成人教育战线的100多名代表参加会议。会上，广东省普通高校成人教育研究会进行换届选举，我校教育学院当选为研究会第八届理事长单位兼秘书长单位，教育学院党委书记廖仕湖当选为理事长，教育学院专业培训部主任肖春红当选为秘书长。

（教育学院供稿）

· 科学研究与产业开发 ·

理工医科科研

【概况】 科学技术研究处（以下简称“科技处”）是学校负责科研管理的职能部门，主要职责是负责全校科研项目的立项、检查、验收、结题、知识产权保护、成果鉴定、报奖、专利申报和科研基地（机构、实验室）建设以及科技开发与成果转化等管理工作；学校学术委员会的日常工作以及开展学术交流活动等。科技处现有成果专利综合科、高新技术开发科、基础研究科和重点实验室管理办公室，专职管理人员15名。

【科研项目与经费】 2013年，学校获批科研经费2.93亿元，比2012年2.85亿元增长3%。获批基础类项目183项，经费11 351.5万元，同比增长47.4%；其中获国家自然科学基金资助项目109项，获批经费6 068.5万元。获批各级纵向科技计划项目59项，经费5 483万元。获拨中央高校基本科研业务费2 740万元。签订横向项目113项，获批金额达到13 046万元。

2013年，学校获批重大项目在量和质上都有显著提高，首次获“863”计划重大项目和国家自然科学基金优秀青年科学基金各1项；获国家科技部“863”计划—青年科学家专题资助项目3项（广东省共5项）；获广东省自然科学基金杰出青年项目5项、广东省自然科学基金研究团队项目2项。

【科研成果】 2012年，全校发表A1类论文293篇，比2011年的116篇增长了152%，其中一区58篇，一区第一作者/通讯作者38篇。2013年，获得广东省科学技术奖一等奖2项、二等奖1项、三等奖2项。申报专利130项，授权123项。

【平台建设与管理】 2013年，随着各级科技部门的政策调整，凡是重点、重大项目必须依托优势学科和平台，为充分发挥学校优势团队的科研力量，承担更多更大的课题，学校整合资源，建设各类平台。挂牌成立抗体药物、粤港澳组织再生与修复、中药与天然药物、光纤传感4个协同创新中心，培育公共安全领域、生物材料、信息安全和水生生物4个协同中心。新增1个联合实验室——海洋天然产物研究与药物开发联合实验室（暨南大学—德国维尔茨堡大学），再生医学教育部重点实验室通过建设验收，筹备申报耐磨材料、轨道交通教育部工程研究中心。

【产学研结合工作】 2013年，学校坚持以“产为方向，学为基础，研为纽带，走科技强效之路”，加强校企合作，提高自主创新能力，促进科技成果产业化。东莞暨南大学研究院遴选“国际药品注册公共服务中心”和“新药产业化公共服务支撑平台”2个项目，获广东省东莞市政府首批专项财政支持2 500万元。学校与广东出入境检验检疫局签订战略合作协议，共建检学研基地。学校食品科学研究团队与香港大家乐集团共建“餐饮技术联合研发中心”，水生生物学研究团队与国家级高新技术企业深圳市鸿和达水利水环境有限公司共建产学研结合示范基地，生物医药研究团队与国家级高新技术企业海纳川集团共建暨大医药中心—海纳川联合实验室，3个机构共计投入横向经费320万元。

【科研培育与创新基金】 2013年，学校获批中央高校基本科研业务费2 740万元。批准设立科研培育与创新基金项目105项，滚动资助项目41项，其中青年基金（35岁以下）项目的资助率达到90%以上，资助额度从2012年的5万元/项增加到8万元/项，为青年教师潜心治学创造良好条件。

【学校首次获批2个广东省引进创新创业团队】 2013年，学校“全人源抗体新药研发平台的建设与应用团队”和“生物医学转化团队”入选2013年度广东省“珠江人才计划”第四批引进创新创业团队，分别获得3 000万元和1 000万元人民币的专项工作经费资助。

该计划于2009年11月正式启动，在广东省人才工作协调小组领导下，由广东省委组织部牵头，广东省科技厅负责具体组织实施。截至目前，该计划已成功引进、资助3批国内外顶尖科研创新团队，涉及国家亟须发展的各类战略新兴产业。全省共有34支团队入围第四批引进创新创业团队。

【学校首次获得国家自然科学基金“优青”项目资助】 学校生命科学技术学院张弓教授获得2013年国家自然科学基金优秀青年科学基金，是学校获得该项资助的首个“优青”。

国家自然科学基金优秀青年科学基金于2012年设立，旨在进一步加强对创新型青年人才的培养，完善人才资助体系，是青年科学基金与国家杰出青年科学基金之间的有效衔接，为培养国家自然科学杰出青年奠定基础。该项目资助期限为3年，每项获资助额度为100万元。

【再生医学教育部重点实验室通过验收】 2013年，教育部科技司组织专家组对学校再生医学教育部重点实验室建设项目进行验收。由中国工程院付小兵院士等组成的验收专家组听取实验室建设负责人蔡冬青教授所作的实验室建设工作报告，并对实验室进行实地考察。

经过充分讨论，验收专家组一致认为，再生医学教育部重点实验室作为跨粤港科研团队共建及联合运行的平台，创新依托粤港两地不同体制大学建设教育部重点实验室的机制，催生粤港两校在再生医学领域科研创新及人才培养，重点实验室团队在建设期已经取得一批达到国际先进水平的科研成果，完成建设任务书的建设内容，实现预期建设目标，一致同意该实验室通过验收。

【学校与东莞市签约共建东莞暨南大学研究院】 2013年3月，学校与广东省东莞市政府共同组建东莞暨南大学研究院签约仪式在东莞市举行。仪式上，学校副校长刘洁生和东莞市副市长张科代表双方签订《东莞市人民政府　暨南大学共建东莞暨南大学研究院合作协议》。

研究院将首批遴选产业化前景好的“国际药品注册公共服务中心”和“新药产业化公共服务支撑平台”2个项目，力争为东莞建设“两岸生物技术研发基地”和打造东莞生物医药千亿产业集群提供多方位的研发与创新服务支撑。

暨南大学重点实验室、工程中心、联合实验室一览表

序号	机构名称	所属单位	批准部门	获批时间
1	国家中医药管理局病理生理实验室（三级）	医学院	国家中医药管理局	2003.07
2	重大工程灾害与控制教育部重点实验室	理工学院	教育部	2007.02
3	再生医学教育部重点实验室（暨南大学—香港中文大学）	生命科学技术学院、医学院	教育部	2007.12
4	生物材料广东省教育厅重点实验室	生命科学技术学院	广东省教育厅	2001.06
5	广东省生物工程药物重点实验室	生命科学技术学院	广东省科技厅	2002.09

（续上表）

序号	机构名称	所属单位	批准部门	获批时间
6	工程结构故障诊断广东普通高校重点实验室	理工学院	广东省教育厅	2005.02
7	水体富营养化与赤潮防治广东普通高校重点实验室	生命科学技术学院	广东省教育厅	2007.08
8	中药药效物质基础及创新药物研究广东普通高校重点实验室	药学院	广东省教育厅	2007.12
9	光电信息与传感技术广东普通高校重点实验室	理工学院、信息科学技术学院、生命科学技术学院	广东省教育厅	2008.12
10	水土环境毒害性污染物防治与生物修复广东普通高校重点实验室	理工学院	广东省教育厅	2009.12
11	产品包装与物流广东普通高校重点实验室	珠海校区	广东省教育厅	2010.11
12	广东省分子免疫与抗体工程重点实验室（培育基地）	生命科学技术学院、医学院	广东省科技厅	2011.08
13	功能蛋白质研究广东普通高校重点实验室	生命科学技术学院	广东省教育厅	2011.12
14	广东省脑功能与疾病医学重点实验室	医学院	广东省卫生厅	2011.11
15	基因工程药物国家工程研究中心	生命科学技术学院	国家发展与改革委员会	2005.03
16	基因组药物教育部工程研究中心	生命科学技术学院	教育部	2001.04
17	人工器官及材料教育部工程研究中心	理工学院	教育部	2006.06
18	热带亚热带水生态工程教育部工程研究中心	生命科学技术学院	教育部	2009.07
19	广东省城市生命线工程结构应急技术研究中心	理工学院	广东省科技厅	2011.09
20	广东高校耐磨材料与功能材料工程技术研究中心	理工学院	广东省教育厅	2010.11
21	广东省耐磨及特种功能材料工程技术研究开发中心	理工学院	广东省科技厅	2011.06
22	广东高校网络安全检测与防护工程技术研究中心	信息科学技术学院	广东省教育厅	2011.12
23	广东高校血液净化技术与设备工程技术研究中心	附属第一医院	广东省教育厅	2011.12

（续上表）

序号	机构名称	所属单位	批准部门	获批时间
24	广东省公共网络安全风险评价与预警应急技术研究中心	公共管理学院/应急管理学院	广东省科技厅	2011.06
25	广东高校卫星导航定位与位置服务工程技术研究中心	信息科学技术学院	广东省教育厅	2012.10
26	广东省网络安全检测与防护工程技术研究开发中心	信息科学技术学院	广东省科技厅	2012.10
27	广州市智能建筑检测技术行业工程研究中心	信息技术研究所	广州市科技和信息化局	2011.09
28	广州市食品添加剂行业工程研究中心	理工学院	广州市科技和信息化局	2011.04
29	再生医学联合实验室（暨南大学—香港中文大学）	生命科学技术学院	粤港联合实验室	2007.04
30	神经科学和创新药物研究联合实验室（暨南大学—香港科技大学）	药学院	粤港联合实验室	2008.12
31	脑功能与健康联合实验室（暨南大学—香港大学）	医学院	粤港联合实验室	2008.12
32	天体测量、动力学与空间科学研究联合实验室（暨南大学—法国天体力学与历表计算研究所）	信息科学技术学院	中法联合实验室	2009.10
33	信息技术和分形信号处理联合实验室（暨南大学—俄罗斯喀山联邦大学）	信息科学技术学院	中俄联合实验室	2011.03
34	光纤光子学联合实验室（暨南大学—香港理工大学）	光子技术研究所	粤港联合实验室	2011.04
35	城市生命线工程结构安全国际联合实验室（暨南大学—美国加州大学圣地亚哥分校）	理工学院	中美联合实验室	2012.01
36	创新药物联合实验室（暨南大学—香港浸会大学）	生命科学技术学院	粤港联合实验室	2013.01
37	海洋天然产物研究与药物开发联合实验室（暨南大学—德国维尔茨堡大学）	药学院	中德联合实验室	2013.06
38	油料生物炼制与营养联合实验室（暨南大学—加拿大萨斯喀彻温大学）	理工学院	中加联合实验室	2014.02

2013 年理工医科科研项目情况简表

项目级别	项目来源	新立项项目数（个）	新立项获批经费（万元）	本年实到经费（万元）
国家级	国家自然科学基金项目	109	6 068.5	3 900.92
	国家科学计划项目	11	4 307	1 910
省部级	广东省自然科学基金项目	56	1 213	718
	广东省重点科技项目	0	0	535
	其他省部级项目	66	886	814
厅局级	广东省教育厅项目	13	225	225
	其他厅局级项目	37	747.6	747.6
横向项目		113	13 046	13 046
教育部	中央高校基本科研业务费	105	2 740	2 740
合计		510	29 233.1	24 636.52

2013 年国家自然科学基金项目简表

序号	项目名称	项目类别	资助金额（万元）	负责人	所属单位
1	时间序列模型中稳健且有效估计及稳健变量选择问题的研究	NSFC 青年科学基金项目	22	姜云卢	经济学院
2	基于球面 t－设计的球面多项式逼近研究	NSFC 青年科学基金项目	22	安聪沛	信息科学技术学院
3	信用风险控制中的大型稀疏方程组高性能算法研究	NSFC 青年科学基金项目	22	吴池业	深圳旅游学院
4	纤维增强复合材料热成像损伤检测的细观建模及新热敏参数的研究	NSFC 青年科学基金项目	26	宁志华	理工学院
5	基于群模式双折射设计的高灵敏度光子晶体光纤压力传感器研究	NSFC 青年科学基金项目	28	武　创	光子技术研究所
6	多尺度数据分析中的若干优化问题	NSFC 面上项目	40	刘春光	信息科学技术学院
7	基于前向谐振耦合的螺旋式光微流传感器机理与实现研究	NSFC 面上项目	88	金　龙	光子技术研究所
8	复杂系统的物理学春季学校（smr2461）	NSFC 国际（地区）合作与交流项目	1.5	张　伟	理工学院

（续上表）

序号	项目名称	项目类别	资助金额（万元）	负责人	所属单位
9	基于含膦桥联配体的主族—过渡金属双核有机金属化合物的合成、表征和反应性能研究	NSFC 青年科学基金项目	24	雷　浩	生命科学技术学院
10	多功能石墨烯/聚合物纳米复合载药微粒及其在乳腺癌诊疗中的应用基础研究	NSFC 专项基金项目	10	容建华	理工学院
11	用于醇类催化氧化的非金属碳纳米量子点催化剂的合成与性能研究	NSFC 青年科学基金项目	25	傅小波	生命科学技术学院
12	共价键合双金属 D－B－A 模型分子的合成及其电子耦合与电子传递研究	NSFC 面上项目	80	刘春元	生命科学技术学院
13	双靶点抑制血管生成和肿瘤的钌功能化纳米硒及其细胞吸收机制的研究	NSFC 面上项目	80	刘　杰	生命科学技术学院
14	p53 靶向性的含硒钌配合物及其抗肿瘤作用机理	NSFC 面上项目	80	郑文杰	生命科学技术学院
15	不同尺寸、不同晶相、不同形貌草酸钙晶体与肾上皮细胞黏附的比较	NSFC 面上项目	80	欧阳健明	生命科学技术学院
16	多组分反应设计新策略：酸性和碱性“茶袋”型催化剂一锅法催化多组分反应合成复杂和多样性杂环化合物	NSFC 面上项目	80	李毅群	生命科学技术学院
17	Phakellia 属海绵中抗肿瘤活性环肽化合物的发现	NSFC 面上项目	40	廖小建	生命科学技术学院
18	纳米二硫化钼的结构设计与催化制氢性能研究	NSFC 面上项目	80	高庆生	生命科学技术学院
19	实时原位检测细胞表面 RTK 受体—生长因子配体分子识别行为的新方法研究	NSFC 面上项目	80	杨培慧	生命科学技术学院
20	石墨烯/金属氧化物半导体异质结的构建及其光电转换效率增强机制研究	NSFC 面上项目	80	麦文杰	理工学院
21	多孔网状炭纤维—水滑石核壳结构设计及柔性储能装置	NSFC 面上项目	88	袁定胜	生命科学技术学院
22	水体剧毒有机锡微生物降解的分子机制与速效降解调控	NSFC 面上项目	82	叶锦韶	理工学院

（续上表）

序号	项目名称	项目类别	资助金额（万元）	负责人	所属单位
23	TetR 家族蛋白，SCO3201，在天蓝色链霉菌和变铅青链霉菌中下游调控靶基因的鉴定及功能分析	NSFC 青年科学基金项目	25	许德麟	生命科学技术学院
24	应用翻译暂停理性重设计方法优化蓝藻抗病毒蛋白 CVN 的异源表达	NSFC 青年科学基金项目	22	张　弓	生命科学技术学院
25	唇腭裂相关基因的功能及唇腭裂形成的分子病理	NSFC 青年科学基金项目	25	邹　奕	生命科学技术学院
26	珠江口及邻近海域固着目缘毛类纤毛虫的系统关系及群落结构特征	NSFC 青年科学基金项目	24	沈　卓	生命科学技术学院
27	大型海藻对赤潮藻控制作用的光合生理生物学机制研究	NSFC 面上项目	80	叶长鹏	生命科学技术学院
28	基于活性氧响应性细胞膜仿生纳米载体的蛋白质药物传输系统及其用于肺纤维化治疗	NSFC 面上项目	80	曾　戎	理工学院
29	视网膜条件性 Celsr3 基因敲除对小鼠视觉影响及其机制	NSFC 面上项目	15	周立兵	粤港澳中枢神经再生研究院
30	绿原酸影响羟甲基糠醛形成的机理研究	NSFC 面上项目	90	欧仕益	理工学院
31	基于甘油二酯的塑性脂肪及其油包水型乳化体系结晶特性和晶体网络结构研究	NSFC 面上项目	80	汪　勇	理工学院
32	我国典型热带海域底栖甲藻的生物多样性及其时空分布研究	NSFC 面上项目	80	吕颂辉	生命科学技术学院
33	土壤—蔬菜系统中微囊藻毒素的环境归宿及生物累积研究	NSFC 青年科学基金项目	25	李彦文	理工学院
34	丛枝菌根真菌对旱稻吸收 Cd 的影响及作用机理研究	NSFC 青年科学基金项目	25	李　慧	理工学院
35	类波氏真眼点藻（Eustigmatos cf. polyphem）β-1，3 葡聚糖苷酶基因的功能研究	NSFC 青年科学基金项目	26	万凌琳	生命科学技术学院
36	城市等级与生产性服务业发展的互动关系研究	NSFC 面上项目	60	钟　韵	经济学院
37	不同品种西红柿、苋菜盐分胁迫响应机制对吸收土壤 Cd 的影响	NSFC 面上项目	75	李取生	生命科学技术学院

（续上表）

序号	项目名称	项目类别	资助金额（万元）	负责人	所属单位
38	白垩/古近纪生物大绝灭后海洋浮游植物复苏过程与机制	NSFC 面上项目	80	姜仕军	生命科学技术学院
39	森林挥发性含氧有机物的在线测量及其大气化学作用	NSFC 面上项目	90	王伯光	理工学院
40	珊瑚中抗污损活性物质研究	NSFC 面上项目	82	徐石海	生命科学技术学院
41	诱导皮肤再生的抗感染和促血管化水凝胶支架的构建	NSFC 青年科学基金项目	25	郭　瑞	生命科学技术学院
42	考虑风能发电的概率动态电压稳定分析	NSFC 青年科学基金项目	20	张建芬	珠海校区
43	石化区 VOCs 无组织污染的高时空分辨率预测技术方法研究	NSFC 青年科学基金项目	25	黄　青	理工学院
44	智能电网实现自愈控制的全局感知及风险驱动策略的理论研究	NSFC 面上项目	77	刘新东	珠海校区
45	管理中心公开可追责的基于身份（广播）加密的研究	NSFC 青年科学基金项目	23	赖俊祚	信息科学技术学院
46	EPC 全球网络数据安全理论及关键技术研究	NSFC 青年科学基金项目	23	时　杰	信息科学技术学院
47	基于声—磁—电—热效应的生物医学三维检测与成像研究	NSFC 青年科学基金项目	25	杨仁桓	信息科学技术学院
48	掺杂 ZnO 中近红外表面等离极化激元的传输与调控研究	NSFC 青年科学基金项目	24	黄　波	信息科学技术学院
49	光纤 Kerr 非线性信号损伤的监测与管理机制研究	NSFC 青年科学基金项目	24	李建平	光子技术研究所
50	基于布里渊效应的微纳光纤传感机理研究	NSFC 青年科学基金项目	25	梁　浩	光子技术研究所
51	双向中继无线网络及其关键技术研究	NSFC 面上项目	76	杨　亮	信息科学技术学院
52	移动自组网络跨层的 QoS 路由关键技术研究	NSFC 面上项目	75	周继鹏	信息科学技术学院
53	信息冲突情境下企业社会反责的消费者原谅研究：自利与守德的权衡	NSFC 青年科学基金项目	23	王　瑞	管理学院

（续上表）

序号	项目名称	项目类别	资助金额（万元）	负责人	所属单位
54	心理契约破坏、品牌认同威胁对顾客品牌决策的影响	NSFC 青年科学基金项目	21	刘红艳	管理学院
55	动态环境下客户需求驱动的多 CODP 可演化生产建模、优化与应用	NSFC 青年科学基金项目	20	王　玉	管理学院
56	非常规突发事件应急行动方案规划、执行与修复研究	NSFC 青年科学基金项目	22	唐　攀	公共管理学院/应急管理学院
57	中国产业升级和可持续增长	NSFC 国际（地区）合作与交流项目	2	陈安平	经济学院
58	推动经济发达地区产业转型升级的机制与政策研究	NSFC 重点项目	215	胡　军	产业经济研究院
59	社会责任投入权衡、信誉资本和公司价值创造	NSFC 面上项目	58	宋献中	管理学院
60	企业薪酬契约的作用机理与经济后果研究：基于公平性偏好视角的分析	NSFC 面上项目	54	黎文靖	管理学院
61	媒体报道、媒体偏误与财务丑闻治理	NSFC 面上项目	57	杨德明	管理学院
62	关系冲突视角下的企业互动仪式对品牌危机修复效果的影响研究	NSFC 面上项目	54	卫海英	管理学院
63	LIGHT - HVEM/LTβR 通路对哮喘 CD4 + T细胞—气道平滑肌细胞交叉串扰的调控作用及机制研究	NSFC 青年科学基金项目	23	史　菲	第二临床医学院
64	线粒体介导小檗碱抗阿霉素心肌毒性的相关机制研究	NSFC 青年科学基金项目	23	吕秀秀	医学院
65	调控 RAGE 基因在青光眼视神经保护中的作用和机制研究	NSFC 青年科学基金项目	23	米雪松	第一临床医学院（附属第一医院）
66	骨靶向纳米缓释系统在牙种植中的应用研究	NSFC 青年科学基金项目	23	刘湘宁	第一临床医学院（附属第一医院）
67	内源性腺苷及腺苷受体在芍药苷抗脓毒性心功能障碍中的作用研究	NSFC 青年科学基金项目	23	曹雯娟	医学院

（续上表）

序号	项目名称	项目类别	资助金额（万元）	负责人	所属单位
68	人肺腺癌侵袭过程中 KLF17 主控下对 uPA 的转录调控作用	NSFC 青年科学基金项目	23	蔡兴东	第一临床医学院（附属第一医院）
69	一叶萩型生物碱促神经细胞分化的作用机制和构效关系研究	NSFC 青年科学基金项目	23	赵冰心	药学院
70	一种罕见支链糖阿德加糖的生物合成机制研究及其应用	NSFC 青年科学基金项目	24	胡　丹	药学院
71	基于氧化偶联机制的新奇柠檬苦素二聚体的半合成与功能探究	NSFC 青年科学基金项目	23	申　丽	药学院
72	基于次生代谢功能基因的广藿香倍半萜类成分形成和积累的分子机制研究	NSFC 青年科学基金项目	23	张　英	药学院
73	新型药物靶标 ERp57 调节线粒体生物合成抗心肌缺血损伤的作用机制研究	NSFC 青年科学基金项目	23	单璐琛	药学院
74	基于 AMPK/SIRT1/UCP2 通路探讨参苓白术散对 NAFLD 肝细胞线粒体功能障碍的调控机制	NSFC 青年科学基金项目	23	张玉佩	医学院
75	一种基于神经氨酸酶固定化亲和色谱的抗流感病毒中药活性成分在线筛选平台的建立	NSFC 青年科学基金项目	23	张婷婷	药学院
76	益智仁抗帕金森病神经保护活性成分的多靶点作用机理及协同效果研究	NSFC 青年科学基金项目	23	张在军	药学院
77	肿瘤翻译组学	NSFC 优秀青年科学基金项目	100	张　弓	生命科学技术学院
78	再生障碍性贫血中 TCR 信号通路失调及其相关分子机制研究	NSFC 面上项目	70	李　菭	医学院
79	脐带华通氏胶间充质干细胞治疗输卵管性不孕初探	NSFC 面上项目	70	肖小敏	第一临床医学院（附属第一医院）
80	miRNAs 调控大鼠 Leydig 细胞增殖及雄激素合成的机制研究	NSFC 面上项目	16	苏志坚	生命科学技术学院
81	微小 RNA214 调节破骨细胞分化的分子机制及在骨质疏松治疗中的作用研究	NSFC 面上项目	75	王晓刚	生命科学技术学院

（续上表）

序号	项目名称	项目类别	资助金额（万元）	负责人	所属单位
82	C型利钠肽治疗青光眼性视神经损伤的实验研究	NSFC面上项目	60	蔡素萍	医学院
83	PSMC5基因调控海马神经元—小胶质细胞网络干预阿尔茨海默病的作用环节研究	NSFC面上项目	70	朱丽红	医学院
84	生物反应器重编程来源细胞对角膜内皮和视网膜色素上皮损伤修复的作用	NSFC面上项目	70	陈建苏	医学院
85	Wnt及Notch信号通路在锶抑制骨吸收中的机制研究	NSFC面上项目	70	彭松林	第二临床医学院
86	心脏去甲肾上腺素参与脓毒症心肌细胞凋亡发生的分子机制研究	NSFC面上项目	70	王华东	医学院
87	自噬相关基因Atg7调控血管内皮细胞参与创面血管新生的实验研究	NSFC面上项目	70	刘宏伟	第一临床医学院（附属第一医院）
88	熟练普通话—粤语双言失语者康复语种选择模式研究	NSFC面上项目	70	陈卓铭	第一临床医学院（附属第一医院）
89	携HIV－1 gp120 DNA的巨噬细胞经exosome对肺癌细胞的输入性翻译调控研究	NSFC面上项目	73	王　通	生命科学技术学院
90	VEGF/bFGF复合多肽抑制肿瘤血管新生的作用与机制研究	NSFC面上项目	73	邓　宁	生命科学技术学院
91	二亚硝基哌嗪（DNP）调控AGR2表达参与鼻咽癌转移的分子机制研究	NSFC面上项目	75	唐发清	医学院
92	基于氯通道差异性表达的Disulfiram－Cu靶向抗肿瘤作用及其机制	NSFC面上项目	73	朱林燕	医学院
93	肿瘤相关成纤维细胞分泌的WNT2作为食管鳞癌治疗新靶向的研究	NSFC面上项目	70	付　利	生命科学技术学院
94	以鱼腥草素杂合黄酮为先导物的新型抗HSV药物的设计与合成	NSFC面上项目	65	孙平华	药学院

（续上表）

序号	项目名称	项目类别	资助金额（万元）	负责人	所属单位
95	基于转基因斑马鱼模型，从地衣内生等特殊生境真菌中寻找肿瘤血管新生抑制剂	NSFC 面上项目	80	高　昊	药学院
96	aFGF 改构体调控 GSK3β 磷酸化及其靶标分子治疗 AD 的分子机制	NSFC 面上项目	75	黄亚东	生命科学技术学院
97	VPAC2 介导高稳定性 PACAP 衍生物 MHDBAY 促胰岛素功能的作用及机制研究	NSFC 面上项目	70	马　义	生命科学技术学院
98	基于二维 LC－MS 和活性分析整合策略从海洋放线菌中发现抗真菌活性新化合物的研究	NSFC 面上项目	75	周光雄	药学院
99	胡椒碱通过 mTOR 信号调控固有免疫应答发挥抗炎作用的机制研究	NSFC 面上项目	65	欧阳东云	生命科学技术学院
100	一种新结构化合物抑制 beta－catenin 通路杀伤白血病干细胞的药理学研究	NSFC 面上项目	90	潘景轩	药学院
101	植物糖基转移酶高表达工程菌减轻抗癌药伊立替康毒性研究	NSFC 面上项目	75	吴宝剑	药学院
102	补肾养阴法调节 PI3K/AKT 信号通路促进干细胞治疗化疗后卵巢早衰的机制研究	NSFC 面上项目	70	秦佳佳	医学院
103	抗流感病毒中药复方双黄连大鼠体内药效成分的发现及其协同作用研究	NSFC 面上项目	60	戴　毅	药学院
104	番石榴叶中三萜化合物抑制 PTP1B 酶的作用机制和构效关系研究	NSFC 面上项目	70	张晓琦	药学院
105	以痒觉特异性 MrgprA3＋神经元为靶标探究经 DRG 细胞膜色谱筛选的苦参活性成分对顽固性瘙痒的作用机制	NSFC 面上项目	70	聂　红	药学院
106	海洋中药毛蚶抗肿瘤活性物质基础及其作用机制研究	NSFC 面上项目	70	宋丽艳	药学院
107	Gas6/AXL 通路形成旁路和支持白血病干细胞介导 imatinib 耐药的机制研究	NSFC 广东联合基金重点项目	260	潘景轩	药学院

（续上表）

序号	项目名称	项目类别	资助金额（万元）	负责人	所属单位
108	大型海藻龙须菜栽培生态系统结构功能与关键生物地球化学过程	NSFC 广东联合基金重点项目	255	杨宇峰	生命科学技术学院
109	中西方管理的比较研究与管理科学的发展前景研究	NSFC 专项基金项目	10	孙东川	公共管理学院/应急管理学院

2013 年国家科技攻关项目简表

序号	项目名称	项目类别	获批经费（万元）	项目负责人	承担学院
1	基于翻译暂停理性重设计的蛋白质可溶性表达系统优化	科技部“863”计划—青年科学家项目	118	张　弓	生命科学技术学院
2	联合天然基质载体和动态培养技术制备骨髓干细胞心肌补片	科技部“863”计划—青年科学家项目	109	武　征	生命科学技术学院
3	基于肿瘤血管生成的纳米硒靶向设计与应用基础研究	科技部“863”计划—青年科学家项目	115	陈填烽	生命科学技术学院
4	长效胰高血糖素样肽-1（GLP-1）在灵长目动物体内药代动力性质及安全性评价	国家科技重大专项—新药创制	137.58	李弘剑	生命科学技术学院
5	利用微藻清洁制备生物燃料关键技术	科技部科技支撑计划	2 321	张成武	生命科学技术学院
6	农用微生物制剂和酶制剂产品开发前沿共性技术研究	科技部科技支撑计划	839	姚冬生	生命科学技术学院
7	肠宁胶囊等中药候选药物研究	国家科技重大专项—新药创制	130.37	何蓉蓉	药学院
8	特色热带亚热带果品加工关键技术研究与示范	公益性行业（农业）专项经费	100	黄雪松	理工学院

（续上表）

序号	项目名称	项目类别	获批经费（万元）	项目负责人	承担学院
9	水库富藻区氮磷营养盐攫取与水质改善技术与示范	国家科技重大专项—水专项课题	120	杨　扬	生命科学技术学院
10	北戴河海域微微藻藻华检测关键技术研究	海洋公益性行业专项	177	吕颂辉	生命科学技术学院
11	生物毒素现场快速监测仪器及定量分析技术示范应用和业务化推广	海洋公益性行业专项	140	吕颂辉	生命科学技术学院

2013 年专利授权情况表

序号	专利名称	类型	专利号	发明人	所属单位
1	利用稀酸浸提蛋白质类食品中重金属的方法与应用	发明	ZL201110189397.X	江天久	生命科学技术学院
2	447nm 蓝色激光器及获得基模热稳定447nm 蓝色激光的方法	发明	ZL201110150428.0	朱思祁	理工学院
3	一株具有抗菌作用的细黄链霉菌株及其应用	发明	ZL201110094517.8	孙晗笑	药学院
4	用于 LED 光源的光束角调整透镜组	发明	ZL201110094923.4	张　军	理工学院
5	一种含纽甜的蛋糕及其制备方法	发明	ZL201210607088.5	林　楠	理工学院
6	基于移动数据安全的信息保护系统及方法	发明	ZL200910214557.4	姚国祥	信息科学技术学院
7	发酵型低盐半干罗非鱼干及其加工方法与应用	发明	ZL200910213991.0	吴建中	理工学院
8	一种有机薄膜太阳能电池	实用新型	ZL201220359882.7	侯林涛	理工学院
9	具有降血糖作用的番石榴叶提取物及其制备方法与应用	发明	ZL201110100466.5	张晓琦	药学院
10	一种美托洛尔口服脉冲片及其制备方法和应用	发明	ZL201110098377.1	李　沙	药学院
11	高稳定性 PAC1 型受体特异激动剂 MPAPO 及其制备方法与应用	发明	ZL201010515466.7	洪　岸	生命科学技术学院

（续上表）

序号	专利名称	类型	专利号	发明人	所属单位
12	哈茨木霉固体发酵制造促旱生作物授粉和坐果的制剂的方法	发明	ZL201010201299.9	罗　曼	生命科学技术学院
13	一种移动设备安全访问与存储内网数据的实现系统及方法	发明	ZL200910214601.1	姚国祥	信息科学技术学院
14	基于键合晶体的被动调Q激光器	实用新型	ZL201220220851.3	朱思祁	理工学院
15	一种制备奎尼丁和辛可宁的方法	发明	ZL201110093724.1	蒲含林	生命科学技术学院
16	一种提高大蒜精油产量的方法	发明	ZL201010526722.2	黄雪松	理工学院
17	一种在超临界二氧化碳中制备高分子量尼龙-46的方法	发明	ZL201110023929.2	张子勇	生命科学技术学院
18	一种低阈值运转的直腔式蓝光激光器	实用新型	ZL201220275983.6	陈振强	理工学院
19	靶向抑制PP2R5C基因表达和肿瘤T细胞增殖的PPP2R5C-siRNA799的应用	发明	ZL201110340411.1	李阳秋	医学院
20	一种促进排铅的中药组合物及其制备方法	发明	ZL201110303673.0	蔡　宇	药学院
21	一种快速应急处理富营养化水体的滤式生物模块反应器及其应用	发明	ZL201110135344.X	杨　扬	生命科学技术学院
22	具有高偏振态空间杂乱分布的光学退偏器	发明	ZL201110123756.1	陈　哲	理工学院
23	一种脱腥鱼肽及其制备方法	发明	ZL200910213990.6	欧仕益	理工学院
24	一种适用于老年人的智能晴雨伞	实用新型	ZL201220471094.7	陈舜儿	信息科学技术学院
25	荧光试纸条摄像仪	实用新型	ZL201220432872.1	唐　勇	生命科学技术学院
26	靶向抑制PP2R5C基因表达和肿瘤T细胞增殖的PPP2R5C-siRNA991的应用	发明	ZL201110337837.1	李阳秋	医学院
27	一种降低酱菜中亚硝酸盐含量的方法与应用	发明	ZL201110327845.8	傅　亮	理工学院

（续上表）

序号	专利名称	类型	专利号	发明人	所属单位
28	一种轻量化的薄型人造石材及其制备方法和用途	发明	ZL201110168111. X	欧阳东	理工学院
29	一种抗肿瘤的鬼臼类中药提取物及其制备方法与应用	发明	ZL201110054142. 2	江仁望	药学院
30	一种箱式活细胞培养实时记录系统	发明	ZL201110047915. 4	廖继东	医学院
31	山竹总氧杂蒽酮类提取物及其在制备TR3受体诱导剂中的途径	发明	ZL201010232110. 2	姚新生	药学院
32	一种脑苷脂和神经酰胺类化合物的分离纯化方法	发明	ZL201010201308. 4	汪　勇	理工学院
33	一种平板式缝膜涂布机	实用新型	ZL201220554541. 5	侯林涛	理工学院
34	一种鱼用复方中草药免疫增强剂及其制备方法和应用	发明	ZL201110201424. 0	张其中	生命科学技术学院
35	一种抗肿瘤转移的中药组合物及其制备方法	发明	ZL201110223422. 1	蔡　宇	药学院
36	层板式成膜连续好氧发酵罐及其发酵方法	发明	ZL201110198824. 0	傅　亮	理工学院
37	一种无机高分子土壤改良剂苏打碱化土壤为水田的方法	发明	ZL201010601152. 9	李取生	理工学院
38	一种激活鱼类脂代谢调控基因表达的诱导剂及其应用	发明	ZL201010593480. 9	梁旭方	生命科学技术学院
39	含季磷盐改性蒙脱土的无卤阻燃剂及其制备方法与应用	发明	ZL200910213979. X	谭绍早	生命科学技术学院
40	一种用于治疗热毒型流感的中药及其制备方法	发明	ZL201110245530. 9	陈孝银	医学院
41	一种治疗脾肾阳虚型小儿流涎的中药及其制备方法	发明	ZL201110174049. 5	李恩庆	医学院
42	一种胡椒碱的生产方法	发明	ZL201010526696. 3	黄雪松	理工学院
43	一种基于蕴涵规则的数据质量自动检测方法	发明	ZL201110218907. 1	刘　波	理工学院

（续上表）

序号	专利名称	类型	专利号	发明人	所属单位
44	一种水溶性石墨烯的制备方法	发明	ZL201110044749.2	谭绍早	生命科学技术学院
45	一种半成熟树突状细胞的体外制备方法	发明	ZL201110032089.6	邢飞跃	生命科学技术学院
46	一种保护数字内容消费者隐私的数字版权管理方法	发明	ZL201010605550.8	卢建朱	信息科学技术学院
47	高稳定性 VPAC2 型受体特意激动剂 MHDBAY 及其制备方法与应用	发明	ZL201010566051.2	洪　岸	生命科学技术学院
48	一种基于液晶滤波器件的显微光谱成像装置	实用新型	ZL201320293141.8	陈振强	理工学院
49	蛇毒丝氨酸蛋白酶 Harobin 纯化方法	发明	ZL201210114817.2	顾　军	生命科学技术学院
50	一种小团簇水补锌口服液及其制备方法和应用	发明	ZL201110269412.1	皮　江	生命科学技术学院
51	一种用于治疗湿毒型流感的中药及其制备方法	发明	ZL201110245241.9	李恩庆	医学院
52	一种复合相变储能材料及其制备方法	发明	ZL201110244300.0	欧阳东	理工学院
53	高性能相变储能材料芯材及其制备而成的夹心建筑墙板	发明	ZL201110244285.X	欧阳东	理工学院
54	vMIP－Ⅱ蛋白的固相合成方法	发明	ZL201110112488.3	孙晗笑	药学院
55	一种黄酒澄清方法	发明	ZL201110101188.5	黄学松	理工学院
56	一种测试动物对红外光反应行为的方法	发明	ZL201010242694.1	许忠能	生命科学技术学院
57	稀土氧化物/稀土复合氧化物纳米粒子溶胶的制备方法	发明	ZL201010237121.X	孟建新	理工学院
58	一种广谱趋化因子受体拮抗性多肽及其应用	发明	ZL201010236745.X	孙晗笑	药学院
59	一种含氮氧化物废气的处理方法及装置	发明	ZL200910041869.X	李明玉	理工学院
60	一种针对河岸带护坡和面源污染控制的软隔离带方法	发明	ZL201110163221.7	刘振乾	生命科学技术学院

（续上表）

序号	专利名称	类型	专利号	发明人	所属单位
61	一种移动核心网异常数据线性判别方法	发明	ZL201010554374. X	庞素琳	管理学院
62	一种移动核心网故障数据二重联合线性判别方法	发明	ZL201010554371. 6	庞素琳	管理学院
63	一种有机—无机原位复合絮凝剂及其制备方法	发明	ZL200910194347. 3	张秀菊	理工学院
64	一种钌配合物及其制备方法和应用	发明	ZL200910193499. 1	刘　杰	生命科学技术学院
65	一种含活性益生菌的甜酱及其制作方法	发明	ZL201010118641. 9	彭喜春	理工学院
66	一种葡萄糖酸内酯的制备方法	发明	ZL201110338402. 9	欧仕益	理工学院
67	载银活性炭制备方法及其在自来水净化处理中的应用	发明	ZL201110338402. 9	杨宇峰	生命科学技术学院
68	基于 LED 光通信的 3D 投影显示系统	发明	ZL201110223665. 5	陈长缨	理工学院
69	一种实时图像边缘检测电路及其实现方法	发明	ZL201110190450. 8	黄君凯	信息科学技术学院
70	环（苯丙氨酰－N－甲基亮氨酰－N－甲基亮氨酰－亮氨酰）及其合成方法与应用	发明	ZL201110189548. 1	徐石海	生命科学技术学院
71	高通量和高选择性的高分子富氧膜及其制备方法与应用	发明	ZL201110153278. 9	张子勇	理工学院
72	GeXP 多重 PRC 技术检测植物中转基因成分的方法与应用	发明	ZL201010615564. 8	芦春斌	理工学院
73	一种生物功能化的金纳米棒分子探针及其制备方法和应用	发明	ZL201010501677. 5	杨培慧	生命科学技术学院
74	一种防眩光低光损扩散板及其制备方法和应用	发明	ZL201010218928. 9	唐振方	理工学院
75	一种缓释生物活性多肽药物的方法与应用	发明	ZL200810028614. 5	李弘剑	生命科学技术学院
76	动物体内植入式电生理电极	实用新型	ZL201320040109. 9	林玉壁	医学院

（续上表）

序号	专利名称	类型	专利号	发明人	所属单位
77	同时分离高纯度的藻蓝蛋白和别藻蓝蛋白的方法与应用	发明	ZL201110268917.6	陈填烽	生命科学技术学院
78	一种高灵敏度微纳光纤折射率传感器及其制备方法	发明	ZL201110217866.4	李　杰	光子技术研究所
79	一种快速检测重金属铅离子的免疫学方法与试剂盒	发明	ZL201010539824.8	江天久	生命科学技术学院
80	一种掺杂PSMZT压电陶瓷及其制备方法和应用	发明	ZL201010259715.0	刘彭义	理工学院
81	一种消防信息传输主机板	实用新型	ZL201320158766.3	张多英	信息科学技术学院
82	一种正压送风半开放式净化空气头盔面罩	实用新型	ZL201320121375.4	黄耀熊	生命科学技术学院
83	一种将鱼骨架分离成鱼肉、鱼骨和鱼汁的分离设备	实用新型	ZL201320121405.1	吴建中	理工学院
84	基于光谱成像技术的国画真伪鉴别装置	实用新型	ZL201320098539.6	刘伟平	信息科学技术学院
85	抑制PDCD4基因表达的SiRNA及其应用	发明	ZL201210183751.2	费　嘉	医学院
86	一种层叠式垂直—水平潜流组合湿地处理生活污水的方法	发明	ZL201210015622.2	杨　扬	生命科学技术学院
87	抗FGF－2抗体Dab－2及其应用	发明	ZL201110449690.5	邓　宁	生命科学技术学院
88	生物功能可降解聚酯及其制备方法	发明	ZL201110414607.0	罗丙红	理工学院
89	一种防辐射的中药组合物及其制备方法和应用	发明	ZL201110376546.3	蔡　宇	药学院
90	一种基于概率统计模型的蛋白质二级质谱鉴定方法	发明	ZL201110358552.6	肖传乐	生命科学技术学院
91	基于LED光通信的统一帧序控制的3D投影显示系统	发明	ZL201110223677.8	陈长缨	理工学院
92	一种利用垃圾焚烧飞灰制备混凝土增强剂的方法	发明	ZL201110214157.0	欧阳东	理工学院

（续上表）

序号	专利名称	类型	专利号	发明人	所属单位
93	一种炎症前期趋化因子拮抗肽及其制备方法和应用	发明	ZL201110150794.6	孙晗笑	药学院
94	地胆草提取物及其制备方法和在制备抗病毒药物中的用途	发明	ZL201110101650.1	李药兰	药学院
95	一种改性角蛋白材料及其制备方法和应用	发明	ZL201010601153.3	谢德明	生命科学技术学院
96	一种季磷盐及其制备方法与应用	发明	ZL201010546778.4	敖宁建	生命科学技术学院
97	盐酸奎宁的制备方法	发明	ZL201010259713.1	蒲含林	生命科学技术学院
98	一种核壳结构与空心结构聚合物微球的制备方法及其产品	发明	ZL201110299737.4	刘应亮	生命科学技术学院
99	钌—硒配合物及其在制备荧光探针和抗肿瘤药物中的用途	发明	ZL201010259488.1	刘　杰	生命科学技术学院
100	锡酸锶复合氧化物体系橙色长余辉发光材料及其制备方法	发明	ZL201010131024.2	雷炳富	生命科学技术学院
101	水质监测与水面清理船	实用新型	ZL201320176728.0	侯林涛	理工学院
102	一种无机—有机复合型絮凝剂及其制备方法与应用	发明	ZL201210363687.6	敖宁建	信息科学技术学院
103	一种玉米赤霉烯酮抗独特型抗体及其制备方法和应用	发明	ZL201210123597.X	王　宏	生命科学技术学院
104	光纤矢量振动传感仪	发明	ZL201210088634.8	郭　团	光子技术研究所
105	一种高灵敏度卫星导航信号捕获方法及系统	发明	ZL201210062429.4	易清明	信息科学技术学院
106	含有胰高血糖素样肽－1的融合蛋白及制备方法与应用	发明	ZL201210007118.8	李弘剑	生命科学技术学院
107	一种利用废弃纺织物生产的硬质复合颗粒材料及其应用	发明	ZL201110444365.X	林志丹	信息科学技术学院
108	一种心脏血管靶向型短肽MI－1与应用	发明	ZL201110388369.0	蔡冬青	生命科学技术学院
109	基于三维成像技术的骨盆建模与骨盆参数测算方法	发明	ZL201110285025.7	陆尧胜	信息科学技术学院

（续上表）

序号	专利名称	类型	专利号	发明人	所属单位
110	一种防治骨质疏松的中药组合物及其制备方法	发明	ZL201110223423. 6	蔡　宇	药学院
111	对染色体进行处理而改变细胞遗传特性的方法及其应用	发明	ZL200810219234. X	黄耀熊	生命科学技术学院
112	抗人碱性成纤维细胞生长因子为源性 scFv 抗体及其应用	发明	ZL201110449568. 8	邓　宁	生命科学技术学院
113	基于激光数字测相和行人来车检测的防车灯眩目系统	实用新型	ZL201320135924. 3	陈振强	理工学院
114	利用有机锡降解菌剂和修复植物处理有机锡污染水体的方法	发明	ZL201210567975. 3	叶锦韶	理工学院
115	基于变换域和像素域的 H. 264 到 AVS 帧内转码方法	发明	ZL201210069662. 5	易清明	信息科学技术学院
116	基于磁致伸缩和纵向超声导波的铁轨损伤检测装置及方法	发明	ZL201110403882. 2	马宏伟	理工学院

（科学技术研究处供稿）

文科科研

【概况】 社会科学研究处（以下简称“社科处”）是学校负责人文社会科学研究管理工作的职能部门，主要职责是把握人文社会科学研究发展方向，制定科研政策，推动科研体制改革，组织人文社会科学各级各类项目的申报，做好科研项目的服务和管理、成果评奖、数据统计，介绍学校人文社会科学研究的成果、特色及优势等。社科处下设学科建设科、项目管理科、重点建设科。2013 年在岗人员 8 人。

【科研项目与经费】 2013 年，学校获批国家社科基金重大项目 1 项，重点项目 3 项；青年项目 5 项，一般项目 13 项，获批项目总经费 414 万元，其中学校获批重点项目数占广东省重点项目的四分之一。获批教育部人文社会科学研究一般项目 31 项，获批项目经费 274 万元，立项数量位居全国高校第八、广东高校第一。获批 2013—2015 年度国务院侨办项目重点课题 1 项、一般课题 10 项、青年课题 3 项、研究报告 1 项，项目资助金额 71 万元，学校项目立项数占全国立项总数的 21. 13%，排名继续稳居全国第一位。获批国务院侨办重大委托课题 2 项，一般委托课题 1 项，项目资助金额 43 万元。获批纵横向项目 332 项，到位经费 4 007 万元。

【学术成果】 2013 年，学校在国内发表论文（含调查报告）1 507 篇，在国外及港澳台发表论文 36 篇。出版著作 94 部，其中教材（含工具书）25 部、整理古籍 2 部。

学校有 10 项成果获 2013 年第六届高等学校科学研究优秀成果奖（人文社会科学），其中二等奖 3 项，三等奖 7 项，获奖数量并列全国高校第 14 位，位列广东省高校第二。学校有 29 项成果获广东省 2010—2011 年度哲学社会科学优秀成果奖，其中一等奖 5 项，二等奖 9 项，三等奖 15 项，获奖总数位列广东省高校第二。2013 年，文学院闫月珍教授在《中国社会科学》2013 年第 6 期上发表《器物之喻与中国文学批评》一文。

【重点基地建设】 学校有 1 个教育部人文社会科学重点研究基地，8 个广东省人文社会科学重点研究基地，1个广州市人文社会科学重点研究基地，已经形成部省市三级基地体系。

2013年，华侨华人研究院有2个项目获教育部人文社会科学重点研究基地重大项目立项资助，分别为曹云华教授主持的“海外排华、反华的演变及其应对”及陈奕平教授主持的“华侨华人在我国文化兴国战略中的作用研究”。

2013年，广东产业发展与粤港澳台区域合作研究中心出版丛书“香港企业并购经典”；汉语方言研究中心出版《南方语言学》和《走近詹伯慧——庆祝詹伯慧教授从教六十周年纪念文集》；知识产权与法治研究中心出版《智力劳动价值理论与中国企业的知识产权保护》和《知识产权的对价理论》；应急管理研究中心出版译著《不同理论视角下的危机心理干预》。

【政策咨询与社会服务】 2013年，学校共签订政府及企事业单位委托项目193项，批准经费近2 900万元，比2012年同期增长近40%，合同经费30万元以上的项目共计27项。其中梁明珠教授承担海丰县文体旅游局委托项目“海丰旅游发展四个专项规划”，项目经费93万元；刘耀中教授承担东莞市天安数码城有限公司委托项目“南城科技服务中心人力资源综合服务平台建设”，项目经费86万元；白华教授承担华润秘书服务有限公司委托项目“华润审计之道”，项目经费78万元；黄文锋教授承担封开县农村信用合作联社委托项目“人力资源管理与财务管理研究”，项目经费67.5万元；胡军、刘汉民教授承担广东省宏观经济信息分析中心委托项目“发达国家再工业化的新趋势对广东经济发展的影响及对策研究”，项目经费60万元；洪凯教授承担新疆维吾尔自治区喀什地区国土资源规划院委托项目“喀什地区土地整治规划编制工作”，项目经费60万元。

【全国人大常委会港澳基本法委员会副主任张荣顺到校调研】 4月，全国人大常委会港澳基本法委员会副主任张荣顺一行9人来校调研，围绕学校开展港澳基本法的教学、研究情况进行座谈。广东省港澳事务办公室副主任金萍等陪同来访。校领导胡军、饶敏，法学院/知识产权学院和国际交流合作处/港澳台侨事务办公室负责人参加调研座谈会。座谈会由副校长饶敏主持。校长胡军汇报学校的办学情况，表示学校将坚持建设特色鲜明、国内一流、国际知名的研究型大学的办学目标，为港澳地区培养更多优秀人才。张荣顺副主任对学校在开展基本法教学、研究方面取得的工作成绩给予肯定，希望学校利用自身优势促进相关工作的开展，表示将继续支持暨大做好对港澳的工作。

【国家外文局副局长黄友义来校讲学】 3月，国家外文局副局长黄友义在学校图书馆报告厅作题为“全球化时代的翻译及中译外的基本训练”的学术讲座。讲座后，学校党委书记蒋述卓会见黄友义副局长。黄友义副局长详细谈了翻译职业资格（水平）考试的基本情况，并从全球化视角描述了MTI毕业生的就业前景。

【学校与广东省人大常委会合作成立地方立法研究评估与咨询服务基地】 5月29日，学校与广东省人大常委会在广东省人大常委会议厅举行地方立法研究评估与咨询服务基地授牌仪式，广东省人大常委会主任黄龙云同志为基地授匾，学校副校长林如鹏教授接受牌匾。学校法学院/知识产权学院相关领导参加仪式。

广东省地方立法研究评估与咨询服务基地的主要任务是受委托起草地方性法规草案或者参与地方性法规草案的起草；参与地方立法论证或者受委托对地方立法中的重要问题进行论证；受委托组织地方性法规草案的听证；受委托对地方立法中的重要问题进行专题研究；受委托进行立法后的评估工作；收集和整理地方立法信息资料；开展地方立法理论研究和实践调查；开展广东省人大常委会要求进行的其他咨询服务活动等。

【校党委书记蒋述卓当选广东省作家协会兼职主席】 12月25日，经广东省作协第八次代表大会选举，学校党委书记蒋述卓当选为广东省作协主席（兼职）。广东省文联第七次代表大会、广东省作协第八次代表大会于12月24—25日在广州举行，中共中央政治局委员、广东省委书记胡春华，中国文联主席孙家正，中国文联副主席赵实，广东省省长朱小丹，广东省人大常委会主任黄龙云等出席大会。会议选举产生了广东省作协第八届主席团。

【学校举办“华侨华人与中国梦”学术研讨会】 7月2日，学校举办“华侨华人与中国梦”学术研讨会暨《世界侨情报告（2012—2013）》首发式。海内外的40余名专家参加研讨会。在开幕式上，国务院侨办副主任何亚非在讲话中就侨务理论如何助力实现“中国梦”提出四点意见。暨南大学校长胡军、广东省侨办副主任林琳等出席开幕式。与会专家主要围绕海外华侨华人“中国梦”的形成、发展、历史演变和内涵，华侨华人实现“中国梦”的途径、方式和作用，新时期华侨华人在中国和平统一、国家软实力建设等方面的作用等议题展开研讨。《世界侨情报告（2012—2013）》为第二部世界侨情年度报告，涵盖2012年以来全球不同地区不同国家的最新侨情介绍和发展变化动态，为新时期侨务工作相关政策的制定提供决策参考。

【历史文献学专业（方志学方向）研究生课程班开班】 11月，由学校文学院中国文化史籍研究所和中国地方志指导小组联合举办的历史文献学专业（方志学方向）研究生课程班正式开班。学校党委书记蒋述卓、中国地方志指导小组秘书长兼办公室主任李富强、广东省人民政府地方志办公室主任陈强、中国地方志指导小组办公室联络处处长张英聘等出席开班仪式。

【学校与巴伐利亚庄园合作项目揭牌】 12月24日，校长胡军率党政办公室、文学院、附属第一医院、教育学院负责人出席学校与巴伐利亚庄园合作项目揭牌仪式。广东省旅游局副局长王志红，广东省河源市市长彭建文，副市长李杨达、朱蔚蔚，巴伐利亚庄园董事长蒴迪岸等政府与企业领导出席揭牌仪式。

会上，胡军校长高度评价巴伐利亚庄园项目，表示学校将利用科研、人才等方面的优势，深化项目合作，扩宽合作领域，把巴伐利亚庄园打造成高端旅游产业，把暨大科研成果转化为推动地方经济发展的动力。

彭建文市长感谢暨南大学对河源经济社会发展的支持，表示暨大与巴伐利亚庄园的校企合作符合国家政策，符合产学研结合的办学方向，更符合河源利用资源优势发展生态旅游的理念。河源市委市政府将全力支持双方合作，希望暨南大学一如既往为河源发展出谋献策，特别是利用医疗资源优势，帮助河源提升医疗服务水平。

随后，胡军校长分别为“暨南大学佛教文化研究院”“暨南大学教育学院巴伐利亚分院”“暨南大学医疗养生院”授牌。学校文学院院长王列耀、教育学院院长韩兆洲、附属第一医院院长黄力，巴伐利亚庄园副总裁万言、李震及首席文化官何艇分别代表双方接牌。

2013年暨南大学文科研究机构简表

教育部人文社会科学重点研究基地		
机构名称	批准时间	基地负责人
华侨华人研究院	2000年12月	刘泽彭、曹云华
广东省普通高校人文社会科学重点研究基地		
机构名称	批准时间	基地负责人
企业发展研究所	2003年7月	卫海英
金融研究所	2005年12月	刘少波
海外华文文学与汉语传媒研究中心	2007年6月	蒋述卓
汉语方言研究中心	2008年5月	甘于恩
广东产业发展与粤港澳台区域合作研究中心	2009年3月	胡　军
应急管理研究中心	2010年1月	林如鹏
知识产权与法治研究中心	2010年1月	徐　瑄
资源环境与可持续发展研究所	2011年12月	张　捷

（续上表）

广州市人文社会科学重点研究基地		
机构名称	批准时间	基地负责人
广州市舆情与社会管理重点研究基地	2013年7月	林如鹏、支庭荣
研究院		
产业经济研究院	旅游规划设计研究院	
华文教育研究院	南方传媒研究院	
广东低碳与可持续发展研究院	韶关研究院	
佛教文化研究院		
研究所		
中国语言文学研究所	现代文学研究所	中国文化史籍研究所
外国语言文学研究所	金融研究所	财税研究所
特区港澳经济研究所	台湾经济研究所	华文教育研究所
国际经济研究所	人力资源管理研究所	企业发展研究所
财务与会计研究所	旅游研究所	公共管理研究所
教育经济与管理研究所	社会保障与管理研究所	东南亚研究所
香山文化研究所	华人留学文化研究所	系统工程研究所
哲学研究所	社会学研究所	中印比较研究所
侨务研究所	国际移民研究所	中外关系研究所
应用语言学与外语教学研究所	翻译研究所	社会保障与保险研究所
马万祺研究所	国学研究所	金融工程研究所
研究中心		
华侨华人与中国和平发展协同创新中心	品牌战略与传播中心	投资咨询（研究）中心
日本经济研究中心	企业资源规划中心	战略管理研究中心
广东产业发展与粤港澳台区域合作研究中心	港珠澳服务业发展研究中心	城市与区域经济研究中心
产业技术经济与管理研究中心	现代流通研究中心	中国海洋发展研究中心·南海战略研究基地
旅游研究开发中心	管理人才培训中心	中国区域规划与管理研究中心
快递业研究中心	领导行为研究中心	文化产业研究与发展中心
海外华语研究中心	高等教育研究中心	美国研究中心
欧盟研究中心	非洲研究中心	历史地理研究中心
中国基督教史研究中心	海外华人社区语言资源监测与研究中心	公共安全研究中心
心理健康教育中心	港澳台侨青年学生研究中心	学位与研究生教育研究中心
高级秘书和公务人员培训与研究中心	旅游政策法规研究中心	邓小平理论研究中心
公务员考试培训与研究中心	广东外贸服务研究中心	翻译研究中心
高尔夫与体育休闲产业研究中心	管理会计研究中心	

2013 年文科科研项目情况简表

项目级别	项目来源	新获批项目数（个）	到位经费（万元）
国家级	国家社会科学基金项目	25	669.02
省部级	教育部项目	31	241.9
	广东省社会科学项目	9	105.4
	其他省部级项目	38	271.55
厅局级	广东省教育厅项目	10	4
	广州市社会科学规划项目	7	51.3
	其他厅局级项目	12	59.48
横向项目		200	2 604.13
合计		332	4 006.78

2013 年国家社会科学基金项目简表

序号	项目名称	类别	获批经费（万元）	主持人	所属单位
1	网络社会国家凝聚力的变化与重构研究	青年项目	18	陈联俊	社会科学部
2	我国职业体育利益机制构建及实现策略研究	青年项目	18	梁　伟	体育部
3	中国报业全媒体转型的理论逻辑与战略选择研究	青年项目	18	麦尚文	新闻与传播学院
4	当代英国华人文学之历史叙事研究	青年项目	18	肖淳端	外国语学院
5	城市弱势群体精神健康的风险评估与危机干预研究	青年项目	18	张　蕾	新闻与传播学院
6	新时期我国涉农媒体战略转型研究	一般项目	18	陈　娟	新闻与传播学院
7	元明清小说命名研究	一般项目	18	程国赋	文学院
8	国际人口迁移、人力资本结构与中等收入陷阱研究	一般项目	18	范兆斌	国际商学院
9	清代朝贡文书研究	一般项目	18	何新华	国际关系学院/华侨华人研究院
10	城市化背景下公共品供给的收入分配效应研究	一般项目	18	李郁芳	经济学院
11	复杂组织目标与效能评估研究	一般项目	18	刘汉民	管理学院
12	海外华语语言生活状况调查及多媒体语言资源库建设	一般项目	18	刘　华	华文学院
13	道家艺术精神与中国美学的现代建构研究	一般项目	18	刘绍瑾	文学院

（续上表）

序号	项目名称	类别	获批经费（万元）	主持人	所属单位
14	国际贸易中的数字知识产权执法研究	一般项目	18	刘　颖	法学院/知识产权学院
15	马来西亚华人与印度人政治参与的比较研究	一般项目	18	石沧金	国际关系学院/华侨华人研究院
16	满汉关系与清代小说研究	一般项目	18	王进驹	文学院
17	我国城乡居民间接税负担与收入差距实证研究	一般项目	18	杨森平	经济学院
18	基于语义地图的句末助词多功能研究	一般项目	18	赵春利	文学院
19	粤、闽、客诸方言地理信息系统建设与研究	重点项目	30	甘于恩	文学院汉语方言研究中心
20	传播全球化背景下我国网络文化建设与发展战略研究	重点项目	30	蒋建国	新闻与传播学院
21	技术进步偏向及其效应的统计测算与计量经济分析	重点项目	30	雷钦礼	经济学院

2013 年教育部人文社会科学研究项目简表

序号	项目名称	类别	获批经费（万元）	主持人	所属单位
1	协同创新视角下高校机制体制改革研究	青年基金	8	朱　鹏	发展规划处
2	我国融资性担保公司法律问题研究	规划基金	10	胡鹏翔	法学院/知识产权学院
3	人权视阈下的知识产权	青年基金	8	沈太霞	法学院/知识产权学院
4	中国与欧盟能源应急合作法律问题研究	青年基金	8	程　荃	法学院/知识产权学院
5	工作记忆和认知行为模式的共同作用对抑郁情绪的影响机制	规划基金	10	贾艳滨	附属第一医院
6	面向应急指挥过程的智能决策方法及应用研究	青年基金	8	唐　攀	公共管理学院/应急管理学院
7	股票期权执行下税收调控对 R&D 投资决策的影响机理研究	规划基金	10	王丹舟	管理学院

（续上表）

序号	项目名称	类别	获批经费（万元）	主持人	所属单位
8	东南亚华裔新生代的认同及对华态度与认知	青年基金	8	代　帆	国际关系学院/华侨华人研究院
9	幼儿一语习得的逻辑因素研究与应用	青年基金	8	刘粤钳	国际关系学院/华侨华人研究院
10	不同母语背景汉语二语学习者普通话口语韵律发展实验研究	规划基金	10	王功平	华文学院
11	魏晋以来汉语言语行为的历时演变研究	规划基金	10	李　军	华文学院
12	古典诗歌吟诵语音多模态研究	青年基金	8	杨　锋	华文学院
13	有声语言的人际功能及语体策略研究——以电视语言为视角	青年基金	8	李小凤	华文学院
14	中国逆周期宏观审慎银行监管：理论与政策框架	规划基金	10	蒋　海	经济学院
15	我国税收与税源区域背离的规模估计、结构分布与治理政策模拟研究	规划基金	10	刘金山	经济学院
16	文化、偏好与消费	规划基金	10	叶德珠	经济学院
17	基于服务业增长收敛性的区域服务业空间关联机制与优化政策研究——以大珠三角地区为例	青年基金	8	钟　韵	经济学院
18	“985工程”资源配置机制及绩效研究	青年基金	8	丁　岚	经济学院
19	中国居民消费价格指数数据质量优化与通货膨胀治理	青年基金	8	桂文林	经济学院
20	模型辅助抽样估计方法及其在我国的应用研究	青年基金	8	陈光慧	经济学院
21	当代荷兰文论家米克·巴尔的文化分析思想研究	规划基金	10	王　进	外国语学院
22	从三大元功能的角度看中国文言文英译的翻译策略选择	规划基金	10	李国庆	外国语学院
23	高频“机切”英语口语语块的元话语特征及其教学加工	青年基金	8	林维燕	外国语学院
24	中国语境下的机构话语研究——评价理论的视角	青年基金	8	韩征瑞	外国语学院
25	1940年代美华文学的历史发展及社会影响	规划基金	10	李亚萍	文学院

（续上表）

序号	项目名称	类别	获批经费（万元）	主持人	所属单位
26	危机与调适——明代中越邦交关系研究	规划基金	10	陈文源	文学院
27	接纳与排拒：晚清《圣经》受容研究	青年基金	8	吴　青	文学院
28	从“置邮传命”到“裕国便民”——晚清邮驿邮政制度转型与交通体系的形成	青年基金	8	吴　昱	文学院
29	唐五代四史所见辞书未收词语考释	规划基金	10	熊　焰	文学院
30	近30年广东方言调查语料数字化集成研究	青年基金	8	彭志峰	文学院
31	清人《二十四诗品》注解本五种整理与研究	青年基金	8	闫月珍	文学院

2013年广东省哲学社会科学规划项目简表

序号	项目名称	类别	获批经费（万元）	主持人	所属单位
1	珠三角城市群分工与协调发展模式研究	一般项目	5	刘德学	经济学院
2	黑水城文书与元代西北经营研究	一般项目	3	陈广恩	文学院
3	20世纪中国知识分子与现代知识生产	一般项目	3	苏桂宁	文学院
4	粤词研究	一般项目	3	赵维江	文学院
5	中古近代汉语异形词研究	一般项目	5	曾昭聪	文学院
6	广东语言生态监测的指标体系研究	一般项目	5	范俊军	文学院汉语方言研究中心
7	“在南洋”：“中国性”变奏与“在地”书写	一般项目	3	马淑贞	文学院
8	泰国华人社区的汉语方言	一般项目	5	陈晓锦	文学院
9	广东电视产业创新研究	青年项目	3	张潇潇	新闻与传播学院

2013年省部级以上社会科学优秀成果奖

序号	成果形式	成果名称	作者	奖励名称	获奖等级
1	著作	明代书坊与小说研究	程国赋	第六届高等学校科学研究优秀成果奖（人文社会科学）	二等奖
2	著作	唐宋词艺术发展史	邓乔彬	第六届高等学校科学研究优秀成果奖（人文社会科学）	二等奖
3	著作	新中国新闻传播60年长编(1949—2009)	刘家林	第六届高等学校科学研究优秀成果奖（人文社会科学）	二等奖

（续上表）

序号	成果形式	成果名称	作者	奖励名称	获奖等级
4	论文	“连A也/都B”框式结构及其框式化特点	邵敬敏	第六届高等学校科学研究优秀成果奖（人文社会科学）	三等奖
5	著作	彝族地区历史地理研究——以唐代乌蛮等族羁縻州为中心	郭声波	第六届高等学校科学研究优秀成果奖（人文社会科学）	三等奖
6	著作	中国农户就业决策与劳动力流动	王春超	第六届高等学校科学研究优秀成果奖（人文社会科学）	三等奖
7	论文	Mean-variance Analysis of Supply Chains under Wholesale Pricing and Profit Sharing Schemes	魏　莹	第六届高等学校科学研究优秀成果奖（人文社会科学）	三等奖
8	论文	董事会结构性偏见的心理学机理及问责路径	朱羿锟	第六届高等学校科学研究优秀成果奖（人文社会科学）	三等奖
9	著作	广东报业竞争三十年	林如鹏	第六届高等学校科学研究优秀成果奖（人文社会科学）	三等奖
10	论文	操纵人民币汇率的可能与现实	孙华好 潘红宇	第六届高等学校科学研究优秀成果奖（人文社会科学）	三等奖
11	论文	股权激励、盈余管理与公司治理	苏冬蔚等	广东省2010—2011年度哲学社会科学优秀成果奖	一等奖
12	论文	监管、多重代理与商业银行治理的最优激励契约设计	蒋　海等	广东省2010—2011年度哲学社会科学优秀成果奖	一等奖
13	论文	视阈融合下的知识产权诠释	徐　瑄	广东省2010—2011年度哲学社会科学优秀成果奖	一等奖
14	论文	“言志”诗学对中国现代文学的内在影响	宋剑华	广东省2010—2011年度哲学社会科学优秀成果奖	一等奖
15	论文	知识产权的优化配置	张耀辉	广东省2010—2011年度哲学社会科学优秀成果奖	一等奖
16	著作	近代香港与内地华资联号研究	张晓辉	广东省2010—2011年度哲学社会科学优秀成果奖	二等奖
17	著作	传媒时代的文学存在方式	蒋述卓等	广东省2010—2011年度哲学社会科学优秀成果奖	二等奖
18	著作	中国海权战略	鞠海龙	广东省2010—2011年度哲学社会科学优秀成果奖	二等奖

（续上表）

序号	成果形式	成果名称	作者	奖励名称	获奖等级
19	论文	中国区域环境效率与环境全要素生产率增长	王　兵等	广东省2010—2011年度哲学社会科学优秀成果奖	二等奖
20	论文	假设因果关系与损害赔偿	廖焕国	广东省2010—2011年度哲学社会科学优秀成果奖	二等奖
21	论文	民族民间文艺知识产权保护的制度设计：评价与反思	严永和	广东省2010—2011年度哲学社会科学优秀成果奖	二等奖
22	论文	印度尼西亚债权国会议的缘起与影响	纪宗安等	广东省2010—2011年度哲学社会科学优秀成果奖	二等奖
23	论文	明清通俗小说凡例研究	程国赋	广东省2010—2011年度哲学社会科学优秀成果奖	二等奖
24	论文	传播逻辑中的人类自省——马克思对西方传播学理论的贡献与影响	支庭荣	广东省2010—2011年度哲学社会科学优秀成果奖	二等奖
25	著作	FDI技术溢出与中国工业内资企业生产率提升——基于后向关联的视角	杨亚平	广东省2010—2011年度哲学社会科学优秀成果奖	三等奖
26	著作	语言调查语料记录与立档规范	范俊军	广东省2010—2011年度哲学社会科学优秀成果奖	三等奖
27	著作	信贷风险决策模型与机制研究	庞素琳	广东省2010—2011年度哲学社会科学优秀成果奖	三等奖
28	著作	旅游企业顾客感知服务质量理论与实证	温碧燕	广东省2010—2011年度哲学社会科学优秀成果奖	三等奖
29	论文	财政交易、意识形态约束与激进公有化：中国1950年代的政治经济学	张　威等	广东省2010—2011年度哲学社会科学优秀成果奖	三等奖
30	论文	环境规制、要素禀赋与产业国际竞争力的实证研究——基于中国制造业的面板数据	傅京燕等	广东省2010—2011年度哲学社会科学优秀成果奖	三等奖
31	论文	中国区域发展不平衡的新趋势及成因——基于人口加权变异系数的测度及其空间和产业二重分解	覃成林等	广东省2010—2011年度哲学社会科学优秀成果奖	三等奖

（续上表）

序号	成果形式	成果名称	作者	奖励名称	获奖等级
32	论文	Spatial Technology Spillover	聂普焱	广东省2010—2011年度哲学社会科学优秀成果奖	三等奖
33	论文	早期美国来华传教士与美国对华鸦片贸易政策	陈才俊	广东省2010—2011年度哲学社会科学优秀成果奖	三等奖
34	论文	控制权转移、超控制权与大股东利益侵占——来自上市公司高管变更的经验证据	石水平	广东省2010—2011年度哲学社会科学优秀成果奖	三等奖
35	论文	Scheduling Truck Arrivals at an Air Cargo Terminal	欧锦文等	广东省2010—2011年度哲学社会科学优秀成果奖	三等奖
36	论文	多维互动对服务品牌资产的影响——基于灰关联分析的研究	卫海英等	广东省2010—2011年度哲学社会科学优秀成果奖	三等奖
37	论文	华侨华人与中国软实力：作用、机制与政策思路	陈奕平等	广东省2010—2011年度哲学社会科学优秀成果奖	三等奖
38	调研报告	建设广东商品国际采购中心的发展思路和政策研究	陈海权等	广东省2010—2011年度哲学社会科学优秀成果奖	三等奖
39	调研报告	我国最低工资标准统计测算及调整决策支持研究	韩兆洲等	广东省2010—2011年度哲学社会科学优秀成果奖	三等奖

2013年主要学术会议一览表（文科）

序号	会议时间	会议名称	主办和承办单位
1	3月23—24日	“东亚跨国人口流动”国际学术研讨会	国际关系学院/华侨华人研究院承办
2	5月27—28日	首届“中德学术高层论坛”	暨南大学和中山市人民政府共同承办
3	7月2日	“华侨华人与中国梦”学术研讨会	国务院侨办政法司与暨南大学联合主办，国际关系学院/华侨华人研究院承办
4	9月27日	2013华语主持传播高峰论坛	暨南大学和广东省广播电影电视协会联合主办，新闻与传播学院和广东省广播电影电视协会播音主持专业委员会联合承办
5	11月15—16日	华文教育国际学术研讨会	华文学院主办
6	12月1日	第四届全国广播学术研讨会	中国广播电视协会学术委员会和暨南大学联合主办
7	12月6—7日	大数据背景下统计调查与数据分析研讨会	暨南大学主办，经济学院统计学系承办

（续上表）

序号	会议时间	会议名称	主办和承办单位
8	12月6—8日	中国古代文学研究走向与方法高峰论坛	中国社会科学杂志社和文学院联合主办，社会科学研究处协办
9	12月6—8日	“全球化背景下的口笔译”国际研讨会	翻译学院、外国语学院和英国纽卡斯尔大学、索尔福德大学联合主办
10	12月9—10日	港澳和海外统战工作理论广东研究基地学术研讨会	广东省委统战部主办，暨南大学承办
11	12月12日	第二届绿色经济与低碳发展广州论坛	广东低碳与可持续发展研究院和资源环境与可持续发展研究所联合主办
12	12月12—13日	“中国产业升级与可持续增长”国际会议	经济学院和澳大利亚中国经济学会（CESA）联合主办
13	12月14日	新时期下产业升级与企业转型发展研讨会	暨南大学企业发展研究所、资源环境与可持续发展研究所、产业经济研究院联合主办，“应对国际资源环境挑战与加快我国经济发展方式转变研究”国家社会科学重大课题项目组及创业学院联合承办
14	12月17—18日	2013管理会计研究国际研讨会	管理学院会计学系和管理会计研究中心联合主办
15	12月20—21日	“马克思主义与当代中国”学术研讨会	社会科学部主办

（社会科学研究处供稿）

资产经营与科技产业开发

【概况】 2013年，资产经营有限公司围绕学校中心工作和企业实际，推进和完善以岗位职责为中心的考核机制与管理规范，狠抓企业内部管理，积极拓展外部市场，提升企业经营效益，确保国有资产保值增值。公司本部实现营业收入283万元，比2012年增长8.8%；营业利润70.6万元，同比增长16.3%，实现国有资产保值增值的年度目标。

【企业合作与发展】 截至2013年底，资产经营有限公司所属企业有15家，其中全资企业7家、控股企业3家、参股企业5家。主要企业发展状况如下：

广州暨南大学出版社有限责任公司（参阅“图书出版”条目）。

广州暨南数字传媒有限公司。完成暨南华文教育网学习平台的搭建、配套电子出版物的制作及《中文》（修订版）数字内容的制作。成立华文教育移动应用开发小组，制作基于手机、平板电脑等移动客户端的数字产品。制作完成《中文》（修订版）教材1—12册的iPad版App，其中1—

10 册已通过审核并正式上线。与北京方正阿帕比公司合建暨南大学出版社电子书店，已上线数百种暨大版电子图书。与中国移动合作，已有超过200 种电子图书资源通过中国移动销售。与北京中文在线数字出版股份有限公司、万方数据股份有限公司、同方知网（北京）技术有限公司等签订战略合作协议，拓展销售渠道。公司全年销售收入趋向多元化并实现盈利。

暨南大学建筑设计研究院。2013 年，建筑设计研究院全年设计收入666.86 万元，比2012 年增长30%。聘请中鉴认证有限责任公司专家进行质量体系培训，提高全体员工对 ISO 质量体系的理解和重视。集中精力，保质保量完成学校南校区教学楼和第一临床医学院住院楼装修改扩建的施工图设计。

广东暨大基因药物工程研究中心有限公司。全年主要围绕验证大楼 GMP 车间装修以及对中心的国家验收准备开展工作。修改原 GMP 车间设计图纸，接收大部分原 GMP 车间仪器设备，为 GMP 车间装修动工做好前期准备。科研项目方面，申报“人源抗体新药 HM－302”“自身免疫病治疗性抗体融合蛋白 tnfr－fc”“新型神经营养因子 GDNF”等项目，获科研经费 800 万元；与 7 家单位合作成立“抗体药物协同创新中心”。

暨南大学招待所、劳动服务公司和外国专家楼。通过严格控制采购成本提高经营效益，加强安全监督和卫生监督，较好地完成学校及院系部门的各项接待任务。招待所全年实现营业收入1 477万元，利润总额 8.97 万元，同比增长7.7%；劳动服务公司实现营业收入 1 727 万元，利润总额8.36 万元，同比增长 18.8%；外国专家楼实现营业收入 315 万元，利润总额 30.5 万元，同比增长 20.6%。

广州暨南大学医药生物技术研究开发中心和广州暨南生物医药研究开发基地有限公司。开展科学研究，接纳校内外学生实习，为社会提供科技服务。获批 11 项科技计划项目，在研 13 个项目，5 项完成结题；申请并获批专利“可用于预防慢性重金属中毒的重组食品级乳酸菌及其制备方法与应用”1 项。广州暨南大学医药生物技术研究开发中心全年实现主营业务收入 349.47 万元，利润总额 18.27 万元；广州暨南生物医药研究开发基地有限公司实现主营业务收入 351.90 万元，利润总额 49.91 万元。

【图书出版】 2013 年，广州暨南大学出版社有限责任公司出版图书 646 种，其中新书 365 种，再版书 27 种，重印书 254 种，总印数 144.5 万册，出版码洋 5 383.4 万元。图书销售收入3 098万元，净利润 746 万元，现金流 4 419 万元，连续七年实现增长。为更好地推进出版工作的“专业化、数字化、国际化”，对策划编辑部门的设置进行调整，成立华侨华人研究、华文教育、经济与管理、教育与心理、科技事业部，法律、外语编辑室；成立人文社科分社，撤销教育分社。

主要策划出版“世界华侨华人研究文库（第二批）”“人文学丛书（第三辑）”“岭南文化书系·韶文化研究丛书”“潮学研究丛书”“海外华文文学丛书”“笃行汉语系列”“20 世纪中叶广东中国画研究书系”等；《凝聚与共筑：华侨华人与中国梦》入选深入贯彻党的“十八大”主题出版重点出版物。举行《世界侨情报告（2012—2013）》，“世界华侨华人研究文库（第二批）”，“中华才艺系列”之《武术》《舞龙》《醒狮》首发式；承办 2013 南国书香节暨羊城书展二级品牌活动“海外华文文学周”。

【资产经营有限公司第一次职工代表大会召开】 1 月 23 日，资产经营有限公司第一次职工代表大会暨公司“职工之家”揭幕仪式举行，副校长宋献中、饶敏出席并讲话。出席会议的 40 余名职工代表分别听取公司党委书记、总经理徐义雄所作的《资产经营有限公司 2012 年工作报告》和公司工会主席晏礼庆所作的《2012 年工会工作报告》。会上以无记名投票的差额选举方式，从 13 名候选人中选出 9 名工会委员，组成资产经营有限公司新一届工会委员会。

2013 年资产经营有限公司所属企业一览表

企业名称	企业类型	成立时间	企业负责人
广州暨南大学出版社有限责任公司	全资企业	1989 年 1 月	徐义雄
暨南大学建筑设计研究院	全资企业	1986 年 6 月	钟　超
广州暨南大学科技园管理有限公司	全资企业	2008 年 9 月	徐义雄
广州暨南大学医药生物技术研究开发中心	全资企业	1999 年 7 月	黄亚东
暨南大学外国专家楼	全资企业	1989 年 1 月	余少卿
暨南大学招待所	全资企业	1981 年 6 月	付　军
暨南大学劳动服务公司	全资企业	1986 年 6 月	钟志刚
广州暨达物业管理有限公司	控股企业	2009 年 1 月	吴剑飞
广州暨南生物医药研究开发基地有限公司	控股企业	2001 年 6 月	王一飞
广东暨大基因药物工程研究中心有限公司	控股企业	2006 年 8 月	周四海
广州暨南数字传媒有限公司	参股企业	2011 年 5 月	杜小陆
广州暨大美塑生物科技有限公司	参股企业	2006 年 11 月	许　英
广州暨华医疗器械有限公司	参股企业	2000 年 5 月	张力华
广州科仁生物医药有限公司	参股企业	2006 年 6 月	杨森山
广州暨科拓源生物材料科技开发有限公司	参股企业	2010 年 8 月	温小勇

2013 年暨南大学出版社获奖书目一览表

序号	图书名称	奖项名称
1	云南布依族传统宗教经典《摩经》译注与研究	第三届中国大学出版社图书奖优秀学术著作一等奖
2	创新能力开发与应用（第二版）	第三届中国大学出版社图书奖优秀教材二等奖
3	人文学概论	中南地区大学出版社 2011—2012 年度优秀教材一等奖
4	西方音乐鉴赏	中南地区大学出版社 2011—2012 年度优秀教材一等奖
5	戒毒脱瘾九训理论与实操	中南地区大学出版社 2011—2012 年度优秀教材一等奖
6	旅游学概论（第二版）	中南地区大学出版社 2011—2012 年度优秀教材一等奖
7	创新能力开发与应用（第二版）	中南地区大学出版社 2011—2012 年度优秀教材二等奖
8	政治经济学	中南地区大学出版社 2011—2012 年度优秀教材二等奖
9	图案基础实验教程	中南地区大学出版社 2011—2012 年度优秀教材二等奖
10	心理卫生	中南地区大学出版社 2011—2012 年度优秀教材二等奖
11	中国文化概论	中南地区大学出版社 2011—2012 年度优秀教材二等奖
12	社会保障学导论	中南地区大学出版社 2011—2012 年度优秀教材二等奖

（续上表）

序号	图书名称	奖项名称
13	艺术教育论	中南地区大学出版社2011—2012年度优秀学术著作一等奖
14	云南布依族传统宗教经典《摩经》译注与研究	中南地区大学出版社2011—2012年度优秀学术著作一等奖
15	七十子后学散文研究	中南地区大学出版社2011—2012年度优秀学术著作二等奖
16	中国剑侠小说史论	中南地区大学出版社2011—2012年度优秀学术著作二等奖
17	广播的跨越：广东广播插图史	中南地区大学出版社2011—2012年度优秀学术著作二等奖
18	洛学传承文化与世界华文小说创作	中南地区大学出版社2011—2012年度优秀学术著作二等奖
19	南海区域历史文化探微	中南地区大学出版社2011—2012年度优秀学术著作二等奖
20	中国特色社会主义理论体系概论	中南地区大学出版社2011—2012年度优秀畅销书奖
21	当代大学生军事教育教程（第三版）	2012—2013年度全行业优秀畅销书奖
22	人文经济学：不用数学的经济学	2012—2013年度全行业优秀畅销书奖

（资产经营有限公司供稿）

·　学生工作　·

【概况】　暨南大学学生处是负责全校全日制本科学生思想教育与日常学生事务管理的工作部门。学生处下设学生学习与发展中心、港澳台侨学生管理办公室、外国留学生管理办公室、学生活动辅导科、学生资助管理中心（下设学生资助管理办公室、勤工助学管理办公室）、学生社区教育管理中心、学生艺术团，另有国务院侨务办公室中华才艺（武术·龙狮）培训基地管委会办公室挂靠学生处。

学生处的主要职责包括：负责全校全日制本科学生思想教育与日常学生事务管理服务工作，主要业务有学生的奖、惩管理，学生学习与发展帮扶及校园安全稳定工作；负责港澳台、侨、外国留学生的教育、管理、服务和交换生的选拔工作；负责辅导员队伍建设，组织辅导员为本科内招生开设形势与政策教育必修课程、加强课程管理及建设；组织辅导员开展各类培训、考察、交流活动，提升辅导员队伍的专业能力和科研能力；负责全校家庭经济困难学生的资助、教育与管理，各类奖助学金的评审与发放，勤工助学岗位的审核、管理和监督，国家助学贷款的相关工作；负责学代会、学生会、学生社团的指导和管理工作，各类学生活动的协调、辅导及校园文化建设；负责学生艺术团的管理和建设；负责所有住宿学生（含博士生、硕士生、本科生）的教育、管理、服务及社区文化建设等工作；负责中华才艺（武术·龙狮）培训基地建设；与珠海校区共同负责校区学生日常教育、管理、服务工作，统筹协调校本部、各个校区各学院学生工作关系。

2013 年，在学校党政的正确领导下，学生工作部门以邓小平理论、“三个代表”重要思想和科学发展观为指导，认真学习贯彻党的十八大及十八届二中、三中全会精神，认真扎实地做好学生教育、管理、服务工作，营造良好育人氛围，努力开创学生工作新局面，构建和谐校园。

思想政治教育

【概况】　深入学习贯彻党的十八大精神，围绕立德树人的根本任务，着力提升教学质量，推动大学生思想政治教育内涵式发展。大力开展“我的中国梦”主题教育活动，对学生大力进行理想信念教育、爱国主义教育、集体主义教育、诚实守信教育、社会责任教育、志愿精神教育、中华优秀传统文化教育等社会主义核心价值观教育；通过营造良好的学习氛围和促进学生学习与发展，推进学生思想政治教育工作开展；注重实地调查研究，及时掌握学生思想政治动态，有针对性地开展思政教育工作。

2013 年，全校三个校区 50 多名辅导员分别给 130 个内招学生班级讲授形势与政策课，总课时超过 500 小时。课程分为国际和国内两部分，紧扣党的群众路线教育实践活动、新一轮改革开放及中日、中美关系等主题，促使同学们对国际国内政治经济社会现象形成理性的认识，激发学生对国内外时事政策的关注热情，培养学生独立思考的能力。

着重建立一批思政工作的品牌项目，通过拓展项目内容、建立制度机制来形成完善的学生思政工作体系。2013 年，学生处向广东省学生工作委员会提交的“‘同行者’朋辈辅导”工作坊项目获得第一届广东省高校学生事务管理精品项目称号，“引路暨南——暨南大学本科学生学长计划”获得第二届广东省高校学生事务管理精品项目称号。

全面开展学生思想政治调查相关工作，学校每学期初对学生进行返校情况和思想状况摸底调查，通过摸底调查及时掌握学生返校后的思想、学习、生活以及心理状况，保证学生在每个学期都有一个良好的开端。学校每年还针对内招学生开展大规模的思想状况滚动调查，调查内容主要针对学生对国家大事的看法、价值观以及日常学习生活等方面，可为思想政治工作的开展提供科学依据。

创新思政工作方式，开通“暨南大学学生学习与发展”微信公众平台，充分利用新媒体提升思政教育效果。微信平台每日推出 5—8 条微信栏目，包含头条新闻、读书、励志、博雅、时政等方面内容。学生处将进一步扩大该微信平台的影响，力争将“暨南大学学生学习与发展”微信公众平台运营成为暨南园第一学生思政工作微信平台。

【学风建设】 为进一步加强学风建设，营造良好的学习风气，树立先进班级典型，积极发挥先进班级的榜样力量，学校于 2013 年开始实施暨南大学“5A 卓越班集体”评选工作。“5A 卓越班集体”的评选以“志存高远（Ambitious and Lofty Ideals），崇尚学术（Academy Orientation），渴求知识（Aspiring to Knowledge），至臻学业（Acquiring Perfect Profession），多面发展（All-around Development）”（5A）为班级建设目标，充分发挥卓越班集体的榜样力量和模范带头作用，引领全校学生团结友爱、积极进取、努力学习、追求卓越。

大力推进学院学生学习与发展工作坊建设，为学生提供更有效的辅导和帮助。在全校范围内大力开展学生学习与发展工作坊等教育活动，将朋辈经验分享会、学习方法工作坊和读书分享会办成每周固定帮助学生学习与发展的主题活动。学生学习与发展工作坊自 2011 年开展至今，举办各种主题分享会 200 多期，参加的学生超过 12 000 人次，并于 2013 年 3 月被评为广东省高校学生事务管理精品项目。为进一步拓展朋辈辅导工作，学生处在校本部、珠海校区和华文学院设立 11 个学生学习与发展工作坊，其中有 8 个设在学院，每个工作坊有固定场地和设备，每周开展不同主题的朋辈辅导分享活动。学生学习与发展工作坊现已成为学生寻求帮助、分享经验、共同学习、共同成长的一个良好平台，受到广大学生的喜爱和好评。

【学生工作队伍建设】 2013 年，学校高度重视辅导员队伍建设，通过开展形式多样的培训活动，全面提升广大辅导员的职业技能。先后选送 13 名辅导员参加广东省教育厅组织的辅导员培训，选送 3 名辅导员参加教育部组织的学生事务管理培训，其中一人赴美国学习；组织 6 名学生工作骨干赴新加坡高校学习交流，组织辅导员及学生事务管理人员一行 23 人赴北京师范大学—香港浸会大学联合国际学院学习考察。2013 年暑假，组织全校辅导员及学院主管学生工作领导 63 人赴井冈山开展理想信念主题教育活动。还先后举办 5 期辅导员论坛，围绕广大辅导员关心的热点问题进行交流和分享，加深辅导员之间的感情，增强辅导员团队的凝聚力。

辅导员队伍建设硕果累累。5 月，在广东省教育厅主办的第二届广东高校辅导员职业能力大赛中，理工学院辅导员孙玉环以总分第一名获得特等奖，文学院辅导员王潇潇以总分第五名获得一等奖，国际商学院辅导员卞旭获得二等奖，孙玉环同志还代表广东省参加第二届全国高校辅导员职业能力大赛。本年度学校涌现一批学生工作先进集体和个人。学校评选出 2013 年学生工作先进集体 10 个、“暨南红棉奖”获得者 7 名、优秀本科生辅导员 15 名、优秀本科生班主任 20 名、优秀学生工作者 10 名；理工学院王玉娟、黄睿获得第五届广东高校学生工作“红棉奖”，理工学院学生工作团队被评为 2013 年广东高校学生工作优秀团队，华文学院辅导员刘潇潇、文学院辅导员王潇潇被评为 2013 年广东高校学生工作先进个人，“引路暨南——暨南大学本科学生学长计划”被评为第二届广东省高校学生事务管理精品项目；华文学院辅导员刘潇潇被评为 2013 广东高校辅导员年度人物，药学院辅导员王雪霏获得 2013 广东高校辅导员年度人物提名奖。

【本科新生训练营】 为进一步做好学校新生

入学教育工作，营造积极向上的校园文化氛围，推动学风建设，学生处围绕2012年新生训练营的实施情况，深入各学院进行充分调研，并在此基础上调整完善2013年的工作方案，进一步规范院系的教育内容，成立新生训练营讲师团，以确保各项教育活动的质量、效果和水平；适当扩大院系自主安排活动的时间比例，并新增队列训练、岭南文化考察、龙狮文化体验和感恩明信片制作等同学们喜闻乐见的活动形式。学院开展新生入学教育的内容不断充实，形式更加灵活多样。本次新生训练营受到广大新生的热烈欢迎，在活动结束后进行的满意度调查中，接近90%的学生对各项教育活动持满意态度。社会媒体也对本次新生训练营给予高度评价，新华网、凤凰网、《中国教育报》和《南方日报》等多家境内外媒体都对活动进行关注和跟踪报道。

【2012—2013学年优秀学生表彰大会】 4月，学校隆重举行2012—2013学年优秀学生表彰大会，校领导胡军、蒋述卓、叶勤出席大会并为获奖学生颁奖。校长胡军在大会上对获奖学生的优异表现给予高度肯定，称赞他们是“追求卓越”的光辉典范，是“繁星闪耀暨南，卓越引领成长”的真实写照，更是“知行合一”暨南精神的忠实践行者。在颁奖过程中，获得各类奖项的代表也与现场观众分享他们在学术研究、领袖能力、学习进取、自立自强以及文体等方面的成功经验，引发全体同学的强烈共鸣。为加强对获奖学生的宣传，学生处在编印第五辑《优秀学生风采录》的基础上，增加编印由100名获“优秀学子奖励计划”标兵奖学生的先进事迹组成的《卓越·繁星——优秀学子成长集》，该文集详细收录在不同领域中获得骄人成绩学生的成长历程。

【学校举办首届本科生辅导员职业能力大赛】 3—4月，学生处成功举办学校首届本科生辅导员职业能力大赛。各学院高度重视此次竞赛活动，组织辅导员踊跃报名、积极参赛。在决赛阶段，参赛选手通过自我介绍、主题班会、案例分析、谈心谈话和才艺展示等方式，展现了工作技能，交流了工作经验，彰显了个人风采。经过激烈角逐，理工学院辅导员孙玉环以总分第一名的成绩获本届大赛特等奖，文学院王潇潇等3名辅导员获大赛一等奖，管理学院彭德镔等4名辅导员获二等奖，经济学院吴舒蔓等5名辅导员获三等奖。本次大赛的成功举办，集中展现了我校近年来辅导员队伍建设取得的丰硕成果，营造了辅导员岗位建功、创先争优的浓厚氛围。

【第17届学生代表大会召开】 5月，第17届学生代表大会第一次全体会议在礼堂召开，会议听取并审议通过学生代表大会常务委员会及学生会工作报告，选举产生第22届第一任期暨南大学学生会主席候选人。

【两名辅导员获全国高校辅导员年度人物提名奖及职业能力大赛优秀奖】 由教育部思想政治工作司指导，全国高校辅导员工作研究会和中国教育报主办的“2012全国高校辅导员年度人物”评选活动，评选出10名年度人物和40名提名奖获得者。学校信息科学技术学院蔡喆老师获得“2012全国高校辅导员年度人物”提名奖。

“第二届全国高校辅导员职业能力大赛”在武汉大学举行，全国31个省（市、区）和新疆生产建设兵团的96名辅导员参加了大赛，理工学院辅导员孙玉环代表广东省参赛获得优秀奖。

（学生处供稿）

学生活动

【概况】 2013年，学生活动以促进学生“学习和发展”为根本工作宗旨，进一步抓好“国际文化聚暨南”和“中国文化节”两大学生活动品牌，夯实活动内容，丰富活动形式，提升活动品格，着力打造和而不同、多元共生的校园学生活动格局。

继续指导各级各类学生组织开展“暨南园”辩论赛、社团文化节、“新生杯”系列活动、“侨生杯”系列体育竞赛、“北极光”歌唱大赛等传统校园学生活动，丰富广大学生的课余文化生活。

进一步抓好“国际文化聚暨南”和“中国文化节”两大学生活动品牌。2013年“国际文化聚暨南”活动以“展暨南国际风雅，汇五洲文明遗韵”为主题，通过文化遗产这一载体，将澳门的妈祖文化、埃及的金字塔文化、古罗马的角斗场、南美的玛雅文明等历史文化、风土人情呈现于暨南园。同时，为配合学校“宁静致远工程”实施，本次活动在保持传统内容的基础上，创新性地融入文化遗产模型展、学术分享会等形式多样的学术活动。11月举办第六届“中国文化节”，以“暨语春秋，筑梦中华”为主题，充分继承以往活动经验并独辟蹊径，以历史典故为主线，通过主题展位展示、美食街、小舞台表演以及中华大讲堂、花灯会、传统文化沙龙等内容丰富、形式多样的文化活动，深入发掘五千年文明的历史积淀，再次将辉煌璀璨的中国优秀传统文化展现在全校师生面前，进一步增强广大学生，尤其是华侨华人学生对中华文化的归属感和向心力，团结和凝聚海内外中华儿女共筑中国梦。目前，“国际文化聚暨南”和“中国文化节”两大学生活动已经成为展示暨南学子精神风貌，促进我校内外招生文化交流，熏陶和培养高素质人才的重要舞台。

为进一步丰富校园文化活动内涵，组织开展国际土风舞大赛。作为学校的传统学生活动品牌，国际土风舞大赛在暨南园已经走过近三十年历程。本届大赛以“舞炫暨南，梦想世界”为主题，共有来自校本部、华文学院、珠海校区和深圳校区的18支队伍、800余名师生参赛，2 500余人观看比赛。国务院侨办组织的新华社、中央电视台和中新社等多家媒体组成的第三期“走基层·侨乡行”新闻采访团全体成员到现场观看比赛并进行报道，《南方日报》等多家省内著名媒体也参与大赛报道。这次国际土风舞大赛体现了我校多元的文化建设特色，激发了大学生的爱国爱校之情，传播和弘扬了“忠信笃敬，知行合一，自强不息，和而不同”的暨南精神。

【体育竞赛】 在俄罗斯举办的世界大学生运动会上，学校羽毛球运动员姚雪、陈烙勋、张志君获得混合团体第二名，姚雪获得女子单打第三名，学校女子篮球队在2013年广东省大学生篮球联赛上获得冠军，武术队在“文化中国·2013全球华人中华才艺（武术）大赛”中获得9项冠军，总分为各参赛队之首。

2013年，学校田径运动员苏炳添在全国室内田径锦标赛南京站男子60米决赛中以6秒55的成绩问鼎冠军，刷新自己保持的全国纪录；在印度浦那第二十届亚洲田径锦标赛男子100米飞人大战中以10秒17（逆风0.3米/秒）的成绩卫冕成功，成为中国第二位两获亚锦赛桂冠的百米飞人；在国际田联世界田径挑战赛—北京站百米飞人大赛中以10秒06（顺风0.1米/秒）的成绩获得铜牌，刷新个人最好成绩；在莫斯科第十四届世界田径锦标赛男子100米预赛中跑出10秒16（逆风0.1米/秒）的成绩，递补晋级半决赛。

【学校田径运动会】 11月15—17日，学校第四十届田径运动会成功举办，本届运动会学生组参赛862人，教工组参赛1 293人，为历届最多，有4人4次破4项校运会纪录。

【学生艺术团建设】 学生艺术团现有舞蹈团、声乐团、管乐团、合唱团、民乐团、舞台工作队及校区分团，共有400余名成员，港、澳、台、侨学生及留学生约占50%。根据学校实际情况，艺术团依照各校区所长侧重校区分团建设。在校本部重点发展舞蹈团、管乐团、声乐团、舞台工作队等，在华文学院重点打造东南亚异国风情艺术团体，重点支持海外华侨华人及留学生们的艺术交流，在珠海校区重点发展合唱团、国乐团等，并按此思路继续整合其他校区的资源，拓展艺术团发展新途径。管乐团各项建制日趋完备，在学生活动中心专门开辟乐器房及教学排练场地，聘请校内外专家进行教学和指导排练。目前，管乐团已经在校内外重大活动中崭露头角，并在第四届广东音乐大赛中获得金奖，精彩展示学生艺术团的最新发展成果。

高标准、严要求，全面提升艺术水准。2013年，针对团内各分团的发展状况，艺术团加大力度聘请管乐、声乐等专业教师进行科学指导与常规教学，保障艺术团发展的专业化；加强学生艺术团的日常运作与管理，进一步规范校内外兼职教师的聘任制度、团员招新制度和日常训练制度，对艺术表演课程的管理更加规范，在平时训练考察和期末考核方面更加严格，致力于全面提升广大团员的艺术素质和综合能力。根据学校相关奖励规定，授予3名学生“暨南大学学生艺术贡献奖”，激励广大团员奋发进取。根据学校《全日制本科招生章程》的要求，对今年预报考学校的17名学生进行了艺术特长认证，为今后艺术团的发展提供人才储备。加强对学生舞台工作队的管理与指导，学生舞台工作队以专业的工作素养和良好的工作态度，为全校各级各类文化活动的开展提供超过50次的优质舞台运作服务。高度重视对外宣传工作，充分利用报刊、网站、微信、微博等多种渠道，展示学生艺术团的最新建设成果和艺术特色，吸引更多具有艺术专长、热爱文艺事业、愿意担负传播中华文化使命的同学加入学生艺术团，为全面提升广大团员的艺术水准打下坚实基础。

学生艺术团建设成果突出。5月，学校学生艺术团作为广东高校的唯一代表，受邀参加由中央宣传部、教育部、共青团中央共同主办，中央电视台承办的"五月的鲜花——我们的中国梦"2013全国大学生校园文艺会演，选送的舞蹈《青春的祝福》获得央视导演组及场内外观众的高度评价。7月，成功举办学生艺术团专场汇报演出，向国务院侨办领导及全校师生全面汇报近年来学生艺术团的建设成果，并以青春热情和精湛技艺获得国务院侨办领导的高度肯定，首次获得参加国务院侨办"文化中国·四海同春"2014年赴亚洲三国慰侨访演的资格，在展示我校办学特色、服务国家侨务工作中迈出重要一步。12月，学生艺术团承担第十届广州大学生电影节闭幕式暨颁奖晚会的节目表演任务，充分展示艺术团以中华民族、民俗经典艺术文化为学习、弘扬对象的宗旨，为大学生电影节颁奖晚会注入大学生活力，彰显院校风范。

【"文化中国·2013全球华人中华才艺（武术）大赛"】 11月29—30日，由国务院侨务办公室、国家体育总局主办，学校承办的"文化中国·2013全球华人中华才艺（武术）大赛"顺利举行，本次比赛有来自美国、德国、法国、西班牙、澳大利亚、古巴、马来西亚、菲律宾、新加坡和中国大陆、香港、澳门、台湾等五大洲18个国家和地区的21支队伍、200余人参加比赛，决出包括男女拳术类和器械类共16个单项冠军和集体项目一、二、三等奖。闭幕式晚会上还举行"中华才艺系列"《舞龙》《武术》《醒狮》赠书仪式。

【中华才艺（武术·龙狮）培训基地落户学校】 历经一年精心筹备和建设，由国务院侨办主办的中华才艺（武术·龙狮）培训基地正式落户学校。7月2日，国务院侨办何亚非副主任与校长胡军共同为中华才艺（武术·龙狮）培训基地揭牌。基地由国务院侨办下拨经费建设，经过一年的筹备和建设，中华才艺（武术·龙狮）培训基地武术馆、龙狮馆工程建设于3月底初步完工，4月17日通过验收。馆内配置LED灯光、空调、音响系统和P4LED显示屏，添置武术专用羊毛地毯、竞赛专用地毯，狮台、梅花桩等配套训练器械；配套运动医学实验室配备训练跑台、肺功能测试仪等运动生理生化检测设备。

2013年暑假期间，基地舞龙舞狮队伍参加第六届全国大学生舞龙舞狮锦标赛，获得教学舞龙比赛第一名、传统舞狮项目金奖和舞龙规定套路第五名、团体混合总分第三名的成绩。武术队参加中国大学生武术锦标赛，获得男子乙组团体第二名，个人四项第一名、七项第二名、六项第三名的成绩。

【2013年两岸四地学生领袖研习营举办】 2013年7月，学校再次成功举办"青年·创新·发展——2013年两岸四地学生领袖研习营"，来自港澳台地区及内地著名高校的100名学生领袖济济一堂，通过模块化的专题讲座与论坛、多样化的社会实践与文化考察、综合素质拓展与领导情景模拟等活动形式，加快推进两岸四地学生领袖的交流和融合，着力培养学生领袖们的领导能力和创新意识，引导他们志存高远，开拓创新，自觉承担起维护和促进港澳台地区长期繁荣稳定，支持和推动两岸关系和平发展的历史使命，精诚团结，携手奋进，在实现中华民族伟大复兴的征程上创造更加壮美的青春业绩。

【2013年第五届全国高校澳门学生论坛举行】 5月18日，2013年第五届全国高校澳门学生论坛在学校举行。作为凝聚全国优秀澳门学生进行学术交流的重要平台，全国高校澳门学生论坛今年已踏入第五届，本届论坛的主题为"粤古通今：承昨日精华、创未来辉煌"，集中讨论粤澳两地的昔日历史、经济合作、珠三角合作框架以及澳门可持续发展等话题，来自我国北京、天津、浙江、上海、武汉、福建、广东及台湾等地近400名学生参加讨论。

【学生舞蹈《青春的祝福》登陆央视舞台】 3月，学校学生艺术团接到教育部及中央电视台邀请，积极筹备舞蹈《青春的祝福》赴京参加"五月的鲜花——我们的中国梦"2013全国大学生校园文艺会演。在赴京参加相关筹备会后，艺术团于4月23日启程前赴北京。在北京的21天里，全体师生表现出高度的责任感和集体荣誉感，遵守纪律、积极配合，以完美无憾的表演和高效严谨的作风打动观众，央视导演组给予高度评价，并希望学校继续编创优秀节目，报送央视，走上更广阔的舞台。

（学生处供稿，其中"体育竞赛""学校田径运动会"由体育部供稿）

港澳台侨学生与留学生管理

【概况】 2013年，学生处共组织7个冬令营、10个夏令营和3个秋令营20条路线23支团队，分赴除新疆、西藏、海南和港澳台以外的全国各地考察，820名优秀港澳台及华侨华人学生参加该项活动。在广东社会实践与历史文化考察方面，组织8条路线，2 000多名学生参加。活动结束后，学生处对学生的感想文字等进行修改和摘录，并整理成册，先后结集出版《2013年文化之旅冬令营优秀文章选》《2013年文化之旅冬令营感言集》等；举办优秀微博、文化传承主题征文比赛等系列活动，有39名同学获得优秀微博奖、5名同学的文章获《暨南学报（哲学社会科学版）》及《广州华苑》全文刊载，多方面展示文化学习成果，受到国侨办宣传司领导的好评。

在国侨办的大力支持下，举办“粤侨学子中华情”广东高校侨生联谊活动，来自中山大学、华南理工大学、广东外语外贸大学等高校及暨南大学的500多名侨生参与其中。活动以“弘扬中华文化、体验岭南风情”为主题，包括文化专题讲座、客家文化之旅、系列体育竞赛、“书香文化追梦羊城”赠书阅读等活动，受到广大侨生热烈欢迎，国务院侨办官方网站、中新社、国际广播电台、侨讯社、广东侨网等多家媒体都对活动予以追踪报道，反响良好；组织和承办广州地区高校台湾学生参加的“台联之星”歌唱比赛，增进各高校台湾学生之间的交流和友谊；成功举办第十届澳门文化节，以“福地”为主题，着重从东西方文化交流的角度来介绍和展现澳门的文化特色，选题新颖，含义隽永，对进一步加强广州地区澳门学生之间的沟通与交流，在暨南园中更好地传播和弘扬澳门特色文化，发挥了积极作用。

完成2013年教育部、国侨办各类港澳台侨奖学金评审工作。经过院系推荐、审核，一大批学业优秀、表现突出的港澳台及华侨华人学生获得国家和广东省的各类奖学金、助学金奖励和资助。

做好2014年出国（境）交换生的选拔工作。11月，学校2014年出国（境）交换生选拔工作启动。学校与美国圣地亚哥州立大学、法国图卢兹商学院、日本同志社大学、英国伯明翰大学、加拿大圣玛丽大学、澳大利亚格里菲斯大学、荷兰泽兰德大学、中国台北大学等34所学校建立学生交换项目，经学生报名、学院审核、语言能力笔试、口语测试以及综合面试，初步确定111名同学入选2014年派出学习名单，为加强学校与国（境）外兄弟高校的联系与交流打下坚实基础。

积极组织学生参加对外交流学习活动。3月，学生处选拔来自印度、多哥等国的14名外国留学生和部分优秀内招生组成代表团，参加在深圳大学举办的“飞扬校园·留动中国”广东省选拔赛，获得三等奖；4月，学生处推荐103名优秀澳门学生参加由教育部港澳台事务办公室、中央政府驻澳门联络办文化教育部主办的“盛世莲花·绽放羊城”广州高校澳门学生联谊活动；8月，应香港青年交流促进会的邀请，组织13名学生干部赴港参加“活出梦想”青年梦想家交流营活动，通过考察社会公益事业、服务弱势社群及交流分享等，燃起暨南学子年少立志的决心；11月，组织130名外国留学生参加广州地区第八届中外友人运动会，在羽毛球、篮球、足球、保龄球等项目中分获第二至八名等11个奖项，其中国际学院学生Hanny获颁本次运动会唯一“最佳女运动员奖”，学校获“优秀组织奖”；组织外国留学生参与全国“我与‘中国梦’”主题征文比赛，我校学生蔡彩虹的文章获二等奖。

12月，选派10名优秀香港学生与香港教育局局长吴克俭、副秘书长黄邱慧清一行座谈，反映在校生活、学习情况、毕业后返港工作等问题。

（学生处供稿）

勤工助学

【概况】　做好“绿色通道”工作，保证每位贫困新生顺利入学。2013 年秋季入学，学生处为 210 名贫困学生办理“绿色通道”手续，缓交学费和住宿费共 131.62 万元；为家庭经济特别困难的新生发放临时特困补助共 16 050 元，以及生活用品 124 套、床上用品 58 套，帮助他们解决临时性生活困难。

加强贫困学生认定工作，做好国家助学贷款及各类助学金评审发放工作。家庭经济困难学生的认定工作是学生资助工作的基础，是开展奖助学金评审、国家助学贷款工作、勤工助学工作的前提。2013 年，学生处共计认定家庭经济困难学生 2 623 人。评审各项奖助学金获得者 3 171 人，资助金额 1 067.98 万元。其中，社会类助学金发放金额 69.58 万元，受惠学生 195 人；协同中国银行广州天河支行为 2013 届 229 名贷款毕业生办理贷款毕业生还款手续，其中申办一次性提前还款的 115 人，申请展期还款与正常还款的 114 人；为 325 名同学办理国家开发银行生源地助学贷款回执手续；为 194 名本科学生与中国银行签订国家助学贷款合同，为他们顺利完成学业提供可靠的经济支持。

积极做好勤工助学岗位的审定和复核工作。全年四校区共设勤工助学岗位1 850个，累计上岗3 500人次，全年发放勤工助学工资 500 余万元，为家庭经济困难学生通过自身努力获取生活来源提供了充分条件。

重视理念教育，全面提高家庭经济困难学生的综合素质。通过阳光爱心服务队和勤工助学管委会两个由家庭经济困难学生组成的学生组织，开展新员工培训大会、家教教员培训会、素质拓展、爱心见面会、爱心宿舍、关爱老人、旧书回收、征文比赛、图书馆勤助学生技能竞赛、趣味运动会、联谊晚会、元宵节游园会等各类活动，在活动中倡导“精神扶贫”和“能力扶贫”的理念，让他们感受国家和学校的关爱，培养学生对学校的归属感，帮助他们树立正确的人生观、价值观，明确对国家、社会、学校的责任，培养感恩意识和责任意识。

重视少数民族学生的资助工作。2013 年，学校来自新疆、西藏、青海等地区的少数民族学生有 34 名，其中 15 名为家庭经济困难学生。学校领导十分关心少数民族学生，亲自到宿舍看望，了解他们的学习生活情况，并要求妥善解决他们遇到的实际困难。学生处详细了解掌握他们的情况，以他们的经济困难程度、学习成绩、日常行为和已受助情况为基础，按照国家的相关规定，给予国家助学贷款、奖助学金、勤工助学、困难补助等全方位资助。同时，通过和他们一起过“古尔邦节”等传统节日，安排“广州一日游”，发放新年红包，吃过节饭，让他们深受感动，纷纷表示要学好知识，回报国家和社会。

（学生处供稿）

心理健康教育

【概况】　2013 年，学校心理健康教育中心面向全校师生举办各类培训 15 场。其中四校区共进行 8 次心理委员培训，1 040 人次参加培训，内容包括心理委员职责、交谈技术技巧、情绪管理、常见心理问题识别、人际关系等。组织学生工作者进行 7 场培训，280 人次参加培训，内容包括新生自我探索系列团体心理辅导技能培训、对精神障碍学生的应对原则与技巧、学生一线工作者的心理调适、高校心理危机干预处理、研究生思想政治教育的特点分析与对策、学生突发事件处理策略与方法、学生心理危机干预应对策略和学生常见心理疾病识别。

组织 14 名专家共提供 1 002 人次心理咨询，处理危机事件 23 例。

进行新生心理测试、研究生入学前心理测量、推免生心理测试 3 类心理测试，共 11 836 人参与测试，并完成1 291人的心理访谈。

紧贴学生学习与生活，尊重学生需求，将专业知识融于兴趣活动中，以活泼生动的形象宣传心理健康教育，增强学生心理免疫能力。成功举办暨南大学第五届心理剧大赛、首届学院“心晴工作坊”联合户外心理体验活动、“暨南心晴”系列讲座、睡眠周户外宣传活动、“Relax Ourselves”户外心理活动、心理趣味运动会。

继续开设大学生心理健康教育课程，心理健康教育中心专职教师和辅导员共16名老师进行授课。校本部、珠海校区、华文学院共891名学生选修，课程配套教材《大学生心理健康教育》由暨南大学出版社于2013年8月出版。

与各部处合作，拓展教职员工EAP（Employee Assistance Program，员工帮助计划）内涵。与党委组织部、人力资源开发与管理处、教务处协同合作，开展“新荷培养计划”、大平台招聘心理测评、本科教学核心团队开展教学工作坊等项目，并为学校党委组织部、图书馆党支部以及教务处开展沙盘排练。

【学院心理辅导站建设】 11月22日，学校第二批学院心理辅导站揭牌，分别是生命科学技术学院、理工学院、信息科学技术学院、外国语学院、新闻与传播学院、医学院。自2012年成立首批学院心理辅导站以来，学校心理辅导站在学生心理健康教育宣传与活动、心理危机干预等方面做了大量卓有成效的工作。心理辅导站一方面积极发挥心灵导师的作用，重视对学生的人文关怀和温情教育，切实了解和帮助学生解决学习与生活中的实际困难，在“润物无声”中逐步提高学生的心理免疫能力，做到防患于未然；另一方面帮助教育者关注自身心理健康，保持积极乐观的心理状态，以身作则，发挥榜样的积极示范作用。

学校本着“建设一个辅导站，培养一名专业工作者，带动一批专业化的学生工作队伍”的工作思路，强调对基层心理健康教育队伍的专业化培养。一方面逐批次选送优秀辅导员参加国家心理咨询师培训及考证，为学院心理辅导站培养专业人才（本年度已完成7个学院辅导站专业人才的培训）；另一方面，在学生处和研究生院的支持下，在学生会和研究生会分别成立心理服务部，积极发挥学生组织的自我管理、自我教育、自我服务作用，通过专业培训班级心理委员，配合学院心理辅导站开展心理健康教育工作。

【一线学生工作者心理沙龙】 10月23—24日，由心理健康教育中心主办的2013年暨南大学一线学生工作者心理沙龙在学术报告厅举行，校领导蒋述卓、叶勤出席活动。蒋述卓书记在讲话中指出，加强大学生心理健康教育是加强和改进大学生思想教育工作的迫切要求，是增强大学生思想教育工作的针对性、实效性和主动性的重要举措和有力保证。新形势下的大学生思想教育工作要与心理健康教育互相补充、互相促进。叶勤副书记在讲话中指出，学校历来非常重视心理健康教育工作，一方面鼓励学生工作者将掌握的心理健康教育的知识和技能用于指导日常工作，另一方面通过搭建校内外学生心理健康教育工作交流平台，以提高大家的自身素质和工作能力。学生工作者不但要掌握学生心理工作的方法，而且要学会自我心态调节的技巧，进而做到助人者自助。

【第五届心理剧大赛】 5月26日，2013年暨南大学第五届心理剧大赛决赛在珠海校区举行，校党委副书记、副校长叶勤出席并致辞。学校心理剧大赛经过五年的发展已经成长为有着浓厚暨南特色的心理文化品牌活动，对普及心理知识，抚慰学子心灵，引导学生健康、全面发展起到积极作用。叶勤副书记殷切希望暨南学子脚踏实地，志存高远，崇尚学术，渴求知识，至臻学业，力争做到多面发展。他同时强调，学校的学生工作要深入学生心灵深处，创新工作思路，引导学生健康成长，增强学生心理免疫能力，为学生的成长成才做好保驾护航的工作。

经过激烈角逐，9支队伍进入决赛。管理学院的心理剧《错觉》获得大赛一等奖，管理学院、经济学院、医学院获得最佳组织奖。

（心理健康教育中心供稿）

毕业生就业指导

【概况】 2013 年，学校参加内地派遣的毕业生共5 114 人，其中应届本科毕业生2 782 人，应届硕士毕业生2 207 人，应届博士毕业生125人。截至2013 年9 月1 日，2013 届毕业生已就业4 826 人，全校总体平均就业率为94. 37%，其中本科毕业生已就业 2 642 人，一次就业率为94. 97%，相比2012 年同期就业率94. 37% 高出0. 6 个百分点；硕士毕业生已就业2 066 人，一次就业率为93. 61%，相比2012 年同期就业率90. 63% 高出2. 98 个百分点；博士毕业生已就业118 人，平均就业率为94. 40%。

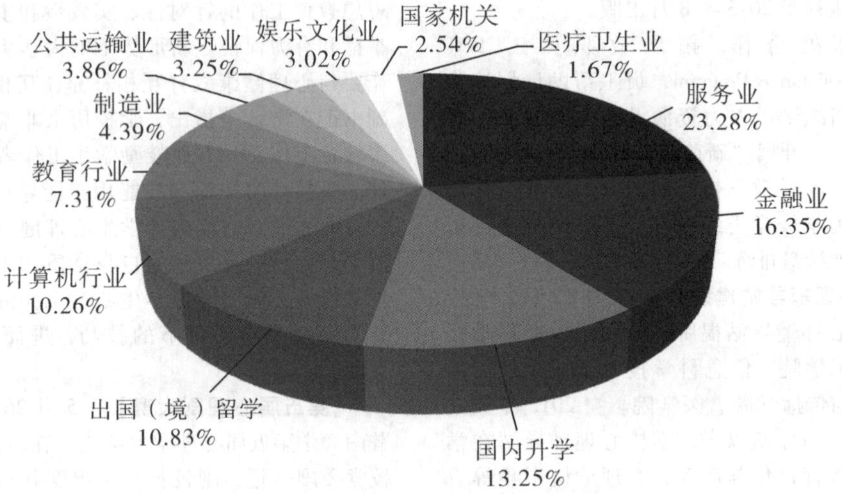

2013 年本科毕业生就业行业（去向）分布

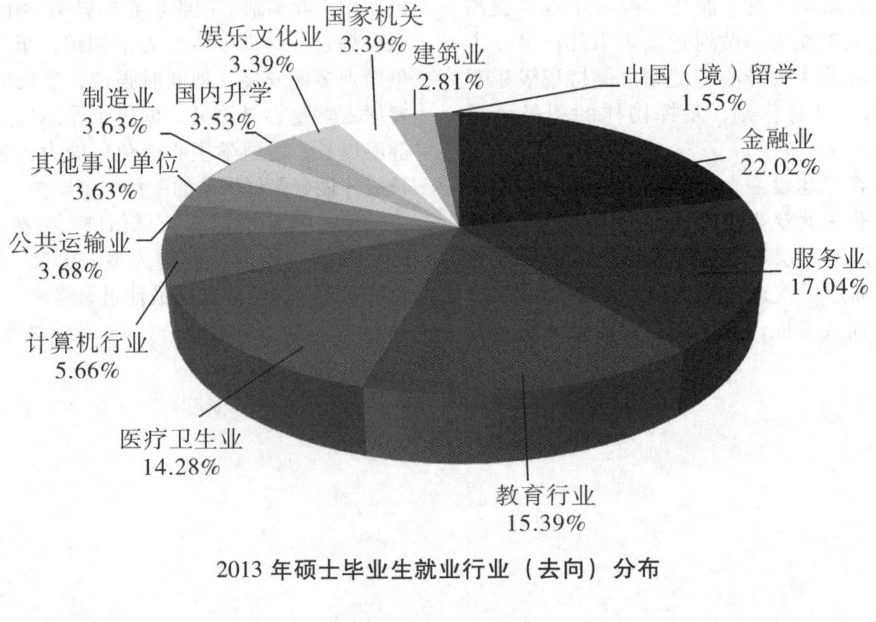

2013 年硕士毕业生就业行业（去向）分布

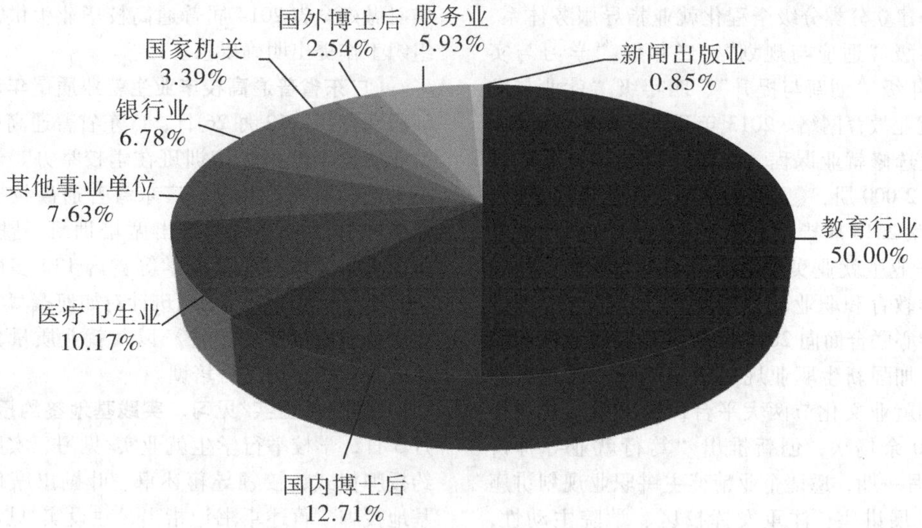

2013 年博士毕业生就业行业（去向）分布

严格落实毕业生就业工作目标责任制度，顺利完成2013年校长与广东省教育厅厅长、校领导与学院负责人间的毕业生就业工作目标责任书签订工作；推动落实招生、培养、就业相联系的联动制度；坚持就业率动态统计和定期通报制度，及时上报广东省教育厅；建立就业质量统计分析制度，编印2013届毕业生就业状况白皮书，为招生和人才培养提供重要参考依据。

提前研判就业形势，多措并举，确保就业工作扎实推进。承办广东省教育厅高校毕业生就业工作研讨会、高校毕业生就业工作推进活动座谈会，加强与兄弟院校就业部门协同创新；新设暨南大学学生就业实/见习、实践基地，与用人单位优势互补，共谋发展；召开多次全校就业工作专题会议，明确各阶段工作任务；赴香港调研学习，推进学校香港学生就业工作改革与实践。

合理规划畅通信息，利用中心网站、中心官方微博、中心短信平台、《就业政策宣传册》、就业委员QQ群、职业发展协会微信、楼栋就业专栏、活动展板横幅等多样载体，第一时间准确地宣传就业政策及招聘信息，帮助学生以积极心态应对就业形势危机。2013年中心日均发布信息40多条，全年信息发布量为15 000余条。

主动开拓和巩固就业基地，鼓励学院积极对外联系，进一步完善学校就业信息数据库；编印《暨南大学2013届毕业生资源信息手册》，主动与3 000余家单位沟通和联系，在校内组织280余场校园专场宣讲会和见面活动；采取大、中、小型，分专业、分行业等方式举（承）办26场专场招聘会，充分发挥校园招聘主渠道作用，特别加大对就业需求不旺盛专业和基础学科专业专场招聘会的举办力度。2013年，学校举（承）办各类宣讲会、招聘会等活动共提供41 000余个就业岗位。

加强就业管理和调研，出台《暨南大学关于做好2013年学生就业工作的通知》《暨南大学关于做好2013届毕业生离校前就业工作的通知》《关于2013届毕业生网上填报就业信息的相关说明》《关于2013届毕业生办理暂缓就业申请手续的通知》《关于2013届毕业生办理签约、暂缓就业协议等工作安排的通知》等文件，确保2013届毕业生派遣工作平稳、有序地开展；校领导带队赴香港开展香港毕业生就业调研；中心实地走访招商银行、兴业银行、安利、华为、温氏集团等50多家企业，探索用人单位与学校合作新模式；发出用人单位调查问卷200多份，发出往届毕业生调查问卷300多份，进一步了解学校毕业生发展状况和企业需求特点。

关爱就业特殊群体，深入走访各院系，与辅导员和毕业生代表举行就业座谈会，强化对就业困难群体的援助。开展理想信念教育，加大“西部志愿者服务计划”“三支一扶”“选调生”“预征入伍”等国家基层项目就业指导推进力度，2013年共有12名毕业生面向西部就业和服务西部。

完善就业指导服务体系，成立就业指导课程

教研室；建立分类分级全程化就业指导服务体系，形成一年级“适应与规划”、二年级“学习与实践”、三年级“创新与提升”、四年级“就业与发展”的就业教育网络。2013年开设了6个班供300余名学生选修就业课程，编印并发放《就业政策宣传册》2 000册，《暨南大学新生职业规划手册》《暨南大学2013届毕业生就业风采录》《暨南大学2014届毕业生就业实用手册》各6 000册；开展新生入学教育和职业规划发展月活动，与心理健康教育中心联合面向2013级新生开展职业性向网络测评，加强新生职业规划意识培养；通过就业启航节和就业文化节两大平台，推出系列就业指导活动30余场次；创新推出“笃行就业导师讲坛”，每月一期，邀请企业精英主讲职业规划讲座和职业发展讲座；注重发挥校区、学院主动性，开展形式多样的就业指导教育活动；组织38名校内专职工作人员和辅导员参加就业专题培训，有步骤、有计划地逐步提高学校就业工作队伍的专业化水平。

【广东省2014届普通高校毕业生就业工作研讨会举行】 广东省2014届普通高校毕业生就业工作研讨会于11月7日下午在学校举行。广东省委教育工委副书记、广东省教育厅党组副书记景李虎，校领导胡军、饶敏，广东省普通高校毕业生就业指导中心、广东省公安厅相关负责人出席会议，暨南大学、中山大学、华南理工大学等28所高校就业工作部门负责人参加会议。会议由广东省普通高校毕业生就业指导中心主任陈少雄主持。校长胡军表示学校历来高度重视学生就业工作，把学生就业质量当作衡量办学水平的重要标准，学校将进一步加强学生职业规划教育，把毕业生就业体系和人才培养体系紧密结合起来。副校长饶敏介绍学校就业工作及人才培养质量。在研讨会上，各高校代表就2014届毕业生就业形势、就业工作思路以及问题展开热烈讨论。陈少雄对做好全省2014届普通高校毕业生供需见面会组织工作提出明确要求。

【广东省普通高校毕业生就业质量年度报告培训班举办】 12月26日，广东省普通高校毕业生就业质量年度报告培训班在学校举办。学校党委副书记、副校长叶勤，广东省普通高校毕业生就业指导中心主任陈少雄出席培训班。暨南大学、中山大学、华南理工大学等省内130多所高校共280多人参加培训。培训班针对如何撰写《高校毕业生就业质量年度报告》以及就业质量分析数据库的管理和运用进行培训。

【学生就业实/见习、实践基地签约授牌】 7月3日，学校举行学生就业实/见习、实践基地签约授牌仪式，校领导蒋述卓、叶勤出席仪式并为基地授牌。蒋述卓书记指出，建设实/见习、实践基地是学校人才培养的有益途径之一，有利于强化学生职场认知和职业规划能力，使其在实践中提升职业素养和技能。基地建设也是学校深化校企合作的重要举措，实现了资源互补、互利共赢。叶勤副书记提出，学生就业实/见习、实践基地建设发展是一项长期系统工程，需要校企双方努力，提高人才培养质量，促进大学生就业工作，履行共同肩负的社会责任。广东省邮政公司、中惠熙元房地产集团有限公司、深圳华大基因研究院等16家单位与学校签约并接受授牌。

【广东省2013年“阳光助推”残疾人大中专毕业生专场招聘会】 5月17日，由广东省教育厅主办的广东省2013年“阳光助推”残疾人大中专毕业生专场招聘会在学校田径运动场举行。校领导胡军、叶勤与广东省残联副理事长柯沫夫、广东省普通高校毕业生就业指导中心主任陈少雄巡视招聘会现场。65家用人单位为现场400多名残疾大中专毕业生提供了500多个岗位。

（学生就业指导中心供稿）

学生社区教育管理

【概况】 学生社区教育管理中心在工作中注重加强与各部处的协作沟通，认真践行党的群众路线，务实求真，为学生多做实事，建设有利于学生学习和发展的和谐社区。

做好学生宿舍床位安排工作。中心通过检查、清理、合并，整合出空床位384个。

高度重视学生安全，落实多项务实措施及安全教育工作。首先，抓好纪律宣传教育，对学生宿舍内发生的违纪事件进行通报。其次，对违纪的学生进行调查、谈话和说服教育。

开展丰富多彩的社区文化活动，建设以分享交流为特色的多元文化新格局。通过摄影展、乒乓球比赛、多元文化工作坊等活动，丰富社区生活。开设“学生之家”，可供学生举办聚会、交流学习、欣赏电影等。

深入开展团学工作，积极开展党员活动。通过宿舍楼管理员、室友访谈等方式对党员发展对象进行社区考察。2013 年考察入党积极分子 1 000 多人、预备党员 800 多人；全年共开展社区时事热点座谈会 11 期，超过 400 人参与座谈。

改善学生宿舍的环境与硬件设施，根据学生宿舍专项维修资金制订维修计划。2013 年改造学生宿舍原有门禁设备，安装门禁系统并投入运行。

（学生处供稿）

红十字会工作

【概况】 2013 年，学校组织流动献血车进校园活动 12 次，1 233 人参与无偿献血，累计献血量 246 600 毫升。

5 月、11 月，学校两次邀请广东省红十字会急救培训专家来校对师生进行急救培训。急救培训分为理论学习和实际操作两部分，包括心肺复苏技术与外伤四项救护技术（止血、包扎、骨折固定、搬运）。

【艾滋病日宣传活动】 12 月 1 日，学校红十字会联合学校门诊部及学校医疗青年志愿者服务队开展为期一周的系列宣传活动，通过微博、交流群等网络工具进行艾滋病预防知识的宣传。本次艾滋病日举办的各种活动让高校大学生更加深刻了解艾滋病，加大了对艾滋病重视与关注的力度，同时为更好地预防艾滋病提供有力的保障。

（心理健康教育中心供稿）

暨南大学学生代表大会

第 17 届第一任期暨南大学学生代表大会成立于 2013 年 6 月 22 日。学生代表大会是全校学生的最高权力机关，它的常设机构是学生代表大会常务代表委员会（以下简称“常委会”）。常委会设委员长 1 名、副委员长 2 名，各学院常委 1 名，华侨华人及港澳台学生代表 1 名。常委会下设秘书处，秘书处设秘书长 1 名、副秘书长 2 名，常务秘书若干名。

暨南大学学生代表大会第 17 届第一任常务代表委员会名单

职位	姓名	性别	年级	学院	系/专业
委员长	孙　维	男	2010	艺术学院	音乐学
副委员长	李斯娴	女	2010	管理学院	财务管理
副委员长	王文豪	男	2010	华文学院	汉语言
常委	张艳婷	女	2010	国际学院	会计学
常委	陈燕霆	女	2011	文学院	汉语言文学（基地班）
常委	邱彬彬	女	2011	外国语学院	英语（语言文学）
常委	吴　瞬	男	2011	新闻与传播学院	新闻学

（续上表）

职位	姓名	性别	年级	学院	系/专业
常委	蔡远飞	男	2011	经济学院	统计学（精算学方向）
常委	李俊颖	女	2011	公共管理学院/应急管理学院	应急管理
常委	罗宇清	女	2011	法学院/知识产权学院	法学
常委	张佳熠	男	2011	国际关系学院	国际政治
常委	张漫哲	女	2010	理工学院	环境科学
常委	郭婧杨	女	2011	信息科学技术学院	通信工程
常委	黄光豪	男	2010	生命科学技术学院	应用化学
常委	官瑞松	女	2011	医学院	临床医学
常委	梁淑燕	女	2011	药学院	中药学
常委	刘桂香	女	2011	人文学院	行政管理
常委	赵　原	女	2011	翻译学院	翻译
常委	高青梅	女	2011	国际商学院	工商管理
常委	吴锦河	男	2011	电气信息学院	电气工程及其自动化
常委	吕韵竹	女	2010	深圳旅游学院	商务英语
常委	冯博仪	女	2012	国际学院	临床医学
常委	刘孝威	男	2010	医学院	口腔医学
秘书长	陆学茸	女	2010	国际学院	食品质量与安全
副秘书长	李丽颖	女	2011	国际关系学院	国际政治
副秘书长	舒泽宇	男	2012	国际学院	金融学

暨南大学学生会

第22届第一任期暨南大学学生会成立于2013年9月22日。学生会设主席1名、副主席8名，主席团还设有文字助理、财务助理，珠海校区执行委员会等。现设14个部门：办公室、人力资源部、调研部、宣传部、编辑部、多媒体信息技术部、学习部、体育部、文娱部、公关部、校园文化交流部、外招生部、生活部、心理健康服务部，各部门设部长1名、副部长2至3名，干事若干。

暨南大学学生会第22届第一任主席团名单

职位	姓名	性别	年级	学院	系/专业
主席	刘孝威	男	2010	医学院	口腔医学
副主席	李欣卉	女	2011	公共管理学院/应急管理学院	应急管理
副主席	李　尧	男	2011	信息科学技术学院	信息与计算科学
副主席	梁韵怡	女	2011	国际学院	金融学

（续上表）

职位	姓名	性别	年级	学院	系/专业
副主席	林俊威	男	2011	管理学院	会计
副主席	曹　熙	男	2011	新闻与传播学院	播音与主持
副主席兼珠海校区执行委员会主席	谭　湘	女	2011	人文学院	广告学
副主席兼深圳旅游学院学生会主席	梁国铮	男	2011	深圳旅游学院	商务英语
副主席兼华文学院学生会主席	唐书森	男	2011	华文学院	汉语言
文字助理	罗小嫣	女	2012	生命科学技术学院	应用化学
财务助理	李　蔚	女	2012	国际学院	金融学

暨南大学学生会第22届第一任部长名单

部门	姓名	性别	年级	学院	系/专业
办公室	罗云峰	男	2012	国际学院	会计学
人力资源部	肖茜茜	女	2012	国际学院	国际经济与贸易
调研部	陈泓暐	男	2012	国际学院	会计学
宣传部	余德源	男	2012	信息科学技术学院	信息管理与信息系统
编辑部	黄筱竹	女	2012	理工学院	食品科学与工程
多媒体信息技术部	吉　琼	女	2012	生命科学技术学院	应用化学
学习部	唐开源	男	2012	国际学院	国际经济与贸易
体育部	刘浩坤	男	2012	医学院	临床医学
文娱部	曾繁荣	男	2012	生命科学技术学院	生物技术
公关部	姚艾冰	男	2012	理工学院	建筑学
校园文化交流部	李乔新	男	2012	新闻与传播学院	播音与主持
外招生部	梁卓然	女	2012	医学院	临床医学
生活部	彭　里	男	2012	国际学院	国际经济与贸易
心理健康服务部	刘静怡	女	2012	国际学院	国际经济与贸易

珠海校区执行委员会第2届第二任主席团、部长名单

职位/部门	姓名	性别	年级	学院	系/专业
主席	谭　湘	女	2011	人文学院	广告学
副主席	杨　洋	男	2011	国际商学院	工商管理
副主席	朱　喆	女	2011	国际商学院	财务管理
副主席	杜敏聪	女	2011	翻译学院	翻译

（续上表）

职位/部门	姓名	性别	年级	学院	系/专业
副主席	刘佳琳	女	2011	人文学院	法学
秘书长	李敏颖	女	2012	管理学院	物流管理
副秘书长	寇家豪	男	2012	电气信息学院	物联网工程
副秘书长	程　君	女	2012	经济学院	统计学
人力资源部	王　涛	男	2012	管理学院	工商管理
学习部	邱育琼	女	2012	国际商学院	国际商务
文娱部	周　凡	男	2012	经济学院	金融学
体育部	曾家旺	男	2012	电气信息学院	自动化
公关部	王文杰	女	2012	人文学院	汉语言文学
调研部	田国伟	男	2012	电气信息学院	自动化
心理健康服务部	麦倩婷	女	2012	管理学院	人力资源管理
生活部	孙泽雯	女	2012	国际关系学院	国际政治
外招生部	甄思铭	男	2012	国际商学院	金融工程
宣传部	陈婉盈	女	2012	新闻与传播学院	广告学
编辑部	陈　庆	女	2012	文学院	历史
多媒体信息技术部	陈子凡	男	2012	电气信息学院	信息安全

暨南大学学生社团联合会

第29届暨南大学学生社团联合会成立于2013年9月22日，旗下有50个社团。

暨南大学第29届学生社团联合会主要负责人名单

职位	姓名	性别	年级	学院	系/专业
理事长	林　欢	女	2011	国际学院	金融学
副理事长	李师然	男	2011	外国语学院	日语
副理事长	龚翊禹	男	2011	国际学院	食品质量与安全
副理事长	蔡　彬	男	2011	信息科学技术学院	电子信息工程
副理事长	杜卓明	男	2011	国际学院	国际经济与贸易

暨南大学第29届学生社团联合会部长名单

部门	姓名	性别	年级	学院	系/专业
秘书部	李彤欣	女	2012	医学院	临床医学
财务部	黄　睿	女	2012	国际学院	会计学
宣传部	詹小瑜	女	2012	生命科学技术学院	生态学

（续上表）

部门	姓名	性别	年级	学院	系/专业
媒体采编部	周慧龙	男	2012	艺术学院	导演
外联部	管文杰	男	2012	理工学院	应用物理
社团交流调研部	段琤琛	男	2012	生命科学技术学院	生物技术
活动部	李永亮	男	2012	信息科学技术学院	网络工程
人力资源部	孙　婧	女	2012	生命科学技术学院	应用化学

暨南大学第29届学生社团联合会社团负责人名单

社团名称	姓名	性别	年级	学院	系/专业
爱牙协会	李美美	女	2012	医学院	口腔医学
天元棋社	陈湘强	男	2012	理工学院	食品科学与工程
和一群集网络公益教学协会	郑　鑫	男	2011	经济学院	金融学
日语俱乐部	詹镇宇	男	2011	外国语学院	日语
Skyland英语协会	余晓晴	女	2012	理工学院	食品科学与工程
轮滑协会	颜伟斌	男	2012	生命科学技术学院	应用化学
青年会计协会	罗冠宇	男	2011	国际学院	会计学
吉他协会	郑若瀚	男	2010	新闻与传播学院	广告学
跆拳道协会	李世方	男	2012	理工学院	土木工程
国际扯铃社	王洺贤	男	2012	理工学院	物理
暨南剧社	卢小山	女	2011	信息科学技术学院	网络工程
棒垒球协会	张奕军	男	2010	经济学院	金融学
攀岩协会	陈志伟	男	2010	外国语学院	日语
电影协会	杨　畅	女	2010	生命科学技术学院	生物技术
街舞协会	雷彭雅洁	女	2012	药学院	中药学
羽毛球协会	罗洋深	男	2011	信息科学技术学院	数学
自行车协会	刘可佳	男	2012	艺术学院	导演
动漫社	钟耀扬	男	2011	国际学院	国际经济与贸易
国际舞蹈协会	郭婕茵	女	2012	医学院	口腔医学
武术协会	庄鸿任	男	2011	经济学院	国际经济与贸易
猎狐无线电协会	蔡　彬	男	2011	信息科学技术学院	电子信息工程
魔术协会	李思量	男	2011	公共管理学院/应急管理学院	应急管理
足球协会	杨　凯	男	2011	理工学院	材料科学与工程
中医协会	赵志生	男	2011	医学院	中医

（续上表）

社团名称	姓名	性别	年级	学院	系/专业
发明促进协会	黄泳怡	女	2012	生命科学技术学院	生物医学工程
职业发展协会	梁嘉琳	女	2012	国际学院	会计学
旅游协会	吴嘉欣	女	2011	文学院	汉语言文学
市场营销青年协会	苏建来	男	2011	理工学院	光电信息工程
乐韵坊	周　达	男	2011	理工学院	土木工程
双节棍协会	庄晓榆	男	2011	国际学院	国际经济与贸易
网络协会	潘杨文	男	2010	信息科学技术学院	计算机科学
乒乓球协会	彭　里	男	2012	国际学院	国际经济与贸易
阳光爱心服务队	古小君	女	2012	药学院	药学
书画协会	张菁菁	女	2011	艺术学院	美术学
法律援助中心	姚靖雯	女	2011	法学院/知识产权学院	法学
应急青年协会	袁兆辉	男	2011	公共管理学院/应急管理学院	应急管理
哲学协会	胡　元	女	2012	国际学院	临床医学
定向越野旅游协会	苏捷华	男	2012	医学院	临床医学
排球协会	梁鹏飞	男	2009	理工学院	土木与力学工程
网球协会	梁子立	男	2010	生命科学技术学院	生态学
龙狮协会	罗喻翔	男	2010	医学院	临床医学
电子竞技协会	黄宣儒	男	2012	信息科学技术学院	计算机
推理馆	刘　杰	男	2012	信息科学技术学院	数学
模拟联合国协会	唐开源	男	2012	国际学院	国际经济与贸易
暨大义族	李俊颖	女	2011	公共管理学院/应急管理学院	应急管理
素食文化协会	邵辽然	男	2010	体育部	体育教育
人声协会	江亦城	男	2012	国际学院	临床医学
天文社	冯美瑜	女	2011	理工学院	信息工程
经济金融学社	黄颖秋	女	2012	国际学院	金融学
创文化协会	袁倩鹏	男	2008	管理学院	市场营销

暨南大学学生社团联合会珠海分会

第6届第一任期暨南大学学生社团联合会珠海分会成立于2013年10月19日，旗下有40个社团。

暨南大学学生社团联合会珠海分会第6届第一任主要负责人名单

职位	姓名	性别	年级	学院	系/专业
理事长	鞠孜敬	男	2011	电气信息学院	信息安全
副理事长	周欣汶	女	2011	电气信息学院	自动化
副理事长	金美慧	女	2011	国际商学院	国际经济与贸易
副理事长	阮麟齐	男	2011	国际商学院	国际经济与贸易
秘书长	李浩源	男	2012	经济学院	金融学

暨南大学学生社团联合会珠海分会第6届第一任部长名单

部门	姓名	性别	年级	学院	系/专业
人力资源部	周雅静	女	2012	国际商学院	工商管理
编辑部	童雪玉	女	2012	国际商学院	金融工程
宣传部	胡艺雯	女	2012	文学院	汉语言文学（基地班）
公关部	邱塬铎	男	2012	经济学院	统计学
社团交流促进部	陈柏灿	男	2012	电气信息学院	电子信息科学与技术
信息部	杨文德	男	2012	电气信息学院	电子信息科学与技术

暨南大学学生社团联合会珠海分会第6届第一任社团负责人名单

社团名称	姓名	性别	年级	学院	系/专业
八部半电影协会	韩玮	男	2012	文学院	戏剧影视文学
516轮滑社	任攀宇	男	2012	国际商学院	市场营销
魔术协会	房俊峰	男	2012	国际商学院	市场营销
摄影协会	梁嘉维	男	2012	经济学院	金融学
旅游协会	许可昕	女	2012	国际商学院	国际商务
游泳协会	李梓舒	男	2012	新闻与传播学院	广播电视新闻学
星雨文学社	高海源	男	2012	管理学院	财务管理
纵横联盟	林静宜	女	2012	人文学院	法学
心理健康协会	刘欣	女	2012	人文学院	汉语言
计算机协会	孔锦泉	男	2012	经济学院	经济学
无名漫画社	苏定涛	男	2012	国际商学院	金融工程

（续上表）

社团名称	姓名	性别	年级	学院	系/专业
排球协会	刘广连	女	2012	经济学院	统计学
吉他协会	林　锐	男	2011	国际商学院	金融工程
±2℃环保社	刘　嫄	女	2012	经济学院	金融学
风云话剧社	潘旖琪	女	2012	管理学院	人力资源管理
英语俱乐部	黄碧莹	女	2012	国际关系学院	国际政治
C立方礼仪协会	陈婉莹	女	2012	人文学院	广告学
静之韵瑜伽协会	黄雅迪	女	2012	管理学院	ACCA
柔荑编织协会	何烨媚	女	2012	新闻与传播学院	国际新闻学
羽毛球协会	徐　楠	女	2012	法学院/知识产权学院	法学
篮球协会	陈达豪	男	2012	管理学院	工商管理
演讲学社	李　俊	男	2012	法学院/知识产权学院	法学
自行车协会	范俊康	男	2012	电气信息学院	自动化
乒乓球协会	崔宏宇	女	2012	人文学院	汉语言文学
法律援助中心	潘　楠	女	2012	法学院/知识产权学院	法学
步行者户外运动协会	彭芷珊	女	2012	管理学院	电子商务
跆拳道协会	董　路	男	2012	新闻与传播学院	国际新闻
健美操协会	王　京	女	2012	国际商学院	工商管理
毽球协会	谢　跃	男	2012	国际商学院	工商管理
网球协会	郭婷婷	女	2012	经济学院	金融学
文化素质教育协会	何楚纤	女	2012	管理学院	ACCA
美食协会	古　清	女	2012	国际商学院	工商管理
韵墨飘香书法协会	涂雨桐	女	2012	经济学院	金融学
爱琴海口琴社	林嘉琦	女	2012	管理学院	会计学
足球协会	关文俊	男	2012	国际商学院	工商管理
R&G舞蹈协会	郑嘉欣	女	2012	新闻与传播学院	广告学
行知记者团	何永祥	男	2012	人文学院	广告学
和一群集	尚　松	男	2012	法学院/知识产权学院	法学
南枝汉服社	夏　祎	女	2012	新闻与传播学院	广播电视新闻学
Fitness健身协会	余亦俊	男	2012	翻译学院	翻译

深圳旅游学院学生社团组织

深圳旅游学院第13届第一任社团负责人名单

社团名称	姓名	性别	年级	系/专业
音乐沙龙	刘甜甜	女	2011	商务英语
摘星剧社	江嘉炜	男	2012	旅游管理
舞蹈协会	朱玉虎	男	2012	旅游管理
主持礼仪团	张力文	女	2012	商务英语
乒乓球协会	黄贞炯	男	2012	旅游规划与景观设计
跆拳道协会	吴李接	女	2012	商务英语
羽毛球协会	李凯雯	女	2012	旅游规划与景观设计
足球协会	黄廷骏	男	2012	酒店与会展管理
篮球协会	黄楠楠	男	2012	旅游管理
台球协会	张　嵩	男	2012	电子商务
膳食委员会	刘　程	男	2012	电子商务
电脑维修小组	陈深海	男	2012	旅游规划与景观设计
摄影协会	龙一申	女	2011	电子商务
广播站	余雨丝	女	2012	商务英语
辩论队	潘　岚	女	2012	商务英语
演讲学社	欧泽佳	男	2012	旅游管理
文学社	曾美玲	女	2011	商务英语
棋友社	何　健	女	2012	电子商务
UP编辑社	戴丰薇	女	2012	旅游管理
轮滑协会	王天娇	女	2012	商务英语
动漫社	陈婵颖	女	2012	商务英语

（学生处供稿）

· 管理与服务 ·

党政办公室工作

【概况】 党政办公室是学校行政党务事务综合办事机构，负责学校文秘、信息、督查、调研及重要活动组织、综合事务管理等工作，具有承上启下、协调左右、联系内外的作用，具备研究政策、传递信息、服务领导决策、服务大局和服务基层的职能。下设4个科室：秘书科、督办科、行政科、机要保密室；挂靠副处级单位8个：信息管理办公室、信访办公室、档案馆、董事会办公室、驻香港办事处、驻澳门联络处、驻北京办事处、校友与社会合作办公室。2013年，党政办公室有在编在岗人员66人，合同工3人，聘用人员1人，返聘人员4人。

【文秘工作】 负责学校党政公文的流转、办理和学校重要公文、文稿的撰写，指导、规范全校党政系统的文秘工作。2013年，起草或参与起草学校各类工作报告、总结、计划等重要文件20余篇，累计完成近50万字的文字材料，包括《暨南大学2006—2013年办学情况的汇报》、董事会换届工作董事长讲话、办学情况材料（向戴秉国董事长汇报）等文稿。在党的群众路线教育实践活动中，参与撰写、修改学校教育实践活动整改方案、校领导班子自查材料、总结大会校长讲话等重大文稿。同时做好群众路线教育实践活动——学校领导下基层调研的安排工作。负责教代会、教师节大会、董事会校长报告，毕业、开学典礼校长讲话稿的起草等工作。

通过网络办公信息系统（简称"OA系统"）和信息化平台，登记受理、批转校内外各类来文来函1 626份（其中行政文函1 443份、党委文函183份）。对校内请示文件作出书面批复134份。完成1 553份党政公文（其中行政公文1 437份、党委公文116份）的核稿工作。

负责校长办公会议、党委全委会、党委全委扩大会议、基层党委书记会等的会务工作，完成2013年共23次校长办公会议的召集、议题收集、记录整理及会议决定的拟制和印发工作，做好会议决定的督办工作，促进学校重要政策、重大问题决议的贯彻执行。

做好校领导的日常服务工作。党政办公室有9名文秘人员负责联系校领导，在完成本职岗位工作的同时，负责安排校领导行程和公务活动，承担校领导日常审批公文的流转，负责校领导在各种场合的讲话稿、报告的撰写、审核，陪同校领导下基层调研和现场办公，承担会议记录、会议纪要、调研报告的撰写等工作，积极发挥领导的参谋助手作用。

推进文秘工作制度建设化、规范化。起草印发《校长办公会议（党政联席会议）议事规则》，进一步理顺办公会议议题的收集程序，切实做好校长办公会议的组织服务工作，提升会议效率。严格贯彻中央八项规定精神，起草印发《学校贯彻落实中央改进工作作风、密切联系群众〈八项规定〉的实施办法》，采取切实措施减少文山会海。起草印发《校领导联系秘书管理规定》。编制《暨南大学值班工作手册（2013）》，完善各级领导值班和信息报送工作职责，规范工作流程，使常态化值班工作落到实处。着手修订学校党政公文处理办法，贯彻落实中共中央办公厅、国务院办公厅最新公文处理规定。

对公文格式、印制严格把关，保证学校公文质量。为机关各单位和广大师生提供文印服务，印制党政公文1 568份（其中行政公文1 437份、党委公文131份），复印各类文档材料15.5万份。做好机要交换工作，保证学校机要交换渠道的安全、畅通，全年共寄送机要文件480多份，签收、寄出重要文件2 637份、普通信件22 000多份。对校内部门和单位文秘工作中出现的问题及时指导，加强规范。

【综合事务】

1. 各类重要会议和活动的会务接待服务工作

全年完成：学校董事会董事长戴秉国听取学校工作汇报会、国务院侨办主任裘援平来校调研、国务院侨办副主任马儒沛听取南校区建设情况汇报会、国务院侨办副主任何亚非作形势报告会、暨南大学第七届董事会第一次会议、庆祝中国共产党成立92周年大会暨"七一"表彰大会、2013年学校夏季毕业典礼、2013年学校秋季开学典礼、暨南大学董事梁志斌及叶惠全捐赠仪式、暨南大学番禺南校区学生宿舍楼奠基仪式、暨南大学校友总会第四届理事会、暨南大学广州校友会第五届理事会换届大会、第二十四届四校工作交流联谊会等多项重大活动及几十次上级领导、兄弟院校和外宾来校参观、视察、合作等会务接待工作。

2. 公章使用及管理工作

按照学校印章管理条例，加强对学校公章、领导签名章、党政办公章的管理，严格执行审批、使用和登记工作。配合学校机构调整，审核刻制新设机构印章27枚。

3. 宣传纪念品的开发和管理

结合学校宣传和对外交流工作的需要，本着节约、实用、便于交流纪念的原则，开发多种宣传纪念品，主要有镇纸、笔筒、锡盘等，服务学校接待和对外联络工作；同时加强对宣传纪念品的使用管理，简化申领手续的同时设置进出台账，严格实行使用登记制度，细化进出账登记，全年为学校各单位提供纪念品使用600多件次。

4. 收发服务工作

依托收发室为各单位师生提供多种收发服务。负责校内公文、资料的交换，收寄邮品，征订派发报纸、杂志和信件，提供邮件查询、邮品领取等服务。每天服务师生近100人次，全年出车派送900余次，收发报刊、信件、文件约163.9万件，其中分发报刊9万余份，校内交换文件1万余份，邮寄、领取邮件3万多件，发放杂志2万多份，投放印刷品5 000多份。以上工作均按照邮品收发管理办法，严格登记，签名领取，及时派送。

5. 通信服务工作

电话室负责全校9 925台电话的代理维护工作，全年定期维护保养通信基站18处，管理全校3 000多台办公电话，安装、迁移办公电话290多次，维修通信线路故障2 500多次，办理电话特种业务300多次，为学校通信服务提供强有力的保障；为学校追缴办公电话费用60余万元，创收代理维护费15万多元，节约电话初装费4万多元。

【督查督办工作】 党政办公室继续加强督查督办工作，以落实为目标，以督促为手段，全面跟进落实学校校长办公会议决议、学校重要文件批复、校领导重点批示等工作，逐一跟进教代会提案办理工作，将办理事项进展情况及时通过《督办快报》送校领导参阅。4月，根据上级单位文件精神，拟文成立校院两级督查工作领导小组，完善学校督查工作机构。要求学校各二级单位成立督查领导小组，明确督查工作联络人，确保督查工作的推进责任到人，避免出现互相推诿、无人办理的状况。

全年编印《督办快报》10期，跟进督办事项73项，办结39项，办结率为53.42%。发出《决办通知》129份，重点督办跟进实验动物管理中心生产许可证申请、学校实验动物管理、南校区建设、华文学院饭堂宿舍改造、佛冈县扶贫商铺的处置、租用文雅阁作为学生宿舍等事项。跟进、流转群众路线教育实践活动收集意见91项，及时转相关部处办理，并整理汇集后转学校群众路线教育实践活动领导小组办公室。

继续承担教代会提案办理的流转、督办工作。2013年教代会提案共有46份上传至OA系统，党政办公室及时将提案转发至相关部处进行处理。持续督促相关职能部门重视并加快对教代会提案的办理，教代会代表对提案答复的满意度进一步提高。2013年有4位提案人对提案答复意见不满意，经过职能部处的再次处理，办理结果都取得提案人的理解与支持。

【信息与简报工作】 做好《暨南大学简报》的编辑和信息报送工作，全年共编发简报9期，并向上级主管部门、广东省政府、国务院港澳办等上级机关报送。负责学校信息的采集、报送工作，指导全校各单位的信息工作。全年向国务院侨办、广东省教育厅等报送信息20余篇，获国务院侨办采纳2篇，广东省教育厅采纳2篇，广东省政府采纳1篇。

【保密工作】 学校保密委员会以保密工作“调查研究年”为主题，深入基层调查研究，对华文学院、深圳旅游学院、珠海校区试卷保密管理和要害部门、部位管理情况进行全面调研，根据要害部门、部位工作职能转变和岗位人员调动，重新核定职数；修订《暨南大学密码电报安全保密管理和使用办法》。

圆满完成全国保密普查、广东省国家保密局“六五”保密法制宣传教育中期检查、“十二五”全国保密事业发展规划实施情况中期检查、广东省党政内网保密检查、广东省信息安全保密联合检查等工作，学校各方面保密工作均符合保密要求。学校保密委员会重视内部的常规保密检查工作，5月针对要害部门、部位涉密计算机的使用和管理进行全面检查，重新登记、建档，为新增的涉密计算机安装“三合一”保密防护系统。2013年学校为保密工作管理共投入经费95 804元。

针对不同工作岗位和单位的需求，分别于4月、11月举办试卷命题、评卷和考务管理工作的保密培训；选派1名重要岗位同志参加国家保密局举办的中央和国家机关保密干部培训，选派7名重要岗位同志参加广东省国家保密局举办的保密培训；举办保密论文征集活动，信息科学技术学院教师项世军和学生刘尚翼共同撰写的论文《新形势下加密域信息隐藏技术》被广东省国家保密局收录到其编印的科技论文集。

【信息统计】 负责学校统计年报工作，完成教育部、国务院侨务办公室、广东省教育厅等上级主管部门部署的关于招生、学生、办学条件以及产业等报表的数据统计和上报工作。向学校董事会、宣传部、国际交流合作处、基建处、组织部、人力资源开发与管理处、财务与国有资产管理处等部门提供统计数据，为行政决策提供依据。开展统计专项调查和研究工作，进行招生计划执行情况的统计检查、高校办学条件的检测分析，结合工作实际开展研究。完成学校基本情况一览表和机构设置表的填写工作。

【校园信息化建设】 信息管理办公室主要负责四个方面的工作：校园信息化建设、校园一卡通工作、校园网网站建设和管理、全校性信息统计工作。

1. 校园信息化三期工程进入推广使用阶段，维护已有信息系统的正常运行

1月11日，学校召开信息化建设管理委员会全体会议。1月17日，学校召开研究生管理系统建设工作会议。医疗社保管理系统、校园信息化三期工程重点项目——教职工综合服务一体化及医疗社保系统项目全面推广使用。完成教职工综合服务一体化平台人力资源信息库、人力资源基础管理系统、人力资源协同应用系统、人力资源监管系统、人力资源自助服务系统建设。

3月，信息管理办公室组织和完成2013年春季入学数字化迎新工作。3—5月，积极与学校其他部门协调，解决信息系统建设过程中存在的问题。5月，开展毕业生离校系统的部署工作。12月20日，学校信息化智能化工作会议在珠海校区召开，副校长陆大祥、刘洁生及校长助理王志伟出席会议。

3月，学校研究生培养管理系统投入试运行，4月，新开发搜索引擎搜索论文初见成果，5月，研究生导师岗位申请管理系统上线运行。

2. 校园一卡通工作

完成2013年春季、秋季新生的校园卡发放工作。开展校园一卡通系统升级改造筹备工作。进行系统需求调研和规划工作，制订系统升级方案和南校区校园一卡通系统建设方案；到中山大学、华南理工大学等兄弟院校参观学习；与各有投资意向的银行进行多次交流和协商，达成初步的合作意向。按照广东省有关文件制定学校学生校园卡工本费的收费新标准。

3. 努力建设高质量信息门户，提升网站建设水平

进一步规范校园统一信息门户标准、统一对外门户品牌。对网站管理员进行网络安全的基础知识培训，查找系统的漏洞，并且在服务器做好防篡改的措施。在包括学校首页、校内通知、研招网、财务与国有资产管理处网站等80多个机构使用信息门户来构建全新的网站。

【信访工作】 2013年信访办公室围绕党的群众路线教育实践活动和学校中心工作开展维稳排查工作，促进信访科学发展，着力构建和谐校园。全年接待来访231人次；受理信访事项187项，其中上级部门转办件19项、学校党政领导接待日受理件13项、日常来访受理件58项、信件47项、电话信访受理件43项、网络信访件7项，办结率为94%。重点疏导教工住宅区加装电梯工程出现的纠纷和冲突、因病轻生教工家属集体信访、涉嫌刑事犯罪学生家属来访来诉、个别教工

的考核申诉、教工住宅的邻里纠纷、本科和研究生招生录取过程中的答疑以及退休教职工联名反映工资待遇等问题，涉及总务后勤、人事管理、教学科研、校园交通、招生工作、医疗纠纷、劳动保障的问题以及一些历史遗留问题。

【信息公开与校务党务公开工作】 党政办公室进一步深化信息公开内容、加大信息公开力度，提高信息公开的服务质量，推进重点关注领域的信息公开，重点推动本科“阳光招生”工程及财务信息公开工作，完成年度信息公开工作报告。

2012—2013 学年度，编辑校务党务公开栏四期。通过学校校务党务公开网、信息公开网及信息公开板报等形式主动集中公开信息 317 条。其中：干部任免类 44 条，约占 13.9%；人事管理类 59 条，约占 18.6%；公费医疗支出类 80 条，约占 25.2%；招投标类 130 条，约占 41%；其他 4 项，约占 1.3%。

【普法宣传与依法治校工作】 围绕学校中心工作，开展以“贯彻落实十八大精神，增强依法治国理念”为主题的系列法制宣传教育活动。

组织各单位开展“六五”普法中期自评自查工作。通过自评自查工作，肯定成绩，找出不足，为下一步圆满完成“六五”普法工作奠定良好的基础。

充分利用“12·4”全国法制宣传日等主题活动日，开展大型法制宣传活动。

【扶贫和帮扶工作】 按照国务院侨办和学校的统一安排，协调有关单位顺利完成 2013 年积石山医务人员进修班、侨爱通济中学英语教师进修班的培训、接待、生活保障等工作，圆满完成学校赴积石山支教教师、医疗专家的派出和联络等工作。参与学校与宁夏中卫市合作的相关工作。

【第二十四届四校工作交流联谊会在学校举行】 11 月，第二十四届华侨大学、宁波大学、汕头大学、暨南大学工作交流联谊会在学校举行，华侨大学副校长吴季怀，宁波大学副校长王文斌，汕头大学副校长温小波，暨南大学校领导胡军、林如鹏以及四所高校有关部门负责人出席会议。会议由学校副校长林如鹏主持。本届联谊会交流研讨的主题为：对侨资高校人才培养模式（本科）改革的探讨。学校校长胡军作“以宁静致远造教书育人环境，以质量提升谋求教学内涵发展，强化创新驱动激励学生成长成才”的主题发言，介绍学校实施“三个一”行动计划的改革举措。其他三校负责同志分别介绍本校在人才培养及教改方面的经验和做法。

（党政办公室供稿）

董事会工作

【概况】 暨南大学是国内最早设立董事会的学校之一，董事会的前身可追溯到 1922 年 3 月成立的国立暨南学校校董会。1958 年暨南大学在广州重建，1963 年 2 月成立暨南大学董事（以下简称“校董”）会。1978 年暨南大学在广州召开复办后第一届董事会第一次会议，廖承志任董事长。董事会职责是协助国务院侨务办公室办好暨南大学。董事会定期召开董事会全体会议，审议学校发展规划和工作报告，对学校工作提出质询；团结海外侨胞、港澳台同胞，对学校发展建设提供支持赞助，协助学校在境外建立暨南大学教育基金会；协助学校开展与海外、港澳台地区高等学校的交流与合作，推荐专家学者来校讲学和进行科学研究，为学校师生提供出国进修、进行学术交流的条件。暨南大学第七届董事会由 79 位董事和 9 位永远名誉董事组成，他们分别来自美国、加拿大、秘鲁、荷兰、澳大利亚、日本、新加坡、马来西亚、泰国、菲律宾等国家以及中国内地、香港特别行政区和澳门特别行政区，原国务委员、中央外事工作领导小组办公室主任戴秉国担任董事长。

【联系校董】 1 月 8 日和 14 日，学校分别在澳门、香港举行 2013 年校董迎春座谈会，校长胡军一行拜访全国政协副主席、学校董事会副董事长何厚铧，及校董霍震寰、刘宇新、郑家纯、刘晓航等。1 月 25 日，学校举行 2013 年在粤校董迎春座谈会。2 月 17 日，应香港侨界社团联会会长、学校董事会董事兼副秘书长余国春的邀请，校领导胡军、林如鹏出席在香港会展中心举行的 2013 年“文化中国·四海同春”新春晚会，并与校董余国春、陈有庆、杨孙西、方润华、方文雄、石汉基以及知名人士陈瑞球等进行座谈。

3月6日，校领导胡军、林如鹏赴东莞拜访校董梁志斌，汇报学校南校区建设情况。梁志斌校董表示将捐赠5 000万元支持学校南校区建设，双方签订捐赠协议书。

5月24日，香港金铭联合有限公司执行董事、学校校董李国华莅临学校与化学系教授座谈交流，林如鹏副校长会见李国华校董。

6月5—8日，受四洲集团有限公司主席、学校校董戴德丰的邀请和资助，林如鹏副校长率领学校第三届优秀学生访港团一行40人赴香港交流学习。戴德丰校董、香港群力资源中心董事赵洪娉女士、中央人民政府驻香港特别行政区联络办公室（以下简称“中联办”）教科部副部长纪建军分别会见访港团一行。

6月12日，香港侨界社团联会在香港会展中心举行第五届会董就职典礼暨“中国梦·美丽中国”图片展。学校校董余国春连任会长。校长胡军出席典礼并向余国春校董表示祝贺。典礼期间，国务院侨办主任裘援平会见胡军校长。校长胡军与校董余国春、陈永棋、杨钊等进行座谈。

7月19日，暨南大学优秀学生访港同学会成立大会在广州举行。四洲集团有限公司主席、学校校董戴德丰，校长胡军出席成立大会，并为同学会揭牌。

8月22日，学校校董李国华，香港公开大学校董会主席方正、校董会副主席张永锐、校长梁智仁、副校长黄锡楠一行11人来校交流访问。副校长林如鹏会见访问团，副校长宋献中出席欢迎晚宴。林如鹏副校长与梁智仁校长签署两校合作备忘录。

9月17日，马来西亚华校董事联合会总会主席叶新田来校访问。校领导胡军、宋献中会见客人。

10月11日，国际佛光会世界总会第五届第三次理事会议开幕典礼在香港举行。应李国华校董及国际佛光会香港协会邀请，副校长林如鹏赴港出席典礼。典礼上，佛光会世界总会理事心培和尚代表佛光山赠送《世界佛教美术图说大辞典》给学校，林如鹏副校长代表学校接受赠送。

11月8日，应校董蒙德扬邀请，校长胡军赴港出席信兴集团60周年志庆酒会。其间，校长胡军与校董蒙德扬、余国春进行座谈。

11月15日，学校在行政办公楼1111会议厅召开暨南大学办学情况汇报会。原国务委员、学校董事会董事长戴秉国，国务院侨办主任裘援平，国务院侨办副主任马儒沛，国务院侨办文化司司长雷振刚，广东省政府副秘书长刘晓捷，国务院侨办文化司副巡视员梁智卫，校领导胡军、刘洁生、林如鹏、宋献中、饶敏出席会议。汇报会结束后，戴秉国董事长一行参观学校校史馆。

12月30日，学校举行“石景宜刘紫英伉俪‘挑战杯’奖励金”颁奖仪式，校党委副书记叶勤、副校长林如鹏，汉荣书局有限公司董事长、学校校董石汉基及其母亲刘紫英女士等出席仪式。仪式结束后，石汉基校董一行与获奖师生座谈。

【校董捐赠】 2013年，学校校董霍震寰捐赠1 500万元人民币支持学校南校区体育中心的建设。校董梁志斌和叶惠全分别向学校捐赠5 000万元人民币支持南校区的建设。校董梁仲景捐赠20万元人民币支持教育学院的建设。校董石汉基捐资9.3万元人民币奖励学校参加2013年全国“挑战杯”竞赛的获奖团队。校董钟立雄捐资10万元人民币资助学校20名优秀贫困大学生。校董戴德丰资助学校40名优秀学生赴香港交流学习。校董马有恒资助学校40名优秀学生赴澳门交流学习。

暨南大学第七届董事会名单

董事长

戴秉国

副董事长

马万祺　何厚铧　朱小丹　崔世安　马儒沛　谢杭生　刘　谦　陈云贤　王志民　陈斯喜　曾宪梓
余国春　霍震寰　胡　军

秘书长

胡　军（兼）

副秘书长

马有恒（兼）　陈永棋（兼）　蔡冠深（兼）　林如鹏（兼）

董　事（以下按姓氏笔画排序）

马有恒　王赓武　王敏刚　方文雄　方小榕　孔健岷　古润金　石汉基　叶惠全　朱孟依　任克雷
刘皇发　刘人怀　刘晓航　刘宇新　刘泽彭　许慕韩　许智明　李国华　李　鲁　李沛霖　李思廉
李文俊　李秀恒　杨国强　杨华根　杨孙西　杨　钊　何世柱　侣志广　宋　海　张　力　陈本显
陈永棋　陈有汉　陈有庆　林光如　林如鹏　周泽荣　郑家纯　赵　广　赵　阳　柯为湘　钟立雄
钟阳胜　贺一诚　唐志坚　黄　屏　黄智隐　龚中心　梁志斌　梁仲景　彭磷基　程金中　曾智明
蒙德扬　雷振刚　蔡冠深　廖锡麟　廖雅彦　廖泽云　颜开臣　戴德丰　戴国坤

永远名誉董事

王华生　方润华　陈学忠　陈焜旺　郑裕彤　郭全强　唐翔千　符易亨　薛君度

暨南大学教育基金会第三届理事会名单

名誉顾问

马万祺

理事长

曾宪梓

副理事长（以下按姓氏笔画排序）

马有恒　杨孙西　余国春　胡　军

秘书长

林如鹏

副秘书长

刘宇新　廖泽云

常务理事（以下按姓氏笔画排序）

叶惠全　李国华　陈永棋　林光如　钟立雄　梁仲景　曾智明　黎　晹

（董事会办公室供稿）

校友工作与社会合作

【教育基金会工作】　2013 年，广东省暨南大学教育发展基金会顺利通过广东省民政厅的年检。基金会自成立以来，筹资金额逐年稳步提升，2013 年借助南校区建设的平台，筹资工作进一步取得突破式发展。截至 12 月 31 日，基金会到账资金 5 514.38 万元，是上年到账资金的 1.92 倍；合同金额 1.4 亿余元，是上年的 3.65 倍。

【南校区建设资金募集工作】　2013 年，基金会密切与社会各界的交流互动，继续依托番禺南校区建设平台，开发设立南校区绿化基金、南校区课室冠名等项目，获得梁志斌校董（校友）5 000万元、叶惠全校董（校友）5 000 万元、霍震寰校董 1 500 万元、陈瑞球及陈氏家族慈善基金 600 万元的捐赠。此外，各知名企业和社会贤达也就学校各类建设慷慨捐赠，如广东汇富进出口贸易有限公司捐资 200 万元、中山市丹丽洁具为南校区捐赠价值 180 万元洁具产品、南航“十分”关爱基金会捐赠助学金 100 万元、顺丰集团捐赠助学金 50 万元、云南大益爱心基金会捐赠 50 万元等。

【“相约久久”107 周年校庆返校日活动】　11 月 16 日，暨南大学迎来 107 周年华诞，79 级、89 级、99 级校友纷纷返校参加“相约久久”系列庆祝活动。校友与社会合作办公室特别为 79 级校友制作毕业三十年纪念画册，校友们在校友楼观看讲述校史的 3D 影片，参加“暨南齐心礼品”开店仪式。随后，79 级校友与澳门校友会校友一同前往番禺新造镇的南校区现场参观。基建处负责人为大家详细介绍南校区的规划设计蓝图，以及当前南校区建设工程进度等情况。校友们还参加了“植树流芳”活动。

【校友工作委员会召开 2013 年度会议】 1 月 20 日，2013 年学校校友工作总结暨表彰大会在校友楼举行。学校副校长林如鹏出席会议并讲话。来自学校各部门、各学院的领导代表以及获 2013 年“马有恒校友工作奖励基金”的集体代表和先进个人参加会议。会上，副校长林如鹏为获得 2013 年“马有恒校友工作奖励基金”的 2 个先进集体和 10 位先进个人颁发证书。

【校友会获评广东省社会组织模范单位】 广东省民政厅经过近半年的推荐、评选，于 2013 年底在广东省 3 万多个社会组织中，授予广东省 40 个社会组织“广东省社会组织模范单位”称号。学校校友会作为受表彰的“广东省社会组织模范单位”之一，是广东省唯一获此殊荣的校友会组织。

【“2013 中国大学校友捐赠排行榜”学校排名第 16 位】 在中国校友会网正式发布的“2013 中国大学校友捐赠排行榜”中，学校排名第 16 位。近年来，学校校友与社会合作工作扎实推进，成效明显，校友捐赠连续几年进入全国 20 强。

暨南大学各地校友会一览表

内地					
校友总会	浙江校友会	九江校友会	莆田校友会	台山校友会	安徽校友会
北京校友会	金华校友会	广西校友会	漳州校友会	汕头校友会	MBA 联谊会
上海校友会	温州校友会	海南校友会	建阳（时期）校友会	潮州校友会	MPACC 校友联谊会
天津校友会	黑龙江校友会	贵州校友会	广州校友会	揭阳校友会	饶平校友会
南京校友会	重庆校友会	福建校友会	深圳校友会	梅州校友会	惠州校友会
无锡校友会	成都校友会	泉州校友会	珠海校友会	韶关校友会	东莞校友会
苏州校友会	万县校友会	厦门校友会	江门校友会	湛江校友会	2+2（3）联谊会
常州校友会	江西校友会	永春校友会	新会校友会	茂名校友会	广东省侨联国际校友会
广州华侨学生补习学校暨大华文学院（广东）校友会	暨南大学广东侨办系统校友联谊会	暨南大学企管系在职研究生同学会	广东法学校友联谊会	国际学院深圳同学会	优秀学生访港同学会

港澳台			
台湾校友会	香港校友会	深港澳校友会	澳门校友会
香港社会学同学会	香港法学同学会	香港管理学院同学会	澳门药学同学会
香港新闻传媒同学会	香港经济学院同学会	香港同学会	澳门医学院同学会
香港医学院同学会	香港国际学院同学会	香港校友联合会	澳门研究生同学会

（续上表）

国外			
美国南加州校友会	日本校友会	菲律宾校友会	澳大利亚（墨尔本）校友会
美国美东校友会	法国校友会	印度尼西亚校友会	新加坡校友会
美国北加州（广州）校友会	加东校友会	新西兰校友会	马来西亚校友会
美国三藩市校友会	澳大利亚（悉尼）校友会	加拿大加西校友会	泰国校友会
温哥华校友会	印度尼西亚苏南地区校友会	雅加达校友会	美国纽约校友会

广东省暨南大学教育发展基金会理事会名单

理事长

林如鹏

副理事长

陈为刚　王信源　卢锡尧　陈日云　夏黎明

秘书长

梁　燕

理　事

王力东　孙　彧　侯大铭　安　衡　夏　旖　宁雪峰

（校友与社会合作办公室供稿）

外派机构工作

【概况】 暨南大学驻香港办事处（以下简称“驻港办”）成立于1986年，是暨南大学的派出机构，其主要工作职责是：加强与香港地区校董的联系，与热心华侨教育事业的人士保持往来，争取支持赞助，并物色增聘董事人选；协同学校有关部门，筹办学校重大的活动和董事会议；接待到港访问学校领导，安排拜访在港的校董或召开座谈会和学术交流会议；办好暨南大学教育基金会的募捐、储存、运用以及日常开支、账目结算等事宜；协助香港校友会开展各项会务工作；协助在港的招生工作；协助学校财务与国有资产管理处办理香港有关银行事务；参加香港各界的重大社交活动，积极宣传学校办学宗旨，广交朋友，争取各界人士关心支持。

暨南大学驻澳门联络处（以下简称“驻澳办”）成立于1995年，2001年5月30日正式在澳门注册，主要职责是配合学校完成在澳门的各项工作，宣传学校办学宗旨、拓展澳门生源、联络服务校董、广泛团结校友、推动学校与澳门各界的教育文化交流与合作。

暨南大学驻北京办事处（以下简称“驻京办”）成立于2007年，主要工作是联系中央各相关部委，为学校做好沟通桥梁工作；服务国务院侨办各相关司局，为侨办做部分辅助性工作并跟进学校相关上行文件。凝聚学校在京借调人员，不定期组织活动，关心他们在京工作、生活情况；

定期慰问、看望校友，关心他们在京的生活。完成领导交办的其他临时性工作。

【宣传推广工作】 2013年，驻港办、驻澳办主动联系港澳400多所中学，向其寄送招生宣传资料；全年到港澳各中学和教育机构举办“内地升学讲座”共62场，宣传学校招生新政策，联络并安排8个来自香港的中学或社团组织访问交流团共约430人参观暨南大学，加深香港师生对学校的了解。

继续联系香港中旅社等摆放学校招生宣传资料；在《东方日报》等香港主流报刊上刊登学校的招生广告，并与香港电讯盈科续订“雅虎香港”的广告协议，方便考生查看学校的相关资讯。

配合学校在港澳做好设立社会工作专业的可行性和必要性调研，并撰写调研报告呈交学校相关部门。驻澳办先后拜访澳门高等教育辅助办、澳门社会工作局等7个机构16名相关人员，详细、全面、多角度地了解澳门社工队伍现状及相关情况。

【联络接待工作】 驻京办在2013年度协助完成学校番禺南校区大楼的报批，“2011协同创新中心”项目准备与申报，“211工程”阶段验收座谈会，“部部省共建”汇报工作会议，与北京华文学院合作签约会，教育部重点实验室项目建设等工作。协助催拨南校区建设的款项，2013年已下拨4 000余万元。参与“文化中国·2013全球华人中华才艺（武术）大赛”的举办。

驻港办、驻澳办积极联系港澳社会各界及与学校关系密切的机构，积极联系校董。协助学校建立港澳校董春茗团，陪同拜会港澳校董。

关注校友动态，支持并参加校友活动。继续推动学校各部门与港澳各界的文化教育交流。协助做好学校与港澳学生的交流活动。协助研究生院到香港城市大学、香港高等专业进修学院、香港中医学会三个与学校合作办学的单位调研等。

（驻京办、驻港办、驻澳办供稿）

档案工作

【概况】 暨南大学档案馆保管的档案分为：党群类、行政类、教学类、学生类、科学技术研究类、产品生产与科技开发类、基建类、仪器设备类、出版类、外事类、财会类、声像类、校史类、实物类和已故人员类共15个门类。

暨南大学档案馆隶属党政办公室管理，学校核定档案馆编制9人，现有专职档案人员10人，其中博士研究生1人、硕士研究生5人、本科生4人，副研究馆员1人，有中级职称者8人，有初级职称者1人。档案馆返聘退休职工2人，聘用短期合同工7人。华文学院、珠海校区、深圳旅游学院及财务与国有资产管理处、出版社等设档案分室，配备专职档案员，全校共有专兼职档案员178人。

2013年，为规范学校档案管理，加强档案部门立卷工作，加快档案信息化建设进程，做好档案的保管及利用工作，提升档案工作效率，根据学校档案形成的业务流程，结合档案馆现有人员知识结构，档案馆改革了馆内档案管理模式，将档案馆按管理职能划分为监督指导及编研、信息化建设及办公室、保管利用三大块，分别负责档案资源体系建设、档案信息化体系建设和档案安全保管体系建设工作。

【档案收集与整理】 2013年，学校档案馆接收整理文书科技档案5 349卷又3 365件，鉴定销毁财会凭证档案547卷。接收、整理、上架2013级入学新生档案8 218卷，整理2013届应届毕业生档案7 515卷，其中寄发档案5 241卷，回架档案2 274卷。截至2013年12月，馆藏档案共计107 523卷又17 662件，其中新中国成立前档案134卷又6件，新中国成立后档案107 389卷又17 656件。

2013 年档案馆馆藏档案基本情况年报表

全宗		4 个				本年度移交进馆档案数	13 567 卷又 3 365 件	
类型 \ 数量		室藏档案数		本年度增加数		类型 \ 数量	室藏档案数	本年度增加数
		卷	件	卷	件		卷/件	卷/件
文书档案	永久	2 111	2 683		607	会计档案	16 156	1 210
	30 年（长期）	2 397	7 798		1 616	基建档案	1 978	313
	10 年（短期）	539	867		152	出版档案	3 550	334
科研档案		2 836		92		教学档案	25 887	3 646
声像档案			5 107		21	学生档案	51 076	2 977
实物档案			1 207		8	其他档案	993	38
馆藏档案合计		107 523 卷又 17 662 件						
销毁、寄发档案		销毁档案 573 卷，寄发毕业生档案 5 241 卷						

【档案利用与服务】 2013 年，档案馆编印档案工作简报 1 期；提供利用档案 2 226 人次，其中港澳台同胞 120 人次，外籍人士 9 人次；查阅档案 16 719件次；提供利用资料 1 339 人次，2 678 件次。

【档案馆信息化建设】 2013 年，学校档案信息化工作继续深入开展。档案馆建立档案数字化工作组，自行开展馆藏档案数字化加工工作。截至年底，完成 1990 年至 1996 年学籍、2009 年至 2012 年学籍档案的数字化工作；数字化加工上级来文等文书档案 61 418 页；馆藏案卷级目录 107 523条、文件级目录 377 631 条全部数字化，实现档案目录 100% 的计算机检索。现有馆藏电子文件 187 603 份，其中室藏档案扫描 160 796 份（主要包括：党群类、行政类、教学类和基建类），且实现脱机备份。馆藏电子文件中有可进行全文检索的电子文件 22 484 份。

（档案馆供稿）

发展规划工作

【概况】 发展规划处是负责学校总体发展规划、学科建设、“211 工程”建设的职能部门。下设综合科、事业发展规划科、学科发展规划科 3 个科室。高等教育研究中心挂靠发展规划处。评估中心是学校评估委员会的常设机构，隶属发展规划处管理。

发展规划处负责制订学校中长期发展规划与建设目标，为学校改革与发展提供战略性和前瞻性的研究报告、方案设计、政策建议和决策咨询；负责学校发展规模、办学层次、办学类型的整体设计；负责国家重点学科、广东省重点学科和校内重点学科的遴选、申报、管理、评估和验收等工作；负责组织编制学校“211 工程”建设规划以及组织“211 工程”建设项目的立项、实施、评估和验收等工作；协调相关部门对学校资源进行科学、合理配置。

高等教育研究中心主要研究我国高等教育在改革发展中的理论与现实问题，对国内外高等教育的相关问题作比较研究，服务学校发展，探讨和研究学校的改革发展问题，为学校决策提供依据，为校院领导提供高等教育咨询和国内外高校信息；编辑出版《暨南高教研究》《暨南高教参考》等学术期刊和发布理论动态信息，宣传学校在教学、科研、管理等方面的成就、经验和办学特色，扩大学校在高等教育学界的影响。

评估中心负责根据学校发展战略规划研究制定评估政策，建立评估指标体系，设计评估方案，重心在于评估工作的顶层设计和统筹规划，组织实施有关学校发展事项的评估，为学校决策提供理论依据和数据支持。

【“211 工程”建设】 学校“211 工程”三期建设共 19 个建设项目，包括 8 个国家“211 工程”重点学科建设项目，7 个广东省“211 工程”重点学科建设项目，1 个创新人才培养项目，1 个队伍建设项目，2 个校内公共服务体系建设项目。

2 月，编写《暨南大学“211 工程”三期建设总结暨四期建设总体构想》，对学校“211 工程”三期建设的成功做法、经验和存在问题进行总结，并提出“211 工程”四期建设的思路和建设目标、建设重点。

4 月，编写《暨南大学“211 工程”三期建设总结宣传稿》，对学校“211 工程”建设取得的成效、亮点、为广东经济社会发展所作的贡献和经验予以总结。

【学科建设】

1.“四重”建设工作

1 月，编写《暨南大学“四重”建设工作报告》，总结学校近 5 年在重点学科、重点人才、重点平台、重点科研项目等方面的主要措施、成效，提出未来 5 年内可能突破的建设对象及所需的政策支持。

10 月，分析与提炼学校“四重”建设的发展形势、建设目标、重点任务、实施步骤以及保障措施，编制《暨南大学“四重”建设发展规划（2013—2018 年）》并上报广东省教育厅。

2. 2013 年专项资金学科建设工作

1 月，组织校内外专家对 2013 年学科建设专项资金申报材料（共 42 份）进行评估。在学科分层建设的原则下，兼顾年度计划的合理性，制定评估指标体系，按学科类别分组答辩评审，对学科建设专项资金 1.07 亿元的分配起到积极作用。3—4 月，制订《暨南大学 2013 年学科建设 1 亿元专项资金分配方案及实施方案》，协同有关部门做好经费划拨和设备采购等工作。

5 月 9 日，学校举行 2013 年学科建设目标责任书签订仪式，强化学科建设的目标管理和过程管理。副校长宋献中代表学校与 42 个学科建设单位分别签订目标责任书。

9 月，总结学校 2013 年广东省财政教育支出项目的建设概况、指标分析、绩效表现、存在问题及改进措施等，形成《暨南大学广东省“211 工程”三期国家序列高校 2011 年配套经费项目绩效自评报告》和《暨南大学学科建设 2012 年经费项目绩效自评报告》。11 月，组织各学科建设单位进行自评并提交《2013 年学科建设中期考核自评报告》。

3. 第九轮广东省重点学科工作

11 月 14—15 日，组织校内外专家对学校 24 个第九轮广东省重点学科建设方案进行评审。11 月 29 日，将研究制订的《暨南大学重点学科建设改革方案》和 24 个广东省重点学科建设方案报送广东省教育厅。

【学校事业规划】

1. 学院组建论证工作

4 月，完成《关于组建化学材料与工程学院的建议方案》并上报学校。6 月，完成《关于组建生态与环境学院的建议方案》，为学校的科学决策提供支持。

12 月 25 日，副校长宋献中主持召开滨海休闲管理（特色）学院建设方案论证会，会议围绕特色学院的办学模式、经费来源、人才队伍建设、专业设置以及特色学院的建设方案进行讨论。

2. 社会工作专业设立的调研、论证工作

9 月，完成《关于设立社会工作专业的建议方案》并上报校领导。10 月，根据学校批复，牵头展开调研工作，完成《关于设立社会工作专业的调研方案》。11—12 月，完成香港和澳门两地的社会工作专业调研活动。此外，分赴中山大学和华南农业大学，就社会工作专业的课程设置、招生、就业以及在软硬件条件建设、师资队伍等方面的情况进行专题调研，完成《社会工作专业调研报告》。

【“2011 协同创新中心”建设】 做好“2011 协同创新中心”相关工作，在培育组建“2011 协同创新中心”的同时，制定具体的管理办法，以保障各项工作的顺利开展。

1. “2011 协同创新中心”建设

5月8日，国务院侨办在学校召开“2011 协同创新中心”培育组建协调会，国务院侨办副主任马儒沛对暨南大学、华侨大学如何贯彻落实“2011 计划”作出重要指示。随后，两校立即召开研讨会，就联合培育组建协同创新中心的选题方向、组织架构、体制机制进行探讨，并初步形成《暨南大学、华侨大学联合申报“2011 协同创新中心”的工作方案》。

6月，就“2011 协同创新中心”培育组建经费问题与科技处、社科处进行协商。组织各协同创新中心完成“2011 协同创新中心”建设专项资金预算书及分季度用款计划表和支付明细表，规定经费使用原则和用途，完成协同创新中心培育组建专项经费的拨付工作。

11月，协助华文学院积极参与北京语言大学申报国家“2011 计划”。12月20日，根据广东省教育厅通知要求，学校申报2个广东省协同创新中心：广东产业转型升级协同创新中心、粤港澳中药和天然药物协同创新中心。

2. 制度建设及有关研究方案

4月22日，《暨南大学协同创新中心建设与运行管理办法（试行）》《暨南大学协同创新中心科研组织与协同研究管理办法（试行）》《暨南大学协同创新中心考核评价管理办法（试行）》《暨南大学协同创新中心资源整合与共享管理办法（试行）》《暨南大学协同创新中心人事管理办法（试行）》《暨南大学协同创新中心经费管理办法（试行）》《暨南大学协同创新中心研究生教育改革实施办法（试行）》7项制度向全校印发。

12月，完成《暨南大学协同机制创新改革研究与实践工作方案》，并获广东省教育厅重点资助。

【高教研究】 暨南大学高教研究中心有在编人员4名，其中研究人员3名（研究员1名，副研究员1名，助理研究员1名）。

2013年，高等教育研究中心主持开展“高教质量30条”研究工作。承担和参与学校贯彻实施“2011 计划”的理论研究及相关政策与制度的制定工作。负责组织广东省教育研究院调研工作座谈会，完成《暨南大学深化机制体制改革，加快推进协同创新》和《广东省教育研究院高教改革发展情况调研汇报材料》的撰写。深入各基础学科院系（中心）进行调查访谈，向学校提交调研报告《关于暨南大学基础学科改革与发展的建议》。参与学校教育国际化实施纲要的制定工作。负责学校成立体育学院相关论证材料的修改和完善工作。在各级教育类学术刊物发表高等教育研究论文8篇。编辑出版《暨南高教研究》2期、《暨南高教参考》5期。

【评估工作】 2013年，评估中心统筹协调各方力量，制定、完善各项评估政策和评估指标体系，分阶段、有重点地组织实施各种专项评估。

1.《2012 年全国高校学科评估——广东省高校评估结果分析报告》

2013年初，根据教育部学位与研究生教育发展中心发布的《2012 年全国高校学科评估结果》，评估中心对广东高校的数据作对比分析，完成《2012 年全国高校学科评估——广东省高校评估结果分析报告》并呈报校领导，为进一步了解学校学科现状、促进学科内涵建设、提高研究生培养和学位授予质量提供客观信息。

2. 申报2014年中央高校改善基本办学条件专项资金项目评估工作

5月，组织校内外专家对申报2014年中央高校改善基本办学条件专项资金共3.38亿元的77个项目进行评估。从项目立项的必要性、可行性、资金分配和实施进度、组织管理、绩效目标等多方面进行考量，并对每个项目作出详细的评价意见。评审结果经学校重大投资项目审核领导小组审核统筹上报：①2014年中央高校改善基本办学条件专项资金项目共43项，申报金额1.65亿元，评审金额1.29亿元，获批复资金1.22亿元；②2013年中央高校发展长效机制补助经费6个项目，获批5 000万元。

3. 完成《暨南大学办学影响蓝皮书》

6月，评估中心收集、整理国内影响较大的4个大学排行榜和教育部学位中心研究生教育一级学科排名的有关数据，汇编成《暨南大学办学影响蓝皮书》，旨在反映当前社会上存在的对学校办学质量和办学水平的评价，以便从更广的视野为学校的建设和发展提供参考。

4. 编写《暨南大学ESI和H指数统计报告》

基本科学指标ESI（Essential Science Indicators）是当前国际科研机构对各研究领域进行论文引用排名的权威数据，是评价高校、学术机构、国家/地区国际学术水平及影响力的重要指标之一。4月，在图书馆的协助下，完成《暨南大学ESI和H指数统计报告》。该报告立足学校实际，纵向统计分析学校发表的论文、引文历年分布以及高被引论文情况；同时与国内外几所高校 ESI 排名进行横向比较。该报告面向全校印发，为学校明晰自身的特色和定位，以及对重点学科的培养和扶持提供依据。

5. 撰写《暨南大学事业发展白皮书（2011—2012）》

白皮书是在原《存量资源调查年度报告》的基础上改版而成的，主要从资源投入、办学产出和投入产出效益三个方面对各个学院进行数据统计、对比分析。改版后更加注重投入产出效益部分，能直接反映出各个学院对学校投入资源的利用效率，使学院对自身的发展水平有一个横向的比较，为学校管理部门对学科发展定位和资源配置策略提供真实的数据支持，有利于学校优化各类办学资源配置，也便于各部门制订未来发展规划。

6. 丹田物业公司校内物业管理服务的评估工作

11 月 7—27 日，由评估中心牵头，总务后勤管理处、学生处学生社区教育管理中心协助，对丹田物业公司在暨大校内的物业管理（以下简称“物管”）服务进行评估，纪检与监察办公室派员全程监督。通过现场走访察看、满意度问卷调查、专题述职汇报、现场点评提问和测评打分相结合的方式，依据合同中约定的服务内容从数量和质量两方面进行评估，为下阶段在校内教工住宅区和学生宿舍更好地开展物管工作奠定基础。

【学校 3 个学科进入 ESI 全球前 1% 排名】 根据截至 2013 年 3 月 26 日的检索结果，学校工程学进入 ESI 全球前 1% 排名。至此，学校已有 3 个学科进入 ESI 全球前 1% 排名，分别是临床医学、化学和工程学。

【广东省副省长陈云贤考察学校“四重”建设工作】 11 月 11 日，广东省副省长陈云贤来校考察“四重”建设工作，校领导胡军、周天鸿陪同调研。陈云贤听取生物学重点学科几位专家的工作汇报和胡军校长关于学校推进“四重”建设的工作汇报后，对暨南大学的“四重”建设工作提出三点要求：一是必须重视教学科研，以此为契机带动学校发展；二是充分利用广东省开放的理念和政策，积极与世界各顶级名校合作；三是“四重”建设要与广东的经济发展挂钩，充分发挥市场的作用，使教学科研成果更好地服务于广东的社会经济发展。他表示，广东省政府会一如既往大力支持暨南大学的发展。会后，陈云贤一行实地察看暨南大学生物医药研究院等实验室。

【2013 年学校发展规划战略研讨会召开】 7 月 20—21 日，学校在珠海校区召开 2013 年发展规划战略研讨会暨领导干部群众路线教育实践活动工作会议，校领导胡军、蒋述卓、陆大祥、叶勤、刘洁生、林如鹏、宋献中、饶敏，校长助理王志伟和学校机关部处、直属单位、学院党政负责人以及珠海校区管委会领导等参加会议。会议期间，与会代表围绕校长胡军的讲话和会议的议题进行研讨，并对“2011 计划”、群众路线教育实践活动、人事管理创新、机关作风建设等方面工作提出意见和建议。

【学校发布 2012 年本科教学质量报告】 11 月，根据《教育部办公厅关于普通高等学校编制发布 2012 年〈本科教学质量报告〉的通知》《广东省教育厅关于做好 2012 年度本科教学质量年度报告发布工作的通知》的要求，学校在 2011 年度质量年报编制经验的基础上，协同相关部处，将本科数据资料汇编成《暨南大学 2012 年本科教学质量报告》，按要求上报并在学校网站首页发布。

暨南大学重点学科一览表

序号	类别	数量（个）	学科名称
1	国家重点学科	4	金融学、产业经济学、文艺学、水生生物学
2	国务院侨办重点学科	8	国际关系、新闻学、中国古代史、工程力学、免疫学、内科学（血液病学）、眼科学、会计学
3	广东省一级重点学科	20	应用经济学、中国语言文学、力学、生物医学工程、工商管理、理论经济学、政治学、新闻传播学、中国史、化学、生物学、生态学、统计学、光学工程、计算机科学与技术、食品科学与工程、中药学、公共管理学、法学、外国语言文学
4	广东省二级重点学科	4	病理学与病理生理学、眼科学、影像医学与核医学、外科学
5	国家中医药管理局重点学科	2	中西医结合基础、中医老年病学

（发展规划处供稿）

人力资源开发与管理

【概况】 人力资源开发与管理处主要负责全校编制计划、人员调配、机构设置、奖惩考核、工资福利、师资建设、职称职务、退休退职、外聘返聘、计划生育等工作。下设人事科、师资管理科、工资福利科3个科室，人才工作办公室、人才交流中心、教师发展中心、人口和计划生育委员会办公室挂靠人力资源开发与管理处。

【教职工队伍情况】 截至2013年10月17日，学校教职工共有4 472人，其中专任教师1 922人，占42.98%；行政人员778人，占17.40%；教辅人员321人，占7.18%；工勤人员86人，占1.92%。在专任教师队伍中，拥有正高级职称的504人，拥有副高级职称的692人，拥有中级职称的620人。

2013年学校离退休人员2 623人，2013年办理退休人员100人。流出人员95人中，辞职25人，调出11人，博士后出站18人，死亡41人。

【师资队伍建设】 全年召开人才引进工作会议6次，讨论引进人员252人，审批通过189人，学校层面进人审批率为75%。全年聘请客座教授37人、兼职教授20人、名誉教授4人，外聘教师45人。引进各类人员262人，其中博士119人，硕士89人，副高以上职称人员28人，应届毕业生89人，海（境）外回国、聘用外籍人员23人。

学校全职引进4名高端人才，包括2名中央组织部海外高层次人才引进计划（简称“千人计划”）入选者（周振、廖化新）、2名国家杰出青年基金获得者（潘景轩、尹芝南），另外还引进3名广东省领军人才（苏国辉、苏珊、希拉姆·罗摩衍那）和4名高端外国专家。

【职称评审与聘任】 本年度学校有191人通过职称评审，其中正高级职称46人、副高级职称81人、中级职称64人。

【人事档案管理】 2013年接收人事档案172卷，调出档案42卷，办理退休人员档案99卷、死亡档案36卷，接收档案材料11 724份（其中入党材料4份、学历职称材料284份、工资表4 247份、考核表3 586份、退休人员材料99份、其他3 504份），借查阅档案492人次。

【计划生育工作】 暨南大学人口和计划生育

委员会办公室挂靠人力资源开发与管理处，有专职干部2人，负责全校教职工、流动人口和在校学生的婚育管理和服务工作。2013年度职工结婚40人，晚婚率100%；生育82人，晚育率100%。

【学校引进3个高层次人才团队】 2013年，学校人才引进工作取得新突破，引进“千人计划”入选者周振教授团队、廖化新教授团队，长江学者特聘教授尹芝南教授团队。

【一批高层次人才入选各类人才工程】 2013年，苏国辉院士、苏珊（Susan P. C. Cole）教授、希拉姆·罗摩衍那（Seeram Ramakrishna）教授入选广东省“珠江人才计划”第四批领军人才，至此学校入选广东省领军人才的已有6人。新引进的廖化新团队和尹芝南团队2013年获批广东省创新团队，实现学校在广东省创新团队项目上新的突破。文学院程国赋教授入选国家级“百千万人才工程”并被授予突出贡献中青年专家称号。新闻与传播学院冯应谦、管理学院况熙、生命科学技术学院王常勇3人获聘广东省珠江学者讲座教授。理工学院白卫滨，文学院李云飞，医学院马民，药学院张冬梅、师蕾，国际关系学院/华侨华人研究院张振江6人入选2013年度“新世纪优秀人才支持计划”。理工学院白卫滨，生命科学技术学院何留民、高庆生，光子技术研究所金龙，产业经济研究院陈林，经济学院王春超、赵永亮，管理学院黎文靖8人入选广东省优秀青年教师支持计划。

【学校为高层次人才提供一站式服务】 为营造良好的学术环境，使学校高层次人才潜心于教学科研工作，学校决定为院士和国家级、省级人才工程培养对象等高层次人才提供一站式服务，出台《暨南大学关于为高层次人才提供一站式服务的意见》。一站式服务由人力资源开发与管理处负责统一协调、组织，确保及时、切实解决高层次人才在工作中遇到的实际困难，为他们提供优质服务。

【学校选派第一批系主任赴美国学习】 2013年10月5—25日，学校第一批系主任培训团对美国高等教育进行21天的培训和考察，学校16个系的系级负责人参加此次培训。此次考察培训的内容主要包括：美国高等教育体系简介，美国高校基层管理模式的建构及基本职能，教师考核评估体系，团队建设和学科建设，高校教学质量保障与评估等。培训采取专题讲座、座谈会、分组讨论和实地考察等形式，力求对美国高校的教育理念和人才培训模式听有所得，学有所获，并自觉运用到学校师资队伍建设和人才培养的实践中。

【学校举办两期中青年骨干教师训练营】 2013年6月，举办以出国留学为主题的第二期中青年骨干教师训练营，为出国留学人员提供一个相互交流学习的平台。12月，举办第三期中青年骨干教师训练营之名师讲坛，长江学者特聘教授尹芝南、国家杰出青年基金获得者关柏鸥与中青年骨干教师进行面对面的交流，指导中青年骨干教师做好自身的定位和自身成长的规划，本期共70多名骨干教师与会。

【中共中央组织部人才工作局副局长张栋到校调研】 2013年8月13日，中共中央组织部人才工作局副局长张栋在广州市委组织部李鹏的陪同下来学校考察调研。学校校长胡军对张栋一行来校调研表示欢迎。他说，暨南大学高度重视师资队伍建设和高端人才的引进培养工作。全校强化“人才强校”的核心理念，对于人才建设有着强烈的紧迫感和责任感。近年来，学校加大人才引进培养力度，实施“宁静致远工程”，为广大教师创造宁心静气的教学科研生活环境，取得良好的效果。学校重视高校社会服务职能的强化，积极开展高校与地方合作，以项目为依托共建研究院。希望中共中央组织部和广州市委组织部加强对学校人才队伍建设的指导，继续关心和支持暨南大学，在高层次人才引进和政策支持方面给予更大帮助。张栋表示，暨南大学作为百年侨校有着深厚的底蕴，近年来发展很快，尤其在人才队伍建设方面，成绩令人振奋。希望暨南大学在探索高校人才与地方社会合作方面积累更多经验，探索各级政府与高校协同创新形成合力的新机制。

【刘人怀院士从教50周年研讨会召开】 4月20日，中国工程院院士、暨南大学原校长刘人怀教授从教50周年研讨会在学校国际会议厅举行，广东省原副省长宋海，中国科学院院士、北京理工大学校长胡海岩，国务院侨办文化司副司长汤翠英，广东省教育厅厅长罗伟其，学校党委书记蒋述卓等与师生代表300余人出席。学校校长胡军因出差在外特发来贺信。

刘人怀院士向出席庆典的领导、嘉宾、支持帮助他的各界朋友表示感谢。他在回顾自己的成长历程中讲到，出身书香世家的他，自幼便立志科技报国。在50年的教育及学术历程中，把“忍耐是成功的秘诀”作为座右铭，勤奋工作，淡泊名利，追求“工作的零缺陷”，半世纪的努力奋斗使自己取得一点成绩。这些成绩的取得应该归功于党和国家的培养，归功于父母的教诲，归功于领导和朋友的支持，归功于团队的协作和拼搏。刘人怀院士表示在未来的时间里将继续努力，不断创新，作出自己的贡献。

【学校召开2013年庆祝教师节暨表彰大会】 2013年9月9日，学校召开庆祝教师节暨表彰大会，本次大会主题为“立德树人，同心共筑中国梦”。学校领导胡军、蒋述卓、陆大祥、叶勤、周天鸿、刘洁生、林如鹏、宋献中、饶敏出席。会议由陆大祥副校长主持，300余名获奖教师代表、教职工代表以及学生代表参加本次大会。

（人力资源开发与管理处供稿）

财务与国有资产管理

【概况】 暨南大学实行统一领导、分级管理、集中核算的财务管理体制。财务与国有资产管理处是暨南大学一级财务机构，对华文学院、珠海校区、教育学院、附属第一医院、工会委员会等五个二级经济独立核算单位实行会计委派。财务与国有资产管理处根据国家、学校财务政策和财务制度，开展和管理学校日常财经工作；建立与公共财政体制、学校内部管理体制相适应的财务管理体制和运行机制，充分发挥财务工作在学校教育资源配置中的基础性调节作用，确保学校教学科研事业的可持续健康发展。

财务与国有资产管理处是学校国有资产一级归口管理部门，在学校国有资产管理委员会及分管校长的领导下，对学校的国有资产实行监督管理，保证事业性资产在教学、科研、行政等活动中的安全完整，以及经营性资产在经营活动中的保值增值。

财务与国有资产管理处下设财务管理中心、会计核算和服务中心、事业资产科、经营资产科。其中财务管理中心、会计核算和服务中心具体负责财务工作，事业资产科和经营资产科具体负责国有资产管理工作。财务管理中心下设预算科、资金科、综合管理科、基建财务科；会计核算和服务中心下设核算科、出纳科、薪酬结算科、财务信息科、总务后勤核算科。

1. 收入支出结构分析

（1）收入情况：本年度总收入246 674.38万元。其中中央财政拨款106 406.69万元，占总收入的43.14%；事业收入48 407.96万元，占总收入的19.62%；经营收入1 835.72万元，占总收入的0.74%；附属单位上缴收入367.88万元，占总收入的0.15%；其他收入89 656.13万元，占总收入的36.35%。

（2）支出情况：本年度总支出219 920.44万元，其中基本支出166 353.71万元，占总支出75.64%；项目支出52 683.37万元，占总支出23.96%；经营支出167.61万元，占总支出0.08%；对附属单位补助支出715.75万元，占总支出0.33%。基本支出和项目支出中：工资福利支出56 342.13万元，占总支出25.62%；商品和服务支出64 843.94万元，占总支出29.49%；对个人和家庭补助支出46 092.25万元，占总支出20.96%；基本建设支出4 830.87万元，占总支出2.20%；其他资本性支出45 488.53万元，占总支出20.68%；债务利息支出1 439.36万元，占总支出0.65%。

2. 中央国库项目情况

年初预算批复数97 871.03万元，截至12月底预算调整数8535.66万元（其中压缩数2 633.94万元，追加数11 169.6万元），实施改革部门结余2 870.37万元，预算指标合计109 277.06万元，其中：基本支出75 312.03万元，项目支出33 965.03万元。

截至12月底已累计拨款109 277.06万元，其中：基本支出拨款75 312.03万元，项目支出拨款33 965.03万元。

截至12月底财政拨款实际支出102 494.09万元，实际支出数占预算指标合计数的93.79%，其中：基本支出实际支出75 312.03万元，占基本支出预算指标合计数的100%；项目支出实际支出27 182.06万元，占项目支出预算指标合计数的80.03%（11月追加的中央高校发展长效机制补助项目经费5 000万元，一定程度影响到支付率）。

【预算管理】 2013年，财务部门以“积极稳妥，统筹兼顾，保证重点”的财务政策为引导，在保证人员经费和基本业务需要的基础上，适度从紧和严格控制各种消耗性支出和新增支出项目，重点支持学科建设和人才引进经费投入，保证南校区建设资金需要，兼顾民生问题和各部处的经费需求。一般维持性经费按照“基本稳定，定额控制”的原则安排预算；学校重点发展的项目在科学论证的基础上，“优先安排，确保资金需求”。2013 年校本部和珠海校区总预算 23.1 亿元（含动用往年结余 1.9 亿元），重点安排的有：南校区建设所需自筹资金 3.8 亿元；在职人员工资经费 4.5 亿元和离退休人员经费 1.85 亿元，保证民生所需经费，稳定人员队伍；人才引进资金 3 830 万元、学科建设和协同创新计划资金 5 800 万元。

为提高本科教学质量，推进教学内涵式建设，学校继续加大对院系本科教学业务经费投入，合理调整不同学科专业之间的经费分配，改革教学业务费分配管理办法，努力缩小不同学科专业的贫富差距：一是内招生业务费在原来按“学费 2%”分配的基础上，根据财政拨款学科折算系数追加经费进行调整，对理工医等专业补充业务经费 54 万元；二是在教务处安排 82 万元作为公共课的单位业务费；三是对经费较少的单位给予保底经费拨款。

从校内责任预算执行来看，取得预期效果。除离退休人员经费等因政策调整、部分年中增加事项、水电消耗、公费医疗需要追加预算外，其他经费开支均在预算控制范围内。

【资金管理】 2013 年，学校以中央财政化债资金归还贷款 2 340 万元，广东省财政化债资金归还 2 019 万元，自筹资金化债归还 100 万元。全校（不含华文学院、华侨医院）自 2010 年开始化债以来，至 2013 年 12 月 31 日止，共计归还银行贷款 59 379 万元，其中以中央财政化债资金归还 40 960万元，以广东省财政化债资金归还 11 719 万元，以自筹资金化债归还6 700万元，银行贷款余额 22 295 万元。2013 年暑假，暨南大学顺利通过财政部、教育部组织的中央高校减轻债务负担试点工作情况专项检查。

2013 年 6 月底，财务部门组织完成 2014 年改善中央高校基本办学条件专项资金项目申报。暨南大学共申报 43 个项目，总金额 16 526.45 万元，后获财政部批复 12 200 万元。2013 年暑假，组织完成申报中央高校发展长效机制补助项目 10 个，总金额 14 413.4 万元，后获财政部下达预算5 000 万元。这些中央财政专项资金为学校发展和建设提供了有效保障。

2013 年，财务部门继续做好提高财政资金预算执行率工作，经与使用单位共同努力，2013 年学校中央财政资金预算执行率为 93.79%，其中，基本支出预算执行率为 100%，项目支出预算执行率为 80.03%；如去除财政部 11 月追加中央高校发展长效机制补助项目经费 5 000 万元影响，项目支出预算执行率为 92.81%。

【核算工作】 2013 年，财务部门进一步壮大财务协管员队伍，全校财务协管员达到 52 人。财务部门在日常工作中依靠协管员队伍宣传财务制度、解答财务问题、推进财务工作，为师生提供优质财务服务。11 月，结合党的群众路线教育实践活动，财务部门召开财务协管员座谈会，听取意见建议，收到良好效果。

为配合学校高层次人才引进工作，根据党的群众路线教育实践活动中收集的群众意见，在 12 月举办做好高层次人才财务服务培训会，邀请学校高层次人才联系人和秘书讲解经费管理、使用、报销等流程规范和相关财务政策，帮助他们做好经费报销业务。财务部门和人事部门密切配合，对高层次人才的经费管理、使用提供一站式服务，配合学校高层次人才引进重点工作的开展。

为了贯彻落实教育部、财政部关于科研经费管理文件精神，建立健全学校科研经费管理体制和运行机制，提升科研经费管理服务水平，提高科研经费使用效率，财务部门会同科学技术研究处、社会科学研究处、审计处、纪检与监察办公室等部门，于 5 月 21—23 日对学校在 2009—2013 年内重大、重点科研项目的财务收支情况进行检查。抽查 38 个项目，其中自然科学类 32 个，社会科学类 6 个，被审金额 1.2 亿元。针对检查中发现的问题，财务部门及时反馈给项目负责人和科研管理部门，督促做好自纠整改。这次自查有效降低学校科研经费审计风险，为修订学校有关科研项目和科研经费管理文件提供了有益的参考。

【基建财务】 2013 年，学校完成南校区一期工程首批项目当年度的建设资金筹集及拨付工作。财务部门根据学校各类资金的存量情况，遵循专款专用的原则，按照基建处和广州市重点公共建设项目管理办公室（以下简称“广州市重点办”）提供的季度用款计划，及时申请筹集各种来源资金，确保南校区建设。2013 年度筹集并拨付南校区一期工程首批项目建设资金 2.8 亿元，包括：中央财政资金 5 261 万元，广东省财政资金 300 万元，社会捐赠资金 1 000 万元，自筹教育经费 21 500 万元。同时，财务部门初步完成南校区一期工程第二批项目的筹资可行性研究及筹资草案的编报工作。

此外，财务部门完成 108 份南校区建设合同的会签审核工作，主要包括项目前期费用合同，河涌工程、土石方工程、图书馆、教学楼、学生食堂、学生宿舍等项目的各类合同。与学校基建处、广州市重点办配合，解决南校区建设过程中突发的各种财务问题及需协调事项十余项，涉及银行账户开立、建设资金申请及配置、业务流程衔接和各类专项统计工作等方面，保证南校区建设顺利进行。

【事业资产管理】 2013 年底，暨南大学国有资产总量 53.3 亿元，比 2013 年增长 25%。固定资产原值 41.53 亿元，比 2012 年增长 15%，其中：校本部 25.25 亿元，珠海校区 5.58 亿元，深圳旅游学院 1.09 亿元，华文学院 1.7 亿元，华侨医院 7.75 亿元，信息技术研究所 0.16 亿元。

国有资产管理部门组织开展 2012 年度固定资产清查。3—6 月，联合相关职能部门组成检查小组，对 36 个单位的资产管理情况进行检查评分，20 个单位被评为优秀，11 个单位被评为良好，5 个单位需整改。针对资产清查情况，对被查单位下发检查情况反馈通知书，明确指出存在的问题和不足，便于相关单位进一步加强管理。通过定期开展资产清查，促进各单位资产管理意识的提高，落实各级资产管理责任，摸清全校固定资产现状，及时堵塞管理漏洞，有效防止国有资产流失。

做好国有资产报表统计和信息上报工作。7 月，完成 2012 年度国有资产决算报表及资产管理报告书的编制和上报工作；完成“中央八项规定及实施细则贯彻执行情况半年统计表”2013 年上半年资产配置情况统计。11 月，按照财政部资产管理信息系统数据接口规范，完成 2012 年度资产管理信息数据上报工作。

严格执行国有资产管理工作流程，加强事业资产日常管理。指导各校区做好资产建账登记及资产报废账目核销、资产调拨账目调整工作，确保资产信息数据真实、准确。2013 年全校新增资产账目情况：设备类固定资产 13 016 台，家具类固定资产 4 326 件，车辆 9 辆，房屋构筑物117 126 平方米，低值资产 6 316 台/件，共计原值 6.35 亿元；核销报废及盘亏资产账目情况：设备类 3 950 台，家具类 5 556 件，车辆 7 辆，原值 4 412.19 万元。做好各校区 1 000 元以下资产数据的整理，依据新会计制度，对原固定资产账目中低于计价标准的资产进行调减，共计设备 19 961 台/件，家具 183 925 件，原值 6 781.8 万元，该批资产从固定资产系统转入低值品管理系统进行日常管理。

严格按照财政部及学校有关规定做好全校资产处置的审核及申报工作。4 月，向国务院侨办呈报校本部固定资产处置申请共计 2 498 台/件，原值 1 617.7 万元。做好资产报废技术鉴定及拍卖组织工作，2013 年组织开展报废设备、家具及图书类资产拍卖 5 次，共回收残值 254 250 元。

【经营资产管理】 2013 年，暨南大学全资及控股校办企业共 16 家，其中科技型 5 家、技术型 5 家、服务型 6 家。校办企业所有者权益总额 13 656.47 万元，其中科技类 4 447.02 万元，技术类 8 853.99 万元，服务类 355.46 万元。

加强对校办企业经营情况的分析，合理制定利润上缴指标，建立企业经营者激励机制，促进企业发展的良性循环。2013 年度，为支持学校资产经营有限公司对广东暨大基因药物工程研究中心有限公司的定向投资，同意部分校办企业暂缓上缴资源占用费。

健全经营性资产监督管理机制，加强对外投资管理。完成学校华侨医院与广州文化产权交易所有限公司投资成立广州华侨医疗投资管理有限责任公司的投资立项申报工作。

继续规范校办企业产权管理工作，规避经营风险。办结暨南大学建筑设计研究院企业国有产权无偿划拨工作，基本完成广州暨南大学出版社有限责任公司和广州暨南大学医药生物技术研究开发中心企业国有产权无偿划拨工作。印刷厂全额企业国有产权调拨申报获国务院侨办批复。

健全学校国有资本进出监管机制，在股权和房屋产权处置环节突出市场调节功能，做到交易全过程的清晰化和透明化。经国务院侨办批复，学校用于扶贫用途的佛冈商铺在广州产权交易所挂牌交易。多次审核学校资产经营有限公司处置其参股单位广州科仁生物医药有限公司股份的相关材料，完成申报工作。

【会计信息化建设】 为适应财务业务的不断发展，满足财政体制改革和财务管理新的需求，财务部门本着“提升效率、精细管理、科学决策、固本求新”的系统设计理念，全面规划一体化高校财务信息化解决方案，该方案涵盖预算、核算、决算、薪酬发放、收费管理等各类日常财务业务处理工作，重视业务一体化设计，同时可以个性化与各业务部门以及财政系统、银行系统接口，实现数据实时传送，将相关业务衔接起来，提高业务的协同性；重视系统数据的完整性、标准化、系统化、精细化建设，可高效生成各类财务报表，为校领导提供准确高效的决策分析数据；重视提升财务信息服务质量，将财务信息通俗化、方便化，为各级管理人员、师生提供贴心的财务信息服务。

2013 年 6 月，财务部门正式向广东省政府采购中心递交综合财务信息系统合作开发的招标文件，并在当月与中标公司广州友财信息科技公司签订合作开发合同，7 月正式开始为期两年的项目合作开发工作。截至 2013 年 12 月，先期投入使用的薪酬个税系统完成 90% 的功能；核算系统完成新旧会计科目转换、历史数据转换、制单审核、复核、出纳复核、银行管理、银行对账、项目管理、预算管理、结算分配、打印、查询、报表等重要模块的测试。预计新的核算系统、经费查询系统、网银支付系统、网上报销系统将于 2014 年陆续投入使用。

【珠海校区实行财务一体化管理】 按照“统一领导，分级管理，集中核算”的财务管理体制，财务部门稳步推进珠海校区与校本部财务一体化。在编制预算时先按校区编制校区预算，经校本部统一审核，再与校本部预算合并编制预算总表。珠海校区财务部门负责组织珠海校区预算申报，先按照“总额控制、收支平衡”的原则审核预算，再报校本部财务部门审定。预算编制工作执行顺利。

积极助力珠海校区财务一体化与人事一体化同步推进。在工资及校内工资分配方面，珠海校区人员经费预算由校区申报，经财务部门审核后，将预算划拨到人事部门统一管理；珠海校区保留工资和校内工资的日常管理，发放清册及凭证报经人事部门审核后，由财务部门发放。保留珠海校区特区补贴及现有的校区内工资分配政策。其他各项工资福利与校本部逐步实行统一政策。

【公务卡制度改革启动】 根据财政部《关于实施中央预算单位公务卡强制结算目录的通知》文件精神，为加快推进公务卡制度改革，2012 年底学校启动公务卡办理程序。财务部门推动校内职工办理公务卡，宣传公务卡业务，组织财务协管员进行专题学习，同时起草《暨南大学公务卡管理暂行办法》。经过努力，至 2013 年 6 月底开立公务卡 497 张。

【学校压缩“三公”经费】 为贯彻落实中央“八项规定”文件精神，厉行勤俭节约，财务部门在下达预算的环节中压缩“三公”经费和其他消耗性经费预算共计 757 万元。原则上对涉及接待、会议活动、出访考察的经费预算压缩 10% 左右；对近年来增幅较大且弹性较大的消耗性经费削减增幅，将其列为减耗指标，由学校集中管理，暂不下拨。

在预算执行中，仅有几项经费因工作情况特殊、确实需要，由用款单位向财务部门报告经费使用情况，核拨使用了预算减耗指标。通过压缩“三公”经费和其他消耗性经费，全年节约 650 万元。此外，未列入减耗指标的“三公”经费和其他消耗性经费预算执行控制也取得较好的效果，有较大幅度减少，部分单位消耗性经费结余超过 50%。

（财务与国有资产管理处供稿）

审计工作

【概况】 审计处作为学校内部审计机构，其职责是通过检查和评价，发挥审计的预防、揭示和抵御风险的“免疫系统”功能，推动和完善学校内部管理流程建设；完善学校内部风险防范的内控机制，提高教育资金使用效益。

审计处是协助学校党政领导对学校的财务收支及其有关经济活动进行内部审计和管理的职能部门。审计工作为学校的改革和发展服务，促进学校各单位强化内部财务管理，遵守国家财经法规，提高资金使用效益。审计处的主要工作包括财务审计和基建审计。

审计处下设财务审计科和基建审计科两个科

室，截至2013年底有全职工作人员7人，兼职工作人员1人。

【财务审计】 财务审计的主要内容包括财务收支及有关经济活动审计，预算执行情况审计，领导干部任期经济责任审计，校办企业经营状况审计，大宗物资采购项目审计，专项教育资金的筹措、拨付、管理和使用审计，固定资产的管理和使用审计，对外投资项目审计，重大经济合同、协议的签订和履行情况审计，内部控制制度的健全、有效及风险管理审计等。

2013年，协助财务与国有资产管理处完成重点、重大科研项目自查自纠审计调查1份（金额约950万元）；完成财务审计项目9项（其中经济责任审计5项，财务收支审计3项，预算执行审计1项，审计金额合计14 862.6万元）；完成物资采购的招标文件及合同审计15项；完成科研项目经费结题审签90项。开展2012年暨南大学校本部预算执行情况审计，审计金额178 271.43万元。针对在学院领导经济责任审计过程中出现的合同管理、预算管理等方面存在的共性问题，4月，学校颁布《暨南大学关于加强学院有关经济事项管理的决定》。

【基建审计】 建设工程项目审计的内容包括对建设项目投资立项、勘察设计、施工准备、施工过程、竣工决算等各阶段经济管理活动的审计。审计处对学校工程造价在5万元以上的基建、修缮工程开展三个阶段的审计工作：负责对校本部、珠海校区、华文学院、深圳旅游学院、南校区五个校区的基建、修缮项目招标文件、合同进行事前审核；事中就工程材料品牌、单价的确定过程以及增加、变更、减少工程进行抽审；事后对工程结算造价进行审核。

2013年完成审核南校区基建项目、附属第一医院教学大楼项目、中央修购项目及维修项目等招标文件62份、合同102份、进度款支付文件108份、工程结算文件75份。截至12月31日，全年审计工程金额35 386.08万元，审定工程金额32 909.19万元，审减金额2 476.89万元，审减率为7%。

2013年，围绕南校区建设，配合基建处，参加学校南校区建设管理例会；开展对南校区基建项目招标文件、合同、工程款支付文件的审核；深入施工现场勘察，发挥审计的监督和服务职能。

2013年，审计处发起讨论并编制《暨南大学第一临床医学院教学楼工程竣工结算编制、审核实施方案》，经过前期周密的组织工作，历时三个月，完成对该项目施工总承包工程的结算审计工作。该项目的结算审计工作得到学校领导的支持，华侨医院、施工单位和跟踪审计单位全力配合，总包工程虽然量大、复杂，但结算审计工作仍然在短时间内顺利完成。该项目总包结算在经过监理单位初审审减近800万元后，以工程金额2.79亿元送审，最后审定的审计结算金额为2.59亿元，审减资金2 016.99万元，节省了建设资金，制止了施工单位的高估冒算，有效保护了国有资产的安全。

【审计制度建设】 为规范预算管理，提高预算编制工作的科学性、准确性和透明度，保证预算有效执行与决算编制质量，提高资金使用效益，起草《暨南大学预算执行情况与决算审计实施办法（暂行）》。

【2012年中央修购项目工程结算审计总结交流会召开】 3月20日，学校召开2012年中央修购项目工程结算审计总结交流会，副校长叶勤出席会议并讲话。学校相关单位负责修购项目主要领导、经办部门负责人及经办人员约50人参加会议。

会上，审计处首先报告学校2012年中央修购项目结算审计总体情况，并对学校2013年中央修购项目审计工作进行布置；中介机构代表对高校修购项目有关工程结算审计情况进行解析。

（审计处供稿）

国际暨港澳台交流与合作

【概况】 国际交流合作处/港澳台侨事务办公室是负责全校国际交流合作及港澳台侨事务的职能部门，其前身是暨南大学外事处、国际交流合作处/港澳台事务办公室。国际交流合作处/港澳台侨事务办公室现有科室：处长办公室、国际交流科、出访科和项目管理科，另设海外及港澳台培训中心。国际交流合作处/港澳台侨事务办公室的功能和职责是：为学校领导相关决策提供咨询；为学校的国际及港澳台侨交流合作搭建平台；为各类交流合作项目的开展做好服务；对外成为宣传暨南大学、弘扬民族文化的窗口。

2013 年学校继续拓展对外交流，新签协议 27 项；共接待国外及港澳台地区人员来访达 3 000 人次；因公出访 1 530 人次；聘请海外高端人才 20 人，长期外国文教专家 31 人，短期外国文教专家 163 人；派出长短期交流生 700 余人，接收友校交换生 30 余人；主办或承办 15 场国际会议及两岸四地学术会议。在境外开设 33 个教学点、13 个专业，在读学生约 2 340 人。

截至 2013 年 12 月 31 日，学校共与世界五大洲 43 个国家及港澳台地区的 238 所高校或科研、教育、培训、文化机构签订 299 份合作协议、谅解备忘录或合作意向书。

【校际交流与合作】 2013 年，学校与境外 22 所高校或科研、文化机构签署 27 项交流合作协议，其中校级合作协议 18 项，合作单位包括：芬兰密涅瓦医学研究院、爱尔兰国立梅努斯大学、爱尔兰国立科克大学、比利时列日大学、美国亚利桑那州立大学、英国理启蒙大学、美国克莱蒙特大学联盟、新西兰林肯大学、台湾东华大学、台湾艺术大学、台湾台中教育大学、台湾台北商业技术学院、香港公开大学；院级合作协议 9 项，合作单位包括：爱尔兰国立梅努斯大学（与暨南大学国际关系学院签署）、英国皇家特许管理会计师公会（CIMA）（与暨南大学管理学院签署）、新西兰林肯大学（与暨南大学国际学院签署）、美国德克萨斯大学休斯敦健康科学中心（与暨南大学附属第一医院签署）、波兰波兹南经济大学（与暨南大学管理学院签署）、马来西亚国民大学法学院（与暨南大学法学院签署）、越南河内第二师范大学（与暨南大学华文学院签署）、台湾世新大学（与暨南大学新闻与传播学院签署）、台湾政治大学传播学院（与暨南大学新闻与传播学院签署）。

2013 年学校共派出约 700 名学生到国（境）外进行交流学习。其中，长期交换学生 200 余名，分别前往美国加州大学圣地亚哥分校、美国威斯康星大学欧克莱尔分校、美国圣道大学、加拿大圣玛丽大学、法国图卢兹商学院、法国里昂天主教大学、瑞典林雪平大学、英国伯明翰大学、荷兰泽兰德大学、西班牙阿尔卡拉大学、西班牙巴利阿里群岛大学、瑞典克里斯蒂安斯塔德大学、俄罗斯人民友谊大学、波兰新松奇商学院、澳大利亚格里菲斯大学、日本早稻田大学、日本同志社大学、日本兵库县立大学、日本广岛修道大学、韩国汉阳大学、韩国全南国立大学、韩国建国大学、文莱大学、菲律宾圣路易斯大学、台湾台北大学、台湾中兴大学、台湾暨南国际大学、台湾高雄师范大学、台湾东吴大学、台湾义守大学、台湾高雄大学、台湾中原大学等 32 所姐妹大学交流学习。同时，学校接收来自姐妹大学的 30 余名交换学生来校学习。

2013 年，学校及院系组织 8 批次学生赴日本、德国、美国以及中国台湾地区参加寒暑期课程。此外，学校还组织学生赴境外实习、参加文体表演及创意赛事等活动。

【因公派出】 2013 年学校为 1 530 人次办理因公出国和赴港澳台手续，其中赴境外参加学术会议 234 人次、合作科研 56 人次、学术访问 286 人次、短期讲学 425 人次、培训学习 136 人次、其他活动 393 人次。有 11 批次是校领导出国访问团组，包括胡军访问美国、墨西哥、芬兰、瑞典、比利时，陆大祥访问奥地利、捷克、希腊、丹麦、德国，叶勤访问法国、意大利、波兰，刘洁生访问美国，林如鹏访问英国，宋献中访问法国、波兰、瑞典、英国、爱尔兰、荷兰，饶敏访问印度、越南、泰国等。另外，校领导还多次前往香港、澳门和台湾参加学术交流和行政参访活动。

2013 年，学校组织各学院系主任赴美国进行“骨干教师科研能力创新与提升”培训，组织各学院教科部门主任赴台湾进行教学管理业务培训。通过培训学习，拓宽眼界思路，提升国际化办学理念，提高管理和服务能力，有力地促进管理队伍的国际化。

【海外引智】 2013 年，学校充分利用国家海外引智政策，积极开展海外引智工作，注重高层次人才的聘请，成果显著。学校现有高端外专项目人才 4 人，广东省领军人才 6 人。全年共聘请海外高端人才 20 人，长期外国文教专家 31 人，短期外国文教专家 163 人。

学校获批的首个“111 计划”项目“中药创新药物发现与中药现代化”创新引智基地发展顺利，全年共聘请 13 位海外专家，其中 6 人被聘为学校客座教授。

2013 年，以苏国辉院士为首的团队申报“中枢神经损伤与修复”创新引智项目再次获批。

【港澳台交流合作】 2013 年学校人员赴港澳台参加各类交流活动达 874 人次，包括香港 197 人次、澳门 435 人次、台湾 242 人次；接待港澳台人员来访895人次，其中香港772人次、澳门26人次、台湾97人次；承办各类面向港澳台培训4批次，培训人数97人，包括第3期香港特区政府中级管理人员培训班、第4期暨南大学国家事务研习课程班、香港特别行政区环境保护署第6期国家事务研习课程班、2013年两岸四地青年学生领袖研习营等。

【合作办学及境外办学】 学校注重引进优质教育资源，开展多种形式的合作办学。其中，与英国伯明翰大学合作共建“国际教育中心”项目取得实质性进展，学校专门成立筹备组负责合作办学机构申报和筹建工作。已与美国亚利桑那州立大学签署“暨南大学与亚利桑那州立大学卫生与健康项目教育合作协议”，拟首先开展非学历的培训项目，再进一步开展学历教育项目，并最终以校中院的模式开展合作。开拓引进美国克莱蒙特大学联盟生命科学PSM硕士专业学位等合作办学项目。这些合作项目对于借鉴国外知名院校的教育质量评估体系和管理机制、整合优质教育资源、发展学校境外办学以及国际化教育具有重要意义。

在进一步扩大境外办学规模，注重办学层次及质量，着力“请进来”的同时，也顺势而发，抢抓机遇，推动学校特色专业积极“走出去”。学校与海外相关机构合作开办意大利中文国际学校、暨南大学泰国曼谷分校，以及在智利、厄瓜多尔、委内瑞拉等南美国家增设境外教学点，与当地相关机构合作开展华文教育及中医药方面人才培养等项目也在积极稳步推进中。

截至2013年12月，学校境外33个教学点有在读学生2 340余人，教学点分布于美国、德国、英国、泰国、新加坡、印度尼西亚、菲律宾等国家及中国香港、澳门、台湾地区，涵盖13个专业。

【国际会议】 2013年，学校不断拓展国际科研合作平台、壮大国际科研合作团队，共举办15场国际/双边/两岸学术会议，包括“国际休克·脓毒症高峰论坛”“东亚跨国人口流动”国际学术研讨会、第二届国际（广州）癌症治疗论坛、“华侨华人与中国梦”学术研讨会暨《世界侨情报告（2012—2013）》首发式、第三届海峡两岸神经医学论坛、“他者认识与日语教育日本学研究”国际学术研讨会、华文教育国际学术研讨会、国际免疫与健康研讨会、“The 2013 Workshop on RFID and IOT Security（RFIDsec'13 Asia）”国际会议、2013年粤港澳组织再生与修复协同创新中心学术论坛、“全球化背景下的口笔译”国际研讨会、“移民研究”研讨会、2013AACS亚洲现代雕塑家协会第22届作品年展以及2013AACS亚洲现代雕塑家协会学术研讨会、全国汉语方言学会第十七届学术年会暨汉语方言国际学术讨论会、2013管理会计研究国际研讨会等。

【来访接待】 2013年学校接待国外及港澳台人士来访近3 000人次，其中包括各地政要、高等学校与科研机构领导人的来访，如英国驻广州总领事摩根，印度驻广州总领事高志远，泰国驻广州总领事梅碧珍，巴勒斯坦驻广州总领事巴伯·阿明，香港教育局局长吴克俭，英国伯明翰大学、美国威斯特敏斯特学院、美国亚利桑那州立大学、美国俄亥俄州立大学、日本会津大学、马来西亚苏丹再纳亚庇丁大学、台湾艺术大学、台湾高雄师范大学等境外大学校长。

【学校与英国伯明翰大学合作办学项目顺利推进】 2013年，学校与英国伯明翰大学合作办学项目进展顺利，主要进展如下：

（1）围绕两校合作办学项目的推进，双方互访频繁。

伯明翰大学先后派遣近50批次各学科专业负责人来校进行专业对接，学校管理学院、经济学院于2013年8月、9月派遣约20人分赴伯明翰大学对口交流学习；除此之外，两校教授在生命科学、力学、应急管理领域等已开展联合科研。两校已形成稳定的学者交流机制。

与此同时，两校高层间交流不断。伯明翰大学先后派遣4批次校领导团前来学校，学校副校长宋献中也于11月21日率团前往伯明翰大学与副校长派克等就合作建立暨南大学—伯明翰大学国际教育中心事宜进行深入的讨论。

在此期间，7月17日，学校与英国伯明翰大学联合召开视频会议，总结两校前期合作情况，并对未来两校开展包括合作办学在内的全方位国际交流前景进行探讨和谋划。

（2）学校专门成立筹备组负责合作办学机构的申报和筹建工作。

（3）2013年8月，学校首批8名交流学生赴伯明翰大学学习，为期一学年。另外，两校在博士层次的联合培养上达成共识，已有一名博士生赴伯明翰大学学习。

（4）2013年9月，学校向教育部正式上报与伯明翰大学合作开展工商管理硕士教育项目。

（5）经过反复商讨论证，双方一致同意以合作办学机构的形式进行深度合作，拟于2014年9月向教育部提交合作办学申请。

【学校与美国克莱蒙特大学联盟合作项目正式启动】 经过多轮磋商，学校与克莱蒙特大学联盟合作项目拟以“3+3本硕项目”（以下简称“3+3”项目，即在暨南大学读前3年本科，在克莱蒙特大学读第4年本科和2年硕士）为始，逐步深化两校间的合作。

学校药学院3名学生已获得该校的录取通知书，拟于2014年9月前往该校进行学习；此外，学校药学院拟与克莱蒙特大学联盟开展专业硕士——生物科学硕士（MBS）研究生合作办学项目，并开展对该项目可行性的探索论证。

1.“3+3”项目

3月31日—4月8日，胡军校长率团访问克莱蒙特大学联盟，与该校校长鲍勃·沃顿签署两校合作框架协议，双方一致表示希望在合作办学、师生交流等方面建立长效机制，并就学生联合培养“3+3”项目达成共识，于2013年秋季学期正式启动。

4月25—27日，美国克莱蒙特大学联盟柯克应用生命科学研究院副院长斯特林一行访问学校并进行“3+3”项目的宣讲和招生工作。

2. MBS合作办学项目

9月24日，克莱蒙特大学联盟柯克应用生命科学研究院亚洲事务主管Reneyang和招生官员克里斯来校进行项目推广，受到药学院、生命科学技术学院、医学院等学生的青睐。

11月1日，克莱蒙特大学联盟柯克应用生命科学研究院院长舒斯特和Reneyang来校访问，进一步探讨科学专业学位MBS项目。

【学校获批成为中国政府奖学金生委托培养院校】 9月，教育部下发《关于同意委托部分院校承担中国政府奖学金生培养任务的函》，学校正式获批成为中国政府奖学金来华留学生招生院校。中国政府奖学金是中国教育部根据中国政府与有关国家政府以及有关国际组织签订的教育交流协议或达成的谅解备忘录而对外提供的奖学金项目。具备接收中国政府奖学金生资格体现了教育部对申请学校国际化办学水平以及来华留学生教育质量的认可。

此次正式获批成为具备接收中国政府奖学金生资格的高校，不仅意味着学校在来华留学生教育方面从此跻身“国家队”行列，而且将进一步促进学校生源国际化，提升学校国际化办学水平。

【学校再获一项“111计划”项目】 10月，“中枢神经损伤与修复”创新引智基地（“111计划”）获批立项。该基地以粤港澳中枢神经再生研究院苏国辉院士为国内学术带头人，美国印第安纳大学徐晓明教授为海外学术带头人，邀请来自美国、比利时、澳大利亚共计11人的海外专家团队，共同完成该项目的研究。该创新引智基地旨在研究包括脊髓和脑（包括视神经）在内的中枢神经损伤修复的基本机制，寻求有效的神经保护和功能重建的途径。通过联合全球范围内神经损伤与修复领域的知名专家，构建高水平、多学科研究基地并开展深入合作研究，从而提升科研水平，促进人才队伍建设和学科发展。

【香港特区教育局局长吴克俭访校】 12月3日，香港特区教育局局长吴克俭一行6人来学校座谈交流，广东省教育厅港澳台事务办公室主任冯兴雷、副主任周国平等陪同来校。副校长宋献中会见吴克俭一行。宋献中向来宾介绍学校的办学历史、发展状况以及学校与香港教育界开展交流合作的情况，对香港特区教育局一直以来对学校在港招生及与香港教育界的合作所给予的支持和帮助表示感谢。吴克俭对暨南大学多年来为香港青年提供求学机会表示感谢。座谈中，宋献中及相关部门负责人详细解答了面向香港学生的免试招考制度、香港学生培养制度等方面的问题。双方还就加强粤港教育界的合作、香港学生就业通道等问题进行深入探讨。

【学校承办2013年“1+2+1”中美人才培养计划年会】 6月26日，2013年“1+2+1”中美人才培养计划年会暨第十届毕业典礼在暨南大学举行。来自美国24所高校和中国73所高校的近百名校长纵论国际学生流动，288位中美联合培养的毕业生获颁毕业证书。

此次活动包括中美大学校长论坛和“1+2+1”项目毕业典礼两部分。在中美大学校长论坛上，围绕“促进国际学生流动”的主题，中国教育部国际合作与交流司副司长生建学、特洛伊大学校长杰克·霍金斯分别作了演讲。

美国州立大学与学院协会主席穆丽尔·霍华德勉励大家在世界和平当中做一个合格的公民。暨南大学校长胡军则对毕业生们不同的人生经历进行回顾，对288位中美联合培养的毕业生表达衷心的祝贺和殷切的希望。

2013 年与学校签署合作协议的境外高校及其他机构一览表

序号	国家/地区	单位	时间
1	中国台湾	台北商业技术学院	1 月 16 日
2	美国	克莱蒙特大学联盟	4 月 2 日
3	美国	德克萨斯大学休斯敦健康科学中心	4 月 11 日
4	中国台湾	东华大学	5 月 27 日
5	中国台湾	艺术大学	5 月 28 日
6	英国	理启蒙大学	6 月 27 日
7	中国台湾	台中教育大学	7 月 5 日
8	爱尔兰	国立科克大学	7 月 16 日
9	比利时	列日大学	8 月 12 日
10	中国香港	公开大学	8 月 22 日
11	中国台湾	政治大学传播学院	9 月 16 日
12	波兰	波兹南经济大学	10 月 25 日
13	美国	亚利桑那州立大学	11 月 12 日
14	英国	皇家特许管理会计师公会（CIMA）	11 月 13 日
15	越南	河内第二师范大学	11 月 16 日
16	新西兰	林肯大学	11 月 19 日
17	英国	伯明翰大学	11 月 21 日
18	瑞典	林雪平大学	12 月 2 日
19	芬兰	密涅瓦医学研究院	12 月 5 日
20	中国台湾	世新大学	12 月 8 日
21	爱尔兰	国立梅努斯大学	12 月 9 日
22	马来西亚	国民大学法学院	12 月 16 日

（国际交流合作处/港澳台侨事务办公室供稿）

实验室与设备管理

【概况】 实验室与设备管理处，是负责全校实验室条件保障与物资采购工作的职能部门。实验室与设备管理处下设实验室管理科、采购中心（副处级，挂靠实验室与设备管理处）、设备维修科三个科室。主要职责包括全校实验室的规划、建制、建设；实验室相关管理制度的建立与完善；协助人事部门做好实验技术队伍的建设；教学科研仪器设备包括贵重仪器设备的管理；仪器设备与相关物资的采购与供应；教学科研仪器设备的维修、维护及管理。

【实验室建设与管理】 2013 年，暨南大学共有各类实验室 87 个，覆盖理、工、医、药、文、经、管、法、新闻、艺术等学科。按管理级别分，有国家级工程研究中心 1 个；省、部级研究中心13个，重点实验室13个；校中心级实验室3个，院、系级实验室68个。按实验室性质分，有基础实验室10个，专业实验室14个，综合实验室30个，科研实验室33个。按实验教学中心统计，有2个国家级实验教学示范中心，14个省级实验教学示范中心，3个校级实验教学中心。

1. 实验室数据信息统计

10月30日，学校完成2012—2013学年实验室数据信息统计并上报广东省教育厅。根据统计情况，截至8月31日，全校教学、科研仪器设备共54 104台/件，总值76 469.39万元。其中单价40万元以上的精密贵重仪器137台/件，总值12 634.32万元；新增教学科研仪器设备5 211台/件，总值7 364.77万元。2012—2013学年，全校开设教学实验项目共2 833项，人时数为1 168 562。

2. 实验室资源有偿使用管理

（1）4月8日，贵重仪器设备共享平台收费模块启用，实行实时扣费。截至12月24日，纳入平台的单位有11个：药学院中心实验室，理工学院食品科学与工程系、环境工程系，生命科学技术学院细胞生物学系、生物医学工程系、发育与再生生物学系、生化与分子生物学系、化学系，医学院实验中心，粤港澳中枢神经再生研究院和实验技术中心；全校安装终端控制器的贵重仪器设备共计207台，总使用机时312 253小时，总收入313 967.39元。

（2）院系公用房的有偿使用。为加强学校公用房的有效管理，3月6日，学校在医学院召开由副校长刘洁生主持的公用房有偿使用动员会议。4月下旬，公用房有偿使用管理办法在学校“双代会”上获得原则性通过。5月23日，学校相关人员到浙江大学进行调研，详细了解浙江大学医学部落实公用房有偿使用的相关细节。9月10日，实验室与设备管理处和医学院召开公用房有偿使用细则制定协调会。11月，医学院提交公用房有偿使用实施细则初稿。

3. 南校区实验室建设

实验室与设备管理处配合基建处，协调相关进驻单位做好南校区D组团（教学实验楼）的面积分配和安排、场地布局、通风设计以及设备、家具预算方案制订等工作。在总结现有实验室建设经验以及调研其他高校新校区建设情况的基础上，4月制订D组团功能设计方案及设备、家具等采购预算方案；6月上报南校区实验楼的建设项目预算；12月，根据财政部批复的预算指标安排各预算项目，开始进入招标采购环节。

4. 实验人员培训

6月14日，邀请学校副教授傅江南就实验室生物安全作专题培训；6月24日，邀请北京化工大学副教授杨立国就高等学校实验室统计数据上报工作作专题培训；12月，组织5个实验中心13名实验教师参加“全国高校虚拟仿真实验教学与示范中心建设研讨会”。

【贵重仪器采购与管理】 2013年，学校购置单价10万元以上的贵重仪器设备共计141台/件，总金额5 974.07万元。完成ZEISS LSM780 NLO双光子激光共聚焦显微镜、AB SCIEX Triple TOF5600+超高分辨质谱仪及BRUKER 400M/300M核磁共振波谱仪等一大批贵重高水平仪器的招标采购工作。2013年共组织163台/件大型仪器设备购置前论证，21台/件大型仪器设备报废论证。

【物资采购】 2013年，采购中心完成总预算14 475.47万元的采购，实际采购支出13 800.59万元，节约674.88万元，节约率为4.66%。其中，招标总预算约12 042.97万元，中标总金额约11 455.09万元，节约587.88万元，节约率为4.88%；政府协议供货及电子反拍等其他方式采购预算约2 432.50万元，实际成交金额约2 345.50万元，节约87.00万元，节约率为3.58%；组织招标采购活动共60次。办理进口设备免税批文111份，免税进口设备金额约691.01万美元，为学校节约税费近840万元人民币。

【仪器设备维护维修】 全年维修教学科研仪器设备共357台，设备总价值200万元；对申请报废设备完成技术鉴定工作，共计2 642台，设备总价值1 334万元；部分拟报废设备经鉴定后仍具备使用价值，经维修或直接办理调拨的设备有20台，设备总价值18万元。

2013年暨南大学实验室基本情况

序号	单位	实验室个数	实验室使用面积（平方米）	教学实验（2012—2013学年）			教学科研仪器设备（单价1 000元以上）			
				实验个数	实验时数	人时数	数量（台/件）	金额（万元）	其中10万元以上	
									数量（台/件）	金额（万元）
1	医学院	13	9 200	555	2 721	261 360	5 189	6 612.06	84	2 616.19
2	第一临床医学院	4	781	46	191	49 721	1 215	5 170.72	55	1 039.34
3	药学院	6	4 347	126	646	45 490	2 672	4 851.46	64	2 597.44
4	理工学院	11	13 485	432	1 840	121 818	6 753	8 919.3	113	3 983.49
5	生命科学技术学院	16	19 006	473	2 581	146 102	8 261	17 022.47	288	9 982.07
6	信息科学技术学院	10	5 258	584	1 977.5	179 830	5 365	8 477.89	45	5 004.58
7	新闻与传播学院	1	910	79	546	103 491	1 143	1 753.22	19	493.15
8	艺术学院	1	1 833	0	0	0	698	1 468.3	18	603.44
9	管理学院	1	720	49	238	26 116	1 681	1 702.18	16	444.87
10	公共管理学院/应急管理学院	0	0	0	0	0	131	88.52	1	12.04
11	经济学院	1	400	143	379	23 814	1 028	813.98	7	154.56
12	文学院	1	75	22	152	3 188	817	379.46	0	0
13	外国语学院	1	57	14	40	1 000	269	168.41	1	14.8
14	法学院/知识产权学院	1	110	2	26	1 396	155	138.01	1	24.84
15	教育学院	1	220	17	41	59 326	208	155.15	0	0
16	国际关系学院/华侨华人研究院	0	0	0	0	0	132	73.79	0	0
17	科研重点实验室及学校直属单位	12	4 378	8	24	939	2 983	8 895.17	105	5 915.54
18	华文学院	1	1 590	20	125	19 070	2 341	1 676.15	13	277.89
19	珠海校区	5	4 661	210	1 597	102 095	2 505	2 511.23	30	937.73
20	深圳旅游学院	1	1 442	56	176	28 650	113	113.77	1	12.2
21	国际学院	0	0	0	0	0	97	50.14	0	0
	合计	87	68 473	2 836	13 300.5	1 173 406	43 756	71 041.38	861	34 114.17

（实验室与设备管理处供稿）

总务后勤工作

【概况】 总务后勤管理处代表学校履行总务后勤的管理职能，为学校教学科研和各项工作提供后勤保障和支撑。下设办公室、房地产管理科、修缮工程管理科、公费医疗管理办公室、食堂管理中心、交通服务中心、物业管理中心、动力保障与维修中心、课室管理中心。共有正式职工84人，短期合同工400多人。2013年共完成全处5名合同工转正工作，编辑总务后勤工作简报5期。

【校园综合管理】 2013年，校园综合管理办公室多次开展专项整治活动，杜绝乱摆乱买、乱张贴等行为，清查违章建筑，逐步改造校园的供水、供电、道路和环境，增加绿化和卫生清洁的投入，切实推进校园管理精细化、管理服务上水平，营造美丽和谐的校园环境。

【房地产管理】

1. 教职员工宿舍、周转楼公寓管理

2013年，房地产管理科共验收腾退房52套；完成17套（间）房屋的维修工作；不定期摸查学校周转房的入住情况共9次，共调查490间周转房的入住情况；对于不符合入住条件或私自占房的租户，发放退房通知单20多份，并进行清退。及时签订租房合同，完成教职员工、引进人才及博士后共39人的住房安置、调整工作。办理单位、教职工、临时工等各种租房申请50多份。受理教职工有关已购房装修、房屋质量投诉6宗，并交办或协助丹田物业公司处理。完成3套供给积石山进修人员宿舍的修缮和清洁工作。另外，根据学校办公会议精神提供4套周转房，协助学生处解决印度学生住宿问题。

2. 行政办公、实验教学用房管理

填报2013年科技基础条件资源调查表及处理各类申请报告9份，为发展规划处评估中心、实验室与设备管理处提供用房面积数据材料明细。逐步排查学校公房资源，完善电子文档资料。2013年共排查文学院、教学大楼、行政办公楼、第二文科楼单位用房情况，统计学生宿舍架空层的面积及使用情况，提出《对借用学校房屋资源的单位实行有偿使用管理的建议》。根据人力资源开发与管理处要求，多次带引进人才团队查看科研实验用房，并给吴宝剑、邓慧杰、潘景轩等引进人才安排相关用房。

3. 住房货币补贴、房租等管理

完成第十一批住房货币分配工作，共有159人通过审批，建立永久性的汇储表，一次性发放金额173.61万元，按年汇储额为53 450元。完成2013年度晋升职称人员共370人的货币补贴调整，完成副高级职称满三年、升四年人员共500人的住房货币补贴调整。更正59户产权变更资料并及时收取物业管理费。追收博士后和出国进修人员及其他教职员工所拖欠的房租和清洁费约31万元。核对进出周转房教工人员的资料并重新录入电脑库。

4. 固定资产管理

对明湖苑22栋、招待所、羊城苑、周转楼A栋等博士后及引进人才用房，进行家具、设备的清查工作。完成对申请购置的设备、家具的采购和报账工作。完成校本部及珠海校区学生宿舍等价值约540万元空调机的采购和支付工作。

【修缮工程管理】 编制2014年修缮计划，完成暨南大学第一临床医学院消防系统改造（子包一、子包二）、修缮工程招标代理招标、消防工程招标代理招标、校本部停车场改建工程、暨南时光咖啡屋项目等16个项目的校内公开招标工作，中标价合计约733万元。完成校本部铺设沥青路面及道路改造、建筑物天面防水改造结合天台节能隔热绿化施工专业承包、学生宿舍电力系统调整（二期）工程设计、招标控制价制定等工作，完成监理及施工招标工作。协助保卫处完成消防改造工程校外公开招标工作。

严把工程质量关，做好各项工程的管理工作。2013年校本部运动场馆改造、中华才艺（武术·龙狮）培训基地建设、暨南大学雨污分流工程、建筑节能监管体系建设施工顺利通过竣工验收。大中型在建修缮工程有：学生宿舍电力系统调整（二期）、旧设备楼外立面改造及内部装修工程、校友楼三楼改造工程等。完成旧设备楼外立面改造及内部装修工程等各项工程预付款或进度款的报批支付工作。完成年度各项工程的设计委托、监理委托、造价咨询委托，并完成工程预结算审核和送审工作。汇总2007年7月以来的招标修缮工程，编制已完成的统计表并上报。

【公费医疗管理】 在教职工公费医疗审批工作方面，优先为离退休人员提供报销审批服务，改进报销服务流程，采取提供收费清单和每位教工每月报销一次等措施，明显提高审批效率。

在学生医保工作方面，完成学生医保各项日常审批工作；完成全校三个校区学生停保、续保、参保和缴费工作。全校参保总人数 25 373 人，缴费总人数 25 177 人，参保率为 99.23%，达到广州市医保局有关学生参保率的要求。三个校区参保学生 25 373 人，应收缴 304.48 万元，实际收缴 244.46 万元，应补缴 24 974 人，实际补缴 24 252 人，欠缴 722 人。组织召开学校学生医保工作领导小组会议。修订《暨南大学学生普通（门）急诊管理办法》，讨论通过学生医疗困难补助金管理办法及补助范围；积极做好全校学生团体医疗保险合同签订及理赔工作，2013 年受理学生商业理赔 478 人次，理赔金额 51.55 万元。

【课室管理】 课室管理中心 2013 年共完成 223 009 课时的公共教学服务。其中教学大楼 176 080课时、语言实验室 18 180 课时、成教楼 28 749课时。在上课过程中为教师提供紧急技术支持1 643次。为学校 10 场大型活动提供服务，包括 BEC 考试、研究生同等学力考试、公务员考试等大型考试 9 场，本科（英语）教学课程竞赛 1 场。

2013 年纳入课室管理中心管理的会议场地有：礼堂、国际会议厅、学术报告厅、管理学院 4 间多媒体课室和 101 多功能会议厅、行政办公楼 1111 会议室。全年提供 591 场次会议接待，其中礼堂 150 场次、学术报告厅 193 场次、管理学院 101 多功能会议厅 112 场次、国际会议厅 136 场次，为学校增加收入 84 万元。放映电影 12 场次，其中 8 场为学校免费电影。

完成调整教学大楼电梯停靠楼层方案，电梯运送能力提高 3 倍。在教学大楼安装便民自助复印、打印终端，极大方便了师生。面向师生开放课室管理中心官方微信公众号，发布最新的公告和自习室剩余座位数量，提供便捷的手机报修课室设备故障平台，与师生互动，及时跟进处理设备问题。

调研教学大楼建成七年后课室多媒体设备的使用情况，完成 2014 年设备维修更新计划。为礼堂加装数字电影放映机。对教学大楼的消防安全及其设施进行 2 次全面检查，配合学校做好消防档案工作。

【食堂管理】 食堂管理中心营业收入约 4 085万元，计提设备折旧 27 万元，计提发展基金 52.6 万元，支出发展基金 61.6 万元，支出员工工资 629.5 万元。

保证伙食质量和伙食卫生，在蔬菜和副食品价格持续上涨的情况下保持各食堂的饭菜价格稳定不变，并增加菜式品种。与膳食委员会共同举办 2 次膳食文化周系列活动，为食堂管理员与学生交流互动搭建一个良好的平台。配合基建处和修缮工程管理科做好南校区学生第一食堂建设的各项工作及资金预算申报工作。组织广东省内高校专家对南校区食堂厨房采用电磁灶进行论证。逐步推动食堂管理中心进入高校食堂物资联合采购平台。完成消防安全管理档案建档、员工的年度考核、餐饮从业人员的体检、2014 年用工计划及职工退休交接工作。开展食品安全自查工作和消防、生产安全隐患排查工作，有效杜绝安全事故。

【交通服务】 保障学校教学、科研、学生实习、行政办公、招生宣传、各种会议、外事接待等用车任务。全年共出车 7 000 台次，行驶里程 62.8 万公里，创造产值 301 万元。2013 年增开一辆华文班车；5 月 22 日与深圳校区达成协议，试开深圳与校本部班车。

【物业管理与服务】 环境卫生方面，除日常保洁外，开展除“四害”灭杀 4 次。清洁、保洁考场 12 次，保障大型考试的环境卫生。对学校、各学院举办大型会议及各类活动所需场所（国际会议厅、礼堂、学术报告厅等）进行清洁 142 次。对所管辖的公共区域进行清洁消毒 46 次。清理沙井明渠 30 次。全年清运生活垃圾 3 800 吨。

园林绿化方面，对辖区内树木除虫喷药 6 次；处理倒树 26 棵，对潜危树木平顶修枝 261 棵，恢复裸地绿化面积约 864 平方米。对灌木、台湾草修剪 3 次，施肥 6 次；灌木种植 40 棵。完成 2013 年绿化工程结算、委托书、合同等工作 5 宗。为学校、学院各类会议、活动提供时花 11 071 盆，共计 258 次；悬挂条幅 284 条、彩旗 680 面。物资全年入仓 63 534 件，价值 19.07 万元；出仓39 942 件，价值 19.37 万元。

【动力保障与水电维修服务】 2013 年完成校本部供电约 3 465 万千瓦时，供水约 324 万吨。完成专项维修、水电安装与装修工程项目共 600 单，工程总额约 560 万元。对 2009—2012 年遗留的800多万元竣工未结算的工程，进行清理、送审和结算，力争早日回笼资金，归还财务欠款。完成全校电梯、中央空调以及学生宿舍热水供应的运行管理工作，进行检查、维修、养护及建档。完成795台分体空调的清洗、维护工作，其中行政办公楼等450台、学生宿舍345台。

（总务后勤管理处供稿）

基建工作

【概况】　基建处是学校基本建设的职能管理部门，负责按照学校总体发展规划和不同时期教学科研发展需要，制订学校的基本建设规划，并按照建设规划按期保质保量地建设学校所需的教学科研及其他各类用房。基建处下设综合科、规划计划科、工程管理科3个科室。在岗工作人员17人。

本年度继续围绕学校南校区建设这一中心任务开展具体工作。国家发改委批复学校：南校区一期工程总建筑面积41万平方米，总投资约16.68亿元，其中国家发改委定额安排7.5亿元（2亿元用于征地），其余资金通过多渠道解决。根据学校资金情况，学校计划2014年9月前完成首批建设项目。首批项目建筑面积约20万平方米，投资约10.5亿元（含中央投资5.5亿元及自筹资金5亿元）。南校区一期工程首批建设项目被广东省人民政府列入2013年广东省重点建设项目、广州国际创新城首批启动项目，项目报批报建工作被纳入广州市报批报建绿色通道管理。3月开始，一期工程首批建设项目相继开工建设，基建处着手做好项目立项、报建、规划设计、施工管理、造价控制等各项工作。

【南校区建设】　完成南校区征地范围内22.6亩国有土地涉及的2家厂房的补偿拆除工作，继续推进余下1家厂房的补偿谈判。用地报批手续经区、市、省国土部门逐级审核上报并通过广东省人民政府审批。

完成国家发改委要求的社会稳定评估、用地预审、修建性详细规划、环境影响评价、节能评估5项前置条件项目审批工作。取得国家发改委对教学楼、图书馆、学生一食堂、学院楼B组团、实验楼D组团及地下室P3工程4个项目的初步设计方案和投资概算的批复。取得国务院侨办对学生宿舍、次体育场及西片区体育设施工程、P－3动力保障楼等首批建设项目的初步设计方案和投资概算的批复。

3月底，完成南校区场地围蔽工作，移交广州市重点办管理。从3月开始，南校区首批建设项目相继开工建设，建设进展见下表。

暨南大学南校区一期工程首批建设项目进展情况

序号	项目名称	建筑规模	建筑面积（平方米）	投资概算（万元）	进展状态
1	场地平整	—	—	8 313.21	基本完成
2	河涌改造	—	改造河涌：1 177 开挖人工湖：49 000	4 448.43	完成80%的工程量
3	教学楼	地上5层，地下1层	42 406	16 667.44	主体结构施工
4	图书馆	地上6层（部分1层），地下1层（局部地下2层）	28 118	12 710.72	主体结构施工
5	学生一食堂	地上4层	8 484.5	3 205.83	主体结构施工

（续上表）

序号	项目名称	建筑规模	建筑面积（平方米）	投资概算（万元）	进展状态
6	学生宿舍 T1—T4 栋及 W1 学生服务中心	T1：地上9层 T2：地上11层 T3：地上13层 T4：地上13层 W1：地上2层	T1：14 222 T2：14 693 T3：17 297 T4：17 353 W1：1 730	T1：4 576.09 T2：5 044.75 T3：6 481.28 T4：6 074.45 W1：688.2	主体结构施工
7	学院楼 B 组团、实验楼 D 组团及地下室 P3 工程	地上 4 层，地下 1 层	57 252 （B 组团：18 891，D 组团：18 868，P3 地库：19 493）	22 642	基础施工阶段
8	次体育场及西片区体育设施工程	含田径副场、网球场、篮球场、排球场	30 862.82	2 100.16	施工招标阶段
9	游泳池及附属用房工程	地上 2 层，地下 1 层	2 269	661.5	施工招标阶段
10	校门诊楼	地上3层	5 000	1 881.3	施工招标阶段
11	P-3 动力保障楼等工程	动力保障楼、校门、垃圾收集站、校园集中生活及消防水池、水泵房	—	2 521.02	基础施工阶段
12	市政工程	道路工程、交通工程、交通疏解工程、给水工程、排水工程、照明工程、电力电缆管道工程、燃气工程、永久围墙工程等	—	10 744.62	施工图设计阶段
13	园林景观	—	—	2 988.55	初步设计阶段
14	电力增容	—	—	6 000	初步设计阶段

由于南校区周边市政设施规划建设滞后，周边市政配套不完善，严重影响南校区的规划建设。经学校沟通协调，广州市政府多次召开协调会议，形成解决南校区高压线迁改、永久用电、周边污水整治等问题的初步方案：原校区内的 110kV 高压线按议定方案迁改；在南校区东南角新建一座 110kV 公用变电站解决校区永久用电问题；周边污水整治采取近远期分步实施的方案（具体方案须进一步论证）。

【广东省国土资源厅批复学校南校区用地报批手续】 2012 年底，学校将南校区用地报批手续呈报番禺区国土局，由其逐级上报审批。2013 年 4

月，广东省国土资源厅按照广东省人民政府的批准意见，同意将南校区征地涉及的集体农用地、村集体建设用地和未利用地等一并征收为国有土地，同时，就南校区由集体土地变更为国有土地向番禺区人民政府发出4 886.57万元缴款通知书。由于缴费数额巨大，以及征地补偿过程中涉及的其他问题，广州市人民政府和番禺区人民政府提出由学校自行缴纳该笔费用。为节省学校有限的建设资金，经学校沟通协调，广州市人民政府和番禺区人民政府最后达成一致，同意由政府缴纳该笔费用。9月，经广东省人民政府批准，广东省国土资源厅下发《关于广州市番禺区2012年度第二十九、三十批次城镇建设用地的批复》，同意将学校南校区征地涉及的集体农用地、村集体建设用地和未利用地等一并征收为国有土地。该批复是学校南校区最终取得《建设用地批准书》的关键文件之一。

【南校区T4栋学生宿舍楼奠基仪式举行】 6月28日，学校在南校区T4栋学生宿舍楼施工现场举行奠基仪式。T4栋学生宿舍楼建设资金全额捐助人梁志斌，校领导胡军、蒋述卓、陆大祥、宋献中、饶敏、王志伟，东莞新世纪房地产开发有限公司总经理张应旋、行政总裁谢杰铭，中国建筑第三工程局有限公司（以下简称“中建三局”）广州分公司总经理胡卫兵和中建三局广州分公司工程管理人员，以及暨南大学师生员工代表等200余人参加奠基仪式。仪式由副校长刘洁生主持。校长胡军、梁志斌和施工单位代表胡卫兵分别讲话。胡军对学校校董、知名校友，东莞新世纪房地产开发有限公司董事长梁志斌助力母校新校区建设表达了感谢。梁志斌在讲话中祝愿母校暨南大学越办越好。胡卫兵表示将按照梁志斌先生和学校的要求，高效保质地完成宿舍楼工程的建设任务。T4栋学生宿舍楼工程是学校南校区第一个开建的房建工程，此次奠基仪式的举行是南校区建设过程中的一个重要里程碑。

（基建处供稿）

安全保卫工作

【概况】 保卫处是学校党委和校行政直属职能部门，下设户籍证件科、信息安全科、消防科、治安科、调查研究科、治安警察队，学校政治保卫部、综治办、610办挂靠保卫处。现有正式职工30人，治安警察队合同工153人，车场管理员40人。其主要职能是围绕学校中心工作，认真贯彻上级部门的各项方针政策，全力维护学校稳定、校园安全（治安安全、消防安全、交通安全）及良好的校园秩序（治安秩序、交通秩序、教学生活秩序），为学校的教学、科研、生活提供良好的校园环境。

【校园治安】 针对校区内的治安重点和难点问题，制作派发治安防范宣传教育资料，提高师生员工安全防范意识，组织开展反盗窃专项行动，配合相关部门进行多次整治行动，与往年相比，总体发案率呈下降趋势，破案率上升。

完善技防建设，实现全方位监控，对建成的各校区视频监控系统进行联网，通过新建的统一调度管理平台进行视频调阅和存储管理，进一步提升维护校园安全、保障师生生命财产安全以及预防打击各类违法犯罪行为的能力。坚持落实24小时值班制度，以110值班室为中心，依靠监控中心视频，及时传送信息，第一时间到达现场并处理事故。

一年来，根据监控中心信息，保卫处出动人员800余人次，处置各种突发事件。其中处置火险等突发事故20次、处理交通事故7起、抓获各类盗窃嫌疑犯18人、送公安机关拘留17人，有效保护了广大师生的生命财产安全。

【消防安全】 建立消防安全模块化体系，分层建立“大模块”“中模块”“小模块”，明确管理人员及其职责、任务，实现消防工作层层有人抓、处处有人管，构建“全覆盖，无盲区”的消防管理模式。11月30日完成各单位消防安全模块化体系的建立。

加强重点部位、大楼室内消防设施、设备、器材的安全检查，对检查出的消防安全隐患进行登记、造册，并跟踪落实，要求整改消除。及时更换、增添校内重点单位的消防器材，先后更换生命科学技术学院、管理学院、停车场等地消防器材，确保消防安全器材的正常使用。

6—9月，根据《国务院办公厅关于集中开展安全生产大检查的通知》（国办发明电〔2013〕16号）、《广东省人民政府办公厅关于立即全面开展安全生产检查督查活动的通知》（粤府办明电〔2013〕112号）和《广东省人民政府办公厅关于印发全省安全储存经营场所违规住人突出问题专项整治工作方案的通知》（粤府办明电〔2013〕108号）的文件精神，在全校范围内开展安全生产检查督查活动，进一步做好学校消防安全、安全生产管理工作，落实消防安全、安全生产责任，确保校园消防安全、安全生产。

7—10月，根据《广东省消防安全委员会关于印发深入开展消防安全大排查大整治活动工作方案的通知》（粤消安〔2013〕2号）的要求，在全校范围内组织开展消防安全“大排查、大整治”活动，进一步提升各单位检查消防火灾隐患能力、组织扑救初起火灾能力、组织人员疏散逃生能力、消防安全宣传教育能力，构筑学校消防安全防线，创建“平安校园、和谐校园”。

为有效提高广大师生员工消防意识和火灾自救能力，确保师生生命财产安全，开展一系列消防安全宣传、教育、培训活动。

【校园交通管理】 贯彻落实学校校园道路交通安全管理有关规定，对乱停乱放车辆实施电话劝导、贴警示单、锁车以及列入黑名单的措施。被锁车的，须提供保证书。对屡教不改乱停乱放车辆和外来过夜车辆，禁止其进校；其中对于办证车辆，取消其办证资格；对于外来车辆，禁止其进校。全年粘贴警示单5 600余张，锁车260余次，清理违规在校过夜车辆430余辆。

认真调研校园交通管理工作，根据实际情况，增建苏州苑41栋等三处空地作为停车场，缓解停车难问题；在真如路、体育路两条校内主干道安装太阳能交通安全警示灯5个，有效提醒校内外来往车辆减速慢行；制作交通警示牌、锁车警示牌35个，“前方道路危险禁止通行”指示牌6个；建设热熔减速带16处、混凝土减速带3处。

【户证管理】 以群众路线教育实践活动为契机，进一步贯彻落实机关作风建设，改变服务态度，提高服务质量。为3 323名学生办理户口迁出、2 065名学生办理户口迁入；为3 200名学生采集身份证信息；为133人办理二代身份证；办理外籍学生签证、居留许可证700人次；办理“外国留学人员来华签证申请表”12人次；办理台湾学生签注40人次；办理副处级以上人员因私出境147人次；为140名教工办理集体户口迁入、迁出；办理教工集体户口人员借户口卡约1 100人次。

【治安综合治理】 为传达上级部门、领导关于安全保卫工作的指示，总结学校保卫工作，加强各高校经验交流和保卫、安全信息的公开，坚持编写治安简报（每月一期），并派送省市级相关部门、各高校保卫部门、学校领导、各部处及学院领导。认真学习理论、总结经验，在《广东校园安全》发表《高校校园交通管理略论》《浅谈如何做好高校应急管理工作》等文。成功申报中国高等教育学会保卫学专业委员会高校保卫科学2013—2015研究课题。

全年参与各类保卫活动123场、274天、1 920人次，其中涉及交通停车115场，清理活动场地车辆2 600台。

【公安部许冬峰副局长到校调研】 7月10日，公安部一局副局长许冬峰一行来校调研。校领导胡军、宋献中以及党政办公室、保卫处、学生处、国际交流合作处负责人参加相关会议。

胡军向许冬峰一行介绍学校的办学特色、生源情况以及管理体制，指出学校特别重视安全管理工作，在政策、资金等方面给予重点支持。宋献中重点介绍学校近年来在教学情况、学生管理等方面所做的工作。与会相关负责人就业务工作作汇报。

许冬峰对学校校园安全管理工作给予肯定，并就进一步加强学校安全工作提出意见和建议。会后，许冬峰一行参观学校监控指挥中心、110值班中心等。

（保卫处供稿）

离退休工作

【概况】 离退休工作处下设办公室、离休科、退休科，暨南大学老人进修学院、暨南大学关心下一代工作委员会秘书处挂靠离退休工作处。现有12名干部。截至2013年12月31日，全校有离退休人员2 623人；去世56人，其中包括学校原党委副书记林锋。

【关心下一代工作委员会工作】 1月18日，揭德炳、郭书好、赖国绪等9位关心下一代工作委员会（以下简称“关工委”）成员被学校党委聘请担任第二批特邀党建组织员。9位成员均为基层退休干部，有多年的学生党建工作经验。12月19日，学校关工委与研究生会旭日青年志愿者协会在蔡冠深博物馆一楼共同举办“暨南人生——人间重晚晴”座谈互动活动。学校关工委关汉夫、黄旭辉、伍巍等8位同志参加活动，与研究生作面对面的交流。12月25日，学校在老干楼五楼会议室召开以“深入学习党的十八大三中全会精神”为主题的关工委学习座谈会，学校党委副书记叶勤出席会议。

2013年，学校关工委承担以下工作：参与大学生新生入学教育工作；参与大学生科技创新活动项目评选、“暨南之星”优秀学生演讲赛、暨南园院际大学生辩论赛决赛、大学生辅导员技能大赛等评委工作；受学校党委组织部委托组织评审大学生论文300篇；为大学生入党积极分子上党课，深入学院开办以“国学与人生”为主题的国学讲座。

【文体活动】 全年组织离退休教工参加广东省、广州市举办的各类文化体育活动竞赛，获得团体二等奖3项、三等奖1项；个人第一名1项、第二名1项。10月13日，暨南大学离退休教工诗书画摄影研究会在曾宪梓科学馆艺术展览厅举办“暨南大学离退休教工喜迎‘老年节’书画展”，暨南大学党委书记蒋述卓提供书法作品参与展出。10月23日，“暨之光”老年合唱团参加广东省省直单位退休职工《老年人权益保障法》宣传活动演出。全年组织离退休教工外出旅游2 065人次。组织学校“老年节”敬老系列文体活动、离退休教工迎春联欢会活动，参加活动的离退休教工3 300人次。老人进修学院上学期开办25个课程班，下学期开办22个课程班，全年参加学员1 304人次。

（离退休工作处供稿）

图书馆

【概况】 截至2013年底，暨南大学图书馆有各类印刷型文献339.5万册，比去年增加2.6%。其中校本部图书馆现有印刷型文献262.7万册，电子图书193.4万种，电子期刊3.8万种。校本部图书馆现有正式职工79人（含当年引进的专业技术人员4名），合同工27人。

2013年，图书馆按照学校“一手抓侨校建设，创品牌；一手抓名校建设，上档次”的要求，围绕“创新服务、争当一流”的中心目标，通过加强数字资源建设、改善科研与学习环境、推广校园阅读、规划建设新校区图书馆，图书馆服务能力与服务质量得到大幅提升。

【文献资源建设】 2013年，学校图书馆支出文献购置费1 507.7万元，比上一年度略有增长，各项支出明细见下表。

2013 年暨南大学校本部图书馆文献资源购置情况

文献类型	数量（种）	支出金额（万元）
中文图书	57 525	546. 2
外文图书	2 901	143. 1
港台图书	1 770	18. 5
民间文献	55	8. 1
中文期刊	2 557	49. 6
中文报纸	157	
外文期刊	45	
港台期刊	43	35. 9
境外报纸	24	
中文数据库	26	115. 8
外文数据库	28	590. 5
合计	62 196（图书）	1 507. 7

此外，使用文科专款购置外文图书 288 册，合计 12. 1 万元。全年接受中文赠书 4 267 册、外文赠书 501 册、港台赠书 1 578 册；中外文赠刊 378 种；网购图书 1 636 种/4 078 册；接收星云大师赠书 1 175 种；举办台湾原版图书展览，订购台版图书 569 种；处理读者荐购 3 788 条，订购中文图书 1 609 种、外文图书 822 种；“暨南文库”全年共接收图书 314 册，全库藏书 6 016 册；完成古籍普查 5 195 种，整理提交广东省第二批古籍保护名录数据 406 部。

【读者服务】 2013 年，图书馆接待读者 156. 5 万人次，比去年减少 4. 3%；外借图书 44. 2 万册，比去年减少 12. 6%；图书馆网站主页访问 181. 2 万次，比去年增长 8. 8%；数据库访问 84. 3 万次，比去年增长 22. 5%；校外读者访问 43 万人次，比去年增长 127. 5%；广州高校图书馆联盟借出 822 册，借入 68 册；学校各校区从本部借出图书 646 册，其他校区还回图书 8 852 册；办理通用借阅证 1 822 张、校外读者临时阅览证 220 张；个人研修间使用 930 人次，学术讨论室利用 1 242 次/6 043 人次；办理 6 600 余名毕业生离校手续，收藏博、硕士学位论文 2 400 余册；全年完成各类查新课题 398 项，其中校外查新占 60%；文献传递传入 902 篇/册，传出 190 篇/册；收录及他引证明 1 150 人次/4 980 篇；读者培训 62 场，2 832 人参加；开展文献检索课 9 门，625 人参加；电子阅览室（含教师专区及博士专区）接待读者 3. 3 万人次；自助打印复印 61. 3 万张；累计发布图书催还、新书推荐等各类短信 12. 4 万条。

10 月 14 日，图书馆在全国高校中率先推出逾期罚款处理新规定：图书逾期款在 5 元以上的，读者可从支付逾期款、答题免逾期款和义务劳动免逾期款三种方式中选择一种来清还欠款。10 月 22 日，《南方日报》、新华网、中新网、人民网、光明网、凤凰网等多家媒体给予了报道。

推出 350 门电子联网式存包柜，分布在图书馆 2—6 楼，读者通过刷校园卡免费使用。调整教师专区、博士论文撰写专区布局，增设 12 个教师专区卡座，进一步改善学习与学术环境。开通“暨大图书馆”官方微信公众平台，加强新媒体技术在图书馆中的应用。

与学校文化素质教育办公室联合开设“百年暨南文化素质教育讲堂·经典月读”系列讲座。“4·23”世界读书日期间，举办主题为“阅读，让我们的世界更丰富”2013 世界读书日活动周系列活动，活动包括“学院阅读之星”评选、雕刻阅读时光——校园短片征集大赛、“暨南微书评”征集大赛等。6 月，开展主题为“暨南园的青春与回忆”的 2013 毕业季活动，收到毕业捐书 201 册，“毕业墙”读者感恩留言 800 余条。10 月 22 日至 11 月 22 日，举办主题为“移动新体验，阅读新风尚”2013 宣传月系列活动，包括“移动图书馆征文比赛”“书山寻宝”等 10 项活动。

编制《2012 年国际论文统计与分析简报》及

《2012年国际论文统计与分析年报》，发布每月读者利用图书馆情况统计。发布2013年度上、下半年读者外借图书排行榜，为师生推介4 000多本热门外借图书。编印《图书馆简报》2期。推出《百年文学奖　世纪文学史》等专题书目8期。

【华侨华人文献信息工作】　完成“2009—2011华侨华人文献信息中心馆藏书刊”的电子化。完成《侨情综览2012》的编辑出版。编辑发放《侨情简报》10期。增加专题数据库数据1.6万条。更新发布中心网站数据600余条。根据中心“完备级”馆藏发展政策，向采访人员荐购中外文图书200余种。接收马来西亚华校董事联合会总会主席叶新田先生捐赠图书30种。中心全年共接待校内外读者1 200余人。

继续加强民间文献的整理与搜集，充实特色馆藏。收藏一批清末民初时期的华侨华人民间文献，包括1855年古巴华侨契约合同（卖“猪仔”合同）、1894年美国华工居留身份证、1902年美国加州三藩市华人身份公证书等。整理美籍华裔收藏家陈灿培捐赠的一批侨史文献。华侨华人民间文献展示室自开放以来，吸引了众多侨学界的领导、专家、学者和华侨华人、归侨侨眷和热心人士参观。是年，参与接待国务院侨办主任裘援平一行、中央媒体访问团和广东省政协副主席唐豪一行。

【馆际交流与合作】　2013年，图书馆接待外来单位参观49批，共计918人次，其中包括复旦大学、厦门大学等多所院校图书馆人员来馆考察交流。9月23日，美国伊利诺伊大学（UIUC）消防学院院长罗伊·莫特森（Royal Mottelson）和消防学院图书馆馆长阮炼女士来馆作学术报告，分别发表题为“支持应急人员的图书馆、档案和研究服务”和“美国学术图书馆的发展和未来趋势”的演讲。全年，图书馆派出16人参加学术会议与交流10次，1人参加美国伊利诺伊大学“中国图书馆员暑期项目”培训班。

【科研与获奖】　2013年，图书馆有9人发表论文12篇；获批省级、校级科研项目6项。在中国高等教育文献保障系统（CALIS）三期项目评优活动中，学校图书馆获得“联合目录建设新锐奖”“编目队伍建设优秀奖”“业务培训卓越组织奖”三项大奖。“书香校园与阅读推广”项目入选优秀校园文化品牌。图书馆信息咨询部李祁平被评为“教育部科技查新工作先进个人”，文献服务部赵晓玲获得广东图书馆学会“优秀服务奖”。图书馆“书虫志愿者”关爱农民工子女实践服务队获2013年大学生“三下乡”社会实践活动先进集体称号。

【数字图书馆建设】　8月，图书馆完成学校多校区文献资源共建共享工程（深圳旅游学院）项目，整合深圳旅游学院图书馆的书刊资源，实现统一平台下的联机编目及通借通还服务，并着手开展对学校珠海校区图书馆资源整合的调研，进一步提升全校文献资源保障能力和服务水平。

继续建设馆藏图书全文数据库。经过两年多的持续建设，全文数据库现有中文普通图书、港台图书、华侨华人图书及部分英文图书的电子全文160.7万种，基本实现馆藏纸本图书和电子图书的一一对应，且已和馆藏目录检索系统（OPAC）进行整合，实现读者检索纸质图书时，在检索结果中的“题名”旁显示“点击阅读电子书”的按钮，点击则可以读到这本书的电子版。

开通万方医学期刊中文数据库、基本科学指标ESI（Essential Science Indicators）、InCites、CSCD中国科学引文数据库和JCR（Journal Citation Reports）分区表等数据库，加强数字资源引进。此外，还开通试用42个中外文数据库，引入联图随书光盘系统，并实现与OPAC的集成。

【南校区图书馆筹建工作】　完成学校南校区（番禺新校区）新馆功能布局、弱电网络分布、家具与数字化设备调研。根据南校区建设规划和学科布局，对南校区入藏图书作馆藏储备，截至2013年11月底，合计购置新书2.2万种，共计3.2万册，暂时存放在校本部图书馆1楼东侧书库，同时向读者开放。

（图书馆供稿）

网络与教育技术中心

【概况】　网络与教育技术中心成立于2003年，由原信息网络工程研究中心和电化教育中心合并组建而成。2013年，根据业务发展需要，网络与教育技术中心部门调整为办公室、网络工程部、软件研发部、教育技术部、视频制作部、媒体资源部五部一办。现有工作人员27人，其中正高职称者1人，副高职称者11人，中级职称者11人，具有硕士及以上学位者20人，其中博士学位者4人。

2013年，中心人员共发表论文15篇（其中SCI 3篇、EI 1篇），申请国家项目2项、省级项目1项，申请软件著作权1项，参与“移动数据安全的关键技术研究与应用”项目并获广东省科学技术奖二等奖。

【校园网建设与维护】 2013年，暨南大学校园网出口由5.93G扩充至6.23G，其中包括中国电信1.6G、中国联通630M、长城宽带1G、教育网IPv4出口2G、教育网IPv6出口1G。

通过中央财政支持，学校对办公、教学区域220台接入交换机进行更新升级，覆盖包括行政办公大楼、管理学院、医学院、理工学院、信息科学技术学院、文学院等10栋楼，实现千兆到桌面、万兆到楼栋的层次化架构，网络速度更快、稳定性更高。

针对IT发展现状及校园师生的迫切需求，学校网络基础环境建设重点向无线网络方向转变，主要包括：承担“基于IPv6的下一代绿色无线智慧校园应用示范”项目暨南大学子项目，与多所高校联合推进无线网络建设；通过财政部、教育部长效补助机制项目，实现校本部学生宿舍无线覆盖，计划于2014年完成；协同创新，推进区域内无线漫游合作机制，计划与华南师范大学首先实现相互间的漫游认证。

完成南校区的网络规划与建设标准工作，撰写《暨南大学南校区网络建设总体方案（2014）》，并组织多所高校的专家进行论证，为保障南校区网络环境的有序、顺利建设做好准备。

3月，开设全校公选课“互联网前沿技术”，内容涉及路由交换、数据中心、无线网与移动计算、云计算、大数据、物联网、开源软件、网络安全、数学应用等方面。网络与教育技术中心成立暨南大学学生社团联合会网络协会，为学生提供技术培训和专业实践。中心党支部与计算机科学系本科生党支部签订共建协议，联合举办两场学习活动，其中包括到华为公司总部参观学习。

暨南大学作为参与单位，与广东省教育厅及多家高校共同完成省教育厅“211工程”三期规划中广东省教育网络基础平台建设项目验收工作。截至12月，已有22位用户开通使用，承载了16项国家级及省级项目。

举办“网络与教育技术服务活动月”活动，在学校珠海校区组织暨南大学多校区网络技术研讨会，加强各校区间的交流。借助“百年暨南文化素质教育讲堂”，邀请《大数据》作者涂子沛来校作题为“大数据及当前信息技术的发展态势”的讲座。

【软件研发】 2013年，网络与教育技术中心设立软件研发部，加强软件系统研发。软件研发部主要承担软件系统规划设计、研发实施、运维服务等职能，向学校师生提供基于校园网的教育信息化增值服务，开展对外服务和科研创新。

在自研工作方面，持续开发和维护校园网综合管理系统，实现基于该系统对校园网用户的管理，并支持与相关业务系统通过标准接口进行操作，支撑校园网核心业务管理；所开发的“暨南大学校园网移动维护系统”获软件著作权，应用于校园网维护；开发了一套简易内容管理系统（Yescms）用于支撑校内部分网站的运行。

在服务学校教学科研和管理方面，配合学校各部门做好信息系统建设和应用工作，主要有：部署舆情监测与分析系统并组织相关培训，实现学校舆情信息快速采集推送，为学校宣传和保卫工作提供支持；协助产业经济研究院完成广东省产业数据库系统部署；协助宣传部建设新版“新闻中心网站”；完成邮箱系统升级的厂商调研、技术论证和方案设计，完成学生邮箱从开源免费版到企业版的升级，并完成邮箱管理API接口开发。

为侨服务方面，受国务院侨办文化司委托研发海外华裔青少年夏令营网上交流平台，并承担该平台的运维支持工作，为国务院侨办夏令营工作提供支撑。此外，承担华侨华人研究院委托的华侨华人数据库平台研发工作，并参与暨南大学承担的高等学校创新能力提升计划（2011协同创新中心）——华侨华人研究协同创新中心建设工作。

与网络工程部共同做好数据中心运维管理工作。2013年，两个数据中心机房承载物理服务器总数已超过250台，并积极利用服务器虚拟化技术提升服务器利用效率，开通虚拟服务器近200台，这些服务器构成了学校信息化应用的运行主体。积极推动数据中心支持学校重点单位的关键业务，各院系部处托管的物理服务器达到110余台，主要包括信息管理办公室（托管服务器数量近40台，借用服务器数量10台）、教务处（托管服务器数量18台）和财务与国有资产管理处（托管服务器数量17台）等。网络与教育技术中心对数据中心实施精细化管理，定期进行机房年度盘点，不断优化机房设备布局和环境，为服务器提供良好运行环境，确保全校信息化应用安全稳定。

【教育技术】 召开2013年教育技术工作指导委员会会议，做好教育技术工作规划和顶层设计。

完成2013年中央财政项目“多部门协同网络教学应用平台建设”项目建设工作，对网络教学平台进行全面的升级和扩容，平台的硬件支撑环境从唯一一台小型机的单机架构升级到四台物理服务器支持的多机架构，存储容量由2T增加到10T，用户数扩展到5万注册用户，可涵盖全校本科生、研究生和成人教育学生。平台功能更丰富，增加了学生博客、wiki等功能，使交互协作学习更方便。新增5万用户数的社区门户平台，完善、扩展平台功能。新增移动学习功能。

7月，完成教育技术创新工程第九批项目立项工作，共立项40项，并根据信息化教学的发展趋势新增设了移动学习试点项目5项。完成教育技术创新工程第八批中期检查、结题验收等工作。

参加全国课件大赛获一等奖2项、二等奖3项、三等奖1项、优秀奖7项，网络与教育技术中心分获2个主办单位颁发的最佳组织奖，中心副主任张焕明获评为先进工作者。8月，法学院教师方赛迎在全国首届高校微课教学比赛广东赛区比赛中，获得文史组一等奖（仅5个），暨南大学获得最佳组织奖。

根据《教育部 财政部关于“十二五”期间实施“高等学校本科教学质量与教学改革工程”的意见》，教育部开展精品资源共享课和视频公开课的建设工作，网络与教育技术中心开展申报系统安装和申报培训，由专人负责申报平台技术支持和技术咨询，并指定专门的技术人员参与到每个具体项目中进行技术支持。精品资源共享课“基础会计学”“财务学原理”“中国传统文化”已在爱课程网正式上线，“中国传统文化概论”和“成本与管理会计”入选教育部“2013年度来华留学英语授课品牌课程”。中心通过校、省、国家级三级梯度不断推进精品课程建议，开展视频公开课、双语教学示范课、网络优质示范课的资源建设工作，为师生提供优质的教学服务，带动青年教师共同开发建设优质教学资源。

6月，引进移动学习资源制作工具AppBook，该软件在Windows和Mac Os平台运行，可以跨平台制作应用于Android、iPad、iPhone等的资源。

配合学校教务处完成校级精品课程验收技术支持以及精品课程网站维护等工作。专门设立基于网络教学应用平台的网上优质示范课程项目，开展新型教学模式的试验研究，目前已立项302个。11月，在北京大学主办的“全国高等学校教育技术协作工作委员会第八届年会暨学术交流会”上，学校报送的5个“信息技术与教学深度融合研究案例”全部获奖，成为获奖最多的学校，并获授优秀组织奖。

是年，先后组织教育技术“创新工程”项目培训、移动学习资源建设培训、网络教学平台新功能培训、网络教学平台与本科课程中心资源建设与应用培训、珠海校区网络教学平台使用培训、基于网络教学平台的研究生精品课程建设培训等，培训教师280多人次。编写出版《数字媒体技术与教育应用——基础篇》《数字媒体技术与教育应用——应用篇》系列培训教材，完成了四个班级本科选修课程“多媒体技术及应用”的教学任务。

4月，由学校教务处、网络与教育技术中心共同举办“本科教学核心团队——信息化教学应用促进会”启动仪式。该促进会由网络与教育技术中心牵头，联合全校各院系在教学资源建设与教学信息化应用创新方面有一定建树的骨干教师，建立本科教学核心团队，形成教学资源建设与信息化应用的教师合作共同体。12月，邀请医学院沈丽佳教授和孙立副教授就信息化的课程建设和深层应用进行专题报告并深入交流。

【视频制作】 完成各类课程课堂录像的拍摄与制作，包括中国大学视频公开课2门申报课程、4名教师共11讲课程的高清拍摄，“财务学原理”“外国文学史”“新闻事业经营管理”三门国家精品资源共享课共127节的高清课程摄制，其中“财务学原理”已经成功上线。完成2013年度来华留学英语授课品牌5门课程10名授课教师共11节申报高清课程的后期编辑与制作，“成本与管理会计”“中国传统文化概论”两门课程成功通过评选。完成1节省级精品公开课、2节校级精品课程的拍摄与制作；完成3名教师国务院侨办推荐课程的拍摄与制作。完成第五届全英教学竞赛（文理两场）、本科教学竞赛、第一届本科课程新任教师教学竞赛等的摄制。

拍摄制作2013届毕业生纪念片《青春无悔》、2013年迎新生专题片《暨大我来了》、2013两岸四地学生领袖研习营纪录片、《2013 本科新生教育》等专题片 7 部。完成第十届广州大学生电影节红毯仪式直播及现场颁奖典礼，2013 全球华人中华才艺（武术）大赛，本科生、研究生毕业典礼等大型现场直播 24 场。拍摄国务院侨办主任裘援平视察工作，2013 迎新系列活动（新生报道及采访），2013 新生训练营系列活动，广东省大学生“挑战杯”开、闭幕式等学校重大会议、活动、名人讲座近 70 场。

【媒体资源】 2013 年，新增注册用户 229 人。从卫星直播节目中录制、编辑视频节目，丰富卫星宽带多媒体教学系统资源，收集视频文件 3 974个，容量 1.4TB，播放时长 2 094 小时，包括 58 门 734 节国际名校公开课，容量 103.5GB，时长 430 小时。

对现存的录像带进行数字化处理，并部分上传至卫星宽带多媒体教学系统存储库，使暨南大学自复办以来各类教学、科研、宣传等珍贵教学资源得到更好的保存和管理。采集后的视频文件存在移动硬盘并刻录光盘保存，开展面向教学科研的媒体资源服务。

（网络与教育技术中心供稿）

实验技术中心

【概况】 暨南大学实验技术中心成立于 1986 年 7 月，原名测试中心，1999 年 5 月更名为实验技术中心，2008 年 3 月恢复分析测试中心，与实验技术中心实行“两块牌子，一套人马”的运作模式。

实验技术中心是学校公共服务体系的组成部分，负责管理和使用大型分析仪器设备，为学校教学科研提供测试服务。实验技术中心下设办公室、业务室、检测一部、检测二部。现有工作人员 20 人，其中正高职称者 1 人、副高职称者 7 人、中级职称者 11 人，博士学位者 4 人、硕士学位者 14 人。

实验技术中心有标准实验室 2 500 平方米，有近场光学显微镜、原子力显微镜、透射电子显微镜、扫描电子显微镜、场发射透射电子显微镜、场发射扫描电子显微镜、激光共聚焦显微镜、流式细胞仪、毛细管电泳仪、元素分析仪、电感耦合等离子体发射光谱仪、电感耦合等离子体发射光谱—质谱联用仪、气相色谱仪、气相色谱—质谱联用仪、离子色谱仪、高效液相色谱仪、红外光谱仪、紫外可见分光光度仪、傅立叶变换吸收光谱仪、液相色谱—质谱联用仪、单晶衍射仪、核磁共振谱仪、原子吸收光谱仪等 26 台（套）大型精密分析测试仪器。

【测试服务】 实验技术中心的主要任务是利用大型测试仪器为学校科研人员提供保姆式和自助式的测试服务。2013 年，实验技术中心测试任务增长 15%，在学校各院系、直属单位中，有 100 多个科研项目、800 多位研究生和本科生的毕业论文利用中心的测试分析仪器开展科学研究工作。

【计量认证】 实验技术中心严格按照计量认证的实验室规范化管理，强化实验室分析测试数据的可靠性和规范性。10—11 月，参加教育部组织的“未知有机化合物结构鉴定”和“土壤中铅、镉含量的测定”两项全国高校实验室间比对活动，获“满意”评价。

（实验技术中心供稿）

学报编辑部

【概况】 暨南大学学报编辑部为暨南大学直属单位，负责编辑出版暨南大学主办的两种学术期刊：《暨南学报（哲学社会科学版）》（CN44－1285/C）、《暨南大学学报（自然科学与医学版）》

（CN44－1282/N）。《暨南学报（哲学社会科学版）》为月刊，每月月底出刊；《暨南大学学报（自然科学与医学版）》为双月刊，双月月底出刊，邮局统一发行。编辑部设主编室、副主编室、文科编辑室、理科编辑室、办公室。目前在编14人，其中主编1人，副主编3人，文科编辑4人，理科编辑4人，编务1人，办公室1人。工作人员中，有正高职称者5人，副高职称者3人，中级职称者5人，博士学位者3人，硕士学位者8人，博士生导师2人，硕士生导师2人。

【编辑出版】

1.《暨南学报（哲学社会科学版）》

2013年，《暨南学报（哲学社会科学版）》共出版12期期刊，刊登论文240篇，共1 968页，按计划完成了出版任务。主要学科栏目有“台港澳及海外华人文学研究”“民国史研究”“汉语方言研究”“法学理论”“国际法研究”“管理学研究”等。除了学科栏目外，还设有学人风采、学术动态系列。此外，还设有“暨南新书架”栏目，对著名学者的新著进行推介。

《暨南学报（哲学社会科学版）》责任编辑加强与校内外知名专家学者的联系，就学术前沿和热点开展选题策划和组稿。本年度刊发的文章，为国家级基金、省部级基金项目的超过50%，教授为第一作者和独立作者的超过50%，同时还刊发长江学者、珠江学者的专稿或专栏。

2.《暨南大学学报（自然科学与医学版）》

2013年，《暨南大学学报（自然科学与医学版）》共出版6期期刊，刊登论文133篇，共664页，按计划完成了出版任务。内容涉及数学、生物学、物理学、化学、计算机科学、电子工程学、应用力学、环境工程学、食品科学、基础医学和临床医学。除了学科栏目外，还设有特约评论与进展报告。

2013年，《暨南大学学报（自然科学与医学版）》被国内重要数据库中国科学引文数据库（CSCD）、中国生物医学文献数据库、中国学术期刊（光盘版）、中国期刊网、万方数据——数字化期刊群、台湾中文电子期刊服务——思博网收录。被国内外检索刊物美国《剑桥科学文摘》、美国《化学文摘》（CA）、俄罗斯《文摘杂志》、英国《食品科技》、英国《动物学记录》、《中国生物学文摘》、《中国化学化工文摘》、《中国无机分析化学》、《中国数学文摘》、德国《数学文摘》、《中国科学技术文献摘要》、《中国医学文摘（放射诊断学、内科学、儿科学）》收录。

3. 学科发展

（1）《暨南学报（哲学社会科学版）》申报2013年度暨南大学学科建设项目，并获准立项，学报建设纳入学校学科建设。

（2）《暨南学报（哲学社会科学版）》申报2013年广东省学科建设专项资金项目“广东高校哲学社会科学优秀期刊建设项目”，并获准立项。

（3）《暨南学报（哲学社会科学版）》入编“中文社会科学引文索引”（CSSCI）（2014—2015）来源期刊，这是《暨南学报（哲学社会科学版）》连续第十次入编CSSCI来源期刊，此次在高校综合性学报收录来源期刊中排名第33位，影响因子和排名均创历史新高。

（4）《暨南学报（哲学社会科学版）》为全国中文核心期刊、中国人文社会科学核心期刊、“中文社会科学引文索引”（CSSCI）来源期刊、全国百强社会科学学报。

（5）《暨南大学学报（自然科学与医学版）》是北京大学图书馆2011年版《中文核心期刊要目总览》综合性科学技术核心期刊，是中国科学院国家科学图书馆2011—2012年版“中国科学引文数据库”（CSCD）收录刊源，也是国家科技部《中国科技论文统计源期刊》收录刊源。

4. 学术交流

1月22日，广东省新闻出版广电局出版管理处副处长罗广喜来学报编辑部指导工作。4月7日，《新疆师范大学学报》主编李建军来学报编辑部交流经验。12月14日，教育部社科司出版处处长田敬诚和《北京大学学报》前主编龙协涛教授来学报编辑部就“高校学报如何发展”召开专题会议。2013年，学报主编赴北京师范大学学报编辑部、中国人民大学报刊复印资料中心、南京大学中国社会科学期刊评价中心、中国科学院文献数据统计和评价中心、北京大学图书馆调研。

（学报编辑部供稿）

信息技术研究所

【概况】 暨南大学信息技术研究所（以下简称“信息所”），办公地点位于天河路34—36号。1976年成立，原为交通部广州计算站，1986年更名为“交通部广州信息技术研究所”。2000年10月1日起，调整建制并入暨南大学，更名为“暨南大学信息技术研究所”（对外为广州信息技术研究所）。主要从事计算机软件技术、计算机系统集成、计算机网络工程、自动控制、建筑智能化系统、机电一体化及微电子高新技术产品的研究与开发和建筑智能化系统质量检测、建筑实体检（监）测、安全技术防范系统工程质量检测、建筑节能检测、信息安全检测和软件评测等相关技术服务，同时承担暨南大学教学和科研任务，也是暨南大学信息科学技术学院的学生实习基地。

信息所下设管理工作部、软件研究开发中心、工程研究设计中心、工程质量检测中心、广东暨通信息发展有限公司（以下简称“暨通公司”）和广州市盛通建设工程质量检测有限公司（以下简称“盛通公司”）。信息所是广州智能工程研究会理事单位；暨通公司是中国建筑业协会智能建筑分会理事单位；盛通公司是公安部授权的从事安全技术防范检测单位、广东省信息安全等级测评机构和广州市建设工程质量检测监管信息网联网检测系统单位、广州市建设工程质量监督站地基基础实体质量监督抽检入库单位，是广东省高新技术企业和广州市科技小巨人企业。信息所和两个公司均已通过ISO 9001：2008标准质量体系认证。

信息所现有职工159人（含合同制），其中具有博士学位者2人，硕士学位者22人；具有高级职称者19人，中级职称者21人；获政府特殊津贴专家2人；计算机系统集成高级项目经理8人，项目经理12人，高级系统架构师1人，一级注册建造师9人，注册电气师2人，软件测试工程师2人，软件测试高级工程师1人。

【资质认证】 2013年，信息所和公司获得的资质证书有：国家保密局颁发的涉及国家秘密的计算机信息系统集成（乙级）、安防监控单项、软件开发单项3项资质证书；国家建设部颁发的建筑智能化系统集成专项工程设计（甲级）资质证书；广东省建设厅颁发的建筑智能化工程专业承包（一级）资质证书和安全生产许可证，广东省安全技术防范系统（设计、施工、维护）一级资格证书；国家工业和信息化部颁发的计算机系统集成（二级）资质证书；广东省质量技术监督局颁发的计量认证证书（CMA）；中国合格评定国家认可委员会（CNAS）颁发的实验室认可证书；广东省建设厅颁发的建设工程质量检测机构资质证书；广东省信息网络服务协会颁发的计算机信息系统安全服务等级证书；广州市信息化办公室颁发的信息化系统评测资格证书和由广东省科学技术厅、广东省财政厅、广东省国家税务局、广东省地方税务局联合颁发的高新技术企业证书。

【科研活动】 2013年，信息所和公司完成项目合同额1.41亿元。

暨通公司承担的大型项目有：广州市公安局广州市拘留所智能化技防管理系统升级改造、广州万科清远鑫远白天鹅酒店弱电智能化系统及声光像系统工程、招商银行佛山分行大厦智能化系统、暨南大学第一临床医学院科教楼改造工程网络综合布线和智能化系统工程、德安县公安局办证大厅和综合楼智能化项目、广州市天河区人民法院庭审智能化系统等，全年完成项目合同额1.05亿元。

盛通公司完成广东技术师范学院新校区一、二期工程第三方检测服务项目，广州市轨道交通六号线一期、二期智能建筑工程质量检测服务项目和德安（凯宾斯基）酒店项目基坑支护工程基坑监测等检测项目620项，全年完成项目合同额2 430万元。公司被广州市地下铁道总公司授予2012年度广东省十项工程劳动竞赛广州轨道交通工程赛区优秀检测单位称号。

信息所承担国务院侨办档案电子化管理、电子印章以及纸质档案电子化加工软件系统开发、国务院侨办办公自动化软件维护等工作。

暨通公司成立超展事业部，研发超高分辨率并行拼接显示系统（基于并行计算技术的可视化集群超级计算机系统），并应用于电力、应急指挥中心、教育等行业。

12月，广州市科技和信息化局批准盛通公司入选广州市科技小巨人企业，获资助资金100万元。

（信息技术研究所供稿）

实验动物管理中心

【概况】 暨南大学实验动物管理中心前身为暨南大学实验动物所，始建于1978年。暨南大学复办并创建医学院后，由原第一军医大学动物所移交。2003年3月，暨南大学成立实验动物管理中心，由学校医学院代管。2004年，学校批准在医学院11—12楼建设实验动物设施2 160平方米，分为11楼SPF（无特定病原体）动物实验区600平方米和普通级动物实验室300平方米，以及办公服务区、动力区、隔离观察区、中央控制区等180平方米；12楼实验动物饲养繁育区1 080平方米。2010年9月，该设施竣工并移交使用。2011年7月，接受香港"曾永裕家庭信托基金"赞助的350万元用于SPF动物房笼器具及配套仪器设备、办公及实验家具购置。2011年11月，经整改后通过广东省实验动物设施环境检测合格，投入试运行。2012年3月，经过专家进行现场评审论证，获得广东省实验动物使用许可证。

2013年10月，学校决定将实验动物管理中心由医学院代管改为直属于学校，并对暨南大学实验动物管理委员会、暨南大学实验动物伦理委员会组织架构进行调整，校长胡军担任暨南大学实验动物管理委员会主任。目前，实验动物管理中心有在编专业人员7人，其中高级职称者2人、中级职称者3人、初级职称者2人，博士5人（包括在职博士1人，在站博士后1人），硕士2人。合同制员工26人。

实验动物管理中心作为学校的公共服务平台，其承担的主要职能有教学、实验动物供应、动物实验技术服务、实验动物管理、实验动物生物安全管理。

教学职能：承担全英语"Laboratory Animal Science""医学实验动物学""生物危害与生物安全""人与动物"等多门课程的教学任务。

实验动物供应职能：负责为学校各使用单位统一采购供应合格的教学用动物和科研用实验动物。

动物实验技术服务职能：负责为学校各单位提供屏障设施使用管理培训、人员管理培训、实验操作技能培训等。

实验动物管理职能：负责学校实验动物法律法规的宣传教育、实验动物管理条例的贯彻、实验动物管理办法的起草和相关专业管理实施、组织实验动物伦理审查和监管等。

实验动物生物安全管理职能：负责学校实验动物采购、供应、使用、安乐死、尸体无害化处理过程中的生物安全管理和监督执行等。

截至2013年12月，实验动物管理中心共发表学术论文60余篇，主编或参编出版学术专著7部，获得国家自然科学基金、省部级科学基金、广东省重大科技攻关项目等10余项，获得国家住建部科技进步二等奖1项；获发明专利4项；参与国家住建部《实验动物设施建筑技术规范》（GB50447）的编写。

（实验动物管理中心供稿）

·党建与思想政治工作·

党建与干部工作

【概况】 党委组织部的主要工作职责有：按照“选干部配班子，建队伍聚人才，抓基层建基础，强作风重服务”的工作思路，积极开展党建与干部工作：做好全校党建工作规划，组织开展党建研究，抓好基层党组织建设，指导基层党组织有计划地开展各项活动；协助学校党委做好党员队伍的教育、管理和监督工作，抓好基层党组织的班子建设，指导基层党组织做好党员发展工作。贯彻执行党的干部路线和干部政策，抓好领导班子和干部队伍的选拔培养与建设，负责全校干部考核、考察、选拔、任免、调配、换届与日常管理工作，负责新中国成立前参加工作干部的离休审查报批工作。组织部下设干部科和组织科，机关党委挂靠党委组织部，设有机关党委办公室，现有专职干部11人。

学校党委下设21个基层党委、54个党总支、432个党支部，其中学生党支部209个。截至2013年12月31日，学校共有党员10 237人。其中，在职教工党员2 545人，占全校在职教工的58%；35岁以下专业技术人员党员713人，副高以上职称教师党员821人，离退休党员928人。学生党员5 518人，其中本科生党员1 761人，研究生党员3 757人。组织关系保留在学校的暂缓就业毕业生党员1 236人。全年共发展党员996名，其中发展本科生党员617名，发展研究生党员347名，发展教职工党员32名，其中35岁以下教职工党员24名。

【党建工作】 开展党的群众路线教育实践活动是今年学校党委工作的重点，2013年开展的主要工作如下：一是做好前期准备工作。深入开展“群众路线大家谈”活动，组织党员干部走进基层，开门纳谏，充分征求意见。二是结合学校实际，认真起草制订《暨南大学深入开展党的群众路线教育实践活动实施方案》。三是加强协同，认真做好教育实践活动沟通、协调的准备工作，整体推进教育实践活动开展。四是起草完成三个阶段活动开展的相关工作文件，起草《暨南大学党委关于认真做好党的群众路线教育实践活动“学习教育、听取意见”环节有关工作的通知》《暨南大学党委关于做好党的群众路线教育实践活动领导班子及党员领导干部作风建设民主评议工作有关事项的通知》《暨南大学开展党的群众路线教育实践活动“查摆问题、开展批评”环节工作安排》《暨南大学党委关于做好教育实践活动整改落实、建章立制环节工作的通知》等工作文件，有效推动教育实践活动顺利开展。五是做好整改落实、建章立制环节的方案制订，认真筹备总结大会，以及后期的各项总结工作。通过这些举措，学校群众路线教育实践活动深入开展，成效明显。

4月，学校党委专门召开专题会议传达中央文件和广东省委会议精神，部署学校发展党员的工作计划和任务。同时，对基层党组织开展党员发展和管理工作规范化建设自查和检查工作。在基层党组织自查和检查的基础上，学校党委组织专项检查小组对5个单位进行抽查和调研交流，及时总结基层党组织党员发展和教育管理工作好的经验，查找工作欠缺和薄弱环节并提出整改措施，就党员发展和管理工作相关问题进行交流讨论。

加强对毕业生党员的教育管理和党组织关系接转工作。一是各基层党组织根据实际情况，与一些长期未与组织联系的暂缓就业毕业生党员加强联系，进行重点教育管理和处理，已取得初步成效。二是首次通过网络平台实现组织关系转接手续办理，提高学校党员组织关系管理的规范化和科学化水平。

开展基层党建品牌建设。2013 年，学校党委在全校基层党组织中开展基层党建品牌项目创建活动，全校基层党组织共申报 56 项党建品牌创建项目，经党委扩大会议评选出第一批暨南大学基层党建品牌创建项目 15 项，并给予经费支持。通过基层党建品牌项目创建，建设一批富有创造力、凝聚力和战斗力的先进基层党组织，全面提升学校党建工作水平，更好地服务学校中心工作，促进学校各项事业的发展。

大力开展党建理论研究，取得佳绩。3 月，学校党委书记蒋述卓的党建研究论文《网络舆情的发展与加强党的执政能力建设》被全国党建研究会高校党建研究专业委员会评为“十七大以来全国高校党建研究成果”二等奖。7 月，经广东省高校党建研究会组织专家组评审，学校申报的三项党建研究课题获批立项。其中学校党委组织部部长夏泉主持的“建设高校学习型、服务型、创新型的党组织研究”课题立项为重点课题，管理学院党委副书记孙彧主持的“学生党员理想信念现状分析及对策研究——多元文化背景下社会主义核心价值观的教育与践行”课题立项为一般资助课题，文学院党政办公室主任蓝媛慧主持的“加强高校学生党员发展和教育管理服务工作研究——基于管理视角的高校学生党建质量体系统筹”课题立项为一般资助课题。

结合党的群众路线教育实践活动，开展 2013 年度民主评议党员活动。学校党委在今年下半年组织对支部工作和党员个人表现进行评议考核，全校 385 个党支部和 7 000 多名党员完成了评议活动，为进一步夯实学校党建工作打下了良好基础。

2012 年 9 月，学校党委在全校大学生党员中开展“五带头”优秀学生共产党员示范岗评选活动。最终评选 15 名本科生和 15 名研究生为“五带头”优秀学生共产党员示范岗学生党员。经过半年示范岗建设，经学校党委考核验收，授予 15 名本科生和 15 名研究生“五带头”示范岗“优秀学生共产党员”称号，在 2013 年庆祝建党 92 周年大会上进行表彰。

学校党委在 2013 级全体新生党员中集中开展“坚定理想信念，发挥先锋模范作用”主题教育活动。全校 80 多名本科生新生党员和全体研究生新生党员分别参加由学校党委和基层党组织开展的系列活动。学校党委专门制订“五个一”活动培训方案（开展一次党章学习、讨论和党章知识测试，开展一次重温入党誓词活动，观看一场主题教育录像，参加一次志愿服务活动，撰写一篇思想心得），由各基层党组织负责具体组织实施。

2013 年继续推进发展高学历高职称和海外归国中青年教师入党工作。12 月 27—31 日，学校党委组织高学历高职称和海外归国中青年教师考察团前往长沙、韶山、武汉等地开展主题为“缅怀革命先烈，弘扬爱国爱党精神”的红色教育活动，使海外归国知识分子和高学历高职称教师入党积极分子进一步了解中国革命历史，增强永远跟党走的信心。学校党委在 2014 年春节前夕对高学历高职称和海外归国中青年教师进行送温暖慰问活动，让他们切实感受到党组织的关怀。

【干部工作】 继续推进“青苗工程”。2013 年度，学校党委启动两期“青苗工程”校内外三个层面的干部挂职锻炼工作，选派蒋杰等 10 名副处级干部赴省外“985 工程”高校相关业务岗位挂职锻炼；选派马志国等 6 名教学科研人员到机关部处挂职锻炼，任处长助理；选派廖勇等 6 名青年科级干部进行校内校部机关与学院间的双向交流挂职。2013 年 7 月 15 日，蒋述卓书记主持召开“青苗工程”之首期挂职干部工作会议，对首期干部挂职锻炼工作进行总结交流。通过三个层面的挂职锻炼，挂职干部收获丰富，均进行了认真而系统的总结；在收集整理挂职干部个人总结的基础上，校党委组织部编印了《暨南大学“青苗工程”之挂职干部工作总结汇编（一）》，并分发至校内各单位。

强化目标管理与团队意识，实行中层领导班子和领导干部届中考核。2013 年 7—10 月，学校党委实行中层领导班子和领导干部届中考核，强化领导班子团队考核和任期目标进度考核两项内容。10 月 29—30 日，学校党委召开中层领导班子届中考核现场述职会，29 个教学科研单位、31 个机关部处和服务型直属单位正职领导代表就本单位领导班子 2011 年 7 月以来履行党政管理干部任期目标责任书的情况和 2014 年工作的主要构想进行现场述职。经过评议评分，共评选出 18 个优秀中层领导班子。学校设立“特别奖励金”，对届中考核成绩优秀的单位领导班子进行奖励性鼓励。对届中考核成绩不理想、排名靠后的，根据实际情况对相关领导班子和领导干部进行诫勉谈话或组织调整。对中层领导干部进行届中考核，重点考核其任职以来完成《任期目标责任书》的进展情况。由所在单位群众评分、机关部处直属单位和学院党政正职领导互相评分、学校领导（含校长、书记和分管或联系校领导）综合评分，并经学校党委常委会票决通过，共评定关柏鸥等46名校区、学院、机关部处、直属单位正职领导干部为届中考核优秀。

做好干部管理和考核工作。修订印发《暨南大学兼职（双肩挑）干部学术假实施细则》，加强对学校兼职（休学术假）工作的管理。完成2013年党政管理干部年度考核工作，实现年度考核与届中考核相结合。会同财务与国有资产管理处，顺利完成企业化运作单位，即资产经营有限公司、出版社、建筑设计研究院、信息技术研究所领导班子成员的年度考核工作。加强干部档案管理信息化、规范化建设。

【党校工作】 开展两期党员发展对象学习培训班。根据学校党校培训计划，继续采取学校党校和基层分党校联合办班的形式，在5月和10月分别举办第71期和第72期发展对象学习班，组织1 356名学员参加培训学习，其中学生入党积极分子1 328人，教职工入党积极分子28人。今年党员发展对象学习培训班要求入党积极分子先参加学校党校统一测试，合格后方能作为培养对象取得参加学校党校公共课学习资格。

学校党委分别在6、11月举办了两期学生党支部书记培训班，共133名学生党支部书记参加培训。培训形式以理论学习、业务技能培训和理想信念教育为重点，采取专题教学、业务讲解、经验介绍、讨论发言和实地考察教育相结合方式进行脱产培训。该计划实施以来，实现了对全校学生党支部书记的培训全覆盖，提升了学生党支部书记的政治素质、理论素养、业务能力和领导水平，进一步推进了学校学生党建工作科学化、制度化和规范化建设。

【扶贫济困工作】 高陂村扶贫开发“双到”工作开局良好，措施得力，初见成效。学校成立由校长胡军、党委书记蒋述卓任组长，副书记叶勤和副校长林如鹏任副组长的对高陂村扶贫工作领导小组，并下设办公室。召开2013年扶贫开发工作会议，全面部署高陂村扶贫工作；制订扶贫工作方案和三年帮扶规划。

帮扶成效显现。一是积极筹措生产帮扶资金，帮助农户开展种养项目。截至2013年12月15日，学校25个帮扶单位为40户生产帮扶农户共筹措生产帮扶到位资金24.6万元，其中到户资金超过20万元。二是开展信息帮扶。学校党委高度重视帮扶农户的信息接收问题，为了让他们听到党和国家的声音，了解党和国家的富民政策，学校在2013年10月投入10余万元，为每位帮扶农户赠送32英寸的液晶彩色电视机共72台。三是结合群众教育路线，赴高陂村开展党员组织生活，实施党建扶贫。学校党委下发《暨南大学党委关于开展高陂村党建教育实践基地建设活动的实施意见》。截至12月26日，各基层党组织共开展36次组织生活，387人次参加，送上慰问金共42 730元，慰问品价值27 640.2元。四是积极开展慰问帮扶活动。截至2013年底，各帮扶单位共向帮扶农户捐献慰问金（含慰问品价值）达10.999 5万元。五是实施教育帮扶。12月24日，副校长陆大祥带领学校无党派知识分子联谊会赴高陂村开展捐资助学活动，为高陂村小学师生送去7 000元的慰问金。帮扶工作开展以来，学校为当地师生送去慰问金8 400元，同时送去价值2 000余元的书籍、文具和体育用品。六是开展医疗帮扶。11月22日，医学院与清远妇幼保健院组成联合送医送药义诊团，在阳山县黄岔镇卫生院开展大型扶贫帮困的义诊活动。七是利用残疾人就业等政策开展帮扶。学校积极为高陂村14户贫困户家庭的19名残疾人办理用工手续，实施政策帮扶。八是人均纯收入显著提高。全村人均纯收入2012年为5 292元，2013年提高到6 807元，增幅28.6%；贫困户人均纯收入2012年为2 500元，2013年提高到4 674.1元，增幅87%。九是民生社会事业稳步发展。建成篮球场1个，新建1处安全饮用水工程，被帮扶户新农合、新农保、住房改建、低保、五保等基本民生帮扶项目全部完成，办实事惠民生成效显著。

【干部素质建设年】 为进一步提高领导班子和干部队伍办学治校能力，推进学校“宁静致远工程”与“青苗工程”的实施，学校党委将2013年定为学校“干部素质建设年”，印发《暨南大学“干部素质建设年”工作实施方案》。开展“干部素质建设年”活动，主要内容为以学习为基础，采取专家讲座、专题研讨、专项调研、专网测试、专著自学、专业选学即“六专”形式，提升干部队伍的学习能力；以服务为宗旨，加强机关工作作风，密切联系群众，强化干部队伍的服务意识；以创新为追求，推进"青苗工程"，激发干部队伍的创新精神；以从严管理为保障，构建从严管理干部的责任机制、监督机制、激励机制和保障机制，营造干部队伍健康成长的良好氛围。

【召开建党92周年庆祝大会】 7月，学校隆重举行庆祝中国共产党成立92周年大会。国务院侨办副主任何亚非，校领导胡军、叶勤、刘洁生、林如鹏、宋献中、饶敏，学校老领导伍国基、刘羽、关汉夫，以及全校中层干部，各基层党组织负责人，各民主党派代表，以及参加入党宣誓的新党员1 000余人参加了大会。大会由学校党委副书记叶勤主持。

大会开始前，学校民主党派代表致公党暨南大学基层委员会副主委彭雪梅宣读学校8个民主党派发来的联署贺信，热烈庆祝中国共产党建党92周年。

叶勤副书记宣读《暨南大学党委关于公布创建基层党建品牌项目的通知》《暨南大学党委关于表彰优秀学生共产党员的决定》。新闻与传播学院党委"我行我动：'中国梦'深度采访与调研活动"等15个暨南大学创建基层党建品牌项目获得立项支持和培育，"五带头"优秀学生共产党员示范岗学生党员杨骅等30人获得"优秀学生共产党员"称号。国务院侨办副主任何亚非和学校党委常委为获奖学生党员颁发了证书。

校长胡军作大会报告，号召全校各级党组织和广大党员把学校党建伟大工程和学校发展伟大事业更加紧密地结合起来，开展好党的群众路线教育实践活动、"干部素质建设年"活动、基层党建品牌项目创建活动，深入推进学校党建工作，进一步推动学校各项事业科学发展。

会上，500多名新党员在学校党委组织部陈莹副部长带领下庄严宣誓。

【"青苗工程"获评广东省委教育工委优秀"书记项目"】 2013年，学校党委书记蒋述卓主持的"青苗工程"项目经过专家初评和各高校集体投票，被广东省委教育工委评为2012年10个优秀"书记项目"之一。

广东省委教育工委确定45项高校抓基层党建创新"书记项目"，将抓"书记项目"作为高校党委书记专项述职和领导班子年度考核评价的内容。

学校上报的"青苗工程"项目再次入选广东省委教育工委2013年"书记项目"库，在2012年"书记项目"内容的基础上增加学生党建"党旗引领计划"，着力提高学校学生党建工作质量，建设一支素质优良、作用突出的学生党员队伍。

（党委组织部供稿）

宣传工作

【概况】 学校党委宣传部是负责学校意识形态工作和对内对外宣传的职能部门，新闻中心成立于2004年。宣传部与新闻中心合署办公，是"一套人马，两块牌子"，下设理论教育科、宣传科、校刊编辑室。宣传部的主要工作职能是：负责全校的意识形态工作，服务并服从于学校的党政中心工作，为学校的改革和发展提供强有力的思想保证，营造良好的舆论氛围。自2006年始，学校文化素质教育办公室挂靠宣传部，负责学校文化素质教育的日常事务及"百年暨南文化素质教育讲堂"工作。宣传部有职工12人。

【思想理论工作】 坚持以中国特色社会主义理论体系为指导，制订全校理论学习计划，引导干部师生进行理论学习，重点参与组织开展全校党的群众路线教育实践活动及学习十八届三中全会和党的十八大精神活动，举办5场"暨南学习论坛"，编印4期思想政治教育内部刊物《领导内参》。开展2013年教师思想政治状况调查，掌握教师思想状况。为各单位发放学习资料数千册，并为学校党委理论学习中心组专题学习提供资料，尤其在党的群众路线教育实践活动中发放《大胆使用批评和自我批评有力武器——习近平总书记参加河北省委常委班子专题民主生活会纪实》《论群众路线——重要论述摘编》《党的群众路线教育实践活动学习文件选编》等学习资料。5月，宣传部与校团委联合举办学习党的十八大"畅想2020——我的中国梦"征文大赛和"中国梦·中华情"演讲比赛。10月24日，组织承办教育部思政司关于宣传文化工作的专题调研会。

编印4期思想政治教育内部刊物《领导内参》。《领导内参》从第53期开始进行封面改版。1月15日，召开《领导内参》读者交流暨工作研讨会。学校党委书记蒋述卓主持会议并讲话，来自学校的近20名读者代表和相关专家与会。与会专家就刊物编辑和出版提出建议，探讨如何进一步提升刊物质量和水平。

组织学校党委理论学习中心组学习。2月26—27日，学校党委理论学习中心组深入学习贯彻党的十八大精神；8月27—29日，学校党委理论学习中心组会议围绕党的群众路线教育实践活动进行专题学习；11月26日，学校党委理论学习中心组集体学习中共十八届三中全会精神。

举办5场“暨南学习论坛”。4月18日下午，中国文化软实力研究中心主任、全国哲学社会科学规划办公室原主任张国祚应邀作题为“中国文化软实力建设与中国梦”的专题报告；7月1日下午，国务院侨办副主任何亚非应邀作题为“当前国际形势：战略格局变化对中国的挑战”的专题报告；8月28日上午，首届“广东省优秀社会科学家”、珠江学者、华南师范大学马克思主义学院院长陈金龙教授应邀作题为“党的群众路线的理论阐释与当前党群干群关系”的专题报告；9月22日上午，全国政协常委、中共中央党校原副校长李君如教授应邀作题为“以整风精神开展新形势下群众路线教育实践活动”的专题报告；12月18日下午，中央党校谢鲁江教授应邀作题为“关键在于深化改革——学习十八届三中全会的体会”的专题报告。陈金龙、李君如的报告也是学校党的群众路线教育实践活动之一。

【对外宣传】 宣传部/新闻中心坚持以广东、广州本地媒体为“一点”，以中央媒体、港澳与海外华文媒体为“两翼”的对外宣传策略，全年在海内外媒体刊登报道500余篇（次）。在学校主页编辑发布新闻，共上稿近800篇。7月4日《广州日报》“对话大学校长系列”刊登专访校长胡军的文章，宣传新时期学校办学理念；12月4日《人民日报·海外版》华侨华人专版对国侨办组织举办、学校承办的中华才艺（武术）大赛作了半版报道；11月15日暨南大学董事会换届，从15日下午到19日，近百家媒体发表原创报道，1 000多家媒体转载刊发，实现在所有媒体平台全介质、全覆盖的传播。宣传部/新闻中心会同网络与教育技术中心摄制2013年毕业纪念片，首次将本科生、研究生毕业纪念片合二为一。编印1期《媒体暨大》，收集2012年10月—2013年10月海内外媒体刊登有关学校的报道500余篇。

对外宣传重点报道学校教学科研、人才队伍建设、新校区建设等，并配合学校董事会换届、中华才艺（武术）大赛等重要活动做好宣传，接待国务院侨办新闻采访团一行莅校采访，宣传效果良好。11月，宣传部主办的新闻网全面改版。6月，宣传部/新闻中心会同招生办，参加《南方日报》高考招生网上咨询会，并首次在填报志愿期间在新浪官方微博进行微博直播，接受考生、家长在线咨询，新方式获得好评。

【校内宣传】 宣传部通过在校刊、广播台开辟专刊、专栏、专版，在新闻网开辟专题、专栏，编印宣传画册，开设专题宣传橱窗，悬挂横幅标语等形式，配合新校区建设、迎新、“挑战杯”、本科生创新大赛、本科招生咨询开放日、师德标兵颁奖晚会、毕业典礼、毕业生就业工作、“华侨华人与中国梦”学术研讨会、中华才艺（武术）大赛、学校董事会换届等活动做好宣传，在校园里营造了浓郁的氛围。

全年共编印校刊19期（含1期特刊）。校刊针对性地围绕热点问题或重要活动成果，如中国文化之旅、中国梦、暨南之星、自强之星、“我与两会”、学习雷锋、“三下乡”、校友会20周年纪念活动奖助学金、交换生、师德标兵等内容策划专题或专版，出版“挑战杯”特刊、新生训练营专刊。围绕学校加强人才引进与培养工作，刊登深度报道，并在“暨南人”专栏相继发表专访文章。校报参加2012年度广东省高校好新闻评选选送的21项作品获奖，其中一等奖6个，二等奖11个，三等奖4个。校报在第三届广东高校优秀校报展示活动中获本科高校组一等奖。

2013年，编印画册4本（新生训练营画册、华侨华人教育画册、2013年学校宣传画册、华文学院60周年院庆画册），出版橱窗7期，另在饭堂前宣传栏展出党员示范岗内容。2013年10月16日—2014年1月，宣传部举办学校南校区（番禺新校区）道路、桥梁、湖泊、广场等命名征集活动。建设成立“暨南大学新闻社”（新闻助理学生团队）和“学校新闻秘书团队”（教师）两支队伍。广播台分设视频新闻部，尝试推出“周闻暨大”“明湖纪事”等视频节目，受到师生欢迎。

截至12月底，配合党的群众路线教育实践活动编印简报23期，发放到全校各院系，并及时在专题网站更新。建设开通活动专题网站，上稿400多篇，并就该专题专访学校党委书记蒋述卓。校刊、官方微博、新闻网对此活动作了报道，宣传部制作一期专题宣传橱窗。2013年9月和12月，宣传部在体育馆前宣传橱窗推出学院介绍专题，践行群众路线为基层服务的宗旨。

【文化素质教育】 在校本部举办“百年暨南文化素质教育讲堂”28期（第161—188期），另与图书馆合办“经典月读”讲座4期，邀请熊培云、涂子沛、沈志华、徐健国、周永坤、朱学恒、叶辛、何光沪、尹芝南、王一川、阎学通、陈怡等校内外专家学者到校开讲。其中，为加强学生侨务意识，增进对华侨华人的感情，讲堂特开设“世界华侨华人”专题系列讲座，共5讲。对本部的7场讲座在各校区尝试网络直播，实现资源共享和互动，珠海校区、深圳旅游学院分别组织学生集中观看，还通过“讲堂”官方微博进行提问。

12月24日，举办2013年暨南大学文化素质教育工作会议，副校长饶敏出席会议并作主题报告，来自学校各部处院系的代表40余人参加会议。会议邀请香港中文大学通识教育中心名誉主任张灿辉教授作题为“通识教育改革与大学理念”的专题讲座。6月，推出“百年暨南文化素质教育讲堂”纪念册《与大师同行　与思想同在》，10月正式由上海人民出版社出版讲演集《闻道二》。多家媒体纷纷对该书进行报道或推荐，并给予好评。10—11月，在全校范围内开展“优秀校园文化品牌活动”的申报、遴选工作，选出15个校园知名度高、育人效果显著、社会影响力大的校园文化活动项目予以资助和扶持。对文化素质教育专题网站“忠信笃敬”网进行升级改造。指导珠海校区、深圳旅游学院分基地工作，为其推荐讲座嘉宾，资助艺术素质教育中心、文学院举办校园文化活动。

5月23日晚，承办由国家教育部、文化部、财政部三部委联合开展的“高雅艺术进校园”走进暨南大学活动，组织学校1 600余名师生观看安徽省安庆市再芬黄梅艺术剧院在礼堂演出的黄梅戏经典剧。

10月26日，蒋述卓书记赴天津南开大学参加中国高等教育学会大学生素质教育研究会高层论坛并作专题报告，会上，学校当选为研究会的常务理事单位。

【“走基层·侨乡行”中央媒体采访团到校采访】 由新华社、中央电视台、中央人民广播电台、中国国际广播电台、《人民日报·海外版》、《光明日报》、新华网、《人民政协报》、中新社、香港凤凰卫视等多家媒体组成的第三期“走基层·侨乡行”国务院侨办新闻采访团一行20人，于6月2—6日莅校进行为期5天的密集采访报道，共发稿近50篇，深入展示学校办学实力和特色。

【学校新闻网改版上线】 11月，学校党委宣传部/新闻中心主办的新闻网全面改版，强化特色，丰富内容，增加功能，以提高关注度，扩大影响，打造新闻形态的综合性全媒体“暨南门户”。全新的新闻网内容上建构“大宣传”信息板块，扩展“暨大要闻”的规模；增设师生社交互动板块和“投稿通道”；整合校内所有媒体，包括新建“暨南网络电视台”（JNTV，自办多档节目，分类聚合有关暨大的视频）、数字校报、数字广播等，升级为“全媒体平台”；利用强大、便捷的“后台”，重点强化网上发稿与编辑、用稿短讯互动与重点新闻的手机报推送等功能。

【校报《暨南大学》获广东高校优秀校报一等奖】 校报《暨南大学》在第三届广东高校优秀校报展示活动中获本科高校组一等奖。暨南大学作为广东省高校宣传思想工作专业委员会理事长、秘书长单位，4月至6月间由学校宣传部承办第三届广东高校优秀校报展示活动，省内70多家高校作品参加了活动。

【广东省高校宣传部部长高级培训班在学校开班】 12月17—18日，学校党委宣传部受教育厅委托，承办广东省高校宣传部部长高级培训班。来自全省120多所高校的宣传部部长及相关负责人员共130余人参加培训。培训班以“高校突发事件及舆情应对”为主题，邀请范以锦、祝华新、曾凡光、曾胜泉、梅志清等省内外专家学者作专题讲座，交流高校宣传思想工作经验和做法。

【南校区道路、桥梁、湖泊、广场等命名征集活动】 10月，宣传部会同基建处到南校区（新校区）现场考察，并到番禺区志办了解南校区所处环境历史文化背景。2013年10月—2014年1月，宣传部拟文并在学校主页刊登《学校南校区道路、桥梁、湖泊、广场等命名征集公告》，广泛征集建议，共收到投稿136份，公告同时在新闻网、校报刊登。12月21—26日，宣传部派人前往南京和上海征求两地校友会对我校南校区道路、桥梁、湖泊、广场等的命名意见。

2013年“百年暨南文化素质教育讲堂”活动一览表

序号	主讲人	职衔	题目	讲座时间
1	龚隽	中山大学哲学系教授	中国传统思想与生命观	3月14日
2	熊培云	专栏作家、南开大学教授	美国梦·中国梦	3月20日
3	曹云华	暨南大学国际关系学院/华侨华人研究院院长	下南洋：东南亚华侨华人历史、现状及未来	3月28日
4	李安山	北京大学国际关系学院教授、非洲研究中心主任	全球化进程中的非洲华侨华人	4月8日
5	沈志华	著名历史学家、华东师范大学终身教授	朝鲜战争的历史原因	4月11日
6	李明欢	知名国际移民研究专家、厦门大学公共事务管理学院教授	欧洲华人百年	4月18日
7	叶辛	著名作家、中国作协副主席	客过亭里论古今	4月23日
8	涂子沛	知名信息管理专家、专栏作家	大数据及当前信息技术的发展态势	4月25日
9	周永坤	苏州大学王健法学院教授	司法如何介入政治	5月9日
10	徐健国	著名美籍华裔画家	人类密码解密：视觉与艺术基因	5月14日
11	林有能	广东省社科联专职副主席	中国禅宗六祖慧能的大智慧	5月16日
12	朱学恒	《魔戒》译者、著名公益人	宅神的奇幻人生	5月20日
13	安庆市再芬黄梅艺术剧院		黄梅折子小戏	5月23日
14	周敏	洛杉矶加州大学教授	从美国和新加坡华人社会论中国移民的流动	5月29日
15	顾明栋	达拉斯德州大学教授、孔子学院外方院长	汉学主义与中西研究的学术政治	6月19日
16	张铁林	著名演员、暨南大学艺术学院院长	人为什么要接受艺术教育	9月12日
17	何光沪	中国人民大学哲学院教授	西方的宗教与文化	9月26日
18	高雄飞	暨南大学社科部教授	社会公平正义与社会心理情绪	10月10日
19	金兆钧	著名乐评家、《人民音乐》常务副主编	从《中国好声音》和《我是歌手》看中国流行音乐的发展现状	10月18日
20	罗崇敏	云南省教育厅原厅长、教育改革家	做你自己	10月23日
21	尹芝南	长江学者特聘教授、暨南大学生物医学转化研究院院长	你的基因决定你的命运吗	11月7日

（续上表）

序号	主讲人	职衔	题目	讲座时间
22	杨　琳	北京电影学院教授	观点、视点、表达——国际青年影像创作与文化考察	11月11日
23	朝戈金	中国社科院民族文学研究所所长	非物质文化遗产保护的人文思考	11月14日
24	王一川	北京大学艺术学院院长	媒介融合时代的文艺状况	11月21日
25	章东磐	民间学者	快乐人生是运气与勇气的游戏	11月28日
26	阎学通	清华大学国际关系学院院长	十年的中国与世界：中国崛起的国际环境	12月6日
27	陈　怡	东南大学教授	从寓言看庄子的人生境界	12月16日
28	广州芭蕾舞团		芭蕾艺术进校园	12月17—18日

注：除第13、28场次地点为礼堂外，其余讲座地点均为曾宪梓科学馆国际会议厅。

（党委宣传部供稿）

统一战线工作

【概况】 党委统战部是在学校党委直接领导下开展统一战线工作的职能部门，主要职责是为学校党委贯彻执行中央和广东省委关于统一战线的方针、政策以及具体开展统战工作提出规划和建议；支持和指导党外代表人士特别是各级人大代表和政协委员做好参政议政工作；负责联系学校统一战线各界人士，及时反映他们的意见和建议；支持和协助各民主党派基层组织独立自主地开展工作；做好党外知识分子和归国留学人员工作；加强对党外干部的培养和选拔；负责民主党派和非党知识分子的政治安排；加强统一战线方针政策宣传教育；开展海外及港澳台的统战工作；负责统一战线理论研究工作等。党委统战部有职工3人。

2013年1月18日，召开出席各民主党派全国代表大会代表座谈会；3月28日，向统一战线成员传达贯彻2013年全国人大、政协“两会”精神；4月23日，召开统一战线成员情况通报会；7月5日，就“群众路线教育实践活动”征求党外人士意见，听取与会人员对学校领导干部“四风”问题的意见建议。8月20—26日，各民主党派、侨联会、无党派知识分子联谊会负责人近20人前往厦门大学、华侨大学、嘉应学院考察调研，学习三所高校统战工作、民主党派工作、侨联工作、无党派人士工作等方面的成功经验。11月28日，召开暨南大学统一战线领会十八届三中全会精神暨纪念改革开放35周年座谈会。

【民主党派、无党派和侨联工作】 2013年，暨南大学共有民主党派成员658人，其中具有副高以上职称的占73%，民主党派中央常委1人，民主党派省委员会主委1人、副主委2人；无党派知识分子联谊会共有理事85人，常务理事24人，全具有副高以上职称。在党外人士中，有24人任各级人大代表、政协委员（其中全国人大常委1人，全国人大代表1人；广东省人大常委会副主任1人；广东省政协常委2人）。侨联会共有会员521人。

4月18日，侨联会举办第八届“美食节”，侨联会会员和来自印度尼西亚、马来西亚、朝鲜三国的侨生代表百余人参加了活动。学校党委书记蒋述卓、广东省侨联副主席华清文等领导应邀出席并致辞。6月21日，侨联会敦聘林伟农为名誉主席。9

月2—4日，党委统战部承办茂名市侨联骨干培训班，来自茂名市各县（市、区）、镇、高校的侨联队伍骨干50多人参加学习，学校党委书记蒋述卓出席开班典礼和结业典礼。12月20日，侨联会在明湖楼举行2014年新年联欢会，副校长饶敏应邀出席，侨联会近400名会员参加，现场表演自编自演的异国风情歌舞节目。名誉主席林伟农为85岁以上的老归侨派发长寿金送祝福。

3月15—16日，学校副校长、无党派知识分子联谊会会长陆大祥率无党派知识分子联谊会常务理事、理事近30人赴韶关考察学习，学习历史，感受文化，全方位考察社会。12月24—25日，陆大祥率无党派知识分子联谊会赴高陂村扶贫，向高陂村小学12名学生和1名老师送去助学金、助教金。

1月，民进暨大总支副主委洪岸、王彤歌获"民进广东省优秀会员"称号。致公党暨大基层委员会杨英、郑建华、胡静等多名党员的参政议政成果获致公党广东省委员会表彰。12月，侨联会主席、学校门诊部主任李虹主任医师，侨联会副主席、医学院刘誉教授，侨联会"海归小组"组长、国际学院副院长王立伟教授，附属第一医院林永新副主任医师等四人获"全国归侨侨眷先进个人"称号。

【参政议政】 在1月23—31日召开的广东省"两会"上，学校3人当选广东省人大代表，14人当选广东省政协委员。校长胡军当选广东省人大代表，副校长、民革广东省委主委周天鸿当选广东省人大常委会副主任，致公党广东省委会副主委、暨大基层委员会主委杨英当选广东省人大常委，副校长陆大祥、民进暨大总支主委樊锁海当选广东省政协常委。广东省政协委员、九三学社暨大基层委员会主委孙晗笑的提案《关于建立健全广东省知识产权的股东保障体系的建议》获得优秀提案奖（该提案由陈云贤副省长批示重点办理），广东省政协委员、法学院院长朱义坤在政协大会自由发言环节畅谈对儿童福利保障的若干建议，获媒体的关注和好评。2月5日，广东省政协委员、信息学院副教授邱青被任命为广东省政协港澳台专委会副主任。

4月，学校省政府参事冯邦彦教授撰写的4篇建议、刘人怀院士撰写的1篇建议、何问陶教授撰写的2篇参事建议获省政府参事室所颁2012年优秀议政奖，冯邦彦教授还获2012年积极贡献奖。

【统战理论研究】 1月，广东省委统战部表彰奖励统战理论研究优秀成果，学校特区港澳经济研究所陈恩教授等撰写的《客属族群在两岸关系中的作用研究》获2012年全国统战理论政策研究创新成果三等奖，还获广东省特别奖；陈恩教授撰写的《广东做好对台工作优势和路径研究》获2012年全省统战理论政策研究创新成果一等奖，党委统战部部长李招忠教授撰写的《关于党外代表人士队伍建设的调研与思考》获2012年全省统战理论政策研究创新成果二等奖，社科部龚红月教授等撰写的《引公契文化的历史，证广东文化统战的策略》获2012年全省统战理论政策研究创新成果三等奖。

5月，学校党委拨出专款11万元设立2013年度暨南大学统战理论研究课题，面向全校公开招标，资助重点课题1项、一般课题20项。11月，在第十三届广东省高校统战理论研讨会上，学校提交论文19篇，6篇获优秀论文奖，获奖数量居参会高校首位，也是获奖最多的一次。党委统战部以总分第一的成绩获"2013年广东省高校统战理论研究优秀组织单位"称号，还获"2012—2013年度《广东高校统战》信息工作优秀单位"称号和《广东高校统战》编辑工作奖。

【学校承办2013年港澳和海外统战工作理论广东研究基地研讨会】 12月9—10日，学校承办中国统一战线理论研究会2013年港澳和海外统战工作理论广东研究基地研讨会。广东省委统战部副部长何文洪，学校党委书记蒋述卓，中山大学党委副书记李萍，中联办深圳培训调研中心副主任郭正林，广东省社会主义学院副院长肖莉等有关领导以及来自中山大学、暨南大学、广东省社会主义学院等13个单位的专家、学者40多人参加会议。与会专家、学者围绕香港政治生态问题、港澳与内地的合作等问题对港澳和海外统战工作的理论与实践进行多方面、多维度的探讨，提出许多有价值的见解。

【学校承办广东省侨联第五期友好社团负责人研讨班】 10月8—11日，学校承办广东省侨联第五期友好社团负责人研讨班，来自美国、新西兰、澳大利亚以及中国港澳台等国家和地区的23个友好社团负责人以及广东侨界青年骨干60多人参加学习研讨。学校党委书记蒋述卓在开班典礼上致欢迎词，副校长饶敏出席结业典礼。在学习期间，广东省侨联副主席华清文给研讨班作广东省侨情与侨联工作专题报告，提出开展海外社团工作的新思路。学员还听取学校国际交流合作处余惠芬、特区港澳经济研究所冯邦彦、东南亚研究所陈建荣等专家讲授的国际礼仪知识、广东经济发展模式转变与产业结构优化、中国外交政策与外交形势等专题讲座。

【副校长周天鸿当选全国人大常委】 3月，在全国“两会”上，广东省人大常委会副主任、民革广东省委主委、学校副校长周天鸿，台盟广东省委副主委、台盟暨大小组组长、管理学院会计系卢馨副教授当选第十二届全国人大代表。3月14日，在第十二届全国人大一次会议第四次全体会议上，副校长周天鸿当选全国人大常委。

暨南大学民主党派、无党派和归国华侨联合会负责人名单

民革暨南大学总支

主任委员：柏志全

副主任委员：屈　洋　朱丽娜　吕来清　王宁霞

民盟暨南大学基层委员会

主任委员：张爱民

副主任委员：梁玉霞　星　亮　叶　农　吴金平　王　玮

民建暨南大学总支

主任委员：赵维江

副主任委员：杨森平　王文刚

民进暨南大学总支

主任委员：樊锁海

副主任委员：洪　岸　王彤歌

农工党暨南大学总支

主任委员：赵仓焕

副主任委员：李　虹　谢光辉　王一飞

致公党暨南大学基层委员会

主任委员：杨　英

副主任委员：徐建平　王凤新　彭雪梅　郑建华

九三学社暨南大学基层委员会

主任委员：孙晗笑

副主任委员：梁仲莲　张　涛　袁　鸿　费建林

台盟暨南大学小组

组长：卢　馨

副组长：邱　青

暨南大学侨联会

主席：李　虹

副主席：曾玉华　刘　誉　卢　远　陈汉芳

无党派知识分子联谊会

会长：陆大祥

常务副会长：李招忠

副会长：朱义坤　梅林海　刘　誉　王　璠　罗羽宏

秘书长：朱义坤（兼）

（党委统战部供稿）

纪检监察工作

【概况】 纪检与监察办公室是学校党风党纪、政风政纪监督检查机构，是协助学校党政领导加强党风廉政建设的职能部门。主要工作包括：党风廉政建设工作、纪检监察信访举报工作、案件检查工作、案件审理工作、执行党纪政纪工作、法律法规宣传教育工作等。

纪检与监察办公室下分纪律检查工作（对外可称中共暨南大学纪律检查委员会办公室）和监察工作（对外可称暨南大学监察处）。2013 年，纪检与监察办公室有在编在岗人员 6 人。

【党风廉政建设】 认真贯彻上级会议精神，做好党风廉政建设工作部署。2013 年初，学校党委理论学习中心组学习国务院侨办党风廉政建设暨机关党建工作和广东省教育系统纪检监察工作会议精神。学校在纪委、中层干部中分别传达了上级纪检监察工作会议精神，对全年的党风廉政建设工作作了部署和安排。

【案件查处】 按照办案工作“二十四字”方针，认真做好信访举报、案件检查工作，坚持依法依纪办案。本年度共收到各类信访举报件（含上级交办）19 件，其中：检控件 5 件，批评建议类或不属业务范围内的 14 件。检控件中，学校纪检监察部门初核 4 件，涉及处级干部 1 人，处级单位 1 个，科级干部 1 人，已全部了结。另基层纪委初核 1 件，涉及科级干部 1 人，已作了结处理。不属检举控告的，已视情况作存档备查或按管理权限分别转有关部门处理。凡查无实据，属误告、错告的，均采用适当方式消除影响，保护干部。无新立案案件。

【监察工作】

1. 南校区工程建设监督工作

加强对南校区工程建设的监督工作，制定行之有效的行政监督措施。2013 年，纪检与监察办公室负责人参加南校区建设管理委员会会议 11 次，及时了解南校区建设工作动态并适时提出廉政监督建议。对涉及南校区建设的招标工作，均派处级和科级干部进行监督。

4 月与 12 月，广州市番禺区人民检察院反贪局赵世文副局长一行分别两次到校就同步开展南校区预防职务犯罪工作进行廉政教育。4 月，学校党委副书记、纪委书记叶勤，学校纪委副书记欧传峰赴广州市重点公共建设项目管理办公室调研南校区建设工程廉政工作。11 月，与广州市番禺区人民检察院共同举办以“预防职务犯罪，共建廉洁工程”为主题的活动，在南校区建设工地现场设置廉政宣传专栏，让廉洁文化进工地，营造廉洁建设工程氛围。

2. 招生执法监察工作

负责相关考试考卷印制、保管及运送等的监督工作。1 月，做好广东省普通高考艺术术科考试期间试卷运送、保密等的监督工作。12 月，对研究生院 2013 年研究生印卷工作进行全过程监督。

艺术特长生及高水平运动员招考工作监督。1 月，先后派出纪委委员、基层纪委书记以及专职纪检监察干部组成的监察小组分赴长沙、西安、合肥、北京、郑州以及广州等地，开展对艺术学院、新闻与传播学院、文学院艺术特长生及体育类高水平运动员招考工作监督。

负责“两校联招”考试录取工作及香港免试生面试工作监督。4—6 月，派出工作人员全程参与“两校联招”命题、印卷、考试及录取工作监督。8 月，纪委副书记兼纪检与监察办公室主任欧传峰参加香港免试生面试工作的监督巡视。

广东省 2013 年普通高考巡视及学校招生录取工作监督。6 月，派出高考巡视小组，由纪委副书记欧传峰带队，赴广东清远市参加广东省 2013 年普通高考和 2013 年 6 月普通高中学业水平考试的巡考工作。7 月，对学校普通高考招生录取工作进行监督。

负责成人高考巡考及录取工作监督。10 月，对广东韶关市开展 2013 年成人高考巡考工作。12 月，对成人高考招生录取工作进行监督。

此外，还对研究生及附中、附小、幼儿园的招生工作进行监督。纪委负责人参加各类考试的巡考工作，对突发性、临时性问题及时处理，确保监督工作落到实处，保证招考工作的公平、公正和公开。

3. 招投标监督等日常监察工作

坚持对基建工程、物资采购等招投标项目进行监督，确保招投标工作依法依规开展。2013 年，对基建、采购、医药招投标及废旧物资拍卖等各类活动进行监督共 55 次，其中，涉及南校区建设招标工作19次。对学校科研经费项目评审、丹田物业的管理评估和物业费报价审核等工作，均进行全程监督。

4. 选人用人的监督工作

对干部公选、公推、民意考察等工作进行监督。本年度，学校纪委对18个岗位的干部选拔、竞聘及定向民意测验等票选环节进行监督，分7批次给77位拟提拔干部出具《廉政意见书》。10月，学校举行2013年中层领导班子届中考核现场集中述职大会，学校纪委进行现场及计票监督。对临时工转合同工、岗位聘任及人员招聘、岗位聘任争议申诉及应聘学校岗位人员的招考等工作进行监督。

5. 专项督查工作

4月，对学校二级单位2012年度财务信息公开情况进行检查，检查结果在全校范围内进行通报。5月，开展对科研项目及经费管理自查自纠监督工作。8月，根据国务院侨办转发的《中央和国家机关停止新建楼堂馆所和清理办公用房的通知》（国侨秘发〔2013〕154号），开展清理办公用房自查工作。11月，根据广东省委五个专项整治行动工作部署，对学校公款出国（出境）情况进行督查。

6. 新一届党风廉政建设联络员选聘工作

党风廉政建设联络员是学校做好党风廉政建设工作的一支重要力量，在行政监察工作中发挥了民主监督、党外监督和群众监督的作用。12月，聘任一批新一届党风廉政建设联络员。受聘的11位党风廉政建设联络员认真履职，积极参与学校党风廉政建设和行政监察工作。

【制度建设工作】 制定《暨南大学贯彻落实中央改进工作作风、密切联系群众〈八项规定〉的实施办法》，在加强和改进调查研究、改进公务接待、加强领导干部纪律、厉行勤俭节约、严格执行廉洁自律等方面作了明确规定；印发《暨南大学关于规范学校公务接待工作的意见》，进一步规范公务接待工作；发布《关于重申禁止公款旅游的紧急通知》，对坚决禁止公款旅游行为提出明确要求；转发《教育部办公厅关于严禁公款购买印制寄送贺年卡等物品的通知》；发布《关于切实加强2014年元旦、春节期间廉洁自律和厉行节约工作的通知》，加强节日期间党风廉政建设，坚决反对“四风”。

【反腐倡廉宣传教育工作】

1. 贯彻落实中央“八项规定”，抓好领导干部廉洁自律教育

1月，召开暨南大学2013年反腐倡廉形势报告会暨全校纪检监察审计干部培训会，邀请广东省教育纪工委赵康书记作“深入学习党的十八大精神，大力推进高校反腐倡廉建设”专题报告。全校副处级以上干部400余人参加会议。党委副书记、纪委书记叶勤对认真学习党的十八大会议精神，贯彻落实中央“八项规定”，进一步认清反腐倡廉形势、勤政廉政工作提出具体要求。

2. 专项整治工作与常规教育学习活动相结合，增强教育实效

5—6月，制订《暨南大学关于开展整治庸懒散奢等不良风气工作实施方案》，开展整治庸懒散奢等不良风气工作。9—10月，开展“严纪律、正作风、促廉洁”主题纪律教育学习月活动。活动与贯彻落实中央“八项规定”相结合，与党的群众路线教育实践活动相结合。活动期间，各基层单位积极参与，注意创新教育载体和方法，自选动作内容丰富，达到了预期的教育效果。学校向全校副处级以上领导干部、重点部门、关键岗位的副科级以上干部、全校党支部发放了800份《2013年广东省教育系统反腐倡廉教育读本》，学校纪委在廉建网开辟了纪律教育学习专栏。12月，与广州市番禺区人民检察院共同制作“预防职务犯罪，建设廉洁校园”主题教育系列展板，在行政办公楼十楼走廊展出，建立富有崇廉尚廉文化的廉政教育长廊，机关各单位组织教职工300余人前往参观学习。

3. 廉洁文化进校园工作

4月，学校开展全省高校首届大学生“廉洁·诚信”主题辩论赛。开展以反腐倡廉为主题的第二十一届暨南园院际辩论大赛，进一步营造浓郁的校园廉洁文化氛围，增强广大学生遵纪守法的主动性和自觉性。5月，举办以“反腐倡廉·实现中国梦”为主题的第五届金壁奖平面设计大赛。6月，举办“微戏剧、微动漫、微小说、报告文学”大赛。7月，组织参加教育部举办的以“中国梦·廉洁情”为主题的第二届全国高校廉政文化作品大赛，学校选出3份作品参赛。9月，组织师生积极参与“第三届全省廉洁读书月”活动。

4. 坚持开展廉政授课

坚持把反腐倡廉教育纳入党员干部教育培训规划，开展廉政授课。党委副书记、纪委书记叶勤为第71期党员发展对象讲授题为“学习十八大精神，同心共筑中国梦”的第一堂党课。纪委副书记、纪检与监察办公室主任欧传峰为第72期教

工党员发展对象讲授题为“遵守党的纪律，做清正廉洁的楷模”的开班第一课。

【纪检监察队伍建设】 2013年，召开党政联席会议15次。开设“重点课堂”，自主开展培训；开设“流动课堂”，现场教育。选送干部到“985”高校挂职锻炼，选派干部到广东省纪委参与办案工作。

注重加强与检察机关开展工作交流，将此作为“联系专业化力量开展预防职务犯罪工作”的一项重要内容。3月，广州市天河区人民检察院副检察长、反贪局局长林伟忠一行，到校就预防职务犯罪工作开展交流。6月，广东省人民检察院职务犯罪预防处副处长温天明到校，与学校纪委开展预防职务犯罪工作座谈。9月，广东省人民检察院召开“充分发挥检察职能，深化重点行业预防职务犯罪工作座谈会”，纪委副书记欧传峰参加会议，并就学校近年来开展预防职务犯罪工作的做法、成效与经验进行交流。

开展纪检监察干部会员卡清退工作。6月，学校纪委在全校纪检监察干部中开展会员卡专项清退工作，全校48位纪检监察干部（含兼职）均填写了会员卡零持有情况报告表。

10月，国务院侨办群众路线教育实践活动督导组组长、监察局局长王丽华一行到校检查指导工作时，肯定了学校纪检监察工作取得的成效，认为学校纪检监察各项工作覆盖全面、亮点纷呈，充分发挥了职能作用，扎实有效地推进了反腐倡廉工作的开展。

【党的群众路线教育实践活动督导组工作】 7月，按照上级“全程督导，抓好落实”的要求，全力做好群众路线教育实践活动的督导工作。学校纪委副书记欧传峰担任领导小组办公室副主任及学校督导组组长，学校纪委委员和纪检与监察办公室副主任陈耀忠为副组长。制订督导方案，成立6个督导工作小组，开展对全校60个二级单位的督导工作。

教育实践活动第一环节，督导组审阅各二级单位的教育实践活动方案；调阅动员大会相关材料，提出意见建议；了解学习教育和征求意见情况，以及“八个一”活动进展情况；列席各单位领导班子专题学习讨论活动；参加各单位对本单位党政领导班子及成员作风方面情况的民主评议大会，回收汇总民主评议表及意见建议表。督导组参与向各二级单位领导班子及成员反馈测评情况和意见的会议60场。

教育实践活动第二环节，督导组审阅二级单位专题民主生活会方案；陪同学校党委常委参加指导二级单位专题民主生活会；审阅对照检查材料；督促做好情况通报等。共审阅各单位领导班子和个人对照检查材料290份；参加60个二级单位的专题民主生活会的督导工作。

教育实践活动第三环节，督导组加强对各单位整改落实、建章立制工作的督促检查；对整改方案不聚焦、整改措施不具体、专项整治不力、制度建设针对性不强的单位，给予纠正，做到真督实促。参加各单位教育实践活动总结大会和民主评议大会。共召开工作部署会1次，派员参加各单位民主评议会60场。

（纪检与监察办公室供稿）

机关党委工作

【概况】 机关党委在学校党委的直接领导下，负责加强机关党的基层组织建设，围绕学校的中心工作，保证、监督、协调机关各部处及直属单位完成各项工作任务。现有党员582人、党支部34个、党总支1个：组织部支部、宣传部支部、统战部支部、纪检与监察办公室支部、党政办公室支部、人力资源开发与管理处支部、财务与国有资产管理处支部、教务处支部、保卫处支部、基建处支部、招生办公室支部、国际交流合作处支部、学生处第一支部、学生处第二支部、校团委支部、实验室与设备管理处支部、科学技术研究处支部、社会科学研究处支部、体育部支部、学报编辑部支部、图书馆支部、网络与教育技术中心支部、实验技术中心支部、工会委员会支部、附属中学支部、附属小学支部、附属幼儿园支部、发展规划处支部、审计处支部、研究生院支部、学生就业指导中心支部、心理健康与教育中心支部、光子技术研究所支部、医学部支部和总务后勤管理处党总支。机关党委有专职干部2人。

机关党委参加学校各项活动获奖情况：迎新年教职工舞蹈大赛特等奖；校运会获女子团体总分第一名、男子团体总分第二名和“最佳组织奖”；学校教职工篮球赛团体赛第一名；教职工乒乓球赛获团体冠军；学校教职工环校跑“优秀组织奖”、五人两足比赛第一名；第五届“兴安杯”羽毛球比赛中年组第三名；获评学校“先进职工之家”，有14人获“优秀工会干部”和“优秀工会积极分子”称号；2人获“女教职工家园网站优秀通讯员”称号和“网络建设贡献”奖；机关团委有1个团支部获评学校“五四红旗团支部”，1人获学校“十佳专职团干部”称号，1人获学校“十佳团支部书记”称号。

【党建工作】 组织系列政治理论学习，围绕党的群众路线教育实践活动，建设“学习型、服务型、创新型”党组织。围绕创建“三型”机关的党建目标，组织机关党员干部开展党的群众路线教育实践活动各环节学习和整改，举办机关“新荷培养计划”系列活动，组织开展“机关党支部与学生党支部共建”活动，举办机关工作案例分享会，到广东省清远市阳山县高陂村党建教育实践基地开展党建活动，完成新生党员教育工作。继续坚持机关党委理论学习中心组制度。下发十八大精神资料汇编，组织各总支、支部学习十八大和十八届三中全会精神。学习贯彻学校党风廉政建设会议精神，开展纪律教育学习月活动。组织“三重一大”决策制度专项检查工作。

完成党建质量工程工作。完成教育系统基层党组织党员发展和教育管理工作规范化情况自查工作。2名学生党员获“优秀学生共产党员”称号；2个支部参加学校党委基层党支部活动创新案例征集评选活动。机关党委和党委宣传部分别申报并通过学校党委创建基层党建品牌项目。3个机关部处、直属单位获评校级先进集体，24人获评校级先进个人。

完成扶贫济困任务。完成广东省清远市清新区桂湖村“双到”扶贫工作：机关党委、总务后勤管理处党总支、研究生院党支部获学校扶贫工作先进集体称号，4个单位获特别贡献奖，17人获扶贫工作优秀个人称号。目前机关党委会同离退休工作处党委、社科部党总支在高陂村共有4个扶贫团组和总务后勤管理处党总支联合其他学院组成的1个扶贫组团，共负责帮扶11户贫困户和9户五保户，年度投入生产帮扶资金70 000元、慰问金22 300元、价值11 545元的慰问品，回购价值7 216元的农产品。附属中学党支部配合学校完成第五期甘肃省积石山高中教师新课程培训任务，1名教师获“积石山扶贫支教”通报表扬。在“广东扶贫济困日”，机关党教职工和下辖单位的学生共捐款46 270元。

做好思想政治工作。在开展行之有效的常规工作的同时，及时开展应急工作，慰问困难、患病住院党员和教职工21人，协助青年教工参加各类青年联谊活动，做好有关专项思想政治工作。机关教工之家组织4次主题月活动。

【组织工作】 机关和直属单位联合分党校共培训34名教工党员发展对象，共指导6名学生党员发展对象完成党校培训课程。

发展新党员15人，预备党员转正18人，办理党组织关系88人次。全年共收缴党费130 848.40元。

组织开展机关部处、直属单位领导班子党员领导干部专题民主生活会30场，组织机关114名中层干部集中学习并进行民主评议。完成9个支部的换届或支委改选工作。组织开展党员组织生活会，完成年度党员民主评议。协助完成学校第九次党代会会务工作。

【2013年机关作风建设系列活动】 围绕党的十八大精神，以创先争优活动为动力，密切联系基层群众，继续推进机关作风建设和执行力建设，组织40余次“机关作风建设检查月”活动，强化机关工作纪律；推出“为师生服务领航示范活动宣传”和“新荷培养计划新入职人员宣传”两轮电子名片推介活动；组织“书香机关”系列之“中国梦·我的梦”读书活动；开展以检验机关作风建设系列活动成效为目的的问卷调查活动；开展整顿“慵懒散奢”专项工作并提交工作报告一份；在党的群众路线教育实践活动中，特别制作“暨南大学机关各部门领导班子作风民主测评表”，向师生征集对30个机关部处、直属单位领导班子作风的意见，并形成专项工作报告。

（机关党委供稿）

工会工作

【概况】 2013年，学校工会委员会和广大工会干部认真学习贯彻党的十八大、十八届三中全会、习近平总书记系列重要讲话和中国工会十六大精神，践行党的群众路线，在学校党委和上级工会的领导下，在学校行政的支持和广大教职工的积极参与下，围绕学校教学科研中心工作和“宁静致远工程”，深入调研，实事求是，不断提升工作水平，积极服务教职工，为“中国梦”“暨南梦”的实现作出了应有的贡献。

学校工会委员会下设24个二级工会组织，设有工会办公室、女教职工委员会、教职工代表大会提案工作委员会、工会经费审查委员会、教职工生活福利委员会、师德建设及干部评议工作委员会等机构。现有职工7人（不含兼职），校财务处委派会计1人。

推动学校民主管理和校务公开工作。4月26—27日，召开学校第七届教职工代表大会暨第十一届工会会员代表大会第四次会议。

大力推进各二级工会组织建设。2012年教工之家专项建设经费下拨后，有16个二级工会挂牌成立教工之家，学校工会再次下拨专项经费16万元。根据对二级工会组织建设工作的考核，经校工会常委扩大会议讨论通过，授予华文学院工会等8个单位“模范职工之家”称号；授予刘斌等26位同志“先进工会工作者”称号；授予王香洁等56位同志“工会活动积极分子”称号。

开展师德师风建设。3月，启动2013年暨南大学师德标兵、师德建设先进集体评选活动。经学院推荐、网络投票、现场投票评选，朱义坤等9位教师当选为2013暨南大学师德标兵，经济学院统计学系等3个单位当选为师德建设先进集体。

做好扶贫济困工作。从4月20日，四川省雅安市芦山县发生里氏7.0级地震。按照学校的统一部署，从4月22日起，学校工会开始接收教职工为地震灾区的捐款，累计募集到爱心捐款66万余元。适时协同学校人力资源开发与管理处、组织部、离退休工作处一起前往医院慰问患病住院的教职工。为2010年参加《广东省职工医疗互助保障计划》《广东省女职工安康互助保障计划》的近600位教职工办理续保手续，同时为新参保的教职工办理参保手续。春节前夕，会同组织部、人力资源开发与管理处、离退休工作处等部门，对生病住院的教职工进行慰问。

加强附属学校工作。学校副校长、工会主席饶敏教授先后多次深入附属中小幼了解办学情况，学校工会也多方沟通协调，为附属学校创造良好的内外部办学环境。2013年，学校附属中学共有132名学生参加中考，平均分为640.38分，超过广州市平均分110分，高于所有天河区属公办学校，其中700分以上32人，占考生总数24.2%；在132名考生中，有43位考生的成绩超过广州市排名前六的重点名校录取分数线；有82位考生的成绩超过广州市国家级示范性高中录取分数线。教师节期间，校工会举行2013年附属中小幼庆祝教师节暨优秀教师表彰大会，表彰陈水平等30名优秀中小幼教师和管理干部。

2013年，学校工会工作获得多项奖励及荣誉称号：3月，中华全国总工会授予学校附属第一医院手术中心“五一巾帼标兵岗”荣誉称号；4月，中华全国总工会授予附属第一医院神经内科“全国工人先锋号”荣誉称号；7月，学校工会选送的论文获“广东省教科文卫工会第二届优秀调研成果和论文评选”一等奖；12月，学校工会获2013年全国教科文卫体系统“先进工会组织”荣誉称号，是广东省高校工会唯一获此殊荣的单位。

【文体活动】 举办现代筝、打击乐、瑜伽、交谊舞、形体舞等丰富多样的培训班，举办“暨南梦·育人美”和“暨南梦·五洲情”两场大型晚会。开展足球、篮球、羽毛球、环校跑、乒乓球、扑克牌拖拉机比赛等各类有益教职工身心健康的群体性体育比赛，累计5 000余人次参加。

【第七届教代会暨第十一届工代会第四次会议召开】 4月26—27日，学校第七届教职工代表大会暨第十一届工会会员代表大会第四次会议在国际会议厅隆重举行。校领导胡军、蒋述卓、陆大祥、叶勤、刘洁生、林如鹏、宋献中、饶敏，以及本届双代会正式代表、特邀代表、列席代表等300余人出席会议。学校党委蒋述卓书记致开幕词，与会代表听取和审议了校长胡军作的《校长工作报告》，学校副校长、工会主席饶敏作的《学校工会工作报告》，学校资源有偿使用管理办公室徐石海处长作的关于《暨南大学院系（所）

公用房有偿使用实施办法》的说明，学校校区建设项目及资源开发调研办公室主任徐力作的《关于利用学校田径场的地下空间建设停车场的汇报》，学校基建处处长姜煜东作的《关于学校新校区建设情况的介绍》以及教代会提案工作委员会、校工会经费审查委员会向大会提交的《提案工作报告》和《学校工会经费审查报告》。会议通过本次教代会、工代会的会议决议。会议闭幕式上，副校长饶敏代表学校党政领导班子致闭幕词。

会议还对2012年度工会工作先进集体、提案承办工作先进单位、优秀提案奖获得者进行表彰。

2013年，提案的撰写、提交、答复、反馈、满意度调查、归档查询等各个环节全部实现网上办理，全程实时查询。提案的督办力度大大提高，做到件件提案跟踪督查，代表的提案内容得以及时落实。

【青年教职工工作委员会成立】 9月，学校工会成立暨南大学青年教职工工作委员会（以下简称“青工委”）。青工委针对不同学科、岗位的青年教职工，下设理科、工科、经法、管理教育、文史哲、医药、艺术体育、管理服务八个分委会，分别设主任、副主任、秘书长及委员若干，各分委会聘请学校富有经验的专家学者担任专家顾问，并建立校领导联系点制度。青工委及各分委会先后举办校领导与青年教职工交流座谈会、教工子弟教育主题调研交流会、青蓝名师大讲堂、教职工科研创新和成果转化座谈会等活动近20场。

【2013年暨南大学师德标兵颁奖晚会召开】 6月，学校工会在大礼堂隆重举行“暨南梦·育人美”2013年暨南大学师德标兵颁奖晚会。校领导胡军、蒋述卓、林如鹏、宋献中、饶敏，省教科文卫工会主席陈昭庆以及部分兄弟院校工会主席出席晚会，2013年师德标兵和师德建设先进集体代表，历年师德标兵，在校的国家、省级教学名师，学校十佳授课教师，学校各部处、各学院直属单位负责人，各二级工会主席、校工会常委，兄弟院校以及媒体记者共1 600余人到场参会。颁奖晚会的筹备工作历时近3个月，首次引入“感动中国颁奖晚会”的理念，对晚会的形式进行精心的设计和创新，对师德标兵们的先进事迹进行详细收集和认真报道，并以视频的形式在晚会上播出。

【学校订立“师德铭”“学子铭”】 5月，学校举行“师德铭”“学子铭”揭幕仪式。立于教学大楼的“二铭”，与学校图书馆的“六先贤”铜像形成北南呼应的“暨南精神”标志性建筑。订立师生铭，是学校在广东省高校中的首创举措。“师德铭”文字典雅、明白晓畅，明确了我校良好师德师风的行为标准，表达了我校教师爱岗敬业、正道直行的心声；“学子铭”纳众智而立纪纲，将广大学子普遍认同的内在要求转化为行为准则，勉励全体同学进德修业，发奋图强。胡军校长号召全校师生要努力践行“二铭”，使铭文内化为日常工作、学习和生活的行为准则，为实现自已心中的梦想、为实现暨南梦、为中华民族伟大复兴的中国梦而奋斗。校领导胡军、蒋述卓、叶勤、刘洁生、林如鹏、饶敏，学校各部处、院系负责人及师生代表200余人参加揭幕仪式。

【“广东省高校女性发展研究中心”在学校揭牌】 7月，“广东省高校女性发展研究中心”正式在学校挂牌成立，副校长饶敏担任该研究中心主任。该中心是广东省教科文卫工会在全省布局的研究基地之一，旨在为中国女性教育、中国女性社会问题探讨和高校女性教师思考自觉自立的文化人生，搭建深层思考和交流借鉴的平台。中心将秉持“博闻广识，和而不同；直面现实，悦纳幸福”的宗旨，力争发展成为广东省高校女性社会问题研究的思想库、数据库和文化储备库，成为专家学者就相关问题进行经验交流和学术研讨的重要基地，推动全省女教职工工作的发展。

【2013年教职工舞蹈大赛】 12月，校领导胡军、蒋述卓、刘洁生、林如鹏、宋献中、饶敏与1 600余名教职员工、校友共同观看晚会，校长胡军在晚会上致新年贺词。晚会以“暨南梦·五洲情”为主题，分“古梦·亚洲篇”“扬梦·欧洲篇”“绮梦·美洲篇”“绚梦·非洲大洋洲篇”四个篇章展开，学校教工艺术团及十八支二级工会参赛队伍为全校师生献上精彩纷呈的节目，得到学校广大教职工和众多海内外校友的好评。经评委评选，附属第一医院、资产经营有限公司、管理学院、华文学院、学校机关获特等奖；信息科学技术学院、理工学院、深圳旅游学院、医学院获最佳表演奖；生命科学技术学院、经济学院、法学院/国际关系学院联队获最佳创意奖；教育学院、总务后勤管理处、珠海校区获最佳编排奖；国际学院、新闻与传播学院、外语学院获最具活力奖。

暨南大学第十一届工会委员会名单

主　席

饶　敏（兼）

副主席

程炎明　龚红月

常务委员会委员（按姓氏笔画排序）

王玉娟　刘德珍　杜宝荣　张安国　张国林　张巧专　陈利国
周正庆　郑少智　赵兰英　查振刚　饶　敏　夏　泉　龚红月
程炎明　谭其学

委　员（按姓氏笔画排序）

王玉娟　方楚乔　叶春玲　刘德珍　杜宝荣　李招忠　岑颖洲
邱映萍　沈洁薇　张安国　张国林　张巧专　陈利国　欧伟光
周正庆　郑少智　赵兰英　赵新建　查振刚　饶　敏　夏　泉
徐义雄　黄志勇　龚红月　程炎明　曾利斌　廖剑辉　谭其学

附属学校办学情况

附属学校负责人名单

附属中学

校　长：周　跃

书　记：张新淮

副校长：陈宏伟　罗元香

附属小学

校　长：曹海霞（至 2013 年 10 月）　罗元香（2013 年 10 月任）

副书记：龚定琦

副校长：陈米娜　梅　翔

幼儿园

园　长：张会敏

书　记：陈卓萍

副园长：王艳艳　李丽芬

附属校、园基本条件

名称	教职工人数	占地面积（平方米）	建筑面积（平方米）	学生人数
附属中学	49	7 500	7 680	922
附属小学	39	3 400	3 200	899
幼儿园	27	3 734	3 800	408

附属校、园专业教师队伍情况

名称	专业教师人数	高级教师人数（特级）	一级教师人数	二级教师人数
附属中学	48	34（中教高级）	12（中教一级）	2（中教二级）
附属小学	38	35（小教高级）	3（小教一级）	无
幼儿园	21	16（幼教高级）	5（幼教一级）	

附属校、园办学规模

名称	各级（班）个数		总个数
附属中学	5（初一级）	4（高一级）	22
	5（初二级）	2（高二级）	
	4（初三级）	2（高三级）	
附属小学	4（一年级）	3（四年级）	20
	4（二年级）	3（五年级）	
	3（三年级）	3（六年级）	
幼儿园	3（小小班）	4（中班）	14
	4（小班）	3（大班）	

（工会委员会供稿）

共青团工作

【概况】 共青团暨南大学委员会（以下简称“校团委”）在学校党委和共青团广东省委的领导和指导下，团结带领全校团员青年，通过多种形式的爱国主义教育，有效提高青年学生的思想素质、政治觉悟和理论水平，为学校人才培养工作服务；巩固和加强共青团自身建设，开展多种多样的团员意识教育、主题团日活动、团员政治理论学习、团员骨干培训及其他有关工作，营造积极向上的校园氛围；有效利用团刊、网站、微博、微信等宣传阵地，积极向团员青年宣传党的方针政策、国内外形势、学校发展和学生学习生活动态以及其他社会信息；组织各种富有教益、为学生所欢迎的学术文化活动，丰富青年学生的校园文化生活，营造丰富多彩、多元共融的校园文化氛围；以科技学术活动为中心，以“挑战杯”竞赛为龙头，大力开展丰富多彩的学生课外学术科技活动，全面拓展素质教育内涵，努力构建校园创新文化；大力开展“三下乡”社会实践活动、青年志愿服务活动、主题社会实践活动、社会公益与社区服务活动、就业创业见习基地建设，大力开展“展翅计划”大学生就业创业能力提升行动，提高大学生综合素质，引导青年学生全面发展，成长成才。校团委有职工4人。

【基层团组织建设与团干培养】 举办团干部学习党的十八大和十八届三中全会精神座谈会和专题报告会，号召基层团支部开展“我的中国梦·青春在行动”主题团日活动和以“中国梦·暨南篇”为主题的团支部风采大赛，举行“永远跟党走·与信仰对话”专场报告会，激发广大同学成才报国的热情和责任感，坚定广大青年对中国特色社会主义的道路自信、理论自信、制度自信。

高度重视大学生骨干培养，继续开办暨南大学大学生骨干培养学校第五期培训班，通过以理论学习、课题研究、社会实践、对外交流、志愿服务等为主要内容的“五个一”式系统培训，提高大学生骨干的思想政治素质、理论水平和创新、实践能力，引领、培养优秀团员骨干青年。

改革创新暨南大学团校工作制度，分团学组织骨干培训、共青团工作实务系统培训、校团委新干部培训、团支书培训、大学生骨干培训五个部分开展团校培训工作，扩大团校的培训范围和受众面，用团的先进思想感召和影响团干部。

【“三下乡”活动】 2013年“三下乡”社会实践以“贯彻十八大精神·传播青春正能量”和“实践激扬青春志·奋斗成就中国梦”为主题，按照“按需设项，据项组团，双向受益”的原则，组织97支重点实践团队1 500余人分赴各地，认真开展政策宣讲、社会调查、科技支农、企业帮扶、文化宣传、法律援助、医疗服务、环境保护等形式多样而富有实效的社会实践服务活动，受到各级媒体的关注和报道，活动中的先进事迹得到当地政府和人民群众一致好评。

校团委还举办“实践激扬青春志·奋斗成就中国梦”社会实践成果报告会，表彰先进集体和个人；通过组织“三下乡”校级重点团队开展专项社会调研活动，形成高水平调研报告以参加“挑战杯”等学术竞赛。

【青年志愿者工作】 扎实做好青年志愿服务工作，继续开展广西百名贫困学生资助活动，2013年校团委筹集捐款4.85万元，资助贫困学生100余人；招募西部计划志愿者5人，分赴西藏和广西进行为期一年的志愿服务；10月初，学校党委副书记、副校长叶勤率校团委、学生处、学生就业指导中心及学院领导代表赴西藏林芝慰问学校西部计划志愿者并举行座谈，关心志愿者的生活和学习情况；开展学校第六届志愿者文化节，以“青春中国梦·暨南公益行”为主题，面向全校学生开展志愿服务体验一日行活动，并邀请中山大学、华南理工大学等10余所兄弟院校志愿者一同开展志愿服务分享会；开展“圆梦暨大·与你同行”公益创意征集活动；积极申报福彩公益奖，共有16支志愿服务队被评为“福彩公益”先进团队，2人被评为“福彩公益”先进个人，校团委获优秀组织奖；积极申报第三届志愿服务广交会，学校共有5个志愿服务项目参加展示，获得6个企业支持认可，签约资助金达78 800元；扎实做好金秋公益项目评选和校内志愿团体、个人评优工作，从2012年评选出的30个志愿服务项目中评出10个优秀项目，各授予2 500元资助金，用于开展志愿服务活动。

积极响应共青团广东省委“学雷锋全民志愿服务行动月”的号召，开展为期一个月的“学雷锋行动月”系列活动。以学院为单位组织观看《青春雷锋》《感动中国》等影片，营造良好的志愿服务氛围，并以学院为单位建立“雷锋档案”，记录年度内发生的雷锋事迹、学雷锋先进个人和优秀志愿服务情况，将志愿服务常态化。

【学术科技与创业创新】 在2013年“挑战杯”广东省竞赛中，暨南大学获得6项特等奖、8项一等奖、5项二等奖和4项三等奖，并捧得“优胜杯”。6月初，校团委组织专家经认真论证，在本届竞赛的优秀获奖作品中遴选出6件作品代表学校参加全国“挑战杯”竞赛。10月，学校党委副书记、副校长叶勤率暨南大学代表团参加第十三届“挑战杯”全国大学生课外学术科技作品竞赛决赛，暨南大学荣获3项二等奖、2项三等奖和校级优秀组织奖。其中，获得二等奖的作品是：经济学院的《绿色发展效率与污染物影子价格——以东莞市造纸企业为例》、公共管理学院/应急管理学院的《构建平安社区，“非典”十年新启示——基于系统动力学理论的城市社区综合应急能力调查研究》和医学院的《高糖环境对鸡胚心血管发育的影响》；获得三等奖的作品是：新闻与传播学院的《民生援建加快西藏新疆实现小康幸福梦——基于广东17年创新对口支援林芝、喀什（含哈密）模式的调查研究》、理工学院的《全太阳能智能实时水质监测及自动水面清理船》。同时，经济学院的《环境约束下长三角与珠三角城市群绿色发展绩效研究——基于效率和全要素生产率的视角》获得累进创新金奖，公共管理学院/应急管理学院的《构建平安社区，“非典”十年新启示——基于系统动力学理论的城市社区综合应急能力调查研究》获得交叉创新三等奖。

成功举办学校第十四届大学生学术科技节，以“争当创新领航者·共筑伟大中国梦”为主题，面向全校本科生和研究生，开展竞赛、讲座、展览和论坛四大类活动。共青团广东省委副书记陈宏宇，学校部部长冯永忠，中国联通广州分公司副总经理余南樵，暨南大学党委副书记、副校长叶勤等出席并共同启动开幕式，共同为“暨南大学大学生创新与创业协会”揭牌。校团委书记成品兴和中国联通天河区分公司总经理巩旭东代表双方签订合作协议。

成功举办学校第五届“挑战杯”竞赛暨备赛作品大展示和学校第七届“挑战杯”创业计划竞赛复赛。经过评审，确定420项给予立项资助，合计资助金额达130余万元，参与学生达3 000余人。

广泛发动并认真组织学生积极参加由团省委、

省教育厅、省科技厅、省科协、省学联共同主办的第七届广东大学生科技学术节、全国大学生电子设计竞赛、全国普通高校学生信息技术创新与实践活动、2013 年“中国好梦想”创业计划大赛等。

大力营造学生参与创新创业活动的氛围，定期举办“挑战杯”面对面交流会，制作“挑战杯”宣传和指导手册，邀请获奖项目的指导老师和参赛同学到现场分享参赛经验，为师生解读和宣传“挑战杯”竞赛。

【青年联合会工作】 召开学校青年联合会一届五次常委（扩大）会议，学校党委副书记、副校长叶勤出席并讲话，学校青联常委、各学院分管共青团工作的领导和团干部参加会议。学校青联与省青联二组响应团省委、省青联号召，共同走进珠海开展“中国梦·菁英行”扶贫济困工作。组织召开贯彻省委关于共青团工作指示精神专家座谈会和青联大讲堂，继续举办“青年论坛”系列活动，邀请全国青联委员、省青联常委、暨南大学青联副主席、新思维教育集团董事长林楚旭，广州市贸易促进会办公室主任何少强，校青联常委、暨南大学经济学系主任王兵以“奋斗的青春最美丽”为主题展开讨论——邀请在暨南大学团委工作、学习过的杰出校友，南方日报机动部记者闫昆仑、广药集团产品销售总监兼西南大区经理方贤赟以及广东省学联执行主席刘慧婷以“我的成长道路”为主题展开讨论，与同学们探讨成长成才之路并提出很多具体建议。

【团省委书记曾颖如到校调研】 9月，共青团广东省委书记、省青联主席曾颖如一行到校，召开贯彻省委关于共青团工作指示精神的专家座谈会。座谈会前，校长胡军会见曾颖如书记一行。副校长林如鹏以及新闻与传播学院、经济学院、深圳旅游学院、新闻中心、校团委等单位领导、专家和学校青联委员代表参加座谈会。会上，与会专家就新媒体形势下的思想引导工作、高校共青团的工作方式和方法、青联的组织优势及未来工作方向等问题发表见解，并对共青团及青联工作提出建议和希望，校团委书记、校青联常务副主席成品兴向与会领导及专家汇报学校青联五年来的工作情况。

【学校承办第十二届广东“挑战杯”竞赛】 2013 年暨南大学申请承办由共青团广东省委、广东省教育厅、广东省科技厅、广东省科协、广东省学联共同主办的第十二届“挑战杯”广东大学生课外学术科技作品竞赛。学校于 3 月开始启动筹备工作，成立了竞赛筹备委员会（以下简称“筹委会”），由校长胡军、校党委书记蒋述卓担任主任，校党委副书记叶勤、副校长林如鹏担任副主任，委员由学校 11 个机关部处、直属单位的一把手担任，筹委会办公室设在校团委，负责处理筹委会的日常工作。筹委会设统筹秘书组、竞赛评审组、会务接待组、展览宣传组、大型活动组、后勤保卫组 6 个工作组。

5 月 21 日，第十二届“挑战杯”广东大学生课外学术科技作品竞赛终审决赛暨第七届广东大学生科技学术节在暨南大学礼堂开幕，中国工程院院士钟南山，中共广东省委副秘书长魏建飞，共青团广东省委书记曾颖如，暨南大学党委书记蒋述卓，中共广东省委教育工委副书记、省教育厅党组副书记景李虎，广东省科技厅副厅长龚国平，广东省科协副主席吴焕泉，共青团广东省委副书记陈宏宇、池志雄、张志华，学校党委副书记叶勤，中国移动广东公司副总经理凌浩，省学联执行主席潘镭、于晓雷、曾文雯以及竞赛评委、参赛高校师生出席开幕式，中国工程院院士钟南山讲话。开幕式后，与会领导和嘉宾还参观了在学校图书馆大厅举行的参赛作品展览。

5 月 22 日，第十二届“挑战杯”广东省赛闭幕式在暨南大学科学馆国际会议厅举行，暨南大学党委副书记叶勤宣读获得特等奖的作品名单并为获得“优胜杯”的高校颁奖，共青团广东省委副书记池志雄为获得“挑战杯”的高校颁奖。

【“我的中国梦”主题教育活动开展】 为深入学习贯彻党的十八大精神，引领广大青年团员为实现中华民族伟大复兴的中国梦而奋斗，学校党委组织开展“我的中国梦”主题教育系列活动。其中，校团委与党委宣传部联合举办“畅想 2020——我的中国梦”主题征文比赛、“中国梦·中华情”主题演讲比赛以及“与信仰对话”主题宣讲活动，与纪检与监察办公室联合举办了“反腐倡廉·实现中国梦”平面设计大赛。

同时，校团委还举办学习习近平总书记五四重要讲话精神座谈会，座谈会由校团委书记成品兴主持。广大团干部各抒己见，并一致认为，习总书记的讲话高瞻远瞩，全面而深刻，情真而意切，从历史、现实和未来的角度为青年朋友们阐明中国梦的重要意义，体现党和国家对青年的殷切希望，为青年成长指明方向，也为共青团的发展指明方向。

【共青团系统总结表彰大会举行】 4月，学校举行纪念中国共产主义青年团建团91周年、五四运动94周年暨共青团系统总结表彰大会。学校党委书记蒋述卓出席大会并讲话，希望广大青年团员认真学习贯彻党的十八大精神和学校第九次党代会精神，坚定理想信念，锤炼优秀品格，勤奋刻苦学习，为实现中华民族伟大复兴的中国梦而努力奋斗。会上，校党委副书记叶勤宣读学校获得团省委表彰的名单。学校党委组织部部长夏泉、学生工作部部长区向丽、纪检与监察办公室主任欧传峰、宣传部副部长卢健民分别宣读学校共青团系统的表彰决定及“我的中国梦”主题教育活动系列比赛的获奖名单。校团委书记成品兴作《2012年度学校共青团工作报告》，总结回顾学校各级团组织一年来的主要工作。

（校团委供稿）

·人　物·

在校两院院士

中国科学院院士：苏国辉　陈星旦
中国工程院院士：刘人怀　姚新生　陈志南　詹启敏　钱清泉　樊明武

学校高端人才及各类人才工程入选教师名单

类别	姓名	入选年份
长江学者	尹芝南	2007 年
	何庆瑜	2007 年
	叶文才	2006 年
杰青基金获得者	关柏鸥	2012 年
	吴　军	2012 年
	潘景轩	2010 年
	尹芝南	2007 年
	叶文才	2006 年
千人计划入选者	李　凯	2011 年
	廖化新	2011 年
	王玉强	2011 年
	周　振	2009 年
外专高端项目获得者	Martin Reaney	2013 年
	Andrea Erika Münsterberg	2013 年
	Seeram Ramakrishna	2012 年
	Crommen Jacques Auguste Joseph	2012 年

（续上表）

类别	姓名	入选年份
广东省“千百十工程”国家级培养对象	莫测辉	2012 年
	李扬秋	2012 年
	庞素琳	2010 年
	关柏鸥	2010 年
	程国赋	2008 年
	王一飞	2008 年
广东省“千百十工程”省级培养对象	顾乃华	2012 年
	刘　华	2012 年
	陈安平	2012 年
	王　兵	2012 年
	赵静蓉	2012 年
	王元林	2012 年
	王伯光	2012 年
	陈填烽	2012 年
	季煜华	2012 年
	张　弓	2012 年
	聂普焱	2010 年
	温碧燕	2010 年
	刘金山	2010 年
	蒲若茜	2010 年
	蒋建国	2010 年
	袁定胜	2010 年
	姜仕军	2010 年
	熊　盛	2010 年
	吴晓萍	2010 年
	刘朗夏	2010 年
	冯新焕	2010 年
	翁　健	2010 年
	周立兵	2010 年
	陈孝银	2010 年
	傅京燕	2008 年
	刘增合	2008 年
	莫测辉	2008 年
	李弘剑	2008 年
	梁旭方	2008 年
	黄亚东	2008 年
	江仁望	2008 年
	刘　颖	2006 年
	张耀辉	2006 年
	洪　岸	2006 年

（续上表）

类别	姓名	入选年份
广东省“千百十工程”省级培养对象	李扬秋	2006 年
	李　卫	2004 年
	杨宇峰	2004 年
	刘少波	2002 年
	蔡铭泽	2002 年
	李志杰	2002 年
	林小涛	2002 年
	欧阳健明	2002 年
	孙晗笑	2002 年
	陈利国	2002 年
广东省领军人才	苏国辉	2013 年
	Susan P. C. Cole	2013 年
	Seeram Ramakrishna	2013 年
	李　凯	2012 年
	邓慧杰	2012 年
	多蒙特	2010 年
享受政府津贴专家	苏冬蔚	2010 年
	何庆瑜	2010 年
	王一飞	2008 年
	蔡冬青	2008 年
	欧阳东	2006 年
	叶文才	2004 年
	陆大祥	2002 年
	胡　军	2001 年
	杨　扬	2001 年
	蒋述卓	2000 年
	蒋立新	2000 年
	张巧专	1999 年
	敖杰男	1999 年
	李　卫	1999 年
	雷钦礼	1998 年
	李取生	1998 年
	刘　明	1994 年
	凌文辁	1993 年
	孙东顺	1993 年
	苏泽轩	1993 年
	黄耀熊	1992 年
	尹平河	1992 年
	王自能	1992 年
	刘人怀	1991 年

（续上表）

类别	姓名	入选年份
新世纪“百千万人才工程”入选者	程国赋	2013年
	尹芝南	2013年
	聂普焱	2009年
	江仁望	2009年
	蔡冬青	2007年
	王一飞	2007年
	叶文才	2007年
	苏冬蔚	2006年
	何庆瑜	2006年
	李　卫	1996年
教育部“新世纪优秀人才支持计划”获得者	张振江	2013年
	白卫滨	2013年
	李云飞	2013年
	张冬梅	2013年
	师　蕾	2013年
	马　民	2013年
	欧锦文	2012年
	陈安平	2012年
	王元林	2012年
	蒋建国	2012年
	汪　勇	2012年
	李朝晖	2012年
	翁　健	2012年
	张晓琦	2012年
	蔡　宇	2012年
	何蓉蓉	2012年
	王　兵	2011年
	蒲若茜	2011年
	支庭荣	2011年
	黄世清	2011年
	王　英	2011年
	朱义坤	2010年
	陈填烽	2010年
	高　昊	2010年
	江正瑾	2010年
	彭国华	2009年
	林如鹏	2009年
	周立兵	2009年
	庞素琳	2008年
	苏冬蔚	2008年
	董天策	2008年
	黄亚东	2008年
	冯新焕	2008年

（续上表）

类别	姓名	入选年份
教育部“新世纪优秀人才支持计划”获得者	江仁望	2008 年
	聂普焱	2007 年
	熊　盛	2007 年
	关柏鸥	2006 年
	王国庆	2005 年
	刘增合	2005 年
	刘泽寰	2005 年
	程国赋	2004 年
珠江学者	王常勇	2013 年
	况　熙	2013 年
	冯应谦	2013 年
	聂普焱	2012 年
	黄亚东	2012 年
	苏冬蔚	2009 年
	程国赋	2009 年
	王　聪	2006 年
高等学校教学名师奖获得者	蒋述卓	2008 年
	王声湧	2003 年
广东省高等学校教学名师奖获得者	熊　剑	2011 年
	宿宝贵	2011 年
	黄君凯	2009 年
	蒋述卓	2009 年
	朱义坤	2009 年
	王　聪	2008 年
	张世君	2008 年
	张耀辉	2007 年
	王声湧	2003 年
	郭书好	2003 年
广东省优秀青年教授	陈　林	2013 年
	黎文靖	2013 年
	金　龙	2013 年
	赵永亮	2013 年
	王春超	2013 年
	白卫滨	2013 年
	何留民	2013 年
	高庆生	2013 年

（人力资源开发与管理处供稿）

暨南大学2012—2013学年高级职称人员名单

国际学院

正高职称人员：

唐书泽 王立伟 余惠芬

副高职称人员：

刘羽帆 邓永忠 罗 飞 蒲华林

文学院

正高职称人员：

蒋述卓 张世君 陈伟明 陈广恩 宋剑华 曾昭聪 王银田 黄汉平 赵春利 刘绍瑾 张其凡 熊 焰 王彦坤 陆勇强 冀满红 勾利军 刘增合 徐国荣 姚新勇 刘正刚 陈晓锦 傅 莹 张晓辉 纪宗安 王进驹 闫 华 王元林 陈林侠 甘于恩 王列耀 郭声波 张玉春 张廷茂 苏桂宁 赵维江 张海沙 马建春 聂巧平 赵静蓉 程国赋 陈才俊 吴宏岐 夏 泉 叶 农 刘永连

副高职称人员：

张 坤 李 民 全秋菊 倪列怀 王先岳 李淑蘋 赵利峰 曾光光 屈文军 张春晓 周 娟 吴 青 陈义华 莫嘉丽 凌少群 杨俊华 钟 奇 廖健琦 张维缜 陈文源 杨 秋 闫秋红 高 然 张家梅 胡 伟 张振谦 徐 林 周正庆 曾 肖 盛永生 罗执廷 刘新中 朱巧云 李云飞 赵灿鹏 侯兴泉 李亚萍 张小贵 李志学 赵善德 马 莎 张永春 崔世平 蔡亚平

外国语学院

正高职称人员：

程 倩 蒲若茜 宫 琪 李国庆 罗家如 王 琢 廖开洪 赵 君

副高职称人员：

刘春英 黎 燕 李海辉 詹 乔 陈 竞 彭 帆 罗晓红 谭 维 戴灿宇 李知宇 刘德珍 骆泽松 朱桃香 王宝锋 张洪岩 邹红英 夏 伟 胡慕辉 黄世敏 陈 林 梁瑞清 李 锦 王 东 陈 湛 王全智 陈 龙 陈蕾蕾 张 春 王 进 陈华生 李亦玲 张祖梅 马利红 梁焕强 李斯平 刘雪清 颜方明 任秀玲 许双如 朱湘军 罗宏斌 汤 琼 杨才英 张立平 裴霜霜

新闻与传播学院

正高职称人员：

林如鹏 杨先顺 蒋建国 支庭荣 张晋升 蔡铭泽 刘琨瑛 申启武 林爱珺 刘家林 喻季欣 范以锦 李异平 薛国林 侯东阳 曾建雄 陈伟军 谭 天 谢 毅

副高职称人员：

邱一江 彭伟步 王玉玮 李 苗 王 玲 朱 磊 陈 娟 阳 翼 谷 虹 星 亮 李 洁 莫智勇 邓绍根 肖 伟 张 岚 汤景泰 张 蕾 陈致中 陈 喆 陈 强 曾凡斌

艺术学院

正高职称人员：

曹宝麟 陈志平 蔡显良 李学武 谢光辉 张铁林 王红主 曾振伟

副高职称人员：

丁 政 朱圭铭 刘弋珩 王和松 杨小玲 王 桢 张 弢

经济学院

正高职称人员：

苏冬蔚 刘少波 刘金山 龚唯平 陈安平 覃成林 彭国华 蒋 海 杨 英 廖家勤 田存志 王斌会 高艳荣 李郁芳 雷钦礼 傅京燕 朱鸿伟 杨仕辉 吴 江 郑少智 冯邦彦 沈肇章 尹居良 刘德学 陈 恩 陈红蕾 舒建玲 梅林海 刘建平 沈 军 王 聪 杨 星 吴立广 陈雪梅 代 明 陈章喜 牛德生 冯海波 张 捷 杜金岷 王 兵 叶德珠

副高职称人员：

张小康 萧松华 林志平 郑建华 黄文青 陈戎杰 蔡 彤 赵永亮 莫 扬 余 英 张维佳 吴建新 陈思玲 王 军 张 珺 杨森平 吴宗祥 刘景章 张华嘉 王洪光 王春超 谭政勋 左 正 徐林清 唐玉华 李艳虹 夏 帆 张 萃 杨亚平 黎平海

朱　芳　李　英　陈　鹭　伍海军　夏京文
刘新荣　蒲华林　萧　端　张方方　刘　沛
周泳宏　刘鸿钧　赖文凤　林　桦　程　丹
谭其学　李　勋　郭海华　彭先展　程玉鸿
王　鹏　姜永宏　陈光慧　时旭辉　桂文林
程　静　柳向东　钟　韵　周四清　魏　朗

管理学院

正高职称人员：
胡　军　宋献中　郝英奇　凌文辁　梁明珠
王惠芬　李相银　罗绍德　陈海权　王　玮
夏洪胜　左小德　刘国常　石本仁　孔小文
张耀辉　刘汉民　江　伟　潘　定　胡玉明
易余胤　温碧燕　刘耀中　丁友刚　张传忠
李爱梅　戴良铁　王国庆　叶茂林　卫海英
林福永　黄文锋　沈洪涛　谭　跃　黎文靖
王　霄　王丹丹　卢　馨　苏晓华　刘　益
副高职称人员：
佟　瑞　朱　滔　廖卫华　董毅华　石水平
傅云新　杨德锋　胡东波　吴思明　潘敏虹
姚　琼　屈　援　樊　莹　张　珊　张建斌
王　华　孙先锦　张彩虹　谭小平　徐咏梅
王新华　梁新弘　魏　莹　文　彤　陈　思
白　华　叶生洪　胡欣悦　汪会玲　肖继辉
杨从杰　王　虹　罗淑贞　张　泳　翁作敏
文　吉　黄伟力　郭淳凡　郭葆春　罗其安
汤勇力　杨东进　黄微平　朱　锋　邬励军
吴战篪　欧锦文　毛　铮　王丹舟　黄力平
吴三清　李进一　吴　菁　周　宏　刘　潇
朱　瑜　饶品贵　潘平子　杨建华　张计划
杨荣彦　孙　彧　苏月中　郑江波　汤　胤
刘红艳

法学院/知识产权学院

正高职称人员：
李　莉　李健男　乔素玲　梁玉霞　朱义坤
刘文静　徐　瑄　周显志　廖焕国　李伯侨
刘　颖　杨春华
副高职称人员：
高　轩　戴　霞　胡鹏翔　张从容　方赛迎
张南鸣　梁森宏　吕国民　占美柏　闫庆霞
沈仲衡　胡陆生　贾学胜　程　荃　王爱华
张晓杰　郭宗杰　张晓薇　陈一勤　赵克祥
黄志勇　宋耀红　杜宝庆　谢　恬　杨　萌
彭玉勇

国际关系学院/华侨华人研究院

正高职称人员：
潮龙起　张应龙　陈奕平　鞠海龙　吴金平
庄礼伟　张振江　高伟浓　王子昌　廖小健
鞠玉华　周聿峨　曹云华
副高职称人员：
陈绍方　代　帆　侯松岭　李皖南　张明亮
许　梅　郭又新　邓应文　陈　文　石沧金
李爱慧　张小欣　骆　莉　文　峰　何新华

公共管理学院/应急管理学院

正高职称人员：
庞素琳　林毓铭　胡辉华　胡　刚　董建新
副高职称人员：
白　锐　洪　凯　许先国　颜昌武　周云帆
何宇青　李伟权　梁茂春　余世喜　胡涤非
张　旺　卢文刚

理工学院

正高职称人员：
狄红卫　刘人怀　金腊华　叶　勤　胡长鹰
钟金钢　晏日安　焦延鹏　陈振强　容建华
袁　鸿　张子勇　王伯光　樊明武　马宏伟
陈向军　周长忍　李取生　陈长缨　李　卫
陈星旦　潘涌璋　薛江红　潘　涛　李明玉
王　璠　莫测辉　李　玲　张秀菊　曾　戎
张　军　欧阳东　余　岭　李　红　欧仕益
吴希阳　陈　哲　罗丙红　刘彭义　陈晓平
徐加初　李　华　黄雪松　陈宏基　屠　美
乐　松　李立华　赵　玲　蔡全英　汪　勇
麦文杰
副高职称人员：
余晓敏　彭喜春　郭幸福　赵剑豪　黄世清
饶华新　刘　绘　潘燕环　吴起星　李春生
孟庆霞　郭葆锋　黄富荣　王立立　侯林涛
钟永春　李雪艳　张　宁　罗云瀚　吴建中
叶锦韶　胡翠英　石　雷　梁国栋　唐　坚
刘毓湘　曹　刚　秦华明　叶林顺　虞　兵
张　杰　鲁　路　李彦文　陈美銮　周　华
张治国　陈　伟　林志丹　张春林　胡　辉
唐振方　王玉娟　傅　亮　宁志华　陈志刚
钟伟荣　王　瑛　崔　妮　张　伟　盛克苏
龙　焰　亦如瀚　包惠燕　孟　辉　张广文
郑冬琴　李爱军　宋　琳　张　娜　赵　卫
谢伟广　余健辉　刘　英　黄才欢　李媛萍

李　慧　方俊彬　刘明贤　李　真　李仕萍

信息科学技术学院

正高职称人员：

王晓明　樊锁海　刘红霞　杨天奇　项世军
杨恢东　邓玉辉　潘久辉　易清明　陆尧胜
伍超标　郑力明　彭青玉　翁　健　黄君凯
高凌云　赵逸才　杨　亮　王会进　张　卫
周继鹏　刘伟平　谭满春　张传林　姚国祥
陈芝得　刘　波　陈平炎

副高职称人员：

孙玉霞　范荣强　黄　穗　石　敏　张　震
刘巨森　黄伟英　陈舜儿　王卫东　邓婉玲
朱小红　张培爱　雷兆宜　陈庆容　李全国
胡　彦　陈展荣　钟婵娟　黄红斌　张庆丰
张树群　刘崇春　吕东建　黄颖强　何明昕
王小良　安聪沛　孟小华　余宏华　张多英
苏继红　许　明　蒋志华　叶世绮　罗　志
周德华　蔡　喆　刘春光　全渝娟　卢建朱
杜志华　柳　宁　黄　战　杜宝荣　范旭乾
李敬娜　陈清亮　刘双乾　胡代强　邱　青
谭晓青　龙　舜　李　燕　孙　恒　何振宇

生命科学技术学院

正高职称人员：

周天鸿　刘洁生　李爱芬　周立新　蒋笃孝
岑颖洲　朱伟杰　王　莹　何庆瑜　杨宇峰
吴晓萍　李任强　李宏业　姜仕军　邢飞跃
王朝晖　林小涛　刘大岭　孙雪松　聂湘平
敖宁建　袁定胜　江天久　蔡继业　黄耀熊
唐　渝　谢秋玲　姚冬生　吕颂辉　李弘剑
曹佐武　王一飞　汪　炬　杨　扬　徐石海
段舜山　闫道广　陈志南　李君武　白　燕
尹平河　刘泽寰　陈　瑶　徐明芳　孟建新
刘朗夏　郑文杰　薛　巍　魏　星　罗潋葱
向军俭　洪　岸　谭绍早　黄亚东　罗　曼
汤顺清　王　艳　蔡冬青　黄　峙　刘正文
邓　宁　熊　盛　陈填烽　秦俊文　李志杰
张其中　杨培慧　韩博平　李毅群　何贤辉
杨　骏　李贵生　杨维东　张成武　刘　杰
刘春元　张　弓　晏光荣　张渊明　高庆生
欧阳健明

副高职称人员：

梁郁强　牟善松　张修峰　林秋奇　徐　宁
董宏坡　顾继光　张金梅　唐　勇　周艳晖
叶长鹏　韦桂峰　曾祥凤　项　琪　曹丽伟
曲爱兰　李　娟　何学佳　齐绪峰　崔　淼
马三梅　王永飞　郑婵卿　谢琪璇　刘琦晖
钱三旗　蒲含林　覃百花　杨　芳　马　义
刘宗华　黄浪欢　李月琴　芦春斌　季煜华
王　通　许忠能　余榕捷　张齐好　何康明
钟汉权　邹飞雁　廖小建　王　宏　陈洁梅
曾向潮　利奕成　彭　辉　何留民　蔡怀鸿
程龙球　谢德明　曾　山　周正红　欧林坚
雷腊梅　桑　敏　傅小波　任　哲　朱　毅
谢新媛　苏志坚　肇静娴　毛　萱　钟前则
黄伟建　刘　忠　龚映雪　柯　渔　林蒋海
冉艳红　骆育敏　朱嘉明　黄柏炎　李沁华
章　群　邹　奕　江　涛　乔永民　马　栋
禹艳红　王小莺　陈小佳　王小冬　赵建刚
贾红玲　欧阳东云

医学院

正高职称人员：

陆大祥　李扬秋　王自能　费　嘉　徐云生
沈丽佳　林　晨　柏志全　曹　勇　唐　亮
吴　静　陈景亮　郭国庆　杨雪松　陈孝银
雷　蕾　陈丽新　刘　誉　马　民　陈建苏
戚仁斌　罗焕敏　卢晓晔　张　洹　钟雪云
刘　静　宇　丽　潘三强　赵国平　胡巢凤
赵月萍　杨钦河　王华东　沈伟哉　江振友
夏潮湧　阮奕文　张玲敏　黄世光　王志伟
陈　静　陈利国　常　青　李富荣　何冬梅

副高职称人员：

曾　红　王　辉　潘红卫　姜静波　傅江南
何文芳　池桂波　林　熙　刘国宁　蒋建伟
陈万群　陈青山　吴秋莲　陈　文　王跃春
杜　彬　黎俏梅　秦佳佳　林春兰　李仲购
郑　辉　蔡　玲　马绍斌　唐　勇　肖　飞
刘革修　高　勤　袁　洁　张嘉晴　杨巧红
杨　光　傅岳武　李　菁　山艳春　林汉生
张海伟　陈少华　李恩庆　张　军　徐　颖
吴秀丽　屈　洋　肖　丹　翁　文　苏才琼
朴正根　孙　立　谢思明　程少冰　黄华梅
肖文辉　程　欣　董晓梅　吴赤蓬　唐　昭
刘卫军　胡　萍　方梅霞　刘红杰　姚　平
范存欣　廖继东　夏苏建　陈幼华　陈忠平
刘凯珊　杨力建　朱林燕　李　莳　王鹏程
何斯纯　游惠民　周永红　章佩芬　李泽楷
王达安　张毅敏　荆春霞　严玉霞　林白霜

曹长姝　武晓艳　周卓妍　袁　洁　林春兰
朱丽红　唐树杰

第一临床医学院

正高职称人员：
王宁霞　黄　力　刘灵慧　刘升明　冯　烈
王向宇　陈湛华　王丽华　尹良红　李小玲
温旺荣　李玮璟　卓育敏　朱康儿　洪　丰
黄　君　陈伟菊　潘运龙　何扬子　王奕鸣
赖仁发　李　虹　李雅兰　俞锐敏　孟宪璋
蒋立新　刘育勇　查振刚　梁　红　王玉霞
宋元宗　赵仓焕　王小平　蒋亚斌　陈　栋
王晓白　谢杏美　李恒国　柳国胜　梁蔚波
罗羽宏　曹明溶　陈卓铭　徐　萌　李自成
高友山　苏泽轩　吴晓松　徐安定　肖小敏
杨见权　刘宏伟　贾艳滨　周　毅　周　全
刘斯润　张　涛　王秀河　曹　燕　罗　新
王彤歌　王晓玉　徐　浩　陈盛亭　王存川
席亚鸣　潘集阳　张爱东　徐建平　李志忠
姜海平　付耀高　罗良平　林宏生　钟敬祥
邓列华　陈友鹏　张　宏　缪　缙　李　辉
汤绍辉　彭雪梅　黄立安　陈　洁　丁　勇
副高职称人员：
周佩如　陈　新　赖祥青　李　力　钟　梅
王仲红　刘源强　胡友主　冷　楠　李华斌
张桂娟　王　妤　张志东　许敏华　贾海英
龚　瑾　肖燕青　程云华　陈　鋆　彭小兰
蒋光愉　黎　清　刘宁湘　肖丽玲　李　卫
孟　晶　巫少荣　陈祖辉　张　红　叶　涛
王海东　蔡启德　郭良君　郑绮宜　钟　健
李宇同　聂　林　王玉苹　林敏婵　罗更新
陈凤平　吴　昊　康举龄　李丽莎　蒋学风
王凤新　罗　璐　石晓蓝　罗静兰　刘　宁
王　林　徐宏贵　张爱民　卢育洪　郑顺利
林永新　丁泓文　曾慧兰　王　平　张　清
单光华　周阳海　卢筱华　王加辉　钟　兴
郭　军　梁泳怡　闭思成　王兵彦　朱晓峰
陈韶华　刘晓粤　韦宏成　谢　明　郭　黎
陈克家　罗晓青　王国普　李瑞满　陆　红
陈　铁　孙丽琼　郭泽雄　赖睿佳　费建林
劳学军　瞿利军　韩　莉　张静辉　黄　霈
陈　新　赵长鹰　谢光辉　谢　波　黄　卫
李　平　林　洪　卢红艳　罗　洪　龚晓兵
周鸿科　陈　斌　练　兵　吕雅赐　金　泓
项永生　李俊杰　李珉珉　王　红　朱耀魁
卢冬霞　马洪明　董高宏　黄新智　李静铭
杜天民　罗思瑾　聂立红　唐华荣　梁旭竞
沈　媛　张　洁　潘　锐　吴　义　刘跃平
张学利　王永安　孔卫东　蔡香然　张民杰
陈克恩　何金爱　徐谊朝　杨庆生　张　涛
李进义　马淑媛　张文斌　王　晶　李震东
周　清　陈玉兵　王志新　欧阳辉　谢　黎
柳永刚　杨　方　张玉生　邝　荔　石绮屏
高　明　凌雪英　苏运钦　黄新可　卢婉娴
骆春柳　钱玉秀　张　艳

药学院

正高职称人员：
周光雄　张晓琦　许　华　王玉强　叶春玲
聂　红　孙晗笑　陈卫民　李药兰　于　沛
姚新生　吕俊华　于荣敏　郑　青　吴　军
蔡　宇　江仁望　高　昊　江正瑾　叶文才
蔡绍晖　陈河如　宋丽艳　栗原博　李　沙
张荣华　王　英　程国华
副高职称人员：
张　伟　唐金山　孙平华　张冬梅　王　磊
王国才　徐立朋　何蓉蓉　黄　丰　姚志红
姚成灿　李　霆　朱建华　田海妍　师　蕾
李敏一　钟　玲　杨　丽　吕艳青　戴　毅
王　峰　赵　文　熊爱华　李满妹　韩　海
刘治民　张　英　徐珍霞　张建萍　马志国
宿　凌

华文学院

正高职称人员：
班　弨　郭　熙　曾毅平　张　军　刘　华
李　军　丁雪欢　孙玉卿　宗世海　邵　宜
张金桥　赖章荣　周　静　王汉卫
副高职称人员：
王功平　熊玉珍　马新钦　黄小黎　胡建刚
彭　靖　姚　蓓　张训涛　刘红红　王衍军
马　跃　谢晓华　金　颖　张　礼　蔡　丽
刘晓梅　王茂林　匡小荣　高鸿辉　谭学功
田　蔚　童盛强　何修文　李志红　温宗军
陈建用　何红卫　张　卓　师玉梅　杨万兵
李世云　莫海斌　苏宝华　刘玉红　陈鹏勇
李　莹　杨海明　李香平　刘　慧　李丹丹

珠海校区

正高职称人员：

王志伟　王　博　李从东　钱清泉　孙华好
苏保河　吕新广　张江河　熊　剑　王　森
王心洁　罗立群　马至融　杨少华　武建华
王香平　危　磊　黄元亮
副高职称人员：
张安国　张润敏　张家文　裴　艳　徐焱军
渠秀芳　孙世良　杜　萍　谢工曲　张　勤
林学军　姜文良　戴　红　曹海峰　杨　丹
施佳胜　陈岩峰　杜艳红　郑文芳　刘凤霞
胡　波　雷　彬　刘秉国　王林燕　杨学军
李建国　熊江霞　钟瑞栋　刘新东　吴广庆
付永钢　张习群　严冬松　潘　冰　杨　兢
夏　芸　卜国琴　窦庆萍　陶晓慧　曹玲惠
陈惠章　孔　锐　张　冰　彭海生　高胜林
谢勇君　邱　桔　刘晓翔　范兆斌　施　雯
陈　晖　黄上国　郭江凌　李　军　彭维湘
刘治江　苏晓艳　张朝华　陈　勤　冯　晖
王为民　张宇明　林勤保　周昌波

深圳旅游学院
正高职称人员：
董观志　章　牧　汪传才　李广明
副高职称人员：
钟　尹　巨　鹏　易小力　李　舟　朱明芳
赖俊勇　吴克祥　张含宇　何建伟　黄　向
吴池业

教育学院
正高职称人员：
唐燕儿　韩兆洲
副高职称人员：
朱海明　廖仕湖　曾　牧

社会科学部
正高职称人员：
陶季邑　程京武　秦　珊　刘　钢　柏元海
刘　华　李招忠
副高职称人员：
黄颖黔　张声海　郭海宏　金　焱　卢　宁
林子华　魏传光　杜应娟　李　静　赖松龄
张龙平　陈联俊

体育部
正高职称人员：
彭国雄　张　军　李淑芬　沈维克　徐　泽
副高职称人员：
叶敬春　吴　欣　钮力书　陈红辉　范燕薇
龙　明　段晓莉　马祥房　吴爱芳　宋　力
潘　冬　吴延年　麦雪萍　章舜娇　万文君
赵　军　潘　民　余　清　黄智武　郑中中
卢大学　王文刚　陈灵芝　刘上行　黄念南
梁　伟

信息技术研究所
正高职称人员：
刘　明
副高职称人员：
陈　峰　文张斌

产业经济研究院
正高职称人员：
顾乃华　朱卫平　聂普焱　苏启林　郑英隆
副高职称人员：
周　浩　余壮雄　陶　锋　陈　林　郑筱婷

光子技术研究所
正高职称人员：
关柏鸥　冯新焕　李朝晖　程凌浩
副高职称人员：
李　杰　金　龙　郭　团

粤港澳中枢神经再生研究院
正高职称人员：
苏国辉　周立兵
副高职称人员：
曲宜波　徐　颖

党政群体机关
正高职称人员：
饶　敏　梁　燕　曹利军　邱丹阳　黄跃雄
蒋　杰　贾海涛　闫月珍　何万宁　方　丽
龚红月　马秋枫
副高职称人员：
王力东　倪慧敏　沈镇林　侯大铭　嵇玉梅
卢　远　黄楚玉　罗　牧　庄友明　白卫滨
郑婕慧　林明亮　雷静霞　杨年立　陈小玲
方晓英　易　俊　陈为刚　刘红云　李　琼
周玉宇　何广坚　姜煜东　蓝毅梅　吴　春
郑勇杰　李华东　陈　燕　黄少云　李兴昌
刘素敏　林　佳　徐　辉　李雪燕　石少兰

李雄云　蒋冬玉　李电容　杨春霞　周　跃
张新淮　唐海平　杨世俊　张视君　任　炜
丘碧微　程炎明　邓有华　罗元香　武瑞恒
王　巍　黄荣华　陈宏伟　毛旺民　卜立君
陈志坚　程　霞　郭文毅　齐传刚　张代琴
龙　泉　许　玲　陈建军　王　研　庄汉文
王瑞玲　黄　苏　侯晓莉　赵晓玲　李祁平
陈碧清　罗志欢　景海燕　张　敏　王　华
徐　云　王　桃　王景周　陈咏梅　涂桂芳
丘东友　李海鹰　钟　玲　李朝晖　冉　丽

学校直属单位

正高职称人员：

朱丽娜　黄建军　吴奕锜　孙升云　范俊军
史小军　陈　剑　敖杰男　董　军

副高职称人员：

王亚希　黄楚喜　朱淑华　周红春　吴　芸
谢舒潇　林秀曼　赵海霞　甘　泉　唐福星
洪爱华　李国强　唐海兰　梁志红　胡跃生
钟　超　索　茜　何程玉　曹大萌　商保平
晏礼庆　李　战　潘雅琴　张将星　曾　庆
严群超　黄书强　张焕明

（人力资源开发与管理处供稿）

2013年博士后进站人员

序号	姓名	合作导师	学科名称	进站时间
1	孟　鹤	姚新生	中西医结合	01.08
2	穆祯强	栗原博	中西医结合	01.08
3	冯高飞	王一飞	生物医学工程	01.08
4	张春生	蒋　海	应用经济学	02.28
5	周　香	姚新生	中药学	02.28
6	乔　峰	张　捷	应用经济学	06.08
7	黄伟欢	李药兰	中药学	06.08
8	任　娜	曹云华	政治学	06.08
9	陈曦子	林如鹏	新闻传播学	06.08
10	冯广圣	曾建雄	新闻传播学	06.08
11	董　栋	薛　巍　王一飞	生物医学工程	07.30
12	黄锡山	吴　军	中药学	08.01
13	刘益臻	杨钦河	中西医结合	08.01
14	谭明会	郭国庆	中西医结合	08.01
15	Bhavsar Dhairya Prafulchandra	刘　杰	生物学	08.01
16	池雷鸣	马建春	中国史	08.01
17	陈伟庆	张廷茂	世界史	08.01
18	王小燕	邢飞跃	生物学	08.01
19	梅秀芹	李取生	生态学	08.01

（续上表）

序号	姓名	合作导师	学科名称	进站时间
20	余守和	黄亚东	生物医学工程	08.01
21	胡显镜	宋丽艳	中药学	08.01
22	杨　妍	于荣敏	中药学	08.01
23	易辉玉	黄亚东	生物学	08.01
24	张兴旺	吴宝剑	中药学	08.14
25	李海波	姚新生	中药学	08.15
26	李　斌	李爱梅　凌文铨	工商管理	09.16
27	郭　慧	钟雪云	临床医学	11.09
28	曾成武	李扬秋	临床医学	11.09
29	韩　磊	叶文才	中药学	11.09
30	徐　磊	Henri J. Dumont	生态学	12.09
31	郝健磊	尹芝南	生物学	12.09
32	胡　方	王元林	中国史	12.13
33	许文东	叶文才	中药学	12.19
34	陈明丽	刘增合	中国史	12.23
35	沈　卓	刘红斌	海洋科学	12.23
36	景秀丽	王　霄	工商管理	12.23
37	黄忠鑫	郭声波	中国史	12.23
38	董宏坡	吕颂辉	生物学	12.23
39	和　君	叶文才　李药兰	中药学	12.23
40	张传宇	刘增合	世界史	12.23
41	冯　冬	黄汉平	中国语言文学	12.23
42	王　晶	郭　熙	中国语言文学	12.23
43	陈晓曦	刘耀中	工商管理	12.23
44	臧志刚	陈　哲	生物医学工程	12.23
45	张　琰	蒲若茜	中国语言文学	12.23
46	陆　钢	尹平河	生物学	12.23
47	杨　锋	邵　宜	中国语言文学	12.23
48	晏　青	蒋述卓	中国语言文学	12.23
49	肖　佳	邢飞跃	生物学	12.23
50	朱晓雯	刘耀中	工商管理	12.23
51	张　鹏	李　卫	生物医学工程	12.23
52	王　广	陆大祥	中西医结合	12.23
53	黎耀奇	梁明珠	工商管理	12.23
54	陈　晖	苏泽轩　蒋重合	临床医学	12.23

（研究生院供稿）

2013年博士后出站人员

序号	姓名	合作导师	学科名称	出站时间
1	马红玲	周天鸿	生物学	02.27
2	官昭瑛	韩博平	生物学	03.01
3	黄晓君	姚新生	中西医结合	03.01
4	田海妍	江仁望	中西医结合	03.01
5	于　洋	栗原博	中西医结合	03.01
6	段营辉	李药兰	中西医结合	03.01
7	韩研妍	何庆瑜	生物学	03.27
8	陈玉梅	林毓铭	工商管理	04.15
9	刘惠卿	程国赋	中国语言文学	05.22
10	付唆林	朱惠明	临床医学	05.22
11	杨宗红	程国赋	中国语言文学	05.22
12	冉艳红	李弘剑	生物学	08.01
13	李爱军	吴宏岐	历史学	08.01
14	刘生桂	郑文杰	生物学	08.01
15	李　静	杜金岷	应用经济学	08.01
16	李时新	刘家林	新闻传播学	08.01
17	黄荣斌	曹云华	政治学	08.01
18	张晓利	张　宏	临床医学	08.01
19	徐拥军	赵维江	中国语言文学	08.01
20	邓锡斌	蒋述卓	中国语言文学	08.01
21	杨　臻	王国庆	工商管理	08.01
22	程　刚	邓乔彬	中国语言文学	08.01
23	张占会	宋元宗	临床医学	08.01
24	陈国栋	岑颖洲	生物学	08.01
25	陈明宝	鞠海龙	政治学	09.09
26	段文君	姚新生	生物医学工程	09.26
27	刘　忠	王一飞	生物医学工程	09.30
28	何　亮	程国赋	中国语言文学	10.08
29	孙　斌	何庆瑜	生物学	11.20
30	陈　强	庄礼伟	政治学	11.28
31	廖海燕	朱卫平	应用经济学	12.09
32	吴　霞	叶文才	中西医结合	12.09

（研究生院供稿）

2013 年新聘名誉教授

序号	姓名	国别	职务/职称	聘任日期
1	陶 澍	中国	中国科学院院士，北京大学城市与环境学院院长、教授	01.13
2	季米特里·叶普根尼耶维奇·索罗金	俄罗斯	俄罗斯科学院通讯院士，俄罗斯科学院经济所常务副所长，俄罗斯财经大学经济学系主任	11.07
3	Susan P. C. Cole	加拿大	加拿大皇家科学院院士，加拿大肿瘤生物学首席科学家	11.07
4	Richard Flavell	美国	美国科学院院士，美国医学院院士，耶鲁大学医学院免疫系主任、教授	11.22

（人力资源开发与管理处供稿）

2013 年新聘客座教授

序号	姓名	国别/地区	职务/职称	聘任日期
1	吕爱平	香港	香港浸会大学中医药学院院长、讲座教授	01.21
2	王 杨	美国	美国佛罗里达州立大学教授	01.26
3	易 庆	美国	美国 UTMD 安德森癌症中心教授、长江学者讲座教授	04.10
4	韩怡凡	香港	香港理工大学现代中药研究所副所长、教授	04.10
5	李铭源	澳门	澳门大学中华医药研究院药理学研究部主任、教授	04.10
6	王明福	香港	香港大学生物科学学院副教授	04.10
7	邱丽珊	香港	香港东联网放射科主任	04.10
8	Bernard Chavance	法国	法国巴黎第七大学经济学系教授、法国科学委员会委员、法国工业化模式研究中心委员	04.15
9	Yrj Roos	爱尔兰	爱尔兰国立科克大学食品与营养学院院长、教授	04.23
10	Donald C. Yu	加拿大	加拿大阿尔伯塔大学医学与牙医学院教授	04.27
11	徐健国	中国	美籍华裔艺术家、纽约艺术基金会客座艺术家	05.13
12	邹益民	美国	美国加州大学圣地亚哥分校系主任、教授	05.16

（续上表）

序号	姓名	国别/地区	职务/职称	聘任日期
13	沈剑刚	香港	香港大学中医药学院助理院长、教授	05.16
14	Andre M. Goffinet	比利时	比利时法语鲁汶大学医学院教授	05.29
15	曾宪章	台湾	晓龙基金会董事长、南开国际管理论坛执行主席	05.31
16	刘　宏	新加坡	新加坡南洋理工大学人文与社会科学院院长、教授	06.05
17	潘耀明	香港	香港明报出版社总编辑、总经理	06.05
18	林　巍	澳门	澳门口腔正畸学会会长、澳门仁康牙科医疗中心主任医师	06.21
19	Arlene Jackson	美国	美国州立大学学院协会国际教育部主任	06.25
20	孙学龙	美国	美国克利夫兰州立大学终身教授	07.07
21	山田阳城	日本	日本北里大学北里生命科学研究所所长、教授	07.07
22	清源宽章	日本	日本北里大学北里生命科学研究所准教授	07.07
23	永井隆之	日本	日本北里大学大学院感染制御科学府讲师	07.07
24	黄文秀	香港	香港理工大学应用生物与化学技术系副教授	07.07
25	黄苏明	美国	美国佛罗里达大学医学院副教授	07.07
26	长尾省吾	日本	日本香川大学校长、教授	07.07
27	樊台平	英国	英国剑桥大学药理系副教授	09.09
28	刘晓东	美国	美国《侨报》执行总编辑	09.09
29	林　彬	香港	香港大学李嘉诚医学院助理教授	10.16
30	连祺周	香港	香港大学李嘉诚医学院助理教授	10.16
31	郑传忠	香港	香港大学医学院副教授、香港大学深圳研究院研究员	10.16
32	Nancy E. Lane	美国	美国加利福尼亚大学戴维斯分校医学院教授	10.16
33	姚　蔚	美国	美国加利福尼亚大学戴维斯分校医学院副教授	10.16
34	Luc De Meester	比利时	比利时鲁汶大学教授、实验室主任	11.05
35	左志义	美国	美国弗吉尼亚大学终身教授、长江学者讲座教授	11.19

（续上表）

序号	姓名	国别/地区	职务/职称	聘任日期
36	李钟瑛	韩国	韩国水原大学体育学院院长、教授	11.26
37	郭剑非	美国	美国西西那提大学终身教授	12.09

（人力资源开发与管理处供稿）

2013年新聘兼职教授

序号	姓名	职务/职称	聘任日期
1	李阳春	广东省工商业联合会党组副书记、经济师	03.04
2	尹芝南	南开大学生命科学学院教授、教育部长江学者特聘教授	03.07
3	张晓坤	厦门大学药学院院长、教授	03.13
4	果德安	中国科学院上海药物研究所教授、中药标准化技术国家工程实验室主任、上海中药现代化研究中心主任	03.13
5	朱孝峰	中山大学肿瘤医院肿瘤学国家重点实验室副主任、研究员	03.19
6	文飞球	深圳市儿童医院副院长、主任医师	04.23
7	罗盛康	广东省第二人民医院主任医师	05.16
8	崔福义	哈尔滨工业大学市政环境工程学院院长、教授	05.31
9	徐正考	吉林大学文学院院长、教授	07.19
10	王文健	复旦大学附属华山医院教授、复旦大学中西医结合研究所所长、中西医结合系主任	07.23
11	王庆利	珠海市副市长	09.07
12	周守华	中国会计学会常务副秘书长，曾任北京化工大学会计系教授	11.14
13	向　熹	广东省国有经营性文化资产监督管理办公室副主任、高级编辑	11.22
14	崔乐泉	国家体育总局文化发展研究中心研究部主任、研究员	11.26
15	汪世华	福建农林大学生命科学学院常务副院长、教授	12.09
16	张庶民	国家食品药品监督管理局注册司生物制品处处长、研究员	12.09
17	陈义红	武汉新特光电技术有限公司董事长、“千人计划”入选者	12.09
18	陈　玮	合益集团全球副总裁、合益集团大中华区非执行董事	12.23
19	屈盛瑞	文化部非物质文化遗产司巡视员、国家非物质文化遗产保护工作专家委员会秘书长	12.23
20	戴行钺	北京大学艺术学院教授	12.17

（人力资源开发与管理处供稿）

现任全国、广东省、广州市（区）、珠海市人大代表

一、第十二届全国人大代表

周天鸿（常委）　卢　馨

二、第十一届广东省人大代表

杨　英（常委）　胡　军

三、第十四届广州市人大代表

徐　瑄

四、第八届广州市天河区人大代表

赵维江（常委）　林如鹏　朱丽娜

五、第八届珠海市人大代表

刘治江

（党委统战部供稿）

现任广东省、广州市（区）政协委员

一、第十一届广东省政协委员

陆大祥（常委）　樊锁海（常委）　李招忠　徐建平　孙晗笑　柏志全

张爱民　洪　岸　李　虹　朱义坤　邱　青　杨森平　罗羽宏　叶文才

二、第七届广州市天河区政协委员

赵仓焕

（党委统战部供稿）

现任民主党派中央委员、广东省委员会委员及负责人

周天鸿　中国国民党革命委员会第十二届中央常委，第十二届广东省委员会主委

柏志全　中国国民党革命委员会广东省第十二届委员会委员

朱丽娜　中国国民党革命委员会广东省第十二届委员会委员

王宁霞　中国国民党革命委员会广东省第十二届委员会委员

张爱民　中国民主同盟广东省第十四届委员会常委

梁玉霞　中国民主同盟广东省第十四届委员会委员

叶　农　中国民主同盟广东省第十四届委员会委员

赵维江　中国民主建国会广东省第八届委员会委员

樊锁海　中国民主促进会广东省第七届委员会常委

洪　岸　中国民主促进会广东省第七届委员会委员

贾海涛　中国民主促进会广东省第七届委员会委员

赵仓焕　中国农工民主党广东省第十二届委员会委员

杨　英　中国致公党第十四届中央委员，第十一届广东省委副主委

孙晗笑　九三学社广东省第七届委员会常委

叶文才　九三学社广东省第七届委员会常委
卢　馨　台湾民主自治同盟第九届中央委员，第七届广东省委员会副主委
邱　青　台湾民主自治同盟第七届广东省委员会常委

（党委统战部供稿）

2013 年逝世人员

（副处级以上干部、副高职称以上教师）

序号	姓名	单位	职称/职务	生卒年月	在校工作时间
1	郑芝村	经济学院	副教授	1925.03—2013.01	1959.01—1987.04
2	陈式椤	理工学院	教授	1931.01—2013.01	1962.10—1968.03 1978.08—1999.05
3	谢元祥	理工学院	副教授	1931.10—2013.01	1980.01—1993.12
4	吴希光	理工学院	副教授	1929.11—2013.02	1960.03—1970.07 1978.07—1989.12
5	周思堂	广东省原九办	正处级干部	1932.05—2013.02	—
6	张书琛	公共管理学院/应急管理学院	教授	1952.02—2013.02	2005.03—2012.06
7	陈光彩	经济学院	副高	1919.09—2013.03	1960.09—1970.09 1978.11—1986.12
8	徐标秀	医学院	正高	1918.10—2013.04	1981—1986.11
9	崔兴发	体育部	副高	1930.10—2013.04	1978.08—1991.03
10	黄光甦	理工学院	副高	1937.11—2013.05	1979.05—1998.03
11	阮惠扳	理工学院	副高	1931.02—2013.05	1958.08—1968.10 1978.08—1997.04
12	梁智明	医学院	正高	1924.12—2013.05	1981.03—1988.04
13	杨静波	广东省原九办	副处级干部	1930.05—2013.05	—
14	张建霞	理工学院	副处级干部	1941.08—2013.06	1970.05—2001.10
15	袁式邦	国际关系学院/华侨华人研究所	副厅级干部	1924.08—2013.07	1959.08—1968 1978.08—1984.12
16	魏乙生	文学院	正处级干部	1935.08—2013.07	1979.03—1996.11
17	姚若清	实验室与设备管理处	副研究员	1940.04—2013.08	1996.06—2000.06
18	林　楚	总务后勤管理处	副处级干部	1923.10—2013.08	1961—1968 1978.04—1982.04
19	艾治平	文学院	副处级干部	1925.10—2013.08	1960.04—1990.01
20	易家强	理工学院	副高	1932.06—2013.09	1962.09—1970.02 1978.05—1993.03

（续上表）

序号	姓名	单位	职称/职务	生卒年月	在校工作时间
21	甘露如	理工学院	副高	1939. 10—2013. 09	1979. 04—1999. 03
22	陈慧英	文学院	副高	1931. 05—2013. 09	1980. 01—1993. 03
23	傅作轩	理工学院	正处级干部	1935. 02—2013. 10	1984. 05—1997. 09
24	张　容	附属第一医院	副处级干部	1927. 04—2013. 10	1979—1987. 08
25	姚国祥	信息科学技术学院	教授/正处级干部	1959. 09—2013. 11	1995. 09—2013. 11
26	黄德贵	经济学院	正高	1924. 07—2013. 11	1960. 09—1970. 07 1978. 08—1994. 07
27	黄尚雄	理工学院	副高	1936. 06—2013. 11	1981. 03—1996. 11
28	吕宝琅	党政办公室	副厅级干部	1921. 04—2013. 12	1979. 11—1983. 08

（人力资源开发与管理处供稿）

·表彰与奖励·

2012—2013 学年暨南大学受各级政府部门表彰的先进集体、先进个人及获教学科研成果奖情况

一、先进集体

（一）社会科学研究处获教育部社科司“高校哲学社会科学研究管理先进集体”荣誉称号，并获广东省哲学社会科学规划领导小组办公室通报表彰。

（二）暨南大学被广东省就业服务管理局评为2012 年度省直属就业管理先进单位。

（三）暨南大学被广州市公安局交通警察支队安全教育处评为2012 年度交通安全先进单位。

（四）校学生处工作，获得以下表彰：

1. 2013 年1 月，在省教育厅组织的 2012 年广东高校校园文化建设优秀成果评选活动中，学生处报送的《融聚中外，和谐共生——暨南大学“国际文化聚暨南”多元文化品牌活动的探索与实践》获得优秀奖；

2. 2013 年1 月，在广东省教育厅组织的“立志、修身、博学、报国”主题系列教育活动中，获“优秀组织”奖，学生处报送的《多国学子聚暨南，和谐社区创辉煌》作品，在“凝练核心价值，创建精神家园，大学生优秀社区文化”比赛中，获得一等奖；

3. 2013 年3 月，“‘同行者’朋辈辅导工作坊”被广东省高校学生工作专业委员会评为 2013 年高校学生事务管理精品项目；

4. 2013 年7 月，在省教育厅组织的 2013 年广东高校校园文化建设优秀成果评选活动中，学生处报送的《浓浓华夏情，拳拳赤子心——中华优秀传统文化在暨南园璀璨绽放》获得一等奖。

（五）校团委工作，获得以下表彰：

1. 2013 年1 月，被共青团广东省委员会、中共广东省委教育工作委员会授予“2012 年广东高校共青团干部到县级团委挂职工作优秀组织奖”；

2. 2013 年4 月，华文学院团委被共青团广东省委员会授予“广东省五四红旗团委”称号，深圳旅游学院旅游管理系 2009 级团支部被授予“广东省五四红旗团支部”称号；

3. 2013 年5 月，在由共青团广东省委员会、广东省教育厅、广东省科技厅、广东省科学技术协会、广东省学生联合会共同主办的第十二届“挑战杯”广东大学生课外学术科技作品竞赛中，获“优秀组织奖”；

4. 2013 年6 月，被广东省委组织部、省委教育工委、团省委授予广东省大学生学习贯彻党的十八大精神演讲比赛优秀组织奖；

5. 2013 年7 月，校团委报送的《探索志愿服务新模式 凝聚全民志愿正能量 实现民族复兴中国梦——暨南大学志愿服务 20 周年工作成果及思路新探》在 2013 年广东校园文化建设优秀成果评选活动中荣获三等奖。

（六）附属中学获得天河区教育局颁发的 2011 学年度广州市天河区普通高中毕业班二等奖。

（七）食堂管理中心获广东省高校伙食专业委员会颁发“先进集体”。

二、先进个人

（一）徐义雄获广东省首届南粤出版奖“优秀出版人物奖”。

（二）王兵在广东省总工会、广东人力资源和社会保障厅、广东省经济和信息化委员会、广东

省科学技术厅联合举办的2012年度广东省职工职业技能大赛第一届高校青年教师教学基本功人文社科类决赛中获第一名。

（三）潘启亮获教育部社会科学司颁发“社科管理奖”。

（四）杨杰获教育部社会科学司颁发“社科管理青年奖”。

（五）李祁平获教育部科技发展中心颁发“教育部科技查新工作站先进个人”。

（六）蔡喆获得“第五届全国高校辅导员年度人物”提名奖。

（七）周国民被广东省委办公厅和广东省人民政府办公厅评为“优秀驻村干部”。

（八）张桂琴被广东省人力资源和社会保障厅、广东省国家保密局授予“全省保密工作先进工作者”称号。

（九）王春超被广东省委宣传部评为“2012年度广东省社科理论专业青年文化英才”。

（十）林清文被共青团广东省委员会、中共广东省委教育工作委员会授予“2011年广东高校共青团干部到县级团委挂职工作挂职团干部标兵”称号，黎伟成、王勇被授予“2011年广东高校共青团干部到县级团委挂职工作优秀挂职团干部”称号。

（十一）黄晓霞同志被共青团广东省委员会授予“广东省优秀团干部”称号。

（十二）成品兴、张小康、傅云新被广东省精神文明建设委员会办公室、共青团广东省委员会、广东省教育厅、广东省学生联合会授予2012年广东省大中专学生志愿者暑期“三下乡”社会实践活动先进个人。

（十三）在“2012年广东高校辅导员年度人物评选”活动中，蔡喆同志被评为2012年广东省高校辅导员年度人物；何力、陈敏同志获得“入围奖”。

（十四）林文旭同志被授予广东省高校学生工作“红棉奖”。

（十五）周大鹏、张小丹同志被评为2012年广东省高校学生工作先进个人。

（十六）在第二届广东省高校辅导员职业技能竞赛中，孙玉环同志荣获特等奖；王潇潇同志获得一等奖；卞旭同志获得二等奖。

（十七）曹应华被广州市公安局交通警察支队安全教育处评为2012年度道路交通安全先进管理干部。

（十八）卢文刚在广东省第三届“百人百场”应急知识宣讲活动中被广东省人民政府应急管理办公室和广东省教育厅评为“模范带队老师”。

（十九）罗嘉庆、程国赋、邓乔彬获广东省哲学社会科学规划领导小组办公室通报表彰。

（二十）孙玉环获得第二届全国高校辅导员职业能力大赛优秀奖。

（二十一）甘于恩被羊城晚报社评为2012年度“优秀通讯员”。

（二十二）附属中学教师获奖情况：

1. 石少兰、武瑞恒被广州市教育局评为2011年度“广州市优秀中小学班主任”；

2. 周跃、陈志坚、王玉敏、龙泉、罗燕萍、邓有华、郝宏波、卜立君、李雪燕被天河区教育局评为“先进工作者”，徐辉被广州市教育局体卫艺处评为“先进工作者”；

3. 黄晓晖在天河区教育局举办的第十一届青年教师教学基本功大赛中获三等奖。

（二十三）附属小学教师获奖情况：

1. 马晓骞、吴金华、何春毅获天河区体育局和天河区教育局颁发“指导老师奖”；

2. 黄俊波获得天河区教育局“优秀组织老师奖”。

三、教学科研成果奖

（一）第六届高等学校科学研究优秀成果奖（科学技术）二等奖1项：

洪岸、黄亚东、苏志坚、陈小佳、汪炬、项琪共同完成的项目“基于成纤维细胞生长因子及其受体的新药研究及关键技术”。

（二）第六届高等学校科学研究优秀成果奖（人文社会科学）二等奖3项：

1. 程国赋的著作《明代书坊与小说研究》；

2. 邓乔彬的著作《唐宋词艺术发展史》；

3. 刘家林的著作《新中国新闻传播60年长编（1949—2009）》。

（三）第六届高等学校科学研究优秀成果奖（人文社会科学）三等奖7项：

1. 邵敬敏的论文《“连A也/都B”框式结构及其框式化特点》；

2. 郭声波的著作《彝族地区历史地理研究——以唐代乌蛮等族羁縻州为中心》；

3. 王春超的著作《中国农户就业决策与劳动力流动》；

4. 魏莹的论文“Mean - variance analysis of supply chains under wholesale pricing and profit sha-

ring schemes”；

5. 朱羿锟的论文《董事会结构性偏见的心理学机理及问责路径》；

6. 林如鹏的著作《广东报业竞争三十年》；

7. 孙华好、潘红宇的论文《操纵人民币汇率的可能与现实》。

（四）广东省科学技术奖二等奖 3 项：

1. 姚国祥、罗伟其、陈志荣、官全龙、王晓明、张焕明、李汉群、朱淑华、魏林锋、卢建朱、孙玉霞共同完成的项目“移动数据安全的关键技术研究与应用”；

2. 刘人怀、傅衣铭、聂国华、袁鸿、王璠、徐加初、成振强共同完成的项目“典型板壳结构的理论与计算”；

3. 屠美、周长忍、曾戎、赵剑豪、邱炳崧、李立华、罗丙红、丁珊共同完成的项目“表面液晶态仿生技术及其增进心血管医疗器械抗凝血功效的应用研究”。

（五）广东省科学技术奖三等奖 2 项：

1. 李卫、尤德强、郑开宏、苏志辉、冼卫泉、刘英、黄勇共同完成的项目“新型耐磨损高锰钨合金钢研制与应用”；

2. 马民、陈利国、张桂娟、马义、李德辉、廖锐、郭慧共同完成的项目“温阳活血散结中药外治乳腺增生病作用机制研究”。

（六）广东省 2010—2011 年度哲学社会科学优秀成果奖一等奖 5 项：

1. 苏冬蔚、林大庞的论文《股权激励、盈余管理与公司治理》；

2. 蒋海、朱滔、李东辉的论文《监管、多重代理与商业银行治理的最优激励契约设计》；

3. 徐瑄的论文《视阈融合下的知识产权诠释》；

4. 宋剑华的论文《“言志”诗学对中国现代文学的内在影响》；

5. 张耀辉的论文《知识产权的优化配置》。

（七）广东省 2010—2011 年度哲学社会科学优秀成果奖二等奖 9 项：

1. 张晓辉的著作《近代香港与内地华资联号研究》；

2. 蒋述卓、李凤亮、郑焕钊、陈伟军、欧阳文风、周兴杰、魏建亮、孔锐才、刘会、胡平平、童彩华的著作《传媒时代的文学存在方式》；

3. 鞠海龙的著作《中国海权战略》；

4. 王兵、吴延瑞、颜鹏飞的论文《中国区域环境效率与环境全要素生产率增长》；

5. 廖焕国的论文《假设因果关系与损害赔偿》；

6. 严永和的论文《民族民间文艺知识产权保护的制度设计：评价与反思》；

7. 纪宗安、崔丕的论文《印度尼西亚债权国会议的缘起与影响》；

8. 程国赋的论文《明清通俗小说凡例研究》；

9. 支庭荣的论文《传播逻辑中的人类自省——马克思对西方传播学理论的贡献与影响》。

（八）广东省 2010—2011 年度哲学社会科学优秀成果奖三等奖 15 项：

1. 杨亚平的著作《FDI 技术溢出与中国工业内资企业生产率提升——基于后向关联的视角》；

2. 范俊军的著作《语言调查语料记录与立档规范》；

3. 庞素琳的著作《信贷风险决策模型与机制研究》；

4. 温碧燕的著作《旅游企业顾客感知服务质量理论与实证》；

5. 张威、吴能全的论文《财政交易、意识形态约束与激进公有化：中国 1950 年代的政治经济学》；

6. 傅京燕、李丽莎的论文《环境规制、要素禀赋与产业国际竞争力的实证研究——基于中国制造业的面板数据》；

7. 覃成林、张华、张技辉的论文《中国区域发展不平衡的新趋势及成因——基于人口加权变异系数的测度及其空间和产业二重分解》；

8. 聂普焱的论文“Spatial technology spillover”；

9. 陈才俊的论文《早期美国来华传教士与美国对华鸦片贸易政策》；

10. 石水平的论文《控制权转移、超控制权与大股东利益侵占——来自上市公司高管变更的经验证据》；

11. 欧锦文、Vernon N. Hsu Chung－Lun Li 的论文“Scheduling truck arrivals at an air cargo terminal”；

12. 卫海英、张蕾、梁彦明、姚作为的论文《多维互动对服务品牌资产的影响——基于灰关联分析的研究》；

13. 陈奕平、范如松的论文《华侨华人与中国软实力：作用、机制与政策思路》；

14. 陈海权、黄建明、徐印州、曾亮兵、傅云新、周宏、李冠霖、黄紫华、高景绘、王婷、谭锦荣的调研报告《建设广东商品国际采购中心的发展思路和政策研究》；

15. 韩兆洲、蔡火娣、魏章进、卢继青、曾牧、何锡江、黎中彦的调研报告《我国最低工资标准统计测算及调整决策支持研究》，该项目同时获国家统计局第十一届全国统计科学研究优秀成果奖课题论文奖二等奖。

（九）第三届澳门人文社会科学优秀成果奖5项：

1. 汤开建的著作《道光七年〈香山县下恭常都十三乡采访册〉的发现及其史料价值》获一等奖；

2. 赵利峰的著作《尴尬图存：澳门博彩业的建立、兴起与发展（1847—1911）》获三等奖；

3. 王鹏的著作《粤港澳跨行政区域创新系统的理论与实践》获三等奖；

4. 林如鹏、符翩翩的论文《澳门文化创意产业的发展前景与规划》获三等奖；

5. 陈章喜等的论文《澳门土地开发与城市空间发展的实证研究》获优异奖。

（十）姚国祥、陈志荣、官全龙、王晓明、李汉群、朱淑华、魏林锋、卢建朱、孙玉霞共同完成的项目“基于移动数据安全的信息保护关键技术研究”获得2012年度广州市科学技术奖二等奖。

（十一）曹宝麟获第四届中国书法兰亭奖艺术奖，蔡显良获第四届中国书法兰亭奖理论奖二等奖。

（十二）林爱珺的著作《知情权的法律保障》获吴玉章基金委员会颁发的第六届吴玉章人文社会科学优秀奖。

（十三）刘弋珩获广东省省长颁发“广东国际友谊贡献奖”。

（十四）广东省涉台研究成果：

1. 代明、龚平、杨萝姗的论文《粤台研发产业竞争力比较：评价与启示》获广东省人民政府台湾办公室和广东台湾研究中心颁发的2012年度一等奖；

2. 赖文凤的论文《两岸投资保障协议的经济学分析》获广东省人民政府台湾办公室和广东台湾研究中心颁发的2011年度二等奖；

3. 赖文凤的论文《台湾企业全球区位选择行为：决策因子、模式及经验》获广东省人民政府台湾办公室和广东台湾研究中心颁发的2012年度三等奖；

4. 代明、祖玉琴、方啓良、袁沙沙、刘俊杰、曹利红、殷仪金、程磊、杨萝姗、陈罗俊的论文《社区服务“自组织”供给系统研究：以深圳、香港为例》在民政部举办的2013年度民政论坛征文活动中获二等奖。

（十五）统战理论政策研究成果：

1. 陈恩、刘璟的论文《客属族群在两岸关系中的作用研究》获中央统战部颁发的2012年全国统战理论政策研究创新成果三等奖以及中共广东省委统战部颁发的2012年全省统战理论政策研究创新成果特别奖；

2. 陈恩的论文《广东做好对台统战工作优势和路径研究》获中共广东省委统战部颁发的全省统战理论政策研究创新成果一等奖；

3. 李招忠的论文《关于党外代表人士队伍建设的调研与思考》获中共广东省委统战部颁发的全省统战理论政策研究创新成果二等奖；

4. 李招忠的论文《关于暨南大学统战工作的几点思考》获中共广东省委统战部颁发的2011年全省统战理论政策研究创新成果优秀奖；

5. 龚红月、潘力仁、文郁的论文《引公契文化的历史，证广东文化统战的策略》获2012年全省统战理论政策研究创新成果三等奖。

（十六）在广东省委宣传部与广东省新闻出版局联合主办的广东省首届南粤出版奖评选活动中，我校出版社图书《新中国新闻传播60年长编（1949—2009）》获图书奖。

（十七）我校计算机教育软件类奖项：

1. 在教育部管理信息中心举办的2012年全国课件大赛中我校获以下奖项：

（1）张世君、林秀曼、张弦驰的网络课程“比较文学网络课程”获一等奖；

（2）黄柏炎、周天鸿、李弘剑、陈洁梅的网络课程“分子生物学（研究生）”获二等奖；

（3）刘文辉、张彦军、吴敏玲、魏捷的网络课程“新华文汉字教学法软件”获二等奖；

（4）李莹、苏宝华、赵海霞、杨凌云的专题学习网站“光学专题学习网站”获优秀奖；

（5）谢毅、梁美娜的网络课件“电视节目制作”获优秀奖。

2. 在中央电教馆举办的第十六届全国多媒体教育软件大奖赛中，我校获以下奖项：

（1）黄柏炎、周天鸿、李弘剑、闫道广的精品开放课程“分子生物学（研究生）”获一等奖；

（2）李莹、苏宝华、赵海霞的多媒体课件“光学专题学习网站”获一等奖。

3. 在教育部办公厅举办的“优秀网络课程及资源征集”评审中，喻季欣的教学资源“微博：‘微写’与‘博识’”获优秀奖。

4. 在广东省教育厅举办的2011年广东省计

算机教育软件评审中，我校获以下奖项：

（1）李莹、苏宝华、赵海霞的多媒体课件“光学专题学习网站”获二等奖；

（2）张世君、林秀曼、张弦驰的多媒体课件“比较文学”获三等奖；

（3）谢毅、梁美娜的多媒体课件“电视节目制作”获优秀奖；

（4）张彦军、刘文辉、吴敏玲、魏捷的多媒体课件“HSK汉字教学法软件”获优秀奖。

5. 在广东省高校教育技术中心举办的2012年广东省高校优质教学资源评选中，我校获以下奖项：

（1）沈丽佳的教学资源“口腔组织胚胎学”教改案例获一等奖；

（2）黄柏炎的教学资源“生物学野外实习”获一等奖；

（3）潘三强的教学资源“局部解剖学双语精品课程”获一等奖；

（4）喻季欣的教学资源“微博：‘微写’与‘博识’”获优秀奖；

（5）程静的教学资源“公司金融双语课程”获二等奖；

（6）张渊明的教学资源“结构化学”教改案例获优秀奖；

（7）沈丽佳的教学资源“口腔组织胚胎学”牙齿发育及研究性学习获优秀奖。

（十八）其他获奖。

1. 王元林的论文《从中华文化向心力、凝聚力到社会主义先进文化》在中组部、中宣部、中央党校、教育部、财政部、解放军总政治部第四十九、五十期哲学社会科学科研骨干研修班征文活动中获二等奖；

2. 龚红月、程炎明的《当前高校师德师风的认知现状及其分析》在广东省教育厅举办的第二届“以身立教　为人师表”主题征文活动中获高校组一等奖；

3. 郑勇杰的论文《刍议内部审计质量管理与控制体系构建——以高校内审组织为例》获广东省内部审计协会颁发优秀论文提名奖；

4. 王晓萍、刘香玲、赵健、罗发龙起草的公文《纪念辛亥百年　弘扬爱国精神——“海外华侨与辛亥革命”国际学术研讨会总结报告》在国务院侨办首届公文写作技能大赛中，被评为二等奖，王晓萍、刘香玲、赵健、罗发龙在首届中央国家机关公文写作技能大赛中获三等奖；

5. 张龙平在江西省教育厅、广东省教育厅、广西壮族自治区教育厅、云南省教育厅、海南省教育厅联合举办的2012年赣粤桂滇琼五省区高校思想政治理论课青年教师教学基本功比赛中获二等奖；

6. 《一片心灵的诗意栖息地——暨南大学推出“百年暨南文化素质教育讲堂”，精心打造校园学术文化品牌》在2012年广东高校校园文化建设优秀成果评选活动中获省教育厅思想政治处颁发一等奖。

2013年度暨南大学先进集体和先进个人名单

一、先进集体（10个）

党委组织部

光子技术研究所

珠海校区学生工作办公室

附属第一医院

药学院

教务处

华文学院学生工作办公室

理工学院

文学院历史学系

管理学院学科发展与研究生培养办公室

二、优秀教师（32名）

体育部

梁　伟

国际学院

刘羽帆　Raewyn Steel

文学院

刘永连　盛永生

外国语学院

陈凤川　彭　帆

新闻与传播学院

喻季欣

经济学院

田存志　张　珺　周泳宏

管理学院

王丹舟　汤　胤

理工学院

余健辉　侯林涛

信息科学技术学院
苏继红　林龙新　姚国祥
生命科学技术学院
黄亚东　黄柏炎
医学院
王达安　孙　立　沈丽佳　梁荫基
药学院
马志国
华文学院
许文果　李志红
珠海校区
王心洁　郭江凌　莫凯敏
深圳旅游学院
朱明芳
附属中学
黄荣华

三、先进科研工作者（26 名）

社会科学部
陈联俊
信息技术研究所
何　坚　周广民
产业经济研究院
聂普焱
国际关系学院/华侨华人研究院
陈奕平
文学院
李云飞
外国语学院
梁瑞清
经济学院
覃成林
管理学院
饶品贵　欧锦文
法学院/知识产权学院
刘文静
理工学院
焦延鹏
信息科学技术学院
邓婉玲　彭青玉
生命科学技术学院
张　弓　张成武　欧阳东云
袁定胜　蔡冬青
医学院
李扬秋　陈丽新
华文学院
王汉卫　熊玉珍
珠海校区
范兆斌
深圳旅游学院
黄　向
光子技术研究所
关柏鸥

四、管理服务先进个人（47 名）

党政办公室
黄建新
教务处
唐庆峰
研究生院
张冰红
社会科学研究处
罗嘉庆
学生处
张文龙
人力资源开发与管理处
李勇标
财务与国有资产管理处
陈为刚
实验室与设备管理处
何华坤
基建处
文　坚
保卫处
杨广生
离退休工作处
李　剑
发展规划处
孙清忠
组织部
陈　莹
宣传部
彭梅蕾
工会委员会
彭　蕾
团委
孟祥磊
图书馆
朱丽娜
学报编辑部
王治国

信息技术研究所

卢　灵

资产经营有限公司

黄小文　黄圣英

文学院

蓝媛慧

外国语学院

巫剑锋　李　舜

新闻与传播学院

杨　莲

艺术学院

周斌仲

经济学院

李飞雁

管理学院

凌子山

法学院/知识产权学院

侯　蕾

理工学院

王　波　刘　柳　曾庆慧

信息科学技术学院

梁嘉铄

生命科学技术学院

刘琦晖

医学院

张玉佩

药学院

吴友扬　杨　凌

华文学院

刘瑞英　杨凌云

珠海校区

肖　云　陈铭锋　周昌波

教育学院

廖仕湖

审计处

来红涛

总务后勤管理处

何　雯

心理健康教育中心

王　震

学生就业指导中心

陈晓明

五、医务工作先进个人（20名）

弓　健　王小兰　王冬菊　王宁霞　王向宇
王　红　邝志强　刘升明　刘　宁　李自成
李　玲　张玉生　张志东　施月欢　钱玉秀
徐建平　韩　莉　温桂颜　蔡香然　廖秋英

六、医院管理工作先进个人（7名）

边　宁　吴庆斌　吴素芳　何金爱　林洁曼
林薇薇　昌　伟

（人力资源开发与管理处供稿）

2013年暨南大学获奖毕业生名单

暨南大学2013届优秀本科毕业生名单（105人）

国际学院

佘炀杰　麦夏岚　吴丽莎　廖　婧　潘韵新

文学院

薛莹莹　晁紫烟　招茵茵　陈奕锶　陈永威
林晓慧

外国语学院

郑晓惠　余碧茵

新闻与传播学院

叶紫辰　陈　诗　李绮莉　任伊琳　雷册渊

艺术学院

康思齐　左吉龙　伍朝辉　陈慧欣　李昱蒙

经济学院

黄　浩　吴　丹　王国飞　赵　修　方　冉
刘志江　刘光天　马玉琪　聂　醒　王芝佳
王文静

管理学院

梁海珊　张　驰　陈紫荆　郑艳媚　刘　畅
李颖思　董芷汝　张洁霞　魏　培　王泽纯
胡　琳

公共管理学院/应急管理学院

池爱华

法学院/知识产权学院

徐文彦　何嘉瑜　张细英

国际关系学院/华侨华人研究院

叶　欣

理工学院

叶碧华　章锦禧　张　璐　赵海星　阚昕玥

胡子奇　刘思洁　何　露　周文超　詹伟艺

信息科学技术学院

何家雄　任文涛　郑燕娜　徐赵诚　陈庆麟

马　骊

生命科学技术学院

张丽珊　方艾婕　林瑾雯　苏　琳　方增滨

郭春阳

医学院

叶云凤　许晶晶　何柱荫　梁海琪　王　珣

刘晓丹　陈金莺　李冰冰　王铭铭

药学院

骆楚君　张世华　冼凯棋　覃夏灵　陈小梅

洪洁雅　张新才

华文学院

陶安娘　PATY MAK LI

人文学院

郑可欣　张海伦

翻译学院

栾伟霞

国际商学院

汪　杨　姚逸群

电气信息学院

谢燕操　王日彬　王　春

深圳旅游学院

李鸿君　钟竹岭　胡　骏　杨文彩　宋迎莹

林浩文

体育部

陈建华

（学生处供稿）

暨南大学第15届“有作为、有贡献”毕业生名单（55人）

国际学院

雷安琪　熊　巍　廖　婧

文学院

莫静雯　李慧洁　罗　丹

外国语学院

刘　谕　彭　浪

新闻与传播学院

许俊仟　黄敬腾　王　洵

艺术学院

李昱蒙　康思齐

经济学院

李艳梅　苏炳添　王子惠　谭雪莹　唐无为

王芝佳

管理学院

董芷汝　吴顺清

公共管理学院/应急管理学院

吴倩婷

法学院/知识产权学院

张细英　张鹿苹　徐文彦

国际关系学院/华侨华人研究院

周　为　程　涵

理工学院

叶碧华　洪锦泉　陈志棉

信息科学技术学院

杨柏龙　陈庆麟　郑泽欣　王　虎　徐赵诚

吴丹鹤　高晓菲

生命科学技术学院

高　闯　蔡汉宁　王　卓　杨晓君　黄汗青

医学院

马刘红　蒋扬眉　王　珣

华文学院

黄熙媛

人文学院

杨永文

翻译学院

刘锡赟

国际商学院

郑鹏辉　潘亦铭　沈钟杰

电气信息学院

王　春　陈格维

深圳旅游学院

王　琳

体育部

陈丽珠

（学生处供稿）

暨南大学2013届优秀研究生毕业生名单（78人）

文学院

欧阳光明* 许双如* 邱 婧* 郭学飞

谢清明 李群锋 王 宁

新闻与传播学院

李绍元* 王明亮 殷立飞 邸智泉 周文辉

经济学院

席 晶* 荆 琛 萧蕊霞 季 露 殷仪金

陈利静 李 璐 洪文琳 刘文君 童 铭

管理学院

骆紫薇* 谢 天* 王 东* 李 明* 蒋大富*

李 清 秦倩倩 王永超 郑 晨 刘志宏

鲁成方 赵 喆 李欣祺 张 丹 周 青

公共管理学院/应急管理学院

陈海勇 陈志科

法学院/知识产权学院

张春宁 甘雪玲 陈文海 柯婧凤

国际关系学院/华侨华人研究院

林 雯

理工学院

冉 洋* 马 祥 张 龙 韩婉清 靳 川

信息科学技术学院

陶瑞臣 魏守一 徐帅文 王 钥

生命科学技术学院

孙冬冬* 胡超凡* 刘国良* 袁晓利 邱月琴

张逸波 钟大根 郭晓令

医学院

王一阳* 王 广*

第一临床医学院

马华林* 沈 琦* 赵 颖 程欢欢 赵新景

庄彩屏

第二临床医学院

叶 剑 刘丽霞

药学院

刘俊珊* 向阳飞* 李 桃 刘明莉

华文学院

李盈桔 施 玮

产业经济研究院

何小钢*

注：带＊的为博士研究生，其他为硕士研究生。

（研究生院供稿）

2013年暨南大学获奖学金学生名单

黄乾亨奖学金

国际学院

黄晖婷

外国语学院

吴小珍

新闻与传播学院

蔡晓纯

经济学院

李 勇

管理学院

谭晓红

法学院/知识产权学院

曾培珍

国际关系学院/华侨华人研究院

王 瑟

理工学院

杨天剑

信息科学技术学院

杨璟玲

生命科学技术学院

黄婉君

药学院

许琳珂

华文学院

刘宋妮

翻译学院

孙玮玮

电气信息学院

苏 骋

深圳旅游学院

黄 彧

体育部

彭丽娟

住友商事奖学金

国际学院
梁伟珠　聂智权　刘丽芹　陈泳斯　包雨婷
外国语学院
蔡韩梓　劳志雁　盘秋燕　卢晓韵　周敏棠
经济学院
揭明萌　邓丽婷　凌丹丹　江霄飞　黎洁珠
国际商学院
刘晓腕　李诗芬　郭凤媚　洪明莉　朱　迪

78级中文校友奖学金

文学院中文系
胡佳宝　陈绮涵　何非亚　徐晓怡　肖婉琦
万　千　李　盛　陈梓婷　叶晓琳　张学海

彭瑞安归侨、归侨子女奖学金

一等奖
国际学院
陈嘉茵

二等奖
文学院
张淑敏（研究生）

钟立雄校董奖学金

经济学院
杜敏哲　郭周婷　廖佳锐　陈晓霞　邓海玲
李嘉健　李　凤　谭晓慧
法学院/知识产权学院
严　平　雷秋瑜　陈亚银　李水清　赵　伟
刘至卉
理工学院
许国光　陈学漳　陈思琴　廖　顺　林谢星
吕文豪

（学生处供稿）

第八届梁奇达暨南教育奖

文学院
欧阳光明（博士研究生）
经济学院
李艳芳（硕士研究生）
理工学院
叶碧华
生命科学技术学院
高　闯
华文学院
黄熙媛　管屹星（硕士研究生）
电气信息学院
王　春
深圳旅游学院
林浩文

注：没有标注的为本科学生。

（学生处、研究生院供稿）

· 2013 届毕业生 ·

2013 届本科毕业生名单

2013 年春季毕业并获授学士学位的全日制本科学生名单

（共 109 人，其中珠海校区 19 人）

（一）法学学位共 5 人，其中珠海校区 1 人

1. 法学专业（共 3 人，其中珠海校区 1 人）

陈德智　朱　喆　林杉杉*

2. 知识产权专业（共 2 人）

张坤妮　林伟杰

（二）工学学位共 12 人，其中珠海校区 6 人

1. 电气工程及其自动化专业（共 1 人，其中珠海校区 1 人）

周　勃*

2. 电子信息工程专业（共 1 人，其中珠海校区 1 人）

荆全齐*

3. 光电信息工程专业（共 1 人）

何耀昌

4. 计算机科学与技术专业（共 3 人，其中珠海校区 2 人）

梁家豪*　徐佳明*　李雪强

5. 软件工程专业（共 2 人，其中珠海校区 2 人）

刘崇绿*　胡锦辉*

6. 食品质量与安全专业（共 2 人）

陈羽中◎　陈财坤

7. 土木工程专业（共 1 人）

黄嘉豪

8. 网络工程专业（共 1 人）

罗　妍

（三）管理学学位共 41 人，其中珠海校区 7 人

1. 电子商务专业（共 3 人）

陈琬婷　台　亮　蔡富庭

2. 工商管理专业（共 18 人，其中珠海校区 5 人）

杨　珉　黄庭浩　刘键星　章宗豪　吴国龙
陈嘉皓　孙永荣　朱锦超　鄺远彬　李培成
卢明乐　孙　杨　凌思韵　梁健業*　梁志豪*
林树雯*　李景鸿*　张继东*

3. 工商管理（人力资源管理）专业（共 1 人，其中珠海校区 1 人）

林崇永*

4. 会计学专业（共 4 人）

徐彬瑞　杨　帆　刘锦仪　李天麒

5. 会计学（CGA）专业（共 1 人）

贺晋衍◎

6. 旅游管理专业（共 2 人）

陈嘉敏　张碧莲

7. 市场营销专业（共 6 人，其中珠海校区 1 人）

罗耀麟　柳飞帆　林紫媚　张紫琼　李浩亨
曾洛敏*

8. 物流管理专业（共 1 人）

萧思婷

9. 行政管理专业（共 5 人）

金嘉晟　李培伟　郑洁仪　李佩怡◎
全思莹◎

（四）经济学学位共15人

1. 国际经济与贸易专业（共3人）

陈瑞紫◎　蔡敏谦　张晓燕

2. 国际经济与贸易（二沙班）专业（共1人）

何翔龙

3. 金融学专业（共2人）

黄效枝◎　金梦黎◎

4. 金融学（含保险方向）专业（共6人）

冯冠亮　黄家晶　王子豪　梁裡苇　陈旭鸿

桑嘉索由立巴特

5. 统计学专业（共1人）

董敢俊

6. 统计学（精算学）专业（共2人）

刘宇辰　刘珏宇

（五）理学学位共3人

1. 环境科学专业（共1人）

陈昂明

2. 药学专业（共1人）

周子柔◎

3. 应用物理学专业（共1人）

陈伟军

（六）文学学位共20人，其中珠海校区5人

1. 广告学专业（共5人，其中珠海校区3人）

黄康林*　汤锦培*　阮煜荣*　崔颂恩

骆锦培

2. 汉语言文学专业（共1人，其中珠海校区1人）

白水波*

3. 日语（商务管理）专业（共2人）

周绮媚　李悦桂

4. 新闻学专业（共1人，其中珠海校区1人）

霍青伟*

5. 新闻学（国际新闻）专业（共6人）

曾炜光　欧慧煌　梁敬裕　赵文菲　杨锦全

梁敞杰

6. 英语（翻译）专业（共3人）

郑慧盈　马云恩　钱令茵

7. 英语（商务管理）专业（共2人）

刘姵兰　卢惠彬

（七）医学学位共13人

1. 口腔医学专业（共1人）

欧　雄

2. 临床医学专业（共9人）

古雅雯◎　吕瑾堃◎　王伟立　刘子诚

陈文杰　詹欣桦　杨淳翔　谢昊玮　曾志强

3. 针灸推拿学专业（共1人）

胡少峰

4. 中医学专业（共2人）

游雯如　邱润生

注：带＊的为珠海校区学生，带◎的为国际学院全英教学学生。

2013年春季毕业并获授学士学位的全日制本科留学生名单

（共13人）

（一）工学学士学位共1人

计算机科学与技术专业（共1人）

NAY LIN TUN

（二）管理学学士学位共2人

工商管理专业（共2人）

YOUNG TAE CHOI

SU THET MON

（三）教育学学士学位共2人

华文教育专业（共2人）

LINA INDAHWATI

PANTIPA THAVEEPHOL

（四）经济学学士学位共4人

国际经济与贸易专业（共4人）

ALVIN SETIONO◎

Saleh Mohammed Ahmed◎

Xiu Ling Huang Zhong◎

WAI WAI MYINT

（五）理学学士学位共1人

药学专业（共1人）

BEEHARRY GHANTISH◎

（六）文学学士学位共2人

1. 汉语言（商贸汉语）专业（共1人）

KIM DANBI

2. 新闻学（国际新闻）专业（共1人）
SAYASING VILAYPHONE

（七）医学学士学位共1人

临床医学专业（共1人）
PHAM THE GIANG

注：带◎的为国际学院全英教学学生。

2013 年夏季获授辅修双学位的全日制本科学生名单

（共387人，其中珠海校区63人）

（一）法学学位共23人

法学专业（共23人）

周　颖　霍东苇　黄泳诗　张凯文　罗浩彬
郭奕霞　卢炜欣　关燕滢　苏雪君　陈晓霞
柯倩杏　姜拔萃　林晓湄　何丹丹　叶　倩
徐莹雪　植　茵　丁亚雁　谭海琳　李金鹏
王淇锋　周　笑　邓芷君

（二）管理学学位共9人，其中珠海校区6人

1. 工商管理专业（共2人）

彭飞蝶　李少鹏

2. 市场营销专业（共1人）

苏春雨

3. 行政管理专业（共6人，其中珠海校区6人）

吴青芸*　方照强*　叶　婷*　陈文菲*
周　闯*　黄毕书*

（三）经济学学位共344人，其中珠海校区53人

1. 国际经济与贸易专业（共56人）

何嘉诚　邓家丽　王嘉俊　范玲玲　刘　丹
王洁莹　黄惠丽　黄丽丽　招韵倩　吕韵婷
陈冰淳　陈立贤　黄元新　林培芬　潘小玲
梁骏杨　邵艳娇　赵乐俊　田颖萍　杜靖磊
曾子龙　陈碧珺　钟瑷雯　林晓文　郑舒丹
许芳丽　朱韵睿　陈　瑾　聂雅琴　陈泽淳
区嘉雯　伍雅煊　张　黉　张　蕊　周灵琨
闫　琳　刘　梦　李湘君　吴　霜　何静寒
唐香婷　李　琪　肖　怡　胡晨薇　李丹妮
郑航航　李玉庭　席怡雯　陈　婕　刘贞荣
罗丹羚　杨何白雪　梁嘉仪　梁巧绸　梁颖娴
胡嘉敏

2. 金融学专业（共186人）

王　晴　张紫琼　赖俊宇　何　珩　黎咏诗
李　蕾　王思奇　秦　婧　吴丽莎　马子君
舒　媚　谭婉琪　韩丽月　倪玉蓉　林柏莲
李欣颐　池爱华　许晓敏　申雍谊　梁蕴仪
杨小红　邓嘉渝　吴颖然　梁玉婵　张　略
陈　坚　彭嘉仪　陈凯鹏　曾宪宇　唐敏慧
庞　俊　陈颖铧　孙慰佳　谢蕙蕙　陈宇波
周嘉敏　劳家璟　黄潇鹏　伍湘瑜　肖　丹
沈婷婷　刘斯雅　李萍香　吴映雪　彭　浪
卓越冰　陈奕杭　欧婉霞　刘锡亮　赖　拓
张德宏　吴凯利　余　晨　陈　洁　蔡伊淳
庞海露　李丽雯　罗　丹　黄小瑜　李冠峰
林泽斌　蔡　托　赖小霞　丁燕聪　陈　曦
张　曦　胡佩敏　彭伟丽　徐　艳　王文真
谢　蔚　李晓欣　叶家燕　容　蓉　李元馨
靳　伟　吴嘉丽　吴泽鑫　丁银泽　郑耀宏
万惠鑫　周巧平　杨诗云　曾　婷　朱思达
文清伦　吕　鹏　陈哲舜　黄丽娜　潘丽梅
阚昕玥　麦慧嘉　黄玉平　章锦禧　詹翠仕
周　锋　单锡进　苏　鹏　吴丹鹤　程思铤
杨柏龙　戴云飞　吕润槟　郑冰娜　蔡智武
刘世健　何　楠　黄永辉　曹楚婷　蔡圣霞
欧阳冰明　江明杰　姚丽婷　杨晓君　陈倩源
杨佩雯　赖源裕　张丽珊　钟美婷　邓爱玲
何　颖　邵嘉欣　梁成君　陈小丽　苏　倩
苏泳翘　梁晓雯　周君如　罗雨晴　可德嘉娃
朱维缜　冉玉琪　韩竞萱　徐静宇　成　婷
张金凯　邹　新　陈　诗　张欣然　迟芳思
朱明健　宋迪娜　魏铭恺　蒋圆圆　胡艳林
王晓丹　蒋玉霞　陶安媛　张晓晓　王雨萌
于　江　李　婷　程天宇　李英艳　郭文超
刘鑫彤　王咏絮　杨雪竹　胡子奇　张　弛
朱学敏　张　檬　杨　佳　王静茹　马晓刚
胡　强　肖依岑　尹　鑫　包冬青　邓　鑫
方斌达　章森松　唐　琨　任　东　赵　果
汤鹏程　徐蝶蝶　蔡蔚婷　袁露茜　黄亚平
孙孟羚　程艺嘉　邹　丽　罗　阳　罗　杨
黎家辉

3. 金融学（金融工程）专业（共53人，其中珠海校区53人）

赖宝滢*　黎雅欣*　黄钰仪*　蔡梓欣*

刘金燕* 郑康义* 柯 云* 邱方方*
丁瑞雪* 周立楠* 冼传淦* 陆宝琪*
郑森鹏* 林佩红* 曹丹芝* 李晓玲*
肖婉莹* 庄颖倩* 黄韫琳* 温 馨*
陈泽欢* 黄 雯* 廖 娴* 赖浩宁*
黄 杰* 关天浩* 林深伟* 杨文豪*
彭庆华* 陈泽阳* 邵天强* 姚耀文*
许思仪* 王 硕* 张一戈* 徐 青*
章灵巧* 阮剑梅* 田宜鑫* 倪 珊*
杨钦程* 汤小莲* 任 萍* 吕笑寒*
陈胜强* 叶 轲* 孙运洲* 王 兵*
钟 科* 谢燕操* 姚怀栋* 吴碧莹*
刘 海*

4. 经济学（投资经济）专业（共49人）

白 杨 麦卓盈 谢立妍 廖俊杰 林逸民
赵 茜 洪锦泉 李依璘 麦梓琪 杨敏华
汤铭添 吴恒星 颜 虹 徐坤梅 谭东博
方蔚绚 伍剑洪 金诗诗 林志提 郑晓惠
黄燕清 刘淑君 白子欣 郑育平 何兆基
陈键准 高世界 吕 毅 蔡嘉龄 梁 宁
陈建华 彭一晋 韩沛然 王 倩 薄宇佳
魏至诚 陈璟玲 朱玉芳 郭 洁 杨梦佳
常轶群 杨 新 袁 杰 方艾婕 罗 彪
叶耀声 区嘉雯 尹婉碧 李宏亮

（四）文学学位共11人，其中珠海校区4人

1. 英语（商务管理）专业（共10人，其中珠海校区4人）

谢宏峰* 谢 骅* 章景轩* 韩 吉*
陈绮桦 关希文 杨云珍 段聿舟 苏洁聪
许菁文

2. 英语（语言文学）专业（共1人）

张沁楠

注：带*的为珠海校区学生。

2013年夏季获授辅修双学位的全日制本科留学生名单

（共1人）

经济学学位共1人

国际经济与贸易专业（共1人）

ARR KYUN

2013年夏季毕业并获授学士学位的全日制本科学生名单

（共3 500人，其中珠海校区558人，深圳旅游学院217人）

（一）法学学士学位共130人，其中珠海校区29人

1. 法学专业（共78人，其中珠海校区29人）

黄欣豪 何民浩 骆铭莹 陈晓静 范增珍
徐 艳 黄菁蓉 叶国枝 潘小玲 吴瑞蓥
李芷君 陈晓敏 陈转儿 袁美玲 邓杰鸿
黄艺卉 卢欣璇 王文真 廖慈芳 沈嘉伟
唐政杰 张晓晓 贺双双 何嘉瑜 吴晨晓
徐文彦 张 恒 夏 艳 李 琪 张鹿苹
卫妍妍 郭雪娇 王雨萌 邹佳旺 于 江
杨 斐 龚 雪 张 正 吴锦彬 黄宝欣
邓智豪 黄家丽 杨海铃 郭铭堃 黄美珺
邓慧仪 梁家荣 吴泽鹏 李玉宁 郑可欣*
刘文强* 吴婉君* 钱凤婵* 杨龙胄*
黎意珊* 黄雁博* 严宇斐* 陆宝琪*
覃 豪* 郑雪丽* 陈遥越* 郑森鹏*
梁秋娜* 王征坚* 刘柱锋* 程欣莹*
陈析凝* 李逸君* 王欣欣* 吴 婧*
黄 敬* 贺欣雨* 何 伟* 陈 晨*
黄美琪* 王启富* 倪 珊* 金 玲*

2. 国际政治（国际经济关系与外事管理）专业（共27人）

李晓欣 叶家燕 林晓萍 陈嘉瑜 容 蓉
林冬梅 周 为 侯志萍 李元馨 李 佩
叶 欣 邓珏霜 杨 光 梁骏杨 靳 伟
翁 昕 吴嘉丽 李 婷 范志明 尹萌萌
李子沛 赵 萌 侯晓萌 程 涵 罗颖森
苏嘉乐 黎子雄

3. 知识产权专业（共25人）

曾沐文 杨小翠 罗 槟 陈咏珏 林洁娴
马永悦 康美琴 李娇玲 谢 蔚 揭京陶
甘婉贤 叶思贤 苏婷婷 陈 骏 刘妙霞
张细英 麦俊健 梅 子 孙宜利 陈思蕾
方仁刚 周锦伦 蔡可慧 陈宝仪 蔡燕伊

(二) 工学学士学位共644人，其中珠海校区183人

1. 包装工程专业（共41人，其中珠海校区41人）

戴俊池* 黄钰仪* 陆 勇* 庞 靖*
陈泽欢* 魏永生* 黄 雯* 邓小惠*
刘鹏程* 李继铭* 廖 娴* 张 威*
詹伟新* 赖浩宁* 周欣欣* 陈丽兴*
郑育峰* 黄 杰* 关天浩* 陈健纯*
林深伟* 杨文豪* 卓 正* 翁锐煌*
彭庆华* 唐建成* 陈泽阳* 李秋燚*
韦怡臣* 张伟龙* 徐惠婷* 陈胜强*
韩 吉* 廖燕玲* 周宏军* 倪文蓉*
叶 轲* 孙运洲* 王 兵* 钟 科*
谢燕操*

2. 材料科学与工程专业（共22人）

赵崇钦 罗学仕 周 宸 苏嘉濠 郑鉴文
霍汝球 黄玉平 姚宋利 高世界 叶碧华
黄卓瑶 梁炳兴 章锦禧 韦士隽 李旺旺
朱学敏 袁逸舒 陈 洁 张 檬 沈朝翾
李 雪 李静静

3. 电气工程及其自动化专业（共48人，其中珠海校区48人）

郑锡鹏* 陈星霖* 陈钟涛* 李季龙*
王日彬* 林欣妮* 冯家乐* 余彩绮*
龚云斌* 陈 驰* 李长江* 钟文东*
曾锐明* 高 亭* 周锦龙* 王 平*
张树彬* 郭 容* 郑晓宇* 李子繁*
黄文峰* 陈泽星* 冯志聪* 张嘉健*
郑 锴* 邹政元* 林东伟* 黄韫琳*
陈文菲* 刘清泉* 陈剑标* 陈 骝*
陈一苇* 蔡奇宏* 徐 凯* 付 炜*
刘 飞* 唐 杰* 周吉林* 曾 洋*
吕笑寒* 蔡 翀* 保婧玥* 陆 闻*
尚倧如* 陈星海* 王鹏程* 梁国威*

4. 电子科学与技术专业（共18人）

黄冰玲 黄灼坚 周小龙 卢威虎 钟桂森
王凯伦 罗欣荣 杨楷照 张盛鑫 王展航
谭雄叶 韦锐涛 毕 然 李佳林 吴 婷
李心茹 叶靖之 冯世立

5. 电子信息工程专业（共65人，其中珠海校区25人）

许羽东* 容满森* 谢宏峰* 谢天铎*
张雨露* 严海彬* 姚斯阳* 梁家健*
刘乙癸* 叶惠荣* 饶巨为* 郭正豪*
吴青龙* 余荣增* 蔡炜龙* 陈格维*
林康玮* 范 骏* 谢 骅* 章景轩*
王 春* 刘 洋* 王天思* 范东爽*
袁欣宇* 曹定光 黄佳培 蔡泽林 蒋亚女
谢锦华 张金发 梁婉文 黄焰文 张谷智
张佳勇 陈伟鑫 茹晓欣 佘木歆 何家雄
刘志敏 许淇峰 莫曾维 刘 峰 陈卓成
邓景骐 李海欧 林灿渠 杨丁鹏 陈 欢
李兆斌 郑泽欣 吴国栋 叶燕妮 古秋林
肖依岑 尹 鑫 王 译 郗 婕 周 城
张邵雄 边茜锐 陈 宏 黄肖桐 赵 宏
麦健科

6. 电子信息工程（信息工程）专业（共1人）

陈朝伟

7. 工程力学专业（共18人）

林志斌 郑育平 吴嘉瑜 李广涛 陈铭军
陈科龙 苏振华 梁 煌 袁裕森 梁兴华
黄佛宝 何兆基 林敬展 潘楚东 徐江疆
潘亚妮 张 璐 丁立魁

8. 光电信息工程专业（共20人）

卢洁玲 吴 蓉 陈 奔 周 舟 罗冠培
林纲明 刘钰强 陈文概 许涌彬 莫岸尧
郭恩渲 冼嘉民 胡 奎 戴晓刚 李 炎
刘雨濛 马 悦 梁 曼 苏 航 郝智凯

9. 化学工程与工艺专业（共20人）

曹楚婷 张炜祺 蔡圣霞 黎志宏 叶伟武
李健强 黄泳娟 朱良雄 欧阳冰明 蔡嘉龄
麦蕴霞 江明杰 朱玉芳 汤鹏程 朱 虹
陈鸿烈 王 伟 柳林依 徐蝶蝶 徐 凯

10. 环境工程专业（共20人）

刘淑华 陈志棉 曹 龙 姚煜明 刘俏婷
伍慧珊 黄润聪 黄成彬 李 泽 唐立梼
刘志鹏 莫展程 金程露 赵海星 王咏絮
郭志奇 王 珺 赵航剑 蔡佳芮 区宏标

11. 计算机科学与技术专业（共77人，其中珠海校区43人）

徐海旺* 符广泽* 曾倩容* 郑宇玲*
梁晋豪* 郑润豪* 雷智通* 罗伟华*
许旭健* 麦华驹* 欧晓珊* 郭予涛*
卢健成* 韩国谦* 戴昊民* 郑智添*
张水勇* 陈衍鹏* 黄熙铭* 苏丹丽*
郑锐江* 陈泽培* 罗意明* 林文彬*
胡茂力* 莫登海* 石金昊* 吴若宁*
姚怀栋* 黎扬威* 陈 宇* 李延华*
杨蓉蓉* 何亚伟* 屈兆宏* 祝莎莎*

周益民* 张 雷* 马明道* 白宏瑜*
祁有盛* 张虎山* 叶家明* 何伯燊
吴国锦 吕润槟 李玉滔 郑冰娜 周欣健
吕 毅 何冬桃 张炜聪 何健文 陈志彬
梁胜才 马焕杰 孙建国 韦传荣 郑铿宏
叶永祥 陈瑜芳 南 潇 张 腾 任文涛
唐昊宁 杨冬生 杨 飞 任旭光 邓 鑫
郑吉鹏 牛浩宇 李 鹏 樊云梅 顾 超
龙威宇 陈文达 何胜安

12. 建筑学专业（共15人）

马毅文 蔡岳泰 谢立妍 蔡奕沐 戴剑锋
杨建熹 姚智慧 陈 锋 林汨圣 景尚龙
赵 茜 刘苏蕾 洪锦泉 沈海军 钟志文

13. 软件工程专业（共51人，其中珠海校区26人）

任恩泽* 冯振林* 张可达* 吴梦娴*
梁绍文* 黄 敏* 何家键* 陈志勇*
陈树辉* 谢显栩* 曾进峰* 劳 壮*
谢平时* 饶 俊* 戴礼荣* 邵天强*
姚耀文* 蔡瑾霞* 陈志鹏* 马文治*
吴定沂* 陈清和* 徐 磊* 李 艳*
严 丰* 罗彩娟* 刘梓澄 吴涌波
王 昂 肖少林 赖 伟 王明辉 杨梓明
陈煜彬 陆文杰 许阳阳 黄佳佳 侯佳俊
谢俊杰 林圣敏 蔡智武 陈剑波 庄泽波
葛 武 黄亚铭 马赛波 乔伊娃 唐 琨
陈璟玲 刘骞骥 区家荣

14. 生物医学工程专业（共24人）

梁伟文 张 佳 李景健 何金枚 林卉恒
戴天明 钟旺友 姚丽婷 林钟光 曹佳淋
杨银芳 成 匡 岑柏坚 罗建军 尤 越
苏翌雪 王 頔 孟贝贝 苏 琳 王 卓
梁 旭 张 伟 张田青 陆俊才

15. 食品科学与工程专业（共30人）

赖银端 文清伦 吕 鹏 罗尧欣 陈哲舜
黄丽娜 钟 昇 潘丽梅 阚昕玥 邵艳娇
麦慧嘉 张晓韩 陈泰显 杨韵桦 耿智子
刘志弘 汤 颖 陈婕佳 周 林 袁 源
杨雨楼 肖 怡 姚胜文 胡子奇 张 弛
杨兆里 石青松 许铭威 李 辉 夏嘉欣

16. 食品质量与安全专业（共57人）

李明芹◎ 赖卓然◎ 杨敏华◎ 郭慧星◎
宋梓亮◎ 吴旖璇◎ 何智欣◎ 李 驰◎
蓝 茜◎ 黄越梓◎ 徐 媛◎ 张雅辰◎
张静微◎ 刘泰麟◎ 李珮怡◎ 陈湘波◎
张东华◎ 李 浩◎ 陈秋怡◎ 陈晋羚◎
黄子晋◎ 庄嘉敏◎ 梁裕达◎ 吴 悦◎
陈建彬◎ WONGKAMEI◎ 杨诗云 曾绮文
宋俊辉 刘思洁 袁浩城 曾 婷 朱思达
邓湘烨 谢锐波 蔡嘉琪 黄若琳 邱朝峰
黄敏媛 黄 泳 陈思彤 邹 游 丘彩花
高棋筠 赖捷华 李 航 周池虹伶 黄文烨
杨 东 杨芳婧 文罗娜 杨雪竹 李汉威
吕腾龙 陈文慧 黄健坤 阮有改

17. 通信工程专业（共31人）

游雪凤 杨思远 叶贺杰 叶云枫 林继成
许 军 黄杰康 许哲语 张业君 魏龙昌
张华佳 石书协 蔡俊荣 赖文甫 王慕兰
林旭生 陈建焕 袁浩然 李骏杰 姚逸钦
葛志华 王进成 高海浪 单宇泉 黄留珍
杜文亚 王 虎 刘 洋 包冬青 王子豪
王逸超

18. 土木工程专业（共24人）

程飞帆 周骕骊 陈文辉 李泸著 潘 腾
黎晓波 刘 畅 谢仟里 高 峰 陈嘉泳
陈清清 陈东辉 何振超 周巧平 彭永锦
陈田林 莫武坤 何 露 程天宇 冉思月
向 鹏 许峻伟 何嘉明 林俊贤

19. 网络工程专业（共18人）

苏泳瑜 万梓荣 黄钦武 李 桃 曾德聪
张伊雁 方建威 李厚恩 林豪俊 邓伟鸿
林 艳 徐赵诚 方斌达 李苒苒 章淼松
刘 斌 吴楚楚 向泽凡

20. 信息工程专业（共44人）

廖科杰 叶发东 彭永丽 陈受选 黄泽波
钟文标 吴敏弟 郑椿耀 万惠鑫 黄春华
黄 哲 黄鸿骏 洪思睿 黄兴王 陈超英
霍冬莉 周文超 肖銮娟 叶永生 陈仲标
陈夏德 杨蔡轩 黄春咏 胡振杰 黄海洲
杨锦生 朱晓君 赖吉昌 许泽瀚 邱伟洽
黄舒然 罗丛优 黄翠丽 邢孔博 魏至诚
金鑫峰 刘鑫君 余吕卓妮 王 超 李 俊
杨彬彬 康 曼 曾建波 林威财

（三）管理学学士学位共987人，其中珠海校区142人，深圳旅游学院176人

1. 财务管理专业（共70人，其中珠海校区32人）

周静轩 刘艺敏 陈丹琦 何敏燕 邱悦羚
李秀佳 林爽爽 甘东翘 马紫阳 蔡伟坤
钟 宇 陈丹媛 陈海潮 卢梓铭 刘秋和

吴舜仪　李　昕　赵芷虹　吴嘉敏　梁海珊
黄婉仪　马莹如　郑苑燕　许彦宇　郭　宇
杜　晨　许剑云　张　驰　钟宝煌　陈翔宇
向　君　荀　烨　陈艳珍　简佩平　洪文暉
黄惠榕　陆雅彦　洪丽盈　林珊珊*　黄纾丽*
谢荣强*　林　娜*　霍敏健*　何宇峰*
刘晓文*　周泳意*　林伟浩*　温　馨*
吴东鸿*　盘樱子*　杨利琳*　李　楠*
潘冬艺*　陈桂玲*　章灵巧*　王　菲*
王俊超*　袁　艺*　宁亚楠*　常　超*
陈佳伟*　蔡稀稀*　张　伟*　李梦娇*
蔡晓琳*　赵宇坚*　吴淑珍*　谭俊杰*
陈维明*　张伟杰*

2. 电子商务专业（共75人，其中深圳旅游学院47人）

冯博谦　陈德荣　黎丝敏　谭嘉殷　何明慧
黄佩佩　莫文烨　倪玉蓉　邓小云　陈紫荆
刘雪铃　邝竞欣　陈丽婷　林丹丹　刘嘉杰
陈思宇　陈文勇　陈　影　廖敏仪　林柏莲
邓楚惠　郑小丽　何明健　傅伟雯　郑耀祥
颜暐霖　高宜萱　卢燊燊　俞　昊▲
张诗薇▲　梁敏桦▲　黄定飞▲　郑琦腾▲
陈嘉媚▲　吴舒苹▲　李鸿君▲　林俊坚▲
苏恩儿▲　陈泽淳▲　蓝健桦▲　徐海鹏▲
曾锐江▲　陈　洁▲　陈　朗▲　张浩元▲
吴骏都▲　彭一晋▲　张玲慧▲　乔建龙▲
丁　凯▲　孙　迪▲　李晓琪▲　龚欝林▲
叶萍粮▲　杨　竣▲　刘　丹▲　周代洪▲
顾子豪▲　杨田甜▲　何承洪▲　荣　雷▲
穆方君▲　闫保平▲　陆浩峰▲　陆依靖▲
伍龙君▲　张　怡▲　马志伟▲　龙　菡▲
华　畅▲　胡　杨▲　西　茜▲　夏蓓蓓▲
刘　靓▲　王艳辉▲

3. 工商管理专业（共166人，其中珠海校区38人）

李钇諠　巫宗翰　方志航　丁川峰　许菁文
郑艳媚　钟德劲　陈润荣　周经颖　郭奕霞
何丽敏　王　帅　黄柳娟　王燕玲　郑天赐
郭梦宇　张晓丹　庞思亮　林海峰　林瑞琦
邱羽琪　廖立宇　陈真权　李思莉　巫丽莎
叶倩卿　郑瑞妍　邝欢澄　蔡宇莹　林　瑜
罗嘉键　马子君　区丽心　王菁菁　周君如
安雨婷　雷春华　史庭辉　张　俞　胡　露
沈碧瑶　刘　畅　穆　婧　杜婉芬　王　帅
辛禹然　张亚芹　但嵩涛　梁嘉仪　马超军
吕振铭　张结玲　萧如浩　尹　蔚　张明浩
萧　莹　陈莲娣　黄嘉仪　陈子浩　刘宇杰
梁嘉莉　周詠仪　翁伟雄　李银丽　李永祺
邱裕成　何满茹　郑凤瑜　王家利　阮结文
蔡怀坛　陈敏琛　鄺静文　曹嘉伟　梁帼仪
莫雪茹　张安茹　欧阳雪云　谭北泉　陈文婷
吴俊洋　杨　曦　刘采媚　许珠妹　吴嘉辉
陈绮菲　王　午　李晓燕　黄信君　何静男
张莹莹　邓静文　张　睿　陈　丰　周钰倩
陈咏雯　周永裕　黄　莎　方力洋　何　强
冼志萍　梁颖娴　李柏焕　梁沛文　李俊维
邱玉珍　黄坤毅　吴洁璇　曾翠华　袁嘉俊
詹婷婷　戴建忠　陈锐生　洪振狮　邓婉婷
陈锦龙　李惠珊　陈儒豫　李秀婷　吴凤仪
唐万钰　李玉霞　赵春友　钱浩文　刘佩雯
李嘉怡　白家仪　吴清侯　钟雪莹*　欧浪静*
谢洁怡*　蔡梓欣*　何德智*　林于莎*
蓝燕强*　岑晓丹*　栗　莎*　蔡益源*
徐建垚*　周昭辉*　王童伟*　刘金燕*
刘志丽*　林泽钦*　许辰雨*　张　望*
汤　婧*　汪　杨*　徐乐乐*　张一戈*
李　萍*　徐　青*　吴莎莎*　林莺钦*
刘银香*　陈颖心*　李建兴*　江斯伟*
邵颢怡*　梁嘉慧*　何允恆*　刘彩霞*
龙凤婷*　颜巧玲*　黄詠怡*　梁泳欣*

4. 工商管理（走读班）专业（共11人，其中珠海校区11人）

何建明*　梁嘉炜*　麦明言*　张敏豪*
钟慧仪*　朱美仪*　刘懿德*　蔡宝川*
刘　海*　卢伟坚*　李诗诗*

5. 会计学专业（共88人）

朱思远　钟婉锋　程晓燕　陈华娜　陈嵘嵘
苏颖妍　宋宛蔓　朱丽仪　郑永丰　许　欣
袁敏璇　钟丹妮　赖佳钰　何小芳　赖素漫
王恺曦　梁演博　周　楠　谢晓婷　郭敏琦
林静丽　吴　纯　廖勤泽　冯婉珠　苏小颖
谢智云　容　斌　李林治　夏思维　李　翀
刘　畅　王　舒　李天翔　沈欢欢　张　钰
孙安其　杨　奕　刘华民　王　喆　陈维文
肖　洒　潘　昱　陈纬茜　王吉玲　邵蔷薇
陈　帅　张以涵　李　想　张新星　李伊威
冯苏龄　王　云　林闽杰　吕　音　黄子祥
蔡建新　刘炯成　甘瑋雄　林莎莉　陈婉婷
潘嘉仪　吴意恆　吴志伟　曾志江　文世坚
邝玉玲　陈美玲　鄺颖欣　梁泳诗　朱燕冰

罗宗正　姚泽林　秦江涛　陈俞利　刘腾峰
严靖欣　李荣富　李淑华　郭宏达　张伟健
欧佩芝　张玲玲　骆伟立　邹嘉俊　张　娟
梁伟亳　黄玉萍　伍锐明

6. 会计学（CGA）专业（共33人）

胡舜莹◎　萧晓彤◎　张晓丹◎　陈敏诗◎
黄令闻◎　黄淑雯◎　蔡雪丹◎　李懿悦◎
胡　洁◎　蒋　婧◎　王英博◎　黄雨飞◎
李茹婷◎　区舒华◎　杨晓颖◎　姚　婧◎
王凌苇◎　张栃文◎　周安歌◎　卢家豪◎
赖子轩◎　萧易成◎　潘燕芳◎　陆梓琪◎
陆杰良◎　何颖虹◎　钟梦茹◎　叶润欣◎
张君鸿◎　伍婉瑜◎　周绮雯◎　霍文杰◎
周倩如◎

7. 会计学（注册会计师）专业（共40人）

李春霞　陈丹红　岑穗珊　潘韵怡　袁梦娜
黄洁华　梁惠浓　郑晓盈　郑萃妍　刘　畅
林　丹　吴家静　郑　殷　李惠娟　钟仕鹏
林紫玉　孔敏宜　李颖思　邢晨宸　莫　荻
董芷汝　徐瀚适　张梦琪　何　颖　林文艳
罗静吉　李怡敏　张洁霞　孙千慧　张馨文
马诗婕　黄玉聪　曾静芸　雷　实　兰　红
潘梦琳　陈奕月　林　静　王　倩　谭骊骊

8. 旅游管理专业（共78人，其中深圳旅游学院49人）

胡　琳　魏　培　陈　浩　袁日倩　余江敏
蔡欣欣　曹剑东　邹　盈　邓伊琳　杨娟佳
谭诗瑶　王泽纯　朱静琳　布颖聪　邓家丽
王嘉俊　朱维缜　冉玉琪　林家力　黄秋玉
范文敏　周俊伟　罗应豪　陆天伦　吴俊杰
胡嘉敏　冯韵仪　柏依依　岑海欣　杨文彩▲
陈碧珺▲　苏　倩▲　林桂凯▲　卢嘉欣▲
钟燕娜▲　曹石隽▲　金小凤▲　柯司琪▲
郭静怡▲　肖燕霞▲　张伟羚▲　苏泳翘▲
岑　璐▲　张丽萍▲　佘梓嘉▲　李振宇▲
梁晓雯▲　徐甄琪▲　李颖珠▲　彭　浪▲
王　琳▲　麦天勇▲　洪沐丽▲　卢景娜▲
邱子耀▲　李定定▲　张广林▲　睢自峰▲
李玉庭▲　陈　敏▲　周　雨▲　王　洋▲
金　玲▲　钟竹岭▲　何金珂▲　席怡雯▲
宫茹楠▲　吴亚云▲　李成诚▲　秦　超▲
胡　骏▲　李　栋▲　郎有朋▲　樊　迪▲
李　霞▲　张　钰▲　廖腾峰▲　卢婉慧▲

9. 旅游管理（高尔夫与休闲管理）专业（共21人，其中深圳旅游学院21人）

卓雯婷▲　王　雪▲　钟汶珊▲　程　瑶▲
唐嘉馨▲　周晓通▲　曾　铖▲　谢　菲▲
韩　燕▲　吴芋蓓▲　刘　菁▲　卢虹岑▲
宋迎莹▲　杨靓婷▲　刘倩倩▲　王诗琪▲
王朝清▲　王　倩▲　李思懿▲　朱　然▲
楼一筱▲

10. 旅游管理（酒店与会展管理）专业（共33人，其中深圳旅游学院33人）

陈倚琦▲　卢嘉怡▲　谭卓安▲　吴贻娟▲
叶安琪▲　陈　岚▲　余雪丹▲　梁瑞霞▲
周子健▲　李如丽▲　郑舒丹▲　刘茗静▲
陈璐瑶▲　梁裕标▲　许芳丽▲　梁韵瑜▲
张　倩▲　朱韵睿▲　陈　瑾▲　黄淑芬▲
雷海鸣▲　陈建淇▲　李敏朝▲　黄启富▲
聂雅琴▲　姚钰欣▲　张美琼▲　陈曼娜▲
李红玉▲　张若晴▲　麦嘉慧▲　邝丽怡▲
梁浩峰▲

11. 旅游管理（旅游规划与景观设计）专业（共26人，其中深圳旅游学院26人）

王俊懿▲　黄　平▲　饶逸帆▲　钟瑗雯▲
吴国盛▲　秦恩超▲　苏兆宇▲　包璐璐▲
林晓文▲　王　舒▲　潘志玲▲　罗国欣▲
林浩文▲　黄一峰▲　黄琦光▲　潘木兰▲
赖碧思▲　张敏怡▲　刘文俊▲　左戴熙▲
张雨天▲　陈冠均▲　石浩男▲　罗丹羚▲
杨何白雪▲　李　睿▲

12. 市场营销专业（共83人，其中珠海校区35人）

鄺汶禧　刘舒娟　何嘉诚　吕健少　谭婉琪
韩丽月　黄羚梓　陈　波　关志荣　刘善军
关秀芝　毛周海　洪英盛　古韵声　罗颖婷
陈　勇　谭　斌　吴三三　邓　胜　罗雨晴
曹　霞　韩沛然　可德嘉娃　王忆杭　潘洋洋
崔逸骏　邵董宁　骆詠茵　王婷婷　林惠敏
周灏景　谭振业　冯悦君　姚创成　吴洁娴
黄冠昌　雷泽豪　李　恋　陈日生　区杏容
陈颖欣　徐景峰　陈肖欣　刘秀娟　陈昊勋
林鸿瑶　廖敬娟　罗远梅　郑晓宇*　李昌健*
曾志清*　许春梅*　汤　滢*　陈俏红*
黄庆林*　梁绮珊*　张　铮*　温智高*
郑康义*　柯　云*　黄伟涛*　连武盛*
梁欣谊*　林增青*　贺嘉琳*　林云海*
郑邓锋*　邱方方*　林宇博*　黄家乐*
徐　枫*　林　冰*　袁杰材*　许思仪*
刘　畅*　王　蓉*　耿丹凤*　宗　祯*

梁佩琪* 麦丽玲* 张巧玲* 郑嘉辉*
吴杰茵*

13. 物流管理专业（共39人）

仇浩然 黄秋雨 黄思思 朱 海 周耀威
冯艳琼 谢宝瑶 刘岚松 邓彦南 马乐春
侯丽雅 吴显豪 陈镇都 陈心怡 孙悦阳
邓翠金 梁文贺 陈再旺 吴顺清 罗 威
梁俊豪 李慧敏 黄楚婷 蔡英尔 叶丽娴
蔡颖聪 文伟龙 刘茹清 曾麟贵 何文蕾
梁溢濠 张 倩 林佳欣 任志享 方荣聪
谭倩雯 罗埸生 古慧妍 刘梓峰

14. 信息管理与信息系统专业（共18人）

廖俊杰 苏 鹏 区芷诵 陈子常 郭 健
余 键 林乔生 李永胜 林锦彬 梁 丹
陈汝标 钟城威 李文聪 吴丹鹤 林诗宇
张 静 高晓菲 邹 丽

15. 行政管理专业（共60人，其中珠海校区26人）

陈永成 洪丹溢 张弘奇 陈羿诺◎ 许冰梅◎
赖俊宇◎ 何 珩◎ 黎咏诗◎ 张凯文◎
李 蕾◎ 龚 哲◎ 王思奇◎ 秦 婧◎
关欣欣◎ 吴丽莎◎ 羽君桃◎ 何婉青◎
李昭媚◎ 何玉莲◎ 李美君◎ 李志雄◎
郑楚欣◎ 林碧玲◎ 叶耀声◎ 黄显楠◎
袁颖欣◎ 雷兆声◎ 刘啟隆◎ 李嘉盈◎
甘翠琼◎ 李宏亮◎ 周淑敏◎ 王淑娴◎
廖诗敏◎ 黎雅欣* 闫欣怡* 詹楚君*
陈映霞* 郭腾军* 高 宁* 丁瑞雪*
周立楠* 冼传淦* 万会芳* 吴文坚*
朱敏芝* 杨培炜* 王冠达* 周 羿*
黄 燕* 阮剑梅* 何沙沙* 田宜鑫*
戴 宁* 谢达禄* 许亚萍* 邹小娜*
梁泳欣* 胡玉雯* 黄玉屏*

16. 行政管理（企业行政管理）专业（共52人）

李欣颐 郭敏怡 池爱华 李 倩 李筱薇
卢炜欣 郑婷娟 关燕滢 许晓敏 刘子源
郭倩敏 刘晓颖 陈春翔 吕 婕 梁 峰
范玲玲 陈雪怡 梁婉仪 郑婷婷 申雍谊
范玉婷 张水玲 邓伟玲 苏海枫 李文丹
王 宁 邓骁峰 袁伟发 陈佩宜 郑嘉俊
许锋昭 李慧敏 卢绮微 杨少锋 洪艺旋
杨颖欣 李家杰 张惠萍 刘美怡 胡小龙
黄培伟 马雅珍 朱海敏 伍玉娇 薛嘉仪
叶 雅 余锦婷 黄景欣 陈健聪 陈玉晶
李艺兴 吴淑贤

17. 应急管理专业（共94人）

梁蕴仪 唐敏芝 林晓兰 舒迪远 李丹平
覃汉华 李艺盛 杨小红 田 恬 谭锦仙
吴静惠 汤铭添 苏雪君 吴恒星 谢清杏
黄佳凤 颜 虹 邓嘉渝 黄兆根 吴倩婷
周文进 吴颖然 柯智君 刘家雯 郑泽霞
曾春连 王双洁 梁焕君 罗玉洁 肖 晴
吴玲珍 黄 楗 刘 芳 谢静雯 严泽航
赖巧华 陈晓霞 陈 迪 梁玉婵 黎舒菡
张 略 罗国威 陈 坚 彭 静 彭嘉仪
陈凯鹏 曾宪宇 唐敏慧 许婉玲 梁钰萍
范祺昌 庞 俊 徐自牧 徐坤梅 房思仪
郑燕丽 陈颖铧 孙慰佳 黎穗平 陈淑怡
莫 旋 杜克文 杨世德 谢蕙蕙 陈礼鑫
林丽霞 林志强 谭东博 许 艳 陈宇波
曾宇莹 周嘉敏 李晓燕 李玲惠 谭淑烨
麦丽萍 巫嘉琪 方蔚绚 劳家璟 刘志诚
伦镇东 袁瑜蔚 黄潇鹏 邓薛良 罗 迪
李聪敏 伍湘瑜 肖 丹 李森源 沈婷婷
伍剑洪 刘斯雅 张 烨 曾芝荣

（四）教育学学士学位共26人

体育教育专业（共26人）

何志豪 陈建坤 张福华 曾子龙 冼锦华
陈建华 张 灿 柴力达 谭爱玲 陈丽珠
金春华 叶宗伟 牛恩财 罗 川 王 龙
王 泽 马开富 蒋天骐 杨 新 袁 杰
林联博 王淇锋 刘贞荣 陈永亮 郭仕贤
黄志荣

（五）经济学学士学位共545人，其中珠海校区107人

1. 财政学专业（共35人）

吴依伦 梁月佩 许湛敏 李碧妍 黄晓璐
黄碧娥 詹大伟 陆文静 邹建萍 黄翠红
陈倩茹 郑 莉 蔡嘉惠 周焕俊 蔡彩香
林浩彬 戴方婷 吴 俊 黄 浩 范文婷
李世茂 王丹菁 程 培 渠 津 潘志强
张云翔 唐 泽 朱雪琪 李晓昀 林洪志
陈家利 戴卓欣 王雯琪 李淑怡 林世聪

2. 国际经济与贸易专业（共162人，其中珠海校区38人）

陆宇骞* 陈 峰* 凡冰頔* 龙倩雯*
梁运韶* 郭俊声* 张丽敏* 曾琪森*
陈玉丹* 方广芳* 陈 怡* 陈钰龙*
黄玉源* 李健恒* 刘梦雨* 谭毅明*
刘金定* 刘奕君* 吴晓玲* 陈 尧*

王　楠* 武艳辛* 于　爽* 王　贺*
龙娅妮* 陈思予* 孙　乐* 燕　妮*
王　珂* 黄毕书* 周含筱* 林宝珍*
邓美琪* 朱家俊* 陈秀珠* 萧振英*
洪鉴江* 崔　欢* 黄舜珩◎ 钟睿哲◎
司徒若娴◎ 张　悦◎ 梁洁盈◎ 罗　瑜◎
陈伊宁◎ 张嘉燕◎ 麦夏岚◎ 黄文灏◎
林宝琳◎ 彭少兵◎ 张佳仪◎ 郑文嘉◎
黄思放◎ 雷安琪◎ 姜雅姗◎ 关浩贤◎
龚佳胜◎ 吴嘉珮◎ 陈卓贤◎ 尹雪婷◎
黄嘉敏◎ 欧金华◎ 方　瀛◎ 吕映霞◎
戴珊娜◎ 梁淑怡◎ 李艺敏◎ 欧国豪◎
欧阳林煦◎ 余锐山◎ 陈莹莹◎ 李敏仪◎
朱嘉文◎ 杨民翠◎ 蒋俊峰◎ 黄芷韵◎
张国锐◎ 邱家慧◎ 陈芷君◎ 梁淑芬◎
吴佩錞◎ 霍应伦◎ 徐浩然◎ 陈文融◎
林玥璇◎ 黄希帆◎ 鄺倩琪◎ 刘纪延
吴羽骐 陈俊明 陈丹桦 梁　媚 吴集璇
吴　丹 陈穗晶 曾晓宁 张顺媚 梁俏婷
黄晓珊 苏　越 谭馥蕾 吴静雯 黄姝婷
周嘉毅 黄　晶 熊思薇 吴诗茵 黄晓旭
李丽莉 潘永超 陈亚枚 林映君 马焕萍
袁小丹 周梓杰 黄　燕 欧淑怡 刘月婷
张心悦 贾晓煜 莫玉凤 姚　江 李　爽
蔡梦晨 李莎白 赵　媛 石　睿 赵浩洋
范　迪 林睿智 谭嘉荣 吴汉彬 陈达胜
何志添 梁鸿生 张加文 李泳诗 黄仕淦
曾妙莎 吴杰明 邓照烽 张晋豪 林卓蔚
吴杰豪 林珠爱 关冠华 谢志浩 甘凯欣
涂瀚轩 赖致远 何婉筠 黎颖珊 邓奕迅
吴思琪 黄得沛 邱兆伟 郑祐欣 陈蕴驰
林　雪 蒋超凡 冯钰荃 王　钢

3. 国际经济与贸易（二沙班）专业（共13人）

李艳梅 陈明裕 陈达裕 戚　欣 李宇俊
冯国君 边汝燕 苏　适 姜　珊 李剑鸣
苏炳添 邓丽娜 江俊贤

4. 国际经济与贸易（走读班）专业（共2人，其中珠海校区2人）

陈嘉仪* 尤静雯*

5. 金融学专业（共130人）

黄泳诗◎ 彭逸芳◎ 陈梦婉◎ 刘淑霞◎
杨楚君◎ 李国榕◎ 黎韵瑶◎ 罗　炜◎
湛蕴轩◎ 黄泽娴◎ 史　琦◎ 佘炀杰◎
傅　豪◎ 熊　巍◎ 王威梾◎ 张嘉裕◎
CHAUONNI◎ 冯倩婷◎ 麦皓阳◎ 李展雯◎
叶佩华◎ 高雅贤◎ 梁腾峰◎ 李诗敏◎
黄永城◎ 伍晓莹◎ 陈璐华◎ 黄永濠◎
祁　宁◎ 梁富杰◎ 梁咏仪◎ 许竣华◎
李慧贤◎ 陈卓耀◎ 钟振义 陈天翔 陈锦源
潘毅芸 罗浩彬 芮淑梅 谭裔江 蒋丽珍
郑丽婷 王泳恩 陈星瑾 林婷婷 蔡杰楷
钟启帆 卢桢妮 黄丽莎 冯锡鸿 王国飞
钟祝赞 梁燕斌 曾峙轩 林　志 钟振棠
邝健允 戴雨健 周家驹 宋玉婷 李诗然
马从祥 冉　星 宣晓雯 牛　洁 李　煜
张博宁 刘　骥 杨　飞 聂羚昊 赵　修
陈　一 王晨光 陈文琪 蒋凌宇 李碧伊
应云超 陈　晨 李天豪 邬宗翰 徐叶晶
于志斌 王梦原 杜　巧 刘惟婧 曾晓妍
夏　婧 胡安其 何锦明 谭詠红 李振浩
吕志伟 黄　华 张　强 尤雅君 王丽丝
陈华昌 陈子坚 曾向业 林家乐 于洋子
蔡竹筠 郭向培 廖伟康 冯务君 陈嘉仪
陈慕樺 唐诗婷 周煜新 姚思琪 王　勋
梁玉珍 李家其 关永盛 方咏诗 李文海
万聪慧 于　刚 刘洁飞 李沁杭 梁伟珊
叶键钊 刘诗诗 廖伟珍 王志心 刘林丰
宋　斌 江韵怡 刘嘉伟

6. 金融学（含保险方向）专业（共1人）

林国澧

7. 金融学（金融工程）专业（共67人，其中珠海校区67人）

焦　扬* 何荣儿* 黄阳彬* 林松华*
陈文海* 冯秋丽* 张　晨* 罗　黎*
郑鹏辉* 曹智彬* 傅婷婷* 贺梦真*
林佩贤* 黄碧丽* 吴复申* 姚逸群*
林锡东* 郭晓瑜* 冼健怡* 叶　聪*
肖　潇* 沈钟杰* 刘博文* 邓飞燕*
郭　杰* 黄静西* 徐　闯* 王雪曼*
李科峰* 靳　蕤* 夏心怡* 陈玮琪*
丁　芬* 刘冬冬* 李晓行* 李蕙荃*
韩韵秋* 曹庆龙* 高志立* 何宗倩*
张梦婥* 夏钰鸿* 黄　静* 谢松珊*
薛　莲* 潘亦铭* 张　樟* 姚泽广*
刘佳琳* 刘佳佳* 王宇星* 樊婧涵*
李　哲* 王　曦* 赵妍妍* 廖骁玉*
詹雯婷* 刘华阳* 饶　盼* 吴琛兼*
张永康* 罗智江* 黄凯榆* 陈长泓*
林嘉良* 邱志龙* 卓万兴*

8. 经济学（含投资经济方向）专业（共 3 人）

罗梓泓　徐丽燕　陈瑞贤

9. 经济学（投资经济）专业（共 57 人）

李杰铭　刘大地　杨宇明　曾业彭　王开源
秦曼华　倪　昊　何伟平　郑秋生　周燕婷
黄斯洁　刘光天　罗雨馨　王　芸　郭俞雅
林　键　欧蔚烨　王　芸　吴晓隆　林一梅
刘志江　吴汉强　林　彬　张翘阳　陈冠宁
潘浩然　卓奕宏　陈卓嵘　张舒婕　孔舒凡
彭　璐　刘　苏　王赋桐　刘　晗　江　瀚
方　冉　黄嘉豪　潘嘉贤　李伟生　吴绮萍
何嘉文　黄熹洛　杨钧鸿　温卓奇　李健林
邓美欣　王嘉仪　梁沛棋　王沛祺　李盛佳
陈子华　刘杰星　何嘉雯　陈震辉　蔡佰廷
杨志祺　CHANKALAI

10. 统计学专业（共 37 人）

林建豪　梁维聪　何卓林　方雅兰　张德强
詹世有　唐志安　杨承龙　林育松　陈洁雯
胡志鹏　罗圻娜　刘付戊龙　王芝佳　韩安琪
贺　佳　储承天　游欣怡　陈　潇　黄　燕
马玉琪　金　璐　王高昂　余海洋　张慧晶
邹　燕　邓小磊　彭嘉璐　杨　爽　白石博文
马佳羽　严　隽　王文静　赵子昭　王子惠
李燕婷　李仕泳

11. 统计学（精算学）专业（共 38 人）

李颖怡　郑洁瑶　李铭钊　周燕云　吴宏鹏
修　品　王莘毅　郭　放　袁佳林　邓　智
李文坚　黄晓琳　徐梁樑　李国斌　刘珏智
郑恺麒　聂　醒　郑晓臻　周绚菲　卢彩华
谭雪莹　李良嘉　孔德希　朱爱凝　苏颖澄
唐无为　朱安全　林依林　杨媛媛　何　靖
陈　瀚　陈　业　李　欣　谢国雄　萧湘汝
钱俊明　蔡永岳　关少聪

（六）理学学士学位共 270 人

1. 环境科学专业（共 17 人）

汤加怡　陈　锐　黄少波　陈键准　古诗敏
郭晓敏　柯丽斯　吴鹏辉　骆昌朗　黄韵怡
韩明亮　李　杨　李英艳　郭文超　连　欢
刘鑫彤　王　骥

2. 生态学专业（共 18 人）

林枝稳　赖源裕　周泽松　张大达　朱思娴
余建明　蓝于倩　吴飞强　林永红　叶嘉亮
叶东鑫　张丽珊　辛亚琼　王彦霏　程艺嘉
罗　阳　罗　杨　冯燕平

3. 生物技术专业（共 32 人）

蔡智辉　邓　劼　梁颖欣　丁燕珊　冯琳远
郑耀洋　陈敏儿　杨晓君　李俊毅　陈倩源
董昭桐　杨雁青　钟桂芳　吕　思　黎健至
蔡汉宁　陈　喆　黄汗青　戚红军　梁　宁
李晓华　田颖萍　韦著卿　王雅秋　陈婷婷
郭　洁　张驷驹　郑　泉　刘雨轩　方艾婕
叶　滨　谢兆倍

4. 生物科学专业（共 21 人）

纪丽玲　刘杰昌　杨佩雯　林瑾雯　张　涛
黄剑妹　胡穗涛　袁渝嫱　胡晨薇　皮达峰
舒　刚　蔡蔚婷　袁静茹　杨昕悦　张海洋
乔　倩　张　冰　王星月　刘宇骜　洪亦恆
欧惠怡

5. 数学与应用数学专业（共 20 人）

林国冰　麦洁银　詹翠仕　韦晓敏　郑燕娜
傅俊杰　李晓君　周　锋　赵乐俊　单锡进
李雪娇　罗俊逸　杨　佳　刘　朋　周晓娇
姜　鑫　张骁藿　胡　刚　王　敏　黎家辉

6. 信息与计算科学专业（共 26 人）

郑丽其　吴文强　王裕海　黄　绚　陈俊权
程思铤　陈　延　黄俊杰　冯　永　陈庆麟
彭胤蜂　林土钦　王宝松　杨柏龙　戴云飞
刘国晨　王静茹　马晓刚　马　骊　王长弘
张舒怡　李世龙　胡　强　李　阳　付丹龙
赵朝旭

7. 药学专业（共 53 人）

刘晶晶◎　罗宇青◎　陈用标◎　幸洁琳◎
陈晓音◎　张湫爽◎　麦梓琪◎　周晓彤◎
张孝章◎　金晓晗◎　刘景玉◎　黄　灿◎
刁灏玚◎　汪亚帷◎　陈乐维◎　区嘉雯◎
梁巧绸◎　尹婉碧◎　胡美莲◎　陈蔚莹◎
王其意　周嘉琪　冯志宏　杜靖磊　邓爱玲
刘梦珊　骆楚君　王映雪　李霭云　陆颖锶
何　颖　胡培坚　邵嘉欣　李丹妮　覃夏灵
覃小峰　张　落　杨梦佳　常铁群　叶诚沛
罗　彪　黄嘉欣　李嘉文　关晓婷　梁茵仪
陈誌桀　蔡嘉文　袁　维　李健华　张世华
冼凯棋　吕军华　谭雪莹

8. 应用化学专业（共 40 人）

李依璘　罗丹丹　连开满　招振楠　张文娴
邓锡柱　方增滨　黄平辉　钟颖儿　刘世健
冯华均　黄志娣　邓罗鸣　涂阳墨　何　楠
罗创龙　黄永辉　曾均伟　温加发　骆健俊
陈开飞　高小兵　庞冠华　庄泽人　祝　强

王　涛　杨　欢　刘　旭　金宏磊　高　闯
任　东　杨晨艺　赵　果　童　馨　叶　茂
郭春阳　何金桃　陈　曦　潘丽婷　何浩扬

9. 应用物理学专业（共22人）

陈汉林　彭作声　祝振峰　邱健源　詹伟艺
吴泽鑫　梁　锦　黄　强　邓喜荣　叶梓灏
吴明晓　郭韵莉　丁银泽　苏达思　郑耀宏
张冬冬　余笑梅　张小雪　杜连欢　张　衡
周杨凯　曾东荣

10. 中药学专业（共21人）

黄桃芬　林错谊　梁成君　张新才　刘杵胜
陈小丽　吴学胜　陈小梅　袁美婷　吴远洪
洪洁雅　陈淑婷　许伟豪　徐汶延　张　英
张有龙　卫　涛　薛子川　郭　玮　孙　阳
黄春燕

（七）历史学学士学位共28人

1. 历史学专业（共25人）

张益维　黄小瑜　徐莹雪　李冠峰　林泽斌
蔡　托　黄元新　杨　骅　胡思雅　肖啟良
白子欣　植　茵　宋迪娜　魏铭恺　李金鹏
王　硕　姚祝靖　贾晨澜　陈　炜　石华华
黄　冉　李晓玥　王美苹　陈　琳　陈松华

2. 历史学（师范）专业（共3人）

杨丽华　林嘉俊　陈玉冰

（八）文学学士学位共675人，其中珠海校区97人，深圳旅游学院41人

1. 播音与主持艺术专业（共22人）

梁星月　黄晓璞　李　崧　叶紫辰　何殷茹
伍时杰　陈　诗　王　添　蒋晨曦　张　玺
张欣然　谭琳瑾　吕若凡　方　舟　曹力丰
迟芳思　宋明怡　江梦阳　王　洵　龙颖琳
陈　恋　李国鋮

2. 导演（影视编导）专业（共11人）

朱加宁　蒋碧茵　康思齐　谢素娟　刘梦影
陈博文　姚　兰　李天奕　王诗贻　周　嘉
吴志勇

3. 动画专业（共23人）

雷诗颖　梁昕如　黄靖堉　刘天慈　叶锐华
陆斌红　许智瑛　郭淳凤　叶嘉乐　杜镇江
邓锦莹　赵明璞　陈心怡　戴熙为　徐慧杰
黄俊凯　杜连园　孙思琴　胥云梦　刘日丹
贺娅林　黎定军　赵丹霖

4. 对外汉语专业（共28人）

赖小霞　李安琪　沈芳璐　许晓玲　陈晓琪
钟玲玉　陈嘉文　叶雅芬　钟俊辉　丁燕聪
陈嘉韵　林　鹭　唐香婷　农心如　陈祉桦
蒋圆圆　胡艳林　曾绍林　刘　新　黄逸群
田力男　薄宇佳　黄凤媛　王晓丹　牛菲儿
黄宏君　杨美诗　贾娜尔·木哈什

5. 广播电视新闻学专业（共49人）

麦诗敏　郭梓泓　李镇煒　黄宝莲　陈昱龙
叶　露　杨小静　陈　翊　饶若曦　曾玲玲
黄春朝　吴丽雪　钟静文　周卓尔　陈冰淳
甄　妮　刘　存　张德宏　纪晓煊　曾玉婷
吴诗琪　彭小依　陈云峰　丁亚雁　王宝龙
成方舟　苏　晴　李凯嘉　李湘君　肖晓艳
方　锶　杨鸿蒙　何佳佳　张　琪　李翠萍
黄晓琴　黄兆文　黄嘉丽　何伟珊　郑佳超
张丽君　李小波　廖颜因　沈　静　梁启骏
莫竣威　刘咏欣　柯　健　刘俊均

6. 广告学专业（共73人，其中珠海校区21人）

杨晓欣*　李　胤*　陈丽萍*　刘晴子*
刘碧珠*　黄尚青*　陈健文*　朱文钿*
张经纬*　任　萍*　陈忆湄*　宋莎丽*
余杭玉*　季凯平*　韩馥檀*　吴　婷*
万　可*　茹超英*　谢晓璐*　卓婉芳*
何浚明*　梁丽霞　张骏宇　程晓君　王艺霖
胡碧玲　冯瑞晶　芮梓梓　黄　铿　陈晓莹
吴凯利　陈立贤　杨思宇　余　晨　李绮莉
徐伊琳　何文桃　任伊琳　高倩青　朱晓霖
彭宇骏　黄芳妍　谭海琳　马思思　吴　楠
吴凯欣　黄敬腾　李婉馨　黄家明　黄丽英
何卓男　陆　璐　林釗源　张月蓬　梁嘉令
黄欣妍　许金铭　欧德坚　陈雁嫦　欧德星
蓝　岚　乡志飞　李亮业　劳绮琪　谭咏欢
刘家乐　林嘉彤　杨嘉瑜　林晓文　李媚娟
刘学维　温凯怡　赵嵩赫

7. 汉语言专业（共19人）

胡家榕　区瑞见　林培芬　梁晓玲　郭艺佳
陈　曦　雷思远　张　曦　胡佩敏　彭伟丽
李佳敏　曾雅婷　郑　恒　孙碧泽　唐已琴
蒋玉霞　陶安娘　强国鑫　李　莉

8. 汉语言文学专业（共32人，其中珠海校区28人）

邓力维*　吴青芸*　钟美玲*　陈金燕*
吕桢华*　方照强*　林佩红*　颜淑雯*
曹丹芝*　谢丽智*　杨永文*　莫丽铃*
郑南翔*　陈文庆*　叶　婷*　李晓玲*
马迎真*　唐柳菁*　丁　茜*　李佳益*

姜雨薇* 杨 帆* 卢秋池* 杨钦程*
汤小莲* 苏 希* 张海伦* 周 闯*
陈丹丹 陈景熙 王廷晟 郑淑雯

9. 汉语言文学（基地班）专业（共40人）

练思思 黄韵霏 何翘楚 陈奕锶 杨 湄
何映璇 何丹丹 陈 洁 蔡伊淳 庞海露
叶 倩 张骊莎 莫静雯 张丽颖 李丽雯
于 姗 李妍卉 李蔓铃 招茵茵 张敏怡
李慧洁 罗 丹 朱明健 陈 琴 张玉洁
柏 华 陈玉华 吴 霜 冉毓羚 何 妍
张 阳 薛莹莹 范瑞琪 董国保 吴南开
何静寒 李诗媛 张雪彦 晁紫烟 方路祎

10. 汉语言文学（师范）专业（共10人）

黄詠欣 宋梦怡 周 笑 赵泳颜 宋亚华
黎笑怡 梁丽君 林洁珊 杨佩霞 尹燕玲

11. 美术学（中国书画鉴赏）专业（共15人）

刘晋达 靳 琎 姚文祺 周 全 李 代
左吉龙 田 珊 姚凯琳 赵晓旭 吴世一
虞 垒 王劲松 柳馨娴 谢 淼 蔡亦如

12. 日语专业（共45人）

钟俊彦 陈詠欣 王洁莹 卢晓敏 黄惠丽
彭 浪 刘秋贤 李绮媚 林志提 朱少平
冯婉莉 郑晓惠 黄燕清 易 寒 黄丽丽
马冬梅 朱 丽 张弘申 王 倩 周 曼
刘 梦 苏锦财 李淑玲 蔡振源 袁顺苑
林国鑫 许洁华 麦思漫 陈霭昕 翁 馨
谭嘉威 李宝华 李秋香 田永颖 郑雅文
朱雯蕙 陈式曦 黄跃婷 张淑慧 谢子健
罗可颖 何建仪 麦婉菁 王佩榕 孔鈺生

13. 日语（商务管理）专业（共1人）

易骏燊

14. 戏剧影视文学专业（共12人）

陈永威 林 葵 张育彬 梁楚芸 张 冰
赖宝莹 姚楚珊 林晓慧 李彦蕊 余洪清
彭倍思 金美意

15. 新闻学专业（共59人）

胡文卿 李天一 巢文芯 柯倩杏 蔡莹莹
刘淑君 潘俊珺 姜拔萃 梁祎祎 许俊仟
何凤蝉 梅 丹 卓越冰 林晓湄 梁健航
陈奕杭 王 涵 梁家燕 陈艳娟 巫 珩
钟 梁 庞 茗 袁敏嘉 黄勇浩 刘瑞妮
欧婉霞 刘锡亮 招韵倩 李 芯 吕韵婷
谢 婷 骆紫妍 蔡永威 欧静虹 曾冠立
赖 拓 黄荟云 任莹莹 吴 燕 金 麟
高 荧 彭丽明 张诗婉 王艺驰 雷册渊
杨泰宇 吴 佳 吴天仪 朱成方 曹雨欣
成 婷 毛怡玫 张金凯 邹 新 庞嘉洁
孟 莹 张浩蕾 张馨苑 骆红梅

16. 新闻学（国际新闻）专业（共31人）

谢锐深 谢进亨 卢诺榫 王 倩 关家明
周月华 高嘉灏 陈治华 彭楚华 林荔娜
吴津津 郑馨儿 梁奕澄 杨银凤 郭敏仪
黄翠兰 邓丽玲 李俏文 冯翠珊 吴碧莹
陈斯敏 杨艳妮 伍立基 梁 菁 黄文儿
金伶俐 麦淑韵 林诗敏 钟浣婷 林 都
郑伉丝

17. 音乐学（音乐艺术表演）专业（共7人）

陈慧欣 梁洪玲 伍朝辉 唐 卓 李 果
于尚明 徐 靖

18. 音乐学（作曲与电脑音乐制作）专业（共2人）

康潇然 李昱蒙

19. 英语（翻译）专业（共43人）

安杏雯 王 璐 黄斯敏 刘丽秀 余碧茵
蔡爱玲 金诗诗 黄恒凯 李婷婷 徐静宇
闫 琳 韩 蕾 廖勤慧 尹嘉伦 郑婉婷
陈泳仪 李莉敏 庞美珊 陈超慧 朱倩怡
劳小敏 陈浩奇 萧敏洁 倪紫婷 邓芷君
黄光泽 黎明明 麦洁柔 余巧玲 梁婷欣
钟慧敏 叶慧珊 古俊苑 解天强 廖汶希
徐健成 陈晓莹 庄舒涵 伍定强 陈嘉琪
邓锦鸿 张宇嫜 萧眾威

20. 英语（商务管理）专业（共115人，其中珠海校区33人，深圳旅游学院41人）

陈倩琪* 黎晓雯* 肖婉莹* 张曼玲*
赖雪莹* 吴秋莹* 庄颖倩* 庞海艺*
王佳宜* 黄 颖* 蔡道驰* 梁玉文*
蒋微累* 叶嘉红* 易建芬* 刘锡赟*
董海钰* 栾伟霞* 曹 岷* 彭 玲*
周 玲* 赵方瑜* 余敏珠* 李婉秋*
郑詠琳* 张咏仪* 胡雪儿* 王婷婷*
李楚瑶* 赵翠芳* 彭晓君* 李润恩*
何品汶* 陈颖捷▲ 何柳琼▲ 郭昱然▲
吴智敏▲ 李 飘▲ 陈兴华▲ 区嘉雯▲
李雪芳▲ 伍雅煊▲ 李琦峰▲ 陈嘉琦▲
邬清霞▲ 卓嘉丽▲ 张 黉▲ 张 蕊▲
蔡蔚然▲ 许洁婷▲ 吴東恩▲ 周灵琨▲
李甄欣▲ 曾常春▲ 郑秋萍▲ 符 斌▲
梁树清▲ 陈 灿▲ 徐梦倩▲ 王君娴▲
罗 超▲ 邓秋虹▲ 汪飞宇▲ 杨 静▲

王冰新▲ 向 帆▲ 江 岸▲ 李肇骞▲
蒲 凡▲ 胡文静▲ 陈 婕▲ 文 涛▲
张 蕾▲ 吴佳蔓▲ 秦颖思 赖 沁 王天倩
王婷婷 黄佩云 陈燕君 吴映雪 赖燕昭
刘 丹 吴梅芳 韩竞萱 邢振航 郑航航
王 倩 何影雪 何斯静 郑诗敏 李宝玲
谭茵茵 邓紫琪 罗嘉倩 钟佩玲 初 红
许红美 戴清琳 颜庆君 任啟暉 蔡汶秀
关颖瑶 李琛怡 崔凤鸣 吴嘉玲 袁家灵
伍秋玲 陈威艺 陈怡臻 江宇静 江宇欣
陳衍佟 曾宝仪 莫绮婷苏菲亚

21. 英语（语言文学）专业（共38人，其中珠海校区15人）

张艳莎* 邓艺思* 黄清媚* 李颖仪*
陈子冰* 吴晓丹* 敖丹婷* 郑智玲*
梁倩媚* 林 慧* 姚 茜* 池宛诗*
顾巧玲* 赵 珊* 谭家宝* 王 晴
李碧君 翟婷婷 余婧妮 胡 昳 刘菁菁
刘 谕 方丹娜 王 琳 李芷翘 李玉华
李萍香 纪 媛 王雨薇 陈嘉欣 李艺涛
高梓峰 方伟雄 林瀚文 黄志玄 彭瑜欢
许敏妮 廖诗瑋

（九）医学学士学位共195人

1. 护理学专业（共24人）

叶云凤 何钰莹 何鸿文 黄碧秋 唐青云
钟美婷 刘莉玲 陈菁菁 袁露茜 段琬璐
黄亚平 王一玮 武 健 孙孟羚 刘 钰
皇庭芳 黄少群 刘敏宜 梁锐明 陈碧韵
罗建超 曾国英 马圣宝 游梓傑

2. 口腔医学专业（共36人）

黎永光 黄琳砚 陈子豪 张健娜 杨小颖
吴 泳 陈晓雯 吴智斌 杨云珍 练楚文
叶秀华 郭柳婷 田勇新 李婷薇 江玉旺
卢志远 许晶晶 王伟唐 胡 婕 谈济洲
符之熙 陈晓虹 梁 叶 杨 雪 周 洁
李知娟 蒋扬眉 刘虹伶 周 俊 顾思成
许 帆 梁秋云 谭梓櫟 陈跃元 朱浩德
徐泽荣

3. 临床医学专业（共94人）

彭 博◎ 陈思言◎ 廖 婧◎ 周 颖◎
李 磅◎ 叶嘉宝◎ 郑 斌◎ 张宇帆◎
杨 敬◎ 林锦堂◎ 彭淑荘◎ 容晓元◎
麦卓盈◎ 黄骏荣◎ 庄小梅◎ 谢松欣◎
侯于玲◎ 麦嘉健◎ 何颖嫣◎ 邓子勤◎
黄嘉玲◎ 尹广夏◎ 陈鈺明◎ 潘韵新◎
黄智军◎ 颜邦耀◎ 郑有辉 王锦添
黄亮达 朱思捷 冯仕彪 曾倩红 罗兆峰
苏嘉敏 黄嘉敬 李嘉诚 李 朦 何杜萌
梁嘉豪 梁海琪 杜梦茜 刘灼玄 吴韵芳
吴淑宁 曾婉君 许少君 唐敏聪 黎乐善
叶加励 蔡锦聪 王宇健 褚冠玲 庞碧徽
谢 翰 陈金莺 庾淦深 陈彩欣 吴 璇
陈 彦 肖培培 刘晓丹 陈德扬 徐建兵
钟科星 梁小辉 李伟健 欧阳家耀 陈志明
詹四珍 苏 春 陈文朴 黄楚婷 李艺域
钟晓龙 詹杰彬 廖世荣 叶小蓉 李金乾
李觉辉 柳佳利 王 珣 李 勤 郭小双
刘 洋 韩明珊 孙 浩 徐晓鹏 王 琼
陈云玉 刘萍莉 马刘红 何 睿 王婧蕾
范静婧

4. 针灸推拿学专业（共19人）

姚淑晶 曹家栋 胡汉通 何健美 李妙铿
林逸民 黄 斯 林福胜 曾晓婷 樊 辰
朱浩浩 苏春雨 迪更妮 智 恺 林祥燊
徐 萍 邓丽群 陈铭濠 张东花

5. 中医学专业（共22人）

张哲瑛 谢永馨 刘冠亨 彭飞蝶 李少鹏
李洲义 周慧珺 汤浩锋 周健华 窦 鹏
李冰冰 王铭铭 别凤杰 孔俊博 黄卓健
张姵葶 廖新华 蒋沅澄 李俊豪 蔡少欣
曹炜光 佟 义

注：带*的为珠海校区学生，带▲的为深圳旅游学院学生，带◎的为国际学院全英教学学生。

2013 年夏季毕业并获授学士学位的全日制本科留学生名单

（共 90 人）

（一）工学学士学位共 1 人

食品质量与安全专业（共 1 人）

HELEN SUKOWIJOYO◎

（二）管理学学士学位共 16 人

1. 工商管理专业（共 6 人）

YEOH KEWI HOE
CHAI TUNG YEN
TEU CHIN WEI
TU NHA AN
Indriany
JONG KAI FOONG

2. 会计学专业（共 1 人）

JOE WAI CHOW

3. 会计学（CGA）专业（共 4 人）

LAI CHEE YIN◎
NATANAEL SUKOWIJOYO◎
HANDY TASLIM◎
GERARDO HARTONO◎

4. 市场营销专业（共 1 人）

TUN LIN

5. 物流管理专业（共 2 人）

CHANG WAN YEE
ZHANG ANGELA

6. 行政管理专业（共 2 人）

VIVIEN HO ZHING YING◎
Quan Yu Wong◎

（三）教育学学士学位共 34 人

华文教育专业（共 34 人）

HO HONG YAO
ARIYA KARNJANASIRISAKUL
Nopphorn Sangkiedtiwong
KLAYFAN VIMOLKIATTISAK
VAN CHRISTIKA
Emi Susanti
SASTIKA TANIADY
REGGIEVIA SANTOSO
LILIAN STEPHANI LIE
PRISCILIA CHANDRAWIRA
TRISNA SANJAYA
ALBERT SURYA WIBOWO
ARI MUKTIA PRATAMI
NUBTHONG KLINSUDJAI
YULIANA ALIANA JUANDA
SIRINAN SUWANNARAT
STEPHANIE YUNIARTI PURNA
ELLEN WIJAYA
ONEMANYVONG BOUNSEE
HOBSON VICTOR ANG CHENG
ASHLEY COLAR PERRA
MA. ABBYGALE BIANCA DRILON DANTE
SHEILA RAE NG CHUA
ALFIE HANZEN SING MAGNO
MARIA EVANESSA DAGLE BACUS
LAW YUN QI
NATALIA ERLI
CHUTAPORN DAHA
HOURT SREYNET
TANG KEANG HENG
CHIV NO
THANGPITAKPAISAL SIRIPA
WONGPHAN SIRAPRAPHAPRUT
PATCHARIN KUSON－EAM

（四）经济学学士学位共 12 人

1. 国际经济与贸易专业（共 10 人）

Vonny Wiguna Sugino◎
MERKER VALENTINA◎
Santrianto◎
SELVI ANDRYANI◎
Indra Gozali◎
Natalia Pamela Ruslim◎
Jinhak Tark◎
Felipe Wu Choi◎
TUN OO◎
FENNY WIJAYA

2. 金融学专业（共 1 人）

DARIUS RAMLI LIE◎

3. 统计学（精算学）专业（共 1 人）

TING HIU TUAN

（五）理学学士学位共 1 人

药学专业（共 1 人）

ARR KYUN◎

（六）文学学士学位共 11 人

1. 广播电视新闻学专业（共 1 人）

LEE CHING SHING

2. 汉语言（商贸汉语）专业（共5人）
SUCHAWALEE THANYALAK
THAWEESAKJAROEN THIPAKORN
Philip
PRANGTHIP ROJANASINGSAWAD
CHASOOKJIN
3. 日语专业（共1人）
SUHARTINI NELLY INTAN
4. 英语（翻译）专业（共3人）
Ho On Ki Angela
Stefania Chang Li
Lisa Chang Li
5. 英语（商务管理）专业（共1人）
Tiffany Joek Jien Cheng

（七）医学学士学位共15人

临床医学专业（共15人）
AMARA MANOJ KUMAR◎
GADHAM HARSHAVARDHAN◎
RAGULA NAVEEN◎
JOSHNA ANUTHYA EATE◎
MACHA NIRANJAN REDDY◎
PARITOSH VERMA◎
CHERYL CATHERINE◎
HOORUNNISA RAISSA BANU◎
PUPPALA NEELI SAGAR◎
PEDDI VANISHA◎
MEDABALIMI VIVEK◎
WONG WAN FEI◎
SU LEI LEI HTUN◎
TYE KIAN DENG
HLA HLA MYINT

注：带◎的为国际学院全英教学学生。

2013年夏季补授学士学位的全日制本科留学生名单

（共1人）

文学学士学位共1人

汉语言专业（共1人）
PANNIDDA MANIVONG

2013年夏季毕业的全日制本科学生名单

（共13人）

（一）播音与主持艺术专业（共2人）

周悦珊　杨雪怡

（二）广播电视新闻学专业（共2人）

李娇霞　郑曼婷

（三）广告学专业（共2人）

劳宇翔　刘宇珩

（四）国际经济与贸易专业（共1人）

陈家豪

（五）旅游管理（含会展管理方向）专业（共1人）

徐铭均

（六）市场营销专业（共1人）

梁嘉欣

（七）体育教育专业（共3人）

杨坚良　祝健涛　贾　帅

（八）行政管理（企业行政管理）专业（共1人）

王　岩

2013年夏季第二批获授辅修双学位的全日制本科学生名单

（共102人，其中珠海校区7人）

（一）法学学位共22人，其中珠海校区3人

法学专业（共22人，其中珠海校区3人）
潘晓希　王天倩　麦夏岚　赖应谦　唐敏芝　舒迪远　李丹平　吴静惠　罗　迪　黄晓璞　叶紫辰　伍时杰　尤　越　陈菁菁　颜淑雯　黄　冉　李　代　刘　钰　赵丹霖　谢达禄*　杨　帆*　王子聪*

（二）经济学学位共 19 人，其中珠海校区 4 人

1. 国际经济与贸易专业（共3人）

关秀珊　周子健　梁韵瑜

2. 金融学专业（共4人）

李　扬　陈晓莹　林惠萍　屈正祥

3. 金融学（金融工程）专业（共4人，其中珠海校区4人）

袁　霞*　林　慧*　陈丽兴*　任恩泽*

4. 经济学（投资经济）专业（共8人）

易　寒　胡思雅　欧嘉俊　岑　璐　曹雨欣
程慕祺　张　斌　谢子健

（三）文学学位共 61 人

1. 新闻学专业（共8人）

李金泳　张益维　魏　野　柯智君　王　琳
李芷翘　蔡爱玲　李晓玥

2. 英语（商务管理）专业（共53人）

陈颖衔　罗雨馨　蒋丽珍　梁　媚　刘月婷
王泽纯　陈海潮　吴舜仪　田　恬　谭锦仙
黎舒菡　范祺昌　郑燕丽　陈礼鑫　袁瑜蔚
邓薛良　巫　珩　李安琪　钟玲玉　林　鹭
吴瑞蓥　郭韵莉　邱伟洽　黄若琳　赖银端
张晓韩　黄卓瑶　王慕兰　邓锡杜　黄纾丽
于志斌　贾晓煜　史庭辉　王　宁　黄荟云
王美苹　刘　新　周杨凯　李静静　朱　虹
柳林依　杨昕悦　王星月　王一玮　张　琪
李慧敏　罗颖森　李艺敏　李沁杭　颜巧玲
何静男　李惠珊　梁泳欣

注：带*的为珠海校区学生。

2013 年夏季第二批毕业并获授学士学位的全日制本科学生名单

（共 337 人，其中珠海校区 84 人，深圳旅游学院 14 人）

（一）法学学士学位共 13 人，其中珠海校区 1 人

1. 法学专业（共9人，其中珠海校区1人）

蔡锦翠　赵朝新　欧泳辉　李芷岚　欧阳静蕾
周鼎鈺　文嘉洛　钟宝尧　陈晓君*

2. 国际政治（国际关系与对外事务）专业（共1人）

聂子洪

3. 国际政治（国际经济关系与外事管理）专业（共1人）

张祖慰

4. 知识产权专业（共2人）

吴子霖　张宇皓

（二）工学学士学位共 45 人，其中珠海校区 13 人

1. 包装工程专业（共2人，其中珠海校区2人）

王典锋*　陈慧龙*

2. 材料科学与工程（功能高分子材料）专业（共1人）

倪　琪

3. 电气工程及其自动化专业（共5人，其中珠海校区5人）

蓝汉江*　罗　沙*　陆泓锋*　贺睿婷*
陈世昌*

4. 电子科学与技术专业（共2人）

李　扬　陈文飞

5. 电子信息工程专业（共5人，其中珠海校区1人）

周松潮*　谢书传　庄少杰　饶椿梓　祁美媛

6. 环境工程专业（共3人）

朱　丞　张海平　吴维伦

7. 计算机科学与技术专业（共8人，其中珠海校区4人）

蔡信校*　黄俊睿*　高家驹*　傅文沛*
尹宇桓　黄伟帝　陈楚文　张润豪

8. 软件工程专业（共3人，其中珠海校区1人）

曾嘉健*　徐　齐　李健家

9. 生物医学工程专业（共3人）

叶锡添　呼思勒　屈正祥

10. 食品科学与工程专业（共1人）

陈伊莉

11. 食品质量与安全专业（共3人）

谢栋栋　钟政光　张祺乐

12. 通信工程专业（共2人）

龚　恽　宋　杨

13. 土木工程专业（共3人）

庄凯翔　詹杰明　杜宏骏

14. 网络工程专业（共3人）

李龙飞　沈晓辉　石志辉

15. 信息工程专业（共1人）
钟剑力

（三）管理学学士学位共99人，其中珠海校区38人，深圳旅游学院10人

1. 财务管理专业（共8人，其中珠海校区4人）
徐子健　王本杰明　芮洪洁　邓君旭　李梦琪*
张景奕*　胡宁宁*　宋杰慧*
2. 电子商务专业（共2人，其中深圳旅游学院1人）
林裕凯　许雪莲▲
3. 工商管理专业（共14人，其中珠海校区5人）
赵俊荣　黄兆奇　蔡光悦　陈盈岑　李舜琛
陈嘉莉　王月琪　吴嘉慧　魏　萱　林凯邦*
武月婷*　王思齐*　高　孟*　赵健成*
4. 工商管理（走读班）专业（共21人，其中珠海校区21人）
苏志荣*　李乐森*　杨柏琛*　陈积佳*
郭英杰*　何健彬*　冼美华*　梁凯欣*
刘健樑*　吴德华*　马伟健*　黄嘉丽*
黄嘉欣*　雷桥记*　郭柏文*　黄华欣*
古嘉愉*　何宝文*　陆东明*　蒲　毅*
陈伟韬*
5. 会计学专业（共11人）
胡文豪　叶泳娟　卢慧婷　赵治华　吴小菁
刘嘉豪　卓家铭　许逸谦　黄思敏　郭玉仪
陆璐莹
6. 会计学（CGA）专业（共10人）
郑咏恩◎　吴敏华◎　席婧萌◎　甘仪婷◎
赖亮因◎　黎丹璇◎　林泽峰◎　曾诗韵◎
李思慧◎　孔令冲◎
7. 旅游管理专业（共3人，其中深圳旅游学院2人）
叶晓华　王成帝▲　廖诗雅▲
8. 旅游管理（酒店与会展管理）专业（共5人，其中深圳旅游学院5人）
叶家希▲　蓝晓珺▲　林惠萍▲　黄锦铭▲
何仲谦▲
9. 旅游管理（旅游规划与景观设计）专业（共2人，其中深圳旅游学院2人）
林　瀚▲　曾琪期▲
10. 市场营销专业（共9人，其中珠海校区7人）
李俊辉　李志信　陈志强*　沈小钰*
邝岳欣*　黄碧娟*　汤建津*　周敨能*
萧美莉*
11. 物流管理专业（共2人）
梁惠盈　李梓杰
12. 信息管理与信息系统专业（共3人）
颜玉虎　李　琴　刘　佳
13. 行政管理专业（共6人，其中珠海校区1人）
何浩文　蔡嘉明　陈海峰　李侃君◎
周梓健◎　刘冠朗*
14. 行政管理（企业行政管理）专业（共2人）
黄婉萍　严金帮
15. 应急管理专业（共1人）
李思进

（四）经济学学士学位共49人，其中珠海校区11人

1. 财政学专业（共1人）
王　丹
2. 财政学（含税务方向）专业（共1人）
余任平
3. 国际经济与贸易专业（共22人，其中珠海校区2人）
肖　晔*　孟雅旭*　庄纬泉◎　彭文杰◎
刘庆涛◎　王倩榕◎　霍应东◎　黎美君◎
张可芮◎　陈斯亮◎　岑永发◎　黄乙轩◎
徐婉ning　李劲节　欧阳良婉　刘浩翔
吴凯琪　黎锦文　王天雄　方奕宜　邵　晟
招越章
4. 国际经济与贸易（二沙班）专业（共2人）
高嘉鸣　严　振
5. 国际经济与贸易（走读班）专业（共3人，其中珠海校区3人）
王翠娟*　陆裕才*　王子聪*
6. 金融学专业（共11人）
廖　洋◎　李志达◎　魏　野◎　陈灿璨◎
胡雪滢◎　陈日斐◎　张玮瑜◎　刘江汉
黄晓丹　苏健伟　简欢铭
7. 金融学（保险）专业（共1人）
邓孝俊
8. 金融学（金融工程）专业（共6人，其中珠海校区6人）
杨　加*　陈　驰*　范迎大*　谢赛格*
张贤泽*　周宇轩*
9. 经济学（投资经济）专业（共2人）
肖伟翼　陶鹏程

（五）理学学士学位共28人

1. 环境科学专业（共1人）
林静旋

2. 生态学专业（共1人）
黄嘉俊
3. 生物技术专业（共4人）
欧嘉俊　程慕祺　边竞峰　欧辉超
4. 生物科学专业（共3人）
姜兰畹　阴宇同　王滟竹
5. 数学与应用数学专业（共1人）
欧阳杰
6. 信息与计算科学专业（共1人）
李岳峰
7. 药学专业（共9人）
赖应谦◎　陈卓怀◎　关秀珊　陈宝华
罗剑超　张　斌　马小飞　王嘉静　郭丽婷
8. 应用化学专业（共2人）
朱大朋　林卓锋
9. 应用物理学专业（共2人）
张　瑞　马荣材
10. 中药学专业（共4人）
林宇柱　陈　发　汤　宇　余雪湄

（六）历史学学士学位共3人

历史学专业（共3人）
左　飞　陈程亮　施嘉杰

（七）文学学士学位共88人，其中珠海校区21人，深圳旅游学院4人

1. 播音与主持艺术专业（共3人）
任　婧　曹秋梦　蒋昊群
2. 导演（影视编导）专业（共8人）
易　鹏　赵德勋　桑新兴　涂安东　张恺溪
黄杰帅　周　彤　梁　翌
3. 动画专业（共4人）
靳玳茜　庞昭融　余昀倩　贾　凡
4. 对外汉语专业（共5人）
袁旭君　陈嘉欣　蒋先阳　卜　实　李　晗
5. 广播电视新闻学专业（共2人）
韩旻珊　陈兴友
6. 广告学专业（共23人，其中珠海校区15人）
袁　霞*　林素婉*　刘怡然*　董丽艳*
梁伟斌*　黄曼娜*　林玉芳*　董佳乐*
余逸强*　黄美琪*　朱静宜*　梁莉莉*
黄敏娴*　高　婕*　黄宝怡*　陈心怡
陈成郸　陈嘉乐　梁燕芬　王碧燕　黄景轩
赖妘綺　李筠仪
7. 广告学（网络与新媒体）专业（共1人，其中珠海校区1人）
张　琪*
8. 汉语言专业（共2人）
张靓雨　周睿琪
9. 汉语言文学专业（共2人，其中珠海校区2人）
谭家恩*　陈家润*
10. 日语专业（共3人）
陈晓韵　张南山　黄文思
11. 戏剧影视文学专业（共3人）
童心仪　刘婉燕　姚嘉颖
12. 新闻学专业（共3人，其中珠海校区1人）
鄺焕堃*　华颖颖　薛雨欣
13. 新闻学（国际新闻）专业（共10人）
曾影影　陈淑贤　周　勤　张薏文　陈梓斌
区穗贞　陈慧敏　吴子华　何纪毅　张　铮
14. 音乐学（音乐艺术表演）专业（共2人）
刘东灏　文一旋
15. 英语（翻译）专业（共3人）
黄慧婷　刘晰晨　袁家慧
16. 英语（商务管理）专业（共12人，其中珠海校区1人，深圳旅游学院4人）
黎卓君*　黎华龙▲　林晓碧▲　林彦颀▲
朱恒伟▲　刘　丹　古慧贤　林莉敏
彭悦廷　胡诞颖　冯敏华　何　滙
17. 英语（语言文学）专业（共2人，其中珠海校区1人）
闫晨曦*　关素云

（八）医学学士学位共12人

1. 口腔医学专业（共2人）
吴燕峰　孙亨寿
2. 临床医学专业（共8人）
莫仲翘◎　卢孝安◎　秦明慧◎　黄雅哥◎
陈正豪　梁志宇　郑绮年　陈思达
3. 中医学专业（共2人）
王　昱　余安妮

注：带*的为珠海校区学生，带▲的为深圳旅游学院学生，带◎的为国际学院全英教学学生。

2013年夏季第二批毕业并获授学士学位的全日制本科留学生名单
（共46人）

（一）工学学士学位共1人
食品质量与安全专业（共1人）
Febriana

（二）管理学学士学位共3人
1. 会计学专业（共1人）
HO SHIU JOSE ANTONIO
2. 会计学（CGA）专业（共1人）
Ki Woong Um◎
3. 行政管理专业（共1人）
Zhau Fua Zhou Zeng◎

（三）教育学学士学位共7人
1. 华文教育专业（共6人）
OOI SUNG CHING
Natalia
THONGKHAM NAKHORN
SU SU SAN
CLINE CAROL JEAN
NGUYEN THI THU TRANG
2. 华文教育（C）专业（共1人）
KIM JAEWOO

（四）经济学学士学位共8人
国际经济与贸易专业（共8人）
Camacho Ledesma Jesus◎
ASKAR URAZBAYEV◎
YAN MYO OO (a) WAI HAN AUNG◎
MOHAMMED ABDULWALI AHMED ALBAADANI◎
Kovanova Yana◎
maria paula cabrera◎
SANDAR LINN◎
EI MAY ZUN

（五）理学学士学位共1人
药学专业（共1人）
STEPHANIE MELINA H-LIEN LIU-CHIT-CHON◎

（六）文学学士学位共25人
1. 广告学专业（共1人）
Chuah Huey Chyuan
2. 汉语言（商贸汉语）专业（共24人）
NGUYEN THI PHUONG
CHINTANALANTHONG
THIVAGONE PRAVONGVIENGKHAM
MAI KOK DAVID CHIN KING
LEE HEEGEOL
ZHENG ZHANG KOL MEING
MALIKA TURGAMBEKOVA
SONIA CANDRA
Binsar Hamonangan
NHAN THI THUY LINH
VARNNAPRAN PATANOTAI
PAWARIT TASANAKUL
Elisabeth Jeannie
KAEWNGAM SOMPORN
MEGA GRISELDA SETIAWAN
Steaven Chandrawira
Yenny Wijaya
Stephie Young
PATY MAK LI
Lidia Eviany
FINNA LIMINDRA
Chutintorn Ruangrungchaikul
NGUYEN DIEU LINH
ILAN TAY CHEN

（七）医学学士学位共1人
临床医学专业（共1人）
SABAH ALAWI THABIT◎

注：带◎的为国际学院全英教学学生。

2013 年夏季第二批毕业的全日制本科学生名单
（共 9 人）

（一）广播电视新闻学专业（共 2 人）

郭雨晴　王　滢

（二）旅游管理专业（共 1 人）

张钜毅

（三）日语专业（共 1 人）

许珍美

（四）市场营销专业（共 1 人）

吴詠仪

（五）体育教育专业（共 1 人）

赵云涛

（六）新闻学（国际新闻）专业（共 3 人）

卢泳茵　韩峻峘　何国伟

2013 年冬季获授辅修双学位的全日制本科学生名单
（共 3 人）

（一）法学学士学位共 1 人

法学专业（共 1 人）

刘楚滢

（二）文学学士学位共 2 人

英语（商务管理）专业（共 2 人）

陈　敏　贾晨澜

2013 年冬季毕业并获授学士学位的全日制本科学生名单
（共 30 人，其中珠海校区 8 人）

（一）法学学士学位共 1 人，其中珠海校区 1 人

法学专业（共 1 人，其中珠海校区 1 人）

陈茂帆*

（二）工学学士学位共 5 人，其中珠海校区 1 人

1. 电子科学与技术专业（共 1 人）

叶建洪

2. 工程力学专业（共 1 人）

陈明驰

3. 计算机科学与技术专业（共 1 人，其中珠海校区 1 人）

彭俊洛*

4. 食品科学与工程专业（共 1 人）

涂浩暄

5. 土木工程专业（共 1 人）

田　川

（三）管理学学士学位共 9 人，其中珠海校区 3 人

1. 工商管理专业（共 2 人，其中珠海校区 1 人）

张俊杰　曾华富*

2. 工商管理（走读班）专业（共 1 人，其中珠海校区 1 人）

郭佩莉*

3. 会计学专业（共 1 人）

林　智

4. 市场营销专业（共 4 人，其中珠海校区 1 人）

李锦滢　王　晶　徐振东　柴山桥*

5. 行政管理专业（共 1 人）

刘楚滢◎

（四）经济学学士学位共 8 人，其中珠海校区 3 人

1. 国际经济与贸易专业（共 3 人，其中珠海校区 1 人）

陈华均*　李秉宪◎　余耀辉◎

2. 国际经济与贸易（二沙班）专业（共 2 人）

李　翔　张东润

3. 国际经济与贸易（走读班）专业（共 2 人，其中珠海校区 2 人）

李　璐*　萧文乐*

4. 金融学专业（共 1 人）

刘炜志

（五）理学学士学位共 4 人

1. 环境科学专业（共 1 人）

付一泽

2. 生态学专业（共1人）
张倩雯
3. 药学专业（共2人）
马文涛　张汝灿

（六）历史学学士学位共1人

历史学（师范）专业（共1人）
庄怡谋

（七）医学学士学位共2人

1. 口腔医学专业（共1人）
陈跃夫
2. 中医学专业（共1人）
林桂茂

注：带*的为珠海校区学生，带◎的为国际学院全英教学学生。

2013年冬季毕业并获授学士学位的全日制本科留学生名单
（共4人）

（一）经济学学士学位共3人

1. 金融学专业（共2人）
HARIANDI JI◎
EII NWE
2. 统计学（精算学）专业（共1人）
CHEUNG JUNG KUENG

（二）文学学士学位共1人

汉语言（商贸汉语）专业（共1人）
ARTIT　LAOFU

注：带◎的为国际学院全英教学学生。

2013年冬季补授学士学位的全日制本科留学生名单
（共1人）

文学学士学位共1人

汉语言（商贸汉语）专业（共1人）
THANABOUN VONGDEUANE

2013年冬季毕业的全日制本科学生名单
（共2人）

（一）旅游管理（含会展管理方向）专业（共1人）

王　沫

（二）英语（语言文学）专业（共1人）

黄品涵

2013年冬季毕业的全日制本科留学生名单
（共1人）

汉语言（商贸汉语）专业（共1人）

SITTHICHAI VIJITVONGTHONG

（以上教务处供稿）

2013 届研究生毕业生名单

2013 年暨南大学授予博士、硕士学位人员名单

（共 3 290 人）

一、博士学位共 230 人

（一）博士科学学士学位（共 209 人）

1. 经济学博士（共 40 人）

国民经济学（5 人）

黄　涛　孟凡强　刘　炫　刘伟国　徐　娟

区域经济学（6 人）

王　鹤　李媛媛　揭水利　熊雪如　覃　剑
于　绯

财政学（5 人）

程　丹　董　伟　陳怡君　聂　慧　王　海

金融学（11 人）

黎昌贵　陈艺云　钟玉琴　蔡祥锋　黄泽勇
杨竹清　罗贵君　刘　可　郑华宝　吴　聪
阎　波

产业经济学（6 人）

叶仲豪　陈有华　李玲玲　傅　瑜　何小钢
林在进

国际贸易学（3 人）

许姣丽　张媛媛　钟晓君

统计学（2 人）

徐芳燕　方越峦

数量经济学（2 人）

欧阳敏华　席　晶

2. 法学博士（共 10 人）

国际关系（10 人）

黄庆铭　陈万达　张　云　王　冲　封　筠
唐　姗　曾　璐　杨建基　丁建智　谢法浩

3. 文学博士（共 31 人）

文艺学（11 人）

谭慕仪　李　炜　贾　柯　邱　婧　董　娟
池雷鸣　欧阳光明　杨雪梅　司志武　王中强
许双如

汉语言文字学（9 人）

李洁麟　宫领强　刘莉芳　史先建　郑　媛
涂　柳　孙清忠　张蔚虹
李　岘（MARIA LIXIAN GEE－SCHWEIGER）

中国古代文学（4 人）

李　奎　马国华　张艳芳　郑　平

新闻学（7 人）

吕雪澜　李绍元　李　红　邹蔚苓　杨　凯
星　亮　陈桂琴

4. 历史学博士（共 14 人）

历史地理学（6 人）

吴理清　金　峰　張孟剛　王　荣　孟昭锋
刘兴亮

专门史（2 人）

肖仁龙　辛　蔚

中国古代史（4 人）

陈伟庆　张　琛　惠　冬
本多雄治（HONDA YUJI）

中国近现代史（2 人）

曾志文　吴树燊

5. 理学博士（共 27 人）

水生生物学（15 人）

刘　静　宁加佳　张　曼　李　丽　李　涛
姚占娟　胡晓娟　夏　嵩　李文茹　徐　磊
曹　亮　桓清柳　田　斐　高　健　黄微雅

生物化学与分子生物学（11 人）

余守和　朱耀魁　桑延霞　王克振　肖文娟
张　磊　刘国良　孙冬冬　宫君原　李丽萍
张延亭

生物医学工程（细胞与组织工程）（1 人）

赖新强

6. 工学博士（共 22 人）

工程力学（5 人）

卢迎华　薛兴伟　苏伟　张元标　刘三星

生物医学工程（生物材料与纳米技术）（2 人）

司徒方民　田金环

生物医学工程（生物医学信息技术）（4 人）

冉　洋　刘振尧　叶　海　齐　攀

生物医学工程（生物与医学物理）（1 人）

张刚平

生物医学工程（纳米化学与生物纳米材料）（10 人）

樊　耘　金　花　林宏生　汤俊琪　崔江虎

胡超凡　阳运华　张灵敏　李君君　姚秀琼

7. 医学博士（共39人）

生物医学工程（生物医药工程）（11人）

王小燕　向阳飞　刘俊珊　李　娟　吴　鹏　胡显镜　丁　博　李怡芳　杨　妍　李维熙　范　龙

生物医学工程（医学影像与介入放射学）（4人）

陈仰纯　张金山　史长征　弓　健

病理学与病理生理学（8人）

王一阳　王　广　张海峰　左婉红　汪军兵　毛建文　谢　强　朱慧丽

内科学（4人）

马华林　赖明广　沈　琦　刘赴平

妇产科学（4人）

江　欢　甘　露　孙凤杰　周　娟

眼科学（2人）

申晓丽　刘　莲

中西医结合基础（4人）

吴先林　郭　慧　王幼萍　宋　媛

中西医结合临床（2人）

李德辉　李树成

8. 管理学博士（共26人）

管理科学与工程（3人）

谢　天　王　东　唐秋鸿

管理科学与工程（信息管理与信息系统）（1人）

南小可

会计学（4人）

陶宝山　王晓妍　陈清和　韩　晴

企业管理（6人）

陈祥顺　周大鹏　文　峰　龚裕达　冉　丽　骆紫薇

旅游管理（1人）

彭惠军

技术经济及管理（2人）

吴雨辉　管总平

工商管理（财务管理）（3人）

龙文滨　蒋大富　陈华妹

工商管理（组织行为与人力资源管理）（6人）

王明玲　张军成　唐志文　李宗波　李　明　张仲凯

（二）博士专业学位（共21人）

临床医学博士（内科学）（4人）

马洪明　黄正一　張漢明　梁　庆

临床医学博士（神经病学）（1人）

杨志华

临床医学博士（皮肤病与性病学）（1人）

阮庆贤

临床医学博士（临床检验诊断学）（2人）

邓益斌　陈文成

临床医学博士（外科学）（5人）

譚文成　程　华　鄭力恆　张　清　缪辉来

临床医学博士（妇产科学）（3人）

蓝建发　罗惠娟　符爱珍

临床医学博士（眼科学）（1人）

于　莉

临床医学博士（肿瘤学）（2人）

罗海清　王小璞

临床医学博士（急诊医学）（2人）

覃月秋　尤燕舞

二、硕士学位共3 060人

（一）硕士科学学士学位（共1 709人）

1. 哲学硕士（共9人）

美学（9人）

陈　园　蔡若坤　李振书　王碧凤　刘　镇　邢丹丹　赵彦辉　李永杰　王婷婷

2. 经济学硕士（共316人）

政治经济学（4人）

柳文娟　郭　维　郝　杰　孔祥燊

西方经济学（10人）

罗永会　宋国娟　谭　轶　荆　琛　王秀媚　韩慧敏　林萍萍　赫虎虎　朱晓磊　王铭欣

世界经济学（8人）

丁永欣　吴　静　王惠娟　邓莹莹　张裕加　翟婷婷　史宪荣　陈涣波

人口、资源与环境经济学（3人）

蔡　磊　边　晶　秦云峰

国民经济学（28人）

姜甘伟　梁　辉　项江红　孙春燕　温　勉　蒋俐俐　秦　梦　李思怡　杨　鹏　孙慧敏　何玉麟　蔡永凯　雷华卫　洪文琳　裴成伟　张浩良　李仙燕　谢俏芳　钱　泉　林健涵　梁春燕　黎泽普　唐清萍　简玲玲　刘　恋　尧新华　林焕荣　陈　权

区域经济学（28人）

郑云峰　彭　芳　安　源　韩启钰　程　萌　李红叶　辛姗姗　杨　威　杨会香　陈利静　邓浩美　张志强　王灿华　赵　玮　翟敏如　周　芸　殷仪金　刘炫好　叶初初　刘燕妮

刘　微　王友田　颜究生　罗金济　曾嘉文
陆浩然　林安妮　張鴻文

财政学（45 人）

颜裕龙　許錫榮　洪紫剑　郑善乐　季　露
秦小凤　李艳芳　孙春祥　胡　芳　吴春晓
邓嫒玲　辛腾飞　程海霞　肖秀玲　江　婷
李　雯　刘光富　宋晓丹　苏丕娟　王　婧
赵宇阳　冯　姝　严伟林　陈子豪　吕世名
刘子溪　蔡實琴　李雄澤　刘博文　许灏衡
莫惠玲　胡洁萍　戴丽芬　林丽华　钟春玲
张子乐　林和富　佘俊乐　戴杏花　刘志伟
徐中民　欧万新　湛海珊　刘大海
骆珮莹（LOKE PHEI YIN）

金融学（96 人）

赵　泉　张　静　毛美华　周　利　侯明亮
聂二浩　邓星晨　李　文　张　申　代方龙
温　玖　杜甲奇　徐红娟　王书佳　王　圆
李　浩　李　刚　缪宏伟　纪明慧　李欣欣
苗文娟　寇宣丽　胡　骅　叶冰芬　陈如梦
廖月盈　李　尧　丘旭升　程筱芝　钱　程
陈俊龙　王　楠　伍雪玲　罗莹莹　萧蕊霞
王湘铷　俞雅娟　李　思　程　惠　付丽容
吴劲华　赵　峰　付圣飞　邹光华　殷双建
姜芳汉　汪　伟　芦　威　汪小珍　胡　灿
吴金福　万　龙　周安鹏　许佩楠　胡必成
杨　薇　周留彬　钟文彬　廖玉婷　程晓芬
谢代军　许　帅　刘　振　张丰成　彭俊杰
程丽玲　徐英杰　全　威　熊梦飞　吴　昊
董汗青　王　欣　冯　聪　刘紫昌　姚晓强
梁浩荣　蔡海玲　姚兴财　孙　栋　邓韵宜
黄亚龙　申晚运　陈　伟　黄思佳　黄　斌
陈　幸　马少德　符　昀　黄素青　李文清
李志华　廖燕颖　谢慧玲　李　戬　陈　蔚
吴　镝

产业经济学（27 人）

张　志　梅　丹　郗笃鹏　陈　慧　邹　璇
曹文平　张玉荷　刘益锋　陈海波　蒋　黎
刘萱芝　陈丰哲　尹　蔚　侯　杰　钱艳萍
刘鸿燕　丁曹烨　刘　胜　蔡仲芳　苏银珊
肖　科　刘凤珍　黄海琴　周　弢　徐作林
李秋蓉　欧阳静

国际贸易学（30 人）

刘文君　胥　然　李燕华　潘丽丽　覃小舒
王　伟　林志英　程伟帅　杨金鑫　彭鹏丹
张雨露　青　婵　王晓君　江　宇　占玲芳
余　丹　陈燕星　李丹丹　原宗琳　赵月华
杨鹏涛　孙登科　刘丹丹　邓　丹　周立涛
郭艳春　高颖欣　王　颖　赵文玉　曾观红

劳动经济学（4 人）

杨　爽　张洁玲　王亚坤　李程飞

统计学（22 人）

李　璐　刘陈璐　戴　洁　晏育文　刘志超
张仁俊　张景亚　李雪莉　李　敏　万政廷
李　悦　陈　彤　符晓燕　朱珈乐　陈冬进
陈燕华　杨起超　朱莉莉　谭　华　苏楚莹
孙　靓　陆翊嘉

数量经济学（11 人）

蒋永莉　雷　敏　汤亚丽　雷小艳　贾佳林
戴　屹　党　略　杨娜娜　郑博儒　关红玉
郭丽君

3. 法学硕士（共 119 人）

宪法学与行政法学（16 人）

刘　荣　柯婧凤　周　影　崔晶晶　张军利
徐来凤　王　谧　林　燕　何晓菁　薛　晨
颜慧婷　邓富妮　王　坤　林徽伟　罗南凌
陈嘉彬

民商法学（29 人）

袁　媛　亓培培　刘晓亮　张春宁　郑承怡
葛　星　郑凯琳　罗　隽　陈菁华　陈凌浩
梁　洁　魏远红　宁雪梅　杨　敏　余　莉
江丽华　王　洋　莫　力　介　鸽　甘雪玲
杨远家　洪　森　李志云　刘巧静　谭廷谦
李懿倢　梁志劲　麦雪锋
郑少敏（ZHENG SHAO MIN）

经济法学（13 人）

张志慧　欧阳美兰　江晓双　孙瑞杰　李斯哲
王梦怡　全秋萍　陈艳飞　李广舒　郭一鸣
陈文海　谢志洪　杨立孚

国际法学（9 人）

刘红光　邓　芬　孙丽丽　卢　笛　王新燕
蔡如顺　孙　倩　韩书立　陈丙谦

中外政治制度（3 人）

王九龙　马铭深　钱　进

国际政治（3 人）

杨郁桐　刘诗瑶　杨　华

国际关系（33 人）

王曼曼　郑　玲　李　亚　虞迎亭　张银双
李志华　辛学敏　任思权　李　欢　黄慧慧
师会娜　许　亦　陈海燕　罗　磊　张　露
袁晓宏　闫　娟　韩　正　任夕华　林　雯

刘　冬　吕　洵　黄多多　吴　昊　王艳琴
李秋红　陆　清　尚余子铭　赵思洋　刘冰红
童莉莎　赵剑政　左　安

马克思主义中国化研究（2人）

郭润萍　周灵仙

思想政治教育（11人）

王伟娜　杨　芳　周　佳　赵孟芳　颜杨果
罗海军　罗漫妥　韩　黎　刘玢玢　汤素娥
王燕君

4. 教育学硕士（共44人）

应用心理学（44人）

黄天俊　王韻綺　梁彦鸣　刘童九　李　洋
张珊珊　陈　帅　谢鸿燕　蒋力彬　晏建萍
李倩倩　陈京水　冯　珍　许　华　钟锦珠
魏慧慧　李连红　徐　娟　周　青　宋绍文
梅　烨　曾　婷　肖　清　曾程程　谢铁娇
陈宇帅　高　文　赵　婷　陈　英　许小阁
裴斐然　周　琳　劉思明　陳雅麗　梁祐桐
李会会　李杏玲　陈绮湘　李　梅　冼美谊
叶凯莹　张艳丽　李静若　王　珏

5. 文学硕士（共299人）

文艺学（23人）

郭　盟　解丹儒　夏小芝　李千帆　崔承君
叶楚莹　余媛滢　吴　琰　李　鑫　姚永泳
倪国英　申　卉　肖雨竹　杨诗丽　刘述清
马钰滢　崔世平　赵　琳　朱静媚　王瑞如
陈碧霞　罗晓莹　尚美姝

语言学及应用语言学（44人）

郑丽珊　苏宜湘　项佳佳　吴　花　庄亚欣
李小华　蒋英英　丁锐（DING RUI）李盈桔
胡蓉萍　赵德琳　魏旭阳　陶　昕　温丽欢
糜　英　王文瀚　张艳艳　党瑞霞　孔　爱
陈园园　邓　婷　罗　灿　林　纯　赵梓汛
常　凯　刘　蕾　管屹星　彭鑫佼　刘基伟
张秀彦　陈　芳　施　玮　刘　岳　刘珊珊
孙　昱　陈妍妍　江明子　吴小燕　黄燕燕
何宇薇　刘凤珍　龙小玲　张文雯
黄碧芬（HUANG BIFEN）

汉语言文字学（32人）

李　琪　廖丽娟　王效云　许洁红　陈倩仪
李建青　陈怡君　梁可湘　张旭阳　王　琢
张　婷　柯文彬　梁志华　张　硕　王梦禹
雷珊珊　单　珊　黄艳青　肖　蓓　黄绮烨
张玉洁　刘　君　张　斓　胡仿妮　陈丽婷
郭　渊　谭科宏　林晓兰　胡慧琦　吴　眉
李婧芳　黄　战

中国古典文献学（3人）

马　武　汪绪慧　谢炳军

中国古代文学（24人）

池晓洁　刘晓亮　付　瑶　郭　婷　刘晓雯
陈磊磊　郑晓宇　方文焿　王国君　杨华容
谢　斐　刘　真　朱红妹　郜文芬　王慰丹
杨　维　刘湘吉　蔡　晨　曹　玥　蔡晓铭
罗俊萍　尹争菁　陈美云　吴双丽

中国现当代文学（25人）

刘静静　上官婉清　罗聪颖　张　愉　王秀玲
庞建丽　郑巧玲　洪　虹　张　辉　张炜婷
黄舒杰　向乃禾　何紫珊　朱文娟　梅　兰
王　瑶　郑　洁　杨璐临　李　响　杨美娆
姚　岚　王　珂　陈　联　张　瑞　罗樱樱

中国少数民族语言文学（1人）

王　琴

比较文学与世界文学（10人）

师　璞　方　媛　曹佳培　谢云云　张　巧
李乃琦　李英杰　朱晓敏　黄宝霞　王　維

英语语言文学（9人）

朱　越　高婧婷　邵春发　刘　鑫　马晓园
张雪松　钟兴亮　李　杨　朱溢文

外国语言学及应用语言学（19人）

高　姝　黄秋雨　梁心爱　史素娟　向丽梅
张苹英　王文婷　卢佳蓉　张小芬　魏　澜
王　雪　赵星星　庄海燕　杨雨晨　齐文静
舒　欣　晏　静　李外香　张　洁

新闻学（78人）

印　青　张天赦　倪思洁　徐　宁　吴　丹
吴丽君　张路延　易妍君　张雯婷　白庆虹
朱海威　胡　君　何子君　陈　龙　计慧慧
韩　丹　武丽魁　许莉芸　姚小云　卢　迪
阮文娜　秦雪星　赵　爽　廖仕祺　黎妮晓宇
杨　凡　章琴丽　刘　荔　刘　璇　许　智
黎妙娟　陈丽园　冯　叶　丁　卯　杨　妍
邸智泉　王　卓　肖文舸　张　萍　赵明月
梅刘柯　叶　静　黄珊珊　李　倩　肖小珊
张　艳　徐　刚　陈阳阳　杜　静　何奎山
李苗苗　褚俊杰　李　婧　史　阳　谢　潇
李　娜　闫小黄　熊力颖　李　琴　薛　芬
陈瑞华　朱晓超　周文辉　刘佳佳　张　赫
曹　晨　袁舒怡　卢雪婷　杨思明　林晶晶
陈晓伊　刘苗苗　刘云飞　万依柳　谭顺秋
肖　栩　马　冀　马粤慧

传播学（31人）

徐　扬　张立芬　鲁　婷　陆文婧　方　媛
李　越　罗小玲　王婧妮　金　鑫　周露霞
王欣然　张　璐　徐文婷　周冯灿　武　鹏
谢　越　张　敬　刘晓旋　王一婷　李　理
赵　玲　曹　璇　陈　芳　张　宁　谭　拯
陈　捷　唐思莹　谢庆裕　黄佳殷　郑炜佳
李　立

6. 历史学硕士（共74人）

考古学及博物馆学（1人）

任　程

历史地理学（12人）

华文杰　王永伟　李云端　王小朋　尹　强
刘素霞　王　宁　张　晶　丁　伟　苏　瑞
郭学飞　王昌民

历史文献学（5人）

黄國威　陈焕强　李善磊　林　泽　张　慧

专门史（19人）

李　娟　刘　奎　吕　源　李　阳　李培娟
卢小花　易文明　李　祥　李群锋　寇海洋
石　松　谢清明　李　薇　谢峻润　苏小美
陈　华　蔡垂岳　张　彬　欧阳班铱

中国古代史（16人）

尚小康　胡仲恺　刘　黎　杨玉秋　王晓玉
田　翼　李耀国　陈东林　潘　虹　李　苗
赵涯菲　胡　莉　汪长亮　郭艳茹　黄业春
王其良

中国近现代史（18人）

邹辰宠　高　龙　张广厦　马孝奇　黄晶晶
张宏东　谢美娟　张爱勇　孟　蕴　吴价宝
朱　婵　盛　波　刘　凯　郑云霞　杨　霞
骆　立　方子樂　陳炎發

世界史（3人）

李　胜　孙　敏　蒋丹萍

7. 理学硕士（共323人）

基础数学（9人）

易菊燕　张学铭　王　钥　刘　瑞　李雄英
陈　诚　杨明华　吴良宏　余金杯

概率论与数理统计（8人）

刘美霞　陈海清　胡　岸　吴贤君　杨创元
寇　璐　邹瑞芝　王　博

应用数学（17人）

尹　琦　刘冬华　钟海萍　方阿芬　张京友
高爱丽　郑　珍　王　涛　赵　彦　陈　倩
龚　敬　陈俊瑜　李高峰　孙国强　汪群芳
张国鹏　李　欣

凝聚态物理（8人）

沈　超　林彩平　刘贝贝　严振升　马晓兰
蔡　静　马超云　詹　真

光学（9人）

吕　锋　郭　龙　靳　川　叶庆伟　周德山
明　朗　梁　兰　余汉铭　廖国珍

无机化学（15人）

付秋兰　谌靓靓　王亚玲　袁晓利　薛志萍
刘艳宇　彭　花　黄象金　杨陆峰　何　飞
曾福龙　李卫昌　王　弋　高　鹏　张　奇

分析化学（16人）

张　蕤　谢丽娟　刘　莉　夏志月　张　林
江金环　唐雁雁　黄思明　邱月琴　梁丝柳
李　萌　于爱丽　李丽云　肖娟宜　禹莲玲
尹华斌

有机化学（13人）

许懿婧　赵　琴　张玉洁　师忠根　徐鼎峰
张展翼　徐显杰　邓　舟　陆　涛　胡斌斌
陈　兵　高　飞　梁銳君

物理化学（1人）

李　添

高分子化学与物理（3人）

欧阳玉　钟大根　李志敏

动物学（4人）

马瑜晗　朱择敏　党林夕　高志远

生理学（4人）

彭　爽　刘振锋　李华娇　苏仲春

水生生物学（37人）

王晶晶　夏月恒　戴顺珍　何耀升　张　云
张　勇　张君纲　杜克梅　黄享辉　沈丹丹
雷翠霞　高国敬　武小燕　韩　娟　孙明哲
陈小妹　夏　伟　徐艳红　左　娅　刘　悦
梁菊芳　江晓亮　黄　翔　周静韵　杨　芳
江孝军　舒薇薇　岳儒淼　栾磊磊　邓　坤
于　波　李义刚　刘静雅　陈秋菊　黄天吾
徐　采　丛　敏

微生物学（16人）

王南杰　徐聪聪　秦焕焕　王亚玉　王诗诗
曾智星　张金金　王红翠　董濠鋆　黎瑞宝
向明霞　郭高峰　闫　凯　成希飞　李继东
邹　信

遗传学（18人）

吴崇超　项延包　王红梅　张杨杨　陈希磊
郭晓令　王　晶　杨　攀　黎美香　陈蓉蓉

黎玉凤　马岩岩　罗天杰　叶祖禄　丁伟超
王文慧　梁詠恩　吴征征
发育生物学（8人）
廉滋珍　白　顺　张　希　董少男　周　文
张　烨　陈　冉　黄卉卉
细胞生物学（14人）
秦宗华　朱保伟　王增光　任　帅　申　琦
戴　应　陈德荫　文皓旻　越茂松　牛宇哲
张逸波　李善义　黄　钦　余君彤
生物化学与分子生物学（50人）
韦建鸽　高玲梅　李雨辰　陈　尚　伍小华
金庆敏　于海静　吴彬彬　赵高翔　黄广庆
徐文娜　刘腾飞　邱建阁　王　媛　刘超然
罗二梅　肖艳归　刘　鑫　彭敏燕　陈　洋
叶瑞敏　孔繁谦　陈　颖　钟　辉　熊　毅
刘　俊　杨　晶　党便利　曾　妮　付强强
苏建华　张梦晗　谢伟红　郑　刚　陈　健
吕　哲　郭丽芳　王芝瑶　李继伟　朱　滔
王　洁　杨　洋　王　川　沈梓粤　亢中奎
白　杨　李鹏山　姚　瑶　陈　洪　熊　睿
生物物理学（1人）
杨继旺
生态学（3人）
苗　滕　伍晓洪　杨　尚
环境科学（5人）
李　良　朱文君　王雅文　李春连　顾杨亮
免疫学（14人）
贾彦琼　孙曼曼　何　健　李　涛　张晓丽
王进京　王　进　乔　静　闻一鸣　傅海锋
王瑞雪　曾龙辉　杜超超　欧子强
药物化学（40人）
许本洪　刘霞妹　李甲桂　郑　晶　秦子飞
余　通　洪　娟　张明华　刘芳芷　胡树枝
阮志雄　刘明莉　李　桃　郭倩仪　孙一蕊
陈　莹　杨婷婷　仝永斌　郑启昌　赖道旭
汪青青　陈　鹏　孙　华　梁　宁　罗翠婷
申文伟　刘正华　刘巧珍　罗小雨　曹雷雷
曾孝杰　刘金伟　刘　倩　江富祥　廖凯谊
王　颖　唐　乐　单玲星　李小龙　段洪伟
药理学（10人）
刘方兰　赵汝霞　唐陆平　吴赛春　邓媛媛
王晶晶　鲍青青　王婧茹　杨倩之　黄伟鑫
8. 工学硕士（共150人）
一般力学与力学基础（1人）
程　聪
固体力学（2人）
刘　庆　袁　丁
工程力学（8人）
陈　琼　李晓飞　林　杰　钟传国　张喆斯
刘　勐　蒋一帆　彭启凤
光学工程（14人）
李斯本　何　璇　陈定星　李梦萍　孙　亮
孙媛媛　余金波　李浩智　张　浩　常永亮
刘亚竹　夏丽佳　全　战　葛　嘉
材料学（17人）
郑　洋　杨华军　聂光庭　李　波　朱明明
李　垒　韩婉清　邵晓虹　罗春红　孔　杰
张瑞杰　王金慧　米君龙　陈　超　李建华
徐寵庭　刘亦文
物理电子学（6人）
王　标　曹　婧　张启华　张　龙　周世勋
汤华清
通信与信息系统（16人）
于　飞　匡荣杰　王艳梅　张继森　曾莉欣
谢军华　林　伟　关兆雄　高　洁　鲍　园
彭　煜　何成强　甄海华　陶瑞臣　于　翔
方　堃
信号与信息处理（12人）
周文平　张文强　陈　庆　魏守一　蔡　明
王文婧　宁　吉　王袁杰　沈劲桐　齐建国
廖灿灿　利海沃
计算机系统结构（1人）
刘良文
计算机软件与理论（4人）
刘雅正　陈受凯　徐帅文　周健昌
计算机应用技术（16人）
李军锋　宋诗阳　杨纯一　刘坚强　叶毅峰
张锐华　阮文杰　杨　达　林艳纯　高皎姣
黄斌绍　范修伟　王　辛　蔡　跳　曾相宗
李國紋
结构工程（4人）
吴佳龙　黄鸿运　莫玮宏　施传潮
应用化学（3人）
邓苏青　王海波　皮　江
环境科学（11人）
叶　妹　崔　震　枚　芳　陈　艳　王　宇
邹　宇　曾小龙　吴海波　钟庄敏　周　慜
尹　倩
环境工程（15人）
刘　京　孙　帅　郭　薇　袁西鑫　郭志博

李　强　田　云　赵　宇　蔡　瀚　李　贤
陈淼银　张露尹　周博宇　石教娟　王海军

生物医学工程（2 人）

陈　鹏　陈诗涛

食品科学（15 人）

麦馨允　马　祥　魏　霜　余书奇　江姗姗
于　淼　郭墨亭　陈金玲　王　楠　吴建文
吕梦莎　朱定波　孙崇臻　陈思谦　唐姝姝

粮食、油脂及植物蛋白工程（3 人）

颜儿作　王尔佩　易九龙

9. 医学硕士（共 163 人）

生物医学工程（1 人）

张　玉

人体解剖与组织胚胎学（2 人）

张笑坛　张兆龙

免疫学（3 人）

王冠明　孙毅凡　张　鹏

病原生物学（2 人）

王穗湘　吴　莎

病理学与病理生理学（10 人）

张晓丹　杜　展　田　莉　吴雪芳　朱小青
熊国吟　王发强　王　慧　李丽娜　王　超

临床医学（儿科学）（1 人）

叶秀桢

临床医学（护理学）（1 人）

杨红燕

临床医学（康复医学与理疗学）（2 人）

许伟成　庞文君

内科学（24 人）

卜欠欠　刘盛国　罗伟峰　祝爱珍　赖　菁
周　丽　范　秀　邓延梅　张良鹏　陈　桃
刘雯雯　马慧璇　刘成成　魏　铖　徐　丹
蒋引娣　潘焕玉　徐　月　陈瑜瑜　谭奎璧
吴　红　龚博君　梁少兰　夏纪田

儿科学（1 人）

黄婉仪

神经病学（3 人）

赵　颖　张　睿　董大伟

精神病与精神卫生学（2 人）

吴限亮　温金峰

皮肤病与性病学（3 人）

吴　实　张顺莲　林友琪

影像医学与核医学（3 人）

肖泽宇　唐　雯　周慧盈

临床检验诊断学（1 人）

李旭华

外科学（12 人）

张晓凯　巫　青　刘玉峰　任　宁　吕振京
陈志强　李志雄　刘匆聪　徐　媛　袁道彰
牛　斌　冯锡光

妇产科学（6 人）

吴彩林　郭　威　龙小云　林　丽　麦振声
林颖芝

眼科学（6 人）

王文娟　徐舒怡　齐文娟　王观峰　姚　敏
王　媛

耳鼻咽喉科学（1 人）

肖志文

肿瘤学（2 人）

陈文慧　金红涛

康复医学与理疗学（1 人）

梁　玲

麻醉学（2 人）

李健玲　马　达

急诊医学（1 人）

赛　航

口腔临床医学（3 人）

李志雄　刘明昆　赵创波

流行病与卫生统计学（10 人）

孙小会　李　张　罗春花　袁雪峰　曾韦霖
刘超群　董　杉　白卢皙　王　锋　江　鸿

中医内科学（3 人）

何　铃　周　畅　闫海震

中西医结合基础（1 人）

谢林林

中西医结合临床（12 人）

吕志刚　黎　帅　金　鑫　徐　娅　彭　霞
黄　进　刘玉斌　聂玲辉　张素燚　戴聪奇
翟宏峰　谭碧珠

微生物与生化药学（15 人）

吕　芬　苏　焱　李　智　熊耀玲　江海香
李保国　李银宇　钟媚共　邱贤秀　苏本金
雷　云　陈　佳　李　娟　张自德　赵英霞

药理学（4 人）

周　星　滕双凤　厉冰雪　周晓雯

中药学（23 人）

曾子菡　马　方　陈莉莉　黄丽娇　谢　乔
郑　琴　宋　燕　程　红　陈金嫚　吴碧灵
张　建　林　娟　冯春驰　符少莲　高　双

牛秀会 陈燕苹 杨振亚 涂苑青 李满萍
王开裕 金 路 李琳琳
护理学（2人）
徐玲丽 付光蕾
10. 管理学硕士（共212人）
管理科学与工程（20人）
曾晓娇 江春燕 崔 敏 陈 琪 喻 妍
袁丽婷 李 珺 赵 喆 燕轲轲 翟雯瑶
高丽丽 李永健 杨志斌 罗捷婷 郭志强
张力方 朱必吨 周 鑫 王 劲 苏 军
会计学（49人）
董道河 李 杰 易晓燕 张小芬 张 勇
杨静芳 郭肪汝 汤雨晴 占方云 庞 林
张 菊 丁 岚 罗 烨 韦 飞 吕 喆
张 丹 叶 妮 张 姗 王贞萍 王永超
查 灿 王锐娟 李丹平 马 超 吴翩鸿
卢佳欣 王妍超 刘 武 梁剑云 张淑霞
徐 露 朱月萍 鲁成方 吴韵琪 钟 夏
陈小燕 陈海燕 孟玉娟 陈晨蓓 薛 佳
张慧云 李 艳 孟 婷 熊俊峰 何 青
张 路 刘 静 张舒涵 陈宇欣
企业管理（73人）
乐恩凤 丁沛丽 晋燕燕 梁 军 罗连妹
冯超阳 刘震坤 蒋中平 戎 筠 马碧珠
胡 盼 李欣祺 赵相如 黄柳婷 巫翠芳
王 艳 谭美君 王梦雅 赵昱虹 甄 珍
赖丽茹 邓 捷 曾丽碧 张显玲 周 密
杨 波 阳小栋 金志敏 杨 玲 郑 晨
崔 娜 刘 亮 董武琴 张思伟 桂 逸
舒燕萍 李 清 谷 冉 王 猛 马森森
陈 倩 肖燕飞 贺国书 胡 蓉 李励锋
李 玲 宋 华 杨成通 沈青霞 陈思威
白珂楠 雷铱琛 胡丽丽 朱严文 陈佳齐
庄秉衡 陈宥恺 邓 勇 胡子娟 李忠芳
吴 茵 邓 芝 吴 蕊 柯 浩 梁春艳
段燕妮 马 琳 吴康雯 欧阳慧珊 周 琪
陈杰东 林华松 陈璇璇
旅游管理（20人）
王 卉 管培新 林 玲 张园园 杜 明
庞莉华 张 晓 覃樱美 于海峰 贺 园
曾 欢 张东升 秦倩倩 刘志宏 陈 佳
徐芳芳 程 双 郭淑芳 钟金凤 杨 悦
工商管理（财务管理）（3人）
李俊秀 陈昱翔 钟文泓

行政管理（32人）
杨晓程 徐 东 吴 雅 郭健生 孙 文
何晓俊 杨亚男 陈俊君 曾颖文 王海波
林 丽 彭莎丽 李夏曼 卢英杰 孙钰佳
李胜兰 孙宝文 蓝伟彬 郑佳锋 冯锦仪
王丽萍 甘慧珊 李 航 张 敏 陈淑云
孙亚莉 陈海勇 王娟子 张新鑫 梁 娴
钟昊玲 罗东杰
教育经济与管理（5人）
牛晓宇 袁林洁 孟婷婷 周 艺 朱星谕
社会保障（10人）
吴 素 陈 倩 祝永胜 周 丹 邓文志
蔡晓静 陈志科 黄春华 闻武刚 王 曼
（二）硕士专业学位（共1 351人）
1. 金融硕士（共41人）
王 雪 刘 博 童 铭 刘 佳 赵晓倩
郭 明 齐菲菲 邹 妙 范楷斌 宋翠英
汪毅然 惠要举 钟璜珈瑶 许 晶 杨 堃
谭秋秋 聂 倩 潘俊义 康敏金 曾永滨
韩晨光 乐 涛 郑梦燮 龙 琼 宋 洁
尹琦娟 赖承志 杨余灵 杨岳松 杜国铭
李广亮 黄艺红 何 鹏 梁昕亮 袁 娜
黄应钢 张 兴 刘 莹 李 帆 骆开骋
梁 逍
2. 应用统计硕士（共21人）
陈 远 林佳珣 何 凤 熊 航 杨秀园
祁必发 郭飞翔 尹 璐 陈金哥 张立志
郭雨弟 关启亮 魏潮达 吴 瑾 甘若迅
车明轩 万蓉蓉 石林岳 龚晓凤 张敏捷
吴 剑
3. 税务硕士（共15人）
刘志婷 曾 骏 袁浩棠 王 莹 胡艳清
欧阳天叙 陈 艳 陈文秀 纪良玉 卜 璐
陈丽娟 许文君 杨 敏 李 巍 曹梦芹
4. 国际商务硕士（共35人）
陈玉莹 赖建龙 龚 奕 麦嘉文 吴燕萍
张玮珊 刘 玉 吕海珊 柯 晖 陈一男
孙莉莉 朱长伟 张 萱 李丽珠 曹 振
徐梦熙 汤 芳 谢仕展 杨玉平 刘 芬
郑 娜 李 惠 张 鑫 杨 帆 马颖杰
王晓芬 卢方敏 张婉君 孔令青 辛玉玲
杨珺瑜 蔡 青 陈汀轩 吴锦坚 牛 娜
5. 资产评估硕士（共20人）
李兰兰 张 悦 程春晓 陈海艳 张 彤
孙 晓 何 鹏 李 曼 李澔东 李 桃

高　磊　谢　睿　杨　燕　李海燕　程　曦
郑　磊　陆　辉　高兴华　张心房　李克海

6. 法律硕士（共121人）

彭　婧　潘文静　王妍飞　汤冬兰　王　超
孙帷韬　梁雅琴　肖姗姗　李仰博　王琪珺
沈姝迪　李　瑭　俞　玮　梁升瑜　陈　源
樊利芝　莫国峰　梁启安　李子强　周建蓉
吴晓跃　肖学艺　丁向娜　楼振宇　周利平
容　玮　陈桂雄　洪三成　陈晓东　艾利军
李志金　秦国栋　王　鹏　余慧妍　李　坚
曹成瑶　廖俊芳　吴民杰　罗　琳　沙文静
饶红美　范　宣　胡厚财　何庆权　赵剑武
李桂子　谢东方　唐宝四　成　琳　李　翔
刘　艺　陈　权　陈慕娴　李赢政　叶萍萍
刘欣欣　郭丽娜　林建群　张　蕾　赵宇轩
李少辉　钟二妹　王慧娟　彭梅芳　孙月芸
刘东海　阙　俊　卞　阳　程　晨　阳　霖
王　丽　刘其维　马　燕　彭嘉含　梁伟胜
白志刚　严　翔　陈海萍　杨晓明　岑文豪
杨　杞　吴杰儒　林莎莎　余俊毅　郝　静
陈　晖　陈　绚　官敏廷　刘小丽　黄映霄
周淑贞　李丹萍　郭焕桃　梁慧敏　陈宇杰
李土源　邓玉星　白杰荣　孙　涛　吴艳芬
伍　璇　刘　杰　李海芳　裴　涛　胡春光
袁晓春　侯琳琳　毛宇灵　柳永烈　麦伟强
王列妮　方张琦　刘润洲　黄家盈　王　君
马　波　吴进新　张亮亮　陈　科　古靖文
范　贞

7. 汉语国际教育硕士（共99人）

李怡梦　姜懿珊　伍楚菡　祖凤越　尤　月
王　虎　赵春阳　刘欣昕　方　雨　吉江涛
陈　青　傅　蔚　王燕萍　王艳萍　邓三婷
严明霞　熊胜男　田　冰　魏永秋　林锂依
张涉澜　金秀萍　李建辉　林　若　刘艺斯
龙　菊　冯　敏　何　珊　唐　煜　刘青霞
邓爱华　麦胜文　潘文涛　方蔼珈　毛晚霞
刘　熙　莫锡梅　叶巧舟　胡占斌　李红艳
张睿涵　李佳芸　旷　洁　程　铭　周　晓
李惠静　张春静　张　冉　吴林玲　余海燕
宋晓艳　刘美丹　傅　丽　方　沁　杨可祯
谢　慧　凌远娟　陈舒舒　喻雪玲　彭德权
敬顺成　黄瑞娴　党玉坤　焦小玲　严莉平
黄泸容　刘锦霞　李　骋　邝小珊　王　丹
李　磊　王梓璇　蒋　晶　杨晓军　袁凯林
殷　瑛　黄长彬　曹　军　雷　丹　赵　惠
黄丽华　翁柳娜　李媛媛　杨叶柳　刘火群
方金彪（FANG JINBIAO）
黄冠冕（STEPHEN AJI WARDANA）
张玉莲（TRUONG NGOC LIEN）
潘娟娟（SUTHATIP PATTHARAMAETEE）
唐根基（HERMAN TERISNO HABSON）
江玟达（DANNY KONG WUNG TAT）
麦晓洁（BUPPHAWAN BANRUANGTHONG）
潘哲娜（ANNA MONITA LIM）
张功毅（KUNADI PRASETYO）
杨棠玉（IRENE SENJAYA）
林学华（BUDI）
陈培娟（TAN PUAY KIAN）
张荣顺（ZHANG RONGSHUN）
陈晓军（CHEN XIAOJUN）

8. 翻译硕士（英语笔译）（共23人）

沈　洁　赵鹏飞　戴佩芝　王爱玲　何庆胜
何忠兴　黄　凤　熊　聪　张　雪　梁　楹
王晶晶　肖迪月　肖莉川　张　俊　方沁秋
李楠楠　缪　晗　张　骁　罗娟娟　陈　慧
惠赫闻　陈　曼　冷　馨

9. 新闻与传播硕士（共55人）

李静欣　姚沁杉　王　昊　党丽霞　李　岚
郭家轩　柳　滨　张曌影　张嘉壹　张丽娟
陈思勤　来芙萍　李　旦　唐　瑶　张　丹
符　珂　胡循广　阎　彬　王　方　贺风玲
巴恒星　刘久荷　舒　萌　彭　琳　康　帅
何　素　宋喻辉　黄雪萍　王晓全　喻　澍
陈　泳　耿　佩　李定国　范　晨　冯俊程
毛惊鸿　赖虹宇　卢俊鑫　马丽仪　董　琳
周盈盈　徐晴晴　易倩然　何　韵　高静宁
刘　昕　殷立飞　邓文妍　苏一洲　王文佳
周津晶　李小伟　孙　熙　李素倩　吴思诗

10. 工程硕士（共231人）

工程硕士（光学工程）（8人）

冯明创　梁　诚　王斗发　吴聪聪　李德亮
王　喆　王光华　王桂宾

工程硕士（材料工程）（5人）

王星晖　袁　珣　吴　帅　张　云　刘中益

工程硕士（电子与通信工程）（32人）

林　昊　林智波　田　超　欧庆荣　王富启
冯继威　刘　潺　陈奕阁　陈　洋　董晓文
沈秋莹　戴春容　刘堃铨　韩洪鹏　范诗剑
郑　浩　朱　贺　王阳阳　白　磊　曾小军
陈国良　李广玮　曾庆云　陈　猛　程　奋

卢玉玲　陈机宏　马发清　廖李雪子　黄祥本
吴婷婷　丁　彦

工程硕士（计算机技术）（39人）

曹　锦　郑中杰　柯程远　杨雪毅　李纯宜
刘庆凯　卫　娜　张美富　何港杰　纪昌红
宋梁山　刘梦得　吴立芹　蒋稳根　邵晓语
鲍宇喆　李　健　王月明　王若刚　杨　阳
招湛科　谢晓辉　戴建辉　詹宏锋　邢源筠
邹俊德　谭　聪　何庆钦　幸　聪　孔维守
沈　伟　郭义佳　李田章　曹恢弘　冯　智
王同磊　张　健　黄　冲　杨　慧

工程硕士（软件工程）（10人）

唐　泽　刘　靖　闫瑞芬　刘　欢　肖忠杰
何　波　佘学文　刘婷婷　何甫建　马　静

工程硕士（建筑与土木工程）（12人）

左才龙　项子儒　傅　浩　孙　滢　孔琳洁
王　聪　夏　演　杨　维　程　程　李平平
洪宏伟　戴炜健

工程硕士（化学工程）（11人）

李金芳　陈雄辉　刘梨梨　杜雪朦　卓鹏飞
黄子荣　林　己　刘　晋　刘昌弘　黄世强
黄勇潮

工程硕士（环境工程）（5人）

李智杰　黄树生　范益恒　于　锋　罗慧玲

工程硕士（生物医学工程）（6人）

陈清乐　杨　珂　张　伟　刘　炜　温志浩
夏小林

工程硕士（食品工程）（10人）

卢颖欣　熊　盼　张　迪　何林乾　李　卓
邹　玲　范方辉　李　妍　楚启辉　向君毅

工程硕士（制药工程）（10人）

沈小钟　隆　颖　高美华　任亚东　蔡敬华
蔡素华　林　岱　林秋晓　李小霞　樊　化

工程硕士（工业工程）（62人）

洪晓莉　陈丹霞　叶婷婷　李冬青　黄　颖
刘　蒂　相海娜　朱进进　朱洪波　欧阳莉
汤雅琴　刘秋红　刘祥钦　方坤发　洪国亳
王子庆　邹　晨　陈　丰　时　锋　李宁博
葛　韬　叶　桓　曾松森　石　冰　余锦泉
范　捷　何　遥　邱雨凡　涂　敏　陈　巍
朱红军　陈韶鹏　陈天香　林嘉敏　陈　妍
张　晗　唐玉群　巫思颖　曾杰豪　刘　峰
迟　雯　韩军烈　黄　曦　谭凤雨　赵一凡
王荣胜　叶子昊　谢镇湖　夏　晖　李文翔
石　媛　陆　川　廖亚敏　詹益钊　董　彦
陈　艳　梁人友　刘　芳　华秀珍　刘　颖
林慧恒　邓树添

工程硕士（生物工程）（21人）

朱　颖　吴国艺　王素玉　杨　瑾　戴梦雅
陈　玲　张敏仪　沈　巍　王晓慧　赵　阳
彭　舟　梁彩霞　赖则冰　王　宜　廖晓凤
陈惠雅　匡际霖　李思嘉　卓羽波　李　楠
黄　立

11. 临床医学硕士（共170人）

临床医学硕士（内科学）（27人）

欧阳梓华　赖雅柔　林正昌　杨金英　张海洋
刘瑞杰　王　芳　徐丽艳　蔡　玲　刘丽霞
张创标　张庆梅　廖碧红　陈秋冬　吴长才
周金梅　张雪玲　张小娟　张　莹　李小媚
曾芙蓉　王素梅　魏明成　李日腾　谭冠昶
梁文健　潘立武

临床医学硕士（儿科学）（7人）

刘晓晓　贾维静　蔡勉珊　王慧慧　赵新景
曾祥林　杨志刚

临床医学硕士（神经病学）（7人）

蔡智立　蔡林江　黎泳欣　黄鹤鸣　蔡隆学
吉章阁　庄　海

临床医学硕士（精神病与精神卫生学）（3人）

石顺治　彭　博　王　炜

临床医学硕士（皮肤病与性病学）（5人）

陈光宇　宋延君　牛　牧　司徒翠影　梁雅晶

临床医学硕士（影像医学与核医学）（15人）

刘玉龙　林燕婷　曹　杰　康文焱　朱花敏
张平平　饶　明　陈秋香　梁佳乐　邱　麟
梁敏杰　李　阳　彭　悦　朱　林　汪　维

临床医学硕士（临床检验诊断学）（7人）

郭昌能　陳雪琪　吳禹湘　馬毓娜　张敏琍
刘　悦　吴瑞珊

临床医学硕士（外科学）（58人）

胡　泓　孙育欣　曹　国　张志健　彭　云
简优强　余良智　邹隆强　陈冠宏　夏吉生
宋英健　陈志昇　姜　敏　陈苑雯　周天恩
黎志伦　洪嘉凡　刘宛灵　傅珮珊　伍汉强
梅方宇　谭华勇　魏瑞鸿　钟　鑫　石　通
张晓荣　叶　剑　秦晓平　何梦龙　李　晋
熊　刚　朱勇军　洪英财　万　勇　罗伟坚
胡杨志　李德彦　鲍　强　李新军　李海亚
黄　信　刘英男　胡小剑　杜高伟　王云帅
方伟坤　肖　静　彭　彬　唐光华　丁光贵
谭镇南　梁振文　刘　彦　张辉挺　梅其伟

刘昌玲 甘君良（KAM JIN LIANG）
冯锡霖（PHOONG SIK LIN）
临床医学硕士（妇产科学）（13人）
沈蓓蕾 李玉芝 林思瑶 赵 花 曾姝丽
首 泉 鲍 敏 王 茜 宋 泓 程 妮
宋振坤 韋 藍 畢玉琴
临床医学硕士（眼科学）（11人）
席文群 梁安然 马大卉 刘 引 谭美华
余 芳 程欢欢 贺春香 吕依洋 熊倩瑜
袁淑敏
临床医学硕士（耳鼻咽喉科学）（3人）
伍慧卿 廖志芳 陈宏鑫
临床医学硕士（肿瘤学）（1人）
郭轶群
临床医学硕士（麻醉学）（7人）
王成果 梁云洁 董心童 宿颖岚 汪梦霞
谢娟华 庄彩屏
临床医学硕士（急诊医学）（2人）
黎利娟 郭伟诚
临床医学硕士（4人）
刘雪彦 严加洁 孙丽华 黄 苗
12. 口腔医学硕士（共7人）
曾志乐 钟桂洪 潘倩茹 刘晶晶 殷仲达
林继成 方锦铧
13. 中药学硕士（共18人）
刘志刚 樊兴华 胡源岙 马 莉 汪 美
叶 枫 欧国敏 连大卫 陈承贵 吴 宇
罗小娟 焦呈亮 龙 文 王秋珍 孙丛龙
黄义华 肖嘉棠 郭 琳
14. 工商管理硕士（共193人）
陈旨熙 上官灿凌 赵 朝 戴 翔 张志滨
易凌峰 陈延平 郭宝珍 段晓曦 王 雷
程瑞敏 林伟彬 关迈（MICHAEL）
吴炜胤（JANSEN SETIAWAN）
韩斯哲（HANSDRATA HINRYANTO LIAUW）
龙慕梦（MOMEN MAHMOUD ABDEL MAJID GHOLA） 司徒嘉璐（JIALU SITU）
葛萝兰（LAUREN ELIZABETH GRIFFITHS）
安东（ANTONIO AUGUSTO PIRES CAMARGO）
唐江月 纪 鑫 宋文斌 杨炜珏 唐晓敏
朱 乔 罗 苏 宋 娜 戴 劲 韦敏刚
王珏维 张 静 朱桓仪 杨钰琛 张荣华
丁 洁 尹晓薇 刘佑军 朱 锐 李 琳
谢 欣 邹 勇 钟锡连 孙志军 文 彬
郑 喆 吴阳辉 郭世平 李 扬 陈振宗
李赞麟 余泽华 杨跃庭 刘健荣 崔浩杰
林 晶 李 焱 骆 莉 温伟强 郑桂芳
何小中 李晓莹 许舒瑟 雷小英 刘 明
王 欢 邱巧玲 柏慧梅 冯伟刚 施凌霄
杨汝净 陈骥集 石琴琴 韩 东 李 建
戚汝姬 朱 稳 汪 静 罗秀金 伍永鹏
张 慧 王先艳 黄晓明 吴子文 翟羽佳
林武锋 胡石光 黄 莹 丘 骏 吴文丽
郑丹鹤 漆可悦 肖立永 李 强 李伟祥
徐玉茹 卢文静 赵 蕾 梁 杰 周天颖
崔俊艳 孙永超 俞佳雯 陈炎奇 吴修玲
黎嘉咏 倪 雄 杜云鹏 黄冠明 贺志强
姚 兰 方阳麟 区雪慧 李静斯 梁克达
赵秀思 王海山 赵尉辰 黄仁凤 郑梓旺
王 彦 唐小芳 黄伟雄 何远贵 周 现
孟 勤 华 津 姜群峰 邱定君 王啸鸣
邬维国 杨益飞 黄嘉伟 刘雨田 彭 瑶
戚斌斌 方 镔 欧俊杰 阮玉秋 陈咏雪
刘 峰 高若愚 赵春雷 梁建军 阮中元
邓香清 刘琳亮 陈 洁 邹维导 李振华
李佳佳 陈泽敏 刘晓华 程 欣 陈 春
徐济梅 罗 萍 谭诗念 陈 勇 陈伟明
张 欣 朱星华 冀 鹏 庞雄勇 潘希伟
张 军 邓碧华 谢 维 刘贻展 徐有金
张 勇 袁其鑫 李慧燕 林燕花 卢 丹
杨 帆 王强强 肖小明 蓝 莹 孔晓衡
崔啟晖 毛义文 蒋 敬 刘少莹 张 奕
王春梅 周玮玮 蔡炫炜 曾文浩 叶青松
吴绍艾 杜一鸣 王 寰 杜 峰
15. 高级管理人员工商管理硕士（共71人）
叶 鸿 陆海南 谢 峰 黄国文 陈 文
王志伟 刘春华 叶云峰 刘永福 李世英
马 胜 杜炜龙 陈 浩 赖广胜 叶 琳
李惠健 纪大山 赵 坚 张映庄 刘锦虎
彭 珊 杨卫芳 叶爱科 江 平 李金亭
颜宏钟 何伟志 李君鹏 郦江东 郭应雄
张国良 张晓文 陈 清 陈韶华 韦湘华
杨晓丽 刘习高 曹登民 孙 玲 邓伟均
黄台作 王洁清 刘 恺 吴伟斌 李国钰
陆暾峰 马昌龙 周学保 先学伦 高 山
戚卫民 曾 明 谢志良 张培荣 文 峰
赵瑞云 何健康 陈振秀 张永文 吴为民
沈贤望 刘海燕 戴 锋 周继华 薛振斌
朱宜群 余 伟 李 维 恽英中 徐建华
林卫峰

16. 公共管理硕士（共143人）
涂华峰 吴建东 吴倩莹 金 丹 丁莉斯
梅淑霞 林 睿 许翼礽 何景强 林 艳
李 强 麦壮炼 罗仲翔 邢福滨 周绮雯
李永青 高逸铭 魏跃容 王轶君 李健晖
李愿方 罗莉玲 王丽娴 关振杰 陈晓淳
李海滨 江 敏 阳芝兰 朱宏勇 龙剑莉
张慧昆 谢醒山 陈坚灵 徐国宇 林宇瑜
高 兵 臧 琴 曾展斌 李栋成 刘丽春
梁 杏 杨利华 陈 艳 王 旻 邓英丽
葛倬实 李 璇 谢晓芳 刘丽环 陈智翀
张 皓 黄丽莉 温韵韵 陈 灏 苏晓彬
龙晓春 杨玉香 骆小卫 汪贾绚 范恒胜
曹俊清 张 玮 周 兰 刘 珺 何智勇
李展城 欧阳晶晶 陈 昕 吴旭涛 李雪飞
杨若婷 杜 鹃 黄志娟 丘 成 徐 欢
关月芳 刘 芳 莫尚宏 蚁文娟 寇 娟
林 乐 王 纪 杨艳艳 刘乐萍 李超恒
卢永城 郑森洪 叶君飞 陈嘉泳 罗镇屏
陈 全 潘 宇 吴菲怡 王志刚 石 鎏
吕 蕊 黄 艳 单小亮 李文娟 张 承
朱 莉 孔 辉 麦凤怡 李思思 周 智
李学进 张景璘 吴华兴 白朝辉 赖爱平
谢洁莹 廖 清 林嘉文 郑 飞 李颖君
李毅敏 叶秀枝 杨 霞 冼学文 高英豪
李光顺 林青映 林艳虹 李 明 李彩英
刘思齐 冯素冰 陈燕贞 文 坚 杨 蕾
梁振华 颜 森 高美圆 钟艳珍 刘玉丰
陈军文 蔡秋华 黄建新 陈国祯 黎伟红
黄永均 许振烁 刘学文

17. 会计硕士（共88人）
冬瑞霞 温东月 陈思睿 王楠楠 丘思敏
洪梓钧 李伟宁 吴 凯 王 莉 沙劲竹
吴晓婧 徐毅龙 曹秉安 孔德华 王春梅
熊文琪 魏朦朦 张 梅 徐姗姗 黄丽娜
龙 丹 肖洁瑶 刘 艳 符 奂 徐 玲
申林玉 陈 娟 郑雪环 韩天翔 彭龙鑫
杨卓弘 何慧莹 陈文莎 林桂好 刘文政
高 明 龚 玮 吕亚蔚 匡 琪 林 婷
包文娟 马 飞 卿 雯 张泉子 申 琛
刘思思 蒋 婧 蒋 洁 魏思静 龚永辉
韩晓萃 廖志国 汤翠平 徐 伟 谭 倩
邓雅珍 李旭瑜 余晓丽 张 珊 余芳霞
黄晓明 何婉虹 廖俊杰 王 昀 李 垒
潘俏倩 左布谷 衣婧姝 刘义先 谭兆祥
周子强 陈淑銮 陈庭慧 区 翔 刘 勇
彭美玲 张 军 黄唯佳 陈 帅 彭勇杰
屈海川 刘一乐 叶 蕾 向 昕 麦春花
钟雅恒 蔡青宇 王文钦

2013年暨南大学毕业研究生名单

（共2 785人）

一、博士毕业研究生共211人

财政学（4人）
聂 慧 王 海 陳怡君 周薇薇

国际贸易学（3人）
许姣丽 张媛媛 钟晓君

国民经济学（5人）
黄 涛 孟凡强 刘 炫 刘伟国 徐 娟

金融学（10人）
吴 聪 陈艺云 钟玉琴 黄泽勇 杨竹清
罗贵君 刘 可 郑华宝 蔡祥锋 阎 波

区域经济学（6人）
王 鹤 李媛媛 揭水利 熊雪如 覃 剑
于 绯

数量经济学（2人）
欧阳敏华 席 晶

统计学（2人）
徐芳燕 方越峦

产业经济学（8人）
马飞雄 陈有华 李玲玲 傅 瑜 何小钢
林在进 叶仲豪 程 昱

国际关系（10人）
黄庆铭 陈万达 张 云 王 冲 封 筠
唐 姗 苏 毅 杨建基 丁建智 谢法浩

汉语言文字学（9人）
李洁麟 宫领强 刘莉芳 史先建 郑 媛
涂 柳 孙清忠 张蔚虹 李 岘

历史地理学（5人）
吴理清 王 荣 孟昭锋 刘兴亮 張孟剛

文艺学（10人）
谭慕仪 李 炜 邱 婧 董 娟 池雷鸣
欧阳光明 杨雪梅 司志武 王中强 许双如

中国古代史（4人）
陈伟庆 张琛 惠冬 本多雄治
中国古代文学（5人）
許然 李奎 马国华 张艳芳 郑平
中国近现代史（2人）
曾志文 吴树燊
专门史（3人）
肖仁龙 莫光木 辛蔚
新闻学（7人）
吕雪澜 李绍元 李红 邹蔚苓 杨凯
星亮 陈桂琴
工程力学（5人）
卢迎华 苏伟 薛兴伟 张元标 刘三星
生物材料与生物纳米技术（1人）
田金环
生物医学信息技术（4人）
冉洋 刘振尧 叶海 齐攀
纳米化学与生物纳米材料（10人）
樊耘 金花 林宏生 汤俊琪 崔江虎
胡超凡 阳运华 张灵敏 李君君 姚秀琼
生物化学与分子生物学（9人）
朱耀魁 陈妙娟 肖文娟 张磊 刘国良
孙冬冬 宫君原 李丽萍 张延亭
生物与医学物理（2人）
傅洪波 张刚平
水生生物学（15人）
刘静 田斐 徐磊 王铭 李丽
刘擎 底晓丹 胡晓娟 桓清柳 夏嵩
李文茹 高健 李涛 罗晓霞 黄微雅
生物医药工程（11人）
王小燕 向阳飞 刘俊珊 李娟 吴鹏
胡显镜 丁博 李怡芳 范龙 杨妍
李维熙
病理学与病理生理学（7人）
王一阳 王广 张海峰 左婉红 汪军兵
毛建文 谢强
中西医结合基础（4人）
吴先林 郭慧 王幼萍 宋媛
中西医结合临床（2人）
李德辉 李树成
妇产科学（3人）
江欢 甘露 孙凤杰
临床医学博士（内科学）（1人）
黄正一
临床医学博士（皮肤病与性病学）（1人）
阮庆贤
临床医学博士（外科学）（2人）
譚文成 鄭力恆
内科学（5人）
马华林 赖明广 沈琦 刘赴平 張漢明
眼科学（2人）
申晓丽 刘莲
医学影像与介入放射学（4人）
陈仰纯 张金山 史长征 弓健
财务管理（3人）
陈华妹 龙文滨 蒋大富
管理科学与工程（4人）
农国平 谢天 王东 唐秋鸿
会计学（4人）
陶宝山 王晓妍 陈清和 韩晴
技术经济及管理（2人）
吴雨辉 管总平
企业管理（8人）
文峰 周大鹏 陈鸽林 陈祥顺 龚裕达
宋杰 冉丽 骆紫薇
信息管理与管理信息系统（7人）
南小可 张军成 唐志文 李宗波 李明
王明玲 张仲凯

二、硕士毕业研究生共2 574人

财政学（42人）
颜裕龙 許錫榮 洪紫剑 郑善乐 季露
秦小凤 李艳芳 孙春祥 胡芳 吴春晓
邓媛玲 辛腾飞 程海霞 肖秀玲 江婷
李雯 刘光富 宋晓丹 苏丕娟 王婧
赵宇阳 冯姝 严伟林 陈子豪 吕世名
刘子溪 蔡寶琴 李雄澤 刘博文 許灝衡
莫惠玲 胡洁萍 戴丽芬 骆珮莹 林丽华
钟春玲 张子乐 林和富 佘俊乐 戴杏花
刘志伟 徐中民
概率论与数理统计（8人）
刘美霞 陈海清 胡岸 吴贤君 杨创元
寇璐 邹瑞芝 王博
国际贸易学（29人）
刘文君 胥然 李燕华 潘丽丽 覃小舒
王伟 林志英 程伟帅 杨金鑫 彭鹏丹
张雨露 青婵 王晓君 江宇 占玲芳
余丹 陈燕星 李丹丹 原宗琳 赵月华
杨鹏涛 孙登科 刘丹丹 邓丹 周立涛

郭艳春　高颖欣　王　颖　赵文玉

国际商务硕士（35人）

陈玉莹　龚　奕　张玮珊　吕海珊　柯　晖
陈一男　孙莉莉　朱长伟　李丽珠　曹　振
汤　芳　杨玉平　刘　芬　辛玉玲　杨珺瑜
蔡　青　陈汀轩　吴锦坚　赖建龙　麦嘉文
牛　娜　张婉君　孔令青　卢方敏　吴燕萍
刘　玉　张　萱　徐梦熙　谢仕展　郑　娜
李　惠　张　鑫　杨　帆　马颖杰　王晓芬

国民经济学（28人）

姜甘伟　梁　辉　项江红　孙春燕　温　勉
蒋俐俐　秦　梦　李思怡　杨　鹏　孙慧敏
何玉麟　蔡永凯　雷华卫　洪文琳　裴成伟
张浩良　李仙燕　谢俏芳　钱　泉　林健涵
梁春燕　黎泽普　唐清萍　简玲玲　刘　恋
尧新华　林焕荣　陈　权

金融硕士（41人）

王　雪　刘　博　童　铭　刘　佳　赵晓倩
郭　明　齐菲菲　邹　妙　范楷斌　宋翠英
汪毅然　惠要举　钟璜珈瑶　许　晶　杨　堃
谭秋秋　聂　倩　潘俊义　康敏金　曾永滨
韩晨光　乐　涛　郑梦燮　龙　琼　宋　洁
尹琦娟　赖承志　杨余灵　杨岳松　杜国铭
李广亮　黄艺红　何　鹏　梁昕亮　袁　娜
黄应钢　张　兴　刘　莹　李　帆　骆开骋
梁　逍

金融学（83人）

赵　泉　张　静　毛美华　周　利　侯明亮
聂二浩　邓星晨　姚兴财　李　文　张　申
代方龙　温　玖　杜甲奇　徐红娟　王书佳
王　圆　李　浩　李　刚　孙　栋　缪宏伟
纪明慧　李欣欣　苗文娟　寇宣丽　胡　骅
叶冰芬　陈如梦　廖月盈　李　尧　丘旭升
程筱芝　钱　程　陈俊龙　邓韵宜　王　楠
伍雪玲　罗莹莹　萧蕊霞　王湘铷　俞雅娟
李　思　程　惠　付丽容　吴劲华　赵　峰
付圣飞　邹光华　殷双建　姜芳汉　汪　伟
芦　威　汪小珍　胡　灿　吴金福　万　龙
周安鹏　许佩楠　胡必成　杨　薇　周留彬
钟文彬　廖玉婷　程晓芬　谢代军　许　帅
刘　振　张丰成　彭俊杰　黄亚龙　程丽玲
徐英杰　全　威　熊梦飞　吴　昊　董汗青
王　欣　冯　聪　刘紫昌　姚晓强　梁浩荣
蔡海玲　申晚运　陈　伟

劳动经济学（4人）

杨　爽　张洁玲　王亚坤　李程飞

区域经济学（28人）

郑云峰　彭　芳　安　源　韩启钰　程　萌
李红叶　辛姗姗　杨　威　杨会香　陈利静
邓浩美　张志强　王灿华　赵　玮　翟敏如
周　芸　殷仪金　刘炫妤　叶初初　刘燕妮
刘　微　王友田　颜究生　罗金济　曾嘉文
陆浩然　林安妮　張鴻文

人口、资源与环境经济学（3人）

蔡　磊　边　晶　秦云峰

世界经济（8人）

丁永欣　吴　静　王惠娟　邓莹莹　张裕加
翟婷婷　史宪荣　陈涣波

数量经济学（11人）

蒋永莉　雷　敏　汤亚丽　雷小艳　贾佳林
戴　屹　党　略　杨娜娜　郑博儒　关红玉
郭丽君

税务硕士（15人）

刘志婷　曾　骏　袁浩棠　王　莹　胡艳清
欧阳天叙　陈　艳　陈文秀　纪良玉　卜　璐
陈丽娟　许文君　杨　敏　李　巍　曹梦芹

统计学（21人）

李　璐　刘陈璐　戴　洁　晏育文　刘志超
张仁俊　张景亚　李雪莉　李　敏　万政廷
李　悦　陈　彤　符晓燕　朱珈乐　陈冬进
陈燕华　杨起超　朱莉莉　谭　华　苏楚莹
孙　靓

西方经济学（10人）

罗永会　宋国娟　谭　轶　荆　琛　王秀娟
韩慧敏　林萍萍　赫虎虎　朱晓磊　王铭欣

应用统计硕士（21人）

陈　远　林佳珣　何　凤　熊　航　杨秀园
祁必发　郭飞翔　尹　璐　陈金哥　张立志
郭雨弟　关启亮　魏潮达　吴　瑾　甘若迅
车明轩　万蓉蓉　石林岳　龚晓凤　张敏捷
吴　剑

政治经济学（3人）

柳文娟　郭　维　郝　杰

资产评估硕士（20人）

李兰兰　张　悦　程春晓　陈海艳　张　彤
孙　晓　何　鹏　李　曼　李澔东　李　桃
高　磊　谢　睿　杨　燕　李海燕　程　曦
郑　磊　陆　辉　高兴华　张心房　李克海

产业经济学（27 人）

张　志　梅　丹　郗笃鹏　陈　慧　邹　璇
曹文平　张玉荷　刘益锋　陈海波　蒋　黎
刘萱芝　陈丰哲　尹　蔚　侯　杰　钱艳萍
刘鸿燕　丁曹烨　刘　胜　蔡仲芳　苏银珊
肖　科　刘凤珍　黄海琴　周　彧　徐作林
李秋蓉　欧阳静

法律硕士（52 人）

曹成瑶　廖俊芳　吴民杰　罗　琳　沙文静
饶红美　杨　杞　范　宣　胡厚财　何庆权
赵剑武　李桂子　谢东方　唐宝四　成　琳
李　翔　刘　艺　陈　权　陈慕娴　李赢政
叶萍萍　刘欣欣　郭丽娜　阳　霖　林建群
张　蕾　赵宇轩　李少辉　钟二妹　王慧娟
彭梅芳　孙月芸　刘东海　阙　俊　卞　阳
程　晨　彭　婧　潘文静　王妍飞　汤冬兰
王　超　孙帷韬　梁雅琴　肖姗姗　李仰博
王琪珺　沈姝迪　李　瑭　俞　玮　梁升瑜
陈　源　樊利芝

国际法学（9 人）

刘红光　邓　芬　孙丽丽　卢　笛　王新燕
蔡如顺　孙　倩　韩书立　陈丙谦

经济法学（13 人）

张志慧　欧阳美兰　江晓双　孙瑞杰　李斯哲
王梦怡　全秋萍　陈艳飞　李广舒　郭一鸣
陈文海　谢志洪　杨立孚

民商法学（29 人）

袁　媛　亓培培　刘晓亮　张春宁　郑承怡
葛　星　郑凯琳　罗　隽　陈菁华　陈凌浩
梁　洁　魏远红　宁雪梅　杨　敏　余　莉
江丽华　王　洋　莫　力　介　鸽　甘雪玲
杨远家　洪　森　李志云　刘巧静　谭廷谦
李懿倢　梁志劲　麦雪锋　郑少敏

宪法学与行政法学（16 人）

刘　荣　柯婧凤　周　影　崔晶晶　张军利
徐来凤　王　谧　林　燕　何晓菁　薛　晨
颜慧婷　邓富妮　王　坤　林徽伟　陈嘉彬
罗南凌

国际关系（29 人）

王曼曼　郑　玲　李　亚　虞迎亭　张银双
李志华　辛学敏　任思权　李　欢　黄慧慧
师会娜　许　亦　陈海燕　罗　磊　张　露
袁晓宏　闫　娟　韩　正　任夕华　林　雯
刘　冬　吕　洵　黄多多　吴　昊　王艳琴
李秋红　陆　清　尚余子铭　赵思洋

国际政治（3 人）

杨郁桐　刘诗瑶　杨　华

中外政治制度（3 人）

王九龙　马铭深　钱　进

思想政治教育（11 人）

王伟娜　杨　芳　周　佳　赵孟芳　颜杨果
罗海军　罗漫妥　韩　黎　刘玢玢　汤素娥
王燕君

马克思主义中国化研究（2 人）

郭润萍　周灵仙

比较文学与世界文学（10 人）

师　璞　方　媛　曹佳培　谢云云　张　巧
李乃琦　李英杰　朱晓敏　黄宝霞　王　維

汉语言文字学（27 人）

李　琪　陈　都　廖丽娟　王效云　许洁红
陈倩仪　李建青　陈怡君　梁可湘　张旭阳
王　琢　张　婷　柯文彬　梁志华　张　硕
王梦禹　雷珊珊　单　珊　黄艳青　肖　蓓
黄绮烨　张玉洁　刘　君　张　斓　胡仿妮
陈丽婷　郭　渊

考古学及博物馆学（1 人）

任　程

历史地理学（12 人）

华文杰　王永伟　李云端　王小朋　尹　强
刘素霞　王　宁　张　晶　丁　伟　苏　瑞
郭学飞　王昌民

历史文献学（5 人）

黄國威　陈焕强　李善磊　林　泽　张　慧

美学（9 人）

陈　园　蔡若坤　李振书　王碧凤　刘　镇
邢丹丹　赵彦辉　李永杰　王婷婷

世界史（3 人）

李　胜　孙　敏　蒋丹萍

文艺学（23 人）

郭　盟　解丹儒　夏小芝　李千帆　崔承君
叶楚莹　余媛滢　吴　琰　李　鑫　姚永泳
倪国英　申　卉　肖雨竹　杨诗丽　刘述清
马钰滢　崔世平　赵　琳　朱静媚　王瑞如
陈碧霞　罗晓莹　尚美姝

中国古代史（16 人）

尚小康　胡仲恺　刘　黎　杨玉秋　王晓玉
田　翼　李耀国　陈东林　潘　虹　李　苗
赵涯菲　胡　莉　汪长亮　郭艳茹　黄业春

王其良

中国古代文学（22人）

池晓洁　刘晓亮　付　瑶　郭　婷　刘晓雯
陈磊磊　郑晓宇　方文烺　王国君　杨华容
谢　斐　刘　真　朱红妹　郜文芬　王慰丹
杨　维　刘湘吉　蔡　晨　曹　玥　蔡晓铭
罗俊萍　尹争菁

中国古典文献学（3人）

马　武　汪绪慧　谢炳军

中国近现代史（18人）

邹辰宠　高　龙　张广厦　马孝奇　黄晶晶
张宏东　谢美娟　张爱勇　孟　蕴　吴价宝
朱　婵　盛　波　刘　凯　郑云霞　杨　霞
骆　立　方子樂　陳炎發

中国少数民族语言文学（1人）

王　琴

中国现当代文学（25人）

刘静静　上官婉清　罗聪颖　张　愉　王秀玲
庞建丽　郑巧玲　洪　虹　张　辉　张炜婷
黄舒杰　向乃禾　何紫珊　朱文娟　梅　兰
王　瑶　郑　洁　杨璐临　李　响　杨美娆
姚　岚　王　珂　陈　联　张　瑞　罗樱樱

专门史（17人）

吕　源　李　阳　李培娟　卢小花　易文明
李　祥　李群锋　寇海洋　石　松　谢清明
李　薇　谢峻润　苏小美　欧阳班铱　陈　华
蔡垂岳　张　彬

汉语国际教育硕士（86人）

李怡梦　姜懿珊　伍楚菡　祖凤越　尤　月
王　虎　方　雨　王艳萍　邓三婷　严明霞
熊胜男　林锂依　金秀萍　李建辉　林　若
刘艺斯　龙　菊　冯　敏　何　珊　唐　煜
刘青霞　赵春阳　刘欣昕　吉江涛　陈　青
傅　蔚　王燕萍　方金彪　田　冰　魏永秋
张涉澜　黄冠冕　张玉莲　潘娟娟　唐根基
江玟达　麦晓洁　邓爱华　胡占斌　李红艳
张睿涵　李佳芸　旷　洁　程　铭　周　晓
李惠静　张春静　张　冉　吴林玲　余海燕
宋晓艳　刘美丹　傅　丽　方　沁　杨可祯
谢　慧　凌远娟　陈舒舒　喻雪玲　彭德权
敬顺成　黄瑞娴　党玉坤　焦小玲　严莉平
黄泸容　刘锦霞　李　骋　邝小珊　王　丹
雷　丹　潘哲娜　张功毅　杨棠玉　林学华
王梓璇　蒋　晶　殷　瑛　黄长彬　曹　军
陈培娟　杨晓军　袁凯林　张荣顺　赵　惠
陈晓军

语言学及应用语言学（44人）

郑丽珊　苏宜湘　项佳佳　吴　花　庄亚欣
李小华　蒋英英　丁　锐　李盈桔　胡蓉萍
赵德琳　魏旭阳　陶　昕　温丽欢　糜　英
王文瀚　张艳艳　党瑞霞　孔　爱　陈园园
邓　婷　罗　灿　林　纯　赵梓汎　常　凯
刘　蕾　管屹星　彭鑫佼　刘基伟　张秀彦
陈　芳　施　玮　刘　岳　刘珊珊　孙　昱
陈妍妍　江明子　吴小燕　黄碧芬　何宇薇
刘凤珍　龙小玲　张文雯　黄燕燕

外国语言学及应用语言学（20人）

高　姝　黄秋雨　梁心爱　史素娟　刘慧姝
向丽梅　张苹英　王文婷　卢佳蓉　张小芬
魏　澜　王　雪　赵星星　庄海燕　杨雨晨
齐文静　舒　欣　晏　静　李外香　张　洁

英语笔译（23人）

沈　洁　赵鹏飞　王爱玲　何庆胜　何忠兴
黄　凤　熊　聪　张　雪　梁　楹　王晶晶
肖迪月　肖莉川　张　俊　方沁秋　李楠楠
缪　晗　张　骁　罗娟娟　陈　慧　惠赫闻
陈　曼　冷　馨　戴佩芝

英语语言文学（9人）

朱　越　高婧婷　邵春发　刘　鑫　马晓园
张雪松　钟兴亮　李　杨　朱溢文

传播学（23人）

徐　扬　张立芬　鲁　婷　陆文婧　方　媛
李　越　罗小玲　王婧妮　金　鑫　周露霞
王欣然　张　璐　徐文婷　周冯灿　武　鹏
谢　越　张　敬　刘晓旋　王一婷　李　理
赵　玲　曹　璇　陈　芳

新闻学（74人）

印　青　张天赦　倪思洁　徐　宁　吴　丹
吴丽君　张路延　易妍君　张雯婷　白庆虹
朱海威　胡　君　何子君　陈　龙　计慧慧
韩　丹　武丽魁　许莉芸　姚小云　卢　迪
阮文娜　秦雪星　赵　爽　廖仕祺　黎妮晓宇
杨　凡　章琴丽　刘　荔　刘　璇　许　智
黎妙娟　陈丽园　冯　叶　丁　卯　杨　妍
邸智泉　王　卓　肖文舸　张　萍　赵明月
梅刘柯　叶　静　黄珊珊　李　倩　肖小珊
张　艳　徐　刚　陈阳阳　杜　静　何奎山
李苗苗　褚俊杰　李　婧　史　阳　谢　潇

李　娜　闫小黄　熊力颖　李　琴　薛　芬
陈瑞华　朱晓超　周文辉　刘佳佳　张　赫
曹　晨　袁舒怡　卢雪婷　杨思明　林晶晶
陈晓伊　刘苗苗　刘云飞　万依柳

新闻与传播硕士（55人）

李静欣　王　昊　党丽霞　郭家轩　柳　滨
张罂影　张嘉壹　张丽娟　陈思勤　来芙萍
李　旦　唐　瑶　张　丹　符　珂　胡循广
阎　彬　王　方　贺风玲　巴恒星　刘久荷
舒　萌　彭　琳　康　帅　何　素　宋喻辉
黄雪萍　王晓全　喻　澍　陈　泳　耿　佩
李定国　范　晨　冯俊程　毛惊鸿　赖虹宇
卢俊鑫　马丽仪　董　琳　周盈盈　徐晴晴
易倩然　何　韵　高静宁　刘　昕　殷立飞
邓文妍　苏一洲　王文佳　周津晶　李小伟
孙　熙　李素倩　姚沁杉　李　岚　吴思诗

材料工程（5人）

王星晖　袁　珣　吴　帅　张　云　刘中益

材料学（17人）

郑　洋　杨华军　聂光庭　李　波　朱明明
李　垒　韩婉清　邵晓虹　罗春红　孔　杰
张瑞杰　王金慧　米君龙　陈　超　李建华
徐寵庭　刘亦文

工程力学（8人）

陈　琼　李晓飞　林　杰　钟传国　张喆斯
刘　勐　蒋一帆　彭启凤

固体力学（2人）

刘　庆　袁　丁

光学（9人）

吕　锋　郭　龙　余汉铭　廖国珍　靳　川
叶庆伟　周德山　明　朗　梁　兰

光学工程（21人）

何　璇　陈定星　李梦萍　孙　亮　孙媛媛
余金波　李浩智　张　浩　常永亮　刘亚竹
夏丽佳　全　战　葛　嘉　冯明创　梁　诚
王斗发　吴聪聪　李德亮　王　喆　王光华
王桂宾

环境工程（15人）

刘　京　孙　帅　郭　薇　袁西鑫　郭志博
石教娟　李　强　田　云　赵　宇　蔡　瀚
李　贤　王海军　陈森银　张露尹　周博宇

环境科学（16人）

叶　姝　崔　震　枚　芳　陈　艳　王　宇
邹　宇　曾小龙　吴海波　钟庄敏　周　懋

尹　倩　李　良　朱文君　王雅文　李春连
顾杨亮

建筑与土木工程（10人）

左才龙　项子儒　傅　浩　孙　滢　孔琳洁
王　聪　夏　演　杨　维　程　程　李平平

结构工程（4人）

吴佳龙　黄鸿运　莫玮宏　施传潮

粮食、油脂及植物蛋白工程（3人）

颜儿作　王尔佩　易九龙

凝聚态物理（8人）

沈　超　林彩平　刘贝贝　严振升　马晓兰
蔡　静　马超云　詹　真

食品工程（9人）

卢颖欣　熊　盼　张　迪　何林乾　李　卓
邹　玲　范方辉　李　妍　楚启辉

食品科学（15人）

麦馨允　马　祥　魏　霜　余书奇　江姗姗
于　淼　郭墨亭　金　玲　王　楠　吴建文
吕梦莎　朱定波　孙崇臻　陈思谦　唐姝姝

物理电子学（6人）

王　标　曹　婧　张启华　张　龙　周世勋
汤华清

一般力学与力学基础（1人）

程　聪

电子与通信工程（18人）

林　昊　林智波　田　超　欧庆荣　王富启
冯继威　刘　潺　陈奕阁　陈　洋　董晓文
沈秋莹　戴春容　刘堃铨　韩洪鹏　范诗剑
郑　浩　朱　贺　王阳阳

基础数学（9人）

易菊燕　张学铭　王　钥　刘　瑞　李雄英
陈　诚　杨明华　吴良宏　余金杯

计算机技术（17人）

曹　锦　郑中杰　柯程远　杨雪毅　李纯宜
刘庆凯　卫　娜　张美富　何港杰　纪昌红
宋梁山　刘梦得　吴立芹　蒋稳根　邵晓语
谢晓辉　邹俊德

计算机软件与理论（4人）

刘雅正　陈受凯　徐帅文　周健昌

计算机系统结构（1人）

刘良文

计算机应用技术（16人）

李军锋　宋诗阳　杨纯一　刘坚强　叶毅峰
张锐华　阮文杰　杨　达　林艳纯　高皎姣

黄斌绍 范修伟 王 辛 蔡 跳 曾相宗
李國紋
软件工程（4人）
唐 泽 刘 靖 闫瑞芬 刘 欢
通信与信息系统（16人）
于 飞 匡荣杰 王艳梅 张继森 曾莉欣
谢军华 林 伟 关兆雄 高 洁 鲍 园
彭 煜 何成强 甄海华 陶瑞臣 于 翔
方 堃
信号与信息处理（12人）
周文平 张文强 陈 庆 魏守一 蔡 明
王文婧 宁 吉 王袁杰 沈劲桐 齐建国
廖灿灿 利海沃
应用数学（17人）
尹 琦 刘冬华 钟海萍 方阿芬 张京友
高爱丽 郑 珍 王 涛 赵 彦 陈 倩
龚 敬 陈俊瑜 李高峰 孙国强 汪群芳
张国鹏 李 欣
动物学（4人）
马瑜晗 朱择敏 党林夕 高志远
发育生物学（8人）
廉滋珍 白 顺 张 希 董少男 周 文
张 烨 陈 冉 黄卉卉
分析化学（16人）
张 蕤 谢丽娟 刘 莉 夏志月 张 林
江金环 唐雁雁 黄思明 邱月琴 梁丝柳
李 萌 于爱丽 李丽云 肖娟宜 禹莲玲
尹华斌
高分子化学与物理（3人）
欧阳玉 钟大根 李志敏
化学工程（11人）
李金芳 陈雄辉 刘梨梨 杜雪朦 卓鹏飞
黄子荣 林 己 刘 晋 刘昌弘 黄世强
黄勇潮
免疫学（17人）
贾彦琼 孙曼曼 何 健 李 涛 张晓丽
王进京 王 进 乔 静 闻一鸣 傅海锋
王瑞雪 曾龙辉 杜超超 欧子强 王冠明
孙毅凡 张 鹏
生态学（3人）
苗 滕 伍晓洪 杨 尚
生物工程（17人）
朱 颖 吴国艺 王素玉 杨 瑾 戴梦雅
陈 玲 张敏仪 沈 巍 王晓慧 赵 阳
彭 舟 梁彩霞 赖则冰 王 宜 廖晓凤
匡际霖 李思嘉
生物化学与分子生物学（49人）
高玲梅 李雨辰 陈 尚 白 杨 伍小华
金庆敏 于海静 李鹏山 吴彬彬 赵高翔
黄广庆 徐文娜 刘腾飞 邱建阁 王 媛
刘超然 罗二梅 肖艳归 刘 鑫 彭敏燕
陈 洋 叶瑞敏 姚 瑶 孔繁谦 陈 颖
钟 辉 熊 毅 刘 俊 杨 晶 党便利
曾 妮 付强强 苏建华 亢中奎 张梦晗
谢伟红 郑 刚 陈 健 吕 哲 熊 睿
郭丽芳 王芝瑶 李继伟 朱 滔 王 洁
杨 洋 王 川 沈梓粤 陈 洪
生物物理学（1人）
杨继旺
生物医学工程（2人）
陈 鹏 陈诗涛
水生生物学（38人）
王晶晶 夏月恒 戴顺珍 何耀升 张 云
刘 涛 张 勇 张君纲 杜克梅 黄享辉
沈丹丹 雷翠霞 高国敬 武小燕 韩 娟
孙明哲 陈小妹 夏 伟 徐艳红 左 娅
刘 悦 梁菊芳 江晓亮 黄 翔 周静韵
杨 芳 江孝军 舒薇薇 岳儒焱 栾磊磊
邓 坤 于 波 李义刚 刘静雅 陈秋菊
黄天吾 徐 采 丛 敏
微生物学（16人）
王南杰 徐聪聪 秦焕焕 王亚玉 王诗诗
曾智星 张金金 王红翠 董濠鋆 黎瑞宝
向明霞 郭高峰 闫 凯 成希飞 李继东
邹 信
无机化学（15人）
付秋兰 谌靓靓 王亚玲 袁晓利 薛志萍
刘艳宇 彭 花 黄象金 杨陆峰 何 飞
曾福龙 李卫昌 王 弋 高 鹏 张 奇
物理化学（1人）
李 添
细胞生物学（14人）
秦宗华 朱保伟 王增光 任 帅 申 琦
戴 应 陈德荫 文皓旻 越茂松 牛宇哲
张逸波 李善义 黄 钦 余君彤
遗传学（19人）
张 欣 吴崇超 项延包 王红梅 张杨杨
陈希磊 郭晓令 王 晶 杨 攀 黎美香

陈蓉蓉　黎玉凤　马岩岩　罗天杰　叶祖禄
丁伟超　王文慧　吴征征　梁詠恩

应用化学（3 人）

邓苏青　王海波　皮　江

有机化学（13 人）

许懿婧　赵　琴　张玉洁　师忠根　徐鼎峰
张展翼　徐显杰　邓　舟　陆　涛　胡斌斌
陈　兵　高　飞　梁鋭君

微生物与生化药学（12 人）

李　智　熊耀玲　江海香　李保国　李银宇
钟媚共　邱贤秀　苏本金　雷　云　陈　佳
李　娟　张自德

药理学（13 人）

刘方兰　赵汝霞　唐陆平　杨倩之　吴赛春
邓媛媛　王晶晶　鲍青青　王婧茹　周　星
滕双凤　厉冰雪　周晓雯

药物化学（44 人）

许本洪　曹雷雷　刘　正　曾孝杰　刘霞妹
刘金伟　李甲桂　郑　晶　崔新录　秦子飞
谭子铖　余　通　李　晨　单玲星　李小龙
刘　倩　江富祥　唐京群　洪　娟　张明华
刘芳芷　胡树枝　廖凯谊　阮志雄　王　颖
刘明莉　李　桃　唐　乐　郭倩仪　孙一蕊
陈　莹　杨婷婷　仝永斌　郑启昌　赖道旭
汪青青　陈　鹏　孙　华　傅朋飞　梁　宁
罗翠婷　申文伟　刘正华　刘巧珍

制药工程（1 人）

李小霞

中药学（24 人）

曾子菡　姚　楠　马　方　陈莉莉　黄丽娇
谢　乔　郑　琴　宋　燕　王开裕　金　路
程　红　李琳琳　陈金嫚　吴碧灵　张　建
林　娟　冯春驰　符少莲　高　双　牛秀会
陈燕苹　杨振亚　涂苑青　李满萍

中药学硕士（18 人）

刘志刚　樊兴华　胡源香　马　莉　汪　美
叶　枫　欧国敏　连大卫　陈承贵　吴　宇
罗小娟　焦呈亮　龙　文　王秋珍　孙丛龙
黄义华　肖嘉棠　郭　琳

病理学与病理生理学（9 人）

杜　展　田　莉　吴雪芳　朱小青　熊国吟
王发强　王　慧　李丽娜　王　超

病原生物学（2 人）

王穗湘　吴　莎

口腔临床医学（3 人）

李志雄　刘明昆　赵创波

口腔医学硕士（7 人）

曾志乐　钟桂洪　潘倩茹　刘晶晶　殷仲达
林继成　方锦铧

流行病与卫生统计学（10 人）

孙小会　李　张　罗春花　袁雪峰　曾韦霖
刘超群　董　杉　白卢哲　王　锋　江　鸿

人体解剖与组织胚胎学（2 人）

张笑坛　张兆龙

生理学（4 人）

彭　爽　刘振锋　李华娇　苏仲春

中西医结合基础（1 人）

谢林林

中西医结合临床（12 人）

吕志刚　黎　帅　金　鑫　徐　娅　彭　霞
黄　进　刘玉斌　聂玲辉　张素燚　戴聪奇
翟宏峰　谭碧珠

中医内科学（3 人）

何　铃　周　畅　闫海震

儿科学（1 人）

黄婉仪

耳鼻咽喉科学（1 人）

肖志文

妇产科学（8 人）

吴彩林　郭　威　龙小云　林　丽　麦振声
林颖芝　韋　藍　畢玉琴

护理学（2 人）

徐玲丽　付光蕾

急诊医学（2 人）

赛　航　郭伟诚

精神病与精神卫生学（2 人）

吴限亮　王　炜

康复医学与理疗学（1 人）

梁　玲

临床检验诊断学（1 人）

李旭华

临床医学硕士（儿科学）（7 人）

刘晓晓　贾维静　蔡勉珊　赵新景　曾祥林
杨志刚　王慧慧

临床医学硕士（耳鼻咽喉科学）（3 人）

伍慧卿　廖志芳　陈宏鑫

临床医学硕士（妇产科学）（11 人）

沈蓓蕾　林思瑶　赵　花　首　泉　鲍　敏

王　茜　宋　泓　程　妮　李玉芝　曾姝丽
宋振坤

临床医学硕士（护理学）（4人）

刘雪彦　严加洁　孙丽华　黄　苗

临床医学硕士（急诊医学）（1人）

黎利娟

临床医学硕士（精神病与精神卫生学）（2人）

石顺治　彭　博

临床医学硕士（临床检验诊断学）（7人）

郭昌能　陳雪琪　吳禹湘　馬毓娜　张敏琍
刘　悦　吴瑞珊

临床医学硕士（麻醉学）（7人）

王成果　梁云洁　汪梦霞　谢娟华　庄彩屏
董心童　宿颖岚

临床医学硕士（内科学）（22人）

欧阳梓华　赖雅柔　林正昌　杨金英　张海洋
刘瑞杰　王　芳　徐丽艳　张创标　陈秋冬
吴长才　周金梅　张雪玲　张小娟　张　莹
李小媚　王素梅　蔡　玲　刘丽霞　张庆梅
廖碧红　曾芙蓉

临床医学硕士（皮肤病与性病学）（3人）

陈光宇　宋延君　牛　牧

临床医学硕士（神经病学）（7人）

蔡林江　黎泳欣　蔡隆学　吉章阁　庄　海
蔡智立　黄鹤鸣

临床医学硕士（外科学）（58人）

周天恩　夏吉生　陈志昇　陈苑雯　甘君良
黎志伦　洪嘉凡　刘宛灵　傅珮珊　伍汉强
冯锡霖　曹　国　张志健　余良智　邹隆强
梅方宇　钟　鑫　石　通　张晓荣　秦晓平
何梦龙　李　晋　胡杨志　李德彦　鲍　强
李新军　李海亚　黄　信　胡小剑　杜高伟
方伟坤　肖　静　唐光华　谭镇南　梁振文
刘　彦　张辉挺　梅其伟　刘昌玲　胡　泓
陈冠宏　孙育欣　彭　云　简优强　宋英健
姜　敏　谭华勇　魏瑞鸿　叶　剑　熊　刚
朱勇军　洪英财　万　勇　罗伟坚　刘英男
王云帅　彭　彬　丁光贵

临床医学硕士（眼科学）（9人）

谭美华　程欢欢　贺春香　吕依洋　席文群
梁安然　马大卉　刘　引　余　芳

临床医学硕士（影像医学与核医学）（15人）

林燕婷　刘玉龙　曹　杰　朱花敏　张平平
邱　麟　梁敏杰　彭　悦　朱　林　汪　维
康文焱　饶　明　陈秋香　梁佳乐　李　阳

临床医学硕士（肿瘤学）（1人）

郭轶群

麻醉学（2人）

马　达　李健玲

内科学（27人）

卜欠欠　罗伟峰　祝爱珍　赖　菁　周　丽
范　秀　邓延梅　张良鹏　马慧璇　徐　丹
蒋引娣　潘焕玉　徐　月　吴　红　龚博君
刘成成　刘盛国　陈　桃　刘雯雯　魏　铖
陈瑜瑜　谭奎璧　魏明成　潘立武　李日腾
谭冠昶　梁文健

皮肤病与性病学（5人）

吴　实　张顺莲　林友琪　司徒翠影　梁雅晶

神经病学（3人）

赵　颖　董大伟　张　睿

外科学（10人）

张晓凯　巫　青　刘玉峰　任　宁　吕振京
陈志强　李志雄　徐　媛　袁道彰　刘匆聪

眼科学（7人）

王文娟　徐舒怡　齐文娟　王观峰　姚　敏
熊倩瑜　袁淑敏

影像医学与核医学（3人）

肖泽宇　唐　雯　周慧盈

肿瘤学（2人）

陈文慧　金红涛

财务管理（3人）

李俊秀　陈昱翔　钟文泓

工商管理（187人）

上官灿凌　赵　朝　戴　翔　张志滨　易凌峰
陈延平　郭宝珍　段晓曦　王　雷　程瑞敏
林伟彬　唐江月　纪　鑫　宋文斌　杨炜珏
唐晓敏　朱　乔　罗　苏　宋　娜　戴　劲
韦敏刚　王珏维　张　静　朱桓仪　杨钰琛
吴炜胤　关　迈　韩斯哲　龙慕梦　葛萝兰
安　东　司徒嘉璐　张荣华　丁　洁　尹晓薇
刘佑军　朱　锐　李　琳　谢　欣　邹　勇
钟锡连　孙志军　文　彬　郑　喆　吴阳辉
郭世平　李　扬　陈振宗　李赞麟　余泽华
杨跃庭　刘健荣　崔浩杰　林　晶　李　焱
骆　莉　温伟强　郑桂芳　何小中　李晓莹
许舒瑟　雷小英　刘　明　王　欢　邱巧玲
柏慧梅　冯伟刚　施凌霄　杨汝净　陈骥集
石琴琴　韩　东　李　建　戚汝姬　朱　稳

汪　静　罗秀金　伍永鹏　张　慧　王先艳
黄晓明　吴子文　翟羽佳　林武锋　胡石光
黄　莹　丘　骏　吴文丽　郑丹鹤　漆可悦
肖立永　李　强　李伟祥　徐玉茹　卢文静
赵　蕾　梁　杰　周天颖　崔俊艳　孙永超
俞佳雯　陈炎奇　吴修玲　黎嘉咏　倪　雄
杜云鹏　黄冠明　贺志强　姚　兰　方阳麟
区雪慧　李静斯　梁克达　赵秀思　王海山
赵尉辰　黄仁凤　郑梓旺　王　彦　唐小芳
黄伟雄　何远贵　周　现　孟　勤　华　津
姜群峰　王啸鸣　邬维国　杨益飞　黄嘉伟
刘雨田　彭　瑶　戚斌斌　方　镔　欧俊杰
阮玉秋　陈咏雪　刘　峰　高若愚　赵春雷
梁建军　阮中元　邓香清　刘琳亮　陈　洁
邹维导　李振华　李佳佳　陈泽敏　刘晓华
程　欣　陈　春　徐济梅　罗　萍　谭诗念
陈　勇　张　欣　朱星华　冀　鹏　庞雄勇
潘希伟　张　军　邓碧华　谢　维　刘贻展
徐有金　张　勇　袁其鑫　林燕花　卢　丹
杨　帆　王强强　肖小明　蓝　莹　孔晓衡
崔啟晖　毛义文　蒋　敬　刘少莹　张　奕
王春梅　周玮玮　蔡炫炜　曾文浩　叶青松
邱定君　陈伟明

工业工程（30 人）

洪晓莉　陈丹霞　叶婷婷　李冬青　黄　颖
刘　蒂　相海娜　朱进进　朱洪波　欧阳莉
汤雅琴　刘秋红　刘祥钦　方坤发　洪国毫
王子庆　邹　晨　陈　丰　时　锋　李宁博
葛　韬　叶　桓　曾松森　石　冰　余锦泉
范　捷　何　遥　邱雨凡　涂　敏　陈　巍

管理科学与工程（20 人）

曾晓娇　江春燕　崔　敏　陈　琪　喻　妍
袁丽婷　李　珺　赵　喆　燕轲轲　翟雯瑶
高丽丽　李永健　杨志斌　罗捷婷　郭志强
张力方　朱必吨　周　鑫　王　劲　苏　军

会计硕士（47 人）

冬瑞霞　温东月　陈思睿　王楠楠　丘思敏
洪梓钧　李伟宁　吴　凯　王　莉　沙劲竹
吴晓婧　徐毅龙　曹秉安　孔德华　王春梅
熊文琪　魏朦朦　张　梅　徐姗姗　黄丽娜
龙　丹　肖洁瑶　刘　艳　符　奂　徐　玲
申林玉　陈　娟　郑雪环　韩天翔　彭龙鑫
杨卓弘　何慧莹　陈文莎　林桂好　刘文政
高　明　龚　玮　吕亚蔚　匡　琪　林　婷
包文娟　马　飞　卿　雯　张泉子　申　琛
刘思思　蒋　婧

会计学（48 人）

董道河　李　杰　易晓燕　张小芬　张　勇
杨静芳　郭肪汝　汤雨晴　占方云　庞　林
张　菊　丁　岚　罗　烨　韦　飞　吕　喆
张　丹　叶　妮　张　姗　王贞萍　王永超
查　灿　王锐娟　李丹平　马　超　吴翩鸿
卢佳欣　王妍超　刘　武　梁剑云　张淑霞
徐　露　朱月萍　鲁成方　吴韵琪　钟　夏
陈小燕　陈海燕　孟玉娟　陈晨蓓　薛　佳
张慧云　李　艳　孟　婷　熊俊峰　何　青
张　路　刘　静　张舒涵

旅游管理（19 人）

王　卉　管培新　林　玲　张园园　杜　明
庞莉华　张　晓　覃樱美　于海峰　贺　园
曾　欢　张东升　秦倩倩　刘志宏　陈　佳
徐芳芳　程　双　郭淑芳　钟金凤

企业管理（58 人）

乐恩凤　丁沛丽　晋燕燕　梁　军　罗连妹
冯超阳　刘震坤　蒋中平　戎　筠　马碧珠
胡　盼　李欣祺　赵相如　黄柳婷　巫翠芳
王　艳　谭美君　王梦雅　赵昱虹　甄　珍
赖丽茹　邓　捷　曾丽碧　张显玲　周　密
杨　波　阳小栋　金志敏　杨　玲　郑　晨
崔　娜　刘　亮　董武琴　张思伟　桂　逸
舒燕萍　李　清　谷　冉　王　猛　马森森
陈　倩　肖燕飞　贺国书　胡　蓉　李励锋
李　玲　宋　华　杨成通　沈青霞　陈思威
白珂楠　雷铱琛　胡丽丽　朱严文　陈佳齐
庄秉衡　陈宥恺　邓　勇

应用心理学（38 人）

黄天俊　王韻綺　梁彦鸣　刘童九　李　洋
张珊珊　陈　帅　谢鸿燕　蒋力彬　晏建萍
李倩倩　陈京水　冯　珍　李会会　许　华
钟锦珠　魏慧慧　李连红　徐　娟　周　青
宋绍文　梅　烨　曾　婷　肖　清　曾程程
谢铁娇　陈宇帅　高　文　赵　婷　陈　英
许小阁　裴斐然　周　琳　劉思明　陳雅麗
梁祐桐　李杏玲　陈绮湘

公共管理硕士（35 人）

张　玮　周　兰　刘　珺　何智勇　李展城
欧阳晶晶　陈　昕　吴旭涛　李雪飞　杨若婷
杜　鹃　黄志娟　丘　成　徐　欢　关月芳

刘　芳　莫尚宏　蚁文娟　寇　娟　林　乐
王　纪　杨艳艳　刘乐萍　李超恒　卢永城
郑森洪　叶君飞　陈嘉泳　罗镇屏　陈　全
潘　宇　石　鎏　吴菲怡　王志刚　吕　蕊
行政管理（32人）
杨晓程　徐　东　吴　雅　郭健生　孙　文
何晓俊　杨亚男　陈俊君　曾颖文　王海波
彭莎丽　李夏曼　卢英杰　孙钰佳　李胜兰
孙宝文　蓝伟彬　郑佳锋　冯锦仪　王丽萍
甘慧珊　李　航　张　敏　陈淑云　孙亚莉
陈海勇　王娟子　张新鑫　梁　娴　钟昊玲
罗东杰　林　丽
教育经济与管理（5人）
牛晓宇　袁林洁　孟婷婷　周　艺　朱星谕
社会保障（10人）
吴素（洁）　陈　倩　祝永胜　周　丹　邓文志
蔡晓静　陈志科　黄春华　闻武刚　王　曼

（研究生院供稿）

2013届成人高等教育毕业生名单

2013年获授学士学位的成人高等教育毕业学生名单

（共1 230人）

一、夏季授予学士学位的毕业生（共417人）

（一）文学学士学位共37人
1. 汉语言文学专业（1人）
邹娅妮
2. 英语专业（20人）
农才面　郑诗琪　雷超文　张桂欢　黎敏青
何晓君　胡华兴　杨小青　谭炎仪　黄雪丹
黎淑慧　朱海云　马玉兰　刘瀚聪　高文珊
萧惠玲　江少丽　黄秀霞　刘燕君　宋文珠
3. 汉语言专业（2人）
王玉川　林慧芳
4. 自学考试商务英语专业（11人）
肖　杰　欧阳伟滨　林春燕　胡振浩　邹显丽
杨宏驰　黄明月　罗国华　杨玫萱　黄嘉文
蔡雅瑶
5. 自学考试新闻学专业（1人）
梁美贤
6. 自学考试英语专业（2人）
李千惠　叶少欣
（二）经济学学士学位共4人
1. 经济学专业（2人）
朱季樑　李嘉欣
2. 税务专业（1人）
袁钟培
3. 自学考试调查与分析专业（1人）
杨文君
（三）管理学学士学位共236人
1. 工商管理专业（53人）
甘凤微　伍均润　伍惠珍　何锦萍　李少彩
李桂梅　李凤娴　李　莹　周小凤　林秀明
林勇英　林家慧　冼深均　侯群珍　马亚妹
区小英　区广荣　张淑英　张诗祺　曹金玉
梁婉茵　梁敏慧　梁淑莹　梁凤子　梁燕芬
许秀玲　许杰豪　陈仲明　陈兆昌　陈彦光
陈慧娟　陈莲凤　冯悦心　冯嘉贤　黄敏霞
黄艳兰　杨燕莉　赵宝莲　欧阳宴飞　潘世荣
潘红彬　郑志斌　邓旭华　邓慧敏　黎美英
萧李卓卿　戴淑群　戴逢旺　谢立沛　谢明珠
锺冠华　简丽霞　谭金开
2. 会计学专业（10人）
杨红银　刘　娜　刘桂秋　黄春媚　何红梅
钟美霞　张雪灿　范美玲　朱文达　伦树霖
3. 会展管理专业（8人）
陆志濠　曹兆雯　周裕成　郑少兰　施盛萍
王美玲　黄家宝　李凤明
4. 市场营销专业（2人）
黄雅莉　林大鹏
5. 物流管理专业（42人）
卢永浩　彭永强　陈美仪　何雅盈　汤玉婵
梁家豪　萧秀英　叶颖芝　叶颖欣　余慧明
杜景洪　黄志荣　杨桂梅　张丽霞　许嘉豪
周　霞　吴盛伦　谭志敏　杨彩云　刘华坤
陈显贵　陈子法　李鸿富　何嘉慧　郑雅雅
何满祝　潘健铿　曾明威　李桂贤　杨文杰

胡凯仪 崔霭怡 张玉燕 罗叶雪儿 冯耀辉
锺俊华 陈丽娟 陈永高 李嘉敏 林晓彬
张爱真 陈志明

6. 自学考试公共事业管理专业（4 人）

张育涛 罗婧娜 陈文雄 黄三妹

7. 自学考试会计专业（63 人）

梁沛燎 肖嘉惠 梁思臻 高玉荣 骆 瑜
曾春海 周燕梅 管建文 熊 旖 刘秋平
周小麦 钟露芬 周燕宁 陈 为 陈 会
陈春花 武卫岭 张 莹 杨美玲 张新艳
符治平 郭淑媚 程 琳 李绪宁 王晓华
黄素玲 王艳丽 邱月娥 唐玉玲 吴玉梅
郑楚珠 简 让 麦肖芳 周飞凤 何瑞娟
孙琴琴 蔡晓莉 覃玉琴 郑海秋 李焕儿
辛启义 罗淑君 易秋月 翁彩娟 许翠金
谢斯斯 桂 娟 黄小芸 黄华英 沈佳慧
梁凤娇 刘洁文 胡 香 陈国霞 陈容珊
汤祖锐 陈 漩 江锐华 蔡雪玲 朱昌锋
陈景英 郭培强 邹 丽

8. 自学考试会计电算化专业（4 人）

冯童琴 何绮婷 蔡晓丹 苏思敏

9. 自学考试金融管理专业（1 人）

韩伟华

10. 自学考试商务管理专业（37 人）

何琳婷 邓熙韵 冯静文 赵曼虹 徐家城
黄俊业 郭洁敏 刘淑钊 江 溪 林超群
徐嘉宝 钟小云 曹意军 黎文敏 宁晓曼
潘立雄 陈振声 冯妹珠 陈玉萍 钟 韵
梁燕婷 陈利敏 杨慧婷 马 志 刘 威
陈晓泳 曹周琴 陈慧玲 周贤升 陈开喆
钟志林 戚海敏 彭惠静 温彬鸿 吴 怡
吴 锐 黄思璐

11. 自学考试物业管理专业（12 人）

徐 洁 赵洪刚 胡亚玲 全婷娟 陈 宇
赖莉莉 朱艳明 林小菁 廖铭娟 李晓婷
汤艳嫦 许淑炬

（四）法学学士学位共 59 人

1. 法学专业（1 人）

王经富

2. 社会学专业（57 人）

李凤群 李 勤 文亦雅 黄伟兴 陈宝萍
朱慧真 梁金妹 曾健进 甘冬梅 郭家荣
黄洁雯 吕淑盈 杜洁欢 黄顺金 李德伟
庄萍萍 吴司韵 林金桃 黎淑仪 张丽琼
施宝宝 谢汉威 梁詠仪 卢洁雯 梁凤群
黄鸿升 余翠婷 岑业基 谭锦雄 王飞虎
王 晓 伍碧华 何秀玲 余春鸣 吴松利
李绍佳 李应荣 李丽红 沈德莹 马彩琼
崔雪芝 梁凯欣 陈富强 陈嘉玲 曾红梅
黄妙君 黄美好 黄嘉慧 杨敏慧 廖锦辉
赵汉民 赵锦辉 刘燕仪 欧阳洁 欧丽冰
锺何茵 罗远思

3. 知识产权专业（1 人）

谢硕鸿

（五）理学学士学位共 32 人

1. 环境科学专业（8 人）

毛凯茵 李淑芳 霍艳婷 邹孝秋 高伟珩
伍东耀 郭志明 谭德成

2. 应用心理学（犯罪心理学方向）专业（24 人）

陈健文 林凯芝 梁子俊 洪炳泉 岑佳嫦
陈春莹 赵伟文 黄 桔 曾碧君 罗颢苏
傅朗秋 林财连 何结妍 何秀仪 吴剑豪
谭顺和 陈健荣 陈珍女 崔詠珊 杨凤玲
曹笑红 岑桂清 詹慧珊 蒋素雯

（六）工学学士学位共 1 人

网络工程专业（1 人）

叶炳智

（七）教育学学士学位共 48 人

华文教育专业（48 人）

洪安妮 何宜仙 蓝莉燕 符仰利 刘慧娜
林莲珠 洪慈忆 李奎璋 叶宝荣 郑焕文
翁瑶雅 申桂英 廖银娘 刘贞珍 丘碧宏
钟忆梦 梁振兴 梁秋珍 潘瑞华 项荣美
陈 娜 钟晓莹 李秋鸿 宋秀华 许善薇
宋莉华 肖雪芳 梁 萱 赵玉萍 陆佳君
寇 莉 周开雰 卢 彦 琚丹娅 戴慧君
齐秀梅 奚春芳 徐希夏 吕惠芳 李金玉
赵瑞芳 罗 琼 徐智新 王 丹 谢鸿毓
周海燕 郭锦玲 林淑珍

二、冬季授予学士学位的毕业生（共 813 人）

（一）文学学士学位共 59 人

1. 汉语言文学专业（11 人）

李晓玲 杨 帆 陈佳琦 赖美英 言莎亚
刘伟洁 柳宏瑶 陆卉茵 岳 巧 叶诗翘
卢 璐

2. 英语专业（32 人）

冼荣华 阮静仪 吴敏芝 古 艳 黄少丽
彭东娣 周敏佳 骆欣凤 梅少珊 谭玉英
方坤龙 符宇科 谭楚蔚 张建华 蔡冠生

郭　贤　梁焰娉　彭文柳　邱　婷　林惠璇
骆泳文　林婉婷　饶爱珍　冯晓敏　何玉莹
刘少豪　何美清　卢建恩　何兆东　庄惠玲
区彩影　龚霭涛

3. 自学考试商务英语专业（8人）

陈艳莹　张志尧　黄　秀　严植翠　许　琳
孙长鑫　蔡锦婷　张海英

4. 自学考试新闻学专业（5人）

许汉伟　吴　斌　覃绍洲　邓汝根　余洁娜

5. 自学考试英语专业（3人）

叶伟燕　陈晓谕　陈坤领

（二）经济学学士学位共125人

1. 财政学专业（2人）

陈惠莉　宋晓莹

2. 国际经济与贸易专业（53人）

潘艳婷　郭燕玲　刘永明　詹春枝　赵彩霞
郑坤雄　黄洁静　林美连　林玉静　何婷婷
信雪荣　孙月飞　陈丽棠　范晓阳　聂俊琼
万索辉　叶清艳　陈志英　冯焕怡　黄瑞茹
方菲娟　练丽明　薛晓琦　程丹妮　熊　伟
梁旭青　庞颖颖　冯素芬　梁洁怡　叶逢青
吴金英　陈丹燕　谢　炼　朱　剑　黄　燕
茹文浩　张贺玲　秦健文　李嘉莉　欧阳红远
胡智勇　李捷晞　何颂贤　潘美香　陈　酸
彭信强　莫杨碧　谢晓玲　刘　旷　康美新
艾慧琳　邝凯晖　王宇丽

3. 金融学专业（30人）

高　娜　郑　娟　阮倩君　周美桃　周冠生
杨瑞东　尹　莉　韩艳霞　丘水香　江可瑜
方淑芬　司晓婧　黄　彪　韩江浩　李文如
庄莉莉　郭玉娇　李俊亮　唐志坚　林　雅
毛琴玲　吴　昊　陈小聪　田　蜜　杨彦姣
杨佩荣　卓　丽　黄岫莹　陈建文　姚倩文

4. 经济学专业（10人）

谭艺锋　宋美君　张进财　房佳华　黄小菊
李振强　刘会杰　郑伟仪　高艳霞　方　颖

5. 税务专业（18人）

钟敏瑜　钟丽清　叶运娜　罗英琼　林美双
吕　茵　邱　磊　刘　旭　陈映余　黄婉红
黄锡涛　邓焯芝　李瑞冰　潘静仪　卢晓君
何焕华　谢国友　麦晓佳

6. 投资学专业（12人）

陈　钢　王嘉俊　区令仪　毛东强　尹　艳
李健恒　姚贺玺　钟楚韵　刘瑶瑶　邓世宏
王可馨　许晓斐

（三）管理学学士学位共577人

1. 工商管理专业（69人）

潘洁洺　谢焕霞　杨双双　李合和　陈桂泳
王　俊　陈丹丹　刘金成　叶小燕　翟洁敏
曾宇英　黄　锋　刘秀萍　欧灿贤　郑勇岗
赵灿坡　莫伟权　范福兴　陈东洋　傅晓聪
黄彦锦　江绵生　陆　颖　方玉婷　林晓静
江巧南　周顺珊　吴滨宏　李伟平　杨仕花
赵文君　莫进琼　覃海超　刘珠海　钟嘉萍
李伟军　李家潼　彭贵妮　贺思欣　高银银
陈鸿辉　吴惠玲　钟皓施　秦敏华　罗兆康
李春英　梁婉君　刘伟鹏　郑慕平　萧宝玲
伍妙娴　李思耀　李务贞　沈惠华　阮灿军
胡丽桥　区淑贞　陆慧雯　曾秋云　贺建华
黄明照　黄泳璇　黄智贤　董瑞蓉　刘杏时
刘丽燕　谈淑芬　郑绮敏　霍婉君

2. 公共安全管理专业（1人）

汤倩华

3. 会计学专业（224人）

许翠霞　黄彩银　林娜珊　曹小英　龙灵燕
余　庆　武全海　徐翠梅　陈少娟　赖晓燕
刘　珂　李浩盛　朱　洁　戴春慧　罗玉田
王志芹　余镇娟　张启邦　黄　奥　陈燕妮
宋杰萍　何小红　麦洁文　邱金霞　李慧群
黄燕珍　朱庆芬　陈　琪　唐炜祖　徐　珊
潘俏鹂　陈艳丽　叶　万　胡丽华　池艳瓶
郑宝娇　廖怀恩　陈意娟　白　艾　梁佩声
林燕兰　黄耿兰　麦红娣　周淑平　朱沛娟
郭桂梅　苏　艳　周玉玲　罗　静　李艳红
曾礼珊　李　弯　李应雯　曾建花　乔　玲
范倚丽　梁清清　叶　歆　姚畅君　罗　馨
易　莉　吴淑雅　黎少坭　黄文婷　刘春苑
赖丽嫦　林燕红　曹　芳　冼丽冰　陈丹丽
莫丽斯　陈观莲　常　莹　谢　莹　卓　霞
张利苑　朱晓雯　熊素芬　吴琪青　陆丽娟
刘燕玲　李巧珍　彭红燕　林显兰　卢海丽
彭艳卿　章小芳　吴智明　陈海航　唐荔婷
康乐怡　练　莹　刘燕冰　马影芸　刘　芹
谢　伟　李嘉伟　马丽玉　严慧莲　韦佩微
吴伟思　林佩燕　关秀仪　刘　敏　钟映霞
廖　翠　董　平　林　菲　卢美珊　李沐冰
陈秋娟　谭倩怡　练清山　戴　磊　宋佳奇
冯锦辉　吴海燕　李萍兰　罗沛连　卢德慧
冯丽芳　黄德妮　许　汀　张伟华　罗冬姑
王　容　钟凛洁　梁依琪　邓　娣　周雅兰

江文英　陈国鹏　唐迎朝　冯碧芬　梁佩文
石丽琼　何辉玲　周慧楠　林玉桃　唐敏英
黄梅芬　陈思思　吴素平　李均华　谢　娜
谢　珊　安　嫱　刘光霞　田永久　胡　杰
崔洁仪　徐凌慧　余飞娜　邱婵娟　余慧汶
刘海霞　薛小梅　张志敏　罗小聪　陈　颖
麦晓燕　冯彩霞　谢昌雄　卓雅琼　龙　兰
李玲艳　何韵萍　许淑娟　邹洪贝　杨细莲
范蕾蕾　郑　杰　陈会娟　容　斯　杨秀媚
魏清祥　陈金芝　黄凤贤　陈　宇　董　杏
简浩芬　肖天霞　陈宏钊　吴洁青　潘育婷
黄晓蕾　李春莉　郭伟涛　谢秀好　陆　靖
侯　婷　庄淑敏　杨少丹　梁晓君　钟美容
邢爱央　彭金堂　彭伟艳　苏钊贤　江　丽
聂崇超　陈海桃　莫　俏　李芳香　欧云兰
员霜霜　曾枳维　张淑琼　廖佩菲　陆颖菁
黄欣虹　肖贤珊　李卉婷　张　韵　凌裕琼
尹冬燕　陈柏君　候聪乐　卢清苑　黄思敏
龚燕敏　邬　丹　马嘉慧　曹美玲

4. 人力资源管理专业（60人）

邓若雨　赵悦爱　钟雪英　韦莹姗　曹万里
谭翠英　梁丽文　董德坤　陈惠慈　倪享周
彭兰丽　刘小燕　阿　蓓　罗芳芳　潘美霞
刘　洁　郭晓欢　潘艳梅　刘　思　林敏婷
赵翠兰　何菲菲　杜志波　高敏霞　徐圣坤
冯淑娟　苏丽芬　黄炜芬　潘英敏　黄瑞高
曾德凤　蔡如珍　岑惠霞　陈少冰　龙丽清
陈伟华　陆美婷　杜璟雯　钟宇豪　陈懿明
关　靖　施冬梅　吕素连　陆虹璋　李　明
黄冠仪　黄小君　彭　莎　李　惠　余雪芷
李　红　梁翠艳　陈贵兰　陈新新　时倩丽
梁结霞　杜亚楠　黄雪祺　司武娜　旷　科

5. 商务策划管理专业（32人）

范文瑜　张袁辉　蔡玉娴　何树智　吕梓榕
邱　婷　劳喜秀　林继亮　邓文龙　陈思敏
张　峰　郑　炜　黄瑞云　潘雪英　陈　剑
连晓英　林敏娜　张　恒　谢锋娴　杨晓杭
杨　宇　钟水长　刘效良　李　迪　张　煜
易凤娇　胡　平　关绮琳　曾汉华　李淑怡
秦嘉敏　范渊媛

6. 市场营销专业（12人）

李秋梅　陆　叶　高　娟　罗沛群　赵炳均
张伟玲　张　坚　林晓思　谢晓环　李秀玲
蔡曼曼　江运桂

7. 物流管理专业（8人）

区菊香　刘铭希　李日华　陈丽琴　陈　玲
江启邦　林荣辉　温彩莲

8. 行政管理专业（13人）

刘卫平　谢岱环　谢琼珊　蚁　雯　张淑怡
包　蕾　刘嘉慧　罗思武　雷清雯　黄明珠
谢绍鸿　黄苑华　田　力

9. 自学考试公共事业管理专业（3人）

张　慧　方锡坤　郑韶情

10. 自学考试会计专业（73人）

邵和平　余芹芬　植美欣　颜明月　叶　慧
廖德任　刘礼钦　李妙灵　崔彩霞　胡玉华
戴龙前　陈容霞　唐毅明　郑晓泽　陈湘锋
陈秀莲　宣颖诗　周　俐　邝颂华　赵东方
王芳艳　罗凤欣　施惠忠　周　玲　赵泽珊
洪文丽　张碧华　林凤梅　胡　励　方苗彬
刘　艳　黄婉玲　黄晓旋　叶炼明　李　晴
范宝仪　谭美珍　朱守力　潘碧霞　陈雪雯
李贝琳　郭丹丹　谭淦方　黄玉春　李绿纯
周　嫔　林彤彤　汤婉冰　钟燕凤　陈丽珍
谢丽霞　张红梅　杨爱枫　李意玲　彭彩新
周云超　肖美銮　方海英　潘海萍　袁小青
周秋茶　冯月梅　杨少青　郑建深　唐顺清
李伍兰　李　玲　杨湘梅　肖贤娴　叶小美
唐思燕　周元双　申美玲

11. 自学考试会计电算化专业（4人）

蔡逸凡　林坚雄　李敏儿　徐婉仪

12. 自学考试会展管理专业（3人）

陈慧好　胡丽桃　方梓健

13. 自学考试金融管理专业（1人）

温朝敢

14. 自学考试人力资源管理专业（1人）

李　柔

15. 自学考试商务管理专业（60人）

周　政　宋汝冰　郭少凤　陈小连　关苗苗
郭露萍　陈会云　黄锦周　徐泽斌　王湘珠
梁华司　方　斯　潘翠珊　袁启敏　蔡校然
郑婵玲　伍昭怡　杨　耿　蔡咏怡　谢汝莹
朱楚君　刘　婷　周美萍　吴静珊　黄桂钦
卢妙仪　祝广莲　陈树桓　陈紫云　梁　聪
刘晓涛　吴锦威　张　静　翁永灵　冯超明
李文涛　梁婧懿　吴文沐　谢灿莹　吴斯楷
冯碧蕾　陈煜怡　邓燕珊　周秋萍　陈俊宏
蔡梦瑜　麦青桦　陈静仪　宋洁茹　林丹虹
钱辉豪　黄　辉　黄　晓　谭天明　童　骏

杨少丽　张　兴　余晓丹　庄　斌　赖　熠

16. 自学考试物业管理专业（13人）

吴　幻　许　慧　陈雪燕　何家欣　莫云娜
陈冠龙　黄萃萃　吴　宇　罗娇华　李月平
孙　利　欧　杨　易　瑜

（四）法学学士学位共18人

1. 法学专业（16人）

徐丽红　梁雁媚　唐　辉　郭子文　邝璐瑶
李月婷　陈　倩　程　敏　许　凌　吴逸青
卢舒莹　邓辉艳　钟毅铭　谢穗冰　黄耀杏
肖丽君

2. 社会学专业（2人）

郭冰玉　岑绮銮

（五）理学学士学位共8人

1. 环境科学专业（1人）

赵德昌

2. 应用心理学（犯罪心理学方向）专业（7人）

湛月娟　郑玉珊　LAO，XIAO TONG SOPHIA
尤淑芬　梁惠惠　黄志伟　黄佩仪

（六）工学学士学位共9人

1. 电气工程及其自动化专业（2人）

安　阳　田　光

2. 计算机科学与技术专业（2人）

罗兆鸣　林海标

3. 网络工程专业（5人）

孙　喆　伍健铭　徐海波　区兴全　谭斯豪

（七）医学学士学位共17人

护理学专业（17人）

林　琳　蔡丽芳　黄丽虹　黄旭芬　邓婷婷
廖　思　邱飞凤　童妃妃　周　燕　何　兰
李培清　何伟凤　梁燕琼　邓　竞　冯兴丽
饶洁玉　李燕利

2013年毕业的成人高等教育学生名单

（共3 105人）

一、夏季本科毕业生共394人

（一）法学专业共9人

蒋子超　杨　吉　方碧波　江彬彬　岑洁瑜
黄欢欢　赵兆一　吴小梅　王经富

（二）工商管理专业共55人

杨　婧　朱冠西　甘凤微　伍均润　伍惠珍
何锦萍　李少彩　李桂梅　李凤娴　李　莹
周小凤　林秀明　林勇英　林家慧　冼深均
侯群珍　马亚妹　区小英　区广荣　张淑英
张诗祺　曹金玉　梁婉茵　梁敏慧　梁淑莹
梁凤子　梁燕芬　许秀玲　许杰豪　陈仲明
陈兆昌　陈彦光　陈慧娟　陈莲凤　冯悦心
冯嘉贤　黄敏霞　黄艳兰　杨燕莉　赵宝莲
欧阳宴飞　潘世荣　潘红彬　郑志斌　邓旭华
邓慧敏　黎美英　萧李卓卿　戴淑群　戴逢旺
谢立沛　谢明珠　锺冠华　简丽霞　谭金开

（三）国际经济与贸易专业共3人

陈伟东　潘科峰　邹　静

（四）汉语言专业共2人

王玉川　林慧芳

（五）汉语言文学专业共3人

杨　静　罗淑琪　邹娅妮

（六）护理学专业共3人

唐姣娜　张　如　王　琼

（七）华文教育专业共48人

洪安妮　何宜仙　蓝莉燕　符仰利　刘慧娜
林莲珠　洪慈忆　李奎璋　叶宝荣　郑焕文
项荣美　陈　娜　钟晓莹　翁瑶雅　申桂英
廖银娘　刘贞珍　丘碧宏　钟忆梦　梁振兴
梁秋珍　潘瑞华　李秋鸿　宋秀华　谢鸿毓
郭锦玲　周海燕　林淑珍　宋莉华　肖雪芳
梁　萱　赵玉萍　陆佳君　寇　莉　周开雰
卢　彦　琚丹娅　戴慧君　齐秀梅　奚春芳
徐希夏　吕惠芳　李金玉　赵瑞芳　罗　琼
徐智新　王　丹　许善薇

（八）环境科学专业共8人

毛凯茵　李淑芳　霍艳婷　邹孝秋　高伟珩
伍东耀　郭志明　谭德成

（九）会计学专业共47人

刘淑苑　张加进　钟洁璇　徐小清　杨红银
刘　艳　王三妹　庄　晓　黄惠芬　梁屹诚
陈伟玉　江　毅　肖媛媛　钟　青　潘慕燕
刘　娜　欧阳炽洪　刘桂秋　黄春媚　何红梅
杨　斐　刘桂桃　姚　莉　钟玉莹　何微微
麦胜娣　林丽凤　周欣静　王艳芝　李　群
梁静仪　钟美霞　张　欣　许悦清　何恒超
孙宝琴　张依晖　徐清华　饶　钊　张雪灿
范美玲　杨　超　陈文佳　朱文达　吴秋飞
吴春香　伦树霖

（十）会展管理专业共8人
陆志濠 曹兆雯 周裕成 郑少兰 施盛萍
王美玲 黄家宝 李凤明
（十一）计算机科学与技术专业共4人
冯光蕾 梁 超 周志华 彭康武
（十二）金融学专业共5人
刘伟伦 周晓煌 吴淦泽 陈 静 马俊峰
（十三）经济学专业共3人
朱季樑 李 莉 李嘉欣
（十四）人力资源管理专业共6人
李其冠 梁华丽 任琳琳 温燕霞 陈春嫦
李 娟
（十五）社会学专业共57人
李凤群 李 勤 文亦雅 黄伟兴 陈宝萍
朱慧真 梁金妹 曾健进 甘冬梅 郭家荣
黄洁雯 吕淑盈 杜洁欢 黄顺金 李德伟
庄萍萍 吴司韵 林金桃 黎淑仪 张丽琼
施宝宝 谢汉威 梁詠仪 卢洁雯 梁凤群
黄鸿升 余翠婷 岑业基 谭锦雄 王飞虎
王 晓 伍碧华 何秀玲 余春鸣 吴松利
李绍佳 李应荣 李丽红 沈德莹 马彩琼
崔雪芝 梁凯欣 陈富强 陈嘉玲 曾红梅
黄妙君 黄美好 黄嘉慧 杨敏慧 廖锦辉
赵汉民 赵锦辉 刘燕仪 欧阳洁 欧丽冰
锺何茵 罗远思
（十六）市场营销专业共7人
黄波欣 黄雅莉 李锦荣 林大鹏 罗必唐
王国权 陈晓枫
（十七）税务专业共3人
梁惠伶 袁钟培 江志伟
（十八）网络工程专业共7人
刘 梁 张 威 张志伟 邓 锋 叶炳智
王礼胜 陈基胜
（十九）物流管理专业共44人
梁展峰 洪佳玲 卢永浩 汤玉婵 彭永强
陈美仪 何雅盈 梁家豪 萧秀英 叶颢芝
叶颖欣 余慧明 杜景洪 黄志荣 杨桂梅
张丽霞 许嘉豪 周 霞 吴盛伦 谭志敏
杨彩云 刘华坤 陈显贵 陈子法 李鸿富
何嘉慧 郑雅雅 何满祝 潘健铿 曾明威
李桂贤 杨文杰 胡凯仪 崔霭怡 张玉燕
罗叶雪儿 冯耀辉 锺俊华 陈丽娟 陈永高
李嘉敏 林晓彬 张爱真 陈志明
（二十）行政管理专业共3人
张钻芬 王桂添 刘泽龙
（二十一）应用心理学（犯罪心理学方向）专业共24人
傅朗秋 林财连 何结妍 何秀仪 吴剑豪
谭顺和 陈健荣 陈珍女 崔詠珊 杨凤玲
曹笑红 岑桂清 詹慧珊 蒋素雯 陈健文
林凯芝 梁子俊 洪炳泉 岑佳嫦 陈春莹
赵伟文 黄 桔 曾碧君 罗颖苏
（二十二）英语专业共44人
王岱青 谢浣冰 陈 敏 曾祥容 杨秀平
方 淳 张春梅 张桂欢 区转荷 王 蕊
何颖芳 严旺娟 吴宗文 谢燕玲 农才面
刘伟美 张 黎 郑诗琪 李冠萍 甘 瑜
杨陈文 刘雪芹 李 娟 李 妍 林丽怡
雷超文 陈小爱 吴华强 黎敏青 何晓君
胡华兴 杨小青 谭炎仪 黄雪丹 黎淑慧
朱海云 马玉兰 刘瀚聪 高文珊 萧惠玲
江少丽 黄秀霞 刘燕君 宋文珠
（二十三）知识产权专业共1人
谢硕鸿

二、夏季专科毕业生共199人

（一）翻译（中英翻译）专业共7人
吴志强 吴紫芬 林慧宝 柯翠云 冯文安
邹泳如 蔡嘉敏
（二）工商管理专业共2人
李春英 萧宝玲
（三）工商企业管理专业共13人
李 鹏 谭泰娜 卢小琼 梁 弟 林细妹
林小琴 冼宝莹 张 妹 罗祥邦 赖婷婷
张慧敏 沈琼惠 曾晓才
（四）国际经济与贸易专业共16人
庞文婷 曾华妹 张 威 秦镜林 姜冬妮
梁绮曼 赖锦荣 李家谊 毕嘉惠 马曼梅
秦颖妍 胡笑甜 叶锦霞 方权星 罗育娟
陆思欣
（五）会计学专业共27人
黄沛霞 方丽梅 李惠嬗 谢燕芬 李曼娜
周 萍 张 晨 蔡银儿 程 艳 刘香云
欧阳文华 黄桂燕 罗彩丽 邱惠娜 陈美因
苏丽萍 朱银云 胡艳如 林苑苗 李翠萍
杨凯玲 陈惠敏 陈舒平 梁静怡 陈子健
赵 敏 林桂娜
（六）会展管理专业共2人
姚秀春 黎艺成
（七）旅游管理专业共4人
梁斯盈 李雪琴 李晓娅 彭垷立

（八）社会学专业共54人

叶丽珠　罗绮诗　陆翠珍　劳佩珊　黄浩慈
洪碧霙　徐丽玲　高志宏　高凯文　梁浩怡
梁国顺　陈月芬　陈劲锋　陈惠红　陈晓桐
陈燕红　曾雅曦　曾焯振　黄萍萍　黄　瀛
杨惠生　赵美珍　刘倩妍　黎嘉凤　卢敏仪
邝健辉　罗嘉欣　严信英　严嘉慧　陈婉妮
王一鸣　甘沛玲　余丽蓉　李子豪　李耀东
杜恩明　阮文霞　易雯静　林诗敏　施仪仪
韦家媛　梁妙玲　梁伟尧　梁惠珊　梁凤英
许碧真　许碧琼　陈淑瑜　陈雅慧　黄日劲
黄志豪　杨佩仪　叶蔓莉　罗嘉敏

（九）物流管理专业共34人

李历奇　刘可然　黄　曦　Paulo Lai　王伟立
王晓俊　左翰伟　布桂有　何仲恒　何胜勤
李翠云　卓锦平　周志濠　林珍妮　冼乐怡
倪美娟　高美华　许鸿英　郭华喜　郭榕林
陈婉芳　彭丽珊　曾子健　叶桂婷　赵翠丽
刘　昕　欧阳惠敏　潘静怡　谢少球　谢富桥
罗家亨　罗家尧　罗敏正　马以欢

（十）应用心理学（犯罪心理学方向）专业共16人

王冠豪　吴永强　李金光　周宝珠　张　群
陈希雯　陈健辉　陈慧仪　陈宝仪　麦惠莹
彭嘉维　邓志峰　邓桂堂　黎健豪　关春盈
黄伟明

（十一）英语（语言文学）专业共24人

尹凤娟　江彩红　吴娟娟　李华麟　周桂焕
林蓉蓉　林慰香　张志芳　梁忠乐　梁嘉慧
梁嘉骏　郭文珊　陈小平　陈少丽　刘其昌
刘明珠　刘诗欣　潘晓辉　蔡少彬　蔡锦芳
黎杏仪　卢燕希　薛浩燕　姜丽嫦

三、冬季本科毕业生共1 315人

（一）财政学专业共2人

陈惠莉　宋晓莹

（二）电气工程及其自动化专业共8人

周　坦　安　阳　胡　茂　田　光　周远强
刘华勇　林广拓　王志斌

（三）法学专业共28人

徐丽红　叶朝晖　王嘉文　谭锐泉　曹志将
梁雁媚　方洁仪　冯玉梅　周小丽　唐　辉
郭子文　邝璐瑶　李月婷　陈　倩　程　敏
许　凌　吴逸青　卢舒莹　欧阳正艳　邓辉艳
钟毅铭　谢穗冰　黄耀杏　彭燕敏　刘炳兰
肖丽君　侯永义　余焕新

（四）工商管理专业共130人

邓敏霞　毛建平　林嘉榆　潘洁洺　陈观明
谢焕霞　杨双双　关兆帆　葛长洲　许经羚
李合和　张翼飞　钟　山　陈桂泳　王　俊
杨竹青　姚　桓　黄　淳　陈丹丹　罗慧燕
刘金成　叶小燕　刘一钿　翟洁敏　陈仁镇
朱　拔　李春花　黄海咏　曾宇英　潘晓雯
陈春燕　黄　锋　刘秀萍　欧灿贤　郑勇岗
詹晓文　赵灿坡　莫伟权　范福兴　陈东洋
傅晓聪　刘素芬　唐三满　黄彦锦　江绵生
郑伯栋　陆　颖　方玉婷　黄雪明　胡远舟
林晓静　江巧南　刘子彪　周顺珊　吴滨宏
李伟平　杨仕花　刘海鹏　赵文君　莫进琼
覃海超　刘珠海　熊龙林　谢锴嘉　张刘义
钟嘉萍　李伟军　陈秀华　李宝珊　贺在发
郑耿增　叶峻廷　张丽君　王　群　谢绿素
李家潼　李　娟　林海俊　张丽姗　吴　辉
郭雄津　罗兆康　董　凡　彭贵妮　阎洪洋
黎家敏　贺思欣　王诗韵　仝绮霞　廖爱玲
刘　金　林裕君　吴婉仪　余文斌　邓锦发
高银银　陈鸿辉　龙广辉　林树宏　吴惠玲
钟皓施　邝品题　岑肖新　黄光政　秦敏华
张　瑞　李春英　梁婉君　刘伟鹏　郑慕平
萧宝玲　伍妙娴　李思耀　李务贞　沈惠华
阮灿军　胡丽桥　区淑贞　陆慧雯　曾秋云
贺建华　黄明照　黄泳璇　黄智贤　董瑞蓉
刘杏时　刘丽燕　谈淑芬　郑绮敏　霍婉君

（五）公共安全管理专业共3人

汤倩华　林广进　杨媚

（六）国际经济与贸易专业共79人

潘艳婷　吴　研　郭燕玲　刘永明　詹春枝
张　科　赵彩霞　王小凤　董江烁　詹志升
郑庆明　郑坤雄　黄洁静　刘红艳　林美连
林玉静　王仁苗　何婷婷　刘延贺　信雪荣
孙月飞　符绮君　陈丽棠　范晓阳　万子锐
聂俊琼　万素辉　叶清艳　陈志英　冯焕怡
黄瑞茹　方菲娟　练丽明　薛晓琦　程丹妮
熊　伟　梁旭青　庞颖颖　冯素芬　梁洁怡
杨桂兰　叶逢青　吴金英　陈丹燕　谢　炼
陈　玉　朱　剑　黄　燕　邓立文　李桃英
李嘉莉　邓华茵　欧阳红远　胡智勇　李捷晞
余纪容　邱志峰　封荣婷　李燕玲　何颂贤
高　奇　潘美香　陈　酸　彭信强　莫杨碧
谢晓玲　刘　旷　康美新　杨秀梅　艾慧琳
邝凯晖　王宇丽　周永胜　茹文浩　张英盛

陈健伟　张贺玲　秦健文　林智伟

（七）汉语言文学专业共 20 人

梁美娟　李晓玲　杨　帆　叶慧雯　彭进燕
陈佳琦　张转友　赖美英　言莎亚　刘伟洁
陆敏仪　柳宏瑶　周月明　吴金旭　张诗琴
陆卉茵　岳　巧　叶诗翘　卢　璐　张　郦

（八）护理学专业共 57 人

林　琳　何秋艳　葛成丽　蔡丽芳　黄丽虹
黄旭芬　邓婷婷　关映瑜　戴锦珍　利春梅
杨春玲　廖　思　邱飞凤　童妃妃　丁淑湘
蒋　泉　陈　静　李　瑜　何　敏　李文英
周　燕　何　兰　李培清　何伟凤　梁燕琼
邓　竞　杨艳霞　冯兴丽　范凤娟　饶洁玉
张丽桃　李燕利　朱敏娟　李　鑫　王凯南
陈小成　翁丹梅　王　岩　廖永婷　陈艳雪
杨东娜　黄东喜　蔡小喜　曾苑苑　温　婷
柳晶晶　王家欢　张东霞　李秀文　陈奕红
王小丽　曹丽坚　原诗欣　许秀玉　黄慧芳
陈翠玉　杨　杰

（九）会计学专业共 507 人

邹绮丰　杨永春　冯小青　姚玉梅　许翠霞
廖淑凤　母文淑　谢春花　黄彩银　林娜珊
曹小英　龙灵燕　白利东　李杨娟　余　庆
邹国清　武全海　徐翠梅　严秋怡　陈少娟
赖晓燕　刘　珂　李浩盛　朱　洁　黄慧桃
黄凤玲　戴春慧　刘兰贵　罗玉田　王志芹
余镇娟　徐晓盛　吴雪雪　张启邦　黄　奥
杨燕君　陈燕妮　宋杰萍　何小红　邓丽平
麦洁文　邱金霞　文　洁　李慧群　李　琳
张竞香　王秀明　梁晓苑　谢结珍　刘小莉
李丽丽　刘少环　刘少丽　林燕敏　黄燕珍
罗云飞　朱庆芬　陈　琪　刘海敏　唐炜祖
陈静遂　洪汉胜　徐　珊　黄利霞　吴伟君
潘俏鹂　陈艳丽　邓冬云　黄　丹　叶　万
沈燕华　陈晓苹　胡丽华　池艳瓶　余少慧
潘华兴　郑宝娇　朱　燕　廖怀恩　陈意娟
白　艾　姚永红　梁佩声　林燕兰　黄耿兰
麦红娣　林琪敏　孔花蓉　李妙心　张佳红
彭利美　黄景珍　周淑平　朱沛娟　郭桂梅
苏　艳　黄智威　周云华　曾　立　周玉玲
程小炀　罗　静　李艳红　张光胜　曾礼珊
李　弯　李应雯　邵月琴　张维鲜　曾建花
陈秋霞　王玫茹　彭　妍　吴晓瑜　胡玲玲
乔　玲　范倚丽　邵月桂　潘　娟　梁清清
叶　歆　姚畅君　罗　馨　姚春燕　沈江红
康伟涛　黄宝琳　姜　霞　戴利利　陈艳仙
魏　瑜　赵晶晶　余凤平　吴　丹　易　莉
吴淑雅　黎永锴　王玲玲　陈少辉　刘国罗
黎少坭　黄文婷　刘春苑　赖丽嫦　胡海柏
曾敏凡　李志宏　杨　萍　麦嘉仪　周金爱
林燕红　吴玲珍　黄惠驰　黄杏英　梁焕心
左晓峰　郭江华　冼占鳌　吴金焕　刘聪玲
朱金娜　黄蓥婷　吴桂全　黄灿坤　梁发明
谭素芬　曹　芳　熊文娟　冼丽冰　陈丹丽
王艳红　金韶华　莫丽斯　曹建靖　陈观莲
常　莹　谢　莹　卓　霞　张利苑　朱晓雯
熊素芬　颜　芬　吴琪青　陆丽娟　刘燕玲
刘春莲　单洁莹　沈海荣　李巧珍　王晓萌
方森琦　彭红燕　张明伟　黄志凤　王　平
林显兰　许信文　朱兰乙　卢海丽　周飞安
余嘉彬　雷建媚　刘　琼　彭艳卿　符艳华
梁玉婷　李健鹏　莫芙蓉　容卫文　唐智云
梁金梅　游名娟　章小芳　赵载兰　吴智明
陈月宏　陈　芳　张燕玲　谢　娟　陈海航
唐荔婷　何玉雅　康乐怡　练　莹　廖锐强
李　娟　刘燕冰　马影芸　刘　芹　谢　伟
徐　敏　李嘉伟　杨　敏　马丽玉　严慧莲
韦佩微　陈　妹　吴伟思　冯　裕　王点梅
潘　晟　林佩燕　杨密娜　邓丽红　邓德佳
林银叶　关秀仪　雷　静　陈　连　刘　敏
余冰婷　钟映霞　廖　翠　董　平　林　菲
吴素芬　卢美珊　李沐冰　陈秋媚　谭倩怡
练清山　钟龙燕　冯玲玲　戴　磊　宋佳奇
梁如坚　冯锦辉　吴海燕　李萍兰　徐丽娟
庞培娟　罗沛连　卢德慧　冯丽芳　赖冲瑜
黄德妮　许　汀　朱　莹　简建玲　刘海璐
盘陆彦　梁　理　张伟华　朱明芳　李丽珍
甘月兰　罗冬姑　余世娟　梁振宏　黄永平
邝远清　骆翠珍　何利娟　王　容　黄秋华
赵　星　吴晓颖　钟凛洁　温燕婷　贺　玉
苏小兰　蒋　林　张　明　梁依琪　黄世玲
覃良珍　陈会芳　陈逸华　邓　娣　罗志科
王玉君　徐记英　周雅兰　罗志丹　邹玉苹
余志友　程　娟　郑冰洁　潘凤鸣　李　艳
杨广美　江文英　陈国鹏　唐迎朝　冯碧芬
梁佩文　石丽琼　何辉玲　周慧楠　张春美
甄凤婷　林玉桃　刘洪英　唐敏英　黄梅芬
陈思思　吴素平　邓春香　李均华　谢　娜
陈美莲　王木英　谢　珊　安　嫱　刘光霞
田永久　胡　杰　崔洁仪　徐凌慧　余飞娜

邱婵娟　余慧汶　刘海霞　薛小梅　张志敏
罗小聪　陈　颖　麦晓燕　冯彩霞　谢昌雄
卓雅琼　龙　兰　赵乐乐　李玲艳　黄留英
何韵萍　袁呈辰　杨小冰　许青飞　黄双英
丘桂仙　陈娟渝　邹桂花　庄玮玮　陈丽花
王　燕　杨清端　魏莹莹　陆　燕　许淑娟
李婷婷　黄东梅　何素妮　姚　玲　邓燕玲
黄舒华　苑　辉　徐静妍　邹洪贝　杨细莲
范蕾蕾　郑　杰　林　珊　郑　博　钟群星
陈会娟　容　斯　杨秀媚　魏清祥　李　小
陈金芝　黄凤贤　陈　宇　董　杏　简浩芬
肖天霞　陈宏钊　秦　伟　吴洁青　潘育婷
黄晓蕾　李春莉　郭伟涛　谢秀好　陆　靖
陆秀珍　黄莎莎　侯　婷　庄淑敏　王水焕
杨少丹　林利平　林海燕　冯小冰　叶彦琦
梁晓君　钟美容　邢爱央　李娇珍　郑佩华
冼卓欣　温嘉文　陈雪玲　员霜霜　曾枳维
罗颖欣　张淑琼　刘一卉　张少雄　廖佩菲
陆颖菁　黄欣虹　吴轶君　熊　英　李丽敏
肖贤珊　李卉婷　利雯靖　梁银笑　李倩开
曾　敏　张　韵　樊丽桃　王安琪　谢建婵
聂　斌　李秉媛　关婉珍　叶群英　傅文炜
吴浩贤　郑绮雯　黄志亮　周厚燕　李丽琴
何倩仪　凌裕琼　尹冬燕　周齐欢　陈柏君
候聪乐　卢清苑　黄思敏　龚燕敏　谢丽星
邬　丹　张君如　马嘉慧　曹美玲　黄倩媚
周秀玲　王丹纯　黄荣娟　郑少君　白云霞
尤丽晓　曾慧霞　陈紫婷　彭金堂　彭伟艳
蒋　峰　苏钊贤　江　丽　聂崇超　陈海桃
莫　俏　李芳香　赵佩珊　秦健珊　区梓敏
汤锶婷　钟娅欣　黄子殷　陆燕峰　赵培辉
刘梦娜　欧云兰

（十）计算机科学与技术专业共 9 人

谢伟强　刘国坚　罗兆鸣　黄国标　李　戈
贾立鹏　林艳华　林海标　吕　杭

（十一）金融学专业共 55 人

高　娜　郑　娟　谢丹燕　阮倩君　李雪丽
周美桃　周冠生　杨瑞东　尹　莉　韩艳霞
曾　方　何小龙　丘水香　张美娇　江可瑜
廖勇杰　林佳秋　黄德馨　王木生　刘婧婧
杨金波　谭甜芬　方淑芬　赖华丽　李锦然
司晓婧　黄　彪　韩江浩　李文如　庄莉莉
郭玉娇　李俊亮　唐志坚　林　雅　毛琴玲
吴　昊　陈小聪　张少玲　田　蜜　杨彦姣
郑培勇　杨佩荣　卓　丽　周凯军　黄岫莹
陈华文　郑逢鹏　罗　文　杨惠惠　陈建文
姚倩文　梁　锦　石群芳　赖佩明　卓云飞

（十二）经济学专业共 24 人

张泽响　林劝利　谭艺锋　李玉婵　宋美君
刘培锋　张进财　房佳华　邹龙霞　黄小菊
郑燕玲　李振强　罗嘉欣　刘会杰　郑伟仪
孙日雄　刘金凤　高艳霞　方　颖　曾　燕
罗卓明　杨金林　王智坤　杨庆梅

（十三）人力资源管理专业共 120 人

邓若雨　赵悦爱　钟雪英　李雨墨　姚绮华
彭嘉静　刘钱英　彭秋菊　张　烨　韦莹姗
周　兰　曹万里　杨　华　谭翠英　徐丽霞
李锦添　施仁永　梁丽文　陈月兰　董德坤
陈惠慈　朱亮兴　李美玲　何明苑　郭红英
陈秋成　李　静　洪晓君　梁俊峰　倪享周
林文娟　谢明静　邓雨能　吴翠愉　彭兰丽
高翠芳　赵　薇　关笋雄　曾玉林　阮湘绮
吴洛敏　叶飞胜　周兆君　何越钧　梁　富
谭化雪　李雪梅　刘小燕　阿　蓓　陈　炜
罗芳芳　潘美霞　刘　洁　郭晓欢　潘艳梅
刘　思　林敏婷　赵翠兰　何菲菲　周晓霞
杜志波　高敏霞　徐圣坤　梁翠虹　冯淑娟
苏丽芬　黄炜芬　潘英敏　黄瑞高　曾德凤
蔡如珍　岑惠霞　陈少冰　龙丽清　陈伟华
陆美婷　杜璟雯　钟宇豪　陈懿明　彭松花
关　靖　施冬梅　吕素连　陆虹璋　李　明
黄冠仪　黄小君　彭　莎　李　惠　余雪芷
李　红　陈理娟　梁翠艳　高逸娜　陈贵兰
陈新新　邵睿韬　时倩丽　朱鉴汶　梁结霞
纪海玉　李广婷　程海变　吴晓辉　杜亚楠
王露萍　蔡潇潇　郑伟萍　蔡漫丹　黄伟楚
黄雪祺　司武娜　萧保英　麦进聪　蔡泽芬
陈　晓　张冬冬　何文君　冯翠兰　旷　科

（十四）商务策划管理专业共 41 人

范文瑜　张袁辉　蔡玉娴　何树智　吕梓榕
李　娇　邱　婷　劳喜秀　林继亮　邓文龙
陈思敏　张　峰　郑　炜　黄瑞云　潘雪英
陈　剑　连晓英　林敏娜　张　恒　谢锋娴
许艺非　杨晓杭　杨　宇　钟水长　刘效良
李　迪　张　煜　易凤娇　胡　平　关绮琳
冯杏宜　曾汉华　唐琼舒　林广珍　李淑怡
何珊珊　陈雪琴　陈敏仪　李　莹　秦嘉敏
范渊媛

（十五）市场营销专业共 26 人

刘松添　李秋梅　苏继洽　苏　花　陆　叶

高 娟 罗沛群 梁宇洪 陈雀平 郑更珍
赵炳均 张伟玲 张 坚 林晓思 谢晓环
李秀玲 蔡曼曼 朱翠兰 陈锦城 申 凯
李晓霞 池锦聪 邓兰英 江运桂 周伟健
周太平

(十六) 税务专业共 28 人

钟敏瑜 钟丽清 叶运娜 罗英琼 林美双
吕 茵 林燕娟 邱 磊 刘 旭 陈映余
婉 红 黄锡涛 黎洁鸿 邓焯芝 李瑞冰
潘静仪 卢晓君 何焕华 林一嫣 郑金燕
刘雪开 周艳红 董敏施 谢国友 苏冠玲
黄显英 苏荣燊 麦晓佳

(十七) 投资学专业共 33 人

陈 钢 吴 臻 李 枝 王嘉俊 曲南星
区令仪 毛东强 尹 艳 李健恒 姚贺玺
邓 彬 钟楚韵 关则练 张 喆 陈智盛
王 磊 庹明华 罗乐文 刘瑶瑶 邓世宏
王可馨 霍均杰 严金爱 阮子淦 穆芊芊
沈 熠 赖淑芳 黄圣越 何广林 周文宇
梁少红 李子峰 许晓斐

(十八) 网络工程专业共 11 人

孙 喆 伍健铭 徐海波 肖勤俭 区兴全
谭斯豪 梁子信 查显友 林力嘉 朱建强
林嘉健

(十九) 物流管理专业共 14 人

区菊香 刘铭希 李日华 陈丽琴 林显军
陈顺敏 许泽亮 陈 玲 钟志坚 区焕莲
黄大越 林荣辉 江启邦 温彩莲

(二十) 行政管理专业共 43 人

梁颖荃 曾燕萍 张莉华 刘卫平 阮妍君
朱丙招 谢岱环 霍镜屹 谢琼珊 蚁 雯
张淑怡 包 蕾 刘嘉慧 黄海生 刘 妹
秦松寒 周 文 陈烟娥 丁小霞 林彦华
胡 燕 谢珠娜 罗湧明 李 伟 韩 莉
潘炜烽 周奕慧 杨 震 黄凌云 梁晓仪
钟智群 罗思武 王伟平 雷清雯 黄明珠
谢绍鸿 谭锐锋 钟江云 黄苑华 张华南
杨丽梅 庄泽楷 田 力

(二十一) 英语专业共 67 人

彭怀英 张茹妹 冼荣华 许雨俐 阮静仪
刘杭绚 何晓帆 唐荔旋 郑裕玲 黎家祺
吴 炫 吴敏芝 古 艳 钟敏敏 张琼立
黄少丽 彭东娣 何明珠 曾春花 蔡艳卿
张苑琪 周敏佳 李旭颖 骆欣凤 梅少珊
吴玉婷 张卫清 郑丽琼 谭玉英 方坤龙
符宇科 谭楚蔚 张建华 王晓薇 叶杨青
蔡冠生 郭 贤 梁焰娉 王万朗 黄伦婷
佘爱玲 张美美 许素琴 彭文柳 邱 婷
王飞凤 刘 燕 管 颖 程爱玉 陈文婷
林惠璇 骆泳文 林婉婷 饶爱珍 冯晓敏
何玉莹 刘少豪 何美清 王 苑 黄慧婷
林 智 彭 娟 卢建恩 何兆东 庄惠玲
区彩影 龚霭涛

(二十二) 环境科学专业共 1 人

赵德昌

(二十三) 社会学专业共 2 人

郭冰玉 岑绮銮

(二十四) 应用心理学（犯罪心理学方向）专业共 7 人

湛月媚 郑玉珊 LAO，XIAO TONG SOPHIA
尤淑芬 梁惠惠 黄志伟 黄佩仪

四、冬季专科毕业生共 1 197 人

(一) 财务管理专业共 33 人

朱颖茵 陈 秀 邓秀娟 刘成成 李 晓
邝水堂 冯翠娟 曾爱丽 卢楚坤 蔡文静
张柳湘 刘俊霞 周玉兰 曾惠玲 杨 华
孙立芳 邓小娃 余金玲 陈妍芳 杨 微
李剑沙 李惠敏 杨 洋 李天娇 叶绮玲
还君瑶 杨俊燕 杨静杰 蓝桃荣 刘丽芳
谢晓菁 冯双合 方泽慧

(二) 电子商务专业共 15 人

谭靖宁 王国燕 方高惠 蔡雅静 刘洁丽
张智彬 何倩秋 关玉连 江桂香 杨婉妮
郭燕飞 杨 锐 龙晓韵 高晓文 齐连山

(三) 工商企业管理专业共 241 人

王火越 冯洪卓 曾 颖 欧阳丽霞 周鉴成
黄雁翔 龙志垣 池伟贤 刘敏红 吴林雅
刘宝玉 彭 银 吕浩丽 付双双 靳子轩
陈 跃 胡先浩 罗景灏 卓捷灵 吴 帅
洪铃铃 曾 欢 黄彩娇 赵紫兰 林建伟
陈周勇 肖雪萍 张伟康 肖丽娟 张其安
刘亿均 陈儒霞 段弘瑄 谢 言 吴霖沛
陈剑婷 全德明 胡晓霖 成莉莉 罗秋梅
李俏敏 柯淑林 黄伟东 郑衍君 刘礼潮
曾美君 刘晓星 欧阳细梅 关小倩 邹 璐
朱 锋 徐上海 柳军辉 张东军 陈映香
刘东连 吴小芳 陈 明 乔宏川 刘晓丹
仝相雅 黄 愉 陈光滨 江海生 汤淑仪
欧阳金辉 魏新兰 张美琪 蔡丹霞 黄成香
程青云 杨小云 胡柳红 谢 锋 田 宁

詹晓芬 陈伟娟 潘海清 莫锡伟 肖灿
黄细艳 梁思琪 林景活 董钻彬 吴曼
张晶晶 蓝带有 王丽 陈卫 高洁莹
李广回 范建芳 傅丹霞 陈国俊 柯泽丹
梁伟健 王彩霞 林武生 黄润标 伍演君
郑小的 潘明娟 方敏 缪建武 梁洁
梁绮玲 佘绪华 陈正伟 鲍林秀 陈爱丽
杨黛红 罗柳青 罗婵娟 谭智航 林许凤
徐翠琴 郭桦 欧锦汉 钟海杰 谭志强
胡小红 尹亮 卓勇锋 黄晓君 彭喜苑
林李娥 余少英 郑锐纯 刘桂芳 梁秋常
黄家英 陈婉玲 宋丽 李惠敏 门巧凤
卿青 陈玉婷 温飞娜 张如贞 陈晓敏
李瑞汝 蔡妙华 陈仕铭 唐玉峰 钟礼君
廖玉凤 林娜 温少群 张清安 黄建强
姚斐鸿 赖洁波 李莉 王贤鑫 庞燃
罗益魁 黄惠怡 邓伟科 刘润池 罗琴
汤静仪 蔡金芬 徐汇洋 王紫瑜 秦泳茵
张柱衡 骆虹 黎嘉宜 周晓聪 陆嘉荣
邱斐 周润媚 张志成 游柯 方启虹
巫嘉莉 邝嘉泰 彭梓珊 古北纯 马宗坤
林增萍 罗静如 徐美杏 洪少玲 何伟奇
叶斌斌 谢业强 刘翔 林创雄 王枝皇
周淑仪 李伟康 谢颂伟 朱妙涛 越伟杰
刘艳冰 冯景聪 欧嘉莉 邹琼 刘淑绮
杨振伟 张勇 金荣玉 邓炳权 陈健鹏
邓日钊 段霏 何浩然 冯敏妍 黄敏宜
何楚怡 李克卫 郭锦安 陈志聪 邓沛斌
黄燕丽 翁茂琼 马燕芳 谷怡霏 李淑莹
路海燕 吴绮杏 江小燕 伍晓祥 冯卓斌
阮凤明 何泳韵 吴永木 孔繁杰 韩俊枫
王俊超 梁婉菁 陈穗文 梅华祺 孙悦
吴静 林翠媚 卢嘉文 曾虹 黄雨薇
陈晓萍

（四）国际经济与贸易专业共81人

骆韵仪 梁美霞 秦沛秋 陈文芳 梁艳娟
戴丽 温健彤 欧燕桃 谢海源 黄智翔
张晓璇 黄莹莹 周小飞 梁品品 谭珊桃
李荣 喻姣 池瑞玲 翁佳怡 陈丹丽
覃惠丽 李志佳 黄俊限 练芳 陆金龙
陈映媚 杨楚君 王志伟 廖邓琪 夏西桂
钟冯 杨仙芝 余岳志 赵清梅 欧晓玲
孙梦晨 江冰 黎丽梅 冯文熙 郑哲玲
李燕珊 徐露 叶日红 梁彩群 刘天雁
曾晓兰 黄琦 孙建淳 司徒卓荣 王晓敏
刘欢 杜艺兰 张少娜 彭冬冬 莫健玲
袁玲 王莎 周名灯 谭倩侨 陈玉梅
阮嘉宜 林雁贤 余巧仪 陈冬梅 周美莹
周凤银 秦松龄 何湛豪 侯翠明 徐红红
何超强 曹少欢 邱预雄 王翔 叶美金
凌娟 石兵 严子容 曹金娇 何青花
刘秋连

（五）护理学专业共38人

林真真 黄修帆 钟雪梅 卢垚婷 黄思燕
冯斯婷 戎燕君 曾燕婷 黄利琼 彭小清
戴碧兰 汪凤贞 张师师 刘雪梅 卢静
罗洁云 练丽芬 方泽虹 谢冰玉 蔡宇晴
许艳霞 李苹 黄宇 刘丽珍 简丽娜
张萍萍 陈巧 姚洁雯 廖洁仪 郑佳玉
林映冬 方艳 李秀婷 姚秋娜 陈燕文
姚秋玉 彭文琼 陈诗婷

（六）会计学专业共578人

黄世珊 陈莉施 张喜群 冼婵娟 凌紫铭
罗蕾 陈丹苑 孙艳 黄梅 徐乙人
郑锦萍 胡秋珍 郑吉华 郑敏儿 简倩清
张丽梅 朱月红 韩燕羽 李宏芳 余美艳
邓裕娟 温雨玲 冯小玲 李洁纯 曾沪琳
王艳胡 莫燕飞 李洁虹 赖楚群 吴轩
龚凡英 柯新枝 张微 张荣 易静
彭丁丁 陈丽芳 付丹 许翠瑛 蓝晓婷
何伟源 蔡小翠 张彩莲 张群 李平
叶燕君 叶素英 翁锐 陈娥娟 黄萍花
何林娟 林曼珊 林妙裕 梁琼元 钟苗苗
吴小萍 黎献珍 黄琳 董艳 刘文娟
陈少冰 陈丹玲 颜美娥 黄惠平 杨亮
谢佳婵 林妙旋 梁少萍 王久茹 巫燕飞
陆丽玉 周伟芬 陆嘉怡 黄端晓 周兰
阮海璐 黄锦锋 刘通钰 张冬梅 冯翔宇
邓婉君 吴晓玉 谢旭妹 高敏敏 关倩琪
罗晓霞 杨丽旋 吕丽美 李文珍 高佩珊
姚蝶蓉 郑春菊 程文静 曾永梅 林淑芳
胡秋燕 徐玲玲 林飘香 宋美兰 张奕丽
邱晓纯 胡伟岚 苏美媛 唐冬燕 许培娜
肖尔华 周雪莲 陈少琼 叶熙瑶 莫燕贞
刘海璇 潘洁莹 杨萍香 邓惠玲 张雯娟
李华来 关浩银 李萍 冯惠明 董婷
李倩梅 陈姝蓉 郑燕燕 李文娟 陈春玲
熊灿 林冬梅 林欢 唐娟 江粤访
张琴 董葵 李尚有 张微微 彭俊艳
李春兰 雷晓军 马静仪 魏嘉敏 林洁

杨燕丽 罗雅允 杜 丽 卓 婷 方浩纯
冯玲玉 吴小莉 黄竞娇 邓晓美 邓颖娟
梁婷婷 陆慧英 李清云 邹 莉 郑燕和
邱利平 钟诗韵 陈细营 李 欣 冼艳慧
余金玲 李淑瑶 欧树英 罗志杰 旷 璞
康逢静 钟小琼 李宝欣 欧敏聪 李改换
沈丽娟 谢晓华 韩雪清 潘淑君 姚 倩
潘洁慧 陈影娥 方玉怡 梁超平 翁就汉
欧丽兰 黄江霞 欧凤群 邓百灵 林 露
郭卫群 胡飘凤 陈宏波 车焕娣 秦梦佳
刘色红 陈美婷 斯淑珍 钟柳桃 张燕兰
陈盈乔 张玉洪 黄丽芳 王美青 马高远
陈 娜 林苑敏 朱何静 庄雅慧 陈丽余
罗惠婷 李晓兰 吴榕娜 潘洁卿 袁辉群
曾雪凤 陈妃洪 马海晓 何海燕 王艳媛
林晓珊 欧翠兰 罗彩华 梁朝珠 李志范
吴小燕 冯燕霞 陈月珠 林思丽 高洁梅
李雪华 李 英 李丽叶 陈礼燕 巫依萍
张伟卿 张 艳 卓苑琳 蒋倩雯 伍青丽
刘晓霜 刘晓燕 钟志芹 周春花 张晓敏
唐敏池 罗春宇 易丽梅 江国梅 雷 雯
梁清情 李华娟 黄培炎 林瑞玲 赖瑞霞
刘晓宇 郑煜珊 杨敬月 包丽萍 詹素娜
卢姗姗 吴曼丽 刘海燕 黄良燕 陈晓丽
邓冰冰 钟小霞 陈立玲 张国亮 陈小烨
杨晓霞 朱秋菊 单顺平 陈伊玲 彭凤娟
温萍萍 孔远霞 叶春晓 何文宇 王书勤
董倩清 陈秋婵 杨玉玲 陈莉莎 袁婷婷
刘 欢 曲山杰 陈丹琼 黄文念 黎晓珊
颜娟宏 符玉芳 陈惠连 韩碧英 高利敏
胡慧君 何艳芬 朱汝锋 刘莎莎 杨宛霞
徐艳微 罗春杏 陈 丽 吴林燕 蔡晓珊
钱慧欣 梁燕婷 饶珍珍 李冬娇 李鋆丽
吴国琼 陈琼丽 陈嘉华 戴小丽 何蔓利
张倩烨 李燕燕 叶素娟 张洁婷 吴芸娟
高艳芬 黄秀清 林楚敏 李纯华 胡乃丽
陈煜云 卢穗芬 刘 芳 陈 淋 罗萍萍
马 叶 肖雨平 张瑜芳 陈键梅 张雅清
刘会娇 周燕芬 何紫恩 莫薇薇 刘淑淑
郭宁宁 钟凯华 温丽华 范春秀 陈金梅
刘 文 陈润花 黄雅君 梁丽琴 温丽琼
蓝小红 曾婉萍 陈银凤 陈玉桥 欧晓云
苏梦婕 李文燕 陈绮玲 刘素瑛 叶美华
董倩仪 林康云 周思梅 彭楚仪 沈凤玉
彭丽芳 罗日丽 余先格 何海燕 李 燕
熊巧红 邝洁雯 池晓君 吴冰青 岑穗华
陈溜英 梁盛娟 唐瑞琴 董婷婷 高玉萍
张丽娜 李春薇 杨 珍 张智芳 房来利
林 燕 陈树楷 萧树能 李曼嘉 洪素敏
黄红春 黄桂芳 崔湛蓝 谢梅铃 李红萍
刘 苑 刘美娟 罗新琪 邱礼凤 崔春香
刘华妹 闵明燕 曾利华 叶展球 孔钿钰
郑佩珊 卢柳恩 徐玉霞 徐钊颖 李 梅
陈招娣 林旭珊 涂淑莹 罗莫烜 翁少燕
陈稚晖 张庄苑 崔秋芳 简咏诗 李小兰
赖玉英 夏 燕 刘冰华 李雪玲 梁群瑶
杨 芳 许清华 刘海燕 杨小清 黄光泰
李晶晶 黄凯旋 黄日梅 何秀珠 叶见仪
彭姗姗 刘旭芬 姚良莲 唐雪莉 邹 承
杜俊强 王燕婷 谢健桃 陈桂文 范珊珊
潘利萍 袁冬琳 何志亮 郑梦云 钟伟冰
张顺云 黄东洁 陈奕君 龚启珍 林少真
魏风娥 陈小静 魏少燕 卓雪霞 翁佳少
吴宋君 钟夏敏 郑丽慧 钟倩清 叶志红
梁丹虹 谭树芝 李妙凤 吴梅华 张佩暖
李秋文 罗桥英 卢月明 董艳芳 谢建莉
谢林秀 陈燕梅 刘兰英 王 静 黄佳敏
黄丽君 宾 双 陆庆萍 钟雪梅 屈华姣
钟伟华 谢丽菲 肖嘉瑜 陈冬菊 谢泽娜
陈 婷 朱晓敏 唐艳萍 陆敏湘 李嘉琦
钟月明 彭淑君 刘丽沙 杨燕芳 袁嘉瑜
陆美峰 梁钰沂 李海婷 成绮红 黄海娟
罗淑娟 黄小芳 彭绮珊 叶佩明 吴月华
何婉文 陈婷婷 邓敏婷 陈志冰 罗淑娴
刘嘉弟 劳艳菲 简凤仪 郭佩雯 黄丽芬
刘健玲 何欣仪 陈艳欣 苏 丽 吴紫君
刘锐桐 曾咏眉 罗婵欢 曾绮婷 张惠宜
何国华 梁焕娆 何月萍 何淑敏 潘敏仪
黄晓珊 马家燕 张青琴 郑秀芳 朱小芳
何焕仪 刘颖诗 洪绮敏 李颖诗 陈凤敏
吴家雄 冼耀汉 何婵欣 杨惠玲 李婉敏
陈松欣 陈健茵 梁沛华 何秀雯 钟紫妍
朱明英 何燕敏 陈小敏 杜梦烨 梁思敏
麦洁莹 谭江燕 谢绮萍 黄凯珍 岑嘉怡
陈文艳 陈嘉欣 曾淑零 禤艳文 冯文娟
谢胜群 卢淑娴 郑素玲 梁晓婷 曾钰英
吴嘉仪 梁晓敏 余丹梓 余思敏 梁凤仪
李晓亚 余佩娜 郑佩容

（七）计算机科学与技术专业共 4 人

曾建忠 张林峰 吴绮达 马盼盼

（八）计算机网络技术专业共 12 人

文　斌　舒友志　方锡斌　陈世燎　林潮明　李能赞　邓冬玲　陈小凤　庾渊铃　刘　鑫　聂明元　刘建枢

（九）旅游管理专业共 16 人

梁嘉莉　李美荣　梁立峰　方泽虹　刘桂文　郑妙珊　陈彩红　熊建淳　杨　星　钟　玲　邓润儿　杨　柳　李诗婷　黎　昭　池树彬　罗　婷

（十）人力资源管理专业共 69 人

吴迎亚　魏新添　梁爱珍　陈启啦　叶　琼　李　秀　方爱仙　陈莉娟　毛媛梅　何永利　李　妹　梁美红　黄淑娉　王德成　黄其斌　范燕旋　陈晓萍　郑咏贤　郑素萍　王　静　叶丽娟　杨丽萍　余丽明　陈燕娜　梁伟丽　杨　杏　陈　静　谢婉莹　李淑君　邱春华　林　意　谢若婷　张亚平　王　纯　高俊琼　姚元香　罗静怡　刘　娟　陈　喜　张培军　王　敬　殷国丹　杨丽云　李伟梅　陈海情　欧阳春兰　邱育吟　梁健欣　谢　飞　杨木清　高佳妮　邵宝莹　颜创勇　丘婷丽　韦　夏　曾薇静　钟海兰　杨伟杰　林丽萍　何冬冬　罗　闯　李小贝　胡联善　陈膳妹　王蔼静　肖　雪　王美芳　杨丽丽　郑秋萍

（十一）商务管理专业共 17 人

刘焕玲　莫利明　陈健敏　范彩情　欧丽思　廖燕珊　林霏兰　赖　英　余佩佩　郭文浩　卞春梅　周彩钰　袁浪跃　林少贞　丁秋文　陆宝瑜　梁彩华

（十二）商务英语专业共 35 人

苏壁贤　邓雪玲　李红玉　李金莲　周振超　严　利　赵慧明　周玲玲　许海珊　梁玉仪　卢凤英　陈美君　方丽纯　毛彩凤　林晓璇　叶慕贤　冯颖诗　陈志莹　李嘉莉　周玉香　黎金莲　朱雪梅　郑侠燕　龙少平　廖月娟　黄润芳　秦惠仪　杨小洪　彭雪莲　赖嘉静　司徒慧欣　李建民　钟炜欣　王丽贤　邓思梅

（十三）市场营销专业共 24 人

童　苗　许　逸　吴鹏水　黄柳汶　邓敏娜　罗彬燕　刘　佳　袁真龙　林建伶　苏惠敏　欧红丽　许荣城　郑春燕　汤嘉怡　许契城　李秋茹　龚春春　黄舒瑜　张春文　张丽珍　张伙清　黄庆如　王汉娟　韦佳蕾

（十四）文秘专业共 10 人

张　柳　林佳蓉　钟静怡　陶利红　马　丹　刘　萨　周　蓓　沈　悦　李　梦　郑燕玲

（十五）翻译（中英翻译）专业共 2 人

黄文豪　苏卫文

（十六）社会学专业共 6 人

王雅丽　伍愷峰　陈君诺　黄得球　阮家豪　罗锦维

（十七）物流管理专业共 5 人

杨文兴　陈娜娜　黄民俊　黄健庭　卢侣信

（十八）应用心理学（犯罪心理学方向）专业共 4 人

陈伟源　李富安　冯茵茵　郑启志

（十九）英语（语言文学）专业共 7 人

吴莹莹　李慧欣　林立培　陈美琪　赵燕兰　霍震东　赖劲华

（教育学院供稿）

· 统计资料 ·

2013 年在职教职工基本情况统计表

<table>
<tr><td colspan="2">人员及分布</td><td>数量（人）</td></tr>
<tr><td colspan="2">总人数</td><td>4 472</td></tr>
<tr><td colspan="2">其中：女性</td><td>2 293</td></tr>
<tr><td rowspan="5">专任教师</td><td>总数</td><td>1 922</td></tr>
<tr><td>高级</td><td>1 196</td></tr>
<tr><td>中级</td><td>620</td></tr>
<tr><td>初级</td><td>73</td></tr>
<tr><td>无职称</td><td>33</td></tr>
<tr><td rowspan="5">行政人员</td><td>总数</td><td>778</td></tr>
<tr><td>高级</td><td>59</td></tr>
<tr><td>中级</td><td>257</td></tr>
<tr><td>初级</td><td>177</td></tr>
<tr><td>无职称</td><td>285</td></tr>
<tr><td rowspan="5">教辅人员</td><td>总数</td><td>321</td></tr>
<tr><td>高级</td><td>67</td></tr>
<tr><td>中级</td><td>176</td></tr>
<tr><td>初级</td><td>76</td></tr>
<tr><td>无职称</td><td>2</td></tr>
<tr><td rowspan="5">科研机构人员</td><td>总数</td><td>352</td></tr>
<tr><td>高级</td><td>127</td></tr>
<tr><td>中级</td><td>155</td></tr>
<tr><td>初级</td><td>59</td></tr>
<tr><td>无职称</td><td>11</td></tr>
</table>

（续上表）

人员及分布	数量（人）
工勤人员	86
校办企业职工	63
附属中小学幼儿园教职工	113
其他附设机构人员	837

注：统计数据截至2013年9月15日。

2013年在校本科生统计表

单位：人

序号	院系	总人数	内招生	外招生
1	国际学院	1 640	683	957
2	国际关系学院	127	101	26
3	文学院	435	307	128
4	外国语学院	731	291	440
5	新闻与传播学院	1 109	572	537
6	艺术学院	336	303	33
7	经济学院	1 745	1 067	678
8	管理学院	2 583	1 500	1 083
9	公共管理学院/应急管理学院	400	327	73
10	法学院/知识产权学院	351	243	108
11	理工学院	1 515	1 208	307
12	信息科学技术学院	1 280	1 157	123
13	生命科学技术学院	860	775	85
14	医学院	1 548	758	790
15	药学院	326	220	106
16	华文学院	1 044	361	683
17	深圳旅游学院	1 311	1 174	137
18	珠海学院	3 448	2 668	780
19	国际关系学系	1	—	1
20	体育部	135	100	35
21	交流生计划	1	—	1
	合计	20 926	13 815	7 111

注：1. 统计数据截至2013年12月11日。

2. 内招生指内地学生，外招生指港澳台侨学生和外国留学生。

2013 年各院系在校研究生统计表

单位：人

序号	院系	合计	博士生			硕士生		
			小计	外招生	内招生	小计	外招生	内招生
1	文学院	679	173	37	136	506	24	482
2	外国语学院	160	—	—	—	160	3	157
3	新闻与传播学院	574	62	17	45	512	6	506
4	经济学院	1 243	172	36	136	1 071	97	974
5	管理学院	1 756	193	76	117	1 563	116	1 447
6	法学院	336	—	—	—	336	36	300
7	理工学院	553	53	0	53	500	1	499
8	信息科学技术学院	324	4	—	4	320	6	314
9	生命科学技术学院	890	149	3	146	741	5	736
10	医学院	405	61	10	51	344	92	252
11	药学院	435	65	1	64	370	15	355
12	华文学院	366	8	3	5	358	117	241
13	珠海校区	34	—	—	—	34	29	5
14	第一临床医学院	754	95	46	49	659	235	424
15	第二临床医学院	108	—	—	—	108	2	106
16	产业经济研究院	157	60	15	45	97	—	97
17	国际关系学院	210	124	79	45	86	23	63
18	社会科学部	31	—	—	—	31	9	22
19	公共管理学院/应急管理学院	227	—	—	—	227	—	227
20	深圳旅游学院	7	—	—	—	7	—	7
合计		9 249	1 219	323	896	8 030	816	7 214

注：1. 统计数据截至 2013 年 9 月 15 日。

2. 内招生指内地学生，外招生指港澳台侨学生和外国留学生。

2013 年教育学院在校学生人数统计表

单位：人

学习形式	在校学生数					
	总计	一年级	二年级	三年级	四年级	五年级
总计	11 694	3 429	3 726	3 390	635	514
总计中：女生	8 714	2 545	2 802	2 577	440	350
一、函授	2 065	509	477	482	347	250
（一）本科	1 843	396	424	426	347	250
其中：女生	1 372	310	308	304	267	183
高中起点本科	1 176	157	243	179	347	250
专科起点本科	667	239	181	247	—	—
（二）专科	222	113	53	56	—	—
其中：女生	197	97	48	52	—	—
高中起点专科	222	113	53	56	—	—
二、业余	9 629	2 920	3 249	2 908	288	264
（一）本科	5 716	1 718	1 818	1 628	288	264
其中：女生	3 983	1 190	1 291	1 162	173	167
高中起点本科	1 568	331	340	345	288	264
专科起点本科	4 148	1 387	1 478	1 283	—	—
（二）专科	3 913	1 202	1 431	1 280	—	—
其中：女生	3 162	948	1 155	1 059	—	—
高中起点专科	3 913	1 202	1 431	1 280	—	—

注：统计数据截至2013 年9 月15 日。

（以上由信息管理办公室供稿）

· 2013年大事记 ·

一月

4日　学校召开第四届国际交流合作工作年会（2012）暨引智工作会议。国家外国专家局教科文卫司副巡视员穆洁林，广东省外国专家局副局长钟敏言，校领导胡军、蒋述卓、刘洁生等出席会议。

△学校召开“暨南大学师德铭”论坛。校领导蒋述卓、饶敏，历届师德标兵参加论坛。

△澳门校友会举行2013年度会员大会暨换届大会，副校长林如鹏出席会议。马有恒连任会长。

7日　2011—2012学年第一学期期末考试开始。校领导蒋述卓、林如鹏巡视校本部教学大楼考场。

△学校举行党政正职干部述职大会，校领导胡军、蒋述卓、陆大祥、刘洁生、林如鹏、宋献中、饶敏出席会议。各单位正职领导就2011年后上岗履职情况进行述职。

8日和14日　学校分别在澳门和香港举行2013年校董迎春餐会。学校董事会副秘书长马有恒，董事贺一诚、刘晓航、唐志坚、李沛霖出席澳门校董迎春餐会。学校董事会副秘书长余国春，永远名誉董事方润华，董事杨孙西、陈永棋、何世柱、杨钊、潘永华、林光如、李秀恒、李国华、方小榕、石汉基等出席香港校董迎春餐会。校领导胡军、刘洁生、林如鹏出席餐会。在港澳期间，校长胡军拜访了全国政协副主席、学校董事会副董事长何厚铧，学校董事会董事霍震寰、刘宇新、郑家纯、刘晓航等。

9日　学校举行理工医首批协同创新中心揭牌仪式，正式成立抗体药物协同创新中心、粤港澳组织再生与修复协同创新中心、中药和天然药物协同创新中心、光纤传感协同创新中心。校领导胡军、陆大祥，中国工程院院士姚新生、陈志南，中国科学院院士苏国辉等出席仪式。

△学校召开校保密委员会委员、基层党委书记、密码工作领导小组和办公室主任年终总结会，校领导蒋述卓、林如鹏出席会议并讲话。

10日　学校举办2013年本科教学新春团拜会，校本科教学督导委员、十佳授课教师、国家级本科教学工程项目负责人、省级本科教学工程项目负责人代表、本科教学核心团队成员代表、本科课程中心AAA课程负责人代表、“卓越未来”项目教师代表等参加会议，校领导胡军、林如鹏、宋献中出席团拜会。

△学校召开暨南大学2013年反腐倡廉形势报告会暨全校纪检监察审计干部培训会，广东省教育纪工委书记赵康作专题报告。学校党委副书记叶勤主持会议。

11日　学校召开信息化建设管理委员会全体会议。校领导胡军、陆大祥、宋献中、饶敏参加会议，校长助理王志伟布置2013年校园信息化建设重点工作。

△学校召开2013年共建附属医院工作会议，校领导陆大祥、刘洁生出席会议。

14日　中国翻译协会TICAT实训基地落户外国语学院。中国外文出版发行事业局副局长黄友义，国际合作部主任、中国翻译协会常务副秘书长姜永刚，学校党委书记蒋述卓，《中国翻译》执行主编杨平出席基地揭牌仪式。

16日　学校举行高层次人才新春团拜会。国务院侨办人事司司长许玉明、监察局专员张兵义，学校领导胡军、蒋述卓、陆大祥、叶勤、周天鸿、刘洁生、林如鹏、宋献中、饶敏以及刘人怀院士、苏国辉院士、钱清泉院士出席团拜会。

△学校举行舆情与社会管理协同创新中心揭牌仪式暨首届建设研讨会。副校长林如鹏出席会议并讲话。

17日　学校“一报告两评议”和校级领导干部2012年年度考核会议在曾宪梓科学馆国际会议厅召开。

△学校召开2012年校领导班子民主生活会，校领导胡军、蒋述卓、叶勤、刘洁生、林如鹏、宋献中、饶敏参加会议，副校长陆大祥列席会议，国务院侨办人事司司长许玉明、监察局专员张兵义，广东省委教育工委副书记景李虎到会指导。

△学校举行2013年博士生导师新春团拜会，国务院侨办人事司司长许玉明、监察局专员张兵义，广东省教育厅副厅长魏中林，学校领导胡军、蒋述卓、刘洁生、林如鹏、宋献中与近300名博士生导师共贺新春。

18日　学校召开“211工程”三期建设总结暨第九轮广东省重点学科、“2011协同创新中心”建设工作会议。校领导胡军、叶勤、刘洁生、林如鹏、宋献中、饶敏出席。

21日　暨南大学与华润医疗集团共建“暨南大学医学院附属脑科医院”签约及挂牌仪式在广东三九脑科医院举行。校领导胡军、陆大祥，华润医疗集团总裁张海鹏，华润三九医药股份有限公司副总裁邱华伟出席仪式。

22日　国际关系学系更名为国际政治学系，东南亚研究所与国际政治学系分开，各自独立运作。

25日　学校举行2013年在粤校董迎春座谈会。校董侣志广、刘人怀、朱孟依、彭磷基、杨国强、古润金、戴国坤、叶惠全，广东省佛山市南海区委书记邓伟根，校领导胡军、蒋述卓、林如鹏出席座谈会。

27日　学校党委原副书记、老红军林锋同志病逝，享年94岁。

27—31日　校长胡军率团赴台湾出席海外华文教育两岸合作探讨座谈会。在台期间访问台湾台中教育大学、高雄师范大学、台北教育大学、暨南国际大学、中原大学，与台中教育大学签署合作协议并会见台湾教育界相关人士。

本月　“2012年暨南大学十件大事”评选结果揭晓，学校新校区奠基、中国共产党暨南大学第九次代表大会隆重召开等事件入选。

△中国校友会网公布2013中国大学校友捐赠排行榜，暨南大学位列第16。

△国家水利部批准南校区水土保持方案。

△法学院/知识产权学院副院长徐瑄获“首批全国知识产权领军人才”称号。

二月

1日　学校与广东省妇幼保健院共建研究生培养基地及医疗协作单位签约挂牌，副校长林如鹏出席挂牌仪式。

3日　校领导胡军、蒋述卓拜访慰问姚新生院士、黄德鸿教授、饶芃子教授和王声湧教授，向他们及全校教职员工致以新春祝福。

8日　学校举行2013年留校师生新春团拜活动。校领导胡军、蒋述卓、叶勤、林如鹏、宋献中、饶敏，相关部处院系领导、教师代表等出席新春团拜活动，与寒假留校的研究生、本科生共同辞旧迎新。

10日　春节。校领导胡军、蒋述卓、陆大祥、叶勤、周天鸿、林如鹏、宋献中、饶敏到动力保障与维修中心、专家楼、招待所、校卫队、附属第一医院、丹田物业管理公司等处慰问新春佳节仍坚守岗位的工作人员，送上新春祝福。

26—27日　学校党委召开理论学习中心组会议，会议强调要深入学习贯彻党的十八大精神和习近平总书记在广东考察时的讲话精神；进一步加强学校党的思想建设、政治建设、组织建设，建立“创先争优”的长效机制，认真扎实地做好学校各项工作，以切实的行动提升学校的办学质量和创新能力。

27日　英国伯明翰大学副校长派克、威廉姆斯率访问团来校访问，校长胡军会见客人。

28日　学校在曾宪梓科学馆国际会议厅召开2013年工作会议。

三月

1日　暨南大学与广东东莞市政府共同组建的东莞暨南大学研究院签约仪式在东莞市举行。

3日　学校在邵逸夫体育馆举行暨南大学成人高等教育2013级新生开学典礼，副校长饶敏及3 500多名新生参加典礼。

4日　2012—2013学年第二学期开始。

10日　2013年春季研究生开学典礼在曾宪梓科学馆国际会议厅举行。校领导胡军、陆大祥、叶勤、刘洁生、林如鹏、饶敏及近300名新入学研究生参加典礼。典礼由副校长林如鹏主持。

11日　学校党委召开"青苗工程"首期挂职干部集体谈话会，校领导胡军、蒋述卓，河南省委组织部选派至暨南大学的挂职干部和学校全体参加挂职锻炼的干部共28人与会。

12日　台湾教育主管部门发布最新大陆地区高等学校认可名册，在已采认大陆41所高校学历的基础上新增采认暨南大学等70所高校。

△美国佛罗里达国际大学执行副校长沃特索克一行到校访问，校领导蒋述卓、宋献中会见客人。

18—23日　学校举办香港特别行政区中级管理人员第三期暨南大学国家事务研习课程班。来自香港特别行政区各决策局/部门的30名公务员参加课程班学习。副校长宋献中出席结业仪式，并为学员颁发学习证书。

20日　学校党委召开保密委员会委员暨基层党委书记会议，部署2013年学校党委、学校保密委员会工作，并传达上级保密工作会议和党建工作文件精神。校领导蒋述卓、宋献中，学校保密委员会委员、各基层党委及校直属党总支书记出席会议。

26日　暨南大学与广东出入境检验检疫局战略合作协议签字仪式在广州举行。广东出入境检验检疫局党组书记李延辉，校领导胡军、刘洁生出席仪式。

28日　学校举行首届公共管理硕士（MPA）实践导师授聘仪式。校长胡军出席授聘仪式并为实践导师颁发聘书，副校长宋献中主持授聘仪式。

29日　上午，校长胡军在行政办公楼召开第七届学术委员会第六次会议，会议审议通过2013年暨南大学科研培育与创新基金推荐资助项目。

下午，校长胡军在行政办公楼主持召开第十届学校学位评定委员会第六次会议，会议审议通过博士学位论文预答辩制度。

△"中国联通杯"暨南大学第十四届大学生学术科技节在学校图书馆大厅开幕。共青团广东省委副书记陈宏宇，中国联通广州市分公司副总经理余南樵，学校党委副书记叶勤出席开幕式。

△《暨南大学校长办公会议（党政联席会议）议事规则》正式印发。

31日至4月8日　校长胡军应邀率团访问美国克莱蒙特大学联盟、哥伦比亚大学、耶鲁大学及墨西哥伊比利亚美洲大学等名校，拓展与国外名校合作关系，拜访中国驻外使领馆、华侨华人社团以及暨大校友会。

本月　学校获教育部批准新增5个本科专业，分别是税收学、网络与新媒体、生物制药、酒店管理及会展经济与管理。

△据统计，学校工程学（Engineering）学科进入ESI全球前1%排名。

△生命科学技术学院张成武教授任首席专家的"863计划"重大项目"微藻高效规模化培养及生物燃料清洁制备技术"获批立项，总预算2 321万元。这是学校首个作为主持单位的"863计划"重大项目。

△学校发文成立暨南大学顺德综合研究院。

△经济学院陈光慧博士的学位论文《连续性抽样调查理论及其应用研究》（指导教师：刘建平教授）入选2012年全国优秀博士学位论文提名论文。

△欧锦文等10位教师入选教育部2012年度"新世纪优秀人才支持计划"，为历年来入选人数最多的一次。

△学校2篇学位论文入选第二届全国MPAcc优秀学位论文。

△在2013年两会期间，学校董事会副董事长何厚铧再次当选为全国政协副主席，校董宋海、余国春、陈永棋、郑家纯、戴德丰、廖泽云当选为全国政协常委。校董贺一诚再次当选为全国人大常委，副校长周天鸿当选为全国人大常委。

四月

7日　学校召开关于H7N9流感和诺如病毒防控工作布置会议，校领导蒋述卓、叶勤出席会议并讲话，校长助理王志伟主持会议。

7—9日　副校长林如鹏率队赴武汉大学、南京大学开展"2011协同创新中心"专题调研。

9日　暨南大学与香港大家乐集团举行共建餐饮技术联合研发中心签字仪式。香港大家乐集团总裁罗开光、学校副校长刘洁生出席签字仪式。

11日　学校举行2012—2013学年优秀学生表彰大会。

△《暨南大学优秀青年教师支持计划实施办法》正式印发。

12日　国务院学位办评估专家来校对学校公共管理硕士（MPA）专业学位进行教学评估，专家组对学校MPA教育给予高度肯定并形成反馈结论。校领导胡军、林如鹏出席汇报会。

△学校敦聘南方日报社原社长、广东省新闻工作者协会主席杨兴锋为南方传媒研究院院长。校领导胡军、蒋述卓、林如鹏出席敦聘仪式。

△学校首届本科生辅导员职业能力大赛决赛在珠海校区举行。

15日　全国人大常委会港澳基本法委员会副主任张荣顺一行来校调研。校领导胡军、饶敏，广东省港澳事务办公室副主任金萍参加调研座谈会。

16日　学校在曾宪梓科学馆国际会议厅召开传达贯彻上级党风廉政建设会议精神大会，校领导胡军、蒋述卓、陆大祥、叶勤、刘洁生、宋献中出席会议。

17日　学校敦聘美国UTMD安德森癌症中心易庆教授为客座教授，校长胡军出席敦聘仪式并向其颁发聘书。

△学校举行万伯翱先生赠书仪式暨专题学术讲座。万伯翱向学校捐赠了新作《六十春秋》及全国人大常委会原委员长万里同志亲笔签名的图片集《万里》。校党委书记蒋述卓代表学校接受赠书。

18日　广东省外国专家局局长覃立模一行来校调研。副校长饶敏出席调研座谈会。

18—22日　学校领导刘洁生、宋献中率队赴东南大学、中南大学、四川大学开展“2011协同创新中心”专题调研。

19日　国务院侨办委托华文学院承担的“《华文教师证书》等级标准研制”项目主体成果《〈华文教师证书〉实施方案》定稿会在广州召开。

20日　中国工程院院士刘人怀教授从教50周年研讨会举行。

△学校敦聘中国科学院院士、北京理工大学校长胡海岩为名誉教授，校领导蒋述卓、叶勤，中国工程院院士刘人怀出席敦聘仪式。

22日　学校举行向四川芦山地震灾区爱心捐款活动。校领导胡军、蒋述卓等带头捐款。校党委书记蒋述卓主持捐款活动。

△学校党委书记蒋述卓主持召开学校党建工作会议，传达中央关于加强党建工作的文件和省委教育工委专项会议精神，布置学校下一步党建工作。

26—27日　学校召开第七届教职工代表大会暨第十一届工会会员代表大会第四次会议。

27日　学校共青团系统总结表彰大会召开。校领导蒋述卓、叶勤出席大会并向获共青团广东省委表彰的单位和个人颁发奖牌和证书。

△《暨南杰出青年学者支持计划实施办法》正式印发。

本月　教育部第六届高等学校科学研究优秀成果奖（人文社会科学）评选结果公布，暨南大学共有10项成果获奖。

△学校与美国克莱蒙特大学联盟“3+3合作项目”正式启动。

△附属第一医院手术中心护理团队被全国总工会授予“全国五一巾帼标兵岗”称号。

△信息科学技术学院辅导员蔡喆获“2012全国高校辅导员年度人物”提名奖。

五月

3日　暨南大学与宁夏回族自治区中卫市帮扶合作框架协议签约仪式在中卫市举行，校领导胡军、蒋述卓、饶敏，中卫市委书记马廷礼、市长徐力群等领导出席签约仪式。

4日　学生艺术团获邀参演中央电视台全国大学生校园文艺会演“五月的鲜花——我们的中国梦”直播晚会，其参演舞蹈节目为《青春的祝福》。

8日　国务院侨办副主任马儒沛莅穗，视察学校番禺新校区，召开“2011协同创新中心”培育组建协调会。在协调会上，马主任要求按照“暨大牵头、华大配合、一个中心”的模式开展第二轮国家“2011协同创新中心”申报工作。国务院侨办文化司司长雷振刚，校领导胡军、蒋述卓，华侨大学党委书记李冀闽等参加协调会。

9日　美国威斯特敏斯特学院校长斯坦科维奇来校参观访问，胡军校长会见客人。

△学校召开2013年校长与学生代表座谈会。校领导胡军、叶勤出席并与学生代表座谈。

△学校举行第30次研究生代表大会提案咨询会。校领导胡军、林如鹏与提案代表进行面对面交流。

△暨南大学教职工2013年环校跑活动在校本部旭日运动场举行，全校近3 000名教职员工参加活动。

10日　校长胡军在珠海会见珠海市市长何宁卡。双方就进一步加强市校合作进行磋商。

11日　第30次研究生代表大会召开。校领导胡军、蒋述卓、林如鹏出席大会。292名研究生代表参加大会。

11—12日　广东省2013届毕业生文经管类专场校园招聘会及理科类专场校园招聘会在学校田径运动场举行。

△ 暨南大学、华侨大学联合对港澳台、华侨、华人、外籍青年招生考试开考，考点分别设在广州、厦门、香港和澳门四地，主考场设在华文学院。

12日　学校第71期党员发展对象学习班在礼堂开班，学校党委副书记、副校长叶勤教授为400余名入党积极分子讲授题为“学习十八大精神，同心共筑中国梦”的党课。

△ 教育部语言文字信息管理司副司长田立新一行来校考察海外华语研究中心近期工作进展。副校长林如鹏参加调研会议。

13日　学校在国内高校首设“本科教学日”，确定每年5月的第二个星期四为“本科教学日”。

△ 学校敦聘美籍华裔艺术家徐健国为客座教授，校长胡军出席敦聘仪式并向其颁发聘书。

△ 法学院/知识产权学院朱义坤和刘文静两位教授被聘为广州市政府第二届法律咨询专家。

14日　教育部副部长、国务院学位办主任杜占元考察学校与南方报业传媒集团共建的华南新闻传媒联合培养研究生示范基地。

14—23日　副校长宋献中应邀率团访问波兰波兹南经济学院、瑞典林雪平大学、法国欧洲工商管理学院和法国图卢兹高等商学院，并在波兰华沙参加AMBA2013国际年会。

15日　学校在教学楼举行《师德铭》《学子铭》纪念石揭幕仪式。

16日　学校举行引进高层次人才汇报会，对2007年至2010年前后学校所引进的高层次人才进行考核和评议。校长胡军出席并讲话。本次评审会邀请中国科学院院士苏国辉，长江学者特聘教授叶文才、何庆瑜，国家杰出青年基金获得者关柏鸥、吴军、潘景轩担任评审专家。

17日　广东省河源市市长彭建文、副市长朱蔚蔚率河源市教育、国土、规划部门负责人及巴登新城投资有限公司董事长蒴迪岸一行来校考察洽谈合作项目。校领导胡军、陆大祥、刘洁生、林如鹏会见客人。

△ 广东省2013年“阳光助推”残疾人大中专毕业生专场和暨南大学管理、运营、储备类职位专场校园招聘会在学校举行。

18日　2013年全国高校澳门学生论坛开幕式在学校举行。

19日　第十七届学生代表大会第一次全体会议在礼堂召开。

20日　暨南大学承办的第12届“挑战杯”广东大学生课外学术科技作品竞赛终审决赛暨第七届广东大学生科技学术节在礼堂开幕。

△ 学校敦聘爱尔兰国立科克大学食品与营养学院Yrj Roos教授为客座教授。学校党委副书记叶勤为其颁发聘书。

△ 广州突发狂风暴雨极端天气，造成教学大楼4至6层一块连体的玻璃窗户脱落坠地，幸未造成人员伤亡。

25日　暨南大学东莞校友会成立大会在广东省东莞市举行，张顺彩任会长。校领导蒋述卓、林如鹏，原校长周耀明出席致贺。

26日　学校举办2013年第五届心理剧大赛决赛。

27日　由中国社会科学杂志社和德国波恩大学应用政治研究院主办，学校和广东省中山市政府承办的首届中德“气候变化与全球治理”主题学术高层论坛开幕式在中山举行。校领导胡军、蒋述卓，中山市委书记薛晓峰，中国社会科学杂志社副总编辑王利民，波恩大学应用政治研究院院长Bodo Hombach出席论坛开闭幕式。

28日　台湾艺术大学校长谢颙丞一行来校访问，校领导胡军、宋献中会见客人。

29日　广东省人大常委会与中山大学、华南理工大学、暨南大学等五校合作成立广东省地方立法研究评估与咨询服务基地。省人大常委会主任黄龙云为基地授匾，副校长林如鹏代表学校接受牌匾。

5月30日至6月2日　应澳门校友会会长马有恒的邀请，副校长饶敏率学校优秀学子访澳团一行38人赴澳门访问，拜访中联办文化教育部，并在澳门大学等学校进行交流活动。

本月　2013年度教育部人文社会科学研究一般项目评选结果揭晓，学校共有31个项目获得立项资助，立项数列全国高校第八位、广东省高校第一位。

△ 学校设立“暨南大学本科教学校长奖”。

△ 学校党委书记蒋述卓主持的“青苗工程”项目被广东省委教育工委评为2012年10个优秀“书记项目”之一。

△ 学校被评为“2012年度省直劳动就业管理

工作先进单位”。

六月

1日　澳门校友会庆祝学校建校107周年、澳门校友会成立27周年暨澳门校友会新一届理监事就职典礼在澳门举行。澳门特区文化司司长代表周信余，澳门中联办文教部部长刘晓航，校董唐志坚，立法议员林香生、何润生、李从正，副校长饶敏等出席典礼，校长胡军致信表示祝贺。

2日　学校举行2013年国际土风舞大赛。国务院侨办文化司副巡视员梁智卫，校领导胡军、叶勤、林如鹏、宋献中、饶敏观看大赛并为获奖队伍颁奖。

2—6日　国务院侨办组织第三期“走基层·侨乡行”中央媒体采访团深入学校采访。

3日　国务院侨办主任裘援平到学校视察指导工作，看望干部师生。

△学校敦聘美籍华裔科学家曾宪章先生为客座教授，副校长宋献中出席敦聘仪式。

4日上午　国务院侨办主任裘援平视察番禺新校区工地。国务院侨办文化司司长雷振刚、副巡视员梁智卫，校领导胡军、蒋述卓、叶勤、刘洁生、林如鹏、宋献中、饶敏陪同视察并参加座谈会。

5—8日　受校董戴德丰先生的邀请和资助，副校长林如鹏率学校第三届优秀学生访港团一行40人赴港交流学习。

7日　校长胡军在京陪同国务院侨办副主任马儒沛会见教育部副部长杜玉波，向杜玉波副部长汇报部省共建协议签署2年来的共建成效及学校办学成绩。杜玉波副部长对学校办学给予肯定，表示教育部将继续支持学校发展。

8—17日　副校长陆大祥率团赴奥地利、捷克与希腊三国进行招生宣传，并与三个国家合作方签约成立暨南大学海外招生处。

△学校发文成立暨南大学生物医学转化研究院、暨南大学大气环境安全与污染控制研究所，分别由尹芝南教授、周振教授担任负责人。

14日　学校与惠州学院战略合作签约仪式在广东省惠州市举行。惠州市委书记陈奕威、市长麦教猛，校领导胡军、宋献中，惠州学院党委书记杨海涛、院长彭永宏出席仪式。

15—24日　副校长饶敏率团赴越南、泰国和印度三国进行招生宣传，与当地有关教育机构签订成立暨南大学海外招生处协议。

17日　学校召开2013年扶贫开发工作会议，总结清新县桂湖村扶贫开发工作，表彰扶贫工作先进单位和优秀个人，部署新一轮高陂村扶贫工作任务。校领导胡军、蒋述卓、叶勤出席大会并为受表彰的单位和个人颁奖。

20日　第五届本科课程全英语教学竞赛决赛在教学大楼举行，副校长林如鹏出席开幕式并致辞。

22日　广东省教育厅厅长罗伟其到校为MPA学员作题为“基本公共服务均等化：历史背景、政策、设计与实践探索”的专题讲座。

24—29日　香港特别行政区中级管理人员第四期暨南大学国家事务研习课程班在学校举行。副校长宋献中出席开班和结业仪式，为学员颁发学习证书。

26日　2013年“1+2+1”中美人才培养计划年会暨第十届毕业典礼在学校举行。

27日　“暨南梦·育人美”暨南大学师德标兵表彰晚会在礼堂举行。校领导胡军、蒋述卓、林如鹏、宋献中、饶敏，广东省教科文卫工会主席陈昭庆出席晚会。

△英国理启蒙大学校长John Annette一行来校访问。校长胡军会见客人并签署两校战略合作协议。

△学校四海书院2013届学生结业典礼在珠海校区体育馆举行。副校长刘洁生出席结业典礼并发表讲话。

28日　学校在曾宪梓科学馆国际会议厅隆重举行校董捐赠仪式，校董、杰出校友梁志斌、叶惠全各向学校捐赠5 000万元，专用于番禺新校区建设。

29日和30日　上午，学校先后在邵逸夫体育馆举行2013届本科生、研究生毕业典礼暨学位授予仪式。校领导胡军、蒋述卓、陆大祥、叶勤、刘洁生、宋献中、饶敏出席活动，并与学位评定各分委员会主席为2013届获得学位的硕士、博士及本科毕业生颁发证书。仪式由副校长林如鹏主持。

29日　下午，珠海校区举行2013届本科生毕业典礼暨学位授予仪式，校领导胡军、蒋述卓、叶勤、刘洁生、林如鹏、宋献中、饶敏，校长助理王志伟及主礼教授团出席并为毕业生颁发学位证书。30日下午，深圳旅游学院举行2013届本科生毕业典礼暨学位授予仪式，校领导胡军、饶敏出席并为毕业生颁发学士学位证书。

本月　2013 年国家社科基金项目评审结果揭晓，学校共有 21 个项目获得立项资助，在广东省 28 个立项单位中排名第二。

△ 学校入选全国第一批临床医学硕士专业学位研究生培养模式改革试点高校。

△ 校董霍震寰向学校捐赠 1 500 万元人民币，支持学校新校区体育中心建设。

△ 学校 29 项成果获评广东省 2010—2011 年度哲学社会科学优秀成果，获奖总数居全省第二。学校获批 2013 年度广东省自然科学基金杰出青年基金项目 5 项，全省排名第三。

△ 校领导胡军、叶勤与各学院院长签订 2013 年毕业生就业工作目标责任书。

七月

1 日　学校党委在礼堂召开庆祝中国共产党成立 92 周年大会。

2 日　“华侨华人与中国梦”学术研讨会暨《世界侨情报告（2012—2013）》首发式在学校举行。国务院侨办副主任何亚非、国务院侨办侨务干校副校长赵健，广东省侨办副主任林琳，校领导胡军、陆大祥、刘洁生、林如鹏、宋献中、饶敏出席研讨会开幕式。

△ 中华才艺（武术·龙狮）培训基地正式落户学校。

3 日　广东省教科文卫工会研究基地——广东省高校女性发展研究中心在学校挂牌，广东省教科文卫工会主席陈昭庆、副校长饶敏为中心揭牌。

5 日　台湾台中教育大学校长杨思伟来校访问，校长胡军会见客人，双方校长签署两校学术交流协议。

△ 西班牙阿尔卡拉大学副校长 Elena Lopez 一行来校访问，副校长宋献中会见客人。

6 日　2013 年南方药物经济学论坛在学校召开。校长胡军出席论坛，副校长刘洁生代表学校与协办单位签订项目委托协议。

10 日　公安部一局副局长许冬峰一行来校调研，校领导胡军、宋献中出席调研会议。

11 日　美国佛蒙特州诺威治大学副校长黄桂友来校访问，副校长宋献中会见客人。

16 日　爱尔兰国立科克大学常务副校长 Paul Giller 一行来校访问，副校长宋献中会见客人并代表学校签署两校学术合作谅解备忘录。

18 日　2013 年大学生暑期“三下乡”社会实践活动暨“展翅计划”就业创业能力提升行动正式启动。校领导胡军、蒋述卓、叶勤出席启动仪式。

△ 学校发文公布研究生教育督导委员会名单。

19 日　暨南大学深入开展党的群众路线教育实践活动动员大会在曾宪梓科学馆国际会议厅召开，学校群众路线教育实践活动全面正式启动。

20 日　暑假开始。

20—21 日　学校在珠海校区召开 2013 年发展规划战略研讨会暨党的群众路线教育实践活动工作会议。

22 日　国务院侨办主办、学校承办的第二届两岸四地学生领袖研习营在学校开营。

22—23 日　英国工商管理硕士协会（AMBA）专家组到校，对管理学院 MBA、EMBA 项目再次进行现场认证。

26 日　国务院侨办国外司司长王晓萍应邀来校指导群众路线教育实践工作，并为学校新入职教职工作关于国家侨务政策的专题讲座。

31 日　校党委副书记叶勤代表学校出席 2013 年粤港澳青年文化之旅总结交流会，并为此次活动征文比赛获奖者颁奖。

本月　学校党委常委胡军、蒋述卓、叶勤、刘洁生、林如鹏、宋献中、饶敏分别深入基层调研走访，开展“群众路线大家谈”活动，召开各类别征求群众意见座谈会共 13 场，就开展党的群众路线教育实践活动广泛征询意见和建议、听取基层党员干部群众的意见和建议。

八月

7—12 日　学校党委副书记、副校长叶勤率领学校首次组建的舞龙舞狮队参加在江苏省南京市举办的第六届全国大学生舞龙舞狮锦标赛，获得教学舞龙比赛第一名。

13 日　中共中央组织部人才工作局副局长张栋一行来校考察调研人才工作，校长胡军会见客人。

15 日　美国亚利桑那州立大学副校长 Denis Simon 一行来校访问，校领导胡军、宋献中会见客人。

25—27 日　学校在江西省井冈山举办 2013 年辅导员理想信念教育培训班，校党委副书记叶勤出席开班仪式并讲话。

27—29 日　学校党委召开党委理论学习中心组会议，围绕党的群众路线教育实践活动进行专题学习，交流学习体会，推进学习教育。校领导胡军、蒋述卓、陆大祥、叶勤、刘洁生、林如鹏、宋献中、饶敏，校长助理王志伟参加会议。

30 日　学校在曾宪梓科学馆国际会议厅召开 2013 年新学期工作会议。

本月　广东省卫生厅公布 2013 年广东省临床重点专科名单，学校附属医院系统 27 个专科入选。

△“中国传统文化概论”“成本与管理会计”两门英文授课课程被教育部评为“2013 年度来华留学英语授课品牌课程”。

九月

2 日　2013—2014 学年第一学期开始。校领导分赴各校区巡视开学情况。

2—4 日　由学校承办的茂名市侨联骨干培训班在学校开班。校党委书记蒋述卓、广东省侨联副主席华清文出席开班仪式并在结业典礼上为学员颁发结业证书。

4 日　澳大利亚新南威尔士州国际教育执行长 Mark Howland 以及亚洲项目主任 Christ Wen 来校访问，副校长宋献中会见客人。

△学校发文成立医学院公共卫生与预防医学系。

7—9 日　校领导胡军、蒋述卓等连续 3 天走访各校区学生宿舍看望、慰问新生。

8 日　上午和下午，学校分别在校本部、深圳旅游学院、珠海校区举行 2013 年秋季新生开学典礼及本科新生训练营开营仪式。校长胡军在开学典礼和开营仪式上讲话，校领导蒋述卓、陆大祥、叶勤、周天鸿、刘洁生、林如鹏、宋献中、饶敏，校长助理王志伟出席开学典礼及开营仪式。

9 日　学校 2013 年庆祝教师节暨表彰大会在曾宪梓科学馆国际会议厅召开。

△教师节前夕，校领导胡军、蒋述卓代表学校走访慰问教师代表，送上教师节的祝福。

△学校在旭日运动场举行 2013 级新生升国旗仪式，校领导胡军、蒋述卓、叶勤、宋献中参加仪式。

10 日　英国伯明翰大学副校长 Richard Williams 率团来校访问，副校长宋献中会见客人。

11 日　暨南大学中西医结合胰腺病诊治中心揭牌仪式在附属第一医院举行，广东省卫生厅副厅长彭炜，校领导蒋述卓、陆大祥、林如鹏出席揭牌仪式。

13 日　马来西亚苏丹再纳亚庇丁大学主席阿里慕丁、校长亚哈亚一行来校访问，校领导胡军、宋献中会见客人。

13 日和 14 日　学校 2013 级硕士、博士研究生新生入学教育暨“科学道德与学风建设”宣讲大会在礼堂举行，校长胡军为博士新生讲授“大学精神与大学文化”，副校长林如鹏主持宣讲会。

△副校长饶敏赴澳门拜会澳门高等教育辅助办公室苏朝晖主任，商讨学校在澳门举办成人高等教育相关事宜。

14 日　2013 年本科新生训练营闭营仪式暨迎新晚会在礼堂举行。13 日晚，珠海校区举行闭营仪式暨迎新晚会。校领导胡军、蒋述卓、叶勤、刘洁生、宋献中出席活动。

△“海外华文文学的学术地图”学术研讨会暨国家社科基金重大项目“百年海外华文文学研究”中期研讨会在学校召开。中国世界华文文学学会名誉会长饶芃子、校党委书记蒋述卓出席会议。

16 日　英国阿斯顿大学副校长阿西夫·艾哈迈德一行来校访问，校领导胡军、宋献中会见客人。

17 日　国务院侨办国内司副司长、韶关市副市长（挂职）熊万鹏一行来校访问，参观法学院/知识产权学院，为该院师生作题为“人权保障的‘中国模式’”的讲座。

△共青团广东省委书记曾颖如带队来校，召开贯彻广东省委关于共青团工作指示精神的专家座谈会，共青团广东省委副书记池志雄、学校副校长林如鹏参加座谈会。

22 日　中共中央党校原副校长李君如来校，作题为“以整风精神开展新形势下群众路线教育实践活动”的专题报告。校领导胡军、蒋述卓等与全校副处级以上干部参加报告会。

△学校与国家发改委国土地区所签署共建暨南大学区域发展研究中心合作协议。副校长林如鹏、国土地区所所长肖金成代表双方签署协议。

22—29 日　校长助理王志伟率代表团赴南非

出席罗德斯大学孔子学院中国周活动。

23—24 日　教育部国际合作与交流司委托中国高等教育学会外国留学生教育管理分会专家组来校开展来华留学生医学本科教育（英语授课）专项评估工作。校领导林如鹏、饶敏接待专家组。专家组对暨大来华留学生医学本科教学工作予以充分肯定，对国际学院全英语授课的教学管理和办学成就给予高度赞扬。

24 日　校党委书记蒋述卓主持召开“青苗工程”第二期挂职干部集体谈话会议，对挂职干部提出要求与希望。

24—25 日　校领导胡军、林如鹏在成都参加第十二届世界华商大会。大会期间，校长胡军出席开幕式和主论坛，在“华商与中华文化”分论坛作为特邀嘉宾发表有关中华文化核心提炼与海外华文教育的讲话。

27 日　学校召开青年教职工工作委员会成立大会暨广东博士创新发展促进会暨南大学分会成立大会。

△ 2013 华语主持传播高峰论坛暨融媒时代记者型主持人发展研讨会在学校礼堂举行。广东广播电影电视协会会长胡国华，校领导胡军、林如鹏及来自广东省内 18 家媒体的领导参加论坛。

28 日　广东海外留学人才联合会第一次会员大会暨成立大会在学校举行，副校长饶敏、广东省侨联副主席区德强等出席会议。暨南大学是首届会长单位，国际学院院长唐书泽当选为首届会长。

29 日　学校召开研究生教育督导委员会成立大会。

△ 学校发文确定番禺新校区正式名称：暨南大学南校区。

本月　广东省国土资源厅正式批复，同意将南校区征地涉及集体农用地、村集体建设用地和未利用地等一并办理征收为国有土地。

△ 教育部批准学校为中国政府奖学金来华留学招生院校。

△ 国务院学位办公布对 2010、2011 学年度授予博士学位的学位论文进行随机抽检的通讯评议结果，学校被抽检博士学位论文合格率为 100%。

△ 产业经济研究院研究团队申报的“推动经济发达地区产业转型升级的机制与政策研究”项目获批为国家自然科学基金重点项目，获批经费 215 万元。

△ 生命科学技术学院张弓教授获得 2013 年国家自然科学基金优秀青年科学基金。

△ 王常勇（生物医学工程）、冯应谦（新闻传播学）和况熙（会计学）3 位教授获聘为广东省珠江学者讲座教授。

△ 中国南方航空集团“十分关爱基金”向学校教育发展基金会捐助 100 万元励学金。

十月

5—25 日　暨大高等教育管理和创新提升海外培训团赴美国进行 21 天的学习培训，这是学校第一次派出系主任集体出国学习培训。该团由副校长刘洁生带队，共 21 名成员，围绕三个主题进行培训，先后考察和访问了斯坦福大学、加州大学伯克利分校等 10 所高校。

8—11 日　学校与广东省侨联联合举办广东省第五期友好社团负责人研讨班。

15 日　附属第一医院与河南省平顶山市新区管委会签署“平顶山新区医院合作项目”合作协议。平顶山市委书记陈建生，校领导胡军、宋献中，附属第一医院院长黄力等出席签字仪式。

22—23 日　国务院侨办监察局局长王丽华、国务院侨办人事司副处长朱凌峰代表国务院侨办督导组到校指导群众路线教育实践活动工作。校领导胡军、蒋述卓、叶勤汇报学校教育实践活动工作情况。

23—24 日　学校举行 2013 年暨南大学一线学生工作者心理沙龙，校领导蒋述卓、叶勤参加活动。

24 日　教育部思政司副司长谢新松一行到校召开座谈会，听取广东部分高校有关宣传文化工作的意见和建议。校长胡军会见谢新松副司长一行，副校长林如鹏参加座谈。

△ 学校决定，实验动物管理中心直属学校管理，不再隶属医学院。

25—27 日　学校主办的“哲学 · 文化 · 佛教”2013 国际论坛在广州和广东省四会市贞山六祖寺两地分两阶段召开。副校长饶敏出席论坛，斯里兰卡驻穗总领事 Yasoja Gunasekera 在论坛作题为“斯里兰卡与佛教”的主题报告。

29—30 日　学校在曾宪梓科学馆国际会议厅召开中层领导班子届中考核述职会。校领导胡军、蒋述卓、陆大祥、叶勤、刘洁生、林如鹏、宋献中、饶敏参加现场述职会。各单位正职领导进行述职，在校两院院士等高端人才、各民主党派、侨联会、无党派知识分子联谊会负责人等与会，参会人员对中层领导班子进行现场评测。

本月 校领导蒋述卓、胡军、陆大祥、叶勤、饶敏分别赴基层单位走访调研，就开展党的群众路线教育实践活动认真听取基层党员干部群众的意见和建议，指导基层单位开展党的群众路线教育实践活动。蒋述卓书记以一名普通党员的身份全程参加所在支部的组织生活会。

△ 学校“中枢神经损伤与修复”创新引智基地入选2014年度教育部、国家外国专家局高等学校学科创新引智计划（“111计划”）。

△ 深圳旅游学院院长助理黄向入选国家旅游局第一批“旅游业青年专家培养计划”培养对象名单。

△ 教务处开发的“课堂教学辅助系统”正式启用。

十一月

1日 美国克莱蒙特大学联盟柯克研究院校长舒斯特来校访问。副校长宋献中会见客人。

4—13日 学校党委副书记叶勤率团访问波兰什切青大学、意大利佛罗伦萨大学、意大利中意国际学校、法国里昂天主教大学，并拜访中国驻外使馆官员以及华侨华人社团。

5日 第十八期海外华裔青年企业家中国经济高级研修班和第二期广东华侨华人社团负责人研习班同时在学校开班。广东省副省长招玉芳，国务院侨办国外司司长王晓萍、经济科技司巡视员张健青，广东省侨办主任吴锐成，校长胡军出席开班仪式。

7日 广东省2014届普通高校毕业生就业工作研讨会在学校召开。广东省委教育工委副书记景李虎，校领导胡军、饶敏出席会议。

8—10日 2013医学科学前沿暨第六届分子靶向药物与肿瘤免疫学研究及应用研讨会在学校召开。校长胡军出席开幕式并致辞，中国工程院院士甄永苏、詹启敏，中国科学院院士姚开泰和美国科学院院士 Michael Karin 出席会议。

9日 国务院侨办副主任谭天星到学校视察指导工作，听取学校工作汇报，了解学校发展情况，参观学校图书馆，看望慰问学校离退休人员。校领导胡军、蒋述卓向谭天星副主任汇报学校情况。谭天星副主任希望学校坚持为侨服务，要围绕国家侨务工作大局发挥更重要的作用。

△“‘他者认识’与日语教育·日本学研究”国际学术研讨会在学校召开。校党委书记蒋述卓、中国日语教学研究会华南分会会长陈多友、国际交流基金日本文化中心所长吉川竹二出席开幕式。

△ 第二届应急管理科学家论坛 & 公共管理学科发展论坛（2013）在学校举行，学校党委书记蒋述卓、中国科学院数学与系统科学研究院党委书记汪寿阳、广东省政府应急办主任纪家琪出席论坛。

9—16日 校长助理王志伟率团访问澳大利亚西悉尼大学和西澳大利亚大学，拓展校际交流与合作。

11日 广东省副省长陈云贤率队来学校调研考察“四重”（即重点学科、重点人才、重点平台、重点科研项目）建设工作，听取生物学学科建设汇报，并察看实验室。校领导胡军、周天鸿参加座谈会。

△ 学校聘任加拿大皇家科学院院士 Susan Cole 为名誉教授。校长胡军为其颁发聘书。

△ 美国亚利桑那州立大学副校长 Denis Simon 一行到校访问，副校长宋献中会见客人并签署两校学术合作谅解备忘录。

△ 学校设立哲学与社会学研究所，挂靠文学院。

△ 外国语学院成立法语语言文学系。

13日 广东省政协副主席、《广东华侨史》编修工作领导小组副组长唐豪率队来校考察调研华侨华人研究工作。学校党委书记蒋述卓陪同调研并参加座谈会。

△ 学校与英国皇家特许管理会计师公会（CIMA）战略合作协议签约仪式在管理学院举行，副校长宋献中、CIMA 全球执行总裁 Andrew Harding 出席签约仪式。

14日 学校领导班子召开党的群众路线教育实践活动专题民主生活会。国务院侨办副主任马儒沛、人事司司长许玉明、文化司副巡视员梁智卫到会指导，校党委书记蒋述卓主持会议。

△ 学校第四十届田径运动会开幕。国务院侨办副主任马儒沛、人事司司长许玉明、文化司副巡视员梁智卫，校领导胡军、蒋述卓、陆大祥、叶勤、周天鸿、林如鹏、宋献中、饶敏出席开幕式。

15日 学校第七届董事会第一次会议在广州

召开。

15—16 日　华文教育国际学术研讨会在华文学院举行。副校长林如鹏出席开幕式。

16 日　上午，华文学院建院 60 周年庆典大会举行。

△ 学校与越南河内第二师范大学签署教学科研合作备忘录，与昆明华文学校签署合作办学协议。副校长宋献中、越南河内第二师范大学副校长阮辅通泰、昆明华文学校校长张明军出席签约仪式。

△ 广州校友会第五届理事会换届大会在学校举行，副校长林如鹏任会长，校长胡军、校友总会会长马有恒出席致贺。

17 日　深圳旅游学院院务委员会 2013 年会议在深圳旅游学院召开，国务院侨办副主任马儒沛，国务院侨办文化司司长雷振刚、副巡视员梁智卫，深圳市副市长吴以环，华侨城集团公司总经理任克雷及校长胡军、副校长饶敏出席会议。

19—27 日　副校长宋献中应邀率团访问英国伯明翰大学、阿斯顿大学、考文垂大学，爱尔兰科克大学以及荷兰鹿特丹伊拉斯姆斯大学、阿姆斯特丹应用科技大学等欧洲高校，并签署合作协议。

22 日　第二十四届华侨大学、宁波大学、汕头大学、暨南大学四校工作交流联谊会在学校举行。

25 日　生物医学转化研究院国际免疫学中心揭牌仪式暨免疫与健康国际学术研讨会在学校举行，该中心由生物医学转化研究院与附属第一医院共建，校长胡军出席活动并为中心揭牌。

△ 学校 2014 届毕业生校董、校友、校市合作单位校园综合类招聘会在旭日运动场举行。学校党委副书记叶勤到会指导。

26 日　学校党委召开中心组学习会，认真学习中共十八届三中全会公报、《中共中央关于全面深化改革若干重大问题的决定》和习近平总书记《关于〈中共中央关于全面深化改革若干重大问题的决定〉的说明》。

△ 由国际关系学院/华侨华人研究院策划组织、出版社出版的《世界华侨华人研究文库》第二批 7 本专著正式首发。校领导胡军、林如鹏，国务院侨办侨务干校副校长吕剑光出席仪式。

11 月 26 日至 12 月 3 日　第 55 期全国侨务干部培训班暨第 3 期侨务公共外交专题研讨班在学校举行。校领导胡军、林如鹏出席开班仪式，校党委副书记叶勤出席结业仪式并为学员颁发结业证书。

27 日　学校党委在曾宪梓科学馆国际会议厅召开校级领导班子群众路线教育实践活动专题民主生活会情况通报会，校长胡军代表学校领导班子作情况通报，校党委副书记叶勤主持会议。

11 月 28 日至 12 月 6 日　校长胡军应邀访问比利时鲁汶大学、根特大学，瑞典林雪平大学、乌普萨拉大学、卡罗林斯卡学院及芬兰 Minerva 医学研究院、赫尔辛基大学等世界名校与科研机构，达成多项合作意向，签署两项合作协议。

29 日　由产业经济研究院和中经网数据有限公司合作开发的广东省产业发展数据库结束一年试运行，通过专家组验收。广东省统计局局长幸晓维担任专家组组长。该数据库将为广东经济研究提供一个强大的数据平台。

29—30 日　2013 全球华人中华才艺（武术）大赛在学校举行。

本月　管理学院通过英国工商管理硕士协会（AMBA）再认证，成为内地第三家完成 AMBA 再认证的高校。

△ 校长胡军再次当选广东省学位与研究生教育学会第八届理事会理事长，副校长林如鹏当选为副理事长兼秘书长。

△ 文学院程国赋教授入选 2013 年度“百千万人才工程”国家级人选。

△ 张振江等 6 名教师入选教育部 2013 年度“新世纪优秀人才支持计划”。

△ 文学院詹伯慧教授团队申报的“汉语方言学大型辞书编纂的理论研究与数字化建设”项目获批为 2013 年度国家社科基金重大项目（第二批）。

十二月

1 日　国务院侨办副主任何亚非视察南校区施工现场。校领导蒋述卓、叶勤、刘洁生、饶敏陪同视察。

3 日　香港特区教育局局长吴克俭一行来校座谈交流，广东省教育厅港澳台事务办公室冯兴雷主任等陪同来校。副校长宋献中会见客人。

4 日　英国名华人律师李贞驹带领英国“华人参政计划”代表团来校访问，聆听国际关系学院/华侨华人研究院副院长陈奕平教授的学术讲座，并就华人参政问题进行交流。副校长宋献中会见代表团。

5日 英国伯明翰大学常务副校长蒂克尔一行来校访问。副校长宋献中会见客人。

△南非罗德斯大学副校长彼得·克雷顿一行来校访问。副校长宋献中会见来宾。

6日 “2013数字营销传播研究与应用”国际研讨会在学校召开。校党委书记蒋述卓出席开幕式并致辞。

6—7日 “大数据背景下统计调查与数据分析”研讨会在学校举行。副校长宋献中、浙江工商大学副校长李金昌、国家统计局统计设计管理司副司长徐荣华参加研讨会。

6—8日 “中国古代文学研究走向与方法”高峰论坛在学校举行。校党委书记蒋述卓到会祝贺。

△“全球化背景下的口笔译”国际研讨会在珠海校区召开，副校长刘洁生、全国翻译专业学位研究生教育指导委员会秘书长平洪出席开幕式。

8日 台湾世新大学校长赖鼎铭一行来校访问。校长胡军会见来宾，并签署两校学术交流协议书。

△副校长叶勤赴香港参加学校香港校友会成立27周年联欢会。

△学校成人教育澳门班2013年毕业典礼在珠海校区体育馆举行。副校长饶敏出席典礼并致辞。

9日 爱尔兰梅努斯大学副校长伯纳德·莫罕一行来校访问，副校长宋献中会见客人并签署两校学术合作谅解备忘录。

△移民研究国际研讨会在学校开幕。副校长宋献中、爱尔兰梅努斯大学副校长伯纳德·莫罕出席开幕式并致辞。

△深圳旅游学院成立电子商务系、酒店管理系。

△学校同意郑州市第二人民医院为医学院非直属附属医院，名称为“暨南大学附属郑州医院”。

9—10日 学校承办的中国统一战线理论研究会2013年港澳和海外统战工作理论广东研究基地研讨会在广州召开。广东省委统战部副部长何文洪，学校党委书记蒋述卓参加会议。

9—13日 广东省第五期领导干部应急管理工作培训班在学校举行。广东省副省长邓海光，校领导胡军、蒋述卓出席开班典礼和结业典礼。

10日 学校与马来西亚华校董事联合总会（董总）联合举办的首届马来西亚华校领袖高级研修班在学校开班。校长胡军、马来西亚董总主席叶新田出席开班典礼。

12日 学校在曾宪梓科学馆国际会议厅召开全体博士生导师会议。广东省学位办主任杨军、校长胡军出席会议并讲话。

△社会科学部与武警广州指挥学院训练部签署共建协议并举行实践教学基地挂牌仪式。校党委书记蒋述卓，武警广州指挥学院副政委史照栋出席活动。

12—13日 “中国产业升级与可持续增长”国际会议在学校召开。副校长宋献中和澳大利亚中国经济学会会长James Laurenceson出席活动。

13日 全国汉语方言学会第十七届学术年会暨汉语方言国际学术讨论会在学校举行。中国社会科学院语言研究所所长刘丹青、校党委书记蒋述卓出席开幕式。

△学校再生医学教育部重点实验室建设项目通过教育部科技司组织的专家组验收。

△澳大利亚墨尔本大学副校长Simon Evans一行到校访问，副校长宋献中会见客人。

15日 广东省中西医结合学会转化医学专业委员会成立大会暨首届转化医学学术研讨会在学校举行，中国科学院院士姚开泰、广东省中医药管理局副局长李梓廉，校领导胡军、陆大祥出席研讨会开幕式。

△珠海市委组织部部长刘振新到珠海校区就校区引进专业领军人才和创新团队工作进行调研，副校长刘洁生参加调研会议。

17日 台湾高雄大学黄肇瑞校长一行到校交流访问。校长胡军会见客人。

17—18日 “2013管理会计研究”国际研讨会在学校召开。副校长宋献中出席会议。

20日 学校在珠海校区召开信息化智能化工作会议。校领导陆大祥、刘洁生，校长助理王志伟出席会议。

△中宣部、教育部在上海召开现场会，总结推广经验，指导10个省市党委宣传部门与高等学校签署共建协议。会上，郑广宁与胡军分别代表广东省委宣传部与暨南大学签署共建暨南大学新闻学院协议。

20—21日 “马克思主义与当代中国”全国学术研讨会在学校召开。学校党委书记蒋述卓出席会议。

22日 “2013海峡两岸药学教育与药学服务

论坛”在学校举行。校党委副书记叶勤出席论坛。

23日　校长胡军率队前往广州南沙，会见广州市委常委、南沙开发区管委会主任丁红都，双方就在科技、教育、卫生等领域开展合作达成初步意向。校领导陆大祥、刘洁生、宋献中参加会谈。

24日　校长胡军率队赴广东省河源市出席学校与巴伐利亚庄园合作项目揭牌仪式。广东省旅游局副局长王志红，河源市市长彭建文，巴伐利亚庄园董事长翦迪岸出席仪式。学校佛教文化研究院、教育学院巴伐利亚分院、医疗养生院落户河源。

△2013年暨南大学文化素质教育工作会议在深圳旅游学院召开，副校长饶敏出席会议。

△医学院口腔临床研究生培养基地签约揭牌仪式在广东省武警总队医院举行，副校长刘洁生、省武警总队医院王延斌院长出席仪式。

25日　校党委书记蒋述卓当选广东省作协兼职主席。

△学校召开关心下一代工作委员会2013年工作交流会，校党委副书记叶勤主持会议。

26日　广东省普通高校毕业生就业质量年度报告培训班在学校召开。校党委副书记叶勤、省高校毕业生就业指导中心主任陈少雄出席培训班开班仪式。

27—31日　学校党委组织学校高学历高职称中青年教师和海外归国人才前往湘鄂地区开展主题为“缅怀革命先烈，弘扬爱国爱党精神”的学习教育活动，副校长饶敏带队。

30日　校长胡军赴教育部向郝平副部长汇报学校国际化办学情况，郝平副部长对学校办学历史、国际化建设成果给予肯定。副校长宋献中等陪同。

△学校与广东省华侨招商协会签署战略合作框架协议。广东省华侨招商协会顾问陈坚、会长郑力山，校领导蒋述卓、刘洁生出席协议签署仪式。

△经过近一年改版试用的学校新闻网正式上线。新版新闻网以“突出师生、传播暨南”为核心理念，旨在打造全媒体传播平台。

31日　巴基斯坦驻穗总领事巴伯·阿明一行到学校访问。校长胡军会见客人。

本月　“新闻事业经营管理”“外国文学史”两门课程入选教育部第三批国家级精品资源共享课程。

△《暨南学报（哲学社会科学版）》入编《中文社会科学引文索引》（CSSCI）（2014—2015）来源期刊。

△学校河口近海环境研究团队、肿瘤药理学研究团队获批为国家自然科学基金—广东联合基金重点支持项目。

△学校侨联会主席李虹等4人在第九次全国归侨侨眷代表大会上被授予“全国归侨侨眷先进个人”。

△由国务院侨务办公室设立、学校承担的“《华文教师证书》等级标准研制”项目研究成果通过结项验收。

△学校与南非罗德斯大学共建的孔子学院入选国家示范孔子学院，并获得首批100万美元专项经费资助。

△国家卫生和计划生育委员会公布2013年全科医生规范化培养基地建设项目医院名单，学校附属第一医院入选。

△暨南大学校友会被广东省民政厅授予“广东省社会组织模范单位”称号。

截至年底　学校在广州、深圳、珠海有四个校区，并在广州番禺建设南校区。校园占地面积1 461 251万平方米，固定资产37.2亿元。设有25个学院，58个系，86个本科专业，38个硕士学位授权一级学科，15个博士学位授权一级学科，4个博士学位授权二级学科，15个博士后科研流动站，1个博士后科研工作站。有国家二级重点学科4个，广东省一级重点学科2个，广东省二级重点学科20个。有科研机构177个。

在校各类办学形式学生总计46 949人，其中全日制学生30 599人，包括研究生9 249人、本科生20 926人、预科生425人。有成人教育学生11 694人。在校华侨、港澳台和外国学生11 828人，来自世界92个国家和港澳台三个地区。

有专任教师1 922人，其中正高职称教师504人，副高职称教师692人。有博士生导师475人，硕士生导师1 119人。

·附　　录·

暨南大学2013年度十件大事

1. 暨南大学董事会换届，原国务委员戴秉国担任学校董事会董事长

11月15日，暨南大学召开第七届董事会第一次会议。原国务委员、中央外事工作领导小组办公室主任戴秉国担任学校第七届董事会董事长，会议听取并审议《暨南大学工作报告》《暨南大学第六届董事会工作报告》《暨南大学南校区建设情况汇报》等。

会上，国务院侨办主任裘援平和广东省省长朱小丹为暨南大学第七届董事会董事颁发聘书。

2. 学校南校区正式开工，用地报批手续获广东省政府批复

6月28日，暨南大学在南校区T4栋学生宿舍楼施工现场举行奠基仪式，南校区首批项目正式动工。

9月18日，经广东省人民政府批准，广东省国土资源厅《关于广州市番禺区2012年度第二十九、三十批次城镇建设用地的批复》同意将暨南大学南校区征地涉及的集体农用地、村集体建设用地和未利用地等一并办理征收为国有土地。该批复是学校取得《建设用地批准书》的重要文件之一。发改委一期工程首期项目的概算全部批复到位。

3. “宁静致远工程”显成效，高层次人才引培工作结硕果

2013年，学校围绕十二五发展规划，深入实施“宁静致远工程”，高层次人才引培工作取得丰硕成果。

人才引进方面：瞄准前沿，引进国内外高端人才。

2013年，学校引进长江学者特聘教授、国家杰出青年基金获得者、“973”项目首席科学家、“百千万人才工程”国家级人选、突出贡献中青年专家尹芝南教授，引进“千人计划”入选者、“南粤百杰”周振教授，引进“千人计划”入选者廖化新教授。高层次人才引进有效推动了相关学科的发展。

人才培养方面：立足培养，申报各类人才工程。

2013年，学校苏国辉院士、苏珊（Susan P. C. Cole）教授、希拉姆·罗摩衍那（Seeram Ramakrishna）教授入选广东省“珠江人才计划”第四批领军人才，至今学校已有6人入选。廖化新团队和尹芝南团队获批广东省创新团队，实现了在广东省创新团队项目上的新突破。此外，文学院程国赋教授入选新世纪“百千万人才工程”国家级人选并被授予突出贡献中青年专家称号，冯应谦等3人获聘广东省珠江学者讲座教授，李云飞等6人入选2013年度新世纪优秀人才支持计划。

在引培高层次人才的同时，学校积极制定政策支持校内青年教师成长。2013年，学校实施“暨南杰出青年学者支持计划”和“暨南优秀青年教师支持计划”，旨在分层次、分阶段地培养中青年学术骨干直接冲击国家级、省部级人才工程。

4. 学校在自然科学领域重大项目上取得突破，在人文社科国家级重大重点项目上渐成规模

2013年，学校在自然科学领域重大项目上取得突破：获“863计划”重大项目1个，该项目（微藻高效规模化培养及生物燃料清洁制备技术）获资助人民币2 300万元，首席专家为张成武教授，这是暨南大学首个作为主持单位的“863计划”重大项目；获国家自然科学基金优秀青年科

学基金1个（零的突破）；获科技部“863计划”——青年科学家专题资助3个（广东省共6个）；获广东省自然科学基金杰出青年项目5个；广东省自然科学基金研究团队2个。

是年，人文社科领域重大重点项目渐成规模，排名持续上升：学校获批国家社科重大项目1个，重点项目3个，学校目前承担国家重大重点项目21个；获批2013年度教育部人文社会科学研究一般项目31个，立项数列全国第8位、广东省第1位。

5. 学校3个学科进入ESI全球前1%排名

据截至2013年3月26日的检索结果显示，暨南大学的工程学（Engineering）进入ESI全球前1%排名。至此，学校已有3个学科进入ESI全球前1%排名，分别是临床医学（Clinical Medicine）、化学（Chemistry）和工程学（Engineering），学科数位列广东省高校第三。

6. 暨南大学华文学院迎六十华诞，国务院侨办主任裘援平莅院祝贺

11月16日，暨南大学华文学院迎来六十华诞，4 000多位五洲学子与海内外嘉宾、校友参加庆典大会。国务院侨务办公室主任裘援平在庆典讲话中高度评价华文学院60年来为中国侨教、侨务事业所作的贡献，希望华文学院抓住华文教育大发展的历史机遇，努力推进海外华文教育正规化、标准化、专业化建设，开创华文教育工作新局面，为国家侨务事业和中华民族伟大复兴作出新的贡献。

7. 学校深入开展党的群众路线教育实践活动

根据中共中央和国务院侨办党组的部署，暨南大学党委决定从2013年7月至2014年初，在全校开展党的群众路线教育实践活动。7月19日，学校深入开展党的群众路线教育实践活动动员大会召开，标志着学校深入开展党的群众路线教育实践活动全面正式启动。

8. 学校首创“本科教学日”，设立“暨南大学本科教学校长奖”

暨南大学首创“本科教学日”，规定每年5月的第2个星期四作为“本科教学日”。本科教学日的设立，是暨南大学以建设特色鲜明、海内外知名的研究型大学为目标，始终坚持本科教学中心地位不动摇的重要举措。每年本科教学日围绕特定本科教学主题，集中开展以教师和学生为主体的系列活动，多角度、多层次地为本科教学提供交流展示互动平台，构筑活动载体，丰富活动形式，激发教师的教学热情，提升学生学习的积极性。本科教学日以座谈互动来品味教学、分享课堂教学真谛，以成果展示来交流创新理念、推选榜样、展示当代大学生风采，逐步形成以本科教学日引领本科教学的长效工作机制。

为激励和引导教师投身本科教学，牢固确立本科教学工作中心地位，学校特别设立“暨南大学本科教学校长奖”，包含杰出教学贡献奖、教学贡献奖和青年教师教学奖，兼顾各年龄梯队的教师，并分设综合奖和专项奖，奖励内容覆盖课堂教学、课程建设、教材建设、教学改革、实践教学与创新人才培养等本科教学重要环节，系统构建暨南大学本科教学奖励体系。

9. 学校改革博士招考、培养模式，“三高”新政策备受关注

自2013年起，报读暨南大学博士的入学门槛和获授学位的标准会更高，在读期间获经费资助的标准亦更高。暨南大学博士招生继续推行统一招考、硕博连读、申请审核制三种招生方式。

学校在2013级内招博士研究生中开始施行，在读博士研究生拟申请获得博士学位须有高水平科研成果，包括：①人文社科类博士研究生须以第一作者或导师第一、学生第二作者的身份在A类期刊至少发表1篇学术论文，且第一署名单位为暨南大学。②自然科学类博士研究生须以第一作者或导师第一、学生第二作者的身份在A1类期刊（JCR－SCI分区表1区和2区期刊）至少发表1篇学术论文，且第一署名单位为暨南大学。

为深入贯彻落实“宁静致远工程”，自2013年起，学校推出“菁英学子”计划与“卓越导师”计划。其中“菁英学子”计划面向博士研究生分别设立优秀博士研究生攀登计划、研究生高水平科研论文奖励计划和优秀学位论文评选及奖励计划三个子项目，学业优秀的博士生若能获得三个项目的资助，除学费全免外，可获得16万—50万元的经费资助。同时，还可获得出国访学、参加国际会议及与世界一流大学联合培养的机会。

10. 2013全球华人中华才艺（武术）大赛在暨南大学举行

11月29日，由国务院侨务办公室、国家体育总局和中国海外交流协会主办，中国武术协会协办，暨南大学承办的2013全球华人中华才艺（武术）大赛在学校体育馆拉开帷幕。来自美、法、德、古巴、新加坡、菲律宾、西班牙、澳大利亚、马来西亚等五大洲18个国家和地区的21支队伍，

共200余人参加比赛。国务院侨办副主任何亚非、宣传司副司长李民等出席次日的闭幕式。

人民网、中国国际广播电台、中新社、凤凰卫视、南方日报、广东电视台、广州日报、信息时报、深圳特区报、文汇报等中央、省市和港澳媒体对赛事作详细报道。

2013年海内外主要媒体新闻报道索引

澳门医务工作者近八成是暨大校友 ……《信息时报》2013年1月1日
大学发展要善用校友资源（图） ……《羊城晚报》2013年1月6日
暨南大学律政精英创新人才孵化基地揭牌 …… 中国新闻网2013年1月10日
暨大为优秀本科生“开小灶”……《信息时报》2013年1月11日
暨南大学推出“卓越未来”创新人才教育计划 …… 中国国际广播电台2013年1月11日
暨大四孵化项目培养“青年领袖”……《广州日报》2013年1月14日
广东新闻传播学教指委成立 ……《南方日报》2013年1月14日
暨南大学办创业对接会　学生企业同台“相亲” ……《南方日报》2013年1月15日
暨大“开小灶”培养律政精英 ……《南方都市报》2013年1月16日
曹聚仁蓝布衫的“悲喜剧”（图） ……《羊城晚报》2013年1月16日
暨大学生创办慈善商店 ……《南方都市报》2013年1月17日
暨南大学：知行合一育人才 ……《中国会计报》2013年1月18日
暨大医学院附属脑科医院挂牌 ……《南方日报》2013年1月22日
广东三九脑科医院挂牌“暨南大学医学院附属脑科医院”（图） ……《广州日报》2013年1月22日
暨大医学院附属脑科医院挂牌……《信息时报》2013年1月26日
林锋：奉献一辈子的老红军（图） ……《广州日报》2013年1月31日
不开追悼会　捐献眼角膜……《南方日报》2013年1月31日
周天鸿：省政协副主席“转岗”赴人大 ……《南方日报》2013年2月1日
澳门小伙恋上骑行　每月骑14小时往返澳门广州 …… 中国新闻网2013年2月1日
高校赏花正当时 ……《广州日报》2013年2月6日
暨南大学教授应邀到印尼玛中大学开设汉语讲座 …… 中国新闻网2013年3月1日
共建研究院和设计创新院 ……《东莞时报》2013年3月2日
暨南大学、华侨大学扩招、联招考试开始报名 …… 中国新闻网2013年3月4日
签约暨大广工共建研究院 ……《南方日报》2013年3月4日
暨大华大联招今年多招600人 ……《南方都市报》2013年3月5日
时代新女性 ……《南方日报》2013年3月8日
心愿树贴上小心愿　暨大珠海校区女生节开幕 ……《珠海特区报》2013年3月13日
巴登·养生庄园“牵手”暨南大学打造世界级休闲养生新地标
…… 中国经济导报网2013年3月13日
暨大学历台湾也承认 ……《南方都市报》2013年3月15日
高校女生节花样多　男生玩温情、拼创意 ……《珠江晚报》2013年3月18日
博士生入学最高可获资助50万元 ……《新快报》2013年3月18日
暨大博士新政：最高补助50万　论文水平低无学位 ……《南方日报》2013年3月18日
暨大推博士生培养“新政”入学最高拿50万资助…… 中国新闻网2013年3月18日
暨大博士生最高可拿53万元资助 ……《南方都市报》2013年3月18日
暨大珠海校区组织学生参与社会实践活动 ……《珠海特区报》2013年3月18日
暨南大学·大益奖学金颁赠仪式昨日在深圳举行 …… 人民网2013年3月19日

暨大博士约220个招生指标 人均奖学金达到5万元 ……………………《广州日报》2013年3月19日
首次暨大缅甸仰光校友与MyMBA同学联欢会举行 …………………………MBA中国网2013年3月21日
暨大学子为武大画明信片 ……………………………………………………《长江日报》2013年3月21日
夫妻缝衣店：你拆衣来我来修 ……………………………………………《南方日报》2013年3月22日
内地港生逾半拟回港就业 月薪太低成心理鸿沟 ……………………香港《大公报》2013年3月23日
期待“盲道守望” ……………………………………………………………《珠江晚报》2013年3月25日
陈建生会见暨南大学校长胡军一行 ……………………………………平顶山新闻网2013年3月25日
暨南大学教授为赴泰汉语教师志愿者储备人员讲学 …………………中国新闻网2013年3月25日
研究有机农业发展模式 暨南学生调研团探访西充有机农业 …………四川新闻网2013年3月25日
暨南大学将与我市医院开展深度合作 ……………………………………《郑州日报》2013年3月25日
女硕士卖烤番薯半年回本15万 ………………………………………………《信息时报》2013年4月3日
暨南大学校长胡军率团访美 …………………………………………………侨报纽约频道2013年4月6日
暨南大学纽约校友会成立 ……………………………………………………侨报纽约频道2013年4月6日
曹聚仁抵制洋货遇尴尬：“国货”也是用洋货造 ……………………《羊城晚报》2013年4月7日
暨南大学赴菲汉语教师志愿者完成任务归国 ……………………………中国新闻网2013年4月7日
广东暨南大学副教授谭学功回报家乡 …………………………………中国经济新闻联播2013年4月7日
暨南大学2013年新增本科专业 ……………………………………………人民网教育频道2013年4月8日
暨大研考复试线赶超复旦人大 ………………………………………………《信息时报》2013年4月8日
高举崇高信念旗帜，让青春之旅不迷航——暨南大学辅导员蔡喆事迹材料 … 新华教育2013年4月8日
海归卖红薯也能卖出彩儿 ……………………………………………………《中国青年报》2013年4月8日
暨大明年研究生招生将推重大新政 …………………………………………《新快报》2013年4月9日
在读生卖考研笔记年入百万 …………………………………………………《信息时报》2013年4月9日
海归卖红薯 大材不小用 ……………………………………………………中国新闻网2013年4月10日
杨兴锋受聘为广州暨南大学南方传媒研究院院长 ……………………中国新闻网2013年4月12日
绝不辜负母校的信任 …………………………………………………………《南方日报》2013年4月13日
大学生拍卖创意产品助贫 ……………………………………………………《南方都市报》2013年4月15日
暨大学生昨举办“校园创意大赛爱心拍卖会” …………………………《珠海特区报》2013年4月15日
暨大学生昨举办“校园创意大赛爱心拍卖会” …………………………《珠江晚报》2013年4月16日
杨兴锋受聘为暨大南方传媒研究院长 ……………………………………《中国青年报》2013年4月19日
《〈华文教师证书〉实施方案》定稿会在广州举行 ……………………中国新闻网2013年4月23日
“新概念”，青春文学的时代标签 …………………………………………《包头晚报》2013年4月23日
学子设计零钱包 飞针走线表孝心 …………………………………………《新快报》2013年4月24日
暨大经济学院举办粤语文化节 玩游戏学粤语 ……………………………《珠海特区报》2013年4月24日
广东省侨联副主席华清文出席暨南大学侨联第八届“美食节” …………人民网2013年4月24日
暨南大学成立华侨华人研究院口述史研究中心 ……………………中国社会科学在线2013年4月24日
暨大广医将进驻大学城延伸区 ………………………………………………《信息时报》2013年4月25日
暨大广医将进驻大学城 ………………………………………………………《广州日报》2013年4月25日
广东各界青年向地震灾区捐助1 415万元 …………………………………《南方日报》2013年4月26日
暨大广医大学城校区明年9月启用 暨大食堂将用蒙古包元素 ………《信息时报》2013年4月26日
暨南大学与知名管理咨询公司结盟 EMBA再升级 ……………………………金羊网2013年4月26日
在文化渊源中穷究中国书法深意 ……………………《中国社会科学报·人文岭南》2013年4月26日
《南海地区形势报告2012—2013》发布 ……………………………中国社会科学在线2013年4月27日
广东部分高校为港澳学生“动态调整”专业 …………………………………新华网2013年4月28日
把文化产业做大做强（问对）（组图） ……………………………………《人民日报》2013年4月28日
暨大番禺新校区将建6层图书馆 教学楼也同时招标 ……………………《信息时报》2013年5月4日

暨南大学：瑶族舞蹈《青春的祝福》 …………………………………………… 央视网 2013 年 5 月 6 日
暨南大学：港澳台及海外华侨学生共同演绎瑶族女孩儿成人礼 …………… 央视网 2013 年 5 月 6 日
社会也可以“计算”“大数据”将改变生活 ………………………………………… 南方网 2013 年 5 月 7 日
粤高校今年新增 124 个专业招生　以应用型居多 ……………………《珠海特区报》2013 年 5 月 7 日
青年学子唱响“中国梦” ……………………………………………………《人民日报》2013 年 5 月 7 日
中卫市政府暨南大学帮扶合作框架协议签约仪式举行 ……………………《中卫日报》2013 年 5 月 8 日
禽类应当推行集中宰杀 ………………………………………………………《南方都市报》2013 年 5 月 8 日
他是中外关系史的拓荒者 ……………………………………………………《南方日报》2013 年 5 月 9 日
朱杰勤　谦亨君子鸣世　但开风气之先 ……………………………………《南方日报》2013 年 5 月 9 日
暨大珠海校区举行志愿者文化节　建爱心图书馆 ………………………《珠海特区报》2013 年 5 月 9 日
暨南大学 2013 年本科新增专业 ……………………………………………………… 新华网 2013 年 5 月 9 日
暨大鼓励校园创新　“本科生创新大赛”拉开帷幕 ……………………… 中国新闻网 2013 年 5 月 9 日
广州暨南大学为优异生树荣誉墙 ……………………………………………… 中国新闻网 2013 年 5 月 9 日
暨南大学举行“本科生创新大赛” …………………………………………… 中国广播网 2013 年 5 月 9 日
省应急医学分会在穗成立……………………………………………………《南方日报》2013 年 5 月 10 日
汪国真：生命是自己的画板……………………………………………………《今晚报》2013 年 5 月 10 日
新疆老归侨钟英帆：不当教书匠　要做教育家 …………………………… 中国新闻网 2013 年 5 月 10 日
高校创新创业计划大赛巡回讲堂昨天正式启动 ……………………《珠海特区报》2013 年 5 月 10 日
暨南大学设立本科优异生荣誉墙 ………………………………………………… 国际在线 2013 年 5 月 10 日
暨南大学在国内首创“本科生创新大赛” ……………………………………… 国际在线 2013 年 5 月 10 日
暨大优异毕业生名字刻上荣誉墙……………………………………………………《新快报》2013 年 5 月 10 日
暨大优秀本科生名字刻进荣誉墙 …………………………………………………《广州日报》2013 年 5 月 10 日
著名林学家——沈鹏飞 ……………………………………………………………《番禺日报》2013 年 5 月 11 日
真正实现中国报业的“强强联合” …………………………………………《南方都市报》2013 年 5 月 12 日
记者探访合肥男护士群体（图） ……………………………………………《江淮晨报》2013 年 5 月 12 日
广州暨南大学在校内立《师德铭》《学子铭》碑 ………………………… 中国新闻网 2013 年 5 月 15 日
高校要与行业领头单位合作培养专业人才……………………………《南方都市报》2013 年 5 月 15 日
“蒙古包”将重现暨大校园 ……………………………………………………《广州日报》2013 年 5 月 15 日
暨大树立《师德铭》《学子铭》 ………………………………………………《广州日报》2013 年 5 月 16 日
首届珠海大学生创业大赛决赛昨天鸣锣开赛 ………………………………《珠江晚报》2013 年 5 月 17 日
暨大开展公益论坛　学子分享公益故事……………………………………《珠江晚报》2013 年 5 月 17 日
暨南大学订立“师德”“学子”二铭 ………………………………………《南方日报》2013 年 5 月 19 日
蒋述卓：学者书法很难恢复民国时的盛况……………………………………《新快报》2013 年 5 月 19 日
暨大学生造智能水质监测和水面清理船　已申请专利 ………………… 中国新闻网 2013 年 5 月 20 日
留洋女硕士归国卖番薯　专门请来英国高手搞研发…………………《人民日报·海外版》2013 年 5 月 21 日
亲水活动，安全最重要（图） ………………………………………………《羊城晚报》2013 年 5 月 21 日
广东大学生科技创新盛会在广州举行 ………………………………………… 广东新闻网 2013 年 5 月 21 日
深圳打造“高尔夫之乡”还有多远 ……………………………………………… 新浪体育 2013 年 5 月 21 日
关天朗时代来临　中国高尔夫新开端 ………………………………………… 新浪体育 2013 年 5 月 21 日
第九届暨南大学旅游学院杯高尔夫精英赛结束 ……………………………… 新浪体育 2013 年 5 月 21 日
暨大学生发明环保船　可监测水质清理垃圾 ……………………………………《新快报》2013 年 5 月 21 日
“暨南号”试水 ……………………………………………………………………《南方都市报》2013 年 5 月 21 日
第七届广东大学生科技学术节在暨南大学隆重开幕 ……………………《南方日报》2013 年 5 月 22 日
钟南山“挑战杯”赛上教诲青年要有创新思维 ……………………………… 中国新闻网 2013 年 5 月 22 日
广东大学生科技创新“奥林匹克”盛会开幕 ………………………………… 中国网 2013 年 5 月 22 日

ACCA 就业力大比拼华南区决赛开赛 ……………………………………《信息时报》2013 年 5 月 22 日
"挑战杯"决赛昨开幕 ……………………………………………………《南方日报》2013 年 5 月 22 日
专家学者齐聚清远论道北江文化 ………………………………………《南方日报》2013 年 5 月 22 日
教人求真　胸怀博大 ……………………………………………………《南方日报》2013 年 5 月 22 日
王越：两次复办暨南大学（组图） ……………………………………《南方日报》2013 年 5 月 22 日
这艘"暨南号"监控清理两不误 ………………………………………《信息时报》2013 年 5 月 23 日
大学生结构设计竞赛：小水塔大撑力"地震"中仍不倒 ……………《羊城晚报》2013 年 5 月 27 日
陈乐素：中国宋史研究的继往开来者 …………………………………《南方日报》2013 年 5 月 29 日
陈乐素：正早夜沉潜史笔 ………………………………………………《南方日报》2013 年 5 月 29 日
舞炫暨南　梦想世界——2013 暨大国际土风舞大赛举行 …………………… 新华网 2013 年 6 月 2 日
90 后自费海外支教"体验吃苦" ………………………………《中山日报·海外版》2013 年 6 月 2 日
国际土风舞大赛舞炫暨南 …………………………………………………… 中广网 2013 年 6 月 3 日
侨乡行：暨南大学的国际土风舞旋风 ……………………………… 中国新闻网 2013 年 6 月 3 日
科技梦助推中国梦：三个专家的演讲报告 ………………………………《光明日报》2013 年 6 月 3 日
暨大热舞正酣中大歌声嘹亮 ……………………………………………《羊城晚报》2013 年 6 月 3 日
暨南大学国际土风舞大赛精彩展现侨校风采（高清组图） ………… 国际在线 2013 年 6 月 3 日
2013 年暨南大学国际土风舞大赛精彩上演 ………………………… 中国新闻网 2013 年 6 月 3 日
暨大举行国际土风舞大赛 ………………………………………………《南方日报》2013 年 6 月 3 日
广东高校招生与去年持平　中大增保密管理专业 ………………………《新快报》2013 年 6 月 4 日
第六届汉语桥"在华留学生汉语大赛"预赛举行 ………………… 中国广播网 2013 年 6 月 4 日
让汉语学习搭建文化交流的美丽桥梁 ………………………………………… 新华网 2013 年 6 月 4 日
国务院侨办"走基层·侨乡行"媒体团在暨南大学采访 …………… 中国新闻网 2013 年 6 月 4 日
暨南大学今年本科扩招 510 人　新设本硕博连读班 ……………… 中国新闻网 2013 年 6 月 4 日
暨南大学造智能水质监测和水面清理船（图） ………………………… 中国新闻网 2013 年 6 月 4 日
《广东华侨史》主编：原始史料丰富程度令人讶异 ………………… 中国新闻网 2013 年 6 月 4 日
暨南大学增加录取参加联考港澳台侨学生 ………………………………… 新华网 2013 年 6 月 4 日
台生本科报考广州暨南大学达 370 多人　增逾两成 ………………… 中国新闻网 2013 年 6 月 4 日
"走基层·侨乡行"暨南大学采访国际学院境外生 ………………… 中国新闻网 2013 年 6 月 4 日
暨南大学华文学院庆祝建院 60 周年 ………………………………《中国社会科学报》2013 年 6 月 4 日
广东高校招生计划 …………………………………………………………《羊城晚报》2013 年 6 月 4 日
珠海市大学生创业孵化基地首批项目运作良好 …………………………《珠海特区报》2013 年 6 月 4 日
报社记者成美国今年最差职业引发众议 …………………………………《南方日报》2013 年 6 月 4 日
800 师生争霸舞林 ……………………………………………………《南方都市报》2013 年 6 月 4 日
听周杰伦的歌是我学汉语的法宝 ………………………………………《南方都市报》2013 年 6 月 4 日
多校新增热门专业吸引考生报考 …………………………………………《南方日报》2013 年 6 月 4 日
广东高考人数激增 3.8 万　中大华工在粤无一扩招 ………………《南方都市报》2013 年 6 月 4 日
广东重点高校招生计划出炉　中大华工不扩招 …………………………《信息时报》2013 年 6 月 4 日
9 所高校招生计划公布 ……………………………………………………《广州日报》2013 年 6 月 4 日
"走基层·侨乡行"中央媒体团在暨南大学药学院采访 …………… 中国新闻网 2013 年 6 月 5 日
杨匡汉：海外华文文学是中华文学的重要组成部分 ………………… 中国新闻网 2013 年 6 月 5 日
暨大华文教育系举办"闻艺中国"文艺晚会 …………………………《信息时报》2013 年 6 月 5 日
暨南大学 2013 年高考增加录取参加联考港澳台侨学生 ………………… 新华网 2013 年 6 月 5 日
中央媒体团走进暨大国际关系学院/华侨华人研究院 ……………………… 新华网 2013 年 6 月 5 日
胡军：继续坚持"侨校＋名校"战略办好暨南大学 ………………… 中国新闻网 2013 年 6 月 5 日
印度尼西亚中文教师"走俏"：收入高　受尊重 …………………… 中国新闻网 2013 年 6 月 5 日

“走基层·侨乡行”中央媒体团与暨南大学境外生座谈 …………………… 国际在线 2013 年 6 月 5 日
粤免试招港生全国最多 …………………………………………………… 香港《大公报》2013 年 6 月 5 日
台湾籍考生本科报考广州暨南大学增逾两成 ……………………………… 国际在线 2013 年 6 月 5 日
暨大联合涉侨研究力量拟申报国家协同创新中心 ……………………… 中国新闻网 2013 年 6 月 5 日
第六届“汉语桥”在华留学生汉语大赛 广州赛区预赛胜利收官 ……… 央视新闻 2013 年 6 月 5 日
广东田径队新来了一个黑皮肤讲白话的中法混血儿 ………………………《广州日报》2013 年 6 月 6 日
首届校园主播大赛进入复赛 ……………………………………《人民日报·海外版》2013 年 6 月 6 日
百年侨校：向着海内外知名研究型大学进发——访暨南大学胡军 ………… 新华网 2013 年 6 月 6 日
中央媒体集体采访暨南大学校长胡军 …………………………………… 中国广播网 2013 年 6 月 6 日
CIMA“2013 商业精英国际挑战赛中国总决赛”今天在暨南大学举行 …《广州日报》2013 年 6 月 6 日
洋学生学包粽子 暨大“闹”端午 ……………………………………………… 中新社 2013 年 6 月 8 日
暨南大学中外学生学包粽子迎端午 ……………………………… 中国国际广播电台 2013 年 6 月 8 日
经典摄影原作的“搅史棍” …………………………………………………《信息时报》2013 年 6 月 9 日
10 支高校队伍比赛义卖粽子 善款将捐入创业基金 …………………… 珠海新闻网 2013 年 6 月 9 日
暨南大学华侨华人文献展示室保存侨史记忆 ………………………… 中国新闻网 2013 年 6 月 11 日
暨南大学外国留学生“粽”动员 ……………………………………………《南方日报》2013 年 6 月 11 日
外国学生包粽子 ………………………………………………………………《新快报》2013 年 6 月 11 日
2013 中华文化大乐园印度尼西亚雅加达营精彩开营 ………………… 中国新闻网 2013 年 6 月 13 日
听书画讲座 赏优秀画作 ……………………………………………………《信息时报》2013 年 6 月 13 日
暨大首办海外夏令营“小老外”耍中国功夫 ………………………………《信息时报》2013 年 6 月 13 日
暨南大学走出国门服务海外侨胞 ……………………………………………… 新华网 2013 年 6 月 13 日
广东省科技界传达贯彻胡春华书记重要讲话精神座谈会召开 ……………… 南方网 2013 年 6 月 13 日
暨南大学：既要办“侨校”，又要成“名校” ……………………《人民日报·海外版》2013 年 6 月 14 日
北大人大在粤扩招超七成 暨大增录港澳台侨学生 …………………………《广州日报》2013 年 6 月 14 日
广东多所高校招生计划公布 …………………………………………………… 南海网 2013 年 6 月 14 日
暨南大学增录港澳台侨学生 …………………………………………………《广州日报》2013 年 6 月 14 日
暨南大学赴欧洲考察招生 ……………………………………………………《光明日报》2013 年 6 月 17 日
暨南大学研究生突发心脏病昏迷不醒 ………………………………………《南方日报》2013 年 6 月 18 日
在教学科研人才培养 展开全方位协同合作 …………………………………《南方日报》2013 年 6 月 18 日
刘文静：我们需要什么样的听证会 …………………………………………《检察日报》2013 年 6 月 19 日
救救他吧 他是全家的骄傲 ………………………………………………《南方都市报》2013 年 6 月 19 日
省扶贫基金会捐 6 万救助金 …………………………………………………《南方日报》2013 年 6 月 19 日
京剧名家投身暨南大学海外夏令营 营员兴致高 ……………………… 中国新闻网 2013 年 6 月 19 日
追踪《南康一学子昏迷 12 天盼相助》 ……………………………………《赣州晚报》2013 年 6 月 20 日
汇聚期盼 梦圆南粤（图） …………………………………………………《羊城晚报》2013 年 6 月 21 日
校城融合：珠海高教下一站 …………………………………………………《南方日报》2013 年 6 月 21 日
广东大学生学习贯彻党的十八大精神演讲比赛顺利举行 ……………………… 南方网 2013 年 6 月 21 日
暨大珠海校区 3 000 多学生明年起撤回广州，相关负责人回应：珠海校区将作调整 在校生增至逾 8 千人
…………………………………………………………………………………《珠江晚报》2013 年 6 月 21 日
今日可到暨大咨询招生事宜 …………………………………………………《广州日报》2013 年 6 月 22 日
中国暨南大学今年计划招收 1 300 名境外本科生 ……………………… 中国新闻网 2013 年 6 月 22 日
暨南大学在琼计划招收 45 人 ………………………………………………《南岛晚报》2013 年 6 月 22 日
教育厅厅长：考生人数增加 录取率也不会降 ………………………………《广州日报》2013 年 6 月 23 日
三高校举行校园开放日 家长未选专业先问就业 …………………………《羊城晚报》2013 年 6 月 23 日
家长未选专业先问就业 专家建议让孩子选专业 …………………………《羊城晚报》2013 年 6 月 23 日

暨大在广东承诺出档后服从调剂不退档 ………………………… 南方网 2013 年 6 月 23 日
暨南大学明年大扩招 ……………………………………………《南方都市报》2013 年 6 月 23 日
填报志愿多比对　不要光看绝对分 ……………………………《南方日报》2013 年 6 月 23 日
暨大今年招广东生 2 075 人 …………………………………《深圳特区报》2013 年 6 月 23 日
中华文化大乐园印度尼西亚雅加达（八华学校）营闭营 ………… 中国新闻网 2013 年 6 月 24 日
理想的大学：既富传统又善创新 ………………………………《光明日报》2013 年 6 月 24 日
网络专题如何实现有效传播 ……………………………《中国新闻出版报》2013 年 6 月 25 日
林锋：抗日战线上的先锋 ………………………………………《中山日报》2013 年 6 月 25 日
暨大今年省内扩招 410 人　有特长可获优先录取 ………………《羊城晚报》2013 年 6 月 25 日
2013 年“1 + 2 + 1”中美人才培养计划年会暨第十届毕业典礼在暨南大学举行
……………………………………………………………… 中国国际广播电台 2013 年 6 月 26 日
2013 年“1 + 2 + 1”中美人才培养计划年会暨第十届毕业典礼在暨南大学举行
…………………………………………………………………………… 国际在线 2013 年 6 月 26 日
近百位中美大学校长广州暨南大学纵论高教国际化 …………………… 中新社 2013 年 6 月 26 日
近百位中美校长暨大思想交锋　288 位中美联合培养大学生毕业 ………… 人民网 2013 年 6 月 26 日
若无梦想，何必远方 ……………………………………………《南方都市报》2013 年 6 月 26 日
高考志愿填报在线支招 · 暨南大学 ……………………………………… 南网 2013 年 6 月 26 日
广东逾六成毕业生找到“饭碗” ……………………………《第一财经日报》2013 年 6 月 26 日
首部汉英对照诗集出版汪国真 23 年后回到本初（组图） …………《新商报》2013 年 6 月 26 日
每人拿一个奥斯卡金奖 …………………………………………《南方都市报》2013 年 6 月 26 日
选综合大学还是专业名校？ ……………………………………《广州日报》2013 年 6 月 26 日
广东省侨联常委受聘为暨南大学侨联名誉主席 ……………………… 中国新闻网 2013 年 6 月 27 日
暨南大学加强师德建设　表彰一批师德标兵 ……………………… 中国新闻网 2013 年 6 月 27 日
办好“侨校”　打造“名校” ………………………………………… 人民政协网 2013 年 6 月 27 日
“高考招生网上咨询会”推出暨大专场，该校招办主任为填报支招 …《羊城晚报》2013 年 6 月 27 日
暨南大学走出国门服务海外侨胞 …………………………………………… 新华网 2013 年 6 月 27 日
合颂《师德铭》　暨大长江学者为师德“献声” ……………………… 人民网 2013 年 6 月 28 日
未来，在脚下 ……………………………………………………《深圳特区报》2013 年 6 月 28 日
中美校长聚首暨大话留学 ……………………………………………《新快报》2013 年 6 月 28 日
暨南大学表彰师德标兵弘扬高尚师德 ………………………… 中国国际广播电台 2013 年 6 月 28 日
暨大新闻学子启动“海疆万里行” …………………………………《南方日报》2013 年 6 月 29 日
暨大举办名师作品展 …………………………………………………《广州日报》2013 年 7 月 1 日
何亚非在广州暨南大学作当前国际形势报告 ………………………… 中国新闻网 2013 年 7 月 2 日
中华才艺（武术 · 龙狮）培训基地落户暨大　何亚非揭牌 ………… 中国新闻网 2013 年 7 月 2 日
暨南大学举行 2013 华教、汉语言函授本科毕业礼 ……………………… 中国新闻网 2013 年 7 月 2 日
广州暨南大学发布世界侨情年度报告 ………………………………… 中国新闻网 2013 年 7 月 2 日
暨大发布世界侨情报告 ………………………………………………《广州日报》2013 年 7 月 3 日
当年没入驻大学城很遗憾 ……………………………………………《广州日报》2013 年 7 月 4 日
暨大举办师生书画作品联展 …………………………………………《信息时报》2013 年 7 月 4 日
大三独立买房 …………………………………………………………《羊城晚报》2013 年 7 月 5 日
公共艺术须把握好尺度 ………………………………………………《广州日报》2013 年 7 月 7 日
高考一本开录：清华夺文理双冠　中大再当省霸 ……………………《羊城晚报》2013 年 7 月 11 日
广东高考一本投档线公布　中大投档线省内最高 ……………………… 东莞阳光网 2013 年 7 月 12 日
广东一本录取昨日开始　中大投档线省内最高 …………………《南方都市报》2013 年 7 月 12 日
高考一本录取昨日开始 ………………………………………………《深圳商报》2013 年 7 月 12 日

广东高考一本录取开始　清华夺文理“双料冠军” ……《新快报》2013 年 7 月 12 日
广州城管组建“大学智库” ……《南方都市报》2013 年 7 月 12 日
创新报业发展模式：区域聚合发展 …… 大众网 2013 年 7 月 12 日
暨大学子寻找最美海疆卫士 ……《南方日报》2013 年 7 月 12 日
暨大女生舞龙胜社会专业团队 ……《信息时报》2013 年 7 月 12 日
暨大教授讲述“下南洋” ……《南方都市报》2013 年 7 月 12 日
广州暨南大学传统名牌专业继续受粤高考生追捧 …… 中国新闻网 2013 年 7 月 12 日
暨南大学：科研经费达 9.7 亿元，比二期增长 1.76 倍 ……《南方日报》2013 年 7 月 12 日
暨南大学文科投档最低排位比去年升 500 位 ……《南方日报》2013 年 7 月 12 日
暨南大学录取快讯 …… 人民网 2013 年 7 月 12 日
暨南大学：保护专业按裸分录取 ……《新快报》2013 年 7 月 12 日
暨大第六期“传媒领袖讲习班”开讲 …… 南方日报 2013 年 7 月 15 日
谭其骧日记记录土改和文革：皆有强大外力作用 ……《新京报》2013 年 7 月 15 日
学术事业要永远植根于人民群众的伟大实践 ……《中国社会科学报》2013 年 7 月 15 日
传媒领袖讲习班开讲 ……《南方都市报》2013 年 7 月 15 日
传媒领袖讲习班开班　400 多人参加开班仪式 ……《信息时报》2013 年 7 月 15 日
邓乔彬：要有大师格局，学问不能越做越细 ……《信息时报》2013 年 7 月 15 日
暨南大学应急管理　教学基地盐田挂牌 ……《深圳特区报》2013 年 7 月 16 日
暨大举办“传媒领袖讲习班” ……《羊城晚报》2013 年 7 月 17 日
暨大师生来榕“海疆行” ……《福州日报》2013 年 7 月 29 日
暨大学子将赴海南三沙“探秘”体验军旅生活 …… 中新社 2013 年 7 月 29 日
暨大学子进三沙采访 ……《广州日报》2013 年 7 月 29 日
暨大学子赴三沙采访活动启动 ……《南方日报》2013 年 7 月 29 日
学生领袖研习营开营 ……《羊城晚报》2013 年 7 月 29 日
第二届两岸四地学生领袖研习营开营 ……《中国青年报》2013 年 8 月 1 日
“侨爱工程——送温暖医疗队”走进西藏林芝 …… 中国新闻网 2013 年 8 月 2 日
“侨爱工程”走进西藏林芝　送医送药暖雪域 …… 中国新闻网 2013 年 8 月 2 日
建立“外来工之家”让外来工有归属感 ……《南方日报》2013 年 9 月 3 日
暨大珠海校区升级硬件迎新 ……《珠海特区报》2013 年 9 月 9 日
广州暨南大学新生开学　今年实录外招本科生逾 3 270 人 …… 中新社 2013 年 9 月 9 日
新生最小的差距是智商　大学要学会“四个 Learn” …… 人民网 2013 年 9 月 9 日
暨大今年不军训　新生要学中华拳 ……《广州日报》2013 年 9 月 9 日
开学了，为外地家长提供免费住处 ……《南方都市报》2013 年 9 月 9 日
高校开学之最 ……《新快报》2013 年 9 月 9 日
不搞军训搞训练营学武术 ……《南方日报》2013 年 9 月 9 日
广东高校扎堆开学花样翻新 ……《信息时报》2013 年 9 月 9 日
暨南大学研究生“深呼吸”实践团走进田间 ……《光明日报》2013 年 9 月 9 日
暨南大学　新生入训练营练武 ……《南方都市报》2013 年 9 月 9 日
华侨最高学府暨南大学新学期迎来五洲学子就读 …… 国际在线 2013 年 9 月 10 日
老师，谢谢你 ……《南方都市报》2013 年 9 月 11 日
五洲学子聚暨南　华侨学府迎开学 …… 中青在线 2013 年 9 月 12 日
“皇阿玛”开讲 ……《南方都市报》2013 年 9 月 14 日
“皇阿玛”暨大开讲特别享受院长角色 ……《广州日报》2013 年 9 月 14 日
人人都可以去大明湖畔见夏雨荷 ……《新快报》2013 年 9 月 14 日
“人生要坚持，哪怕是普通事” ……《信息时报》2013 年 9 月 14 日

从未参加如此隆重的庆典 ……………………………………………《羊城晚报》2013 年 9 月 16 日
暨大新生学中华五步拳 ………………………………………………《广州日报》2013 年 9 月 16 日
暨南大学：训练营里的“小蜜蜂” ……………………………………《中国教育报》2013 年 9 月 16 日
什么样的书法作品才有收藏价值? ……………………………………《羊城晚报》2013 年 9 月 17 日
明星、作家书法是否有收藏价值? ……………………………………《羊城晚报》2013 年 9 月 17 日
暨大与马来西亚苏丹再纳亚庇丁大学签合作备忘录 ………………… 中国新闻网 2013 年 9 月 17 日
史地研究彰显中国在环南海地区重要地位 …………………………《中国科学报》2013 年 9 月 18 日
“皇阿玛”暨大频卖萌：冰冰漂亮赵薇聪明心如傻（组图） ……………… 人民网 2013 年 9 月 18 日
视频：南方电视台城市特搜报道我校新生训练营活动 ……………… 南方电视台 2013 年 9 月 24 日
南航捐助暨大百万励学金 ……………………………………………《南方都市报》2013 年 9 月 24 日
暨大学生研发手机二维码扫一下即可查校园卡消费余额 ………………《信息时报》2013 年 9 月 24 日
捐资助学　南航向暨南大学捐赠百万励学金 ……………………… 民航资源网 2013 年 9 月 24 日
南航捐助暨南大学百万励学金 ………………………………………………《深圳晚报》2013 年 9 月 24 日
暨大人才密码：6 位“省杰青”3 位来自药学院 ……………………《科技日报》2013 年 9 月 27 日
又是暨大美女夺冠! ……………………………………………………………《羊城晚报》2013 年 9 月 28 日
白岩松：面对名人从平视开始　大学教育忽略对人性思考 …………《羊城晚报》2013 年 9 月 29 日
“别像看猴子一样看我，平视别人是我们的职责” ……………………………《新快报》2013 年 9 月 29 日
胡佩玲：我胜在自信和口才 ……………………………………………………《广州日报》2013 年 9 月 29 日
70 天寻找“最美海疆卫士” ……………………………………………………《信息时报》2013 年 10 月 3 日
暨大选手获“夏青杯”一等奖 …………………………………………………《羊城晚报》2013 年 10 月 3 日
“95 后”的大学第一课 …………………………………………………………《广州日报》2013 年 10 月 3 日
一女孩为救爱犬溺水 ……………………………………………………………《信息时报》2013 年 10 月 3 日
白岩松：记者就是“采购员” …………………………………………………《信息时报》2013 年 10 月 9 日
暨南大学管理学院执行院长谭跃：走出国门开办 MBA ……………《南方都市报》2013 年 10 月 9 日
暨南大学 2014 年内招学术硕士 1 400 人　专业硕士 1 300 人 ……… 中国教育在线 2013 年 10 月 9 日
暨大新闻学院首招在职双证硕士 ……………………………………《南方都市报》2013 年 10 月 9 日
《邓乔彬文集》广州首发 ………………………………………………………《信息时报》2013 年 10 月 12 日
千分之一秒！苏炳添惊险卫冕 …………………………………………………《解放军报》2013 年 10 月 14 日
暨南大学近代中国研究中心成立 ………………………………………… 中国社会科学网 2013 年 10 月 17 日
暨大校园微信平台新增“蹭课”功能　“新媒体风潮”在本地高校中初见端倪
……………………………………………………………………………………《信息时报》2013 年 10 月 21 日
“大块头”有大本领 ………………………………………………………………《南方日报》2013 年 10 月 21 日
港生北上无惧“水土不服” ……………………………………………………………… 大公网 2013 年 10 月 21 日
大师风范　平民自居——南开学人陈序经 ……………………………… 南开大学校史网 2013 年 10 月 21 日
第三届舆情与社会管理论坛举行 ……………………………………《中国社会科学报》2013 年 10 月 21 日
入乡随俗弃地域观念 ………………………………………………………………… 大公教育 2013 年 10 月 21 日
勤练普通话　走出港生圈 ……………………………………………………………… 大公教育 2013 年 10 月 21 日
暨南大学图书馆出新规：逾期还书者答题免罚款 ……………………《南方日报》2013 年 10 月 22 日
“走吧　微爱”2013 志愿者活动告罄 ……………………………………………… 凤凰家居 2013 年 10 月 23 日
暨大学生校园内开“诚信小店”字号 …………………………………………《信息时报》2013 年 10 月 24 日
老人“睡不好”，家人要留心 …………………………………………………《羊城晚报》2013 年 10 月 24 日
大学培养了“普通食客” ………………………………………………………《广州日报》2013 年 10 月 28 日
东莞暨南大学校友会正式成立　养生讲座搭台　校友交流唱戏 ……《东莞时报》2013 年 10 月 28 日
“哲学·文化·佛教”2013 国际论坛开幕式在暨南大学举行 ………… 佛山在线 2013 年 10 月 28 日
暨大将清理“无主”自行车 ……………………………………………………《信息时报》2013 年 11 月 7 日

华裔青年企业家和侨领研修班在暨南大学开班 ………………………… 中国新闻网 2013 年 11 月 7 日
暨大获批建设“中枢神经损伤与修复”创新基地……………………《广东科技报》2013 年 11 月 7 日
在广州读大学港生医保覆盖率高 …………………………………… 香港《大公报》2013 年 11 月 7 日
福州 90 后女生执导电影　两岸四地 20 学子加盟 …………………… 福州新闻网 2013 年 11 月 7 日
省领导暨大调研“四重”建设 ………………………………………《广州日报》2013 年 11 月 13 日
联系实践做学问　与时俱进促创新 ……………………………《中国社会科学报》2013 年 11 月 13 日
暨南大学董事会换届　原国务委员戴秉国担任学校董事长……………… 央广网 2013 年 11 月 15 日
原国务委员戴秉国担任暨南大学新一届董事长 ……………………《南方日报》2013 年 11 月 15 日
暨南大学召开第七届董事会第一次会议………………………………… 广东卫视 2013 年 11 月 15 日
戴秉国出任暨南大学新一届董事长 ……………………………《深圳特区报》2013 年 11 月 15 日
信息时报：暨大董事会换届戴秉国任董事长 ………………………《信息时报》2013 年 11 月 16 日
大公教育：34 位香港名流出任暨南大学校董………………………… 香港《大公报》2013 年 11 月 16 日
人民网：原国务委员戴秉国任暨南大学校董会董事长……………………… 人民网 2013 年 11 月 16 日
戴秉国担任广州暨南大学董事会董事长……………………………… 中国新闻网 2013 年 11 月 16 日
暨大舆情研究中心就广州市民对十八届三中全会认知展开民调 ……《南方日报》2013 年 11 月 16 日
暨大舆情研究中心有关三中全会的民调显示：百姓最关注社会公平正义问题
………………………………………………………………………《羊城晚报》2013 年 11 月 16 日
暨大华文学院举办“华文教育国际学术研讨会”……………………… 中新社 2013 年 11 月 16 日
裘援平冀望暨大华文学院开创海外华教新局………………………………… 中新社 2013 年 11 月 16 日
暨大华文学院喜迎 60 年诞 ……………………………………………《香港商报》2013 年 11 月 18 日
暨大华文学院迎六十华诞 ……………………………………………《南方日报》2013 年 11 月 19 日
暨南大学新一届董事会产生 …………………………………………《羊城晚报》2013 年 11 月 19 日
暨南大学华文学院庆祝建院 60 周年　共培养 15 万海内外学子………… 国际在线 2013 年 11 月 19 日
暨大校董会澳十二人入阁 ……………………………………………《澳门日报》2013 年 11 月 20 日
东方青年干部赴暨大取经提高与媒体打交道能力 …………………《海南日报》2013 年 11 月 20 日
暨南大学董事会换届，原国务委员戴秉国任校董事长 ……………《韩国新华报》2013 年 11 月 21 日
博士后老爸的育儿棋经：不计较名次　更易出成绩 ………………《信息时报》2013 年 11 月 21 日
内地高教展明起在香港举行　75 所高校参展 ……………………… 香港《大公报》2013 年 11 月 22 日
明年广东高考方案确定不变　招生自主权须下放给高校……………………… 大洋网 2013 年 11 月 23 日
RedBull HitTop 广州赛 双料冠军斗速玩命“机械”………………………… 网易体育 2013 年 11 月 23 日
广东省高校毕业生供需见面活动有企业违禁点招“211” ……………《羊城晚报》2013 年 11 月 24 日
高校文科类专场招聘会开锣 …………………………………………《南方日报》2013 年 11 月 24 日
企业挂“985、211 优先”牌被令撤下 ………………………………《信息时报》2013 年 11 月 24 日
完美公司董事长古润金受聘为暨南大学第七届董事会董事 ……《中国经济导报》2013 年 11 月 25 日
暨大举办首届“E 战成名”商业模式大赛 …………………………………… 新浪广东 2013 年 11 月 25 日
CIMA 与暨南大学签署战略合作协议 ………………………………… 中国商业电讯网 2013 年 11 月 25 日
旭日集团颁暨大奖学金……………………………………………………… 大公网 2013 年 11 月 25 日
养育一个孩子至少要花 60 万 ………………………………………《信息时报》2013 年 11 月 25 日
“三个严禁”剑指“隐性歧视” ……………………………………《广州日报》2013 年 11 月 25 日
广东省房地产研究会成立　助力房地产健康发展……………………………… 大粤网 2013 年 11 月 26 日
应届生面试中小银行频被“查家底”问人脉 ………………………《信息时报》2013 年 11 月 26 日
《世界华侨华人研究文库》第二批图书首发 ……………………………… 中新社 2013 年 11 月 26 日
第 55 期全国侨务干部培训班在暨南大学开班 ……………………………… 中新社 2013 年 11 月 27 日
“回复我，证明你是威哥！” ………………………………………《南方日报》2013 年 11 月 27 日
第二批华侨华人研究文库首发 ………………………………………《南方日报》2013 年 11 月 27 日

2013 全球华人中华武术大赛在广州举行 ………………………… 中国国际广播电台 2013 年 11 月 29 日
200 余华人“武林”高手羊城以“武”会友 ……………………… 中国新闻网 2013 年 11 月 29 日
全球华人以武会友 ……………………………………………………《羊城晚报》2013 年 11 月 29 日
17 国武林高手广州巅峰对决 ………………………………………《新快报》2013 年 12 月 1 日
全球“侠客”暨大比武………………………………………………《广州日报》2013 年 12 月 1 日
全球华人中华才艺（武术）大赛广州闭幕　何亚非颁奖 ………………… 中新社 2013 年 12 月 1 日
全球华人中华才艺　武术大赛闭幕 ……………………………………《南方日报》2013 年 12 月 1 日
全球华人中华才艺（武术）大赛广州闭幕 ……………………………… 人民网 2013 年 12 月 1 日
武林高手暨大同场竞技………………………………………………《信息时报》2013 年 12 月 1 日
2013 全球华人中华才艺（武术）大赛在广州举行 ………………………… 中新社 2013 年 12 月 1 日
中华拾锦：全球华人武术赛穗举行 ………………………………… 香港《文汇报》2013 年 12 月 2 日
2013 全球华人中华才艺武术大赛在广州落幕 …………………………… 广东卫视 2013 年 12 月 2 日
全球华人中华才艺（武术）大赛落幕　逾 200 高手参与 ……………………… 中新社 2013 年 12 月 2 日
全球华人中华才艺武术大赛在广州闭幕 ………………………………… 凤凰卫视 2013 年 12 月 2 日
200 华人齐聚广州以武会友 …………………………………………《香港商报》2013 年 12 月 2 日
中华才艺（武术）大赛落幕 ……………………………………… 《深圳特区报》2013 年 12 月 2 日
回大学食堂哥蹭的不只是饭 …………………………………………《新快报》2013 年 12 月 3 日
暨大毕业生种菜　卖给高校老师 ………………………………… 《南方都市报》2013 年 12 月 4 日
武术：架在海内外同胞间的“彩虹桥” ………………………………《人民日报》2013 年 12 月 4 日
暨南大学原校长：院士退休制度设计应人性化 ………………………《南方日报》2013 年 12 月 5 日
暨大首届新生代海外华教管理人员研习班结业 ……………………………… 中新社 2013 年 12 月 5 日
这样的牙才要拔 ………………………………………………………《羊城晚报》2013 年 12 月 5 日
山东 EMBA：热烈庆祝暨南大学 EMBA 通过 AMBA 再认证 ………… 21CN 财经 2013 年 12 月 6 日
广州大学生电影节闭幕　赵薇成最受欢迎导演 …………………………… 网易新闻 2013 年 12 月 6 日
广东高校试水博士生“申请—审核”制 ………………………… 《南方都市报》2013 年 12 月 6 日
英国参政华人与中国学者开展交流活动 ………………………………………… 中新社 2013 年 12 月 6 日
大足联赛广东赛区落幕　暨大 3－2 胜五邑获季军 ……………………… 腾讯体育 2013 年 12 月 11 日
校园诚信货架现暨大 ……………………………………………… 《羊城晚报》2013 年 12 月 11 日
吉大、暨大和湛师三大学（人）文学院跨学科高端论坛在湛举办 …《湛江晚报》2013 年 12 月 11 日
2013 中国亚洲太平洋学会年会在暨南大学召开 ……………………… 广东新闻网 2013 年 12 月 11 日
暨大华文学院学生赴新加坡考察学习华教情况…………………… 中国新闻网 2013 年 12 月 11 日
第 11 届中国国际纪录片节“金红棉奖”揭晓 ……………………………… 新华网 2013 年 12 月 11 日
广州国际纪录片节昨晚颁奖 ………………………………………《深圳商报》2013 年 12 月 12 日
2013 中国（广州）国际纪录片节举行“金红棉奖”颁奖…………… 《南方日报》2013 年 12 月 12 日
暨南大学华文学院举行中澳大学生联谊会…………………………… 中国新闻网 2013 年 12 月 12 日
《路人甲乐队》第一　暨大学子夺魁………………………………… 《南方日报》2013 年 12 月 13 日
《乡村里的中国》摘最佳长片 …………………………………… 《深圳特区报》2013 年 12 月 13 日
加拿大影片获广州国际纪录片节评审团大奖…………………………………… 中新社 2013 年 12 月 13 日
2013 广州国际纪录片节“金红棉奖”多国影片获奖 ………… 中国国际广播电台 2013 年 12 月 16 日
2013“粤侨学子中华情”广东高校侨生联谊活动举行 ……… 中国国际广播电台 2013 年 12 月 16 日
加拿大影片获广州国际纪录片节评审团大奖…………………………… 中国新闻网 2013 年 12 月 16 日
2013 广州国际纪录片节“金红棉奖”多国影片获奖 ………………… 国际在线 2013 年 12 月 16 日
13 个金红棉奖颁出 ………………………………………………… 《广州日报》2013 年 12 月 16 日
《乡村里的中国》获最佳纪录长片奖 ……………………………… 《南方日报》2013 年 12 月 16 日
《乡村里的中国》获最佳纪录长片奖 …………………………………………… 人民网 2013 年 12 月 16 日

“粤侨学子中华情”广东高校侨生联谊活动举行 ………………………… 中新社 2013 年 12 月 16 日
暨南大学医疗队免费为临夏州白内障患者作手术 …………………………《民族日报》2013 年 12 月 19 日
“第六届文艺学及相关学科发展学术研讨会”召开 ………………… 中国社会科学网 2013 年 12 月 19 日
研究亚太问题要创新视角………………………………………………… 中国社会科学网 2013 年 12 月 19 日
学生创业团队秀创意赢投资 ……………………………………………《信息时报》2013 年 12 月 19 日
《头条情结》赠书仪式在南方网举行 ………………………………………… 南方网 2013 年 12 月 19 日
暨大学子自主研发水晶骨骼艺术及微信平台………………………………… 人民网 2013 年 12 月 20 日
有效共建　助单位融入社区 ……………………………………………《信息时报》2013 年 12 月 20 日
“水晶标本”见过没 …………………………………………………《南方都市报》2013 年 12 月 20 日
暨大毕业生种菜引来风投 ………………………………………………《南方日报》2013 年 12 月 20 日
暨南大学医疗队四赴甘肃临夏州开展义诊活动………………………………… 中新社 2013 年 12 月 24 日
广东高校庆冬至中大送汤圆暨大包饺子………………………………………… 人民网 2013 年 12 月 24 日
暨大学生国内首创“4D 效果”水晶骨骼 ………………………………《南方日报》2013 年 12 月 26 日
高校十大创新项目角逐总冠军　光棍节卖男女朋友胜出 ……………《羊城晚报》2013 年 12 月 26 日
大学生用动物骨骼做成“水晶”艺术品 …………………………………《信息时报》2013 年 12 月 26 日
误吞鱼骨刺破动脉　2 次手术死里逃生……………………………………《南方日报》2013 年 12 月 26 日
许钦松当选省文联主席　蒋述卓当选省作协主席 ……………………………《新快报》2013 年 12 月 26 日
骨折可轻可重　轻微骨折不可忽视 ……………………………………… 39 健康网 2013 年 12 月 26 日
2013 年度“广东十大经济风云人物”昨晚揭晓 ……………………………《羊城晚报》2013 年 12 月 26 日
2013“中国寻根之旅”南粤广州营暨南大学开幕 ………………………… 中新社 2013 年 12 月 26 日
暨南大学举行汉语系留学生结业式　百余学生获表彰 ……………………… 中新社 2013 年 12 月 26 日
桌上的规矩，不论中外都重要 ……………………………………………《新快报》2013 年 12 月 26 日
广东作协兼职主席选出暨大副校长蒋述卓当选 ……………………《南方都市报》2013 年 12 月 26 日
广东省作家协会第八次代表大会闭幕………………………………………… 光明网 2013 年 12 月 27 日
蒋述卓：具古典情怀的人文学者 …………………………………………《深圳商报》2013 年 12 月 27 日
暨南大学华文学院赴台湾世界华语文教育学会交流…………………………… 中新社 2013 年 12 月 27 日

（宣传部供稿）

·索　　引·

说　明

一、本索引采用主题分析方法编制，主题词（标目）以年鉴正文中出现的专业名词、机构名、名词词组等为主，按汉语拼音字母顺序排列。

二、年鉴正文中的栏目题用黑体字标明，分目、条目题和其余主题词用宋体字排印。

三、主题词（标目）后面的数字表示内容所在的页码，数字后面的拉丁字母 a、b 分别表示在版面上自左至右的栏别。同一主题的内容在正文中多次出现的，在主题词后面用不同的页码标明。主题词是图表标题的以“（表）”标明。

四、本卷年鉴中的特载、专文、重要文件、学校大事记等内容不在标引范围内。